Yearbook

The Authorized Offical Annual Report

2011

中国茶业年鉴

China Tea Yearbook

The World Largest Tea Producing Country
The Authorized Official Annual Report

中国茶业年鉴编辑委员会　编

中国农业出版社

《中国茶业年鉴》编辑委员会

编辑说明

一、《中国茶业年鉴》是一部全面、系统反映中国茶业建设成就、经验及其发展动态的大型资料工具书。

二、《中国茶业年鉴》的基本任务是，面向市场、面向基层、面向未来，为茶业行政机关、茶业生产经营单位、国内外茶业投资者、茶业研究人员和茶文化爱好者提供茶叶产销信息、国家和地方有关政策法规、茶叶进出口贸易等资料。

三、《中国茶业年鉴（2011卷）》，主要收录2010年资料，全卷约100万字。

四、《中国茶业年鉴（2011卷）》统计数据来源于国家统计局、海关总署，所录资料，除特别说明外均不含台湾省及香港、澳门特别行政区。各省、自治区、直辖市按行政区划排列。国际统计数据来源于联合国粮农组织（FAO）、国际茶叶委员会（ITC）。

五、年鉴编排按内容分类。

六、年鉴文稿编撰，由农业部种植业管理司、中国茶叶学会、中国国际茶文化研究会以及各地茶叶行政管理部门、茶叶（业）协（学）会、茶文化研究会承担。

七、年鉴计量单位、文字撰稿、资料选用均执行国家现行法规。

八、条目、文章，一律署名，文责自负。

中国茶业年鉴编辑部

2010中国茶叶学会团体会员会议暨科技创新与低碳茶业学术研讨会

2010年全民饮茶日

第六届海峡两岸茶业学术研讨会

中国国际茶文化研究会第四届理事会

世界（中日）茶文化学术研讨会

2010•广西（梧州）春茶节暨六堡茶博览交易会

首届中国日照绿茶节开幕式

安溪铁观音种质资源保护与利用工作专家论证会

中国茶叶专家走进恩施科技下乡活动

2010年上海豫园国际茶文化艺术节

中国茶业年鉴 2011

茶歌茶舞蹈

白茶多酚降脂片

白茶荷仙子

白茶爽

白茶益牙片

浙江大学茶学系与福建绿叶茶业股份有限公司共同研发的白茶深加工产品

世博十大名茶授牌仪式

福建省平和县
向荣名峰山有机茶基地

湖南泉笙道煮茶机

中国茶业年鉴2011

国家级非物质文化遗产 魏月德

乌龙茶（铁观音）制作技艺代表性传承人

太姥绿叶

福建省名牌产品

福建省著名商标

上海世博会中国元素区礼品茶

2011年度中国农产品品牌博览会优质农产品金奖

2009—2011年中国茶叶行业百强企业

2009—2013年宁德市龙头企业

2011年度福建省农业厅省名茶金奖

第九届“中茶杯”全国名优茶评比金奖

第八届“中茶杯”全国名优茶评比特等奖

第七届“中茶杯”全国名优茶评比特等奖

2010年度福建省农业厅省名茶金奖

2010年度福建省20强茶企业

第二届中国“太姥杯”白茶王大赛“茶王”称号

太姥白茶

太姥白茶饼

WAFATEA
华发茶叶
EMPEROR
中国茶叶之乡
浙江·嵊州
华发茶业

重庆云岭茶业科技有限责任公司（简称公司）成立于1996年，注册资本1370万元，是重庆市农业科学院下属经济实体，主要致力于茶叶科技成果转化，促进农民增收，推进重庆市茶产业化和社会主义新农村建设。

公司现有茶树品种基因库3.33公顷，标准示范茶园面积100多公顷，生产基地666.67公顷，标准生产车间和办公大楼6000余平方米；拥有连续化针形名优茶生产线及乌龙茶、袋泡茶、优质大宗绿茶生产线，拥有云岭、川秀商标，云岭商标为重庆市著名商标。

公司通过了ISO9001:2008质量管理体系认证、无公害农产品产地认证、无公害农产品产品认证、有机茶认证和QS认证，是重庆市“十强”茶业企业、重庆市市级农业产业化龙头企业、国家级扶贫龙头企业；公司“永川秀芽茶叶科技生产示范观光基地”被评为全国农业旅游示范点。

公司目前已形成云岭牌永川秀芽、云岭牌茉莉秀芽、云岭牌优质绿茶三大主要产品系列，其中，主营核心产品为云岭牌永川秀芽系列针形名茶，云岭牌永川秀芽于1989年被农业部评为优质农产品，1999年、2001年在中国国际农业博览会上被认定为名牌产品，2000年中国（成都）国际茶博会及2005年中国（重庆）国际茶博会上荣获金奖，享有重庆市首届“十大名茶”称号。产品畅销于重庆、四川、北京、上海等市场，形成了以重庆市本地市场为中心，辐射全国的销售网络体系。

公司长期坚持以“科技为本，服务‘三农’”为指导思想，以“专业、生态、健康”为理念，以“缔造卓越科技，铸就专业品质”为企业核心文化，以产品出厂合格率100%为质量承诺，围绕自主创新、品牌建设、成果转化、市场推广，打造行业名牌，实现垂范渝茶的奋斗目标。

山东省著名商标

山东省著名商标

有 机 茶

山东十大名茶

国家地理标志产品

LA026-C3001

做人 做事 做 好茶

日照市农业产业化重点龙头企业，现有无公害茶叶基地180余公顷，合作社成员678户，年加工能力90吨。百满茶园被评为市级农业标准化示范基地。产品先后通过了国家无公害、有机认证和QS认证。百满绿茶被评为山东十大名茶，先后获得首届“党农杯”评比优质奖，第八届“中茶杯”全国名优茶评比一等奖，第九届“中茶杯”2个一等奖。百满商标被授予山东省著名商标称号。公司被评为日照市科普惠农先进单位、山东省消费者满意单位。依托公司兴办的日照市岚山区后崖下茶业专业合作社被授予岚山区文明诚信合作社、日照市示范合作社、山东省十佳订单销售型农民专业合作社、2011年度中国茶叶十大专业合作社等荣誉称号。宋百满被评为山东省科普带头人、日照市首届乡村之星、岚山区优秀政协委员。

合作社理事长宋百满（左二）陪同领导视察合作社

合作社理事长宋百满（左二）陪同领导到合作社指导工作

领导与专家到公司检查指导工作

合作社理事长宋百满（右一）陪同领导和专家到公司视察

日照市百满茶业有限公司

日照市岚山区后崖下茶业专业合作社

日照市农业产业化重点龙头企业

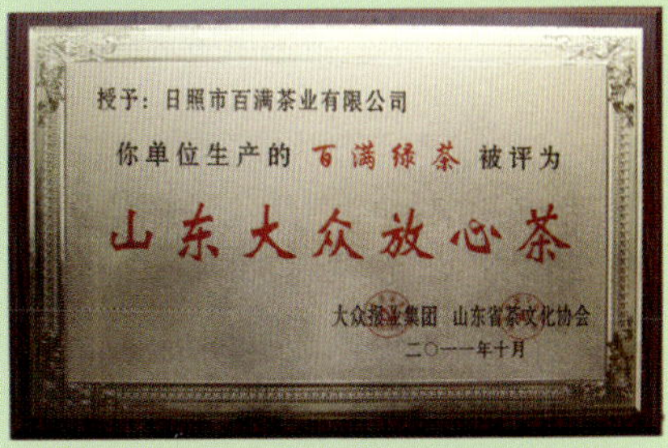

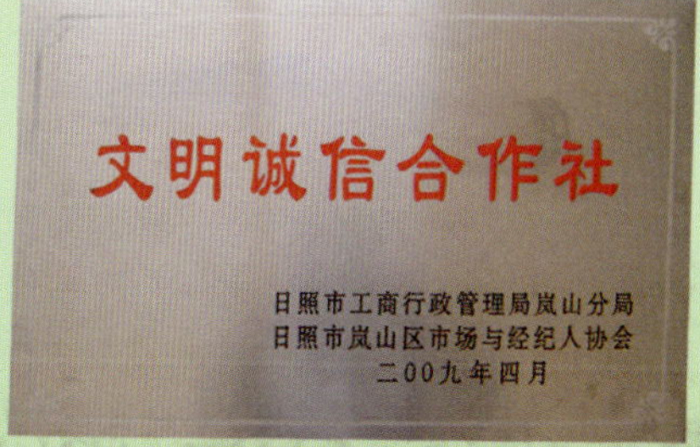

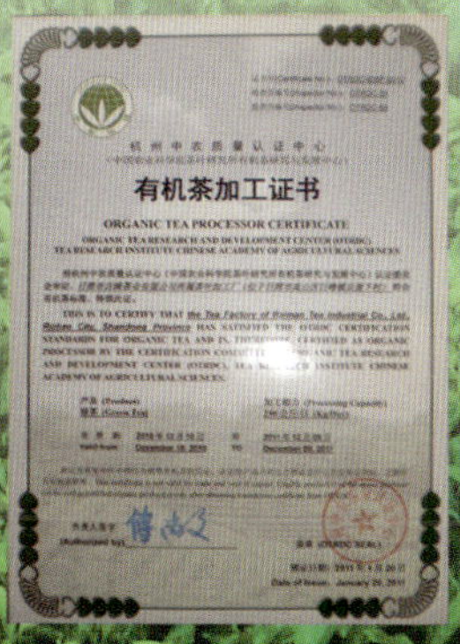

总经理：宋百满　　电　话：13562358988　0633-8698888

邮　箱：baiman777@126.com　　网　址：www.baimantea.com

地　址：山东省日照市岚山区巨峰镇后崖下村

唐咸通五年（864）析南安县
乡置小溪场，后周显德二年升场
取溪小清澈意。
宋宣和三年（1121）改名安溪县
其意为『溪水安流』。

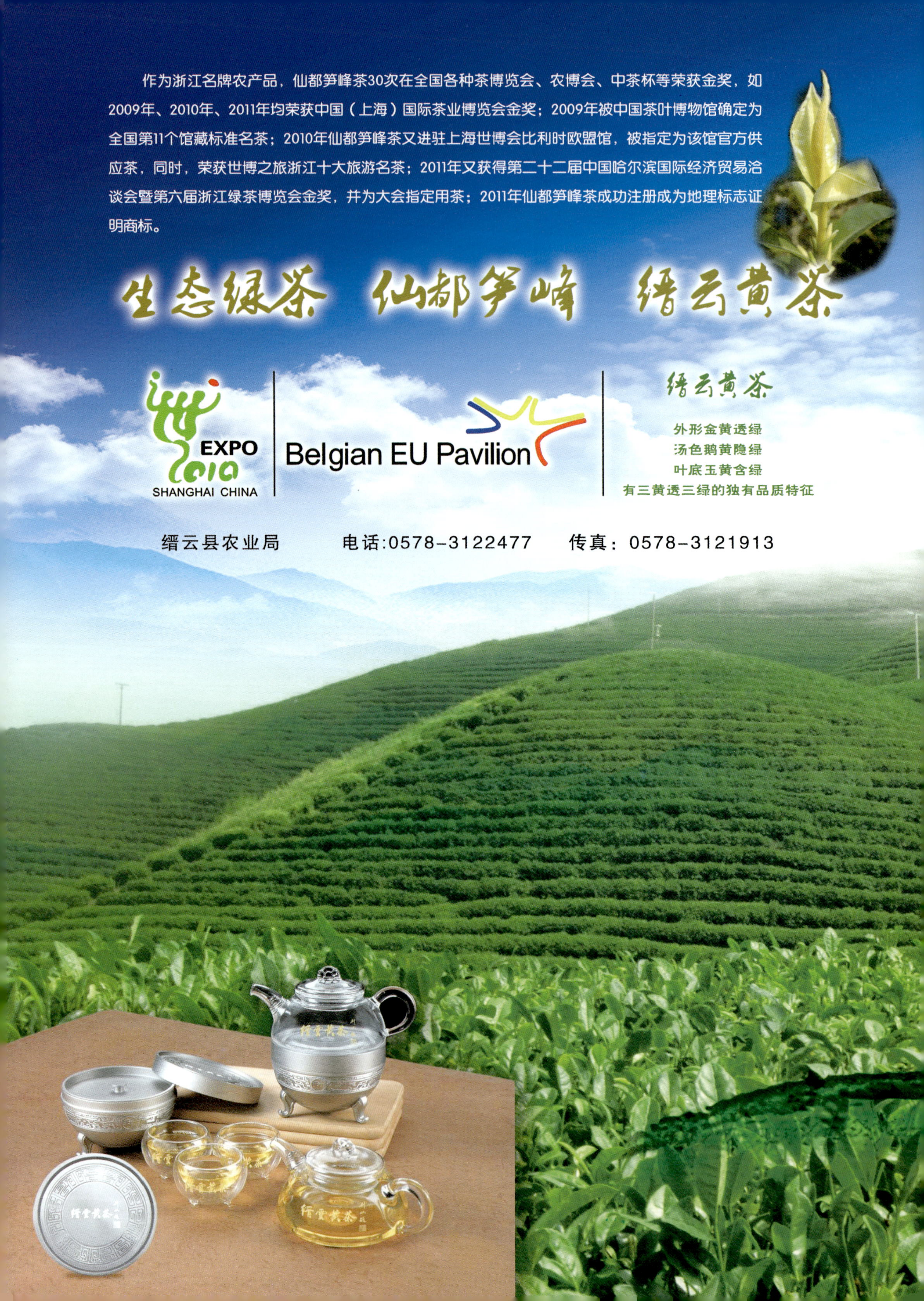

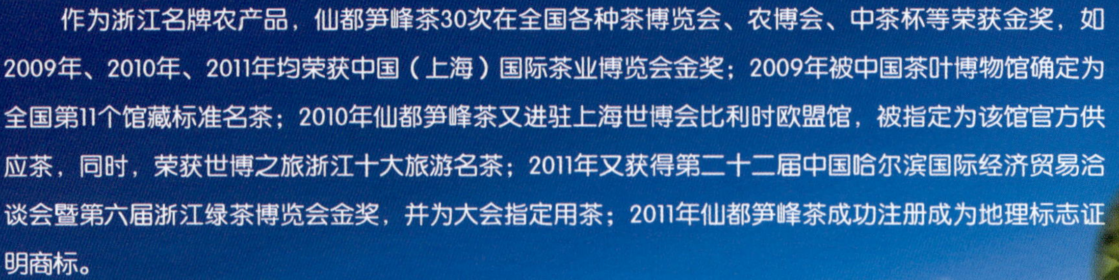

生态绿茶　仙都笋峰　缙云黄茶

缙云黄茶

外形金黄透绿
汤色鹅黄隐绿
叶底玉黄含绿
有三黄透三绿的独有品质特征

缙云县农业局　电话:0578-3122477　传真：0578-3121913

浙江缙云
「中国名茶之乡」
仙都笋峰
仙都笋峰茶外形扁平秀挺、香气浓郁持久，常带有兰花幽香，滋味甘醇怡人而享有盛誉。
仙都笋峰

中国驰名商标

泰顺县产茶历史悠久，源远流长。明崇祯六年（1633年）修纂的《泰顺县志》记载："茶，近山多有，惟六都泗溪、三都南窍独佳。"明清时期，泰顺茶叶畅销天津、上海、营口等地，并远销马来亚、新加坡、中国香港等东南亚国家和地区。1978年被列入全国百个重点产茶县，1984年被选入眉茶出口基地县，1996年被命名为中国茶叶之乡。泰顺县县域属中亚热带海洋型季风气候区，雨量充沛，空气清新，高山云雾弥漫，低山温和湿润，产茶环境得天独厚，是浙江省绿茶的优势产区和"温绿"的主产区。

浙江泰顺

【泰顺三杯香 香飘全天下】

中国地理标志

GI

中华人民共和国地理标志保护产品

PCI

PEOPLE'S REPUBLIC OF CHINA

(2010年第169号公告)

泰顺县茶叶特产局
电话：0577-67505345
传真：0577-67582832

茶
茶清香
意境幽
五峰土家族自治县地处湖北西南边陲，南与湖南省交界，属武陵山区。全县国土面积2372平方千米，辖5镇3乡，总人口20.8万人，其中以土家族为主的少数民族人口占84.8%。1736年始置县治，1984年成立五峰土家族自治县。
采花茶业

湖北五峰

中国名茶之乡

茶道，源源流传

【突出“三化”，健全茶树良种繁育推广体系。】

一是品种选育“本地化”。

二是种苗繁育“工厂化”。

三是良种推广“订单化”。

【把握“三重”，强力推进茶叶标准化生产。】

一是重规划。二是重配套。三是重管理。

【着眼“三大”，不断完善茶叶精深加工体系。】

一是培育大龙头。二是打造大品牌。三是延伸大链条。

【聚力“三变”，着力探索创新茶叶营销体系。】

一是广告宣传由产品宣传向品牌宣传转变。

二是营销理念由产销一体向产销分离转变。

三是营销模式由单一营销向立体营销转变。

【力求“三新”，全面加强茶叶产业支撑体系。】

一是在关键技术掌握上不断抢占新高点。

二是在人才队伍建设上不断寻求新突破。

三是在关联产业发展上不断拓展新思路。

【瞄准“三强”，奋力打造现代茶经济。】

“十二五”时期，县委、县政府确立了“奋力打造现代茶经济、积极争创全国茶叶三强县”的奋斗目标。

中国茶叶之乡·湖北鹤峰

- 全国无公害茶叶生产基地示范县
- 全国无公害茶叶出口基地示范县
- 全国绿色食品原料（茶叶）标准化生产基地县

鹤峰茶获农产品地理标志证书

农业部颁发的先进单位证书

走马木耳山有机茶基地

鹤峰县在武汉举办绿色食品（茶叶）推介活动

湖北鹤峰首届茶叶节

1876年英商在鹤峰开办的茶庄招牌

翠泉牌绿茶连续3届获湖北名牌产品称号

珍稀白茶获全国“中茶杯”特等奖

白果牌出口绿茶畅销国内外

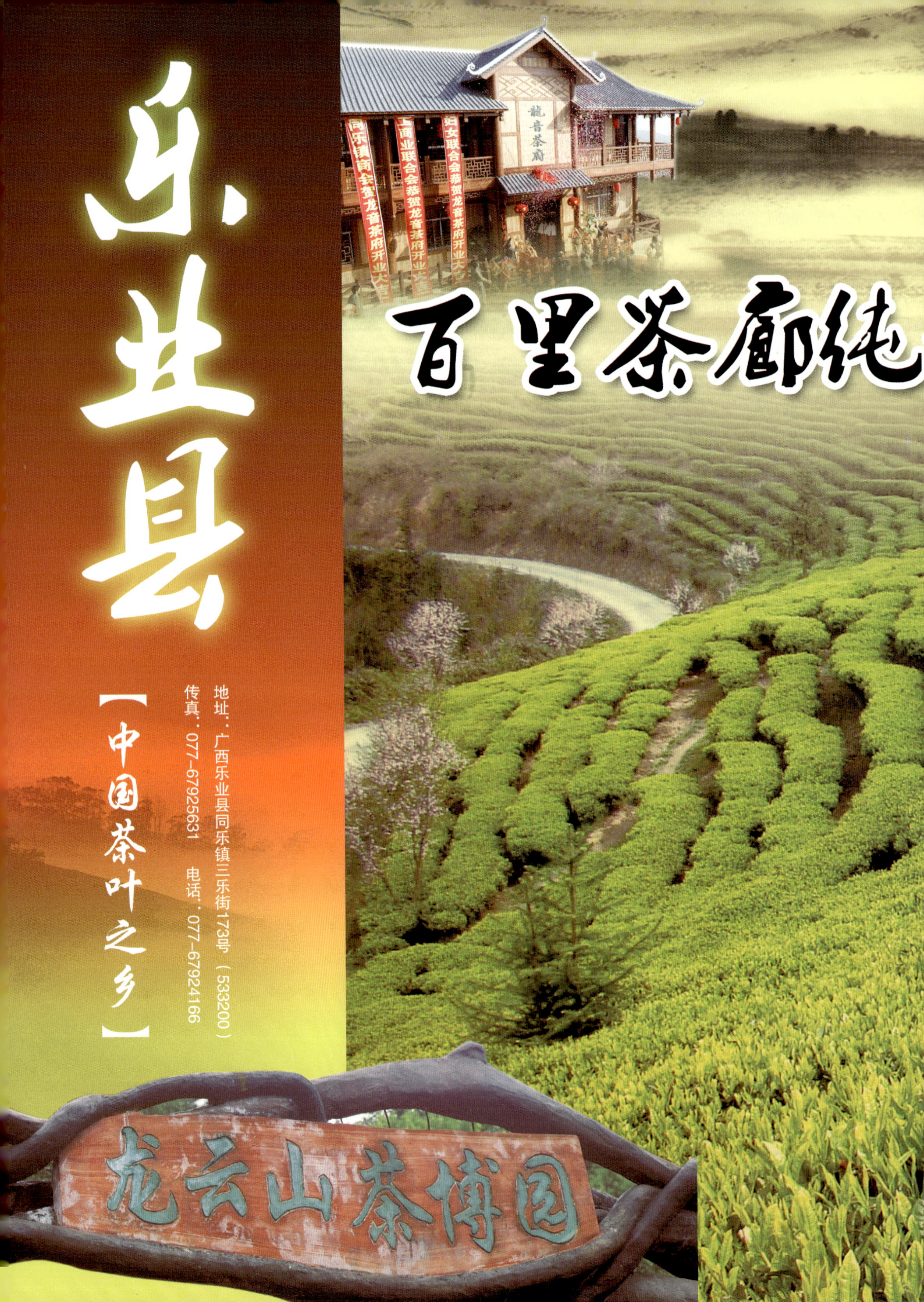
乐业县
百里茶廊纯
龍音茶府
【中国茶叶之乡】
地址：广西乐业县同乐镇三乐街173号（533200）
传真：077-67925631 电话：077-67924166
龙云山茶博园

态
万顷茗园·净天然
樂业红
樂业红
广西乐业县草王山茶业有限公司
广西乐业县草王山茶业有限公司

绿动中国

北方绿茶之乡一

日照市岚山区地处山东省东南部，南与江苏省赣榆县毗

耕地3.25万公顷，森林覆盖率36.9%，9个乡镇（街道），

量897毫米，无霜期213天。土壤主要为酸性棕壤土，茶园

日照淞晨茶业工贸有限公司
电　话：13806336371

日照市百满茶业有限公司
电话：13562358988　0633-8698888

日照浏园生态农业有限公司
电　话：13863367606

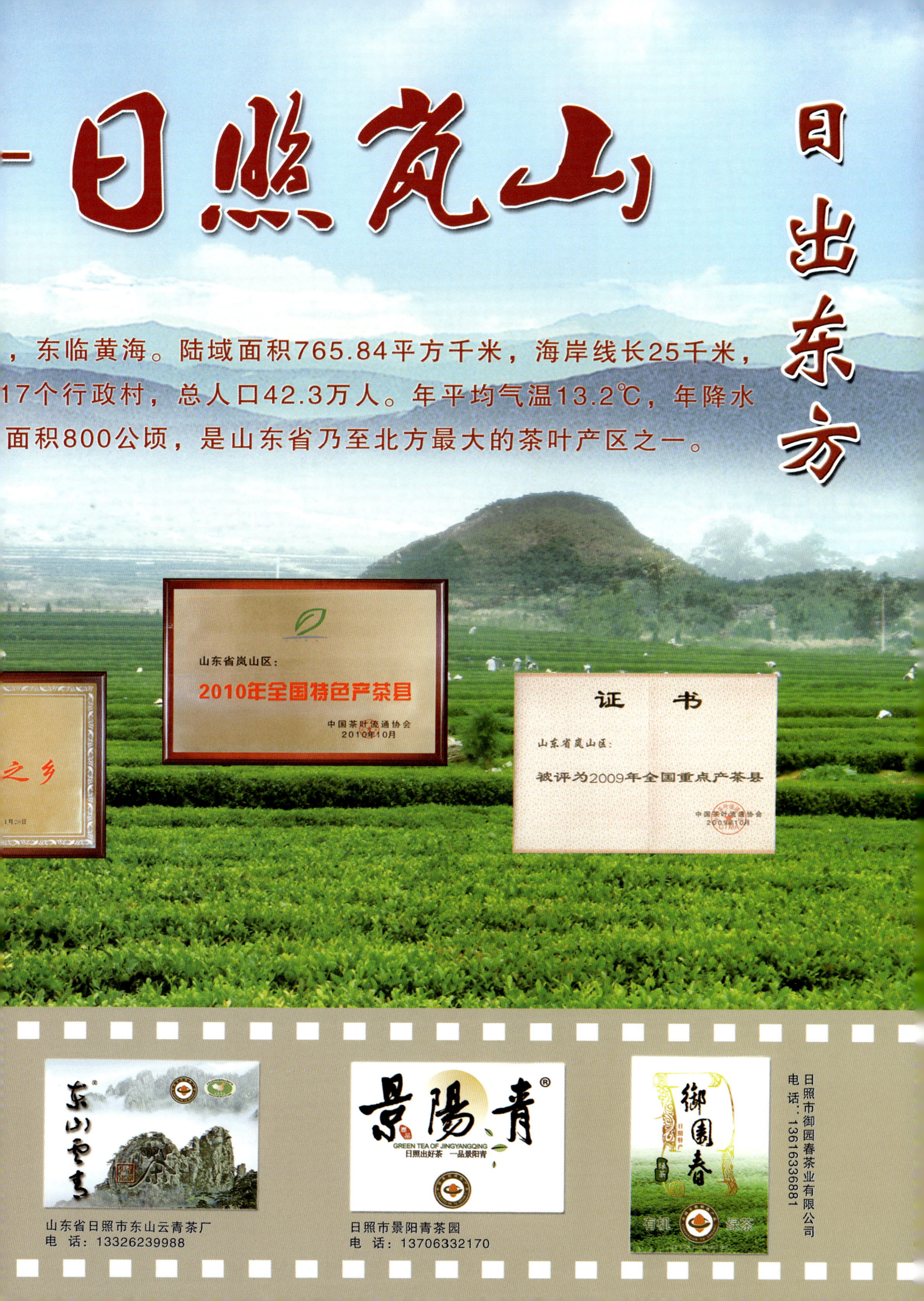

日照岚山

日出东方

，东临黄海。陆域面积765.84平方千米，海岸线长25千米，
17个行政村，总人口42.3万人。年平均气温13.2℃，年降水
面积800公顷，是山东省乃至北方最大的茶叶产区之一。

山东省岚山区：

2010年全国特色产茶县

中国茶叶流通协会
2010年10月

证 书

山东省岚山区：

被评为2009年全国重点产茶县

之乡

山东省日照市东山云青茶厂
电 话：13326239988

日照市景阳青茶园
电 话：13706332170

日照市御园春茶业有限公司
电 话：13616336881

贵州·凤冈。

中国锌硒有机茶之乡

凤冈县位于贵州省东北部，是遵义市的东大门，地处乌江北岸，大娄山南麓的富锌富硒地带，是贵州茶叶的主产区。古有『黔中乐土』之称，今有『锌硒茶乡』之誉，全县1883平方千米的土地分布在神秘的北纬27°~30°之间。这里冬无严寒，夏无酷暑，气候温和，雨量充沛，物种丰富，植被茂盛，森林覆盖率达58%，平均海拔850米。

凤冈县茶叶协会
电话：0852-5224866
邮箱：chahaiban@163.com
地址：贵州省凤冈县政府大楼一楼（564200）

江山代有名茶出
锌硒凤茶领风骚
贵州·凤冈

歙县
SHE XIAN
中国名茶之乡
中国国礼茶之乡
云谷
黄山茶业集团组建于1998年，注册资本为人民币3000万元。
黄山茶业集团以“公司+合作社+农户”的模式组建而成，是新型的农村经济合作组织。集团集生产、加工、经营茶叶、土特产品及相关原辅料于一体，是安徽省首家获准拥有自营进出口权的民营企业之一。
2006年，公司获得安徽省农业产业化龙头企业、安徽省农产品出口示范基地、安徽省民营企业500强、安徽省民营企业出口创汇100强、全国茶叶行业百强企业等称号。
顶谷大方
剑潭雾毫
歙卿茗坊
顶谷大方
黄山茶业集团
地址：歙县经济技术开发区
邮编：245200
联系电话：0559-6527287

转折之城 茶海遵义

遵义南距贵阳 150 千米，北距重庆 230 千米，是长江上游重要生态屏障和西南出海重要大通道；210、326 国道和兰海高速公路、川黔铁路，与在建的黔渝快铁、杭瑞高速公路和遵义机场融为一体。

遵义是国内唯一兼具“低纬度、高海拔、寡日照”地区，森林覆盖率 50%；遵义辖区湄潭、凤冈、正安、道真、务川、余庆、遵义 7 县为茶业发展规划区，茶园种植在海拔 800~1200 米之间，雨量充沛，多气候云雾缭绕，土壤富含锌硒等微量元素，是贵州省发展生态茶最佳的地区。

遵义有着悠久的产茶历史，唐代陆羽在《茶经》中记载：“黔中生思州、播州、费州、夷州……往往得之，其味极佳”。“十一五”期末，全市茶园面积达 6.82 万公顷，无性系良种茶园比例达 87.3%。“十二五”期间，将新建 3.33 万公顷茶园，使全市茶园面积达到 10 万公顷规划目标，无性系良种茶园比例达到 95%，拟将打造成为中国地级产茶第一大市。

遵义市茶叶工作站　　邮编：563000
电话：0852-8225340　　邮箱：gzzyscyz@126.com

【遵义会议会址】

【陆羽雕像（凤冈）】

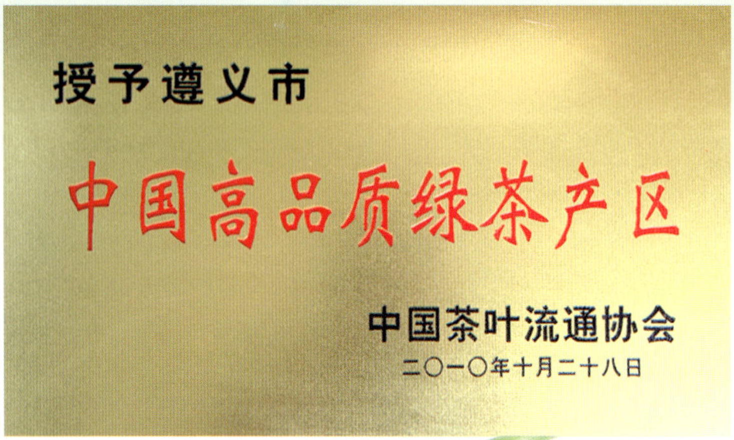

授予遵义市

中国高品质绿茶产区

中国茶叶流通协会

二○一○年十月二十八日

【大茶壶（湄潭）】

湄潭
茶
湄潭位于贵州高原北部，全县总面积1864平方千米，辖9镇6乡、131个村（居、社区），总人口48万，其中农业人口40万。年均气温15℃，年降水量1100毫米以上，无霜期284天。土壤富含硒、锌、锶等对人体有宜的微量元素，森林覆盖率达58%，其优越的自然地理环境特别适宜于茶树生长，种茶历史悠久。这里是：
中国名茶之乡
全国首批无公害茶叶生产示范基地县
中国三绿工程茶业示范县
全国重点产茶县
全国特色产茶县
最受百姓欢迎产茶地
贵州最美茶乡
贵州最大的茶区和出口红茶基地
湄潭县茶桑事业局
电话：0852-4221862
传真：0852-4221862
网址：www.gzsmtxcyxh.com
邮箱：mt.csj@163.com
地址：遵义市湄潭县西南茶城三楼
邮编：564100

都匀

中华老字号
China Time-Honored Brand

中国名茶之乡

都匀市人民政府茶叶产业办公室
地址：贵州省都匀市原开发区管委会313室（558000）
电话：0854-8254988
传真：0854-8254988
网址：www.dymjcw.com
邮箱：dymjcw@163.com

都匀茶叶种植历史悠久，早在明代已为贡品，深受明朝皇帝喜爱，因形似鱼钩，故赐名鱼钩茶。都匀是茶的故乡，茶是都匀的象征，都匀毛尖与西湖龙井、铁观音等并为中国十大名茶，是都匀市的"金名片"。都匀毛尖外形条索紧细卷曲，白毫满布，色泽绿润，匀整有锋苗，冲泡的汤色绿亮，清香持久，滋味鲜爽回甘，香气馥郁持久而享誉海内外，屡获殊荣。

茶
石门
头泡香高
二泡味醇
三泡四泡回味绵长
石门县北连鄂西、东邻洞庭湖、西接张家界，湖南屋脊——壶瓶山横亘境内。全县茶园面积8000公顷，分布在海拔300~1200米的高山，茶林相间，生态优良，2008年获中国名茶之乡，湖南省有机茶第一县。
石门银峰茶先后在全国、全省茶叶评比中获总分第一名，石门银峰、石门红茶30多次获“中茶杯”、“国饮杯”、“国际名茶”金奖，2005年湖南十大名茶、2009年湖南省著名商标、2011年中国茶叶最具发展力公共品牌。年产茶3000吨，综合产值4.5亿元，产品销往全国28个省（自治区、直辖市）和大中城市，出口欧盟、美国、俄罗斯和东南亚等国家和地区。
品石门银峰
悟茶禅一味
中国名茶之乡
石门银峰
2011中国茶叶区域公用品牌
最具发展力品牌
主要龙头企业：
湖南壶瓶山茶叶有限公司 0736-5015652
湖南石门渫峰名茶有限公司 0736-5333528
石门县白云山国有茶场 0736-5331566
湖南石门安溪茶业公司 0736-5498012
石门县茶叶产业办公室 0736-5324110
石门县茶叶产业协会 0736-5324110 5322820
地址：石门县楚江镇马家巷

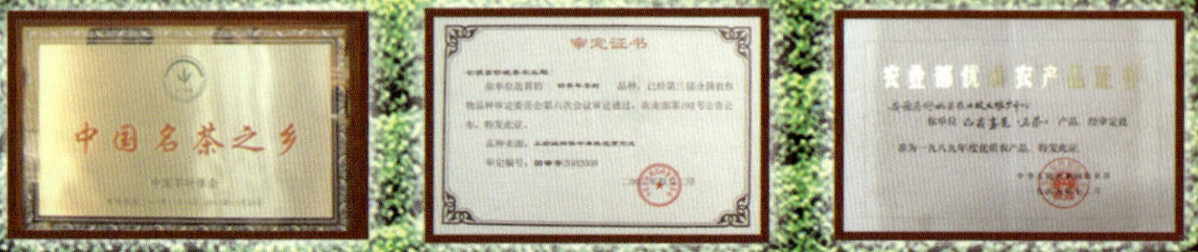

国白芽奇兰茶之乡——

福建·平和

白芽奇兰®

福建省著名商标

福建名牌产品

福建平和白芽奇兰茶 张天福

平和白芽奇兰茶是中国茶叶（白芽奇兰茶）之乡福建省平和县的名优特产，属乌龙茶新良种。多次荣获福建省名茶奖称号，荣获农业部优质产品、中国国际农业博览会名牌产品、福建省名牌产品、中国女排专用茶、闽台名茶等奖项和荣誉。2002年获国家质量监督检验检疫总局原产地认证。

中国2010上海世博会特许商品

Expo 2010 Shanghai China Licensed Product

生产商：向荣茶业 天醇茶业 天用茶业 沁香源茶业

首届平和白芽奇兰茶十强企业

由平和县人民政府主办，平和县农业局、平和具新闻中心承办，平和县白芽奇兰茶协会协办的“首届平和白芽奇兰茶十强（优秀）企业”评选活动，于2011年8月15日至10月8日，通过专家组审评和网上投票，福建向荣大芹山茶业发展有限公司等10家企业被平和县人民政府授予首届平和白芽奇兰茶十强企业称号。

福建向荣大芹山茶业发展有限公司

福建省天醇茶业有限公司

平和县阳山茶厂

福建天用茶业有限公司

福建省沁香源茶业有限公司

福建晨晖茶业有限公司

平和闽鑫白芽奇兰茶总厂

福建省平和九峰茶叶有限公司

平和县玉露白芽奇兰有限公司

平和县峰兰茶厂

中国绿茶（名茶）之乡
——江苏金坛

江苏省金坛市位于江苏南部，茅山东麓，长江三角洲中心地带，交通便捷，宁常（沿江）、扬溧高速公路和良常线（S340）、镇广线（S241）公路交叉贯穿全境，是全国绿化模范县（市）、全国生态城市、中国绿茶（名茶）之乡、中国中华绒螯蟹之乡和中国食用菌之乡。

金坛产茶历史悠久，是全国茶叶标准化示范区、全国重点产茶县。金坛雀舌茶、茅山青锋茶双双列为全国名茶，2011 年茶叶区域公用品牌价值评估：金坛雀舌品牌价值 7.66 亿元，茅山青锋品牌价值 5.87 亿元。

金坛将以农业部茶叶标准园创建为契机，发挥优势，走良种化、生态化、标准化、机械化、品牌化、产业化之路，做强做优茶产业。

湖畔居

目录

茶叶生产与加工

中国茶叶生产概况 …… 1
中国绿茶产业发展概况 …… 1
中国白茶产业发展概况 …… 6
中国乌龙茶产业发展概况 …… 9
中国低碳茶叶生产 …… 12
大别山名优茶优质高产协作活动概况 …… 16

茶叶贸易与消费

中国茶叶出口情况 …… 19
中国茶叶区域公用品牌价值评估报告 …… 24
中国茶叶消费与贸易概况 …… 33
中国红茶产销情况分析 …… 35
世博茶经济的理论与实践 …… 36

茶叶科研与教育

国家茶叶产业技术体系工作进展 …… 39
国家茶产业技术体系及其工作开展情况
——名优茶加工站 …… 40
国家茶产业技术体系及工作开展情况
——汉中综合试验站 …… 44
全国茶叶主要科研机构 …… 45
中国农业科学院茶叶研究所 …… 45
中华全国供销合作总社杭州茶叶研究院 …… 45
江苏省茶叶研究所 …… 45
安徽省农业科学院茶叶研究所 …… 46
福建省农业科学院茶叶研究所 …… 46
江西省蚕桑茶叶研究所 …… 46
湖北省农业科学院果树茶叶研究所 …… 47
湖南省农业科学院茶叶研究所 …… 47
广东省农业科学院茶叶研究所 …… 47
广西壮族自治区桂林茶叶科学研究所 …… 47
重庆市农业科学院茶叶研究所 …… 48
四川省农业科学院茶叶研究所 …… 48
云南省农业科学院茶叶研究所 …… 48
贵州省茶叶研究所 …… 48
全国茶学主要高等院校 …… 49
南京农业大学茶叶科学研究所 …… 49
扬州大学园艺与植物保护学院 …… 49
江苏省农林职业技术学院风景园林系 …… 49
浙江大学农业与生物技术学院茶学系 …… 49
浙江农林大学茶文化学院 …… 50
浙江树人大学人文学院茶文化系 …… 50
安徽农业大学茶与食品科技学院茶学系 …… 50
福建农林大学园艺学院茶学系 …… 50
武夷学院茶学与生物系 …… 51
宁德职业技术学院农业科学系 …… 51
天福茶职业技术学院 …… 51
江西上饶职业技术学院 …… 51
山东农业大学园艺科学与工程学院茶学系 …… 51
青岛农业大学茶叶研究所 …… 52
信阳农业高等专科学校茶学系 …… 52
华中农业大学园艺林学学院茶学专业 …… 52
宜宾职业技术学院生物与化工工程系 …… 52
湖南农业大学园艺园林学院茶学系 …… 53
华南农业大学园艺学院茶业科学系 …… 53
广西职业技术学院农业技术工程系茶叶
教研室 …… 53
西南大学食品科学学院茶学系 …… 53
四川农业大学园艺学院茶学系 …… 54
云南农业大学龙润普洱茶学院 …… 54
西北农林科技大学园艺学院茶学系 …… 54
全国茶叶主要科研成果 …… 54
2010 年登记、鉴定、获奖成果 …… 54
2010 年国家发明专利 …… 55

茶叶质量与标准

中国茶叶产品质量安全状况 …… 56

全国茶叶国家（行业）标准制（修）订情况 …… 56
全国有机茶发展概况 …… 57
茶饮料产品质量国家监督抽查结果 …… 59
茶叶产品质量监督抽查实施规范（CCGF 107—2010） …… 64
有机食品认证机构（2010 年 12 月 31 日止） …… 70
绿色食品认证机构（2010 年 12 月 31 日止） …… 71
无公害食品认证机构（2010 年 12 月 31 日止） …… 71
2010 国际茶叶审评标准 …… 72
进出口茶叶品质感官审评方法（ST/T 0917—2010） …… 74
食品工业用速溶茶（QB/T 4067—2010） …… 83
食品工业用茶浓缩液（QB/T 4068—2010） …… 90
木制茶具（LY/T 1924—2010） …… 96

茶叶法规文献

农业部办公厅关于下达 2010 年全国蔬菜水果茶叶标准园农药残留监测任务的通知 …… 102
云南省人民政府关于进一步加快茶产业发展的意见 …… 103

茶 文 化

杭州茶文化概况 …… 107
茶叶奇珍——茶膏 …… 108
泾渭茯茶——茯砖茶制作技艺 …… 109
话说茶百戏 …… 111
中国国际茶文化研究会 …… 111

各 地 茶 业

北京市 …… 113
天津市 …… 116
河北省 …… 120
山西省 …… 123
上海市 …… 126
江苏省 …… 131
浙江省 …… 136
绍兴市 …… 143
安徽省 …… 147
黄山市 …… 151
福建省 …… 155
江西省 …… 159
九江市 …… 163
上饶市 …… 167
山东省 …… 170
河南省
信阳市 …… 173
湖北省 …… 178
恩施土家族苗族自治州 …… 183
湖南省 …… 186
广东省 …… 192
广西壮族自治区 …… 194
重庆市 …… 198
四川省 …… 202
雅安市 …… 208
贵州省 …… 214
遵义市 …… 218
云南省 …… 224
保山市 …… 227
普洱市 …… 231
临沧市 …… 235
陕西省 …… 240

茶业大事记

2010—2011 年茶业要闻 …… 245

茶 业 企 业

2010 年第四次监测合格农业产业化国家重点龙头茶业企业 …… 249
2010 年通过认定的中国驰名商标的茶业企业 …… 250
部分茶叶企业介绍 …… 251
福建绿叶茶业股份有限公司 …… 251
福建安溪岐山魏荫名茶有限公司 …… 252

行业翘楚竞风流
——记浙江华发茶业有限公司 ……………… 253
创环保生态企业　建持续发展未来
——浙江茗皇天然食品开发有限公司……… 254
重庆茶业（集团）有限公司 …………………… 255
日照市百满茶业有限公司 ……………………… 256
重庆云岭茶业科技有限责任公司 ……………… 257
湖南泉笙道茶业有限公司 ……………………… 257
咸宁市芽旗香茶叶研究中心 …………………… 258
川茶复兴：一个花茶品牌的高端崛起
——四川省花秋茶业有限公司 ……………… 258

茶 叶 之 乡

全国重点产茶地区（地级市） …………………… 260
全国重点产茶县（县级市） ……………………… 262
部分茶叶之乡介绍 ………………………………… 267
福建安溪……………………………………………… 267
中国白芽奇兰之乡——福建平和 ……………… 270
湖北五峰……………………………………………… 272
湖北鹤峰……………………………………………… 274
湖南有机茶第一县——石门 …………………… 276
广西乐业……………………………………………… 277
中国锌硒有机茶之乡——贵州凤冈 …………… 279
中国毛尖茶都——贵州都匀 …………………… 280
贵州高原茶业第一县——贵州湄潭 …………… 282
中国国礼茶之乡——安徽歙县 ………………… 283
安徽舒城……………………………………………… 286
北方绿茶之乡——日照岚山 …………………… 287
茶经故里　紫笋贡茶——浙江长兴 …………… 289
发展中的陕西西乡茶业…………………………… 290
中国文化名茶——缙云仙都笋峰茶 …………… 293
泰顺三杯香　香飘全天下——浙江泰顺……… 294

茶业统计资料

Ⅰ. 全国茶业基本情况 ……………………………… 297
1-1　中国茶业占世界茶业的比重
(2000—2010) ………………………………… 297
1-2　中国茶业基本情况（2000—2010） …… 297
Ⅱ. 茶叶产量与茶园面积 ………………………… 298
2-1　全国茶园面积（1978—2010） ………… 298
2-2　全国各地区茶园面积
(1995—2010) ………………………………… 299
2-3　全国各地区茶叶采摘面积
(1995—2010) ………………………………… 299
2-4　全国茶叶产量（1978—2010） ………… 300
2-5　全国各地区茶叶产量
(1995—2010) ………………………………… 300
2-6　全国红毛茶产量（1989—2010） ……… 301
2-7　全国各地区红毛茶产量
(2000—2010) ………………………………… 301
2-8　全国绿毛茶产量（1989—2010） ……… 302
2-9　全国各地区绿毛茶产量
(2000—2010) ………………………………… 302
2-10　全国乌龙毛茶产量
(1989—2010) ………………………………… 303
2-11　全国各地区乌龙毛茶产量
(2000—2010) ………………………………… 303
2-12　全国紧压茶原料产量
(1989—2010) ………………………………… 304
2-13　全国各地区紧压茶原料产量
(2000—2010) ………………………………… 304
2-14　全国其他茶原料产量
(1989—2010) ………………………………… 305
2-15　全国各地区其他茶产量
(2000—2010) ………………………………… 305
Ⅲ. 茶业生产水平指标 ……………………………… 306
3-1　全国产茶地区茶叶总产量及位次
(2000—2010) ………………………………… 306
3-2　全国产茶地区绿毛茶产量及位次
(2000—2010) ………………………………… 306
3-3　全国产茶地区红毛茶产量及位次
(2000—2010) ………………………………… 307
3-4　全国产茶地区乌龙毛茶产量及位次
(2000—2010) ………………………………… 307
3-5　全国产茶地区紧压茶产量及位次
(2000—2010) ………………………………… 308
3-6　全国产茶地区其他茶原料产量及
位次（2000—2010） ………………………… 308
3-7　全国产茶地区茶叶单产及位次
(2000—2010) ………………………………… 309
Ⅳ. 精制茶加工业经济指标………………………… 309
4-1　全国精制茶加工业基本情况
(2000—2010) ………………………………… 309
4-2　全国精制茶加工企业基本情况

(2000—2010) …… 310
4-3 全国各地区精制茶产量 (2000—2010) …… 310
4-4 全国不同规模精制茶加工企业基本情况（2000—2010） …… 311
4-5 全国不同经济类型精制茶加工企业基本情况（2000—2010） …… 312
4-6 全国各地区茶叶加工企业数 (2000—2010) …… 314
4-7 全国各地区茶叶加工企业产值 (2000—2010) …… 315
4-8 全国各地区茶叶加工企业负债总计 (2000—2010) …… 316
4-9 全国各地区茶叶加工企业资产额 (2000—2010) …… 317
4-10 全国各地区茶叶加工企业产品销售收入（2000—2010） …… 318
4-11 全国各地区茶叶加工企业利润额 (2000—2010) …… 319
4-12 全国各地区茶叶加工企业从业人员 (2000—2010) …… 320
4-13 全国精制茶加工企业从业人员 (2000—2010) …… 321
V. 茶叶贸易 …… 321
5-1 全国茶叶出口（1995—2010） …… 321
5-2 全国茶叶出口货源地（2005—2010） …… 322
5-3 全国茶叶出口目的地国家或地区 (2005—2010) …… 323
5-4 全国绿茶出口（1995—2010） …… 327
5-5 全国绿茶出口货源地（2005—2010） …… 327
5-6 全国绿茶出口目的地国家或地区 (2005—2010) …… 328
5-7 全国红茶出口（1995—2010） …… 331
5-8 全国红茶出口货源地（2005—2010） …… 331
5-9 全国红茶出口目的地国家或地区 (2005—2010) …… 332
5-10 全国乌龙茶出口（1995—2010） …… 334
5-11 全国乌龙茶出口货源地 (2005—2010) …… 334
5-12 全国乌龙茶出口目的地国家或地区 (2005—2010) …… 335
5-13 全国花茶出口（1995—2010） …… 337
5-14 全国花茶出口货源地 (2005—2010) …… 337
5-15 全国花茶出口目的地国家或地区 (2005—2010) …… 338
5-16 全国普洱茶出口（1995—2010） …… 340
5-17 全国普洱茶出口货源地 (2005—2010) …… 340
5-18 全国普洱茶出口目的地国家或地区 (2005—2010) …… 341
5-19 全国茶叶进口（1995—2010） …… 342
5-20 全国茶叶进口来源地 (2005—2010) …… 343
5-21 全国茶叶进口收货地 (2005—2010) …… 345

茶业社会团体、商会和基金会专栏

全国性茶业社会团体 …… 346
中国茶叶学会 …… 346
中国国际茶文化研究会 …… 346
中国茶叶流通协会 …… 346
中华茶人联谊会 …… 347
中国茶禅学会 …… 347
中国食品土畜进出口商会茶叶分会 …… 347
华侨茶业发展研究基金会 …… 347
地方性茶业社会团体 …… 348
北京市茶业协会 …… 348
天津市茶业协会 …… 348
天津国际茶文化研究会 …… 348
河北省茶文化学会 …… 348
山西茶叶展评组委会 …… 348
上海市茶叶学会 …… 348
上海市茶叶行业协会 …… 348
江苏省茶叶学会 …… 348
江苏省茶业协会 …… 348
浙江省茶叶学会 …… 348
浙江省茶叶产业协会 …… 349
安徽省茶业学会 …… 349
安徽省茶业行业协会 …… 349
海峡茶业交流协会 …… 349
江西茶业联合会 …… 349
江西省茶叶协会 …… 349
山东省茶文化协会 …… 349

河南省茶文化研究会 …… 349
河南省茶叶商会 …… 349
河南省茶叶协会 …… 349
湖北省茶叶学会 …… 350
湖北省茶业协会 …… 350
湖北省陆羽茶文化研究会 …… 350
湖南省茶叶学会 …… 350
湖南省茶业协会 …… 350
广东省茶叶学会 …… 350
广东省茶业行业协会 …… 350
广西壮族自治区茶叶学会 …… 350
广西壮族自治区茶业协会 …… 350
重庆国际茶文化研究会 …… 350
重庆茶叶商会 …… 351
四川省茶文化协会 …… 351
四川省茶叶学会 …… 351
贵州省茶叶学会 …… 351
贵州省茶业协会 …… 351
贵州省茶文化研究会 …… 351
云南省茶业协会 …… 351
云南省普洱茶协会 …… 351
云南省茶叶商会 …… 351
陕西省茶业协会 …… 351
中华（陕西）茶人联谊会 …… 351
广州茶文化促进会 …… 352
吴觉农茶学思想研究会 …… 352

茶 人 介 绍

专家学者 …… 353
丁兆堂 …… 353
于良子 …… 353
尹军峰 …… 353
王建荣 …… 354
叶　阳 …… 355
张其生 …… 356
辛崇恒 …… 356
司辉清 …… 357
白堃元 …… 357
李远华 …… 358
权启爱 …… 358
阮建云 …… 358
肖力争 …… 359
杨江帆 …… 359
吴　全 …… 360
陈　直 …… 360
肖　强 …… 360
周红杰 …… 361
林作炎 …… 361
幸育毅 …… 362
林　智 …… 362
林朝赐 …… 363
段新友 …… 363
鲁成银 …… 364
夏春华 …… 364
韩文炎 …… 364
谢晓东 …… 365
舒　曼 …… 365
企业家 …… 366
尹晓民 …… 366
魏月德 …… 366
黄　政 …… 367
傅竹生 …… 367
郭　异 …… 368
卞阿听 …… 368
喻长根 …… 369

附录　国际统计资料

茶叶生产 …… 370
世界茶叶产量八强国家生产情况（1995—2010） …… 370
世界茶叶种植八强国家种植情况（1995—2009） …… 370
世界茶叶产量（1995—2009） …… 371
世界主要国家或地区茶叶产量（1995—2010） …… 371
世界茶叶采摘面积（1995—2009） …… 372
主要国家或地区茶叶采摘面积（1995—2009） …… 372
世界主要国家或地区茶叶单位面积产量（1995—2009） …… 373
茶业贸易 …… 373
世界茶叶出口十大国家或地区（1995—2010） …… 373

世界茶叶进口十大国家或地区（1995—2010） …… 374
主要国家或地区茶叶进口量（1995—2010） …… 374
主要国家或地区茶叶进口额（1995—2010） …… 375
主要国家或地区茶叶出口量（1995—2010） …… 376
主要国家或地区茶叶出口额（1995—2010） …… 377
世界茶叶出口五强——肯尼亚出口目的地国家或地区（2003—2010） …… 378
世界茶叶出口五强——斯里兰卡出口目的地国家或地区（2004—2010） …… 379
世界茶叶出口五强——中国出口目的地国家或地区（2004—2010） …… 380
世界茶叶出口五强——印度出口目的地国家或地区（2004—2010） …… 381
世界茶叶出口五强——越南出口目的地国家或地区（2004—2010） …… 382
世界茶叶五大进口国——俄罗斯进口来源国家或地区（2004—2010） …… 382
世界茶叶五大进口国——英国进口来源国家或地区（2004—2010） …… 383
世界茶叶五大进口国——美国进口来源国家或地区（2004—2010） …… 383
世界茶叶五大进口国——埃及进口来源国家或地区（2004—2010） …… 384
世界茶叶五大进口国——巴基斯坦进口来源国家或地区（2004—2010） …… 384
茶叶市场与消费 …… 385
主要产茶国茶叶年度平均拍卖价（2000—2010） …… 385
茶叶消费总量五强国家（2006—2010） …… 385
茶叶人均消费五强国家（2001—2010） …… 385
主要国家或地区茶叶消费总量（2001—2010） …… 386
主要国家或地区茶叶人均消费量（2001—2010） …… 387
中国与世界主要指标比较（2010） …… 388

中国茶叶生产概况

农业部种植业管理司经济作物处　封槐松

我国茶叶生产，在连续多年增产增收的基础上，2010年在战胜长江中下游早春低温阴雨和西南地区多年不遇、连续半年干旱的条件下，又获得了持续增产增收的好年成，除浙江、河南、江苏3省略有减产，其他15省均增产增收。六大茶类普遍增产，名优茶叶、无公害茶叶、有机茶叶增产幅度都比较大；单产高、质量好的无性系良种茶树比重继续上升，茶叶品质及质量安全水平继续提高，但茶园面积继续扩大令人担忧，需要引起高度重视，采取切实可行的措施加以正确引导，确保我国茶业平稳、健康发展。

（一）茶叶增产增收质量提高

据各产茶省（自治区、直辖市）农业厅（局、委）茶叶生产主管处（站）统计汇总，2010年全国干毛茶总产量147.51万吨，同比增加11.65万吨，增长8.6%；干毛茶总产值558.5亿元，同比增加70.3亿元，增长14.4%。分地区看，除江苏、浙江、山东3省各减产1 000吨左右外，其他15省均增产增收。产量增加3 000吨以上的有云南、湖北、江西、福建、贵州、广东，其中云南增加1.92万吨、湖北增加1.2万吨；产值增加6亿元以上的有浙江、四川、湖北、云南、安徽，其中浙江增加10.7亿元、四川增加10亿元、湖北增加9.8亿元。茶叶出口在2009年首次突破30万吨、7亿美元之后，2010年分别达到30.25万吨和7.84亿美元，同比出口量基本持平，出口额增加8 412万美元，增长12.0%。

据首次对各茶类统计结果，2010年六大茶类普遍增产。全国绿茶产量104.64万吨，红茶6.81万吨，乌龙茶18万吨，黑茶12.95万吨，白茶1.22万吨，黄茶0.04万吨。从各省（自治区、直辖市）的情况看，除贵州、陕西、江西继续大力发展绿茶，使产量分别增长22.4%、14.8%和11.9%外，其他省（自治区、直辖市）基本是稳定绿茶，发展其他茶类，如福建、湖北、安徽3省，大力调整茶类结构，发展名优红茶以适应国内外市场的需要，使红茶产量分别增加0.7万吨、0.36万吨和0.01万吨；乌龙茶除了传统产区福建、广东分别增加8 689吨和4 539吨，湖北、四川改夏秋绿茶为乌龙茶，使乌龙茶产量分别增加500吨和3 234吨；黑茶除了最大产区云南普洱茶增产8 647吨，湖北异军突起，增产1 700吨，达到12 000吨。

由于近年来加大了茶树无性系良种和无害化防治茶树病虫害的推广力度，茶叶质量及其安全水平得到了进一步的提高。2010年茶树无性系良种面积93.2万公顷，同比增加8万公顷，增长9.4%，无性系良种面积占茶园面积比例由2009年的44.6%提高到46.3%；名优茶产量59.9万吨，同比增加4.26万吨，增长7.7%；无公害茶叶面积125.73万公顷，同比增加5.09万公顷，增长4.2%；有机茶面积10.79万公顷，同比增加0.97万公顷，增长9.9%。

（二）茶园面积继续扩大

由于一些地方依靠茶叶致富的思想过热，不考虑国内外茶叶市场基本饱和、我国尚有大面积未开采茶园的实际情况，盲目扩大茶园面积，潜藏着茶贱伤农的危险。20世纪90年代全国茶园面积基本稳定，1991年106.00万公顷，到2000年也只有108.90万公顷，9年才增加2.9万公顷，增长2.7%。进入21世纪以来，特别是2005年以来，每年都以8万公顷以上的速度增加，到2010年全国茶园面积达到197.20万公顷，同比增加12.12万公顷，增长6.5%；比2000年的108.90万公顷增加88.12万公顷，增长80.9%。而全国茶树采摘面积2010年只有142.6万公顷，占茶园面积的72.4%，仍有54.6万公顷茶园尚未开采，占茶园面积的27.6%。

由于过度依靠扩大面积增加茶叶产量，忽视加强茶园管理、增施有机肥料提高单产，加上扩大名优茶比重和雇工难而减少采茶茬次，茶叶单产水平也开始下降，令人担忧。按茶园总面积计算，全国茶叶平均单产只有702千克/公顷，同比下降6千克/公顷；按采摘面积计算，平均单产937.5千克/公顷，同比下降27千克/公顷。

中国绿茶产业发展概况

中国农业科学院茶叶研究所　江用文　王国庆

绿茶是六大茶类中产区最辽阔、生产规模最大、消费区域最广的第一大茶类。中国是世界上最大的绿茶生产国、出口国和消费国，现有19个省、自治区、直辖市（不包括台湾省）产茶，除了福建主产乌龙茶外，均以生产绿茶为主。绿茶的花色品种丰富，按其杀青方法和最终干燥方式的不同，分为炒青绿茶、烘青绿茶、晒青绿茶和蒸青绿茶四大类。炒青绿茶又分为长炒青、圆炒青、扁炒青等；烘青绿茶以其外形亦可分为条形茶、尖形茶、片形茶、针形茶等，烘青毛茶经再加工精制后可做熏制花茶的茶坯；晒青绿茶是用日光进行晒干的，大部分用做紧压茶的原料。蒸青绿茶即采用蒸汽杀青方式，如湖北省恩施玉露茶、煎茶。

（一）绿茶生产现状

1. 绿茶产量持续增加，占总产量的比重趋于稳定

2005 年以来，我国绿茶产量以年均 9%的速度增长。2010 年绿茶产量达到 104.6 万吨，比 2005 年增加 35.5 万吨。绿茶产量增速与茶叶总产量的增速保持一致。近 5 年来，绿茶产量占茶叶总产量的比重保持在 71%～74%（2005—2010 年茶叶总产量、绿茶产量及绿茶产量占茶叶总产量比重的变化趋势如图 1）。

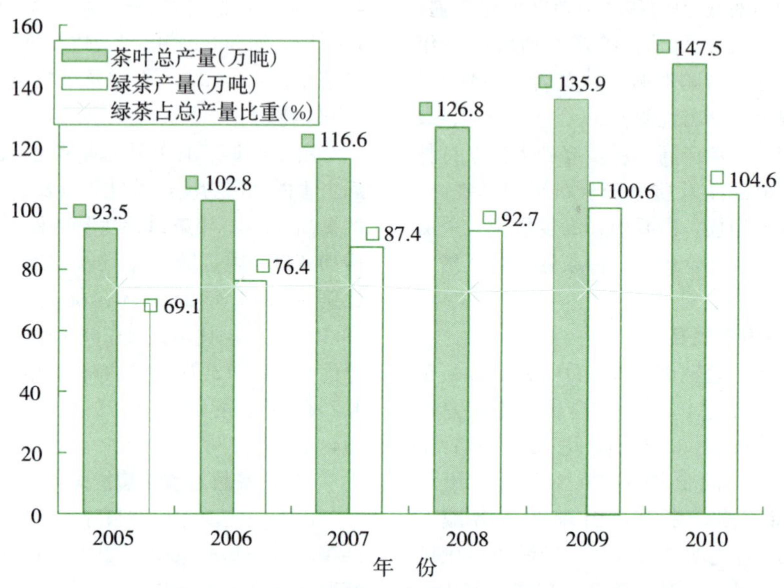

图 1 2005—2010 年绿茶产量及占茶叶总产量比重的变化

2. 绿茶生产区域较集中，中西部地区的比例提高

全国所有的产茶省（自治区、直辖市）均生产绿茶，2005 年以来各省绿茶产量情况见表 1。5 年来，绿茶产量增加量最大的地区有湖北、四川、云南，2010 年分别比 2005 年增加 7.0 万吨、6.1 万吨和 4.6 万吨；绿茶产量增速最快的地区有贵州、河南、陕西、湖北，2005 年以来年均增长分别达到 24%、18%、17%和 15%；江西、湖北、广西、重庆、贵州、四川等地区绿茶产量占茶叶总产量比重均较 2005 年提高（图 2），其中贵州、重庆两地绿茶比重由 2005 年的 61.6%和 61.7%提高到 2010 年的 78.5%和 74.4%。从地区分布看，绿茶生产具有以下特点：

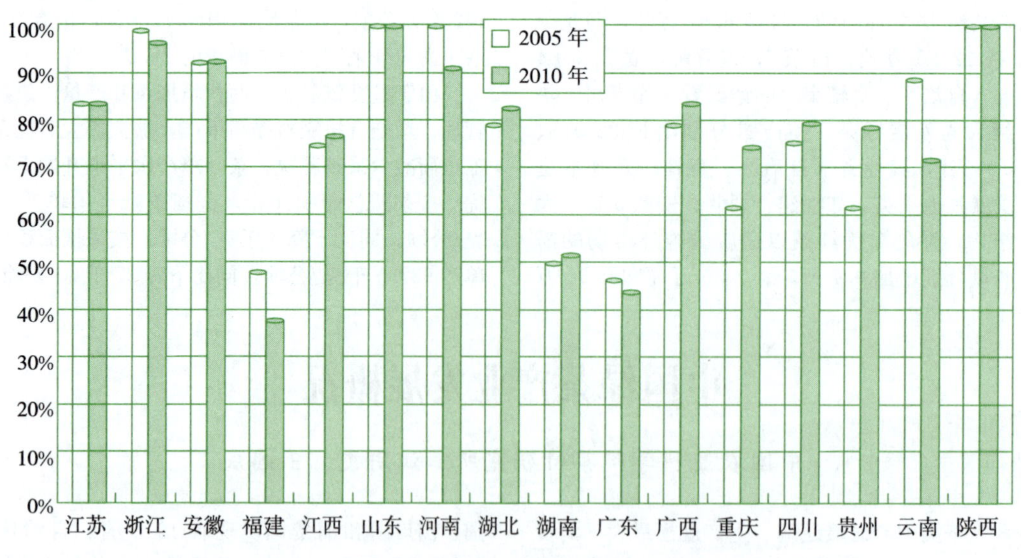

图 2 2005、2010 年主要产茶区绿茶产量占茶叶总产量的比重变化

表 1　2005—2010 年主要产茶省（自治区、直辖市）绿茶产量

单位：万吨

省（自治区、直辖市）	2010 年	2009 年	2008 年	2007 年	2006 年	2005 年
江苏	1.23	1.30	1.32	1.28	1.12	1.01
浙江	15.71	16.57	16.07	15.86	15.08	14.29
安徽	7.70	7.23	6.42	6.12	5.57	5.49
福建	10.24	10.92	10.83	10.20	9.34	8.89
江西	2.29	1.97	1.81	1.60	1.32	1.25
山东	1.19	1.10	0.99	0.96	0.80	0.66
河南	3.88	3.55	3.19	2.61	2.07	1.69
湖北	13.71	11.99	10.71	8.53	7.38	6.72
湖南	6.07	5.19	4.28	4.22	3.91	3.59
广东	2.34	2.50	2.36	2.42	2.22	2.07
广西	3.27	3.05	2.79	2.82	2.30	2.07
海南	0.11	0.10	0.09	0.08	0.11	0.09
重庆	1.88	1.71	1.84	1.35	1.19	1.02
四川	13.46	12.38	10.93	10.11	8.58	7.38
贵州	4.10	2.87	2.09	1.77	1.56	1.41
云南	14.86	16.13	15.28	15.98	12.50	10.27
陕西	2.51	2.02	1.60	1.44	1.28	1.14
甘肃	0.08	0.08	0.06	0.06	0.06	0.05
全国合计	104.64	100.63	92.66	87.41	76.40	69.10

（1）绿茶生产区域较集中，但集中度下降。浙江省是全国最大的绿茶生产地区，2010 年绿茶产量 15.7 万吨，占全国绿茶产量的 15.0%，依次为云南省、湖北省、四川省、福建省、安徽省和湖南省，2010 年绿茶生产量分别为 14.86 万吨、13.71 万吨、13.46 万吨、10.24 万吨、7.70 万吨、6.07 万吨，以上 7 省的绿茶产量占全国绿茶产量的 70%。2005—2010 年，全国绿茶产量排名前 7 位的省没有变化，但上述 7 省绿茶产量占全国茶叶总产量的比重从 2005 年的 82%下降到 2010 年的 70%。近年来，贵州、河南、陕西等省绿茶发展迅速，增长速度远高于全国平均水平。浙江省是全国最大的绿茶精制加工基地。2005 年精制茶叶 22.7 万吨，约占全国精制茶叶总量的 40%，2010 年精制茶叶超过 35 万吨，但占全国精制茶叶总量的比重已下降到 30%左右。以上数据说明，全国绿茶生产和加工区域分布更加广阔。

（2）中西部地区绿茶产业发展速度快，所占比重提高。近年来，中西部地区积极发挥区域生态优势和劳动力资源丰富的优势，大力发展绿茶。2010 年中部地区（产茶有安徽、江西、河南、湖北、湖南 5 省）、西部地区（产茶有重庆、四川、贵州、云南、广西、陕西、甘肃、西藏 8 省、自治区、直辖市）的绿茶产量分别比 2005 年增长 80%和 72%，增长速度大大高于全国平均水平。东部地区（产茶有江苏、浙江、福建、山东、广东和海南 6 省）的绿茶产量增长放缓，2010 年绿茶产量仅比 2005 年增长 14%。2005 年东部、中部和西部地区的绿茶产量比例为 39∶27∶34，到 2010 年变化为 30∶32∶38，中西部地区的绿茶产量占全国绿茶产量的比重提高，产量均已超过东部地区，表明“十一五”期间绿茶初加工快速向中西部转移。见图 3。

3. 以市场为导向，茶叶生产结构进一步优化　2005 年以来，各茶叶主产区坚持以市场为导向，以提高效益为出发点，因地制宜，优化产品结构，加快名优绿茶产业化开发，进一步促进了绿茶生产效益的提高。5 年来，全国名优绿茶产量增长 116%，年均增长 17%，大大超过全国绿茶和茶叶总产量增长速度，2010 年全国名优绿茶产量达到 55 万吨，占茶叶总产量比重由 2005 年的 27%提高到 37%；名优绿茶产值超过 370 亿元，占茶叶总产值的比重从 58%提高到 66%，为“产业增效、茶农增收”作出了重要贡献。见图 4 和图 5。

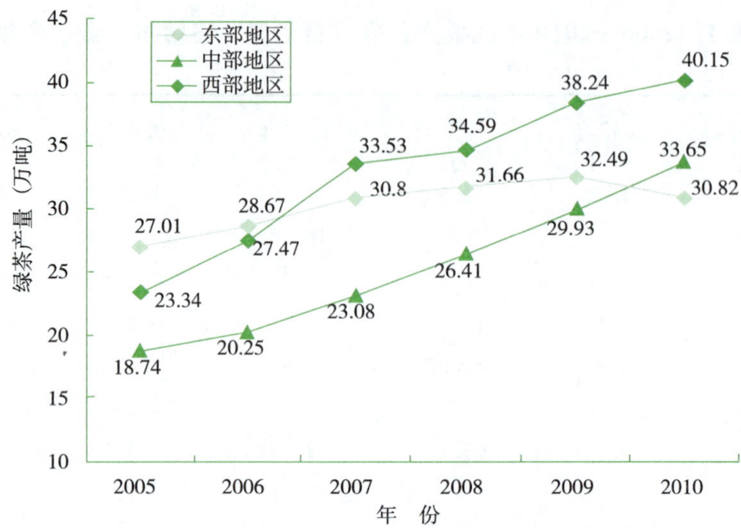

图 3 2005—2010 年东部、中部、西部地区绿茶产量变化趋势

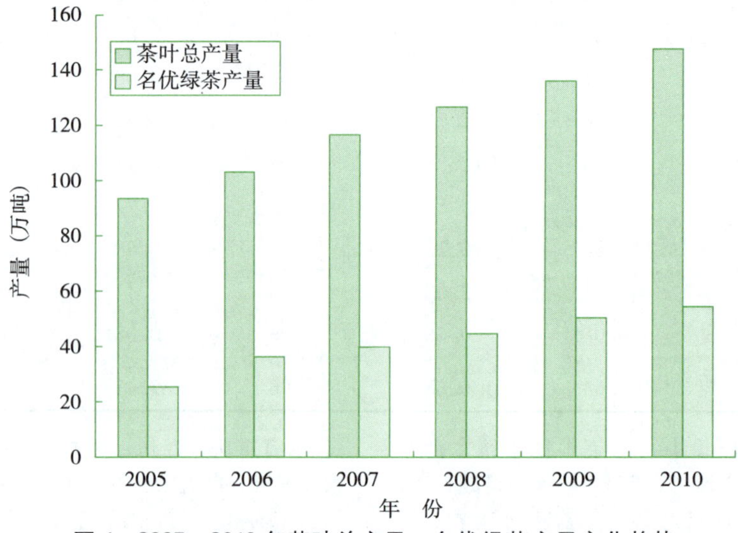

图 4 2005—2010 年茶叶总产量、名优绿茶产量变化趋势

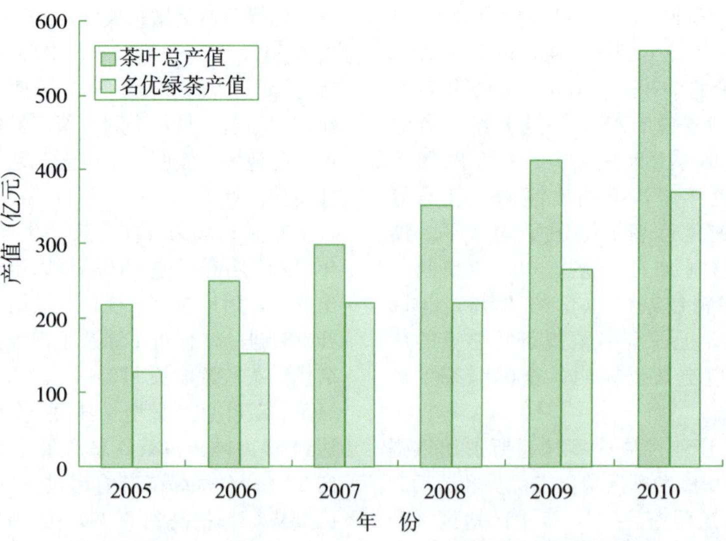

图 5 2005—2010 年茶叶总产值、名优绿茶产值变化趋势

4. 加工水平提高，产品档次和效益提升 近年来，我国绿茶机械化加工技术有了明显的进步，特别是2006年国家将茶叶加工机械列入全国农机具购置补贴目录，进一步推动了全国茶叶加工机械的普及。目前，全国大宗绿茶加工基本实现机械化，名优绿茶机械化加工水平也达到80%以上，涌现出了一批配备清洁化、连续化、自动化茶叶加工生产线的现代茶叶加工厂，促进了绿茶加工技术水平、质量和效益的提升。如浙江省从2003年开始组织实施茶厂优化改造工程，到2010年全省全面完成初制加工厂改造或新建的任务，建成省级示范加工厂119家，符合清洁化加工要求的茶厂已达2 632家，占全省绿茶加工企业的一半，使全省茶叶加工基础条件和技术水平得到明显提高；江苏省则实施茶叶加工厂环境综合整治工程；河南省自2009年以来，新建设高标准现代化精制茶加工厂10多个，引进先进加工机械生产线20多条；四川、湖北、山东等省也积极引进茶厂加工设备，改造加工环境，支持龙头企业建立清洁化生产示范加工厂，全面推广名优茶机制技术，推动名优绿茶的规模化生产。目前，全国已建立毛峰茶、芽形茶、扁形茶和高级绿茶等约300条连续化、清洁化生产线，部分绿茶企业的加工水平已达到国际先进水平。

5. 新型绿茶和茶叶深加工步伐加快，产品趋向多样化 近年来，我国新型绿茶加工技术开发进展快，新产品、新工艺层出不穷。先后开发出咖啡因含量低于1%的低咖啡因绿茶，粒度超过300目①的超微绿茶粉、具有降血压功能的γ-氨基丁酸绿茶等新型绿茶，并成功实现工业化生产。湖南、浙江等省先后成功开发出高功能性成分含量和品质风味与传统茶叶明显不同的多种新型茶，如氨基酸含量大于6%的高氨基酸茶、茶多酚含量大于40%高茶多酚绿茶、EGCG（没食子儿茶素没食子酸酯）含量大于8%的高EGCG绿茶等，满足了不同消费人群的需求。

茶叶深加工是提高低档绿茶附加值的有效途径。目前，全国以绿茶为原料提取茶多酚为主的茶叶功能成分产品生产企业已达到40多家，主要分布在浙江、江苏、湖南、安徽、四川省，年生产量5 000吨。绿茶饮料、速溶绿茶也形成规模化生产。随着市场的不断拓宽，绿茶的深加工将成为茶产业新的增长点。

（二）绿茶贸易现状

1. 绿茶出口 我国茶叶出口在2009年首次突破30万吨、7亿美元之后，2010年分别达到30.25万吨和7.84亿美元，其中，绿茶仍是我国最大的出口茶类。由于绿茶对人体健康有益作用的宣传，刺激了国际市场对绿茶需求的快速增长，促使我国绿茶出口量稳步提高，2010年，我国绿茶出口量23.43万吨、金额5.67亿美元，分别比2005年增长13.6%和71.3%，连续5年量额齐增。我国绿茶出口量已占世界绿茶出口总量的80%，是全球最大绿茶出口国，供出口的绿茶品种主要有眉茶、珠茶、煎茶和特种绿茶。行销区遍及北非、西非各国及法国、美国、乌兹别克斯坦、日本等50多个国家和地区，其中亚、非洲地区占80%；摩洛哥是中国茶叶出口第一大市场，也是中国绿茶出口传统市场，占中国绿茶出口的1/4，主要以珠茶、眉茶为主。在国际市场上绿茶销量占内销总量的1/3以上。

2. 绿茶内销 近年来，我国茶叶消费量及占茶叶总产量的比重均呈逐年增加的态势。2009年我国茶叶消费量约96万吨，2010年突破100万吨，是世界最大的茶叶消费国，约占世界茶叶总消费量的25%，销售额超过550亿元。其中，绿茶消费量比重最大，2009年绿茶销售量约为63万吨，2010年则接近70万吨，在茶类消费结构中保持主导地位，占国内茶叶总消费量的65%；从近年来茶叶消费变化看，绿茶增长仍是主流，特别是名优绿茶消费，市场遍及全国各大中城市和乡村，主要分布在浙、沪、京、苏、鲁等地，尤其是华北市场，绿茶消费增幅巨大。

（三）企业发展和品牌建设

1. 绿茶企业快速发展，产业化经营水平提高 近年来，各级政府加大对专业合作社和农业龙头企业的扶持力度，茶叶产业化经营水平不断提高，茶叶龙头企业不断发展壮大。我国茶叶加工已由传统的个体茶农自行加工，向专业合作社和企业集中加工的方式转变，个体加工呈现减少的趋势，由茶农联合组成的专业合作社则在逐渐增加，具有较强实力和较大生产规模的龙头企业也得到了较为迅速的发展。2005年全国仅有8家茶叶企业入选农业产业化国家重点龙头企业，其中绿茶生产加工企业6家，到2010年，已有34家茶叶企业入选农业产业化国家重点龙头企业，其中绿茶生产加工企业26家。

2. 绿茶品牌建设进程加快，知名度提高 各绿茶主产区在不断提高生产组织化程度的同时，加大品牌打造力度，整合品牌，加大扶持，强化宣传推广，打造出了一批名牌茶叶。如湖北省通过品牌整合，先后推出采花毛尖、恩施玉露、武当道茶和萧氏茗茶、鹤峰翠泉茶、英山云雾茶、大悟绿茶等知名品牌，并推出了湖北绿茶整体形象和湖北绿茶第一方阵品牌企业；四川省加大对峨眉山茶、蒙顶山茶和宜宾早茶等区域品牌的打造；浙江省则全面开展品牌培育与整合，全力打造浙江绿茶这一公共品牌概念；贵州省在绿茶母品牌统领下，加快对湄潭翠芽、都匀毛尖、凤冈锌硒茶、石阡苔茶等主要品牌标准体系的健全和完善；其他如福建、云南、河南等省也都在整合资源、打造精品、实施名牌战略，培育了一批全国知名的绿茶品牌。2005年，被国家工商行政管理总局认定为中国驰名

① 筛目（也叫网目）是正方形网眼筛网规格的度量，一般是每英寸中有多少个网眼。

商标的茶叶企业商标仅 2 个，到 2010 年增加到 30 个，其中径山茶、安吉白茶、雾里青、竹叶青、洞庭碧螺春等绿茶商标 18 个；已获得注册的茶叶地理标志产品 103 个，其中绿茶 79 个。

中国白茶产业发展概况

叶乃兴[1]　谢向英[1]　苏峰[2]　李令群[1]

[1]福建农林大学茶叶科技与经济研究所　[2]福建省种植业技术推广总站

白茶是六大茶类之一，属微发酵茶，是中国茶类中的特殊珍品。中国白茶的主产地主要位于福建省福鼎市与政和县，生产量占全国白茶总产量的 90%左右，因此，2010 年中国白茶产业发展报告主要是建立在对福鼎、政和两地的白茶产业发展分析基础上。

（一）2010 年白茶产业发展年度概况

白茶产区分布在福建省东北部和北部茶区（俗称闽东茶区及闽北茶区）。福建东北部茶区主产地在福鼎市，福鼎白茶的主产区分布于福鼎的白琳、磻溪、秦屿、点头、管阳、贯岭、前岐等地，主栽品种是福鼎大毫茶和福鼎大白茶。福建北部茶区主产地在政和、建阳，政和的白茶主产区分布于东平、石屯、星溪、铁山等地，主栽品种是福安大白茶、政和大白茶、福云 6 号等；建阳的白茶主产区分布在漳墩、迴龙和水吉等地，主栽品种是福建水仙、福安大白茶、政和大白茶、菜茶等，周边松溪县的郑墩也有少量生产。

福鼎白茶的主要生产企业有福建品品香茶业有限公司、福建广福茶业有限公司、福建绿叶茶业发展有限公司、福建省天湖茶业有限公司、福鼎市天健茶业有限公司、福鼎市东南白茶进出口有限公司、福建省裕荣香茶业有限公司、福建省玉鼎农业发展有限公司、福鼎市芳茗茶业有限公司、福建瑞达茶业有限公司等，2010 年生产福鼎白茶5 000多吨（表 1）。政和白茶的主要生产企业有政和县白牡丹茶叶有限公司、政和瑞茗茶业有限公司、政和县闽峰茶业有限公司、政和县东平宏达茶厂、政和县茗香轩茶厂等，2010 年生产政和白茶1 000多吨（表 2）。其中福建绿叶茶业发展有限公司、福建品品香茶业有限公司、福建广福茶业有限公司、福建省天湖茶业有限公司、福建誉达茶业有限公司、福鼎市莲峰茶业有限公司、福建省银龙茶叶科技有限公司等入围 2010 年中国茶叶行业百强企业。

表 1　2010 年福鼎市部分茶叶企业白茶生产概况

单位：公顷，吨

公司名称	茶园面积	白茶产量	备　注
福建绿叶茶业发展有限公司	360	1 629.6	2010 年中国茶叶行业百强企业
福建品品香茶业有限公司	306.67	310	2010 年中国茶叶行业百强企业
福建广福茶业有限公司	233.33	300	2010 年中国茶叶行业百强企业
福建省天湖茶业有限公司	100	302	2010 年中国茶叶行业百强企业
福建誉达茶业有限公司	80.8	350	2010 年中国茶叶行业百强企业
福鼎市莲峰茶业有限公司	466.67	130	2010 年中国茶叶行业百强企业
福建省玉鼎农业发展有限公司	70.87	650	
福鼎市东南白茶进出口有限公司	206.67	500	
福建瑞达茶业有限公司	157.33	500	
福鼎市芳茗茶业有限公司	333.33	100	
福建省裕荣香茶业有限公司	153.33	310	
福建天丰源茶产业有限公司	133.33	100	
福鼎市天健茶业有限公司	237.33	179.3	
福鼎白琳茶业有限公司	333.33	180	
福鼎市天毫茶业有限公司	133.33	92	
福鼎市鼎白茶业有限公司	20	45	
福鼎市春隆白茶有限公司	53.33	50	
福建龙之梦茶业有限公司	80	10	
福建古德茶业有限公司	113.33	20	

表 2　2010 年政和县部分茶叶企业白茶生产概况

单位：公顷，吨

企业名称	茶园面积	白茶产量	
		2009 年	2010 年
政和县白牡丹茶叶有限公司	400	803	650
政和瑞茗茶业有限公司	215.33	217	200
政和县东平宏达茶厂	86.67	136	100
政和县茗香轩茶厂	360		100
福建省福华茶叶有限公司	266.67		2.5
福建茂盛茶业有限公司	266.67		2.5
政和县闽峰茶业有限公司		205	
政和县飞达大白茶加工厂		52	

近年来，随着白茶保健功效的不断发现，白茶市场逐步扩大，白茶生产企业在积极拓展国内外市场的同时更加关注、开发白茶新产品，将白牡丹、新工艺白茶加工成袋泡茶、从白茶中提取茶多酚、开发白茶茶水饮料和白茶爽等，带动了白茶产区的生产发展，白茶产量稳中有升。福鼎、政和白茶产地的重要生产企业大多分别获得国内外有机认证，如欧盟 EU、日本农业标准（JAS）、美国国家有机标准（NOP）、瑞士生态市场研究所（IMO）及国内有机认证，有机白茶逐渐进入市场。

2010 年，福建出入境检验检疫局辖区共检验检疫出口白茶 216.44 吨，金额 181.7 万美元，同比分别增加 2.83 倍和 4.57 倍。主要输往中国香港、德国、美国、日本、荷兰、法国、印度尼西亚、新加坡、马来西亚、瑞士等 20 多个国家和地区。

（二）2010 年白茶产业发展年度产业链挖掘

1. 选育白茶新品种

（1）丹霞 1 号。丹霞 1 号是广东省农业科学院茶叶研究所从仁化白毛茶群体中单株选育的高香型红茶和白茶兼用无性系新品种。丹霞 1 号属小乔木，中叶种，具有高产、高香、优质等突出特点，抗逆性强、遗传性状稳定。一芽三叶鲜叶产量4 980～5 223千克/公顷，比对照种英红 9 号增产 6.2%～8.2%。其芽叶内含物丰富，适制高档名优红茶和白茶，产品花香毫韵突出，品质优异，经济价值高，市场应变能力强。品质鉴定结果表明，用丹霞 1 号茶树的单芽试制成高档白茶，外形挺直肥壮，白毫厚披，汤色杏黄明亮，滋味鲜醇回甜，叶底嫩匀，感官审评综合评分比白毛群体和福鼎大白茶分别高 6.1 分和 3.3 分。

（2）丹霞 2 号。丹霞 2 号是广东省农业科学院茶叶研究所从仁化白毛茶群体中单株选育的高香型白茶和红茶兼用无性系新品种。丹霞 2 号属小乔木，中叶种，具有高产、抗逆性强、高香优质等特点，抗逆性强、遗传性状稳定。一芽三叶鲜叶产量4 980～5 637千克/公顷，比对照种仁化白毛群体增产 27.6%。其芽叶内含物丰富，兼适制高档名优红茶和白茶，产品花香毫韵突出，品质优异，经济价值高。品质鉴定结果表明，用丹霞 2 号单芽试制成高档白茶，外形挺直，芽头肥壮，白毫厚披，汤色杏黄明亮，滋味鲜醇，叶底嫩匀，感官审评综合评分分别比白毛群体和福鼎大白高 7.1、4.3 分。

2. 开发白茶新产品

（1）花香型白茶。花香型白茶即工夫白茶，是福建省农业科学院茶叶研究所开发的白茶新产品。鲜叶原料采自高香型茶树品种，按照白茶的基本加工工艺（鲜叶→萎凋→烘制→成品），融合绿茶、乌龙茶加工的（晾青→做手→揉捻造型）工艺制作而成。

花香型白茶外形自然，硬实，色泽墨绿带白毫，汤色杏黄透亮，滋味醇厚，甘甜滑，具有天然花香。花香型白茶的工艺流程如下：

①鲜叶采摘：花香型白茶的鲜叶原料采自金观音、黄观音、金牡丹、紫牡丹等高香型乌龙茶品种，采摘标准为一芽一叶至一芽二叶初展，以采摘一芽一叶为最好。

②摊晾、晒青：鲜叶采回后应及时摊放在竹筛上进行晾青，晾青厚度约 1～2 厘米，晾青时间应超过 60 分钟。待到下午 4 时左右，阳光较弱时，进行晒青，其间抖翻两三次，以鲜叶自然萎软，色泽变暗，清香微露为晾青适度。

③萎凋：萎凋是花香型白茶加工的关键工序，萎凋历时一般需要 25 小时以上。萎凋过程采用变温降湿，即先常温常湿（20～25℃，湿度 65%～70%），后高温低湿（30～40℃，湿度 10%～40%），萎凋过程以摊晾为主，翻青为辅，待萎凋叶花香显，白茶风格露，茶青减重率达 60%～70%，即为萎凋适度。

④揉捻造型：分造型和非造型两种工艺。造型工艺技术采用短时（5～10 分钟）轻揉（揉捻机盖轻轻盖住揉捻叶即可）。

⑤烘干：花香型白茶的萎凋含水量高于传统白茶，需要分两道毛火烘制，其中第一道毛火温度稍高，历时

较短。

⑥复火提香：待完成茶叶的拣选工序后，进行复火提香。将茶叶均匀摊在烘筛上，置于烘机内，复火温度控制在 70～80℃，时间 30～40 分钟，茶叶含水量 5%～6%。

（2）真空小包装紧曲型白茶。针对传统白茶加工受外界环境因素影响大，加工时间长以及传统白茶外形粗松，不便储运、包装、保鲜、消费等问题，福建农林大学茶学系研制出白茶新产品——真空小包装紧曲型白茶。

真空小包装紧曲型白茶外观紧结，适合真空包装；风味特征明显（干茶灰白显毫、汤色杏黄、滋味鲜纯、香气清雅）；产品水浸出物总量（有利于耐泡性、茶汤浓度和风味）较传统白茶（采用自然萎凋、未经造型）平均提高 2%～3%以上，保鲜期和保质期较传统白茶延长 6 个月以上。

紧曲型白茶的加工工艺流程：鲜叶原料采自福安大白茶、政和大白茶等白茶品种，采摘标准为一芽二三叶。在自然萎凋 48～54 小时或人工萎凋 18～24 小时后，白茶的品质特征已基本形成，由于萎凋叶已大量失水而不便揉捻，需在萎凋叶上喷洒适量的水，并静置 1 小时左右，让水分渗入到萎凋叶内后，再进行蒸汽固青。蒸汽固青约 30 秒，此时青叶变得柔软舒展，适宜揉捻。经揉捻造型、干燥，加工成卷曲形和颗粒形两种紧曲型白茶。

（3）白茶深加工新产品

①福鼎白茶爽：福建绿叶茶业发展有限公司与浙江大学茶学系合作研制生产白茶深加工产品——福鼎白茶爽，福鼎白茶爽是由 3%的福鼎白茶提取物等和 97%的木糖醇组成。

②虫草白茶：由福鼎市芳茗茶业有限公司与福建天馨生物科技有限公司联合研发而成，芳茗虫草白茶选用北冬虫夏草和福鼎白茶为原料，充分利用茶叶深加工技术研制而成，使产品的口感既保持白茶的清甜润爽，又融入虫草特有的醇香。

（三）2010 年白茶产业发展年度市场表现

1. 福鼎白茶的 2010 年市场表现 作为白茶主产区的福鼎市近几年大力发展白茶产业，有效开拓了白茶的国内国外市场，加大福鼎白茶品牌宣传力度，增加对报纸、电视、广播以及网络媒体宣传的投入，借助媒体力量扩大宣传覆盖面，2010 年，福鼎白茶在各大销区频频举办品牌推介活动，宣传白茶，打造品牌，进一步拓展了白茶市场。2010 年全市涉茶产业产值已达 13 亿元。

（1）会展方面。积极亮相，高频率的参展使福鼎白茶知名度创历史新高。上海世博会期间，福鼎白茶获选上海世博会十大名茶，入驻联合国馆，平均以每月两场活动的频率，展示福鼎白茶生态、健康的优良品质。2010 年 11 月 16 日，第四届海峡两岸茶业博览会在武夷山开幕，被评为 2010 年世博会十大名茶的福鼎白茶受到消费者的追捧，成为展会的焦点。12 月 16～19 日第三届深圳茶博会举行，福鼎白茶再次挺进深圳，借助该平台继续加大了福鼎白茶的营销宣传，拓展市场，深化福鼎白茶品牌形象。12 月 23～26 日广交会琶洲展馆隆重举行，福鼎白茶 9 家参展企业获得订销合同突破5 000万元，这是福鼎继 2005 年、2007 年之后，第三次在该展会推广福鼎白茶，对促进福鼎茶产区茶叶企业的对外交流与合作起到了重要的作用。

（2）品牌认证与科技方面。2010 年福鼎白茶可谓硕果累累，捷报频传。1 月 13 日，浙江大学中国农村发展研究院（CARD）农业品牌研究中心发布《2010 中国农产品区域公用品牌价值报告》，福鼎白茶农产品区域公用品牌评估价值为 22.56 亿元，在茶叶区域品牌价值榜上名列全国第 7 名，这是我国首次对茶叶区域品牌进行比较全面、集中的价值评估，福鼎白茶的品牌价值自此有了权威认定。1 月 15 日，福鼎白茶地理标志证明商标被国家工商行政管理总局认定为中国驰名商标。5 月，经国务院批准，福鼎白茶正式列入国家级非物质文化遗产名录，真正体现了“世界白茶在中国，中国白茶在福鼎”的典型代表和正宗意义。6 月 7 日，福鼎白茶（太姥银针）凭借地域唯一性、工艺天然和功效独特等特性成功入选 2010 年上海世博会十大名茶，为福鼎白茶发展增添新的光环。10 月 26 日，《地理标志产品　福鼎白茶》标准正式发布，对促进福鼎白茶产业的发展，提高福鼎白茶产品质量，规范福鼎白茶产品的市场秩序将起到重要的作用。另外，福建省银龙茶叶科技有限公司自主研发的“清洁化复式萎凋白茶”生产新技术获得了 2010 年度福建省科学技术奖的科技进步奖二等奖，象征着福鼎白茶产业在高新技术进程上又走出了一大步。

（3）新产品研发及白茶文化宣传方面。福鼎白茶陆续通过各种形式推广和加深其品牌认知。6 月 3 日，白茶饮料产品福鼎白茶爽试产下线，这是福鼎白茶产业开发新产品的一次大胆尝试，白茶在人们眼中不再“仅仅是茶”，福鼎白茶进入高附加值产业的时代可见端倪。12 月 12 日，福鼎茶易购电子商务有限公司开业，这是闽东地区首家成立的大型茶叶网上信息和交易平台，通过互联网旨在建立一个全新的茶行业营销模式，为健全福鼎白茶的网络市场推广树立了一个良好的开端。文化宣传方面，福鼎市通过参与“闽茶中国行”系列宣传推广活动和举办“百名作家看白茶”等活动，进一步扩大了福鼎白茶在国内的影响力，让白茶及白茶文化深入人心。

通过大力度的品牌宣传，福鼎白茶在国内的知名度与美誉度不断提高，在北京、上海等大城市开始被消费者接受。据白茶世界网报道，2010 年厦门各个领域的热钱相继涌入白茶产业，各地投资商刮起一阵白茶投资热。

2. 政和白茶的 2010 年市场表现 作为中国白茶之乡的政和，其白茶产业发展的 2010 年市场表现亦不俗。借助白茶内销市场逐年拓展的东风，政和白茶的消费群体不断扩大。2010 年初，政和县获得人民网产茶明星县称号，在之后的2010年“9.8”、“5.18”、“6.18”各种会展上都可以看到政和白茶品牌的身影。此外，政和县还组织茶叶企业到上海世博会参展，借世博会的大平台推介政和茶叶及其品牌。2010年10月8日，政和工夫被认定为中国驰名商标。在2010年参加上海世博会名茶（具）评选活动中，福建政和白茶脱颖而出，囊括了金、银、优质奖各项大奖，神农茶业推出的神农牌白毫银针获得了2010年参加上海世博会名茶评选白茶类金奖。2010年11月12日由政和县白牡丹茶叶有限公司和福建农林大学等单位合作完成的福建省科技富民工程“一县一业”技术创新示范重大专项专题“政和白茶产业化关键技术研究示范”通过省级专家验收，研究成果达到国内领先水平。

中国乌龙茶产业发展概况

杨江帆　王盛彬　陈荣冰

乌龙茶（Oolong tea），亦称青茶，属半发酵茶，是中国六大茶类之一。乌龙茶综合了绿茶和红茶的制法，茶鲜叶经过杀青、萎凋、摇青、半发酵、烘焙等工序制成。其品质介于绿茶和红茶之间，既有红茶浓鲜味，又有绿茶清芳香，具有独特的自然花香，醇厚爽口的滋味。品尝后齿颊留香，回味甘鲜。

乌龙茶为中国特有的茶类，主要产于福建、广东、台湾3省。20世纪70年代，江西、浙江、安徽、湖南、湖北、广西等部分绿茶产区纷纷引进乌龙茶制作技术，改制乌龙茶。目前我国乌龙茶有福建（闽南、闽北）、广东、台湾等三大主产区，以福建产制历史最长、产量最多、品质最好，尤以安溪铁观音和武夷岩茶闻名于海内外。

（一）乌龙茶产业发展的现状

1. 乌龙茶产业生产现状　2010年春季，闽南乌龙茶遭受到冻害的影响，春茶产量同比略有下降。秋季气候较好，茶叶品质提升，产量保持稳定。2010年6月份，闽北武夷山遭受特大洪灾，部分毛茶被淹，损失较大。但是，近年来，闽北乌龙茶的知名度大幅提升，市场需求量增加，极大地调动了茶农的生产积极性，茶园种植面积不断扩大。2010年中国乌龙茶品种种植面积约为106 700公顷（不含台湾省），2010年乌龙茶产量达到18.0万吨（表1）。

表1　2001—2010年乌龙茶产量

单位：吨

年　份	2001	2002	2003	2004	2005	2006	2007	2008	2009	2010
乌龙茶产量	70 062	76 660	81 271	90 168	103 820	116 214	129 663	144 142	159 062	179 951

数据来源：国家统计局和农业部。

截至2010年，全国乌龙茶初、精制加工企业有3万～4万家，其中精制加工企业近千家，从业人数达50多万人，精制乌龙茶产量约13多万吨。其中以民营企业为主，部分为“三资”企业，国有企业有福建外贸茶叶进出口公司、厦门茶叶进出口有限公司、广东外贸茶叶进出口公司等。综合2009年与2010年中国茶叶流通协会的统计数据，大型乌龙茶企业主要集中在福建省（表2）。

表2　乌龙茶20强企业名单（一）

单位：万元

序　号	企业名称	法人代表	2009年销售额	省份
1	安溪八马茶业有限公司	王文彬	52 896	福建
2	泉州市理想茶叶有限公司	郑文巧	48 352	福建
3	广东茶叶进出口有限公司	穆有为	46 115	广东
4	福州春伦茶业有限公司	傅天龙	43 298	福建
5	上海天坛国际贸易有限公司	邬建斌	41 106	上海
6	福州满堂香生态农业有限公司	高晨生	37 038	福建
7	福建魏氏茶业有限公司	魏贵林	35 139	福建
8	日春股份公司	王启灿	30 638	福建

表 2　乌龙茶 20 强企业名单（二）

单位：万元

序　号	企业名称	法人代表	2009 年销售额	省份
9	厦门茶叶进出口有限公司	贾　鹏	26 495	福建
10	福建大自然茶业科技有限公司	蔡荣旭	22 976	福建
11	武夷星茶业有限公司	何一心	21 000	福建
12	福建品品香茶业有限公司	林振传	20 520	福建
13	福建茶叶进出口有限公司	贾　鹏	19 410	福建
14	福建省泉州市日泰茶业有限公司	傅仰恩	18 633	福建
15	福建富源茶业有限公司	詹保凌	16 371.47	福建
16	安溪志宏制茶有限公司	高志川	15 600	福建
17	福建三和茶业有限公司	吴荣山	12 411	福建
18	福建省南方佳木茶业有限公司	缪　强	10 013	福建
19	大埔县康达茶业有限公司	赖法卫	9 923.9	广东
20	安溪县桃源有机茶场有限公司	汪健仁	8 601.66	福建

数据来源：2009—2010 年中国茶叶流通协会。

2. **福建乌龙茶生产现状**　福建省是乌龙茶的故乡，在种植面积、产量、出口创汇等方面居全国第一。2010年，福建省乌龙茶种植面积达86 700公顷，产量 14.70 万吨，产值 120 亿元。福建省乌龙茶产区主要分布在闽南的泉州市、漳州市与闽北的武夷山市、建瓯市。

（1）闽南乌龙茶产区。安溪县为全国第一产茶大县，2010 年乌龙茶种植面积40 000公顷，产量 6.30 万吨，产值 81 亿元，涉茶人口达 80 多万人，种植品种有铁观音、黄旦、毛蟹、本山与梅占等，其中铁观音种植面积占安溪茶园总面积 55%～60%以上。目前，安溪县政府，不提倡茶园面积继续扩张，提倡走精致茶业的发展道路，重视高效生态茶园建设，提高单位面积产量与产值，为中国茶产业的发展起到了引领与表率作用，值得各地借鉴。闽南漳州市，乌龙茶种植面积26 700公顷，主要分布在华安县、平和县、南靖县等地。华安县乌龙茶品种种植面积10 700公顷，以铁观音品种为主，产量 1.70 万吨，是近年来增长速度较快的一个产茶县；平和县乌龙茶种植面积7 100公顷，以白芽奇兰品种为主，年产 1 万多吨；南靖县乌龙茶种植面积8 000公顷，产量 1 万多吨。

（2）闽北乌龙茶产区。2010 年，闽北的武夷山市、建瓯市，乌龙茶种植面积16 700公顷，产量 2.50 万吨。近年来，由于大红袍宣传力度不断加大，提升了武夷山茶叶品牌的国内外知名度，使武夷山茶产业发展呈现出种植面积扩大、产值增加、茶农增收、茶企增效、国家增税的良好态势。2010 年春，由于闽北地区遭遇寒潮和冰雹等灾害天气影响，茶叶等经济作物受损严重，早芽种遭遇冻伤，中、晚芽种受损，从而导致武夷岩茶明显减产。由于灾害减产，供需失衡，茶商争相提高价格收购茶青，使武夷岩茶各品种茶青价格同比明显上涨，导致精制茶生产成本大幅度提高，进而推动武夷岩茶整体市场销售价格明显走高。

据武夷山市物价局价格监测中心调查了解，2010 年武夷山核心景区范围内的水仙茶青平均收购价格达 20～30 元/千克，同比上涨 11%～36%，影响精制茶生产成本同比上升 13%～36%，达 360～520 元/千克；老枞水仙茶青平均收购价格达 160～200 元/千克，同比上涨 100%～122%，影响精制茶生产成本同比上升 97%～125%，达 1 320～1 640元/千克；肉桂茶青平均收购价格达 52～72 元/千克，同比上涨 44%～64%，影响精制茶生产成本同比上升 43%～61%，达 456～616 元/千克；大红袍茶青平均收购价格达 80～120 元/千克，同比上涨 30%～40%，影响精制茶生产成本同比上升 28%～37%，达 680～1 000元/千克。

由于核心景区范围内茶青价格上涨，拉动景区周边范围茶青收购价格也呈现强劲上涨走势。景区周边范围水仙茶青平均收购价格达 10～14 元/千克，同比上涨 133%～150%，影响精制茶生产成本同比上升 93%～95%，平均 120～152 元/千克；肉桂茶青平均收购价格达 16～20 元/千克，同比上涨233%～300%，影响精制茶生产成本同比上升156%～171%，平均168～200元/千克；产于武夷山国家自然保护区的金骏眉茶青平均收购价1 200～1 600元/千克，同比上涨50%～60%，影响精制茶生产成本同比上升45%～59%，平均5 200～7 000元/千克。其他乡镇的水仙茶青平均收购价格8～10元/千克，同比上涨122%～150%，影响精制茶生产成本同比上升57%～77%，平均94～110元/千克；肉桂茶青平均收购价格10～12元/千克，同比上涨15%～172%，影响精制茶生产成本同比上升77%～97%，平均55～63元/千克。

（3）福建其他产区。2010 年，三明市乌龙茶品种种植面积8 700公顷，产量 1 万多吨。闽西的龙岩市，乌龙茶品种种植面积5 300公顷，产量6 000吨，主要产地为漳平市，品种以水仙为主；漳平市还建有国家级台湾农民创业园，以茶叶为主，引进台湾金萱、翠玉等品种，为丰富乌龙茶品种与海峡两岸茶叶交流起到了积极的作用。闽东各茶区乌龙茶产量约4 000吨。

3. 广东乌龙茶生产现状 2010年，广东省乌龙茶品种种植面积13 300公顷，产量1.50万吨，产值7亿元。广东乌龙茶产于潮安、饶平、丰顺、蕉岭、平远、揭东、揭西、普宁、澄海、大浦、东莞。主要品种有凤凰水仙、岭头单枞、饶平色种、石古坪乌龙、大叶奇兰、兴宁奇兰等。其中以潮安凤凰山区的凤凰水仙最为著名。凤凰水仙原产于广东，始于南宋时期，成品茶分为凤凰水仙、凤凰单枞和凤凰浪菜3个品类，其中凤凰单枞素有“味美、色翠、香郁、味甘”之誉。凤凰水仙乌龙茶条索挺直肥大，色泽黄褐如鳝鱼皮色，油润光亮；冲泡后汤色清澈橙黄，具持久的天然花香，滋味醇爽，叶底肥厚柔软。

4. 台湾乌龙茶生产现状 据史料记载，台湾乌龙茶的生产，从1810年由福建武夷山引入茶籽开始，茶树品种和产制技术也皆由先民自福建传入。台湾冻顶乌龙茶产自台湾南投鹿谷附近的冻顶山，茶区海拔1 000～1 800米，台湾冻顶乌龙茶的品质特点为：形状卷曲呈半球形，光彩墨绿油润，冲泡后汤色黄绿明亮，香气高，有花香略带焦糖香，滋味甘醇浓厚，耐冲泡。在台湾高山乌龙茶最负盛名，被誉为“茶中圣品”。1959年台湾茶园面积为历史最多，达4.5万公顷，此后因产业结构的调整，土地资源日趋紧张，茶园面积逐渐减少，2005年为1.7万公顷。随着茶园面积的减少，台湾茶叶总产量一路下滑，从1970年的2.8万吨，减少到2005年的1.9万吨。但是同期的乌龙茶却呈递增趋势，从1970年0.93万吨增加到2000年的1.9万吨，此后基本稳定在1.8万～1.9万吨。2005年乌龙茶产量1.82万吨，占茶叶总产量的96.8%。2007年，台湾乌龙茶种植面积约1.6万公顷，占全国乌龙茶总面积的13.3%，乌龙茶产量1.82万吨，占全国乌龙茶总产量的12.6%。

（二）乌龙茶科技研究主要进展

福建省农业科学院茶叶研究所与福建农林大学等科教部门，对于乌龙茶品种资源、新品种选育、栽培技术、乌龙茶加工做青工艺及其品质生化等方面开展了一系列的研究，并取得了突破性进展。科技的不断进步，有力地促进了乌龙茶产业的健康快速发展，突出表现在以下四个方面。

1. 乌龙茶品种资源研究与新品种选育研究进展 目前生产中乌龙茶栽培品种或品系有上百个，其中以福建乌龙茶种质资源最为丰富，栽培品种最多。福建省农业科学院茶叶研究所收集、保存了国内外1 000个茶树品种（品系），4 000多份茶种质（其中乌龙茶品种60多个，种质材料200多份），分别建立了茶树品种资源圃与乌龙茶种质资源圃。已经成为我国乌龙茶种质资源研究与保存中心。并对茶树品种资源的生物学特性、农艺性状等进行了系统研究，从铁观音、黄金桂、大红袍、肉桂等乌龙茶品种人工杂交与自然杂交后代中，选育出12个高香优质的乌龙茶新品种。编著出版了我国第一部《茶树品种志》，参加编著《中国茶树品种资源目录》（福建品种）与《中国茶树品种志》（福建品种）。20世纪80年代，安溪县茶科所收集保存了64份闽南乌龙茶品种资源，建立乌龙茶品种观察园，对每份种质材料进行群体与单株栽培及采制比较试验；20世纪90年代，武夷山市茶科所对遍布武夷山三十六峰的武夷名枞、单枞进行普查，并在九曲茶园旧址建立武夷名枞种质资源圃，先后保存乌龙茶种质资源216份。并编著出版《武夷岩茶名丛录》。

由于乌龙茶品质与茶树品种的关系极为密切，因此福建省特别重视良种的选育与推广种植，良种普及率达95%以上。目前，福建省已通过审（认）定的国家级乌龙茶优良品种有铁观音、黄旦、本山、毛蟹、水仙、大叶乌龙、梅占、八仙茶、黄奇、悦茗香、黄观音、茗科1号、金牡丹、黄玫瑰、紫牡丹、丹桂、春兰、瑞香等18个；已通过审定的省级乌龙茶优良品种有佛手、肉桂、白芽奇兰、杏仁茶、凤园春、朝阳、九龙袍、紫玫瑰等8个。武夷山市茶科所从众多的武夷名枞、单枞中筛选出大红袍、小红袍、半天妖、白牡丹、金观音、金锁匙、石乳、天游香、月中桂、石观音、老君眉、瓜子金、金丁香、金凤凰、银凤凰、金鸡公、石乳香等18个武夷名枞。

台湾的茶树品种与茶叶采制技术由福建传入。此后，台湾茶树良种场和茶农选育的品种多数是适制乌龙茶的品种。目前，在生产上推广面积较大的有台茶12（金萱）、台茶13（翠玉）、青心乌龙、青心大冇、四季春、文山包种、大叶乌龙、武夷种、铁观音等。

2. 乌龙茶栽培、加工机械与技术研究进展 通过施肥对乌龙茶产量、品质的影响研究表明：(1) 有机肥与无机肥的合理配施，能促进铁观音茶树的速生快长，提高茶叶产量、品质与土壤肥力。铁观音茶园不施肥，茶树生长势弱，产量低，品质差，土壤肥力也低。(2) 明确了铁观音不同树龄阶段的钾肥，是促进幼龄茶树茎粗增长的肥料主效因子；提高茶叶产量主要靠氮肥，其次是钾肥和菜子饼；提高品质钾肥作用最大，其次是菜子饼和磷肥。

对茶叶加工机械的开发与利用研究，使茶叶加工由原来的全手工发展到现在的半机械化、机械化生产，使乌龙茶产品品质得以较大提高和稳定；尤其是台湾的电脑控温的萎凋机械设备、液化气杀青机、烘干机、新型包揉机与拣茶机等先进乌龙茶加工机械的引进与推广，提高了福建乌龙茶加工的机械化。

福建省农业科学院茶叶研究所和福建农林大学茶学系共同开展的“乌龙茶做青工艺与设备研究”，提出了乌龙茶毛蟹（厚叶型）、黄旦（薄叶型）品种各季做青环境最佳温湿度参数，最适的温湿度指标因茶树品种、鲜叶嫩度、叶片含水量的不同而存在一定的差异；研制提出用人工模拟环境最佳温湿度条件的做青间和微机自动控制的机械化连续化做青设备。此外，结合台式乌龙茶加工工艺对乌龙茶传统工艺进行改进与创新，开发出清香型闽南乌龙茶与轻火型闽北乌龙茶，形成了独特风格，满足了市场的多元化需求。同时，近十年来将先进的科学技术与成熟的经验进行组装配套，共制（修）订各类乌龙茶标准 50 多个，并在生产中推广应用，使乌龙茶生产实现高产、优质、高效。

3. **乌龙茶食品安全与保健功效研究进展** 对生态茶园建设与有机茶栽培模式进行研究，提出良性生态茶园建设与茶叶食品安全监控技术模式；在茶园套种樱花树、桂花树与绿肥等，割青埋施，修剪枝叶回园改良土壤；应用诱虫灯、黄色诱虫板、生物农药与农艺措施等综合防治茶树虫害；在加工过程严格实行清洁化生产，每批产品抽样检验，确保生产上市的茶叶达无公害标准。并加强对茶叶生产者的培训，通过乌龙茶食品安全监控体系的建立健全，提升了乌龙茶的卫生质量水平。截至 2010 年福建省共有 23 个乌龙茶产品获得无公害认证、31 个乌龙茶产品获得绿色食品认证、49 个乌龙茶产品获得有机茶认证。

以铁观音为突破口，对乌龙茶的内含生化成分开展研究，初步探明了乌龙茶品质形成的生化原理，为指导生产实践提供重要理论依据。同时对乌龙茶特殊的药用保健功能及机理开展了全面系统研究表明，乌龙茶除具抗肿瘤、抗辐射、减少自由基等作用外，还具有降低血脂、预防蛀牙、延缓衰老及抗炎症、减肥等良好功效。这些成果的取得，对消费者提高对乌龙茶药用保健功效的认识，发挥了积极作用。

中国低碳茶叶生产

中国农业科学院茶叶研究所　阮建云

自工业革命以来人类活动造成二氧化碳（CO_2）、氧化亚氮（N_2O）和甲烷（CH_4）等温室气体排放大量增加，致使全球气温明显增加。根据政府间气候变化专门委员会（IPCC）2007 年发布的第四次评估报告《气候变化 2007：综合报告》，2004 年全球人为温室气体排放总量达到了 490 亿吨 CO_2 当量，比 1970 年增长 70.7%。其中 CO_2 约占 77%、N_2O 占 7.9%、CH_4 占 14.3%。2005 年大气中，CO_2 的浓度达到了 379 毫克/升、CH_4 浓度达到了1 774 微克/升、N_2O 浓度达到了 319 微克/升。最近 100 年（1906—2005）全球气温升高了 0.74℃，而未来 100 年全球气温将继续升高 1.4～5.8℃。根据中国国家发展和改革委员会 2007 年发布的《中国应对气候变化国家方案》，2020 年中国年均气温将升高 1.3～2.1℃，2050 年将升高 2.3～3.3℃。未来 50 年中国年降水量将呈增加趋势，预计到 2020 年，全国年降水量将增长 2%～3%，到 2050 年可能增长 5%～7%。过高的温室气体浓度可能会引致灾难性的全球气候变化，为人类带来负面影响，联合国于 1992 年通过了《联合国气候变化框架公约》、1998 年通过了《联合国气候变化框架公约京都议定书》，提出执行或进一步制定政策和措施，将大气中温室气体的浓度稳定在一个适当的水平，避免剧烈的气候改变，减少恶劣气候令人类造成伤害的机会。因此，发展只有很少或没有温室气体排出到大气层，或碳足印接近于或等于零的低碳经济成为各国的共识。

为了实现通过控制大气温室气体浓度来应对气候变化，既要减少化石燃料燃烧、工业生产等的直接排放，同时必须高度重视陆地生态系统和植被对全球碳循环的调节作用，发挥陆地生态系统减排和增汇功能来应对气候变化。茶叶既是重要的经济作物，也属于常绿的木本植物，具有类似于森林的固碳能力和潜力，采用低碳生产技术，挖掘茶园生态系统的碳汇能力，增加茶园系统碳储量，必将对减少温室气体排放作出重大贡献。同时提升茶业发展质量，是我国今后茶业发展的必然趋势。

一、茶园生态系统碳、氮的循环

（一）茶园生态系统的碳循环

茶园生态系统碳的循环与森林、农田生态系统相似（图 1）。茶树叶片通过光合作用固定大气中的 CO_2 合成有机质，成为大气 CO_2 的库，又通过呼吸作用向大气释放 CO_2，通过枯枝落叶、修剪物向土壤输入有机物，进入土壤有机碳库，或经土壤动物和微生物分解又释放 CO_2。茶树根系还分泌有机酸、氨基酸等物质。除呼吸作用外，新梢采摘、土壤侵蚀、可溶性有机质淋溶以及修剪物移出茶园等是茶园系统碳输出的重要途径。

1. **茶树的生物产量和碳固定** 茶树通过光合作用从空气中吸收并固定 CO_2，合成有机物质。据《中国茶树栽培学》（2005）资料，因品种不同且受外部因素的影响，茶树的净光合速率差异大，变化幅度为每秒 2.3～18.9 微摩尔/平方米。茶树叶片光合作用速率与叶龄、季节、叶位等有密切关系。壮龄茶树净光合速率高于幼龄和老龄茶树。叶片初展时，净光合速率很低甚至为负值；随着叶片生长，净光合速率提高；叶片定型时，净光合速率最高；

本研究得到现代农业产业技术体系（国家茶叶产业技术体系）建设专项资金资助。

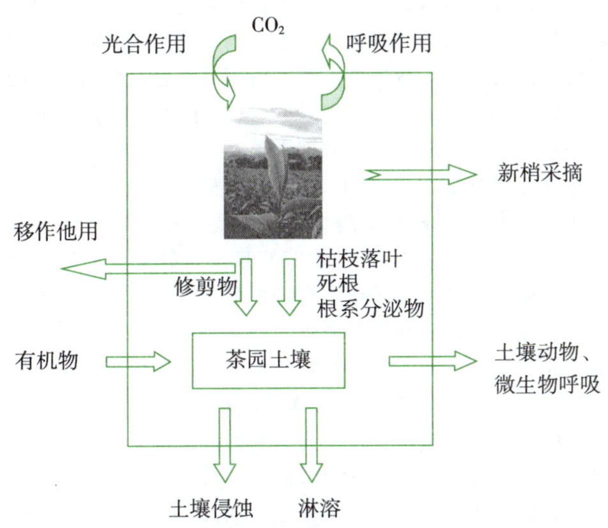

图 1　茶园生态系统碳循环

叶片开始衰老后，净光合速率降低。茶树群体光合作用与漏光损失、叶片着生角度、叶片年龄、叶面积指数等有关，而与单叶条件下有显著差异。茶树生物产量是光合作用制造的有机物质总量减去消耗呼吸作用以后净累积的光合产物量，或干物质重量。据《中国茶树栽培学》(2005)，以我国茶区光辐射量、有效辐射能为基础，理论上茶树群体的年生物产量可以达到 67.3 吨/公顷，但是受品种、树冠叶层结构、逆境等影响，实际生物产量远远低于此值。

据印度 Hadfield（1976）的一项研究，茶园年生物产量为 37 吨/公顷，但全年呼吸消耗的干物质量达到 22.4 吨/公顷，实际年生物产量只有 14.6 吨/公顷。最近斯里兰卡 De Costa 等（2009）的研究表明，茶树修剪周期内（4 年）平均年生物产量为 17.5～20.8 吨/公顷。坦桑尼亚的 Burgess 和 Carr（1993；1996）研究表明，2 年生茶园年生物产量 9.43～12.17 吨/公顷，年净固定碳 4.0～8.9 吨/公顷，相当于净吸收固定 CO_2 的量为 14.8～33 吨/公顷。我国缺乏茶园茶树生物产量的直接数据，据笔者研究小组研究，浙江绍兴高产茶园地上部的年生物产量约为 10 吨/公顷，如按根冠比 1∶2.5 估计，则茶园的年生物产量约为 14 吨/公顷，茶树年净固定碳约7.0吨/公顷，相当于净吸收固定 CO_2 的量为26吨/(公顷·年)。

新梢采摘输出的碳与产量水平有关，如按 2008 年我国茶园平均产量1 034千克/公顷（按采摘面积）计算，因采摘输出的碳约 486 千克/公顷。

2. 茶园土壤碳循环与平衡　我国茶园主要分布在亚热带地区，主要土壤类型有红壤、黄壤、黄棕壤和黄红壤等，根层（0～40 厘米）土壤有机碳的含量一般为 0.6～31.9 克/千克，平均为 10.4 克/千克左右，因此茶园根层土壤有机碳储量约为 54 吨/公顷（设容重 1.3 克/厘米^3）。

茶园土壤有机碳主要有自然来源和人为输入两个途径，自然来源中包括枯枝落叶、茶树根系分泌物、死根、修剪物等。据李忠佩和丁瑞兴等（1990）资料，一般茶园的枯枝落叶量可达3 000～6 000千克/公顷，输入的有机碳为1 410～2 820千克/公顷。据笔者研究小组研究，通过轻修剪回归土壤的有机物1 000～2 000千克/公顷，输入的有机物550～1 100千克/公顷；而重修剪回归土壤的有机物更高。

土地利用方式的转变是影响土壤碳固定和 CO_2 排放的重要因素。Lal（2004）估算，1850—1998 年，土地利用方式变化引起土壤损失碳 780 亿吨。荒地或稀疏灌木开辟为茶园后，原先在自然状态下的生物物质循环被茶园物质循环所代替，茶树的枯枝落叶、修剪物以及施肥等技术措施，茶园土壤的有机碳累积增加。李正才等（2007）研究，北亚热带地区森林破坏后土地的 9 种利用方式，土壤有机碳储量的排列顺序为茶园、灌木林、次生林、粗放经营毛竹林、马尾松林、农耕地、集约经营毛竹林、杉木林和早竹林。但森林开垦为茶园后，如果施肥不足可造成土壤有机碳储量下降。

茶园土壤呼吸作用释放的碳只有零星的一些数据。黄承才等（1999）研究，处于中亚热带茶园年均土壤 CO_2 呼吸量为每年 28.55 吨/公顷，略高于同样地带的常绿阔叶林土壤每年 24.12 吨/公顷，而低于毛竹林每年 30.77 吨/公顷。

（二）茶园生态系统氮循环

茶园生态系统氮素的主要来源有大气沉降、生物固氮和人工以肥料形式投入。氮素主要存在于茶树和土壤中。茶园耕层土壤的全氮含量为 0.11～3.35 克/千克，平均为 1.0 克/千克左右。有机氮是茶园土壤氮素的主要形态，一般占茶园总氮含量的 95%以上，其他的氮素形态包括无机氮如铵态氮和硝态氮，并以硝态氮为主要无机氮素形态。土壤氮素具有复杂而重要的转化（图 2）。其中，氮的淋溶作用和 N_2O、NH_3 等气体排放是重点需要考虑的

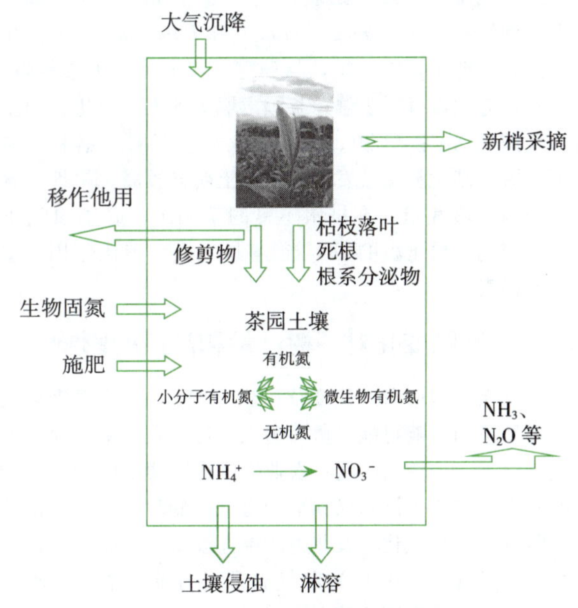

图 2　茶园土壤氮素循环模式

环境问题。

有机氮可在土壤微生物作用下发生矿化作用，分解成氨基酸、酰胺和尿素等小分子有机氮，并进一步转化成简单无机氮，这是土壤有机氮生物有效化的过程；相反的，简单的无机氮（NH_4^+ 和 NO_3^-）也在微生物的作用下转化成复杂的有机氮，矿化和氮素固定通常在茶园土壤中同时发生，其结果是无机氮的净积累或净消耗。

在茶园中，土壤氮素损失的一个重要途径是硝酸根淋溶，并对环境造成重要影响。NO_3^- 由 NH_4^+ 在土壤微生物作用下经过硝化作用形成，在此过程中通常还伴有 N_2O 和 NO 等气体产生。每氧化形成 1 摩尔的 NO_3^-，产生 2 摩尔的 H^+。因此，施用铵态氮肥经过硝化作用后，会导致茶园土壤酸化。土壤 pH 对硝化作用有显著影响，与中性和碱性土壤相比，酸性土壤的硝化作用明显较低。有研究者比较了不同红壤的硝化作用，发现与旱地（荞麦、花生）和橘园土壤相比，茶园土壤的硝化作用明显比较低。日本 Hayatsu（1993）发现茶园土壤存在一些耐酸硝化细菌如 *Nitrosococcus* sp.，即使在 pH 2 时还能起硝化作用。在施氮量比较高的茶园土壤内经常会累积大量的硝态氮，如 Kihou 和 Yuita（1991）发现，日本 Mitaki 和 Yaga 的茶园土壤溶液中硝态氮的含量分别达到 33.5 和 44.4 毫克/升，据此估计两地的茶园（0～3 米和 0～2 米土层）的硝态氮分别达 506 和 263 千克/公顷。另据日本 Toda 等（1997）的一项研究，静冈某大量施肥茶园一年内通过 NO_3^- 淋溶损失的纯氮达 284 千克/公顷。

茶园土壤 N_2O 的排放主要来自反硝化作用，由硝态氮通过微生物（反硝化细菌）的作用在嫌气条件下形成。日本 Tokuda 和 Hayatsu（2000）采用 ^{15}N 试验表明，酸性茶园土壤（pH 3.6）反硝化作用的主要产物是 N_2O。潘映华等（1988）和李振高等（1991）研究，红壤茶园土中的反硝化细菌主要为蜡质芽孢杆菌（*Bacillus cereus*）、巨大芽孢杆菌（*Bac. megaterium*）和 *Bac. subtilis*，反硝化细菌总量低于橘园土壤，与荞麦、花生种植土壤相近，而反硝化势则以橘园土壤＞茶园土壤＞荞麦＞花生种植土壤。我国的 Xu 和 Cai（2007）对亚热带不同土壤利用方式下土壤反硝化势比较发现，水稻土明显较高，旱地、林地和茶园土壤相近。在排水不良的茶园中，底土氧气不足，淋溶到底层土壤的 NO_3^- 很容易发生反硝化作用，造成氮素损失。

二、气候变化对茶树产量和品质的影响

根据《中国应对气候变化国家方案》，气候变化对我国国民经济的影响可能以负面为主，将使我国未来农业生产面临以下三个突出问题：农业生产的不稳定性增加，产量波动大；农业生产布局和结构将出现变动，作物种植制度可能发生较大变化；农业生产条件改变，农业成本和投资大幅度增加。有关 CO_2 和气温升高对茶树生长、产量和品质影响的研究还比较少。

据研究，多数茶树品种的最适生长温度为 20～30℃，在此温度范围内，如其他生育条件满足其生长的需要，则随温度的升高，生育速度加快。有研究指出，新梢生长最适宜温度为 20～25℃，高于 25℃或低于 20℃时，新梢生长速度就会减缓。段建真和郭素英（1993）研究表明，其他生态条件适宜的情况下，日平均气温在 16～25℃时，日生长量大；高于 30℃时生长严重受阻；当日平均气温在 30℃以上、最高气温超过 35℃且持续时间较长时，茶树就将受害。地温与茶树生育的关系与气温一样，也十分密切。据调查，杭州气候条件下，当地温 8～10℃时，根系生长开始加强；25℃左右生长最适宜；35℃以上时，根系停止生长。段建真和郭素英（1993）发现，地温 14～20℃时，茶树新梢生育最适宜；次适宜地温是 21～28℃；低于 13℃或高于 28℃，生长较缓慢。

蒋跃林等（2005；2006）的研究表明，大气 CO_2 浓度增加到 550、750 微摩尔/摩尔（μmol/mol）时，茶树叶片日平均净光合速率比正常大气 CO_2 浓度时分别提高 17.9%和 25.8%，叶片气孔导度降低 7.6%和 13.0%，蒸腾速度稍有下降，水分利用效率提高 21.6%和 35.8%，叶绿素总量和类胡萝卜素含量分别提高 13.1%～19.4%和 17.2%～20.1%。茶叶鲜叶质量也发生较大变化，春茶氨基酸含量下降 4.5%和 12.2%，夏茶氨基酸含量降低 1.7%和 6.7%，秋茶降低 2.9%和 10.8%，咖啡碱含量降低 3.1%～4.6%和 5.1%～10.7%，茶多酚含量提高 3.8%～6.0%和 6.9%～11.3%，可溶性糖含量增加 8.4%～14.4%和 18.1%～28.2%。

由于大气 CO_2 浓度、气温升高同时会带来降水的变化，而低温、干旱等极端气候出现频率可能会增加，其对茶叶生产的危害可能甚于持续、稳定的气温升高所带来的影响。2008 年雪灾冻害，2010 年浙江、福建、湖南等地遭受的倒春寒，2006 年重庆、2010 年云南等地的干旱都给茶叶生产带来了严重损失。

三、实现低碳茶叶生产的主要技术途径

2007 年 6 月，我国发布了《中国应对气候变化国家方案》，提出在农业领域加强法律法规的制定和实施，改善农业生产力和增加农业生态系统碳储量。我国各地一直重视茶园生态环境建设和循环农业的发展，对低碳茶叶生产技术进行了有益的探索。

1. 提升茶树的光能利用效率，增强固定 CO_2 的能力，提高茶园的综合生产能力 茶树光合作用是吸收并固定空气中 CO_2 的主要驱动力，增强茶树群体固定 CO_2 的能力是减少温室气体浓度的重要技术措施。茶树光合作用速率既受品种、叶龄、季节、叶位等影响，同时也受茶树群体结构如叶面积指数等影响，还受到营养、水分等供应状况的影响。采用无性系良种，合理密植，剪采养相互配合维持适宜的群体和叶层结构，改善茶园基础设施条件，保证茶树群体具有高的光合作用能力。

2. 增强茶园土壤碳固定 土壤是大气CO_2的重要源和汇。土壤的固碳能力因土壤质地、剖面特性、气候不同而异，Lal（2004）测算了土壤的固碳能力，提出干燥、温暖气候地区为0～150千克/公顷（kg /hm^2），潮湿、凉爽气候地区为100～1 000千克/公顷（kg/hm^2）。增强土壤碳固定能力的主要技术措施包括免耕、种植覆盖作物、施用有机肥、种植农田保护林等。有研究表明，茶园稻草覆盖、有机无机肥配施、间作三叶草等技术措施可以明显提高土壤中有机碳和微生物量碳、氮、磷含量，改善土壤的物理性质，有利于蚯蚓等土壤动物的活动。茶园产生的大量枯枝落叶和修剪物，回归土壤后增加土壤碳固定。据有关研究数据，茶园枯枝落叶回归土壤后使土壤有机碳每年增加690 ～1 380千克/公顷，轻修剪物回归土壤后使土壤有机碳每年增加270～540千克/公顷。近年来各地发展的“猪—沼—茶”、“茶—鸡—沼—茶”、“茶—草—畜—沼—茶”等种养结合制度，有效地解决了动物粪便直接污染环境的问题，所产的沼气可用于生产和生活，节约了生产成本；产生的沼液和沼渣又是良好的肥料，改善了茶园生态环境并提高了茶园土壤肥力。这种综合发展种植业和养殖业的生态模式具有较好的经济效益、生态效益和社会效益，是一种有效的低碳茶叶生产方式。

土壤侵蚀是造成茶园土壤碳含量下降的重要原因。陈小英等（2009）研究报道，2003年福建省茶园水土流失面积高达6.35万公顷，占山地总面积的46.62%；对福建安溪茶园观测发现，5年生茶园土壤侵蚀深度平均为0.62厘米，而3年生和1年生茶园侵蚀深度分别为0.7和0.85厘米。张燕等（2003）研究发现，江苏宜兴某茶场茶园土壤侵蚀模数为每年1 946～3 912吨/平方公里，造成的土壤有机碳损失每年达644～1 579千克/公顷，氮素损失每年29.4～87.3千克/公顷。采用铺草覆盖、套作绿肥、保持一定程度的地表杂草等技术措施可以显著降低土壤侵蚀。

3. 采用养分综合管理技术 化肥是农业生产的革命性成果，施肥可以增强茶树光合作用能力，提升碳固定能力，促进茶树根系的生长，增加碳在土壤的固定，对茶叶的增产作用十分显著。但不合理施肥带来的农业面源污染和土壤退化等方面的负面作用也不可忽视，是影响农业温室气体排放的重要因素。据中国农业大学有关专家估计，中国氮肥生产产生大约2亿吨CO_2，以及产生相当1亿吨CO_2的N_2O，氮肥和有机肥施用过程中排放至少1.5亿吨的CO_2。以上排放的温室气体占中国总CO_2释放的20%以上，占总N_2O释放的25%。茶树养分管理技术通过在合适的时间把适当的肥料品种以合理的数量施用到正确的土壤位置，来提高肥料利用效率，降低肥料损失，减少温室气体排放。同时，合理施用肥料还能减少浪费，减少肥料制造行业的温室气体排放。据国内外研究，施入茶园中的氮肥只有不到一半被茶树吸收，茶树的氮肥利用率一般仅为10%～50%，其余的通过氨挥发、反硝化和NO_3^-淋溶等途径而损失。据日本Akiyama等（2007）研究，每年在大量施氮肥情况下（≥600千克/公顷）茶园土壤中释放的N_2O—N每年达到0.6～68千克/公顷，平均每年31千克/公顷；而每年在施氮量≤500千克/公顷的茶园土壤，N_2O—N排放量每年3.0～7.6千克/公顷，平均每年4.9千克/公顷。研究小组在浙江典型茶叶产区试验，采用茶园养分综合管理，实施“氮肥适宜用量总量控制与分期调控”和“基于土壤分析的磷钾镁丰缺调控”等技术，与农民习惯施肥对照相比，7个示范点平均节约氮（N）肥469.5千克/公顷、磷（P_2O_5）肥28.5千克/公顷、钾（K_2O）肥37.5千克/公顷，增产鲜叶765千克/公顷。

4. 发展有机茶生产 采取有机栽培方式由于持续的有机肥投入，可以明显增加土壤有机碳储量，增强土壤的生物活性。有关研究估计，在北欧地区条件下，与传统农业相比，实施有机农业后的前50年土壤有机物增量每年100～400千克/公顷，并在100年后土壤有机物达到稳定水平。邓欣等（2006）对种植年限为4、10和16年的有机茶园研究发现，土壤有机碳含量分别为7.3、11.1和12.6克/千克，全氮分别为1.21、1.33和2.14克/千克，土壤微生物量碳、呼吸作用、氨化作用强度、硝化作用强度等也以16年有机茶园最高。有机种植方式对土壤温室气体排放影响尚没有肯定结论。根据有机农业研究所（FiBL）的研究，有机种植可以降低单位面积土壤温室气体排放，但由于二者在产量的差异，单位农产品产量温室气体排放可能无明显差异；由于有机农业不施用化学肥料，因此显著降低与肥料制造相关的温室气体排放。从温室气体排放、土壤碳固定等方面综合来看，有机农业方式可以显著降低农业生产造成的温室效应。

5. 茶叶加工过程采用节能技术 我国是世界第一产茶国，2009年茶叶产量达到135万吨。茶叶加工是茶叶生产过程中能源消耗的主要环节之一。开展节能工作，不仅可以降低茶叶加工成本，同时可以保护生态和能源资源。专家估计，我国绿茶加工通常每千克需要耗能36.5兆焦耳（按每千克干茶1千克标准煤和2千瓦时电折算），其中热能耗约为29.3兆焦耳，动力能耗约为7.2兆焦耳，相当于每加工1吨干茶需要排放3.45吨CO_2。如按2009年茶叶产量135万吨计算，全国茶叶加工排放的CO_2就达到了466万吨。王协书和钟梅（2007）报道，各类加工机械的热效率较低，如杀青机为25%～40%、瓶式炒干机为10%～15%。据估计，在名优绿茶加工过程中，杀青、做形和烘（炒）干的能耗估计各约占40%、20%和40%。采用新技术是提高能源利用效率的重要途径，朱德文等（2009）比较了微波、热风、蒸汽、锅炒和蒸汽—热风组合等不同杀青方法效果和能耗情况，发现采用微波杀青的能耗成本是传统（锅炒）杀青的1/3。采用新型微电热转换材料（DZR）使干燥机的电热能转换率高达90%以上，比普通干燥机节电30%以上。

大别山名优茶优质高产协作活动概况

农业部种植业管理司经济作物处　封槐松

一、协作效果

在协作单位和技术支撑单位的齐心协力下，通过一年的积极工作，大别山名优茶优质高产协作工作按照实施方案稳步推进，取得了显著的成绩。

1. 茶叶增产增收幅度较大　按照《大别山地区名优茶优质高产协作示范方案》的要求，各协作单位及技术支撑单位努力工作，加大技术培训、试验、示范和推广力度，使协作茶区茶叶生产获得了较大幅度的增产增收。2010 年协作茶区干毛茶总产量达到96 435吨，比上年增加13 643吨，增长 16.5%。其中名优茶产量达到49 641吨，比上年增加5 337吨，增长 12%。名优茶产量占干毛茶总产量的 51.5%。由于茶叶加工水平的提高和品牌效应增强，2010 年茶叶销售价格较好，茶叶收入增加幅度更大。协作茶区干毛茶总产值 79.95 亿元，较上年增加 19.24 亿元，增长 31.7%。其中名优茶产值达 64.26 亿元，增加 12.33 亿元，增长 23.7%。名优茶产值占干毛茶总产值的 80.4%。

2. 生产技术水平和单产水平显著提高　通过协作，大别山茶区的管理和技术人员获得了交流和培训的机会，使生产技术水平和茶叶单产水平显著提高。具体表现：一是无性系茶树良种繁育能力增强。协作活动带动农业项目更多地倾斜到大别山茶区，支持建设了一批无性系茶苗良种繁育基地。据不完全统计，2010 年协作茶区新建无性系茶树良种繁育基地 206.67 多公顷，可出圃茶苗 4 亿株以上，使大别山茶区的无性系茶苗供应能力大幅提高。二是无性系茶园面积达到 4.45 万公顷，比上年增加 1.01 万公顷，无性系茶园比例提高了 2.7 个百分点。三是大别山茶区共创建农业部茶叶标准园 9 个，有效地带动了各地开展连片茶园建设，形成了规模化、标准化的茶叶生产基地数千公顷。四是开展测土配方施肥茶园面积达 4.51 万公顷，同比增加 1.35 万公顷，占茶园总面积的 24.3%。五是建有喷滴灌茶园面积 0.1 万公顷，同比增加 466.67 公顷。六是机械化采茶面积达 1.27 万公顷，同比增加 0.39 万公顷，机械化修剪面积也快速增加。七是茶园单产提高，2010 年协作茶区单产水平每公顷 715.5 千克，比上年提高 19.5 千克，增长 2.7%。其中湖北由上年的每公顷1 174.5千克提高到1 275千克，提高 100 千克，增长 8.5%。值得一提的是，26 个县（市、区）中，有 13 个高于平均水平，其中单产水平最高的英山由每公顷2 085千克提高到了2 200.5千克，提高 115.5 千克，增长 5.5%；浉河由每公顷 750 千克提高到了 876 千克，提高 126 千克，增长 16.9%。

3. 防控措施得力，茶叶质量安全水平稳定　为了确保茶叶质量安全，协作区各级生产主管部门和技术推广单位通过培训和示范，引导茶农在茶叶病虫害防治方面严格不用高毒农药，尽量少施化学农药，大力推广无害化技术措施，使 2010 年茶园无公害面积、有机茶面积、不施化学农药面积都有明显增加。据不完全统计，2010 年协作茶区无公害茶园面积 12.17 万公顷，比上年增加 0.99 万公顷；有机茶园认证面积 2.55 万公顷，比上年增加 0.33 万公顷；不施化学农药茶园面积达到 8.25 万公顷，比上年增加 1.09 万公顷，占茶园总面积的 44.5%。由于防控措施得力，茶叶质量安全保持了较高水平，未出现质量安全事件，经农业部茶叶质量监督检测中心、农业部农产品质量监督检测中心（郑州）等质检机构先后多次抽检大别山茶区茶样，结果表明，茶样农药残留均未超标，全部达到国家无公害茶叶质量安全标准。

4. 加工条件明显改善，加工能力显著提高　2010 年，协作单位引导茶叶企业改造和新建一批茶叶加工厂，引进现代先进茶叶加工设备，重点发展清洁化、连续化、自动化加工能力，加工条件和水平大幅提高。协作茶区加工厂数量基本稳定，茶叶总加工能力提高，年加工能力达到 10.4 万吨，比上年增加 1.7 万吨，增长 19%；其中，引进“清洁化、连续化、自动化”加工流水线 20 余条，“清洁化、连续化、自动化”加工能力达到2 305吨，其中当年新增加工能力1 261吨，占 55%。

5. 带动了龙型经济，扩大了品牌影响　大别山协作引导茶园集中连片发展，形成规模经济，重点扶持龙头企业发展，2010 年协作茶区已打造出国家级茶叶龙头企业 1 个，省级茶叶龙头企业 20 家，地市级茶叶龙头企业 83 家；优质茶叶品牌龙头逐步成型，年销量超过1 000吨的茶叶品牌达到 13 个，其中安徽 6 个，河南 6 个，湖北 1 个，龙头企业和品牌带动大别山茶区以茶叶市场需求为导向，形成“企业+合作社+农户”的紧密纽带关系，初步形成具有较长产业链、较强辐射带动作用、较高市场占有率和较好发展前景的茶叶龙型经济。

二、协作单位采取的措施

1. 加快技术革新，加强培训推广　各协作单位按照协作方案要求，紧密依靠技术支撑单位，加快茶叶生产和加工的技术革新。一是重点推进现代茶叶加工能力建设，引进符合“清洁化、连续化、自动化”等现代化要求的茶叶加工流水线 20 多条，加工工艺水平、清洁水平和加工能力大幅度提高；二是开展低产低效茶园改造，组织改造低产茶园2 000多公顷；三是加强无性系良种茶苗繁育基地建设，运用扦插育苗技术，出圃无性系茶苗数亿株；加快优良品种更新，推广鄂茶1号、舒茶早等国家级良种，安徽还选育推广特香早、山坡绿、岚里香（暂定名）等新品种，为名优茶生产奠定了基础；继续强化环境友好型的茶树病虫害综合防治技术的推广，杀虫灯、粘虫色板、生物农药、植物源/矿物源农药、保护天敌等关键技术的推广应用面积稳步扩大，如大悟县2010年安装太阳能杀虫灯20多台，诱杀茶树害虫效果十分明显，示范带动了当地茶叶生产走生态、安全、优质的发展道路。

2. 多方争取资金，加快协作进程 在协作活动影响下，协作区各级政府把茶产业发展列为山区农民脱贫致富奔小康和推进新农村建设的主导产业，千方百计争取国家和地方各级财政的投入支持，将协作示范与“双低”改造、现代农业标准茶园建设、巩固退耕还林成果后续产业发展、扶贫开发等项目有机结合起来。湖北省在茶叶板块基地建设等项目上对协作茶区大力支持，多渠道、多途径筹措项目建设资金3 000多万元；安徽协作茶区各级政府累计划拨扶持资金1 300多万元，如六安市政府在2010年年底出台的《十二五茶产业发展规划》中，明确提出市财政每年将拿出不少于500万元的专项支持资金；河南省各级政府整合项目资源，将农业结构调整、无公害农产品基地建设、农业综合开发、土地治理、小流域治理、标准农田建设、现代农业、农业产业化、农民专业合作组织等项目资金5 000多万元捆绑使用，高起点、高标准建设无公害标准化生态茶园，同时，浉河、桐柏、潢川、固始、罗山、平桥等县（区）采取优惠政策，广泛招商引资，鼓励支持国内、省内知名企业以及民间社会资本投入到高效茶园发展上来，金融信贷部门也加大支持力度，为茶叶基地建设提供资金保障。有力的资金支持和资源投入，促进了协作活动的顺利开展，为协作茶区的基地建设、加工厂改造、广告营销等工作奠定了坚实的物质基础。

3. 制定优惠政策，扶持茶叶生产 协作茶区各级政府高度重视扶持茶叶生产，围绕农业部提出的茶叶标准园建设制定各项优惠政策，大力打造标准化茶叶生产基地，力争早日建设成为生态园、样板园、精品园、展示园、辐射带动园。如河南省省、市、县（区）三级都先后出台了扶持标准茶园建设的政策，先后投入资金2 000多万元，在茶园基础设施建设、生态技术、物化技术推广等方面取得显著成效。信阳市还结合农村综合改革试验区建设出台政策，加大土地流转力度，充分利用荒山、坡地资源，以租赁、承包、互换、转让、入股等形式集中土地使用权和经营权发展高标准新茶园；南阳市桐柏县政府采取贴息、补贴等优惠政策措施，推进茶叶标准化茶园建设。安徽省出台补贴政策，引导新茶园发展适当集中连片，保证新建茶园能形成产业规模。

4. 更新营销理念，打造知名品牌 协作茶区更新营销理念，强化品牌意识，开展品牌整合，支持宣传活动，积极扩大大别山茶叶影响力，推动大别山茶叶品牌做大做强。一是培植茶叶龙头企业，发挥龙头带动作用。二是进行品牌整合，打造知名品牌。三是加大文化营销力度。四是与媒体深入合作，进行特色宣传。五是提高品牌美誉度。安徽省的岳西翠兰被选为国礼茶，在俄罗斯总统梅德韦杰夫2010年9月访华期间，由胡锦涛主席亲手送给俄总统及随行人员；潜山县聘请著名黄梅戏表演艺术家韩再芬为形象代言人，全力打造天柱剑毫名优茶。通过这些活动，极大地提高了大别山茶叶的知名度和美誉度。六是建立健全销售网络体系。通过建立专卖店、超市专柜、茶馆和开展连锁经营等形式，建立健全茶叶销售网络，通过直销、代理、加盟、连锁和网上营销等现代营销模式拓展茶叶市场。

5. 依靠技术支撑，广泛交流合作 技术支撑单位努力发挥作用，结合自身特点，支持协作工作。全国农业技术推广服务中心组织编写并免费发放《茶叶标准园生产技术》书籍，还在大别山茶区举办生产技术培训，指导大别山茶区的茶叶标准园建设；湖北省组织编写了《湖北省新型农民科技培训教材（茶叶专业）》，湖北省农业科学院果树茶叶研究所开展大别山名优茶生产研究，向农业部提交研究报告，积极为大别山茶产业发展出谋划策；中国农业科学院茶叶研究所等科研单位组织了多种形式的培训、交流活动，协作单位积极参与，宣传大别山茶产业。全国农业技术推广服务中心、中国农业科学院茶叶研究所、安徽省农业科学院茶叶研究所、信阳市农业科学研究所、湖北省农业科学院果树茶叶研究所的茶叶专家多次在协作茶区考察指导和开展培训，促进了大别山名优茶生产发展；上洋茶机厂积极为协作茶区服务，2010年销售茶叶加工机械1 745台套，其中单机1 715台、成套生产线30条，并及时做好技术指导和售后服务。

三、存在问题

1. 茶园面积扩大过多 根据全国茶叶生产形势和大别山茶区的实际情况，农业部种植业管理司在开展协作活动之前就已确定要使茶园面积相对稳定，通过改造老茶园大力推广无性系茶树良种和加强茶园管理，大力改造落后的茶叶加工设施和打造茶叶品牌，努力提高茶叶生产和加工水平，进而提高经济效益、振兴大别山茶叶。

2. 一些地方仍然大量使用种子播种 协作要求提高茶叶单产和品质的核心是要大力推广无性系，而一些市县在盲目扩大茶园面积的同时，不是推广无性系而是推广有性系，工作还需要加强。

3. 对茶树重种轻管现象比较突出 自从开展协作活动以来，各地对发展茶产业很重视。但是，一些地方重视发展新茶园，轻视改造老茶园；重视增种茶树，轻视对茶园的管理。以致茶园面积扩大很快，而无性系面积扩大很慢；化肥施入量较大，而有机肥施入太少，造成土壤板结，未老先衰的茶树面积扩大。

4. **加工设施改造缓慢** 按照协作计划，2010年秋冬季各地要引导改造和新建一批比较现代化的茶叶加工厂。但从实际情况看，加工设施改造缓慢，茶叶加工企业大多规模小、工艺落后、设施简陋、卫生条件和生产效益都比较差，达到清洁化、连续化、自动化水准的加工企业寥寥无几。

5. **地区间发展不平衡** 协作两年来，多数市、县按照农业部和省农业厅（委）制定的协作方案积极开展工作，但有些地方缺乏正确的认识和争先创优的精神，所以在改造老茶园、推广无性系茶树良种、增施有机肥、限用化学农药、改造老茶厂、培植龙头企业、打造知名品牌等各个环节，表现出差距越来越大。

四、今后努力的方向

1. **要稳定茶园面积，努力提高茶叶单产、品质和效益** 稳定茶园面积，努力提高茶叶单产、品质和效益，是农业部2007年根据世界茶叶市场比较稳定，而我国茶叶生产发展势头较为迅猛，提出今后一段时期发展全国茶叶生产的总方针。

2. **加大技术推广力度** 大别山名优茶优质高产协作活动是大别山茶区全方位的协作，除了行政推动以外，技术推广的任务很繁重，不仅在生产技术方面，还有加工、营销等方面的技术，都要加大推广力度。对于新技术，要在抓紧试验的基础上，加大示范、推广力度，力求应用及时、应用广泛。

3. **积极引导，加快改造茶叶加工设施** 好茶一半在于加工。加工条件落后，是大别山茶区的一个突出薄弱点，也是农业部种植业管理司组织大家协作的一个基本出发点，引导茶叶加工企业加快加工设施的改造，促进茶叶加工向清洁化、连续化、自动化方向发展。

4. **完善茶叶交易市场体系建设** 协作方案中规定，2010年秋季，各地要引导建设和完善一批茶叶交易市场，并规范市场的交易制度。

5. **加快发展和建设茶农合作社** 《农民合作社法》颁布以来，大别山茶区在此方面进展缓慢。建立茶农合作社，可以把分散的茶农组织起来，开展针对市场有计划的生产和统一的产前、产中、产后服务，有利于防御产品价格大起大落，规避市场风险。

6. **整合品牌，打造知名品牌** 根据各地统计上报材料，到2010年底3省大别山茶区共有195个品牌，其中河南82个、安徽80个、湖北33个。从各县（市）的情况看，舒城、霍山、裕安、浉河、商城、新县、英山等7个县（市）拥有10个以上的品牌，其中浉河34个、舒城29个、霍山23个。品牌这么多，不仅对外竞争力不强，对内也不好管理。各地应整合资源，打造出一两个知名品牌，走出大别山，推向全国。

7. **抓好当前茶叶生产** 2009年冬至2010年春，大别山地区久旱不雨，茶叶受旱较重，浉河初步预计，2010年春茶减产30%。各协作单位要认真研究，采取有效措施；各技术支撑单位要主动为受灾地区提供技术服务，争取受旱的茶树尽快恢复树势，夏秋茶增产增收。

中国茶叶出口情况

中国食品土畜进出口商会　蔡　军

近年来，中国茶产业发展突飞猛进，茶叶出口量、额屡创历史新高。2010 年茶叶出口量 30.24 万吨，同比基本持平，但出口额再创新高，达 7.84 亿美元，如此令人瞩目的成绩是在人民币升值、生产资料和劳动力成本不断上升等不利因素情况下取得的，实属不易。

（一）中国茶叶出口概况

1. 各茶类出口情况　绿茶、花茶、普洱茶出口上升，红茶、乌龙茶出口下降。

2010 年，中国绿茶出口量 23.42 万吨，同比上升 2.12%；出口额 5.67 亿美元，同比上升 8.07%，已连续 9 年量额齐增。绿茶出口是中国茶产业健康发展的动力，事关中国茶叶民生经济的持续稳定。

2010 年，花茶出口量7 356吨，同比上升 24.4%，出口额3 990万美元，同比上升 34.7%；普洱茶出口量4 578吨、出口额2 622万美元，同比分别上升 31.3%和 34%；红茶出口量 3.66 万吨，同比下降 7.83%，出口额7 981万美元，同比上升 24%；乌龙茶出口量 1.97 万吨，同比下降 18.24%，出口额7 140万美元，同比上升 6.8%。

国际市场以红茶消费为主，特种茶的资源优势一时难以转化为市场优势，未成为国际市场茶叶消费主流产品，市场较为单一。但随着产业发展和企业经营实力的增强，特种茶将成为拓展国际市场的主打产品，也将成为引领世界茶叶消费潮流的时尚饮品。

2. 主要出口市场情况　美国、俄罗斯出口增长，日本、欧盟恢复性增长，西非等传统市场下降。

2010 年，对美国茶叶出口 2.48 万吨，同比上升 28.4%，金额5 563万美元，同比上升 38.4%；对俄罗斯出口 2.13 万吨，同比上升 3%，金额4 668万美元，同比上升 31.4%。近年来，中国茶叶行业和企业加大对美国、俄罗斯市场拓展力度，消费者渐进认知中国多茶类产品，该市场出口茶叶呈现持续上升态势。美国、俄罗斯已分别跃居中国茶叶出口第二、第三大市场。

2010 年，对日本茶叶出口量 1.95 万吨，同比上升 2.9%。对欧洲出口量 2.1 万吨，同比上升 15.5%，出口额7 093万美元，同比上升 18.3%。其中，对德国出口量9 057吨，同比大幅上升 52.6%，出口额2 632万美元，同比上升 47.25%；对英国出口量4 048吨，出口额1 740万美元，同比分别上升 9.3%和 25.3%；对法国、荷兰、波兰出口均下降。日本、欧盟是中国茶叶出口主销市场，由于日本、欧盟制定多变的茶叶检测标准及相关保护措施，茶叶出口呈下降态势，日本连续 5 年出现 2 位数下降。2010 年，中国对日本、欧盟茶叶出口呈现恢复性增长，特别是对德国出口增长超过 50%，这是近年来中国企业加大产业投入和茶园改造的结果。日本、欧盟市场购买力强，市场前景较为广阔。

2010 年，对非洲茶叶出口量 14.4 万吨，同比下降 3%，出口额 3.6 亿美元，同比上升 2%。其中，对摩洛哥茶叶出口量 6.1 万吨，出口额 1.57 亿美元，同比分别上升 4.72%和 9.70%；对阿尔及利亚出口量 1.19 万吨，出口额3 069万美元，同比分别下降 6.8%和 11.5%；对贝宁、塞内加尔、喀麦隆等国家出口同比均出现下降，有些国家降幅超过 40%。因原料供应紧缺、生产成本提高及品质规范等因素，中国对传统市场出口有所减少，摩洛哥茶叶进口量直到最后 2 个月同比才反超。

中东伊斯兰国家饮红茶为主，由于受地区消费习惯和局势动荡的影响，中国对该地区茶叶出口所占市场份额较小。2010 年，对中东出口量 8.6 万吨，出口额 2.1 亿美元，同比分别上升 5%和 6.8%。

3. 主要出口地区情况　浙江茶叶出口略有下降，湖南出口大幅增长。

2010 年，浙江省茶叶出口量 15.52 万吨，同比下降 4.36%，出口额 3.94 亿美元，同比上升 3.19%。浙江是中国茶叶出口第一大省，分别占中国茶叶出口量、出口额的 51%和 50%。2010 年，湖南省茶叶出口量 3.5 万吨，出口额6 700多万美元，同比分别上升 10%和 22%，位居全国第二；安徽省茶叶出口量 2.3 万吨，同比有所下降；福建省茶叶出口量 1.6 万吨，同比略有上升。

2010 年，全国茶叶出口企业共 400 余家，出口量在万吨以上企业 7 家，其中浙江省茶叶集团股份有限公司、湖南省茶业有限公司、浙江华发茶业有限公司茶叶出口量超过 1.5 万吨。57 家企业出口量在千吨以上，200 余家企业出口量不足百吨。

（二）中国茶叶出口面临的瓶颈

（1）主流市场占有率低，市场结构需调整和优化。中国茶叶出口市场格局，是由历史诸多因素和传统消费习惯逐渐发展起来的，有很大的依赖性，这种依赖显示出不协调、不平衡和不可持续。

（2）中国多数茶企从 20 世纪 90 年代逐渐发展起来，

本文数据来自于 2011 年年初海关统计，2011 年底有调整。

缺乏真正意义的国际茶叶行业龙头企业和全球知名品牌，实力和规模普遍偏小，尚未形成有规模的标准化、规范化茶叶生产链，缺乏国外市场分销渠道，难以凭借自有品牌占领国际市场。

（3）出口多为原料性产品，沦为外商的生产车间，只能获取微薄的加工费，更多的利润被国外品牌商赚取，竞争以低层次的价格竞争为主。

（4）新市场拓展不力，各茶类的宣传促销跟不上，缺乏联合互动的对外宣传机制。世界上多数国家的消费者以饮红茶为主，中国绿茶主要销往经济欠发达的国家和地区，特种茶类尚未形成国际市场消费热。

（5）中国 90%以上茶企欠缺自主研发产品能力，贸易企业与科研机构缺乏合作，不能根据市场不同偏好生产适销对路商品，新品种研发能力相对不足。欧美等国家和地区尽管不种植茶树，但企业十分重视茶叶新产品开发，深加工产业非常发达。

（6）没有统一的标准、技术指标来衡量茶产品质量，对企业无资质管理，有产品就可进入国际市场，经营秩序较乱。

（7）生产成本不断提高、人民币预期升值及有关国家、市场农药残留检测指标多、变化快等因素，给出口企业经营加大风险，导致出口不稳定和不可持续。

（三）应对措施和建议

鉴于行业发展面临诸多瓶颈问题，行业全面转型升级是中国茶叶引领世界茶叶发展潮流大势所趋，需政府、行业、企业联手互动，形成合力。

（1）开展名茶、名企、名品联合对外宣传，打造中国茶叶国家名片。加强与进口国茶叶商、行业组织交流和合作，在消费国进行有针对性市场宣传推广，使中国具有区域优势产品、风味独特茶产品在国际市场充分展现，形成新的市场战略格局。

（2）培育市场主体，推动大型茶企成为上市公司，向跨国经营集团迈进。企业通过兼并、重组等构建产业布局，加快推动产业链两端的发展，借鉴国外先进经验，建立产、销、学、研互动机制，推进中国茶走向世界。

（3）用现代科技改造传统茶类，依托工艺创新开发出口新产品，走“科技兴茶”之路。要研制适应不同市场的茶产品，以风味茶、功能茶、方便茶、科技茶等拓展国际市场，引领世界茶叶消费潮流。

（4）全面建立茶叶质量可追溯体系，研发替代农药，建立出口茶生产基地，生产无公害茶和有机茶，通过茶厂茶园一体化，推行清洁化、标准化生产茶产品，全面提高茶产品质量。

（5）建立国际茶叶市场，升级贸易流通方式，构建国际固定展示平台。搭建现代化交易平台，从根本上解决中国茶叶供销不畅通瓶颈，推动我国茶叶贸易方式尽快与国际接轨，增强中国茶产业在国际市场上的主导地位。

虽然中国茶叶出口历史悠久，但中国茶叶出口企业拓展国际市场的综合实力与国际跨国公司相比存有较大差距。鉴于茶叶是健康饮品的概念越来越被世人接受，以及中国茶叶多品类优势，相信随着政府扶持力度不断加大和企业经营实力继续增强，中国茶产业国际影响力将逐步提高。

2010 年中国茶叶出口情况详见表 1 至表 6。

表 1　2010 年中国茶叶出口海关统计分国别和地区前 20 位（一）

单位：千克，美元，美元/千克，%

序号	国别（地区）	出口量	出口额	平均单价	数量同比	金额同比	均价同比
1	摩洛哥	61 243 711	156 679 581	2.558	4.718	9.700	4.758
2	美国	24 820 698	55 632 952	2.241	28.373	38.401	7.811
3	俄罗斯	21 251 259	46 682 630	2.197	3.024	31.358	27.502
4	日本	19 456 203	56 308 758	2.894	2.494	12.069	9.342
5	乌兹别克斯坦	18 577 698	23 494 039	1.265	−16.775	−10.867	7.099
6	阿尔及利亚	11 881 291	30 691 353	2.583	−6.769	−11.497	−5.072
7	毛里塔尼亚	11 750 126	39 795 455	3.387	13.723	22.772	7.957
8	中国香港	11 466 425	52 559 592	4.584	16.340	35.071	16.101
9	德国	9 056 853	26 324 961	2.907	52.574	47.249	−3.490
10	多哥	8 764 073	24 683 882	2.816	8.119	3.684	−4.101
11	巴基斯坦	8 463 353	12 544 430	1.482	−42.922	−21.535	37.470
12	马里	7 020 890	23 459 978	3.341	0.124	0.793	0.668
13	贝宁	6 315 207	15 370 265	2.434	−41.293	−25.151	27.495
14	塞内加尔	6 278 061	20 832 327	3.318	−25.425	−19.118	8.457
15	几内亚	4 186 366	10 978 860	2.623	57.871	81.036	14.674
16	英国	4 048 365	17 402 453	4.299	9.294	25.279	14.626
17	喀麦隆	3 807 480	3 539 728	0.930	−25.956	−13.800	16.417

表1　2010年中国茶叶出口海关统计分国别和地区前20位（二）

单位：千克，美元，美元/千克,%

序号	国别（地区）	出口量	出口额	平均单价	数量同比	金额同比	均价同比
18	乌克兰	3 503 525	9 088 075	2.594	12.731	29.258	14.661
19	伊朗	3 449 452	4 491 697	1.302	16.823	22.279	4.670
20	冈比亚	3 397 465	11 948 251	3.517	36.191	51.591	11.307
	合计	302 440 403	784 180 446	2.593	−0.168	11.231	11.419

表2　2010年中国绿茶出口海关统计分国别和地区前20位

单位：千克，美元，美元/千克,%

序号	国别（地区）	出口量	出口额	平均单价	数量同比	金额同比	均价同比
1	摩洛哥	60 694 982	155 457 127	2.561	4.11	9.23	4.91
2	乌兹别克斯坦	18 568 938	23 447 720	1.263	−14.96	−8.77	7.28
3	俄罗斯	14 285 733	30 737 137	2.152	23.26	42.11	15.29
4	美国	12 273 237	24 626 542	2.007	252.60	81.18	−48.62
5	阿尔及利亚	11 788 051	30 563 015	2.593	−6.93	−11.43	−4.84
6	毛里塔尼亚	11 750 126	39 795 455	3.387	13.72	22.77	7.96
7	多哥	8 761 673	24 671 342	2.816	8.09	3.63	−4.12
8	马里	7 020 890	23 459 978	3.341	0.12	0.79	0.67
9	德国	6 869 675	17 692 786	2.575	58.04	47.38	−6.75
10	贝宁	6 315 207	15 370 265	2.434	−41.29	−25.15	27.50
11	塞内加尔	6 268 369	20 771 444	3.314	−25.45	−19.17	8.42
12	巴基斯坦	5 553 205	10 004 333	1.802	−32.00	−9.42	33.21
13	几内亚	4 186 366	10 978 860	2.623	57.87	81.04	14.67
14	喀麦隆	3 806 748	3 533 933	0.928	−25.97	−13.93	16.26
15	日本	3 694 131	7 710 242	2.087	−9.59	−0.79	9.73
16	冈比亚	3 397 465	11 948 251	3.517	36.19	51.59	11.31
17	伊朗	3 377 852	4 307 498	1.275	18.51	21.56	2.58
18	土库曼斯坦	3 342 481	3 147 289	0.942	−14.62	−6.56	9.44
19	科特迪瓦	3 316 481	11 492 819	3.465	51.78	76.90	16.55
20	尼日尔	3 111 215	7 860 840	2.527	−6.18	−14.39	−8.75
	合计	234 187 435	566 835 758	2.420	2.12	8.07	5.82

表3　2010年中国红茶出口海关统计分国别和地区前20位（一）

单位：千克，美元，美元/千克,%

序号	国别（地区）	出口量	出口额	平均单价	数量同比	金额同比	均价同比
1	美国	10 262 110	18 630 919	1.816	16.18	44.44	24.33
2	俄罗斯	5 439 880	10 322 849	1.898	−29.68	6.80	51.89
3	中国香港	4 172 939	13 554 106	3.248	22.54	69.53	38.34
4	巴基斯坦	2 898 891	2 451 265	0.846	−56.01	−48.94	16.08
5	缅甸	2 201 550	5 451 894	2.476	16.01	58.19	36.36

表 3　2010 年中国红茶出口海关统计分国别和地区前 20 位（二）

单位：千克，美元，美元/千克，%

序号	国别（地区）	出口量	出口额	平均单价	数量同比	金额同比	均价同比
6	德国	1 701 534	4 578 768	2.691	40.46	49.84	6.67
7	蒙古	1 675 084	1 285 106	0.767	−0.04	4.87	4.92
8	英国	1 628 449	4 969 624	3.052	−1.61	16.27	18.17
9	印度尼西亚	642 188	677 743	1.055	−2.73	−7.64	−5.05
10	新加坡	515 586	1 287 517	2.497	−26.04	−11.32	19.91
11	马来西亚	457 376	1 203 457	2.631	−12.10	12.82	28.35
12	波兰	409 907	876 741	2.139	−14.75	−23.19	−9.89
13	加拿大	391 552	1 208 234	3.086	133.15	157.18	10.30
14	泰国	311 641	448 515	1.439	12.37	50.08	33.56
15	法国	303 501	2 087 490	6.878	−12.15	−0.08	13.74
16	荷兰	303 073	419 247	1.383	−42.31	−44.34	−3.53
17	乌克兰	290 788	680 940	2.342	−12.11	29.16	46.95
18	摩洛哥	286 215	514 797	1.799	127.11	130.65	1.56
19	埃及	249 810	505 841	2.025	403.65	474.79	14.12
20	阿联酋	225 039	521 836	2.319	131.59	304.69	74.74
	合计	36 587 935	79 812 331	2.181	−8.73	23.99	35.86

表 4　2010 年中国乌龙茶出口海关统计分国别和地区前 20 位

单位：千克，美元，美元/千克，%

序号	国别（地区）	出口量	出口额	平均单价	数量同比	金额同比	均价同比
1	日本	13 227 988	37 714 687	2.851	2.46	10.16	7.52
2	中国香港	3 752 320	18 874 988	5.030	3.35	13.13	9.47
3	美国	1 335 111	3 391 043	2.540	−78.50	−53.93	114.24
4	马来西亚	337 679	2 146 946	6.358	−1.18	7.19	8.47
5	新加坡	213 456	1 470 544	6.889	24.08	80.37	45.37
6	印度	212 063	384 448	1.813	−44.97	−39.86	9.29
7	俄罗斯	120 480	844 562	7.010	51.58	88.03	24.05
8	德国	89 375	752 861	8.424	95.61	154.29	30.00
9	泰国	75 236	336 633	4.474	−11.29	3.91	17.14
10	韩国	65 040	170 686	2.624	146.63	71.21	−30.58
11	中国澳门	48 520	1 627 330	33.539	−3.58	−36.39	−34.02
12	加拿大	38 643	308 703	7.989	−26.20	10.40	49.61
13	越南	35 205	1 124 992	31.955	1 760 150.00	1 196 700.00	−32.01
14	斯里兰卡	29 928	132 239	4.419	225.09	289.73	19.88
15	澳大利亚	25 270	174 381	6.901	3.25	−11.61	−14.39
16	菲律宾	20 498	1 170 346	57.096	125.62	6 993.87	3 044.10
17	英国	15 009	108 300	7.216	−4.93	−22.80	−18.80
18	智利	14 522	125 197	8.621	61.61	123.44	38.26
19	印度尼西亚	12 358	115 452	9.342	−18.15	5.45	28.83
20	乌克兰	11 195	47 667	4.258	192.30	111.90	−27.51
	合计	19 730 627	71 396 966	3.619	−18.24	6.79	30.61

表 5　2010 年中国花茶出口海关统计分国别和地区前 20 位

单位：千克，美元，美元/千克，%

序号	国别（地区）	出口量	出口额	平均单价	数量同比	金额同比	均价同比
1	日本	1 514 122	7 200 562	4.756	27.54	26.42	−0.88
2	俄罗斯	1 375 422	4 582 847	3.332	17.69	27.89	8.67
3	中国香港	943 974	5 154 852	5.461	5.53	36.51	29.36
4	美国	796 696	8 032 900	10.083	13.95	44.60	26.89
5	新加坡	289 022	1 316 075	4.554	−6.73	12.14	20.24
6	斯里兰卡	270 675	705 399	2.606	118.21	147.11	13.25
7	摩洛哥	261 919	698 536	2.667	327.11	152.27	−40.94
8	德国	256 253	2 776 309	10.834	23.75	41.31	14.19
9	白俄罗斯	204 473	540 690	2.644	215.42	227.22	3.74
10	乌克兰	184 244	769 597	4.177	12.98	−9.23	−19.66
11	英国	179 338	1 609 120	8.973	41.65	53.21	8.16
12	澳大利亚	153 352	844 282	5.506	45.86	26.73	−13.12
13	马来西亚	151 087	770 380	5.099	11.21	20.37	8.24
14	加拿大	126 432	1 191 635	9.425	17.05	93.63	65.42
15	法国	73 430	553 277	7.535	12.69	11.38	−1.16
16	印度尼西亚	69 000	226 366	3.281	29.95	19.02	−8.41
17	韩国	46 042	302 644	6.573	16.16	14.83	−1.14
18	荷兰	43 591	291 423	6.685	−6.03	−24.54	−19.70
19	伊朗	35 600	89 155	2.504	304.55	282.61	−5.42
20	泰国	31 053	144 243	4.645	−23.40	−22.17	1.59
	合计	7 355 657	39 905 870	5.425	24.36	34.66	8.29

表 6　2010 年中国普洱茶出口海关统计分国别和地区前 20 位（一）

单位：千克，美元，美元/千克，%

序号	国别（地区）	出口量	出口额	平均单价	数量同比	金额同比	均价同比
1	中国香港	1 503 785	10 656 011	7.086	55.09	72.69	11.35
2	日本	854 185	3 096 581	3.625	68.99	89.91	12.38
3	马来西亚	519 849	3 947 524	7.594	103.49	147.90	21.83
4	新加坡	413 404	1 697 217	4.105	21.32	−8.00	−24.17
5	波兰	197 150	651 351	3.304	−31.60	−17.39	20.77
6	中国台湾	154 678	898 178	5.807	−54.48	−67.88	−29.44
7	美国	153 544	951 548	6.197	35.85	20.46	−11.33
8	德国	140 016	524 237	3.744	11.94	−5.72	−15.78
9	韩国	88 805	504 546	5.682	18.77	47.34	24.05
10	缅甸	79 217	363 292	4.586	854.42	1382.89	55.37
11	西班牙	69 750	141 506	2.029	−16.29	−27.48	−13.37
12	智利	63 733	425 503	6.676	13.34	43.79	26.87
13	英国	57 180	496 235	8.678	15.80	29.68	11.98
14	阿联酋	40 590	112 629	2.775	993.19	825.84	−15.31
15	荷兰	38 104	400 707	10.516	−32.94	−0.35	48.59

表 6　2010 年中国普洱茶出口海关统计分国别和地区前 20 位（二）

单位：千克，美元，美元/千克，%

序号	国别（地区）	出口量	出口额	平均单价	数量同比	金额同比	均价同比
16	阿根廷	30 000	71 481	2.383	200.00	180.88	−6.37
17	俄罗斯	29 744	195 235	6.564	−44.04	−7.44	65.41
18	法国	29 472	555 018	18.832	−29.08	−27.29	2.51
19	加拿大	28 744	135 961	4.730	42.54	26.58	−11.20
20	沙特阿拉伯	23 347	47 411	2.031	177.94	−0.99	−64.38
	合计	4 578 562	26 217 675	5.726	31.31	33.99	2.04

中国茶叶区域公用品牌价值评估报告

浙江大学中国农村发展研究院（CARD）农业品牌研究中心

一、评估背景及相关说明

（一）评估背景

本研究源于 2009 年的中国农产品区域公用品牌价值评估。在进一步对不同类别的农产品区域公用品牌进行数据分析和衍生思考时发现，茶叶品牌与其他种类的农产品区域公用品牌有所不同，其品牌的文化性、象征性、无形价值等均具有更突出的品牌资产特征。因此，有必要对其作更深入、更有针对性的专项研究。

众所周知，作为世界茶叶的发源地，中国茶叶种类齐全，种植历史悠久，种植面积大，茶文化内涵独特且影响深远。不仅茶种包括绿茶、乌龙茶、黑茶、花茶、红茶、黄茶等多种类别，到 2007 年，中国已有2 000多个县生产茶叶，茶园面积已达 161.3 万公顷（2 400多万亩），连续多年居世界首位。中国的茶文化历史悠久且是东方茶文化的发源地，对本国茶文化及其他国家的茶文化均影响深远。尽管如此，中国茶叶在世界舞台上具有影响且收益显著的品牌屈指可数。多年来，关于大力建设茶叶品牌的呼声不绝于耳。茶叶故乡，正在热切渴望中国茶叶自主品牌的强势崛起。

调查研究使我们看到，由于茶对地理资源具有相对依赖性，因此，中国茶产业的生产和发展具有浓重的地域特征。如浙江地区与龙井茶、云南地区与普洱茶、福建地区与乌龙茶等，大多形成了特殊的地域种植关系。而这样的地域种植关系，不仅使茶叶产品具有明显的自然风物特征，也使茶叶品牌更多地根据区域形成其产品种植、生产范畴。在区域范畴内，各地政府、协会、茶农等整合区域资源，注册区域公用茶叶品牌的证明商标或集体商标，获得原产地标志，形成了以区域公用品牌为主要形式的茶叶品牌建设模式。正因如此，茶叶区域公用品牌是否能够崛起，将更多地影响到中国茶叶自主品牌的整体崛起。

茶叶区域公用品牌作为农产品区域公用品牌的一种，指的是特定区域内相关机构、企业、农户等所共有的，在茶叶生产地域范围、品种品质管理、品牌使用许可、品牌行销与传播等方面具有共同诉求与行动，以联合提高区域内外消费者的评价，使茶叶产品与区域形象共同发展的品牌。这种区域公用品牌建设模式虽然已经具有普遍性，但是，这种模式的价值在哪里？这种模式的品牌价值应当如何去评价和判断？一系列的问题有待探索和思考。于是，以茶叶区域公用品牌的价值评估作为切入点，丈量以往中国茶叶自主品牌的建设得失，总结各个不同的运作经验，引导品牌价值创造的正确方向，成为本研究的出发点。

本研究期望通过对中国茶叶区域公用品牌的价值评估研究，可以探寻和发掘中国茶叶区域品牌稳定持续发展的诸种因素，引导各品牌主体形成茶叶区域品牌价值形成要素的共识，探索茶叶区域品牌模式的独特性和价值产生机制，引导各品牌主体以茶叶区域品牌价值奠定未来茶产业资本整合运营基础，以量化方式直观地表现区域形象和区域茶产业声誉。

在对相关资料进行初步梳理的基础上，2010 年 1 月，

本研究涉及的范围特指中国内地，不包括中国香港、澳门、台湾地区。

本报告由浙江大学 CARD 农业品牌研究中心的胡晓云、程定军、李闯执笔。中国茶叶区域公用品牌价值评估课题组的成员有：鲁成银、梁国彪、黄飞、胡晓云、程定军、蒋文龙、贾枭、李闯、阮浩耕、魏春丽、刘进、柯丽生、胡立刚、詹美燕。

浙江大学 CARD 农业品牌研究中心和《中国茶叶》杂志联合组建课题组，开展“2010 中国茶叶区域公用品牌价值评估”研究。

（二）模型应用说明

因为本研究聚焦于茶产业的区域公用品牌，所以，研究总体上沿用了 2009 年展开中国农产品区域公用品牌价值评估研究时所开发的专用模型——CARD 模型（参见《农产品市场周刊》2009 年第 47 期）。在充分考量茶叶品牌的行业特征与双重属性的基础上认为，首先要解决的是品牌价值评估模型的针对性问题。

相对于其他农产品品牌，茶叶品牌具有更明显的兼具物理属性和文化属性的双重性。众多茶叶区域公用品牌均具有相当深厚的文化渊源和文化传承，也正是因为这一品牌文化使得茶叶品牌具有更高的品牌价值。因为这一点，不少学者将茶叶品牌的品牌价值（Brand value）与文化价值（Cultural value）等同起来，并得出某茶叶品牌的品牌价值是无价的、不可用货币形式来测量的结论。但本研究认为，根据品牌学原理，品牌价值是品牌主体与品牌消费两端的统一体。从消费端看，品牌价值是消费者持续购买某品牌产品的意愿、态度等相关因素的综合；从品牌主体端看，品牌价值表现为未来一段时间内品牌所拥有的稳定的、持续的收益能力的预期。品牌价值评估，是对这一收益能力预期和消费者消费意愿综合的分析量化。通过这种综合分析量化，研究最终可以得出品牌等级分类，可以形成品牌影响强弱排序，也可以通过货币化处理计算得出相对精确的品牌价值比较数值。而文化价值则指一客观事物所具有的能够满足一定文化需要的特殊性质或者能够反映一定文化形态的属性①。它指的是文化主体与客体的关系中除经济价值之外的价值因素，其文化效用价值可以计量，而文化价值关系则只可以描述却难以量化。因此，茶叶品牌的文化属性强的特征是茶叶品牌价值评估中必须考虑的因子，也是茶叶品牌与其他品类农产品品牌的显著区别之所在，但是，茶的文化价值只是品牌价值构成的一个部分而已，结合到品牌价值评估中，它可以以文化效用价值来体现。

在探讨茶叶品牌的文化特殊性的基础上，本研究在原有模型（CARD 模型）的 3 项一级指标、5 项二级指标的基础上，以针对性和适应性为原则，将茶叶区域公用品牌的区域文化地位和文化渊源、文化传承等指标纳入模型体系，形成了如下模型与指标体系：

$$\text{中国茶叶区域公用品牌价值} = \text{品牌收益} \times \text{品牌强度乘数} \times \text{品牌忠诚度因子}$$

其中，品牌收益由茶叶年销量×（品牌零售均价－原料收购价）×（1－产品经营费率）构成。品牌强度乘数是茶叶区域公用品牌强度所决定的决定品牌未来收益能力的一个乘数，而品牌强度是该品牌所带来的未来持续收益的能力，是一组因子的加权综合。参照 Interbrand 的品牌价值计算方法，本研究有关品牌强度与品牌强度乘数之间的关系公式为 $250y=x^2$，$x\in[0, 50]$；$(y-10)^2=2x-100$，$x\in(50, 100]$（其中，x 为品牌强度得分，y 为品牌强度乘数，y 值在 0～20 之间）。据上，最终形成的品牌强度指标构成如表 1 所示。

表 1　中国茶叶区域公用品牌强度指标体系

品牌强度																	
品牌带动力			品牌资源力			品牌经营力				品牌传播力			品牌发展力				
区域联动	经济地位	文化地位	历史资源	文化资源	环境资源	标准体系	检测体系	认证体系	组织执行	知名度	认知度	好感度	品牌保护	市场覆盖	生产趋势 1	生产趋势 2	营销趋势

在确定了品牌强度的针对性指标体系之后，各项三级指标及四级指标进一步做针对性的细化分解，使其更适应茶叶区域公用品牌的双重特性。

品牌忠诚度因子主要测度消费者的品牌忠诚度，侧重于品牌能否在长时间内维持稳定的销售。在计算上依然参照日本经济产业省的 HIROSE 模型中关于忠诚度的方法，以确保该因子也可准确地反映消费者对茶叶区域公用品牌的忠诚程度，再结合品牌强度指标体系中对消费者的深入分析和研究，从而弥补 Interbrand 评估方法对消费环节因子关注过少的缺陷。

（三）评估程序说明

在研制、确定具有适应性和针对性的中国茶叶区域公用品牌价值评估模型之后，本研究采用品牌主体调查、茶叶市场调查、茶叶消费者消费综合评价调研、媒介评价调查、行业调查、专家调查等方式，以国内各地的 113 个茶叶区域公用品牌作为研究对象，对其品牌价值作专项评估。

历时近 5 个月，本研究和评估的品牌涵盖绿茶、红茶、乌龙茶、黑茶、黄茶、白茶六大茶类及花茶品类，遍及全国主要产茶区域。在综合数据分析、数据验证、数据

①文化属性，就是指一个人、一个社会团体、一个民族、一个国家的生产活动的习惯的定性（基本的文化素质表现），详见百度百科词条。

计算的基础上，最终得出中国茶叶区域公用品牌价值评估结果。需要进一步说明的是，本研究成果只适用于茶叶区域公用品牌，是研究的阶段性成果，有待进一步研究完善；其次，因为有的茶叶品牌主体没有提供品牌主体资料、或在资料提供方面缺乏完整性，做自动放弃评估处理；其三，本次参加评估的茶叶区域公用品牌必须是经过相应的商标注册，或注册为证明商标、集体商标，或是普通商标但已经采用技术手段进行保护，或申请地理标志保护，并确保在特定的区域范围内的法定使用权限的品牌。

二、中国茶叶区域公用品牌的基础与现代性

（一）中国茶叶区域公用品牌的形成基础

中国地大物博，有着丰富的物产资源、漫长的历史积淀和优良的文化基因；中国疆土上有众多区域适合种植茶叶，便有了漫长的茶种植史和茶文化史。这为中国茶叶区域品牌的形成及其多样化、可塑性、独特性奠定了坚实的基础。

1. 悠久的茶叶种植史夯实了品牌的产品基础 据史料记载，中国是世界茶树的原产地，也是发现和利用茶树最早的国家。3 000多年前的巴蜀就有以茶叶为贡品的记载，汉代王褒著的《僮约》内便已提及“烹茶尽具”及“武阳买茶”。这表明，至少在汉之前，中国四川产茶已初具规模，茶已作为商品在市场上出现。在西南的滇黔贵川、华南的广东广西、东南的福建等省的山区，至今还可发现为数不少的千百年以上的乔木型古茶树。

中国产茶制茶历史悠久，从发现利用野生茶树到今天的各类茶叶产品的形成，期间经历了复杂的变化与革新。三国时期魏国简单加工的饼茶，是制茶工艺的萌芽。后来发明的蒸青制茶，通过完善各种制作环节，去掉茶叶的青草味，降低茶叶苦涩味。到唐代，炒青技术产生，使得茶香更为浓郁，令刘禹锡《西山兰若试茶歌》写出“山僧后檐茶数丛……斯须炒成满室香”的诗句。宋代，流行做团片状的龙凤团茶，同时也出现了将蒸青团茶改造为蒸青散茶，以保持茶的香味的制茶方法、在茶中加香料或香花的做法。“茶有真香，而入贡者微以龙脑和膏，欲助其香”（蔡襄《茶录》），“茉莉岭表所产……古人用此花焙茶”（施岳《步月・茉莉》词注）。由宋至元，饼茶、龙凤团茶和散茶同时并存。明代，朱元璋下诏废龙团兴散茶，使蒸青散茶大为盛行，这时的炒青技术已趋于完善，与现代炒青绿茶制作方法相当接近。随着历史变迁，中国茶人通过加工方法的革新，制造工艺的改进，凭借不同发酵程序控制茶叶内质的变化，最终制成色、香、味、形等品质特征各不相同的六大茶类。这些茶叶品类品质层面的发展演进，为中国茶叶区域公用品牌的创建奠定了多样化的产品基础。

2. 多样化茶叶消费形态构成多样化的品牌成长基础 伴随着悠久的茶叶生产加工史的，是悠久的茶叶饮用消费史。早期，茶叶作为食用药用的产品进入人们的生活，从咀嚼茶树的鲜叶发展到生煮羹饮。至唐代，不少地方仍有吃茗粥的习惯。三国时期，崇茶之风进一步发展，并出现“以茶当酒”习俗。两晋南北朝时期，茶叶从原来珍贵的奢侈品逐渐成为普通饮料。隋代始，加调味品烹煮茶汤饮。唐代饮茶风俗更盛，饮茶方式有较大革新，为改善茶叶苦涩味，开始加入薄荷、盐、红枣等调味。自宋代始，茶成为开门七件事之一，“盖人家每日不可阙者，柴米油盐酱醋茶”（《梦粱录》卷十六载）。宋元以后，饮茶逐渐回归本色，重视茶叶原有的色香味，调味品减少。明代烹茶由原来的煎煮为主逐渐转向以冲泡为主。明清以后，随着六大茶类的出现，品饮方式也随茶类不同而有很大变化，各地区也由于风俗不同而选用不同茶类。中国千年以来的多样化的茶叶消费类型，为中国茶叶区域公用品牌的多样性发展与成长提供了广阔的空间。

3. 博大精深的中国茶文化奠定了品牌的文化基础 在中国的社会生活中，茶不仅仅是一种饮品而已，茶可以入诗、入情、入境，让生活平添了更多的雅趣和情致。围绕茶的消费，形成了独特的博大精深的中国茶文化。

早在六朝时期，随着文人饮茶的兴起，有关茶的诗词歌赋日渐问世，茶已脱离作为一般形态的饮食走入文化圈，发挥了一定的精神、社会功能。唐代陆羽的《茶经》，探讨了饮茶艺术。宋代文人中出现了专业品茶社团，在民间，迁徙时邻里要“献茶”，订婚时要“下茶”，结婚时要“定茶”。明清时，随着茶类的增多，泡茶开始有技艺讲究，茶具则有款式、质地、花纹等的要求。也有不少涉茶的画作传世，如唐伯虎的《品茶图》等。新中国成立后，陆羽茶文化研究会，中国茶人联谊会，中国国际茶文化研究会等相继成立。如今，各地的茶艺馆日渐繁盛，各省主要产茶地域的“茶叶节”也屡见不鲜。以物质产品与精神文化相结合的茶文化已融汇在中国人的生活中，成为一种普通的饮品消费，也成为一种内省的、感悟式文化体验，并因此在东方茶文化圈层里发挥着重要影响。这种文化性也为一些茶叶区域公用品牌的创建注入了内在的精神特质和灵魂。

（二）中国茶叶区域公用品牌的基本构成

中国茶叶区域公用品牌的形成主要有两大源头：一是光环耀眼的历史名优茶，二是精研细制的现当代新创名优茶。

1. 品牌来源之一：历史名优茶 以历史名优茶为源头的中国茶叶区域公用品牌，根据其品牌的历史变迁，可见两种不同的情形：一部分品牌源于传统名茶，如西湖龙井、洞庭碧螺春、黄山毛峰、庐山云雾、太平猴魁、恩施玉露、信阳毛尖、六安瓜片、安溪铁观音、普洱茶、六堡茶、武夷山大红袍、祁门红茶、政和白茶、凤凰水仙等。这些品牌有独特的地理资源、深厚的历史渊源和文化传承。另一部分品牌源于被恢复的历史名茶。即在历史上曾有过的名茶，但在历史沧桑变幻中曾经被中断过种植、生

产史，甚或已失传。这些历史名茶后经现代茶人的创新，恢复原有茶名，焕发了新的生机。如径山茶、金奖惠明茶、蒙顶山茶、霍山黄芽、阳羡雪芽、长兴紫笋茶等。

2. 品牌来源之二：新创名优茶 新创名优茶是中国茶叶区域公用品牌的主要源头，其中绝大多数是新中国成立后研制的名优茶。这一类茶如南京雨花茶、无锡毫茶、茅山青峰、岳西翠兰、宁海望海茶、千岛玉叶、松阳银猴、都匀毛尖、安溪黄金桂、紫阳富硒茶、汉中仙毫、崂山茶、日照绿茶、安吉白茶、大佛龙井等。

各具特色的历史名优茶，在历代至今的消费者中，已经有了相当深广的产品影响力，为茶叶区域公用品牌的形成与成长提供了发展基石。经过近年来整合区域资源，形成产品优势和品质特征，注入并传播茶文化等方面的努力，新创名优茶也为茶叶区域公用品牌的形成与成长提供了发展动力。

（三）现代意义上的茶叶区域公用品牌

然而，尽管中国有着茶叶生产、消费的悠久历史及文化传统，尽管历史名优茶和新创名优茶已为茶叶区域公用品牌的形成与成长提供了发展基石和动力，但作为现代意义上的品牌而言，那些历史传统只是具备了建设茶叶区域品牌的一些有利的、基本的必要要素，却不是充分要素。

现代意义上的品牌，其必须有品牌标识、品牌符号体系、品牌核心价值、品牌权益、品牌消费者等不可或缺的构成要素。作为一个区域公用品牌，应当具有以下基本要素：其一，具有统一的品牌名称和品牌标志。区域公用品牌必须有统一的名称和品牌标志，且名称与一定的地理范围、地域相关连，并且，围绕着品牌名称和品牌标志有确定的符号体系。其二，具有品牌权益保护。区域公用品牌须经过相应的商标注册，或注册为证明商标、集体商标，或是普通商标但已经采用技术手段进行保护；或申请地理标志保护，并确保在特定的区域范围内的法定使用权限。其三，具有明确的品牌主体且所有权具有共有性。区域公用品牌有明确的品牌主体，基本表现为相关协会、联盟、合作社等，品牌所有权具有共有性质。其四，品牌使用授权。品牌使用没有独家使用的排他性。品牌被允许在约定的条件下许可不同的生产经营者使用。其五，品牌文化内涵。区域公用品牌有其独特的文化渊源和传承，或者在创制中赋予它新的文化特征，从而逐步形成了品牌特有的文化内涵，与消费者之间建立了相对稳定且持久的文化认同关系。其六，拥有一定数量的品牌忠诚消费者。区域公用品牌的核心价值存在于和消费者之间的关系中。消费者在认同该品牌的产品品质特征及其文化价值内涵的前提下，忠诚消费该品牌的产品。其七，成为区域形象表征。区域公用品牌与区域共成长，成为区域形象、区域个性的表征，如西湖龙井至于杭州、普洱茶至于云南、乌龙茶至于福建。其八，具有相当的品牌价值。在品牌的建设过程中，慢慢积累起品牌价值，在品牌收益、品牌影响力等各个方面产生品牌价值。

历经5个月的调研表明，在调研的全部品牌中，20世纪90年代前注册的中国茶叶区域公用品牌仅占8%，整个90年代注册的品牌占到20%，而2000—2006年注册的品牌达到31%，2007—2009年3年里注册的茶叶区域公用品牌达到41%。近10年来品牌注册的比例接近中国现有的茶叶区域公用品牌总数的3/4。

这说明，对中国茶叶区域公用品牌而言，尽管中国茶叶区域公用品牌看上去数量多、品牌注册多，似乎已繁花似锦；尽管中国多数茶叶区域公用品牌都有丰富的文化渊源和价值传承，也拥有了品牌价值产生的资源基础，但从现代意义上的品牌而言，中国茶叶区域公用品牌的价值创造还只是个开端。

三、2010年中国茶叶区域公用品牌价值评估数据解读

（一）指标数据解读

如前述，本次中国茶叶区域公用品牌价值评估由三方面数据构成：品牌收益、品牌强度乘数、品牌忠诚度因子。

1. 品牌收益数据解读 品牌收益是一个品牌产品销售的量和质的综合评价。根据品牌收益构成的计算方法：

品牌收益＝茶叶年销量×（品牌零售均价－原料收购价）×（1－产品经营费率）

在113个茶叶区域公用品牌中，品牌收益位于前3位的是普洱茶、信阳毛尖、安溪铁观音。可见，这3个品牌的较大的茶叶生产规模支撑起规模化的茶叶年销售量，且品牌零售均价达到一定的水平。

2. 品牌强度乘数数据解读 品牌强度乘数是品牌强度的一个乘数，因此，首先是品牌强度的比较。茶叶区域公用品牌的品牌强度由品牌带动力、品牌资源力、品牌经营力、品牌传播力、品牌发展力5个二级指标构成。

数据比较可见，品牌强度分数和品牌强度乘数占前10位的是西湖龙井、安溪铁观音、武夷山大红袍、信阳毛尖、普洱茶、六安瓜片、祈门红茶、洞庭碧螺春、雅安藏茶、霍山黄芽等。具体指标比较可见：

品牌带动力的指标比较中，区域联动程度（即带动了多少茶农生产经营）的前三强，是安溪铁观音、太平猴魁、岳西翠兰。茶叶区域公用品牌在区域经济中具有突出贡献的是祈门红茶、霍山黄芽、六安瓜片等，具有突出区域文化地位的是西湖龙井、霍山黄芽、径山茶等。

品牌资源力的指标比较中，在历史资源上具有突出特征的有浮梁茶、福州茉莉花茶、恩施玉露、安化黑茶、洞庭碧螺春、庐山云雾茶、西湖龙井、雅安藏茶、蒙顶山茶、普洱茶、长兴紫笋茶等一系列传统历史名茶；具有突出文化资源价值的是安溪铁观音、武夷山大红袍、西湖龙井等；具有突出环境资源价值的品牌有霍山黄芽、信阳毛尖、浮梁茶、汉中仙毫、蒙顶山茶、大佛龙井、松阳银猴、天台山云雾茶、西湖龙井等。

品牌经营力的指标比较由标准体系、检测体系、认证体系、组织执行4个三级指标构成。占前列位置的有安溪铁观音、西湖龙井、信阳毛尖、祈门红茶、武夷山大红袍、福鼎白茶、普洱茶等。

品牌传播力的指标比较由品牌知名度、认知度、好感度3个三级指标构成。占前列位置的是安溪铁观音、西湖龙井、普洱茶、祈门红茶、六安瓜片、普陀佛茶等。

品牌发展力指标比较由品牌保护、市场覆盖、生产趋势1、生产趋势2、营销趋势5个三级指数构成。营销趋势的品牌传播投入量比较中，安溪铁观音、武夷山大红袍、采花毛尖、六安瓜片、西湖龙井、安溪黄金桂、余姚瀑布仙茗、祈门红茶、普洱茶、金坛雀舌、茅山青峰、洞庭碧螺春等位于前列。品牌保护方面位于前列的是安溪铁观音、六安瓜片、祈门红茶、霍山黄芽、舒城小兰花、福鼎白茶、福州茉莉花茶、武夷山大红袍、正山小种红茶等。市场趋势方面位于前列的是安溪铁观音、大佛龙井、福州茉莉花茶、安溪黄金桂、六安瓜片、西湖龙井、武夷山大红袍、婺源绿茶、祁门红茶等。

3. 品牌忠诚度因子数据解读 品牌忠诚度因子主要测度消费者的品牌忠诚度，侧重于品牌能否在长时间内维持稳定的销售。参照日本经济产业省的HIROSE模型中关于忠诚度的计算方法：

品牌忠诚度因子=（过去3年平均售价－销售价格标准差）÷过去3年平均售价

根据茶叶区域公用品牌2007—2009年这3年的销售价格进行计算可见，西湖龙井、安溪铁观音、祈门红茶、普陀佛茶、南靖乌龙茶、信阳毛尖、龙谷丽人茶、临湘黑茶、桃源野茶王、安溪黄金桂等品牌的忠诚度因子位列前茅。

（二）数据综合解读

1. 茶叶区域公用品牌对区域经济产生了重要的、多层面的影响 数据表明，卓有成效的茶叶区域公用品牌建设能够对区域经济繁荣发展产生巨大的推动作用，甚至使茶产业成为当地的支柱性产业、衍生性产业的源头产业。从一个品牌的品牌收益可证明其对区域的直接的经济贡献；从一个品牌的茶产业所衍生出来的第三产业、第四产业等可看到一个茶叶品牌对区域的间接的经济贡献；从茶产业就业人口数量的递增数据可看到一个茶叶品牌对区域内农业就业人口的贡献程度。从近3年（2007—2009）茶产业平均从业人口（C）占区域内平均农业总人口（Z）的百分比来看，最高的品牌可达82.69%。在所有被研究的茶叶区域公用品牌中，C/Z值在40%以上的占1/4，C/Z值在30%以上的超过1/3。数据显示，尽管区域内茶产业从业人口数量的绝对值和C/Z值分布差异很大，但茶产业在当地经济中的重要程度方面的差异却很小，本研究的品牌中，占比72%的茶叶区域公用品牌是当地农业经济中的一支重要力量。更进一步，茶叶区域公用品牌所蕴涵的独特茶文化，有助于从社会影响、区域形象、生态旅游等方面对区域经济产生系统性的推动作用。

2. 茶叶区域公用品牌的价值高低、区域占有等呈现显著差异 如2010中国茶叶区域公用品牌价值评估结果（附表）所示，品牌价值位列前20位的品牌，基本出自浙江省（位列1、7、8、13、16、19）、福建省（2、6、9、11）、河南（3）、云南省（4）、安徽省（10、12）、广西壮族自治区（14）、江西省（15）、四川省（17）、贵州省（18）、陕西省（20）、江苏省（5）等，与中国十大产茶省份的重合度高，前20强分布在11个省份，其中有7个属于产茶大省（自治区）。如果将研究对象扩展到前30强，其地域分布为12个省份，其中8个属于产茶大省（自治区）。

这两组数据一方面说明了产茶大省因为具备了先天的资源条件，在品牌化运作的过程中占据了一定的优势，同时也显示两者之间并非充分条件。个别产茶大省的品牌未能进入前30强，以及个别非产茶大省的品牌进入前20强，充分说明了品牌价值形成中人的能动因素的重要性。

将产茶大省前三甲（以种植面积和年产量来衡量，基于2009年《中国茶叶》杂志数据）与茶叶区域公用品牌价值评估前20强、30强的个数作一比较发现，高品牌价值的茶叶品牌所在区域的不均衡现象更加明显，如表2所示。

表2 产茶大省与茶叶品牌强省的几个关键评估指标比较

省份	评估指标				
	种植面积排名	年产量排名	品牌价值前20强中的个数	品牌价值前30强中的个数	品牌价值额10亿元以上的品牌数
浙江	3	2	6	11	5
福建	2	1	4	4	4
云南	1	3	1	1	1

3. 左右各个品牌价值高低的要素不尽相同，但高价值品牌的品牌强度与品牌价值呈现基本对应关系 表3至表7可见，品牌强度位列前10位和品牌价值位列前10位的品牌数据比较中，西湖龙井、安溪铁观音、信阳毛尖、普洱茶、武夷山大红袍、洞庭碧螺春、祈门红茶等7个品牌均位于前10位之内，基本对应。对于这些品牌而言，品牌强度从本质上决定其品牌价值。但六安瓜片、雅安藏茶、霍山黄芽虽品牌强度位于前10位之内，品牌价值却分别排在第12位、57位、39位，参照其品牌收益分别位于第17位、66位、57位，品牌忠诚度因子分别位于第

12位、83位、21位的数据可见，品牌收益和品牌忠诚度成为影响这3个品牌价值的重要因子。而福鼎白茶、大佛龙井、安吉白茶的品牌价值虽位于前10位，但品牌强度却分别只位于第22位、27位、19位，参照其品牌收益分别位于第6位、7位、8位，品牌忠诚度因子分别位于第71位、35位、14位可见，品牌收益成为这3个品牌进入前10位的重要因子。因此，品牌价值由品牌收益、品牌强度分数和乘数、品牌忠诚度因子3个一级因子构成，而高品牌价值的品牌其3个指标必然应当处于高位。从数据分析可见，不同的品牌产生品牌价值的主要因素各不相同。每个品牌主体从中也可发现自己所经营管理的品牌在哪个因子中出现了问题。

表3　品牌价值位列前10位的品牌

品　牌	省　份	种　类	品牌价值	排　名
西湖龙井	浙江	绿　茶	44.17	1
安溪铁观音	福建	乌龙茶	44.01	2
信阳毛尖	河南	绿　茶	41.39	3
普洱茶	云南	黑　茶	38.84	4
洞庭碧螺春	江苏	绿　茶	29.65	5
福鼎白茶	福建	白　茶	22.56	6
大佛龙井	浙江	绿　茶	20.38	7
安吉白茶	浙江	绿　茶	20.36	8
武夷山大红袍	福建	乌龙茶	19.32	9
祁门红茶	安徽	红　茶	17.00	10

表4　品牌忠诚度因子位列前6位的品牌

品　牌	种　类	排　名
桃源野茶王	绿　茶	1
西湖龙井	绿　茶	2
普陀佛茶	绿　茶	3
南靖乌龙茶	乌龙茶	4
信阳毛尖	绿　茶	5
龙谷丽人茶	绿　茶	6

表5　品牌强度位列前10位的品牌

品　牌	排　名	品　牌	排　名
西湖龙井	1	六安瓜片	6
安溪铁观音	2	祁门红茶	7
武夷山大红袍	3	洞庭碧螺春	8
信阳毛尖	4	雅安藏茶	9
普洱茶	5	霍山黄芽	10

表6　2007—2009年平均销售额位列前10位的品牌

品　牌	排　名	品　牌	排　名
安溪铁观音	1	福州茉莉花茶	6
信阳毛尖	2	安吉白茶	7
南靖乌龙茶	3	越乡龙井	8
普洱茶	4	洞庭碧螺春	9
福鼎白茶	5	横县茉莉花茶	10

表7　2009年零售均价位列前10位的品牌

品　牌	排　名	品　牌	排　名
西湖龙井	1	桃源野茶王	6
洞庭碧螺春	2	太平猴魁	7
金山翠芽	3	望海茶	8
都匀毛尖	4	安吉白茶	9
金坛雀舌	5	茅山青峰	10

四、有关茶叶区域公用品牌建设的重要启示

通过本次对中国茶叶区域公用品牌的价值评估活动、4月21日在新昌县举行的价值评估结果发布会和中国茶叶区域公用品牌建设座谈会，本研究获得了由品牌主体提供的第一手资料和茶叶品牌建设的主体感受。同时，本研究也调研了茶叶市场主体、典型消费主体、专业人士、大众媒介评判等源自各个不同视角的品牌评价。结合上述质性研究和量化分析，得到以下有关中国茶叶区域公用品牌的三大启示。

（一）加强区域资源整合力度，以针对性策略打造强势品牌

据不完全统计，目前，已经经过相应的商标注册，或注册为证明商标、集体商标，或是普通商标但已采用技术手段进行保护，或申请地理标志保护，并确保在特定的区域范围内的法定使用权限的茶叶区域公用品牌大致有113个，各省大致数量如表8所示。

表8　各省（自治区）的茶叶区域公用品牌分布

省（自治区）	区域公用品牌个数	品牌的茶叶种类
浙江	24	均为绿茶
福建	19	4绿、8乌龙、2白、1花、4红
四川	10	1黄、1黑、1红、7绿
安徽	8	1红、6绿、1黄
江苏	8	均为绿茶
湖南	8	2黑、6绿
湖北	6	均为绿茶
江西	6	1红、5绿
广西	4	1花、1黑、2绿
云南	3	1黑、1红、1绿
贵州	3	3绿
陕西	2	2绿
山东	2	2绿
广东	1	1红
河南	1	1绿

一个省份内，区域公用品牌少则1个多则20多个，且113个茶叶区域公用品牌基本是以行政区划、地理区域这两个前提条件划分产品生产范围而形成的产地品牌，极少有超越行政区划概念的品牌。以行政区划为品牌生产范围的品牌大多以县域经济为基本单位，即使地理条件差不多也会因县域经济单位区分而形成不同的品牌。如浙江的嵊州、新昌、盘安、天台4县4个品牌，遂昌、武义、松阳3县3个品牌。

由于茶叶的地理条件依赖性，一些历史名茶已经存在着因地理条件制约而无法成为大型品牌的先天制约和后顾之忧，而许多新创品牌，也因行政区划限制而无法形成合力。小而散、小而同质的品牌建设，不仅浪费资源、不能形成高的投资回报率，更无法聚集资源力量形成合力，和国际大品牌在国际舞台上竞争。事实证明，如果同一区域特别是一个县域经济单位内同时培育两个或者两个以上的区域公用品牌，因各种资源条件限制，品牌的价值相对较低。如福建南靖县，一个县内打造3个茶种均为乌龙茶的茶叶区域公用品牌南靖乌龙茶、南靖铁观音、南靖丹桂，3个品牌的品牌价值加在一起仅8.32亿元。

因此，中国茶业急需做的是，针对中国茶叶区域公用品牌基本由历史名优茶和新创名优茶构成的现状，以两种不同的、针对性的品牌打造策略殊途同归、共同发展中国茶产业。一种策略，充分利用各个历史名优茶稀

缺的个性化资源条件，进一步提升其个性化消费，打造差异化极强、能够拥有高忠诚度消费者的奢侈品茶品牌，以独特性产品品质、文化象征等形成品牌竞争强势；另一种策略，打破简单划一的行政区划品牌建设方式，实现同种类、同质新创品牌的资源整合与充分利用，以大品牌兼并小品牌，以品牌强度和忠诚度因子较高的品牌兼并两因子较弱的品牌，以市场反应、好感度较高的品牌兼并市场反应、好感度较低的品牌，提高品牌建设的 ROI（投资回报率），以大整合成就大品牌，以规模化、现代化优势形成品牌竞争强势。两种不同策略可以使中国茶叶在茶叶奢侈品市场和大众消费品市场共同获得竞争优势。

（二）实现消费者导向，塑造品牌灵魂，创造“消费者心像”

调查证明，大多数茶叶区域公用品牌主体多年来一直致力于培育基地、扩大规模和产量、制定统一的生产标准、提升产品品质等产品生产环节，与市场和消费者的沟通、对接基本以产品为导向。产品品质是品牌发展、成长、赢得消费者的基础和前提，但产品本身只是品牌的一个构成部分并非全部要素。从消费者视角而言，一个品牌的产品品质、文化内涵、符号系统等会具有同等重要的位置，甚至，在个性化消费中，产品所蕴涵的文化意蕴、符号价值因为赋予产品以灵魂而比产品的色、香、味、形更能深入人心。如品牌好感度位于前 10 位的安溪铁观音、西湖龙井、武夷山大红袍、普洱茶、信阳毛尖、六安瓜片、祈门红茶、洞庭碧螺春、太平猴魁、蒙顶山茶等，其文化内涵、象征意义、品牌个性等方面均有其独特的吸引力，因此，其品牌价值也相对较高。

实现从产品导向到消费者导向转变时，利用现代传播工具，形成产品的“消费者心像”尤为重要。目前，多数品牌只是用产品和消费者对话，大多产品又只体现茶叶的类别特征，没有品牌个性特征。个性特征恰恰是一个品牌的灵魂所在。

因此，从品牌名称、品牌标识、符号系统、文化意涵等方面塑造品牌灵魂，利用现代传媒的传播效应创造“消费者心像”是多数品牌的当务之急。

（三）加强品牌传播投入与有效性评估，提升品牌传播力

资料说明，各茶叶区域公用品牌在知名度、认知度和好感度方面均存在相当大的差异。少数品牌誉满中华、蜚声国际，更多的品牌目前还只能囿于一地。图 1 显示的交叉分析进一步说明，知名度、认知度、好感度三者存在一定的正相关关系，而认知度与好感度的相关程度更高。也就是说，对一个品牌越了解，越有可能成为品牌的忠实消费者。而图 1 显示的另一个问题是，多数茶叶区域公用品牌的认知度均不高。

认知度和传播力度、传播有效性紧密相关。传播力度首先需要传播投入。近 3 年来，平均传播投入位于前 20 位的品牌如表 9 所示。

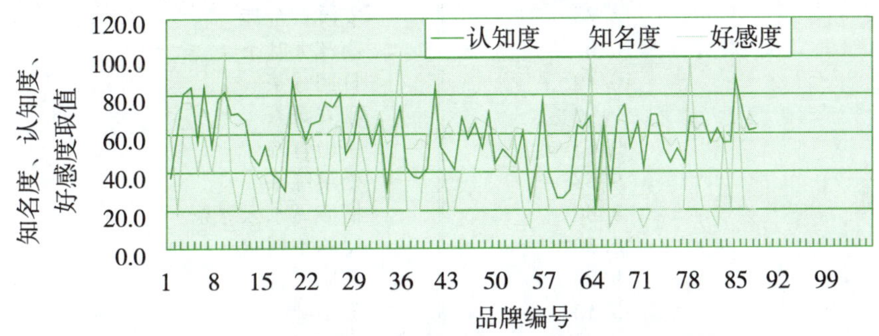

图 1　品牌知名度、认知度、好感度相关关系

表 9　近 3 年平均传播投入位列前 20 强的茶叶区域公用品牌

品　牌	排　名	品　牌	排　名
安溪铁观音	1	金坛雀舌	11
六安瓜片	2	茅山青峰	12
普洱茶	3	宁红工夫	13
西湖龙井	4	江山绿牡丹茶	14
安溪黄金桂	5	余姚瀑布仙茗	15
采花毛尖	6	信阳毛尖	16
祁门红茶	7	汉中仙毫	17
武夷山大红袍	8	大佛龙井	18
武夷岩茶	9	松阳银猴	19
洞庭碧螺春	10	越乡龙井	20

但是，从传播投入量而言，和工业品牌比较还存在较大的差距。并且，从传播的有效性而言，多数品牌将传播投入到当地节庆活动、产品展销会等传统的传播方式当中，对新的传播形态、传播策略、传播方法的认知和采用非常少见，其传播的有效性、消费者的接触程度等都有待评估和论证。

21 世纪可谓传播时代，传播即是营销，营销即是传播，品牌的“消费者心像”形成需要借助有效的品牌传播才能达成。因此，加强品牌传播投入，引进专业人士与组织，提高品牌传播的有效性和提高品牌的传播力应当成为中国茶叶区域公用品牌进一步成长的重要举措。唯其如此，区域品牌才能真正成为中国茶叶走向市场、走向国际的中坚力量，在国际、国内消费市场获得高市场影响力，才能获得高额的品牌价值，中国茶叶的自主品牌才能整体崛起。

附表：2010 中国茶叶区域公用品牌价值评估结果（前 80 位）

单位：亿元

品牌名称	品牌价值	品牌名称	品牌价值
西湖龙井	44.17	金坛雀舌	5.52
安溪铁观音	44.01	南京雨花茶	5.33
信阳毛尖	41.39	永嘉乌牛早茶	5.29
普洱茶	38.84	南靖乌龙茶	5.21
洞庭（山）碧螺春	29.65	岳西翠兰	5.16
福鼎白茶	22.56	青川七佛贡茶	4.49
大佛龙井	20.38	磐安生态龙井	4.48
安吉白茶	20.36	金山翠芽	4.43
武夷山大红袍	19.32	余姚瀑布仙茗	4.34
祁门红茶	17.00	崂山茶	4.20
福州茉莉花茶	16.85	金奖惠明茶	4.08
六安瓜片	14.45	天台山云雾茶	4.07
越乡龙井	13.93	安化茶	3.46
横县茉莉花茶	12.75	安溪黄金桂	3.41
庐山云雾茶	10.99	南江大叶茶	3.38
松阳银猴	10.49	日照绿茶	3.30
蒙顶山茶	9.90	雅安藏茶	3.29
都匀毛尖	9.63	茅山青峰	3.29
径山茶	9.62	松溪绿茶	3.09
紫阳富硒茶	9.60	桐庐雪水云绿茶	2.96
太平猴魁	9.50	恩施玉露	2.90
汉中仙毫	9.29	岳阳银针	2.85
千岛玉叶	9.13	天山绿茶	2.42
开化龙顶茶	8.63	磐安云峰	2.40
湄潭翠芽	7.69	缙云仙都笋峰	2.37
安化黑茶	7.58	舒城小兰花	2.22
龙谷丽人茶	7.38	宜都天然富锌茶	2.13
蒲江雀舌	7.19	浮梁茶	2.03
长兴紫笋茶	7.07	福鼎白琳工夫	1.80
武阳春雨	7.05	江山绿牡丹茶	1.77
宁红工夫	6.74	屏山炒青	1.70
六堡茶	6.73	南靖丹桂	1.61
英德红茶	6.62	南靖铁观音	1.50
修水双井绿	6.59	梵净山翠峰茶	1.44
桃源野茶王	6.45	筠连红茶	1.11
马边绿茶	6.41	平阳早香茶	1.10
婺源绿茶	6.12	东至云尖	1.05
永春佛手茶	6.07	普陀佛茶	1.00
霍山黄芽	6.03	苍南翠龙茶	0.95
望海茶	5.63	临湘黑茶	0.90

中国茶叶消费与贸易概况

中国农业科学院茶叶研究所/国家茶叶产业技术体系产业经济研究室
姜爱芹　陈富桥　王彦炯

（一）茶叶消费

1. 国内市场需求依然旺盛　近 10 年来中国国内茶叶市场总体呈现出产销两旺态势，总消费量快速增长，年均增长达 10.3%，高于全球平均增长水平。国际茶叶委员会统计数据显示，2009 年中国茶叶消费量达到 95.7 万吨，占当年世界总消费量的 25.5%（图 1）。根据 2010 年产销数据及国家茶叶产业技术体系产业经济研究室调查数据推算，2010 年消费量在 110 万吨左右，同比增长 14.9%。与总消费量相对应，近年中国人均消费量也呈稳步增长态势，是全球人均茶叶消费增幅最大的国家。据国际贸易中心（ITC）统计，2007—2009 年 3 年平均消费量为 0.66 千克/（年·人），2008—2010 年 3 年平均消费量约达 0.75 千克/（年·人）。

2. 茶叶价格持续走高　旺盛的国内需求也带动了茶叶价格较快提高，近 10 年来中国茶叶生产价格指数年均增长 8.3%，2010 年茶叶生产者价格同比增长 20.38%，若不考虑通货膨胀等因素，是 2001 年茶叶价格的 2.16 倍（图 2）。2010 年的茶叶价格是近 10 年内继 2007 年后的第二个价格高峰年，导致价格高涨的原因有四个方面：一是国内需求的拉动；二是由于 2010 年部分产区受恶劣天气影响导致春茶减产；三是整体物价水平上涨的影响；四是日益增长的人工及物质投入成本的推动。

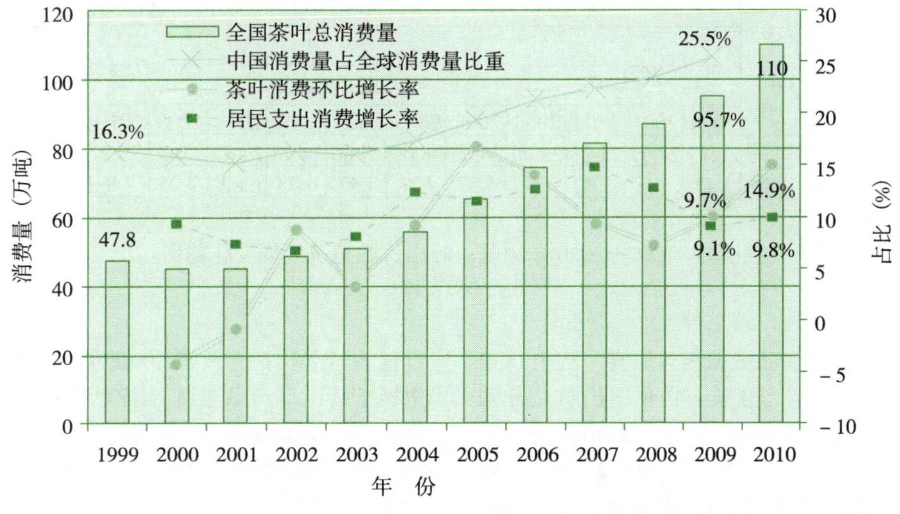

图 1　1999—2010 年中国茶叶消费变化趋势

资料来源：ITC 报告、《中国统计年鉴》。

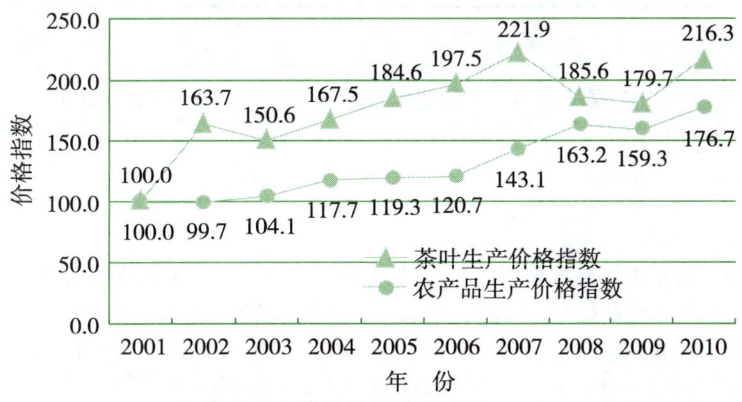

图 2　近 10 年茶叶生产价格指数变化趋势（以 2001 年为 100）

3. **消费结构趋向多元化，绿茶市场主导地位未变** 从茶叶消费结构来看，受营销手段及市场引导影响国内消费热点有所转换，市场消费需求结构趋向多元化，更为现代的、多元化的茶叶消费格局正在形成。绿茶基于其持续增长的供给、较强的消费基础和饮茶有益健康观念的普及，在茶类消费格局中依然保持了其市场主导地位，2010年绿茶消费量在70万吨左右。在北京、上海等大中城市的调研显示，56%的消费者主要饮用绿茶，乌龙茶的比例为34%。红茶消费从2007年开始升温，特别是近两年高价位红茶不断涌现，市场影响不断扩大，红茶正逐步被更多消费者了解，2010年红茶消费量在5万吨左右。普洱茶、黑茶等品类因其健康保健等卖点近几年也开始走俏市场，乌龙茶则因其独特的品质特征，如极易被消费者感知的特有香型，以及政府主导、企业推进的稳健的市场营销策略而逐步被消费者广泛接受，消费群体逐步扩大。

（二）国际贸易

1. **出口"量稳值增"** 2010年中国茶叶出口贸易呈"总量稳步增长，总额快速提升"的特点（图3）。全年茶叶出口量30.25万吨，同比下降0.17%，出口额7.84亿美元，增长11.2%。当年出口量和出口额分别位居世界第二位和第三位，在世界茶叶贸易格局中占有重要位置。从出口单价及效益看，2010年中国茶叶平均出口单价2 592美元/吨，虽比2005年前提高了53.5%，但受生产成本上涨及人民币汇率升值等因素挤压，茶叶出口的利润率比较低，出口单价仍处于较低水平。

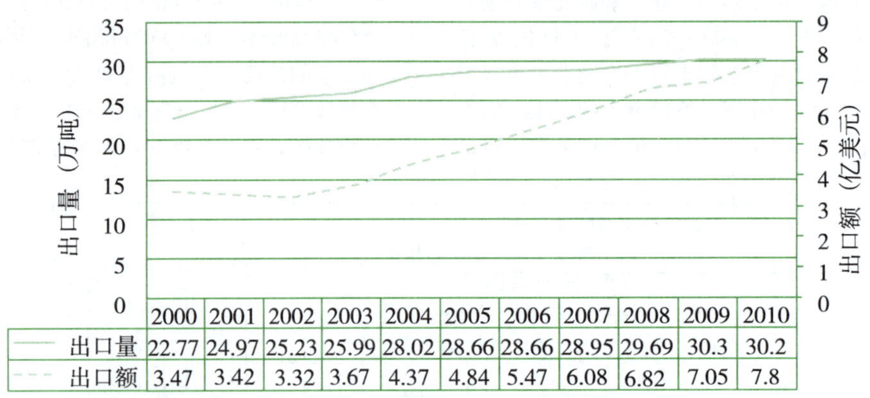

图3　2000—2010年中国茶叶出口数量及金额变化趋势

数据来源：ITC。

2. **绿茶出口为主，特种茶效益相对较高** 从出口茶类来看，2010年中国绿茶、红茶、特种茶出口量分别为23.4万吨、3.66万吨和3.17万吨，分别占出口总量的77.4%、12.1%和10.5%（表1）。其中，主要绿茶的出口量占全球绿茶贸易份额的80%，而红茶出口仅占全球红茶贸易份额的不到3%。特种茶是中国茶叶出口产品中独具特色的出口产品，特种茶出口量占出口总量的10.5%，但占出口总额的17.5%，2010年中国特种茶出口经济效益是绿茶和红茶的2倍。

表1　2009—2010年中国红茶和绿茶出口量及比重

单位：万吨，%

年份	绿茶		红茶	
	出口量	占出口总量比重	出口量	占出口总量比重
2009	22.9	75.7	4.01	13.2
2010	23.4	77.4	3.66	12.1

数据来源：ITC。

3. **出口市场相对集中，传统市场基本稳定** 从出口目的市场看，中国茶叶出口市场相对集中，2010年前五大出口市场占出口总量的48.1%。目前茶叶出口传统市场基本稳定，新兴市场有增长苗头。非洲是中国传统出口市场，2010年对非洲出口占出口总量的46.4%。2010年对茶叶出口第一市场摩洛哥出口量和额继续增加（表2）；新兴市场美国上升为中国第二大市场，也是中国红茶主要出口市场，出口量和额同比分别上升28.4%和38.4%，增长态势明显；俄罗斯是第三出口市场，出口量同比增长3%。

表 2　2010 年中国茶叶出口地区分布

单位：万吨，亿美元，%

国别（地区）	出口量	同比变化	出口额	同比变化
摩洛哥	6.12	4.7	1.5	9.7
美国	2.48	28.4	0.56	38.4
俄罗斯	2.13	3.0	0.47	31.4
日本	1.95	2.5	0.56	12.1
乌兹别克斯坦	1.86	−16.8	0.23	−10.9

资料来源：ITC。

4. 茶叶进口量快速增长，以进口红茶为主　2009 年以前中国茶叶进口量和进口额都很小，且增长趋势比较缓慢。2010 年中国茶叶进口量达 1.27 万吨，进口额4 755万美元，分别比 2009 年大幅增长 209.8%和 161.1%。目前进口茶类主要以红茶为主，2010 年红茶进口量占当年进口总量的 90.6%，为 1.15 万吨，主要来源于斯里兰卡、肯尼亚和印度等国。绿茶进口量1 195吨，主要来源于越南和中国台湾等国家和地区。

（三）发展趋势展望

1. 消费基础更趋稳固，消费总量继续扩大　虽然中国已经是世界茶叶消费第一大国，但当前中国人均茶叶消费量仍较低，与主要茶叶消费国水平还有较大差距。随着近些年居民可支配收入持续增加，茶及茶文化被广泛传播，茶叶消费环境得到持续改善，饮茶人群基数将有望进一步扩大。此外，随着网络的发展，更多的商家开始利用网络等媒体加强茶及茶文化知识宣传的力度，这也将进一步加速茶叶消费健康理念普及。2011 年中国茶叶消费量将继续保持增长态势，市场对中高档茶和品牌茶消费旺盛势头将依然不减，预计消费需求增长 10%左右，消费量估计 120 万吨左右。

2. 消费需求结构调整的趋势仍将继续　随着消费群体的持续扩大和茶叶消费文化传播的更快扩展，茶叶消费结构也将趋多元化，绿茶的消费主导地位仍将保持，但是份额可能会下降，同时红茶、乌龙茶等茶类的市场份额将有所增加。深加工茶和保健茶消费需求也会增加，更多知识性消费者将偏向于选择冲泡方便的快速消费茶，特别是袋泡茶、速溶茶消费量预计会有大幅度增加。

3. 出口量仍保持稳定，出口市场趋于多元化　受国内外大环境的影响，预计 2011 年我国出口量仍基本稳定，全年出口量还将在 30 万吨左右，出口额仍将持续上涨，预计出口额仍将有 10%左右的增长幅度。经过近几年的市场洗礼，出口企业集中度不断提高，企业整体素质有了较大进步。预计 2011 年传统出口市场基本保持稳定，美国、欧盟和澳大利亚等市场的出口额将有进一步提升的空间，出口市场将向多元化方向发展。特别指出的是，目前国际市场以红茶消费为主，中国特种茶的资源优势一时难以转化为市场优势，但随着产业发展和企业经营实力的增强，特种茶将有望成为拓展国际市场的特色产品。

中国红茶产销情况分析

广东省农业科学院　陈栋　乔小燕

2010 年是中国红茶产业持续大幅度发展的一年。据联合国粮农组织（FAO）统计，2010 年全球茶叶总产量为 406.7 万吨，红茶产量 270 万吨，占全球茶叶总产量的 66%；全球茶叶出口总量为 172.9 万吨，红茶出口量 130 万吨，占全球茶叶出口总量的 75%。中国红茶总产量 9.00 万吨，同比增加18 056吨，增长 25.17%；出口量 3.66 万吨，同比下降 8.71%，出口额7 981万美元，增长 23.98%；红茶出口量占全国茶叶出口总量的 12.10%，出口额占出口总额的 10.18%。2010 年中国红茶产销的情况主要表现为以下 6 个特点。

（一）红茶产量和产值持续增长

2010年中国红茶总产销量9.00万吨，同比增加18 056吨，增长25.17%。全国各红茶产区对红茶产量的持续增长起到了巨大的推动作用。2010年，福建红茶产销量（含本省生产的和到省外加工带回本省销售的）为4.0万吨，同比增加4倍多，占全国红茶总产销量的44.0%；云南2.0万吨左右，与上年持平，约占全国红茶总产量的22.0%；湖北1.54万吨，同比增长30.29%，占17.0%；安徽0.4万吨，占5.0%；广东0.41万吨，占5.0%，其中广东市场销售红茶1.9万吨以上，占全国红茶内销总量约35.6%。

（二）红茶出口减少而内销大幅度增长，但出口均价格和出口额明显提升

2010 年，中国红茶出口量 3.66 万吨，同 2009 年相比，红茶出口量减少3 492吨，下降 8.71%；红茶出口额7 981万美元，均价2 180美元/吨，分别比 2009 年6 437万美元和1 606美元/吨增长 24.0%和 35.74%。全国红茶国内消费量 5.34 万吨，比 2009 年 3.18 万吨增长 67.93%。其中出口红茶中红碎茶（CTC）比重增加，主要原因是云南茶区新建全自动 CTC 生产线 4 条，增强了出口竞争力。内销市场继续保持需求旺盛，且呈不断上升势头。红茶质量上的总体飞跃及其产品多样化，加上外来资本进入茶叶行业，给红茶输入了先进的管理经验和产品设计、营销理念，是红茶市场升温的重要助推器。

2010 年，中国红茶出口市场主要是美国、俄罗斯、中国香港和巴基斯坦等 20 个国家和地区，其中美国、俄罗斯、中国香港、巴基斯坦和缅甸的出口量占出口总量的 68.26%。同 2009 年相比，美国、中国香港、缅甸出口量增加，而俄罗斯和巴基斯坦出口量下降。

2010 年，中国对美国出口红茶10 262.1吨，同比上升 16.18%，出口额1 863.1万美元，同比上升 44.44%；对中国香港特别行政区出口4 172.9吨，同比上升 22.54%，出口额1 355.4万美元，同比上升 69.53%；对俄罗斯出口5 439.9吨，同比下降 29.68%，出口额1 032.2万美元，同比上升 6.8%；对巴基斯坦出口2 898.9吨，同比下降 56.01%，出口额 245.1 万美元，同比下降 48.94%。中国红茶出口美国、俄罗斯和中国香港特别行政区的份额达到 47.27%，成为最主要的市场。此外，进口中国红茶 1 000吨以上的国家还有缅甸、德国、蒙古和英国，达到 7 206.6吨，占中国红茶出口总量的 19.69%。

（三）传统红茶全面恢复生产，创新红茶百花齐放

2010 年中国红茶产销两旺、持续大幅度增长，其原因是多方面的，但最主要的有 4 点：一是传统红茶全面恢复生产。祁门工夫（含浮梁工夫、霍山工夫）、滇红工夫、粤红工夫（英德、鹤山工夫）、宁红、宜红工夫（含湖南石门工夫）、川红工夫（含黔红工夫）、湖红、闽红工夫（坦洋、白琳、政和工夫）、越红（九曲红梅）、苏红（宜红）、台湾工夫等历史上著名的工夫红茶全面恢复了生产。据统计，经过几年努力，2010 年祁门红茶产量恢复到了 4 000吨；正山小种和坦洋工夫产销量恢复到了 3.0 万吨；英德红茶恢复到了2 745吨，比上年增加 395 吨。二是创新红茶蓬勃发展。各地利用技术、新品种创新，研发创制的红茶花色品种不断增加。福建创新的工夫红茶如金骏眉、银骏眉、新坦洋工夫、新白琳工夫等继续呈现发展势头；广东的金毫、英红九号、你和我、茗皇红、丹霞天雄、大唐红韵、客家红等创新工夫红茶发展强劲，供不应求；广西的桂林红叶、将军红、浪茯红茶等，云南的中国红、沧源红等，安徽的祁红金钩、天品国香等也显示大幅度增长。创新工夫红茶在色、香、味、形呈现出多样化的趋势，其外形紧细、完整、鲜润、匀齐堪与名优绿茶外形媲美，幽雅细长的甜果（蜜、糖、薯）甜香、花香、毫香和愉快的中药香，醇厚（和）鲜爽和具有明显“甜韵花香”的迷人滋味，金黄明亮、铜红明亮、橙红明亮或红艳红亮的浪漫汤色，深深吸引了年轻的消费者和追求个性化的资深茶客。三是红茶的生产地域也不断拓展。在恢复传统红茶和创新花色的同时，一些传统的绿茶和乌龙茶、普洱茶产地也在积极发展地域特色红茶，如河南的信阳红，福建宁德的天山红、武夷红，湖南湘西的黄金红茶，贵州的遵义红等如雨后春笋，呈现良好的发展势头。据统计，河南信阳红 2010 年产量就达到 500 吨；广东新区红茶丹霞天雄、大唐红韵、客家红达到 600 余吨。这些新兴红茶产区迅猛发展，大大拓展了红茶的生产区域。四是品牌打造与促销拉动了红茶市场需求。金骏眉、英红九号、中国红、信阳红等内销红茶品牌产品与品牌企业的强劲推介，推动“红色文化”的浪漫时尚消费，从而拉动了名优工夫红茶的日益增长。

（四）“假冒伪劣”现象和价格混乱的局面依然局部存在

国内红茶市场兴起，红茶需求增加，不但给红茶经营者带来了丰厚的利润，使越来越多的个人或企业投入红茶生产，红茶市场进入多样化状态，品牌层出不穷，同时也诱发了红茶标准和价位的混杂不一，导致假冒伪劣产品充斥市场的现象蔓延。2010 年，中国红茶在金骏眉等产品的带动下，成为新的茶叶消费热点，并在市场上迅速推广开来。市场上不少贴有正宗金骏眉、真品金骏眉、极品金骏眉等标识的红茶，价格从几百元、几千元到上万元不等，它们大多为来自建阳、政和、福鼎和坦洋等地的外山小种；更有来自广西、四川、湖北、江西和贵州等地加工的单芽红茶和高火红茶。由于市场机制不完善，行业监管和引导不到位，红茶假冒伪劣现象还不能完全根除，导致品质水平和价格也参差不齐。

世博茶经济的理论与实践

中国社会科学院茶产业发展研究中心　陆　尧

在上海世博会刚刚落下帷幕的时候，谈论世博茶经济的得与失还为时过早。但明确总结的思路，回顾主要过程，把初步心得归纳一下，以推动后世博茶经济的发展，还是必要的。

（一）世博茶经济缘起

世博茶经济是指围绕“城市，让生活更美好”的主题，利用上海世博会带来的商业契机，整合中国茶产业资源，在筹备和举办世博会期间，以及世博会后的一段时间内，提供优质世博茶产品、茶项目和茶服务，推动中国茶产业阶段性加速发展的特殊经济现象。

中国人和中国茶与世博会有不解之缘。早在1910年，上海医生陆士谔曾预见百年后的2010年上海将举办世博会。5年后，祁门红茶、都匀毛尖、坦洋工夫等中国名茶在旧金山举办的万国博览会上获奖。其后，经过几代茶人的共同努力，特别是经过改革开放的洗礼，我国茶产业平稳发展，奠定了进一步与国际接轨、迎接世博茶经济挑战与机遇的良好基础。

为了搞好世博茶经济，让中国茶香飘世博会，有关方面积极协调，做了大量筹备工作。

1. 营造良好的政策环境 2002年12月3日，国际展览局选中上海市为2010年世界博览会举办城市。我国政府随即举全国之力，积极筹办世博会，营造了共同关心世博，争先参与世博的利好环境。

2. 茶界积极响应，上海市茶叶学会铺路架桥 世博会是人类新思想、新概念、新技术得以萌生、发展并转化为现实生产力的重要载体，也是中国茶产业借鉴国际经验、推进产业升级、开拓国内外市场的重要机遇。因此，得到茶界高度重视。

2006年，上海国际茶文化节组委会特别举办茶文化与2010年上海世博会研讨会，率先在茶界聚焦世博会，为筹备世博茶经济开始作舆论准备。

2009年4月，吴觉农茶学思想研讨会在上海举办，“链接世博，做大做强中国茶产业”成为热门话题。

较早呼吁、推动世博茶经济事业的上海华东师范大学陆留弟先生提出：让茶文化为“世博会”添彩。茶界泰斗于观亭先生指出：中国茶进入世博会主要有三个渠道。一是中国馆里各个省的省馆。二是游人休息中心、餐饮点等公共休闲空间。三是联合国馆。这是竞争最激烈、规格最高的场馆。陆尧则谈到，中国茶叶走进上海世博会，不仅会提高品牌的知名度和美誉度，而且有利于树立企业的高端品牌形象，促进中国茶产业整体形象的提升。要发扬奥运茶经济的奉献精神、创新精神和团队精神，搞好后奥运茶经济与世博茶经济的对接。

（二）世博茶经济运作

2009年6月1日，上海世博会联合国馆与运营商思维佳公司共同授权上海市茶叶学会，全面负责联合国馆茶叶产品与项目的招商管理工作，并由黄汉庆、刘启贵、于观亭、陆尧、舒曼5人组成招商管理委员会（以下简称招管委），为中国茶叶对接上海世博会首开方便之门。到2009年11月，“中国世博十大名茶”全部到位。安溪铁观音、都匀毛尖、天驿古茗武夷山大红袍、西湖龙井、湖南黑茶（安化）、润思祁门红茶、一笑堂六安瓜片、天目湖（富子）白茶、福鼎白茶（太姥银针）、张一元花茶获此荣誉称号。

2010年4月，由上海茶叶有限公司牵头，与昆明七彩云南庆沣祥茶业股份有限公司、北京吴裕泰茶业股份有限公司和厦门华祥苑实业有限公司共同组建“世博中国茶叶联合体”正式启动。至此，中国世博十大名茶与世博中国茶叶联合体共同承担起带领中国茶叶走向全新的高度，提升中国茶以及中国茶文化形象，加速中国茶产业与国际茶产业相融合的历史重任。

从操作层面看，世博茶经济运作主要包括以下五个方面。

1. 确保世博茶产品质量 招管委专门分工于观亭先生负责茶叶质量把关工作。无论是中国世博十大名茶礼盒，还是各自的礼盒，上架前先交由国家茶叶质量检测中心统一负责把关，还要适时抽查。相关地方政府主管部门和相关企业也十分重视世博茶质量问题，确保了世博茶的信誉。

2. 提供丰富多彩的世博茶产品 世博茶产品涵盖中国传统六大茶类、近50种，还包括紫砂工艺师们用心制作的多款世博壶。这些世博茶产品，包装精美，琳琅满目，成为上海世博会一道靓丽的风景。

3. 打造世博园区营销宣传主渠道 世博园区内世博茶的营销渠道主要安排在联合国馆、茶产品特许专卖店、宝钢大舞台中国元素活动区中国茶坊等处。提供世博茶的20多家企业，十分珍惜世博商机，纷纷拿出了好看、好喝、好拿的新款产品，并提供了优质服务。例如，到联合国馆参观的国内外贵宾习近平、潘基文等品尝中国世博十大名茶后，给予较高评价；在世博会184天中，吴裕泰每天向游客推荐一种茶，受到消费者欢迎。

为配合世博精神的宣传及世博茶的营销，招管委与有关方面合作在联合国馆举办“世界和谐茶会”、“中国世博茶仙子”与“中国世博茶寿星”颁奖活动；世博中国茶叶联合体则举办了有一定层次的启动仪式等活动。

4. 营建世博茶上海外围平台 2009年和2010年的上海茶博会、城隍庙国际茶文化节等都安排了世博茶主题活动；招管委与新华社上海分社共同开办“世博茶话”栏目，安排中国世博十大名茶与上海16家著名茶馆对接；贵州省经典茶业公司在上海开办了茅台酒与贵州茶联合营销的专卖店。这些措施配合了世博园区的世博茶展销工作，方便广大消费者进一步了解和购买世博茶。

5. 开展全国世博茶宣传营销 为了扩大世博会及世博茶影响，招管委与地方政府密切合作，举办了10次隆重的中国世博十大名茶授牌仪式。杭州仪式上，10种世博名茶合为一体，融入西湖，寓意深刻；都匀仪式上，中国世博十大名茶植物园开园，振奋人心。特别是“中国世博茶仙子”和“中国世博茶寿星”评选，从一开始就得到全国媒体和广大消费者关注。福建省福鼎市从全国海选，贵州省都匀市从全省海选，浙江省杭州市、福建省安溪县反复遴选，确保了中国世博茶仙子的综合素质普遍较高，达到了一定的世博茶宣传推广效果。

在中国世博十大名茶宣传营销方面，全国一些机构和企业也表现出较高的热情。如中国社会科学院茶产业发展研究中心在第五届首都元宵茶会（2010）上以世博茶经济为主题，进行宣传推介；在2010年八一茶会上向首都中秋礼品市场重点推介中国世博十大名茶。又如河北省茶文化学会派出两位骨干，常驻上海，管理为联合国馆工作的中国世博茶仙子，协助招管委日常工作，主动认真，任劳任怨；上海名缘文化传播有限公司负责中国世博茶仙子培训管理工作，废寝忘食，成果显著；北京五福茶艺馆、河北10佳茶馆、唐山金古月茶道会馆、大庆文雅轩茶艺馆等，都积极安排中国世博十大名茶展卖，热情可嘉。特别是有的地方或企业，虽然未能得到世博茶名誉，依然十分关注世博茶事业，表现出中国茶人的博大胸怀，令人钦佩。

同时，世博中国茶叶联合体也开展了不少有特色的活动。例如，联合体的世博特许茶分为A、B、C三类，包括具有文化纪念价值的旅游纪念品、价格适中适合一般礼仪赠送和个人纪念的礼盒产品、“中国名片”定位的高档贵宾茶礼，从不同层面满足了市场需求。联合体成员厦门华祥苑茶叶公司则开展了“世博茶中国行”活动。自2010年7月18日厦门首发启程，由南至北，为时68天，历经19个站点，是跨越大半个中国的铁观音茶文化体验之旅，更是世博茶第一次全国性展演的新创举。

上述措施与活动，均取得一定成效，因而在世博会历史上再次留下中国茶的美好印记。同时，也在中国茶产业与茶文化发展史上留下光辉与重要的一笔。特别是中国世博十大名茶，通过赞助联合国馆，举办一系列有益的、有影响的活动，为上海世博会做出了突出贡献，受到联合国秘书长潘基文先生的充分肯定。他在出席上海世博会闭幕活动时表示：“我非常高兴亲眼看到中国举办了最为成功的一届世博会。联合国馆是联合国参与世博会以来，规模最大、场馆最大、建设最美的场馆。如果没有中国世博十大名茶的赞助、支持和合作是不可能实现的。所以，此时此刻我的心情无比激动与高兴，谨此诚向中国世博十大名茶致以深深的谢意——没有中国世博十大名茶的支持就没有联合国馆的成功。”

（三）世博茶经济初步评价

从全局层面看，上海世博会是一扇朝向两面的窗户：既向世界展示了中国，又向中国展示了世界。在诸多世博效应中，帮助中国人民增强了环境意识、公共意识、创新意识、审美意识和服务意识是上海世博会最有分量的成果之一。中国茶界亦受益匪浅。

1. 世博茶经济基本判断 成绩是主要的，并且表现出一些特点。

第一，地方政府高度重视，打造世博茶公共品牌。例如，都匀市政府在贵阳到都匀的高速公路旁做都匀毛尖广告，安化县政府在首都国际机场做安化黑茶广告；安溪政府着力培养高素质的中国世博茶仙子，使每个人都能用外语和外宾交流，每个人都有书法、绘画、弹琴等一项或多项才能，为展示世博茶与中国茶文化风采作出了较大贡献。

第二，世博茶跨地域合作，打好团体赛。自从贵州都匀市胡晓剑市长2009年10月提出“中国茶国家队”概念后，中国世博十大名茶相关单位非常认同，纷纷表现出比较强的团队意识与合作精神。例如北京张一元茶叶有限责任公司，主动承担了“国家队”礼品茶的仓储、包装、供货等工作。时间紧、任务重、质量要求高、协调量较大，但他们保质保量，出色地完成了任务。又如，刘启贵先生75岁高龄，腰腿时常不便，仍然热情地为世博茶四处奔波，积极协调。再如，舒曼等同志为了帮助中国世博茶仙子和世博茶营销人员提高服务水平与促销技能，在各地认真组织培训的基础上，多次在上海、都匀、福鼎等地进一步有针对性地进行培训，取得一定效果。

第三，世博茶产品与项目都体现出较强的创新精神。吴裕泰总经理孙丹威曾指出：“茶叶本身就充分体现了中国文化和历史的元素，如何在里面注入新的元素，比如时尚感、民族和地域特色、中国社会的发展和变化、中国人所倡导的思想和生活态度，以充分展示中国茶和中国文明的变迁。”在这些思想影响下，西湖龙井、吴裕泰花茶、润思祁门红茶、华祥苑铁观音、福鼎太姥银针等以崭新的世博茶包装，方便携带、方便饮用，赢得了国内外消费者的认同。

第四，世博茶在园区内销售情况欠佳，不如园区外。这与先前的预计相符。虽然经济效益不是世博会期间世博茶的主要目标，虽然游客累得连一把伞都不愿意拿，但世博茶相关单位还是努力促销。其中，张一元世博花茶日营业额曾超过10 000元；世博红茶、世博黑茶也相对卖得好些。卖得好的多为小包装的大众茶。

2. 中国世博十大名茶管理与服务 招管委共召开过9次工作会议，3次副主任暨总代表会议，与地方政府和相关企业共同举办10次中国世博十大名茶授牌仪式、3次世博茶经济研讨，发表《中国世博十大名茶共同宣言》和《世博茶业共同发展倡议》。特别是在联合国馆中国世博十大名茶质量保障与宣传营销方面，招管委做了大量管理和协调工作，保证了馆内运转基本正常。

3. 特许经营管理 上海世博协调局在知识产权保护、特许经营产品资质审核与协调联合国馆、中国世博十大名茶与可口可乐的关系等方面做了很多有益的工作。但在运营商管理方面，存在前紧后松和服务跟不上等现象。

从发展的角度看，世博茶经济带给中国茶产业的挑战与机遇将延续3～5年，甚至更久远。积极参与上海世博会是中国茶产业现代化过程中一次十分有益的尝试。通过两支世博茶优秀队伍的初步磨合，进一步彰显了中国茶文化的软实力；而世博茶经济的欠缺，则说明中国茶产业的决策力和执行力都有待于进一步提高，可以通过后世博茶经济的深入实践，逐步完善。

国家茶叶产业技术体系工作进展

中国农业科学院茶叶研究所所长　杨亚军

（一）体系产业技术研发工作主要进展

1. 绿色高效栽培技术示范　筛选出适合于各试验站示范县茶类和生产条件的茶树品种19个，新布置茶树品种示范园1 027.11公顷，其中核心示范区266.2公顷；落实绿色高效综合栽培技术示范面积1 055.87公顷；实施茶园养分调控施肥技术效果明显，茶园产量平均增加255千克/公顷，最高达到585千克/公顷，增产幅度3.2%～60.8%，平均达到17%，茶园收入平均增加4 935元/公顷，最高可达18 675元/公顷，增加幅度为0.4%～62%，其中增加幅度在10%以上的有4个。

2. 低氟品种筛选和降低砖茶氟含量的栽培技术研究　在浙江、贵州、福建和湖南等省份开展低氟茶树品种筛选，检测了290个不同茶树品种一芽五叶黑茶原料氟含量，获得符合砖茶氟含量要求的品种25个。开展降低氟含量的栽培技术田间试验，在浙江武义进行了田间试验，比较实施降氟措施小区和对照小区砖茶鲜叶原料、一芽二叶、一芽四叶、成熟叶等不同标准叶片的氟含量，初步提出土壤降氟制剂，正在申请发明专利。拟在明年继续进行试验，完善低氟砖茶鲜叶原料生产技术。

3. 标准化、连续化、清洁化茶叶加工技术及装备的研发与试验示范　完善已建成的8条名优绿茶连续化加工示范生产线，3条炒青绿茶自动化加工示范生产线，3条乌龙茶机械化、连续化加工示范生产线和2条黑茶清洁化加工示范生产线。新建1条六安瓜片连续化加工示范生产线，1条太平猴魁连续化加工示范生产线和2条扁形茶连续化加工示范生产线。扁形茶连续化加工示范生产线在浙江、湖北、江苏和山东等省10多家企业得到了推广应用。

4. 标准制定、数据库建设　启动省级茶叶产业数据库建设；开展特种茶国际标准化组织（ISO）标准中乌龙茶国际标准制定；参加ISO标准茶氨酸测定方法（HPLC法）的环试；完成“绿色食品　茶叶”、“绿色食品　代用茶”、“茶叶包装、运输贮藏通则”的送审稿；对“农产品抽样规范——茶叶”标准开展研究；对安溪乌龙茶区的稀土含量进行了初步监测；完成茶叶中铅的风险再评估报告。

（二）为政府产业管理部门和行业服务

（1）参加农业部标准茶园创建工作。参加农业部园艺作物标准园创建督导活动，对广东、湖北、重庆、江苏、山东等地的标准园建设进行督导；到河南、四川、湖北等地，对当地技术人员、茶农等进行标准茶园创建培训；配合全国农业技术推广服务中心编写《茶叶标准园生产技术》。

（2）为联合国粮农组织（FAO）政府间茶叶小组会议中国代表团起草《中国茶产业发展报告》；参加起草《“十二五”园艺作物发展规划（茶叶部分）》；参加制订《茶种业发展规划（2011—2020）》。

（3）与农业部种植业管理司、湖北省农业厅联合在湖北大悟主办国家茶叶产业技术体系大别山技术培训班；与浙江省农业厅经作局联合召开茶树新品种推介现场会。

（4）开展茶叶百日科技服务行动。制定《茶叶体系百日科技服务行动方案》，在试验站辐射的示范县集中开展茶叶科技服务活动，全年培训主产区农技人员、专业户和合作社人员、茶农15 000余人次，编印《茶园农药科学使用手册》、《茶树害虫简明识别手册》、《名优绿茶加工技术手册》、《2011年茶事挂历》等技术资料总共4.8万册送给茶区技术人员、茶农等，全面推进茶叶科技进村、入社、到户。

（5）举办国家茶叶产业技术体系技术研发进展发布会。向与会的600名代表介绍体系最新研究进展，含茶树植保与安全技术、茶树新品种、茶树施肥技术、茶叶加工技术、茶叶加工新设备、田间作业机械以及2010年中国茶叶产销形势及产业发展的建议等。

（6）开展抗灾救灾服务。3月初全国大部分地区出现了大幅度降温天气，中国18个产茶省中15个省份的茶园受到不同程度的冻害，以浙江、江西、福建等地区茶园受害较为严重。中国云南、贵州等地经历半年多的干旱少雨后，春茶萌发和生长普遍受到严重影响。体系岗位专家和试验站纷纷投入指导当地茶园抗灾复产工作中，体系专家陪同农业部领导到受灾茶区实地考察旱情，向当地相关部门提出了许多建设性的建议，有关专家捐赠了微水喷雾浇灌设备1台，用于抗旱救灾。

（三）阶段性成果

1. 育成一批茶树新品种　选育的8个茶树品种于2010年8月通过国家茶树新品种鉴定，其中绿茶品种5个：中茶108、中茶302、浙农117、浙农139、玉绿；乌龙茶品种3个：丹桂、春兰、瑞香。

2. 低氟栽培技术取得进展　提出土壤降氟剂，田间试验表明，施用降氟土壤改良剂（用量为6 900千克/公顷）后，茶叶产量没有明显变化，但砖茶鲜叶原料（按砖茶生产厂家原料标准采摘）的氟含量由不施用降氟剂（对照）时的536毫克/千克降至409毫克/千克，降氟效果27.5%。

3. 扁形名优绿茶连续化（自动化）生产线及标准化工艺参数研究　与浙江上洋机械有限公司、杭州千岛湖丰

凯实业有限公司合作，建成一条由 20 台（套）设备组成的加工能力为 40～60 千克鲜叶/小时扁形茶连续化生产线。与杭州太平机器有限公司合作，对扁形茶生产线的滚筒杀青机、连续理条机和扁茶连续炒干机等关键设备进行自动化改造后，将扁茶生产线上所有设备采用计算机集中控制。扁形茶连续化生产线在浙江、湖北、江苏、山东等省 10 多家企业进行了推广应用。经实际生产验证，该生产线性能优异、工艺参数合理、生产效率高，加工的扁形茶产品质量稳定，品质优异；可比传统手工加工或机械加工，提高工效 10～20 倍，节约加工成本 25%～50%。该生产线的引进对促进当地扁形茶加工技术和装备的升级起到了很好的示范和推动作用。

4. 高地隙多功能茶园管理机研制成功 研制成功国内唯一横跨茶棚的茶园高地隙多功能管理机，在山东、江苏、浙江、安徽、河南、湖北等地巡回举办演示会。该设备首次在国内实现较大功率设备横跨茶棚驶入操作空间狭窄的茶行间进行操作，大幅降低了工作人员的劳动强度，改变了传统采茶、中耕、植保工作由人工抬入田间并进行半人工半机械操作的状态。高地隙茶园管理机及配套机具全部采用高效传动方式，解决了一系列动力传递难题。操控方式采用更人性化设计，操作方便，驾驶舒服。

国家茶产业技术体系及其工作开展情况

——名优茶加工站

一、针形名优绿茶全程机械化、连续化加工技术研究

（一）萧氏毛尖茶连续化加工生产线工艺研究及参数优化

萧氏毛尖茶连续化加工原工艺流程为：水洗→蒸汽杀青→热风脱水→风选→冷却回潮→揉捻→单层热风烘干→冷却回潮→揉捻→单层热风烘干→冷却回潮→理条Ⅰ→理条Ⅱ→冷却回潮→ 理条Ⅲ→理条Ⅳ→ 冷却回潮→理条Ⅴ→理条Ⅵ→下线。热源为液化气（图 1）。

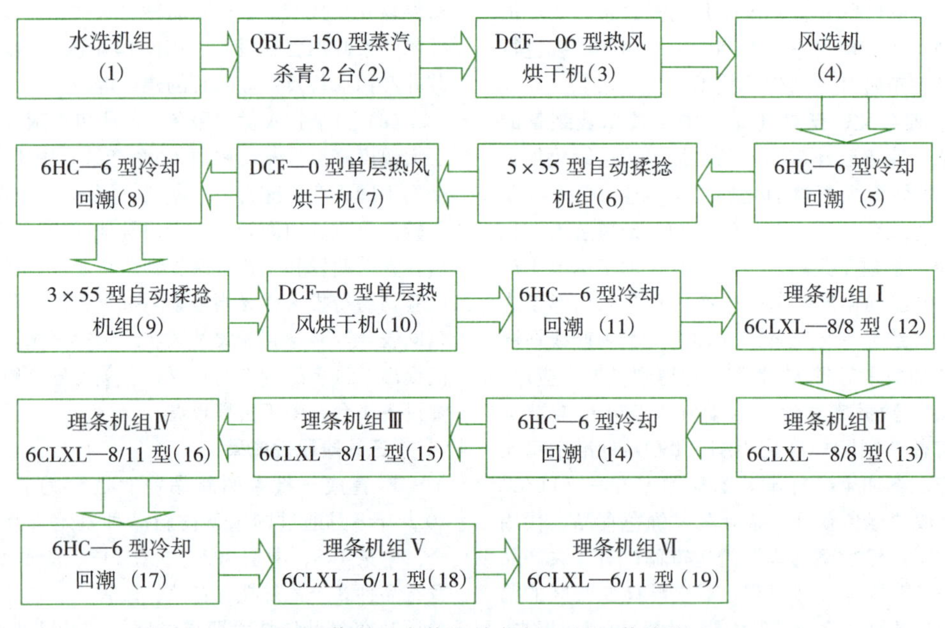

图 1 萧氏毛尖茶连续化加工原工艺流程

调查该条名优茶加工生产线工艺流程、机械配置及其工艺参数时发现问题不少：一是工艺问题。①加工时间长、生产效率低。平均每小时生产能力为 12.5 千克干茶。②工艺参数设置不当。如 5 台冷却回潮机，所设置运行时间均为 1 小时左右，冷却时间过长，导致效率降低、能源浪费。③理条效果较差。干茶条索不直，紧结度较差。二是加工设备搭配不当。①机械设备兼容性差。生产线配有 5 台 55 型揉捻机，台时产量 200 千克杀青叶；但初烘机组仅为 1 台单层热风烘干机，台时产量 30 千克初揉叶，理条机台时加工能力 10 千克干茶，与整个生产线的加工能力完全不配套。②机械配置累赘。该生产线前 3 组理条机组与整个生产线 6 组理条机组理条效果相同，故无需后

面的 3 组理条机组。三是能源消耗大，制茶成本高。1千克成品茶加工成本高达40 元，而其他生产线加工成本一般5～8 元/千克。

通过多次比对试验，建议工艺流程作如下两种方案进行改进。方案 1：揉捻机组之后，添置 1 台单层热风烘干机或更换为 10 平方米链板式烘干机，冷却回潮后直接经过 3 组理条机组，再干燥提香。方案 2：揉捻机组之前，添置 1 台单层热风烘干机或更换为 10 平方米链板式烘干机。复揉之后，加快单层烘干机传送速度，进行第 1 次理条，冷却回潮后，进行第 2、3 次理条，再提香。

工艺参数优化：5 号冷却回潮机组冷却时间 45 分钟左右，其他冷却回潮机组调整为 30 分钟；适当降低 1、2 号理条机组的温度，降低连续式理条机倾斜角度，增加茶叶在理条机中运行时间。

（二）萧氏毛尖茶自动化加工生产线精揉机制茶试验

萧氏毛尖茶自动化加工生产线中精揉工序是茶叶成型的关键工序，然而其工艺参数设置复杂，技术含量高，工人不易掌握。通过前期调研，分析认为该工序存在如下问题：一是工人对精揉机性能不熟悉，易致产品质量不稳定。每个工人有自己一套参数设置，对精揉机的使用还处于摸索阶段。二是产品碎茶含量高。最高达 11.9%，超过企业标准一半以上。三是产品条索未达到企业要求。主要表现在茶条泡松、茶叶成团结块，较嫩的原料易形成扁条。

针对上述问题，开展精揉机制茶试验，在含水量、温度、转速、压力、时间等 5 个主要影响因素参数设置上进行试验研究。结论 1. 进入精揉机前茶青含水量对干茶碎茶率、外形影响最大，为主要影响因子，其最佳含水量设置为 16%。从碎茶角度来看，茶青进入精揉机时含水量对碎茶含量影响显著，含水量过低或过高碎茶率均会明显增加，当含水量设置 16%时碎茶含量最少，仅 2.8%，且与其他处理差异达到极显著水平。感官审评中，含水量对干茶色泽、条索紧直度影响均十分明显，含水量过高则色泽差、条索松泡、欠匀整；含水量过低条索紧直度差、匀整度低。仍以含水量 16%处理得分最高，其色泽翠绿油润、条索紧直。结论 2：最佳温度设置为中温（95℃—110℃—90℃）。通过对碎茶情况分析认为，温度对碎茶影响并不显著，高、中、低温 3 者之间碎茶含量差异不显著，但中温处理碎茶含量最低。感官审评中，低温对保色有一定作用，但条索不够紧直，仍以中温处理效果最好。结论 3：最佳转速设置为中速（50—52—48 转/分钟）。从碎茶情况来看，转速过高或过低均易增加碎茶含量，高、低速与中速相比均达到了极显著水平。感官审评结果中，低速对保色有一定作用，但以中速处理得分最高。结论 4：最佳压力设置为中压（1—3—2 格）。轻压有利于减少碎茶，轻、中压与重压相比，差异达到了极显著水平。轻压条索不够紧直，感官审评结果以中压得分最高。结论 5：最佳时间设置为 30 分钟。时间过长，碎茶含量显著增加；时间短条索不够紧直；时间长色泽欠润、匀整度差。详见表 1、表 2。

由此可见，精揉机制毛尖茶时最佳设置为：含水量16%、温度中温（95℃—110℃—90℃）、转速中速（50—52—48 转/分钟）、压力中压（1—3—2 格）以及时间 30 分钟。其碎茶含量显著减少，仅 2.8%，较前期产品降低了 9.1%；其色泽翠绿油润、条索紧直且匀整。本试验为企业产品质量的提升提供了技术支撑，有利于企业节本增效，并为针形茶做形自动化的研究提供了理论依据。

表 1　精揉机不同处理试验碎茶检测结果的多重比较

单位:%

处　理	碎茶率			平　均
	1	2	3	
含水量 12%	4.70	4.55	4.40	4.55 Dd
含水量 16%（中温、中速、中压、30 分钟）	2.79	3.00	2.65	2.81 Ji
含水量 20%	6.10	6.20	6.20	6.16 Cc
含水量 28%	11.50	11.60	11.10	11.40 Aa
低温（85℃—100℃—80℃）	3.00	2.80	3.30	3.03 HIJ hi
高温（105℃—120℃—90℃）	3.20	3.40	3.70	3.43 FGHfg
低速（48—50—46 转/分钟）	4.30	3.80	3.85	3.98 Ee
高速（52—54—50 转/分钟）	3.60	3.80	3.80	3.73 EFGe
轻压（1—1—1 格）	2.90	2.85	2.95	2.90 IJ i
重压（1—5—3 格）	4.40	3.70	3.60	3.90 EFe
20 分钟	3.45	3.30	3.29	3.35 GHI gh
40 分钟	9.40	9.20	9.50	9.37 Bb

表 2 精揉机不同处理试验干茶外形感官审评结果

处 理	外 形			得分
	色 泽	形 状	匀整度	
含水量 12%	翠绿尚润	较紧直	较匀整	92
含水量 16%中温、中速、中压、30 分钟	翠绿油润	紧直	匀整	95
含水量 20%	尚翠绿	松泡	较匀整	86
含水量 28%	尚翠绿	松泡	欠匀整	84
低温(85℃—100℃—80℃)	翠绿尚润	较紧直	匀整	93
高温(105℃—120℃—90℃)	翠绿	紧直	较匀整	91
低速 (48—50—46 转/分钟)	翠绿尚润	较紧直	较匀整	92
高速 (52—54—50 转/分钟)	翠绿	较紧直	尚匀整	90
轻压 (1—1—1 格)	翠绿	较紧直	较匀整	91
重压 (1—5—3 格)	翠绿	紧直	较匀整	92
20 分钟	翠绿	较紧直	较匀整	90
40 分钟	翠绿	紧直	尚匀整	91

(三) 金果毛尖茶机械化加工生产线及配套技术研究

1. 金果毛尖茶全程机械化加工技术研究 金果毛尖茶加工工艺流程：鲜叶→摊放→滚筒杀青→冷却回潮→揉捻→烘二青→冷却回潮→理条→冷却→干燥。

为了解决金果毛尖茶手工搓条效率低、条索不直的问题，开展机械理条技术的研究。试验结果显示（表 3）：在理条机中加理条棒辅助理条，保持了原有色泽和滋味，较好改善了干茶外形，并能明显提高干茶香气和汤色，且显著提高了生产效率（机理是手理的 2.6 倍），该技术有效解决了金果毛尖茶全程机械化加工的难题，对企业具有很强实用价值。

表 3 不同的机械理条方法对金果毛尖茶感官品质影响

编号	外 形		内 质				总分
	色泽	条索	汤色	香气	滋味	叶底	
CK	翠绿油润	尚紧直，较碎	嫩黄绿尚亮	栗香	鲜醇	嫩绿尚亮较碎	90.3
	96	89	89	89	92	89	
A	翠绿油润	紧直，略扁	嫩绿尚亮	嫩香	鲜醇	嫩绿尚亮	93.6
	95	94	92	94	93	93	
B	翠绿油润	尚紧直	嫩绿尚亮	嫩香	鲜醇	嫩绿尚亮	92.9
	96	92	90	94	94	91	

注：CK：机理＋手搓；A：机理（理条棒）＋机理；B：机理＋机理。

2. 制定金果毛尖茶加工技术规程 科技人员通过现场指导、座谈等方式，对该工艺提出改进意见，优化相关技术参数并制定了金果毛尖茶加工技术规程。规程的制定对企业毛尖茶机械化加工具有很好的应用价值。

二、大宗炒青绿茶自动化加工技术研究

(一) 萧氏大宗茶自动化加工技术研究

针对企业原工艺参数生产的萧氏大宗茶存在外形松泡、不紧结、碎茶率高、成本较高的问题，通过全程取样调查、比较分析，发现揉捻时含水量过高为其外形松泡不紧结的主要原因，因此，需要在前一工序（粗揉）降低茶叶含水量；产生碎茶的关键工序是粗揉；而优化工艺技术参数、缩短制茶时间是解决油、液化气和电能消耗大的有效途径。

在揉捻工艺参数优化设置试验中，结果显示（表 4、表 5）：粗揉工序温度由原来 90℃提高到 120℃，时间由

原来15分钟降为7分钟，能显著减少碎茶含量，其中粗揉工序碎茶含量降低了5.8%，干茶中碎茶含量降低了17.85%，有利于企业节本增效；另外改善了干茶色泽，且易卷曲成型，提高了茶叶的商品价值。

表4　不同工艺参数各工序碎茶含量调查结果

单位:%

工　序	对　照	处　理　1	处　理　2
粗揉	7.43±0.15	2.87±0.38**	1.63±0.15**
揉捻-2	4.37±0.21	4.63±0.058	4.70±0.44
中揉180	2.7±0.2	6.33±0.38**	2.47±0.21
中揉120	2.1±0.26	3.73±0.15*	3.37±0.32
再干	3.4±0.36	2.6±0.17	3.47±0.058
缔机	1.73±0.058	2.97±0.15**	4.80±0.26*
干茶	22.58±0.1572	7.23±0.29**	4.73±0.21**

注：粗揉工序参数设置为对照：90℃、15分钟；处理1：120℃、10分钟；处理2：120℃、7分钟。

表5　不同工艺参数所制干茶感官品质审评

编号	外　形		内　质				总分
	色泽	条索	汤色	香气	滋味	叶底	
CK	枯暗	粗松，碎末多	绿黄尚亮	栗香	浓厚	黄绿暗	81.4
	70	76	88	88	90	70	
处理1	墨绿尚润	尚紧结卷曲，略有碎末	绿黄尚亮	栗香	浓厚	黄绿稍暗	86.5
	86	86	87	90	90	74	
处理2	墨绿	紧结卷曲，略有碎末	绿黄尚亮	栗香	浓厚	黄绿稍暗	87.9
	84	89	88	90	90	80	

注：粗揉工序参数设置为对照：90℃、15分钟；处理1：120℃、10分钟；处理2：120℃、7分钟。

（二）大宗炒青绿茶自动化生产线装备

2010年初，在得知湖北省部分企业有建立自动化生产线需求后，本研究站主动与企业联系，并邀请体系内机械、加工方面的专家一起到企业，在厂房设计、设备选置、燃料选择、生产线衔接等方面为企业提供技术支持。目前，初步完成2条生产线的装备。

1. 湖北省采花茶业公司自动化生产线　湖北采花茶业公司自动化生产线工艺流程如图1。

本研究站与湖北采花茶业公司合作，全程参与车间规划布局、生产线设计、设备选置和安装，目前已初步完成生产线安装，在这条生产线中，大量采用新设备、新技术，并为了方便于自动化控制，整条生产线的能源均采用电能。生产线创新点如下：

（1）贮青机：在这条生产线中，采用柜式贮青机，贮青机采用立体设计，单个贮青机共5层，每层15米^2，可供贮放2 000千克鲜叶。在贮青机中装置温湿度控制系统，可有效控制贮青机内温湿度，便于控制贮青质量。

（2）杀青机、烘干机：该条生产线采用电杀青和电加热烘干机。在这些高耗能的设备上，安装了热能回收循环装置，即对杀青、烘干后的热空气回收、除湿，可有效节约能源，初步推算，节能可达50%以上。

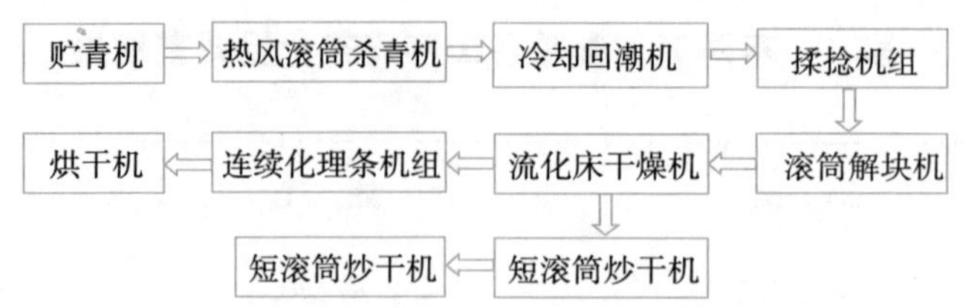

图1　湖北省采花茶业公司自动化生产线工艺流程

（3）冷却回潮机：采用柜式冷却回潮机。在冷却回潮机中加上制冷装置，在冷却回潮机运行时，机内可以实现冷风循环，可提高冷却质量和效率，节约时间。

（4）流化床干燥机：在该条生产线中，二青采用流化床干燥，相比传统的烘干机二青，茶坯在流化床中呈悬浮状态，受热比较均匀，同时流化床还具有时间短、热效率高等优点。在流化床上也安装了热能回收循环装置，可以实现热能循环利用。

2. 湖北省水镜茶业公司自动化炒青生产线　湖北水镜茶业公司自动化生产线工艺流程如图2。

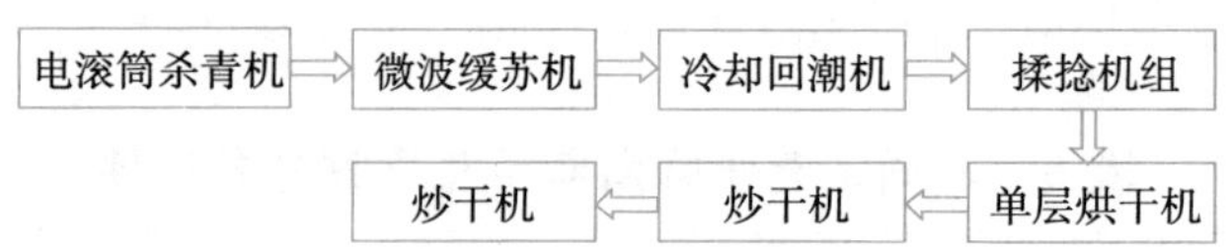

图2　湖北省水镜茶业公司自动化生产线工艺流程

在水镜茶业公司生产线设计之初，3月8～10日，邀请（国家茶产业）体系加工研究室岗位专家林智研究员、机械研究室主任李尚庆教授到水镜茶业公司生产基地，根据企业生产要求，为企业设计一条简洁实用生产线；在生产线安装完成之后，7月24～25日，再次邀请岗位专家林智研究员和浙江理工大学机电一体化专家沈希教授到企业生产基地，实地考察后，就自动化控制设备的安装和自动化控制系统建立提出了具体的实施方案，目前该生产线正处于自动化控制设备安装阶段。

国家茶产业技术体系及工作开展情况

——汉中综合试验站

汉中综合试验站承担单位为西北农林科技大学园艺学院，2010年在体系首席和各岗位科学家的指导和各示范县配合下，超额完成了年度任务书所下达的任务，获得本年度国家茶叶产业技术体系优秀综合试验站，肖斌站长获得陕西“茶业十佳”人物。该站2010年工作开展情况如下。

（1）筛选了适合陕南茶区生长的无性系优良茶树品种3个，并建设示范园666.67公顷。

（2）新引进中茶108、102和302三个无性系优良品种并建立示范园20公顷。

（3）按照体系岗位专家制定的“高产、优质、绿色茶园建设方案”，分别在西乡、平利和南郑3个示范县建设高产、优质、绿色示范茶园56.67公顷。

（4）新增建设绿茶清洁化流水生产线6条。

（5）启动科技入户工程，采用“1+1+2”模式（即1个体系科技人员加1个示范县茶叶技术骨干再加2个乡镇茶叶技术人员）在西乡县6个乡镇、18个村建立了54个示范户，指导建立示范园，指导茶园管理和茶叶加工，辐射带动当地茶产业的发展。分别在各示范县培训各类人员800余人次，发放技术资料1 200余册。

（6）完成陕南茶区现有的120余份茶树种质资源调查与评价。

（7）采集陕南8个县、99个茶园、495个土壤样品，进行了土壤质量和缺素状况测定，并建立了数据库。

（8）建立了茶园综合信息管理系统。

（9）调查了陕南地区主要茶树病虫害，并请教岗位专家提出相应的防治技术。

（10）新引进茶树种质资源50份，还从紫阳群体种中分离出十几个优良单株，目前有一个单株表现特别突出，已进行区试，并组织专家对选育的陕茶1号进行了鉴定。

（11）发表学术论文5篇（其中国家茶叶技术体系3

篇)；编写科普技术资料3部，翻印体系岗位专家科普资料5 000册。

(12) 配合岗位专家完成了春茶生产情况、茶树生长物候期、茶产业经济、加工企业、加工设备、茶叶科学研究课题及其实验设备等数据调研。

(13) 培养毕业茶学专业本科生25名、硕士生4名。

该站站长肖斌简介：男(1957—)，陕西周至人，现任西北农林科技大学园艺学院教授、党委书记；兼任中国茶叶学会理事，陕西省园艺学会副理事长，陕西省茶叶协会理事等。曾获教育部科技进步奖一等奖2项，陕西省科技进步奖一等奖1项、二等奖1项；撰写并出版专著和教材共13部，其中任主编9部，发表论文100余篇，其中SCI收录9篇。

全国茶叶主要科研机构

中国农业科学院茶叶研究所

中国农业科学院茶叶研究所

Tea Research Institute, Chinese Academy of Agricultural Science

所长、党委副书记 杨亚军
党委书记、副所长 陈　直
副所长 江用文　鲁成银
联系人 李灵光
电　话 0571-86650444
传　真 0571-86650056
网　址 www.tricaas.com
地　址 浙江省杭州市梅灵南路9号
邮　编 310008
院　士 陈宗懋
正高级专家
陈　亮　陈宗懋　成　浩　韩文炎　江用文　姜爱芹　梁国彪　林　智　刘　新　鲁成银　阮建云　肖　强　杨亚军　叶　阳　尹军峰　朱永兴

中华全国供销合作总社杭州茶叶研究院

中华全国供销合作总社杭州茶叶研究院

All China Federation of Supply and Marketing Cooperatives Hangzhou Tea Research Institute

院　长 张士康
党委书记 郑国建
院长助理 杨秀芳　汪一飞
联系人 童良斌
电　话 0571-86040676
传　真 0571-86092735
网　址 www.co-tea.com
E-mail teains@mail.hz.zj.cn
地　址 浙江省杭州市采荷路41号
邮　编 310016
正高级专家
骆少君　翁　昆

江苏省茶叶研究所

江苏省茶叶研究所

Jiangsu Tea Research Institute

所　长 徐德良
党支部副书记 周静峰
副所长 曹伯春
联系人 汤茶琴
电　话 0510-85528700
传　真 0510-85510963
网　址 www.jscys.com
E-mail loveteasoup@126.com
地　址 江苏省无锡市钱荣路74号
邮　编 214063

安徽省农业科学院茶叶研究所

安徽省农业科学院茶叶研究所
Tea Research Institute of Anhui Academy of Agricultural Sciences

所长、党委书记 李　成
副所长 廖万有　陈长庚
联系人 廖万有　张必桦
电　话 0559-4512744　4516197　4513707
传　真 0559-4516197
网　址 www. ahcotton. cn/tea
E-mail aaastea@163. com
地　址 安徽省黄山市祁门县文峰南路 1 号
邮　编 245600
正高级专家
李　成　廖万有　丁　勇　王文杰

福建省农业科学院茶叶研究所

福建省农业科学院茶叶研究所
Tea Research Institute of the Fujian Academy of Agricultural Sciences

所　长 尤志明
党委书记、副所长 刘寿国
副所长 吴光远
联系人 高香凤
电　话 0593-6618066（行政办公）
0593-6610388（科研办公）
传　真 0593-6610388
网　址 www. faas. cn/dept/cys/index. html
E-mail keguan08@163. com
地　址 福建省福安市社口镇湖头洋 1 号
邮　编 355015
正高级专家
陈荣冰　郭吉春　尤志明　吴光远　张文锦
郑乃辉　王庆森

江西省蚕桑茶叶研究所

江西省蚕桑茶叶研究所
Jiangxi Serichlture and Tea Research Institute

所长、党委书记 饶建如
联系人 胡昌华
电　话 0791-85023012
传　真 0791-85021391
网　址 www. agripark. cn
E-mail eco@agripark. cn
地　址 江西省南昌县黄马梁家渡
邮　编 330202
正高级专家
杨普香　毛平生　彭晓虹　杨帆

湖北省农业科学院果树茶叶研究所

湖北省农业科学院果树茶叶研究所
Institute of Fruit and Tea Hubei Academy of Agricultural Sciences

所　　长　周金香
党委书记　程维新
副 所 长　甘宗义　秦仲麒　孙中海
联 系 人　彭文莉
电　　话　027-87987982
传　　真　027-87987820
网　　址　www. hbaas. com
E-mail　wenlipeng@163. com. cn
地　　址　湖北省武汉市江夏区金水闸
邮　　编　430209
正高级专家
秦仲麒　孙中海　龚自明　贾尚智　蒋迎春　胡红菊　何华平

湖南省农业科学院茶叶研究所

湖南省农业科学院茶叶研究所
Tea Research Institute of Hunan Academy of Agricultural Sciences

所　　长　包小村
党委书记　张曙光
副 所 长　谭正初　王沅江
电　　话　0731-84690716
E-mail　tptea@hntptea. com
地　　址　湖南省长沙市芙蓉区远大二路702号
邮　　编　410125

广东省农业科学院茶叶研究所

广东省农业科学院茶叶研究所
Tea Research Institute of Guangdong Academy of Agricultural Sciences

所　长　赵超艺
党总支书记、副所长　吴家尧
联系人　凌彩金
电　话　020-87585379
传　真　020-87590503
网　址　www. gdtea. gov. cn
E-mail　lingcaijin@163. com
地　址　广东省广州市天河区金颖路 3 号
邮　编　510640

广西壮族自治区桂林茶叶科学研究所

广西壮族自治区桂林茶叶科学研究所
Guilin Tea Research Institute of Guangxi Zhuang Autonomous Region

所长、党委书记　林朝赐
党委副书记　于钟平
副所长　陈新强　苏孔武　韦静峰　廖勤明
联系人　覃秀菊
电　话　0773-5604975
传　真　0773-5603602
网　址　www. hcykxyjs1. b2b. hc360. com
E-mail　qinxiuj@163. com
地　址　广西桂林市金鸡路 17 号
邮　编　541004

重庆市农业科学院茶叶研究所

重庆市农业科学院茶叶研究所
Tea Research Institute of Chongqing Academy of Agricultural Sciences

所　长　李中林
联系人　杜丽先
电　话　023-49863962
传　真　023-49863962

正高级专家
李中林　侯渝嘉　徐　泽　彭　萍　周正科
吴　全

四川省农业科学院茶叶研究所

四川省农业科学院茶叶研究所
Institute of Tea Research of Sichuan Academy of Agricultural Sciences

所　长　王　云
党委书记　杨胜廷
副所长　杨胜廷　罗　凡
联系人　王　云
电　话　028-84504175
传　真　028-84504435
E-mail　sctea2004@yahoo. com. cn
地　址　四川省成都市静居寺路 20 号
邮　编　610066

正高级专家
王　云　李春华

云南省农业科学院茶叶研究所

云南省农业科学院茶叶研究所

所　长　王家金
党委书记　陈啸云
纪委书记　浦绍柳
副所长　梁名志　何青云　罗向前
联系人　王立波
电　话　0691-5170192
传　真　0691-5170135
网　址　www. yntri. com. cn
E-mail　ckskjgl@126. com
地　址　云南省西双版纳州勐海县
邮　编　666201

正高级专家
梁名志　王平盛

贵州省茶叶研究所

贵州省茶叶研究所
Guizhou Tea Institute

所　长　周玉峰
党委书记　王兴乾
党委副书记　赵志清
副所长　梁远发　郑道芳
联系人　崔晓明、喻云春（所党政办公室）
电　话　0851-3761972
传　真　0851-3761972
网　址　www. gztea. cn
E-mail　lxy1d8@163. com
地　址　贵州省贵阳市小河区省农业科学院内
邮　编　550006

全国茶学主要高等院校

南京农业大学茶叶科学研究所

南京农业大学茶叶科学研究所

学位教育情况 茶学博士、硕士教育授权单位
所　长 黎星辉
电　话 025-84395182
传　真 025-84395182
网　址 www. njau. edu. cn
E-mail lxh@njau. edu. cn
地　址 江苏省南京市卫岗1号
邮　编 210095

扬州大学园艺与植物保护学院

扬州大学园艺与植物保护学院

学位教育情况 茶学硕士教育授权单位
副院长 陈学好
电　话 0514-87971894
传　真 0514-87347537
网　址 www. yzu. edu. cn
E-mail xhchen@yzu. edu. cn
地　址 江苏省扬州市文汇东路12号
邮　编 225009

江苏省农林职业技术学院风景园林系

江苏省农林职业技术学院风景园林系

学位教育情况 茶学专科教育单位
系主任 周兴元
系副主任 管斌
联系人 葛晋纲
电　话 0511-87290809
网　址 www. jsafc. edu. cn
E-mail gjg2728@163. com
地　址 江苏省句容市长江路3号
邮　编 212400

浙江大学农业与生物技术学院茶学系

浙江大学农业与生物技术学院茶学系

学位教育情况 茶学博士、硕士教育授权单位，本科教育单位
茶叶研究所所长 梁月荣
茶学系副主任 王岳飞
电　话 0571-86971258
传　真 0571-86971498
网　址 cab. zju. edu. cn/cab
E-mail cxx. cab@zju. edu. cn
地　址 浙江省杭州凯旋路268号
邮　编 310029

浙江农林大学茶文化学院

浙江农林大学茶文化学院

学位教育情况 茶学本科教育单位
院　长 王旭烽
联系人 温晓菊
电　话 0571-63743310
网　址 tea. zjfc. edu. cn
E-mail wxiaoju9@163. com
地　址 浙江省杭州临安环城北路 88 号浙江林学院东湖校区茶文化学院楼
邮　编 311300

浙江树人大学人文学院茶文化系

浙江树人大学人文学院茶文化系

系主任 朱红缨
系副主任 关剑平
电　话 0571-88297166
传　真 0571-88297166
网　址 www. zjsru. cn
E-mail sdrenwen@163. com
地　址 浙江省杭州市树人街 8 号
邮　编 310015

安徽农业大学茶与食品科技学院茶学系

安徽农业大学茶与食品科技学院茶学系

学位教育情况 茶学博士、硕士教育授权单位，本科教育单位
校长、党委副书记 宛晓春
副校长 夏　涛
院　长 江昌俊
副院长 张正竹
茶学系主任 李立祥
电　话 0551-5786469
传　真 0551-5786765
网　址 cysp. ahau. edu. cn
E-mail chyshp@ahau. edu. cn
地　址 安徽省合肥市长江西路 130 号
邮　编 230036
正高级专家
丁之恩　王志耕　方世辉　韦朝领　江昌俊
杜先锋　李尚庆　李立祥　张正竹　陆　宁
宛晓春　夏　涛　高旭晖　黄龙全

福建农林大学园艺学院茶学系

福建农林大学园艺学院茶学系

学位教育情况 茶学博士、硕士教育授权单位，本科教育单位
院　长 吴少华
院党委书记 金心怡
系主任 叶乃兴
电　话 0591-83789281
传　真 0591-83735681
网　址 www. fafuyy. cn
E-mail swj8103@126. com
地　址 福建省福州市金山福建农林大学
邮　编 350002
正高级专家
金心怡　孙威江　林金科
叶乃兴　孙　云

武夷学院茶学与生物系

武夷学院茶学与生物系

学位教育情况 茶学本科、专科教育单位
校　长 杨江帆
系主任 李远华
电　话 0599-5137553
传　真 0599-5137553
网　址 http：//csw. wuyiu. edu. cn/
E-mail wyxycxyswx@163. com
地　址 福建省武夷山市武夷大道 16 号
邮　编 354300

宁德职业技术学院农业科学系

宁德职业技术学院农业科学系

学位教育情况 茶学专科教育单位
系主任 黄承彪
系副主任 郭剑雄
电　话 0593-6150603
传　真 0593-6558600
网　址 www. ndgzy. com
E-mail h6338805@163. com
地　址 福建省福安市福泰路 232 号
邮　编 355000

天福茶职业技术学院

天福茶职业技术学院

学位教育情况 茶学专科教育单位
电　话 0596-3184666
传　真 0596-3184051
网　址 www. tftc. edu. cn
E-mail tfttc@mail. tenfu. com
地　址 福建省漳州市漳浦县盘陀镇天鹅湖1号
邮　编 363202

江西上饶职业技术学院

江西上饶职业技术学院

学位教育情况 茶学专科教育单位
院　长 柳雪芳
电　话 0793-8472000
传　真 0793-8472413
网　址 www. srzy. cn
E-mail srzyzsb@163. com
地　址 江西省上饶市罗桥
邮　编 334109

山东农业大学园艺科学与工程学院茶学系

山东农业大学园艺科学与工程学院茶学系

学位教育情况 茶学博士、硕士教育授权单位，本科教育单位
系主任 张丽霞
电　话 0538-8249983
传　真 0538-8249983
网　址 www. sdau. edu. cn
E-mail lxzhang@sdau. edu. cn
地　址 泰安市岱宗大街 61 号
邮　编 271018

青岛农业大学茶叶研究所

青岛农业大学茶叶研究所

学位教育情况 茶学硕士教育授权单位、本科教育单位

系主任 丁兆堂

系副主任 张新富

电　话 0532-88030231

传　真 0532-88030231

网　址 www. qau. edu. cn

E-mail zxftea@163. com

地　址 山东省青岛市城阳区长城路 700 号

邮　编 266109

信阳农业高等专科学校茶学系

信阳农业高等专科学校茶学系

学位教育情况 茶学本科、茶叶生产加工技术、茶文化专科教育单位

系主任 郭桂义

系副主任 孙慕芳

电　话 0376-6688076

网　址 www. xyac. edu. cn

E-mail ggy6363@yahoo. com. cn

地　址 河南省信阳市农专路 1 号

邮　编 464000

华中农业大学园艺林学学院茶学专业

华中农业大学园艺林学学院茶学专业

学位教育情况 茶学博士、硕士教育授权单位，本科教育单位

系主任 倪德江

网　址 www. hzau. edu. cn

E-mail chenyq@mail. hzau. edu. cn

电　话 027-87281741

传　真 027-87282010

地　址 湖北省武汉市洪山区狮子山街 1 号

邮　编 410070

宜宾职业技术学院生物与化工工程系

宜宾职业技术学院生物与化工工程系

学位教育情况 茶学高等职业教育单位

系主任 赵先明

系副主任 李德立

电　话 0831-8273621

传　真 0831-8270099

网　址 www. ybzy. cn

E-mail zhaoxianming666@163. com

地　址 四川省宜宾市西郊新村

邮　编 644003

湖南农业大学园艺园林学院茶学系

湖南农业大学园艺园林学院茶学系

学位教育情况 茶学博士、硕士教育授权单位，本科教育单位

系主任 徐仲溪

电　话 0731-84673625

传　真 0731-84673625

网　址 www.hunau.net

E-mail hauyyxy@hunau.net

地　址 湖南省长沙市芙蓉区湖南农业大学

邮　编 410128

正高级专家

刘仲华　刘德华　朱　旗
肖文军　罗军武　徐仲溪
黄建安　谭济才　周跃斌
肖力争　傅冬和

华南农业大学园艺学院茶业科学系

华南农业大学园艺学院茶业科学系

学位教育情况 茶学博士、硕士教育授权单位，本科教育单位

系主任、茶业科学研究所所长 王登良

系副主任、茶业科学研究所副所长 曹潘荣

电　话 020-85282096 85280208

网　址 xy.scau.edu.cn

E-mail wdl8211@163.com

地　址 广东省广州市五山路

邮　编 510642

正高级专家

王登良　黄亚辉

广西职业技术学院农业技术工程系茶叶教研室

广西职业技术学院农业技术工程系茶叶教研室

学位教育情况 茶学专科教育单位

室主任 古能平

室副主任 潘龙波

电　话 0771-4213061

传　真 0771-4213061

网　址 www.gxzjy.com

E-mail npgu@163.com

地　址 广西南宁市江南区明阳工业园

邮　编 530226

西南大学食品科学学院茶学系

西南大学食品科学学院茶学系

学位教育情况 茶学硕士教育授权单位、本科教育单位

系主任 童华荣

电　话 023-68250357

传　真 023-68251947

网　址 www.swnu.edu.cn

E-mail thuarong@126.com

地　址 重庆市北碚区天生路 2 号

邮　编 400715

四川农业大学园艺学院茶学系

四川农业大学园艺学院茶学系

学位教育情况 茶学硕士教育授权单位，本、科、专科、高等职业教育单位
院　长 汤浩茹
党总支书记 聂坤伦
系主任 唐　茜
系副主任 杜　晓
电　话 0835-2882143　2882479（茶学系）
传　真 0835-2882515（园艺学院）
网　址 www. sicau. edu. cn
E-mail sctlab@163. com
地　址 四川省雅安市新康路 46 号
邮　编 625014
正高级专家
齐桂年　杜　晓

云南农业大学龙润普洱茶学院

云南农业大学龙润普洱茶学院

学位教育情况 茶学硕士教育授权单位，本科、专科教育单位
院　长 邵宛芳
党总支书记 吕才有
副院长 周红杰
电　话 0871-5226508
传　真 0871-5226508
网　址 www. ynau. edu. cn
地　址 云南省昆明市北市区云南农业大学
邮　编 650201
正高级专家
邵宛芳　周红杰　吕才有

西北农林科技大学园艺学院茶学系

西北农林科技大学园艺学院茶学系

学位教育情况 茶学博士、硕士教育授权单位
党委书记 肖　斌
电　话 029-87082613
传　真 029-87082867
网　址 www. nwsuaf. edu. cn
E-mail xiaobin2093@sohu. com
地　址 陕西杨凌国家农业高新技术产业示范区
邮　编 712100

全国茶叶主要科研成果

2010 年登记、鉴定、获奖成果（一）

序号	成果名称	鉴定核准时间	组织鉴定单位	获奖年	奖励种类及等级	主要完成人员
1	无性繁殖作物种质资源收集、标准化整理、共享与利用	2010 年 2 月	浙江省科技厅登记 09081002	2010	浙江省科学技术奖二等奖	江用文、熊兴平、刘凤之、王力荣、陈亮、陈成斌、江东、曾霞、张林、陈建华、张允刚、蔡青、杨勇、马瑞娟、胡红菊

2010 年登记、鉴定、获奖成果（二）

序号	成果名称	鉴定核准时间	组织鉴定单位	获奖年	奖励种类及等级	主要完成人员
2	西部茶叶优质原料安全生产的关键技术及示范应用	2009 年 10 月	四川省科技厅鉴定	2010	中国农业科学院科学技术成果奖二等奖	叶阳、王云、唐美君、曾建明、肖强、彭萍、侯渝嘉、段新友、金基强、郭华伟、李春华、吴用刚、马隽、吴全、邹杰
3	名优绿茶品质提升关键技术研究及加工设备的研制	2010 年 2 月	浙江省科技厅登记 09081001			江用文、林智、尹军峰、孙成、姜爱芹、余书平、叶阳、权启爱、袁海波、谭俊峰、吕海鹏、郭丽
4	茶树新品种——中茶 108	2010 年	国家农作物品种鉴定			杨亚军等
5	茶树新品种——中茶 302	2010 年	国家农作物品种鉴定			杨亚军等

2010 年国家发明专利

专利号	专　　利	专利类别	授权时间（年－月－日）	发明人
ZL 200710164487.7	一种从绿茶中制备高纯度 β-胡萝卜素的方法	发明	2010-06-23	陈小强等
ZL 200610154852.1	一种制备四种茶黄素单体的方法	发明	2010-05-19	江和源等
ZL 200510061456.X	一种茶尺蠖绒茧蜂诱集方法	发明	2010-01-20	韩宝瑜等
ZL 200710068868.5	一种提高绿茶中 GCG 含量的加工方法	发明	2010-01-20	吕海鹏等
ZL 200710068073.4	降低茶叶铅含量的土壤改良剂及方法	发明	2010-01-13	韩文炎等
ZL 2008 1 0063621.9	成品茶的加工原料品种识别方法	发明	2010	成浩等
ZL 2008 1 0063620.4	地理标志保护的西湖龙井的真伪鉴别方法	发明	2010	成浩等
ZL 200920116490.6	一种红外测温的自动杀青机	实用新型	2010-01-27	林智等
ZL 200920117314.4	一种自动揉捻装置	实用新型	2010-05-12	林智等
ZL2010020218619.7	一种茶叶挤压成形机	实用新型	2010-12-29	刘小辉

中国茶叶产品质量安全状况

国家茶叶质量监督检验中心　郑国建

根据国家茶叶质量监督检验中心对全国茶叶质量的综合分析结果，2000年以来，中国茶叶产品质量有明显改善。从全国主要大中城市随机抽取的各类茶叶产品和由全国各地企业送检的各类茶叶产品，按当时国家、行业、地方和企业相关标准规定的检验项目及指标进行检验和判定，剔除不可比因素后按几何平均数计算，2000年综合合格率为60%左右，以后逐年提高，到2010年综合合格率已达到93%。分析发现，2010年茶叶产品存在的主要质量问题如下。

（一）部分产品的感官品质达不到要求

随着制茶新技术的推广应用和茶叶加工设备的不断改进，中国茶叶产品的感官品质整体上越来越好，但问题依然不少。2010年，国家监督抽查发现，在被抽查的118批次绿茶产品中，有4批次产品的感官品质不合格；其主要问题是质量等级达不到标准要求。国家茶叶质量监督检验中心等检验机构在日常委托检验中也发现，有不少茶叶的感官品质达不到企业明示的质量等级要求，尤其是在茶叶市场和连锁超市销售的一些名优茶，其感官品质不合格现象较多，经常被消费者投诉。

（二）少数产品的铅、稀土和氟含量超标

检测结果表明，大部分茶叶产品的铅、稀土和氟含量都符合相关国家标准要求，即使有少量超标现象，也不会对饮用者健康造成危害。但由于各种原因，有少数茶叶产品的铅和稀土含量不符合《食品中污染物限量》（GB2762—2005）等强制性国家标准的要求。2010年，绿茶产品质量国家监督抽查发现，有1种绿茶产品的铅含量高达21.3毫克/千克，超过标准最大允许值的3倍。在日常委托检验中发现，有不少紧压茶产品的铅和稀土含量超标，有部分乌龙茶产品的稀土含量超标。另外，也有部分紧压茶产品的氟含量不符合国家标准要求。这些问题给企业的生产和销售造成了较大的影响。

（三）不少产品有低含量的农药残留

大量检测结果表明，目前中国茶叶产品的农药残留状况已有明显改观。2010年，国家茶叶质量监督检验中心对上海、江苏、浙江、安徽、福建、江西、山东、广东、重庆、四川、贵州等11个省、直辖市的部分生产企业、大型商品零售企业和专卖店的绿茶产品进行了抽样检验。被抽查的114家企业生产的118批次产品，经检验，六六六、滴滴涕、氯菊酯、溴氰菊酯、氯氰菊酯、顺式氰戊菊酯、氟氰戊菊酯、杀螟硫磷、乙酰甲胺磷、三氯杀螨醇、氰戊菊酯、联苯菊酯、甲胺磷、乐果、敌敌畏、喹硫磷等农药残留项目全部符合GB2763—2005等标准规定。

综合分析各种检测结果发现，虽然绝大部分茶叶的农药残留符合标准规定，但含有低含量农药残留的产品不在少数，特别是三氯杀螨醇、联苯菊酯等农药经常被检出。这些产品包括绿茶、红茶、茉莉花茶和乌龙茶等，甚至包括一些经认证的有机、绿色食品和无公害产品。

（四）添加非茶类物质的现象仍有发生

2010年，国家有关部门接到过多起在茶叶中添加着色剂、白糖、香精等非茶类物质的投诉；部分地方的商检部门还在茶叶质量检查中发现了一些添加固形物的出口茶叶。这给消费者身体健康造成了一定的隐患，也严重影响了中国茶叶产品的声誉。这些问题要引起高度重视。

（五）标签问题仍然存在

从近期监督抽查情况来看，茶叶产品的标签不规范问题没有得到根本解决。如果严格按国家标准来衡量，还有不少茶叶产品的标签不符合要求：有的是产品标准、质量等级等内容标示错误或不规范；有的是产品名称、厂名厂址、生产日期、净含量、储存要求等内容标示错误或不规范；有的是市场准入（QS）、有机、绿色食品、无公害等标志误用误标。这些问题给消费者选购茶叶和政府的监督管理带来了困难，同时在一定程度上也反映了茶叶企业的质量管理水平和企业信誉状况。

全国茶叶国家（行业）标准制（修）订情况

中国农业科学院茶叶研究所　鲁成银

茶叶是人们日常生活中重要的饮料。茶叶产品分为绿茶、黄茶、黑茶、白茶、青茶和红茶六大基本茶类，经过再加工后形成的有各种花茶、袋泡茶、紧压茶和速溶茶等。各类茶叶之间，彼此的外形与内质有明显差异。为了稳定和提高茶叶产品质量，保护企业自身和消费者的利益的需要，规范茶叶市场秩序。2010年全国新制（修）订的茶叶国家、行业标准目录见表 1。

表 1　2010 年新制（修）订的茶叶国家、行业标准目录

序号	标准代号	标准名称	发布日期（年-月-日）	实施日期（年-月-日）	被代替标准号
1	GB/T 25436—2010	热封型茶叶滤纸	2010-11-10	2011-05-01	
2	GB 26130—2010	食品中百草枯等 54 种农药最大残留限量（涉及茶叶）	2011-01-21	2011-04-01	
3	NY/T 1960—2010	茶叶中磁性金属物的测定	2010-12-23	2011-02-01	
4	QB/T 4067—2010	食品工业用速溶茶	2010-11-22	2011-03-01	
5	QB/T 4068—2010	食品工业用茶浓缩液	2010-11-22	2011-03-01	
6	SB/T 10560—2010	中央储备边销茶储存库资质条件	2010-04-20	2010-12-01	
7	SN/T 0348.1—2010	进出口茶叶中三氯杀螨醇残留量检测方法	2010-11-01	2011-05-01	SN/T 0348.1—1995
8	SN/T 0917—2010	进出口茶叶品质感官审评方法	2010-05-27	2010-12-01	SN/T 0917—2000 SN/T 0737—1997 SN/T 0911—2000

全国有机茶发展概况

中国农业科学院茶叶研究所茶叶质量认证发展研究中心　傅尚文

截至 2010 年 12 月 31 日，中国有机茶（含转换）面积 4 万公顷，产量 3.0 万吨，其中出口 1.3 万吨、内销 1.7 万吨。

（一）有机茶国际合作取得长足进展

应我国商务部邀请，国际商品共同基金（Common Fund for Commodities，CFC）总裁阿里·慕秋姆（Amb. Ali Mchumo）先生和项目高级官员沈年军先生一行于 2010 年 5 月 17～21 日来中国进行工作访问，17～19 日考察了中国农业科学院茶叶研究所承担的 CFC 项目“有机茶生产、发展和贸易”进展情况。期间，慕秋姆总裁一行走访了中国农业科学院茶叶研究所、项目示范基地浙江采云间茶业有限公司。CFC 项目主持人兼中国农业科学院茶叶研究所所长杨亚军会见了慕秋姆总裁一行，他对慕秋姆总裁一行的到来表示热烈欢迎，并简要汇报了 3 年来“有机茶生产、发展和贸易”项目在有机茶认证国际化、有机茶示范基地建设和关键技术研究、有机茶市场调研和营销策略研究等方面取得的进展。慕秋姆总裁充分肯定了项目取得的进展和阶段性成果。他表示，将会继续关心和支持有机茶及其他有关项目。2010 年 5 月 18 日，慕秋姆总裁一行在项目第二主持人、中国农业科学院茶叶研究所江用文副所长的陪同下考察了浙江省采云间茶业有限公司位于金华市的茶叶生产基地，交流了项目执行情况，出席了公司新建的临江茶厂落成仪式和婺州举岩茶荣获中华文化名茶授牌仪式，并与金华市和婺城区有关领导、当地茶叶企业代表等进行座谈。慕秋姆对有机茶项目在促进企业发展、提高茶农生产技术水平和收入方面取得的成绩表示满意。

（二）有机茶质量稳步提升，认证有效性得到有效保障

为全面贯彻全国认证认可会议精神，认真落实国家质量监督检验检疫总局“产品质量提升年”有关要求，切实加强有机产品认证有效性的监管，根据 2010 年国家认证认可监督管理委员会（简称国家认监委）专项监督检查计划，国家认监委组织开展对获得有机产品认证的茶叶等 4 类有机食品开展专项监督抽查。国家茶叶质量监督检验中心和福建出入境检验检疫局检验检疫技术中心共同承担茶叶类产品抽样检测任务，其中国家茶叶质量监督检验中心负责抽检浙江省和江苏省内生产企业，计划抽样总批次为 231 批，福建出入境检验检疫局检验检疫技术中心负责抽检福建、安徽、贵州、湖北、湖南、江西、山东、陕西、四川、云南省 10 个地区的样品，计划抽样总批次为 187 批；抽样均涵盖生产领域、销售领域。实际抽样 389 个，按省分，浙江 165 个、江苏 37 个、福建 37 个、湖北 33 个、云南 30 个、安徽 17 个、江西 14 个、贵州 14 个、四川 12 个、山东 12 个、陕西 12 个、湖南 6 个；按认证机构分，杭州中农质量认证中心 184 个、杭州万泰认证有限公司 70 个、北京中绿华夏有机食品认证中心 43 个、北京五洲恒通认证有限公司 30 个、南京国环有机产品认证中心 21 个、南京英目认证有限公司 20 个、浙江公信认证有限公司6个、西北农林科技大学认证中心5个、北京五岳华夏管理技术中心5个、北京东方嘉禾认证有限责任公司2个、方圆标志认证中心1个、广东中鉴认证有限责任公司1个。检测样品388个，1个产品超期使用标识，不予以检测。检测项目为三唑磷、杀螟硫磷、甲胺磷、三氯杀螨醇、氯氟氰菊酯、联苯菊酯、氰戊菊酯、氯氰菊酯、溴氰菊酯、铅。抽检合格率100%，与2008年、2009年抽检合格率98%以上相比，证明有机茶认证有效性得到了有效保障。

（三）第八次有机茶生产者贸易者合作会议成功举行

2010年3月2日，中国农业科学院茶叶研究所主办，中国茶叶学会有机茶专业委员会和杭州中农质量认证中心联合承办的“2010中国有机茶生产贸易合作会议”在杭州成功召开。来自全国有机茶生产、销售企业的代表和《中国茶叶》杂志社、《中国食品报》社等多家媒体记者共90多人参加了会议。本次会议是在全面贯彻中央经济工作会议和2010年中央1号文件精神，探讨金融危机影响下有机茶产业的发展，大力开展国际合作，促进国际有机茶贸易，推动有机茶产业持续健康发展的背景下召开的。会议由中国茶叶学会有机茶专业委员会秘书长、中国农业科学院茶叶研究所茶叶质量认证发展中心主任、杭州中农质量认证中心常务副主任傅尚文主持，中国农业科学院茶叶研究所副所长鲁成银研究员到会致欢迎辞。国际有机农业运动联盟（IFOAM）驻中国代表周泽江先生作了“促进国际合作、扩大有机贸易”主题报告，介绍了全球有机贸易的情况；浙江省农业厅经济作物管理局介绍了浙江省茶叶生产和销售的新要求；合作会议秘书处介绍了2009年我国有机茶产业的发展概况、杭州中农质量认证中心国际认证合作进展、国家有关有机产品监督管理的政策措施以及2010年的计划安排和工作重点。搭建有机茶生产者和贸易者之间的产销平台是会议的主题，北京更香茶叶有限公司、深圳市深宝华城食品有限公司、大能发展（摩洛哥）有限公司、浙江天瑞贸易有限公司等茶叶销售商与有机茶生产企业进行了面对面的交流洽谈，达成了多项合作协议。会议还设立专家咨询台，中国农业科学院茶叶研究所农产品质量安全研究中心、茶树种植工程研究中心和茶业职业技能培训中心的专家现场接受了企业有关生产技术等方面的咨询。在国际商品共同基金（CFC）国际合作项目“中国有机茶发展、生产和贸易”的支持下，杭州中农质量认证中心经过两年多的努力，2009年在国际认证合作方面取得突破性的进展，与欧洲权威的有机认证机构——英国土壤协会（SA）正式签订了的国际认证合作协议，全权代理英国土壤协会在中国境内开展欧盟标准、美国NOP、日本JAS标准的有机认证工作，双方的成功合作，对促进我国有机茶产品的出口贸易，打破外国认证机构垄断我国出口有机产品认证市场，推动我国的有机茶产业的持续发展具有极其深远的意义。在本次合作会议期间，多家有机茶企业代表向认证中心详细询问了申请国际认证的程序，也强烈表达了拓展国际市场的想法和愿望。

（四）有机茶生产快速发展，国内市场活跃

1. 中国有机茶集中亮相第四届BioFach China中国国际有机食品博览会 为拓展中国有机茶消费市场，提升企业品牌效益，杭州中农质量认证中心与BioFach China中国国际有机食品博览会组委会合作，于2010年5月27～29日在上海国际展览中心组织了“中国有机茶集中展示区”，形成集团效应，大力宣传中国有机茶。

2. 老外发“红包”褒奖有机茶 2010年5月30日上午，休宁县流口镇茗洲村热闹非凡，村民们自发聚集在村头，用热烈的掌声和质朴的笑脸欢迎来自德国KK公司的客人。茗洲村地处新安江源头的大山里，距县城50多公里。这里山清水秀，是休宁有名的茶乡，茶叶一直是村民的主要收入来源。德国客人来了，村民们泡茶、煮鸡蛋，热情邀请客人们进家做客，摆出当地传统的待客之道。经理沃尔夫冈·威尔海姆说：“我们与休宁有着10多年的贸易合作关系，这次专程来给茶农们发‘红包’，是用中国人的传统方式回馈当地茶农，感谢大家在保护生态、发展有机茶基地等方面所做的努力，感谢休宁有机茶为我们公司带来了信誉和效益。”他介绍说，德国KK公司是欧洲最大的绿茶专业销售公司之一，是休宁有机茶在欧盟市场主要销售商。这次公司专门拿出10万欧元来分期答谢生产基地的茶农，首期3万欧元的“红包”将由新安源公司通过“一卡通”发放，惠及山区4 000多名茶农。临近中午，德国客人在村中举行“红包”发放仪式。拿到400元“红包”的方卫民连声说：“托了有机茶的福。”他还拿出自家精心制作的有机茶回赠德国客人，表示今后将更加精心地发展有机茶、“放心茶”。沃尔夫冈·威尔海姆经理也高兴地告诉村民，他十分看好新安源有机茶的国际市场前景，今后将进一步加强与新安源公司的合作，共同抓源头、扶农户，帮助大家增收致富。

3. “有机茶无公害茶标准化生产技术示范推广”获2010年农牧渔业丰收奖二等奖，该项目由湖北省果品办公室完成。

4. 2010年9月中国茶叶流通协会授予浙江省建德市“中国有机茶之乡”的称号，2010年10月中国茶叶流通协会授予贵州省纳雍县“中国高山生态有机茶之乡”称号。

（五）有机茶认证机构变化

2010年2月8日国家认监委2010年第6号公告《关于注销吉林省农产品认证中心认证机构批准书的公告》，自2010年1月4日起，注销吉林省农产品认证中心的认证机构批准书。自注销之日起，吉林省农产品认证中心不再具有有机产品认证资质。到2010年12月31日止，经国家认监委批准的有机产品认证机构21家（同时获中国合格评定国家认证认可监督管理委员会有机产品认证能力认可），21家认证机构均可以从事包括有机茶在内的有机产品认证。

茶饮料产品质量国家监督抽查结果

本次共抽查了北京、河北、山西、上海、江苏、浙江、安徽、福建、河南、湖南、湖北、广东、重庆、四川等14个省、直辖市60家企业生产的60种茶饮料产品。

本次抽查依据推荐性国家标准《茶饮料》（GB/T 21733—2008）和强制性国家标准《茶饮料卫生标准》（GB 19296—2003）及经备案现行有效的企业标准的要求，对茶饮料产品的苯甲酸、山梨酸、糖精钠、安赛蜜、甜蜜素、总砷、铅、铜、茶多酚、咖啡因、菌落总数、大肠菌群、霉菌、酵母、致病菌（沙门氏菌、志贺氏菌、金黄色葡萄球菌）等17个项目进行了检验。

抽查发现，有2种产品不符合相关标准的要求，不合格项目涉及咖啡因、茶多酚。具体抽查结果如下：

茶饮料产品质量国家监督抽查产品及其企业名单（一）

序号	企业名称	所在地	产品名称	商标	规格型号	生产日期（批号）	抽查结果	主要不合格项目	承检机构
1	北京青松岭饮料有限公司	北京市	冰红茶（柠檬味红茶饮品）	青松岭	500mL/瓶茶饮料	2010-05-31	合格		国家农副加工产品及白酒质量监督检验中心
2	北京燕京饮料有限公司	北京市	冰红茶（柠檬味红茶饮料）	燕京	490mL/瓶茶饮料	2010-04-15	合格		国家农副加工产品及白酒质量监督检验中心
3	北京统一饮品有限公司	北京市	冰红茶（柠檬味红茶饮料）	统一	500mL/瓶茶饮料	2010-05-18	合格		国家农副加工产品及白酒质量监督检验中心
4	今麦郎饮品（北京）有限公司	北京市	冰红茶（柠檬味红茶饮料）	今麦郎	500mL/瓶茶饮料	2010-06-07	合格		国家农副加工产品及白酒质量监督检验中心
5	河北沃尔旺食品饮料有限公司	河北省	冰红茶（低糖果味茶饮料）	沃尔旺	500mL/瓶茶饮料	2010-06-06	合格		国家农副加工产品及白酒质量监督检验中心
6	唐山利昌饮料有限公司	河北省	柠檬味红茶饮料	果为鲜	490mL/瓶茶饮料	2010-06-09	合格		国家农副加工产品及白酒质量监督检验中心
7	唐山雨泉饮品有限公司	河北省	冰红茶（柠檬味茶饮料）	天下源	500mL/瓶茶饮料	2010-06-08	合格		国家农副加工产品及白酒质量监督检验中心
8	宏全食品包装(太原)有限公司	山西省	茉莉花味绿茶饮料	统一	500mL/瓶茶饮料	2010-06-10	合格		国家农副加工产品及白酒质量监督检验中心
9	山西达利食品有限公司	山西省	青梅绿茶（青梅味绿茶饮料）	达利园	500mL/瓶茶饮料	2010-06-14	合格		国家农副加工产品及白酒质量监督检验中心
10	山西娃哈哈昌盛饮料有限公司	山西省	茶饮料（柠檬味茶饮料）	娃哈哈	500mL/瓶茶饮料	2010-07-20	合格		国家农副加工产品及白酒质量监督检验中心

茶饮料产品质量国家监督抽查产品及其企业名单（二）

序号	企业名称	所在地	产品名称	商标	规格型号	生产日期（批号）	抽查结果	主要不合格项目	承检机构
11	上海天喔茶庄饮料有限公司	上海市	天喔茶庄柠檬红茶（柠檬味调味茶饮料）	天喔茶庄	500mL/瓶茶饮料	2010-05-08	合格		国家饮料及粮油制品质量监督检验中心
12	可口可乐装瓶商生产(东莞)有限公司上海分公司	上海市	冰红茶柠檬味调味茶饮料	雀巢	480mL/瓶茶饮料	2010-06-10	合格		国家饮料及粮油制品质量监督检验中心
13	上海紫泉饮料工业有限公司	上海市	雀巢冰爽茶柠檬味茶饮料	雀巢	480mL/瓶茶饮料	2010-05-26	合格		国家饮料及粮油制品质量监督检验中心
14	三得利（上海）食品有限公司	上海市	乌龙茶饮料（无糖）	三得利	1.25L/瓶茶饮料	2010-06-08	合格		国家饮料及粮油制品质量监督检验中心
15	上海皇品食品有限公司	上海市	绿力柠檬冰红茶饮料	绿力	500mL/瓶茶饮料	2010-02-07	合格		国家饮料及粮油制品质量监督检验中心
16	可口可乐装瓶商生产(东莞)有限公司苏州分公司	江苏省	原叶冰红茶柠檬味调味茶饮料	雀巢原叶茶	480mL/瓶茶饮料	2010-06-07	合格		国家饮料及粮油制品质量监督检验中心
17	南京紫泉饮料工业有限公司	江苏省	雀巢冰爽茶“冰极”柠檬味绿茶饮料	NESTEA	480mL/瓶茶饮料	2010-06-03	合格		国家饮料及粮油制品质量监督检验中心
18	黑松食品（苏州）有限公司	江苏省	黑松冰红茶柠檬味（果味红茶饮料）	黑松	500mL/瓶茶饮料	2010-06-12	合格		国家饮料及粮油制品质量监督检验中心
19	杭州顶津食品有限公司	浙江省	冰红茶（柠檬口味茶饮品）	康师傅	500mL/瓶茶饮料	2010-06-12	合格		国家饮料及粮油制品质量监督检验中心
20	杭州娃哈哈乐维食品有限公司	浙江省	冰红茶柠檬味茶饮料	娃哈哈	500mL/瓶茶饮料	2010-06-21	合格		国家饮料及粮油制品质量监督检验中心
21	杭州娃哈哈集团有限公司	浙江省	冰红茶柠檬味茶饮料	娃哈哈	500mL/瓶茶饮料	2010-06-20	合格		国家饮料及粮油制品质量监督检验中心
22	合肥统一企业有限公司	安徽省	统一绿茶（茉莉花味绿茶饮料）	统一	500mL/瓶茶饮料	2010-06-05	合格		国家农副加工产品及白酒质量监督检验中心
23	马鞍山达利食品有限公司	安徽省	绿茶（低糖蜂蜜味绿茶饮料）	达利园	500mL/瓶茶饮料	2010-06-07	合格		国家农副加工产品及白酒质量监督检验中心

茶饮料产品质量国家监督抽查产品及其企业名单（三）

序号	企业名称	所在地	产品名称	商标	规格型号	生产日期（批号）	抽查结果	主要不合格项目	承检机构
24	今麦郎饮品（天长）有限公司	安徽省	冰红茶（柠檬味红茶饮料）	今麦郎	500mL/瓶茶饮料	2010-06-10	合格		国家农副加工产品及白酒质量监督检验中心
25	厦门银鹭食品集团有限公司	福建省	低糖蜂蜜味绿茶饮料	银鹭	500mL/瓶茶饮料	2010-05-01	合格		国家农副加工产品及调味品质量监督检验中心
26	福建顶津食品有限公司	福建省	康师傅绿茶（调味茶饮品）	康师傅	550mL/瓶茶饮料	2010-06-13	合格		国家农副加工产品及调味品质量监督检验中心
27	福州统一企业有限公司	福建省	统一绿茶（茉莉花味绿茶饮料）	统一	500mL/瓶茶饮料	2010-06-12	合格		国家农副加工产品及调味品质量监督检验中心
28	福建达利食品集团有限公司	福建省	青梅绿茶（青梅味绿茶饮料）	达利园	500mL/瓶茶饮料	2010-06-18	合格		国家农副加工产品及调味品质量监督检验中心
29	福建省福州双星食品饮料有限公司	福建省	奥心宝红茶调味茶饮料	奥心宝	490mL/瓶茶饮料	2010-03-21	合格		国家农副加工产品及调味品质量监督检验中心
30	福建省福州双阳食品有限公司	福建省	绿茶茉莉味茶饮料	雪利达	500mL/瓶茶饮料	2010-06-09	合格		国家农副加工产品及调味品质量监督检验中心
31	福州荣旺食品饮料有限公司	福建省	荣旺调味红茶饮料（其他型）	荣旺	500mL/瓶茶饮料	2010-06-14	合格		国家农副加工产品及调味品质量监督检验中心
32	厦门惠尔康食品有限公司	福建省	柠檬味红茶饮料	惠尔康	250mL/盒茶饮料	2010-05-18	合格		国家农副加工产品及调味品质量监督检验中心
33	今麦郎饮品（郑州）有限公司	河南省	冰红茶（柠檬味红茶饮料）	今麦郎	500mL/瓶茶饮料	2010-06-14	合格		国家农副加工产品及白酒质量监督检验中心
34	郑州富田食品有限公司	河南省	原味绿茶（低糖调味茶饮料）	雀巢	480mL/瓶茶饮料	2010-06-01	合格		国家农副加工产品及白酒质量监督检验中心
35	郑州顶津食品有限公司	河南省	铁观音茶（低糖调味茶饮料）	康师傅	500mL/瓶茶饮料	2010-05-08	合格		国家农副加工产品及白酒质量监督检验中心
36	郑州统一企业有限公司	河南省	统一绿茶（茉莉花味绿茶饮料）	统一	500mL/瓶茶饮料	2010-06-12	合格		国家农副加工产品及白酒质量监督检验中心

茶饮料产品质量国家监督抽查产品及其企业名单（四）

序号	企业名称	所在地	产品名称	商标	规格型号	生产日期（批号）	抽查结果	主要不合格项目	承检机构
37	新乡娃哈哈昌盛饮料有限公司	河南省	龙井绿茶（低糖调味茶饮料）	娃哈哈	500mL/瓶 茶饮料	2010-06-14	合格		国家农副加工产品及白酒质量监督检验中心
38	武汉娃哈哈恒枫饮料有限公司	湖北省	龙井绿茶调味茶饮料	娃哈哈	500mL/瓶 茶饮料	2010-05-23	合格		国家饮料及粮油制品质量监督检验中心
39	武汉顶津食品有限公司	湖北省	茉莉清茶（调味茶饮品）	康师傅	500mL/瓶 茶饮料	2010-06-23	合格		国家饮料及粮油制品质量监督检验中心
40	衡阳娃哈哈恒枫饮料有限公司	湖南省	蓝莓冰红茶（果汁茶饮料）	娃哈哈	500mL/瓶 茶饮料	2010-06-15	合格		国家农副加工产品及调味品质量监督检验中心
41	怀化娃哈哈恒枫饮料有限公司	湖南省	冰红茶（柠檬味茶饮料）	娃哈哈	500mL/瓶 茶饮料	2010-05-04	合格		国家农副加工产品及调味品质量监督检验中心
42	宏全企业（长沙）有限公司	湖南省	统一冰红茶（柠檬味红茶饮料）	统一	500mL/瓶 茶饮料	2010-06-05	合格		国家农副加工产品及调味品质量监督检验中心
43	广州顶津食品有限公司	广东省	冰红茶（柠檬口味茶饮品）	康师傅	500mL/瓶 茶饮料	2010-06-16	合格		国家饮料及粮油制品质量监督检验中心
44	康师傅（广州）饮品有限公司	广东省	绿茶（调味茶饮品）	康师傅	550mL/瓶 茶饮料	2010-06-14	合格		国家饮料及粮油制品质量监督检验中心
45	广州统一企业有限公司	广东省	茉莉花味绿茶饮料	统一	500mL/瓶 茶饮料	2010-06-08	合格		国家饮料及粮油制品质量监督检验中心
46	广州娃哈哈恒枫饮料有限公司	广东省	蓝莓冰红茶（果汁茶饮料）	娃哈哈	500mL/瓶 茶饮料	2010-06-16	合格		国家饮料及粮油制品质量监督检验中心
47	广州屈臣氏食品饮料有限公司	广东省	柠檬茶饮料	碧泉	345mL/听 茶饮料	2010-06-02	合格		国家饮料及粮油制品质量监督检验中心
48	鸿福行保健食品(深圳)有限公司	广东省	冻柠茶果味茶饮品	鸿福堂	500mL/瓶 茶饮料	2010-06-15	合格		国家饮料及粮油制品质量监督检验中心
49	可口可乐装瓶商生产（东莞）有限公司	广东省	冰红茶柠檬味调味茶饮料	雀巢原叶茶	480mL/瓶 茶饮料	2010-06-01	合格		国家饮料及粮油制品质量监督检验中心

茶饮料产品质量国家监督抽查产品及其企业名单（五）

序号	企业名称	所在地	产品名称	商标	规格型号	生产日期（批号）	抽查结果	主要不合格项目	承检机构
50	重庆顶津食品有限公司	重庆市	康师傅绿茶（调味茶饮品）	康师傅	550mL/瓶 茶饮料	2010-05-12	合格		国家农副加工产品及调味品质量监督检验中心
51	重庆娃哈哈昌盛饮料有限公司	重庆市	冰红茶（柠檬味茶饮料）	娃哈哈	500mL/瓶 茶饮料	2010-06-03	合格		国家农副加工产品及调味品质量监督检验中心
52	成都润田食品饮料有限公司	四川省	冰红茶（柠檬味红茶饮料）	润田	490L/瓶 茶饮料	2010-05-24	合格		国家农副加工产品及调味品质量监督检验中心
53	成都统一企业食品有限公司	四川省	统一冰醇茉莉绿茶（调味绿茶饮料）	统一企业	520mL/瓶 茶饮料	2010-06-02	合格		国家农副加工产品及调味品质量监督检验中心
54	成都娃哈哈昌盛食品有限公司	四川省	冰红茶（柠檬味茶饮料）	娃哈哈	500mL/瓶 茶饮料	2010-06-08	合格		国家农副加工产品及调味品质量监督检验中心
55	广元娃哈哈饮料有限公司	四川省	冰红茶（柠檬味茶饮料）	娃哈哈	500mL/瓶 茶饮料	2010-06-03	合格		国家农副加工产品及调味品质量监督检验中心
56	成都紫泉饮料工业有限公司	四川省	统一冰红茶（柠檬味红茶饮料）	统一	500mL/瓶 茶饮料	2010-06-04	合格		国家农副加工产品及调味品质量监督检验中心
57	益华（四川）企业有限公司	四川省	统一冰红茶（柠檬味红茶饮料）	统一	500mL/瓶 茶饮料	2010-05-27	合格		国家农副加工产品及调味品质量监督检验中心
58	成都达利食品有限公司	四川省	冰红茶（柠檬味红茶饮料）	达利园	500mL/瓶 茶饮料	2010-06-04	合格		国家农副加工产品及调味品质量监督检验中心
59	唐山鑫汇食品有限公司	河北省	绿茶（低糖绿茶饮料）	清凌凌	500mL/瓶 茶饮料	2010-06-08	不合格	咖啡因	国家农副加工产品及白酒质量监督检验中心
60	安徽名人食品有限公司	安徽省	冰红茶（柠檬味红茶饮料）	台湾名人	500mL/瓶 茶饮料	2010-04-28	不合格	茶多酚、咖啡因	国家农副加工产品及白酒质量监督检验中心

注：按行政区域排序。

产 品 质 量 监 督 抽 查 实 施 规 范

CCGF 107—2010

茶叶产品质量监督抽查实施规范

2010-07-13 发布 2010-08-01 实施

国 家 质 量 监 督 检 验 检 疫 总 局

茶叶产品质量监督抽查实施规范

1 范围

本规范适用于茶叶产品质量国家监督抽查，针对特殊情况的专项国家监督抽查、省级质量技术监督部门组织的监督抽查可参照执行。监督抽查产品范围包括绿茶、红茶、乌龙茶、白茶、黄茶、黑茶，及其再加工制成的花茶、紧压茶、袋泡茶等茶叶产品。本规范内容包括产品分类、术语和定义、企业规模划分、检验依据、抽样、检验要求、判定原则、异议处理复检及附则。

注：针对特殊情况的专项国家监督抽查是指应急工作需要而进行的或者由于某种特殊情况（或原因）仅需要对部分项目进行抽样检验的专项监督抽查。

2 产品分类

2.1 产品分类及代码

产品分类及代码见表1。

表1 产品分类及代码

产品分类	一级分类	二级分类
分类代码	1	107
分类名称	食品	茶叶

2.2 产品种类

茶叶产品主要分绿茶、红茶、乌龙茶、白茶、黄茶、黑茶，及其再加工制成的花茶、紧压茶、袋泡茶等。

3 术语与定义

下列术语和定义适用于本规范。

3.1 **绿茶**：以茶树鲜叶为原料，经杀青、揉捻、干燥等为基本工艺加工制作而成的茶叶产品。

3.2 **红茶**：以茶树鲜叶为原料，经萎凋、揉捻（切）、发酵、干燥等基本工艺加工制作而成的茶叶产品。

3.3 **乌龙茶**：以茶树鲜叶为原料，经萎凋、做青、杀青、揉捻、干燥等基本工艺加工制作而成的茶叶产品。

3.4 **白茶**：以茶树鲜叶为原料，经萎凋、干燥等基本工艺加工制作而成的茶叶产品。

3.5 **黄茶**：以茶树鲜叶为原料，经杀青、闷黄、揉捻、干燥等基本工艺加工制作而成的茶叶产品。

3.6 **黑茶**：以茶树鲜叶为原料，经杀青、揉捻、渥堆、干燥等基本工艺加工制作而成的茶叶产品。

3.7 **花茶**：以茶叶和香花（茉莉、玉兰、珠兰、桂花、玫瑰、柚子等）为原料，经窨（熏）制而成的再加工类茶叶产品。

3.8 **紧压茶**：以黑茶、绿茶或红茶等为原料，经整理加工，蒸压成型、干燥等工艺制成的再加工类茶叶产品。

3.9 **袋泡茶**：以茶叶为原料，一般经筛分（或切碎）、整理、滤袋包装而成的，用于成袋泡饮的再加工类茶叶产品。

4 企业规模划分

根据茶叶行业的实际情况，生产企业规模以茶叶产品年销售额指标为标准划分为大、中、小型企业。见表2。

表2 企业规模划分

企业规模	大型企业	中型企业	小型企业
销售额/万元	≥5 000	≥1 000 且<5 000	<1 000

5 检验依据

相关产品标准及试验方法

GB 2762 食品中污染物限量

GB 2763　食品中农药最大残留限量
GB 5009.12　食品安全国家标准 食品中铅的测定
GB/T 5009.19　食品中有机氯农药多组分残留量的测定
GB/T 5009.20　食品中有机磷农药残留量的测定
GB/T 5009.94　植物性食品中稀土的测定
GB/T 5009.103　植物性食品中甲胺磷和乙酰甲胺磷农药残留量的测定
GB/T 5009.106　植物性食品中二氯苯醚菊酯残留量的测定
GB/T 5009.110　植物性食品中氯氰菊酯、氰戊菊酯和溴氰菊酯残留量的测定
GB/T 5009.145　植物性食品中有机磷和氨基甲酸酯类农药多种残留的测定
GB/T 5009.146　植物性食品中有机氯和拟除虫菊酯类农药多种残留量的测定
GB/T 5009.176　茶叶、水果、食用植物油中三氯杀螨醇残留量的测定
GB/T 9833.1　紧压茶　花砖茶
GB/T 9833.2　紧压茶　黑砖茶
GB/T 9833.3　紧压茶　茯砖茶
GB/T 9833.4　紧压茶　康砖茶
GB/T 9833.5　紧压茶　沱茶
GB/T 9833.6　紧压茶　紧茶
GB/T 9833.7　紧压茶　金尖茶
GB/T 9833.8　紧压茶　米砖茶
GB/T 9833.9　紧压茶　青砖茶
GB/T 13738.1　红茶　第1部分：红碎茶
GB/T 13738.2　红茶　第2部分：工夫红茶
GB/T 14456.1　绿茶　第1部分：基本要求
GB/T 14456.2　绿茶　第2部分：大叶种绿茶
GB/T 14487　茶叶感官审评术语
GB/T 18650　地理标志产品　龙井茶
GB/T 18665　地理标志产品　蒙山茶
GB/T 18745　地理标志产品　武夷岩茶
GB/T 18957　地理标志产品　洞庭（山）碧螺春茶
GB/T 19460　地理标志产品　黄山毛峰茶
GB/T 19598　地理标志产品　安溪铁观音
GB/T 19630.1　有机产品　第1部分　生产
GB/T 19691　地理标志产品　狗牯脑茶
GB/T 19698　地理标志产品　太平猴魁茶
GB/T 20354　地理标志产品　安吉白茶
GB/T 20360　地理标志产品　乌牛早茶
GB/T 20605　地理标志产品　雨花茶
GB/T 21003　地理标志产品　庐山云雾茶
GB/T 21726　黄茶
GB/T 21824　地理标志产品　永春佛手
GB/T 22109　地理标志产品　政和白茶
GB/T 22111　地理标志产品　普洱茶
GB/T 22290　茶叶中稀土元素测定　电感耦合等离子体质谱法
GB/T 22291　白茶
GB/T 22292　茉莉花茶
GB/T 22737　地理标志产品　信阳毛尖
GB/T 23199　茶叶中稀土元素测定　电感耦合等离子体发射光谱法和电感耦合等离子体质谱法
GB/T 23204　茶叶中519种农药及相关化学品残留量的测定　气相色谱-质谱法

GB/T 23205 茶叶中448种农药及相关化学品残留量的测定 液相色谱-串联质谱法
NY/T 288 绿色食品 茶叶
NY/T 863 碧螺春茶
NY 5196 有机茶
NY 5244 无公害食品 茶叶
SB/T 10157 茶叶感官审评方法
SB/T 10167 祁门工夫红茶
相关的法律法规、部门规章和规定
经备案现行有效的企业标准及产品明示质量要求

6 抽样

6.1 抽样型号或规格

预包装产品或称量销售产品。

6.2 抽样方法、基数及数量

在企业的成品库内或流通领域随机抽取经企业检验合格或以任何方式表明合格的产品，所抽取产品的保质期应能满足检验工作的进行。

在企业成品库抽样时，同一批次产品抽样基数应不少于5kg，从同一批次样品堆的3个不同部位随机抽取3个或3个以上的大包装，分别取出相应的小包装样品。抽取样品量不少于0.5kg，且不少于3个包装单位。称量销售产品抽取样品量不少于0.5kg。

在流通领域抽样时，抽样基数应不少于抽取样品量，抽取样品量要求与企业成品库抽样时相同。

所抽取样品中2/3用于检验，1/3为备用样品。备用样品封存在检验机构。

注：在本规范的规定中，检验机构在检验过程中对检验结果进行复验所采用的样品，应是抽取的检验样品，不能采用备用样品。备用样品仅是指被抽查企业或者经过确认了样品的生产企业对检验结果提出异议，需要对不合格项目进行复检时采用的样品。

6.3 样品处置

抽取的检验样品和备用样品分别用封样单封样，并及时送往检验机构。检验样品、备用样品的容器(包括包装袋、罐、箱等)应清洁、干燥、无锈、无异气味；能防潮、避光；密封性好。样品在常温环境下运输和保存，防止雨淋、日晒、挤压、潮湿、高温。

6.4 抽样单

应按有关规定填写抽样单，并记录被抽查产品及企业相关信息。同时记录被抽查企业上一年度生产的茶叶产品销售总额，以万元计；若企业上一年度未生产，则记录本年度实际销售额，并加以注明。

7 检验要求

7.1 检验项目及重要程度分类

检验项目及重要程度分类见表3。

表3 检验项目及重要程度分类

序号	检验项目	依据标准法规或标准	强制性/推荐性	检测方法	重要程度及不合格程度分类	
					A类[a]	B类[b]
1	六六六	GB 2763	强制性	GB/T 5009.19 GB/T 23204	●	
2	滴滴涕	GB 2763	强制性	GB/T 5009.19 GB/T 23204	●	
3	氯菊酯[c]	GB 2763	强制性	GB/T 5009.106 GB/T 5009.146 GB/T 23204 GB/T 23205	●	

表3（续）

序号	检验项目	依据标准法规或标准	强制性/推荐性	检测方法	重要程度及不合格程度分类	
					A类[a]	B类[b]
4	溴氰菊酯	GB 2763	强制性	GB/T 5009.110 GB/T 5009.146 GB/T 23204	●	
5	氯氰菊酯	GB 2763	强制性	GB/T 5009.110 GB/T 5009.146 GB/T 23204 GB/T 23205	●	
6	顺式氰戊菊酯	GB 2763	强制性	GB/T 5009.110 GB/T 5009.146 GB/T 23204	●	
7	氟氰戊菊酯[c]	GB 2763	强制性	GB/T 5009.146 GB/T 23204	●	
8	杀螟硫磷	GB 2763	强制性	GB/T 5009.20 GB/T 5009.145 GB/T 23204 GB/T 23205	●	
9	乙酰甲胺磷	GB 2763	强制性	GB/T 5009.103 GB/T 5009.145	●	
10	三氯杀螨醇	产品明示质量要求	推荐性	GB/T 5009.176 GB/T 23204	●	
11	甲胺磷	产品明示质量要求	推荐性	GB/T 5009.103 GB/T 5009.145 GB/T 23205	●	
12	氰戊菊酯	产品明示质量要求	推荐性	GB/T 5009.146 GB/T 23204	●	
13	联苯菊酯	产品明示质量要求	推荐性	GB/T 5009.146 GB/T 23204	●	
14	乐果	产品明示质量要求	推荐性	GB/T 5009.20 GB/T 5009.145 GB/T 23204 GB/T 23205	●	
15	敌敌畏	产品明示质量要求	推荐性	GB/T 5009.20 GB/T 5009.145 GB/T 23204	●	
16	喹硫磷	产品明示质量要求	推荐性	GB/T 5009.20 GB/T 5009.145 GB/T 23204 GB/T 23205	●	

表 3（续）

序号	检验项目	依据标准法规或标准	强制性/推荐性	检测方法	重要程度及不合格程度分类	
					A 类[a]	B 类[b]
17	铅	GB 2762	强制性	GB 5009.12	●	
18	稀土	GB 2762	强制性	GB/T 5009.94 GB/T 23199 GB/T 22290		●
19	感官品质	产品明示质量要求	强制性 推荐性	SB/T 10157 GB/T 14487		●

[a] 极重要质量项目

[b] 重要质量项目

[c] 仅限于红茶和绿茶

注：极重要质量项目是指直接涉及人体健康、使用安全的指标；重要质量项目是指产品涉及环保、能效、关键性能或特征值的指标。

7.2 检验应注意的问题

7.2.1 检验机构接收样品应当有专人负责检查、记录样品的外观、状态、封条有无破损及其他可能对检测结果或者综合判定产生影响的情况，并确认样品与抽样单的记录是否相符，对检测和备用样品分别加贴相应标识后入库保存。

7.2.2 从事茶叶感官品质审评的检验人员应获得评茶员职业资格。

7.2.3 若被检产品明示的质量要求高于本规范中检验项目依据的标准要求时，应按被检产品明示的质量要求判定。若被检产品明示的质量要求低于本规范中检验项目依据的国家或行业强制性标准要求时，应按国家或行业强制性标准要求判定。若被检产品明示的质量要求缺少本规范中的检验项目（主要是产品通用重要特征值）时，应按本规范中检验项目依据的标准要求进行检验并判定。

7.2.4 当同一检验项目存在多种检测方法时，应优先采用表 3 的“依据法律法规或标准”中所指定的检测方法。

8 判定原则

经检验，所检项目全部合格，判定为被抽查产品合格；所检项目中任一项或一项以上不合格，判定为被抽查产品不合格，当产品存在 A 类项目不合格时，属于严重不合格；当产品仅有 B 类项目不合格时，属于一般不合格。

9 异议处理复检

对判定为不合格的产品进行复检时，按以下方式进行：

9.1 核查不合格项目相关证据，能够以记录（纸质记录或电子记录或影像记录）或与不合格项目相关联的其他质量数据等检验证据证明。

9.2 需对不合格项目复检时，采用备用样品检验。当复检结果仍不合格，维持原检验结果不变。当复检结果合格，以复检结果为准。

9.3 不进行复检的情况：

9.3.1 被检方提出复检时，产品在复检有效期内于正常贮存条件下已变质的；

9.3.2 法律、法规规定不得复检的其他情况。

10 附则

本规范代替 CCGF 107—2008 版。

本规范编写单位：国家茶叶质量监督检验中心（郑国建），国家农副产品质量监督检验中心（湖南）（曾小明），国家加工食品质量监督检验中心（福州）（郑小严）。

本规范由国家质量监督检验检疫总局产品质量监督司管理。

有机食品认证机构（2010 年 12 月 31 日止）（一）

机构名称	批准号	证书有效期	负责人	电话	地址	邮编
中国质量认证中心	CNCA-R-2002-001	2014 年 12 月 10 日	王克娇	010-83886666	北京市丰台区南四环西路 188 号 9 区	100070
广东省中鉴认证有限责任公司	CNCA-R-2002-007	2014 年 12 月 10 日	胡苏山	020-87369002	广东省广州市越秀区广州大道中路 227 号 4 楼	510600
浙江公信认证有限公司	CNCA-R-2002-013	2014 年 12 月 10 日	邓东旺	0571-85067941	浙江省杭州市密渡桥路 15 号新世纪大厦 25 楼（杭州市 1250 信箱）	310005
杭州万泰认证有限公司	CNCA-R-2002-015	2014 年 12 月 10 日	汤凯珊	0571-87901598	浙江省杭州市滨江区江南大道588号恒鑫大厦主楼1702-1708室、18层	310052
北京中安质环认证中心	CNCA-R-2002-028	2014 年 12 月 10 日	任庆才	010-58673399-1001	北京市朝阳区东三环南路 58 号富顿中心 1 号楼 22 层	100022
中食恒信（北京）质量认证中心有限公司	CNCA-R-2002-084	2014 年 12 月 10 日	王贵际	010-52227546	北京市丰台区南四环西路 188 号七区 7 号楼 3 层	100070
黑龙江省农产品质量认证中心	CNCA-R-2002-089	2014 年 12 月 10 日	赵晓光	0451-87979267	黑龙江省哈尔滨市香坊区香顺街 49 号	150036
杭州中农质量认证中心	CNCA-R-2003-096	2015 年 5 月 6 日	杨亚军	0571-86650449	浙江省杭州市云栖路 1 号	310008
北京中绿华夏有机食品认证中心	CNCA-R-2002-100	2014 年 12 月 10 日	韩沛新	010-62131329	北京市海淀区学院南路 59 号	100081
中环联合（北京）认证中心有限公司	CNCA-R-2002-105	2014 年 12 月 10 日	唐丁丁	010-59205880	北京市朝阳区育慧南路 1 号 A 座 10 层	100029
北京五洲恒通认证有限公司	CNCA-R-2003-115	2011 年 6 月 24 日	李国秋	010-63180681	北京市丰台区角门 18 号枫竹苑二区 1 号楼 3 层 303 室	100066
辽宁方园有机食品认证有限公司	CNCA-R-2004-122	2012 年 3 月 24 日	井元山	024-86806565	辽宁沈阳市皇姑区黄河南大街 106 号丽阳商务大厦 A 座 11 层（辽宁大厦对面）	110031
黑龙江绿环有机食品认证有限公司	CNCA-R-2004-123	2012 年 3 月 24 日	陈晓梅	0451-86484811	黑龙江省哈尔滨市南岗区教化街 98 号	150006
辽宁辽环有机食品认证中心	CNCA-R-2004-128	2012 年 3 月 24 日	徐田伟	024-86806249	辽宁省沈阳市于洪区崇山东路 32 号	110031

有机食品认证机构（2010 年 12 月 31 日止）（二）

机构名称	批准号	证书有效期	负责人	电话	地址	邮编
北京五岳华夏管理技术中心	CNCA-R-2004-129	2012 年 3 月 24 日	赵晨	010-63310558	北京市宣武区南滨河路 23 号 1 座 5 层 02 号房	100055
新疆生产建设兵团环境保护科学研究所	CNCA-R-2004-131	2012 年 3 月 24 日	万勤	0991-2819402	新疆维吾尔自治区乌鲁木齐市水磨沟区红山路 159 号	830002
南京国环有机产品认证中心	CNCA-R-2004-134	2012 年 3 月 24 日	肖兴基	025-5411206	江苏省南京市玄武区蒋王庙 8 号	210042
北京中合金诺认证中心有限公司	CNCA-R-2007-151	2015 年 6 月 13 日	张祥茂	010-88851460	北京市朝阳区左家庄 15 号 1 号楼 3 层 311、307、304 室	100028
北京东方嘉禾认证有限责任公司	CNCA-R-2006-145	2014 年 9 月 29 日	严冰珍	010-69973476	北京市海淀区肖家河天秀路 10 号办公行政楼 5015 室	100193
北京爱科赛尔认证中心有限公司（法国 ECOCERT 设立认证机构）	CNCA-RF-2006-45	2012 年 4 月 10 日	威廉姆·维达	010-62827070	北京市海淀区天秀路10号中国农业大学(西校区)国际创业园4015室	100091
南京英目认证有限公司（瑞士生态基金公司设立认证机构）	CNCA-RF-2006-46	2011 年 9 月 13 日	丁维	025-83212780	江苏省南京市鼓楼区中央路 399 号天正国际广场 06 幢 404 室	210037
湖南欧格有机认证有限公司（德国 BCS 设立认证机构）	CNCA-RF-2006-47	2011 年 9 月 26 日	张涤平	0731-84637041	湖南省长沙市芙蓉区东湖南	410127
上海色瑞斯认证有限公司（德国 CERES 设立认证机构）	CNCA-RF-2007-50	2012 年 12 月 16 日	袁才勇	021-61483660	上海市杨浦区控江路 1023 号 5 楼 505 室	200093

注：资料来源：国家认监委网站。

绿色食品认证机构（2010 年 12 月 31 日止）

机构名称	批准号	证书有效期	负责人	电话	地址	邮编
中国绿色食品发展中心	CNCA-R-2002-106	2014 年 12 月 10 日	王运浩	010-62191404	北京市海淀区学院南路 59 号	100081

无公害食品认证机构（2010 年 12 月 31 日止）

机构名称	批准号	证书有效期	负责人	电话	地址	邮编
农业部农产品质量安全中心	CNCA-R-2003-055	2014 年 12 月 10 日	马爱国	010-62191443	北京市海淀区学院南路 59 号	100081

2010国际茶叶审评标准

为维护茶叶的信誉，促进茶叶市场繁荣，保护消费者利益，国际标准化组织——农业食品技术委员会茶叶分技术委员会，先后推荐的茶叶国际标准和检测方法有：

1. **红茶规格及检测方法** 20 世纪 60 年代末至 70 年代，ISO/TO 34/SO 8 围绕组织制定红茶标准，进行了大量调查分析、试验研究，在 70 年代中先后推荐出 ISO 1572 等标准，现行标准如下：

ISO 1572—1980 茶一已知干物质含量的磨碎样品的制备；

ISO 1573—1980 茶一103℃时质量损耗的测定；

ISO 1574—1980 茶一水浸出物的测定；

ISO 1572—1987 茶一总灰分的测定；

ISO 1576—1988 茶一水溶性灰分和水不溶性灰分的测定；

ISO 1577—1987 茶一酸不溶性灰分的测定；

ISO 1578—1980 茶一水溶性灰分碱度的测定；

ISO 1839—1979 茶一取样；

ISO 3720—1986 红茶一规格；

ISO 3720—1986（附录）茶粗纤维测定方法；

ISO 3103—1980 茶一用于感官检验的茶汤的制备；

ISO 6078—1982 红茶一术语。

红茶的品质要求集中反映在 ISO 3720 中。该标准在引言中肯定茶叶品质一般由茶师通过感官审评来评价，而标准的技术要求则是根据化学特定成分来确定品质规格的。标准将水浸出物、总灰分、水溶性灰分、酸不溶性灰分、水溶性灰分碱度和粗纤维作为红茶的特定成分，规定了最高（低）限量指标：（1）水浸出物%（m/m）最小值 32；（2）总灰分%（m/m）最大值 8，最小值 4；（3）水溶性灰分（总灰分的%）最小值 45；（4）水溶性灰分碱度（以 KOH 计）%（m/m）最大值 3，最小值 1；（5）酸不溶性灰分%（m/m）最大值 1；（6）粗纤维%（m/m）最大值 16.6。并且规定上述相应的国际标准为检测方法。

ISO 3720 的技术要求可以保证红茶不掺杂，不受泥土污染和叶子不过分粗老。但由于尚未建立茶叶咖啡碱、茶多酚含量等红茶的重要化学特征成分的检测标准，尚未将茶叶的滋味、香气包含在内，因此，检测内容还有待充实。

目前，赞成 ISO 3720 的国家有：澳大利亚、肯尼亚、奥地利、墨西哥、比利时、新西兰、捷克、斯洛伐克、波兰、埃及、葡萄牙、法国、罗马尼亚、德国、南非、加纳、斯里兰卡、匈牙利、泰国、印度、土耳其、伊朗、英国、以色列、前南斯拉夫等。

2. **速溶茶规格及检测方法** 20 世纪 70 年代末 TC34/SC8 就着手制定速溶茶的规格。1982 年首先推荐出 ISO6770—82 速溶茶自由流动堆积密度和紧密堆积密度的测定；1984 年推荐 ISO7516—84 速溶茶取样方法；1989 年又通过 ISO7514—89 速溶茶总灰分测定、ISO7513—89 速溶茶水分测定、ISO6709.2 速溶茶规格。配套完成了速溶茶产品规格标准和检验方法标准。速溶茶规格中规定了固体型速溶茶的定义和化学特征要求，并规定水分最高限量为 6%，灰分最高限量为 20%。

3. **绿茶规格及检测方法** 制定绿茶规格的议题在 TC34/SC8 第十次会议上列入了议事日程，决定由印度主持这项工作，但印度始终未能提交有关报告。5 年后的第 13 次会议，美国建议由中国承担，中国表明了乐意承担的态度，并草拟了国际绿茶规格工作草案初稿，由美国向 TC34 推荐立案。现已通过工作草案初稿，正在加快研究工作草案二稿和标准建议草案。绿茶规格和红茶规格一样，也是以化学成分为技术要求而建立标准。在工作草案中，除了将水浸出物、总灰分、水溶性灰分、水溶性灰分碱度、酸不溶性灰分、粗纤维作为化学特定成分，还规定了儿茶素总量。由于儿茶素总量迄今尚未建立标准的检测方法，SC8 要求各成员收集有关测定方法及测试资料，以便作为一项新的工作议题立案研究。

4. **红茶分级命名与纸袋包装标准**

（1）红茶分级命名。分级命名是作为国际通用语言，为买卖双方提供方便，以促进国际贸易。1982 年 TC34/SC8 编写红茶——术语的附录，推荐了红茶等级标准，列出了红茶中叶、碎、片、末茶的 38 种花色名称。同时决定由英国承担研究分级命名的可能性，进而探索一种能用于贸易的茶叶分级方法。但鉴于目前各国分级方法不一，规格不易统一，SC8 同意继续研究改进其分级方法以寻求其他更恰当的方法。

(2) 纸袋包装标准。现代化的包装运输发展很快，加上木材原料紧张，茶叶包装提上了议事日程。20 世纪 80 年代初，英国就进行了大量研究，在第 11 次会议上建议用多层纸袋代替木箱和纸箱包装，并提出了适用于集箱和托盘运输的纸袋规格，引起了各国关注。美国、荷兰等西欧国家相继积极开展这方面的研究。但由于纸袋原料要进口等原因，生产国对此难以接受，尤其对铝箔质量规格争议很大。直到 1989 年第 14 次会议上，经过长时间讨论，才算同意将英国提交的纸袋规格标准工作草案修改后作为建议草案注册。目前，红碎茶在国际贸易中，各国已不同程度使用纸袋包装，虽然纸袋规格、质量不一致，但基本上符合标准袋的设计规格要求。

SN

中华人民共和国出入境检验检疫行业标准

ST/T 0917—2010

代替 SN/T 0917—2000，SN/T 0737—1997，SN/T 0911—2000

进出口茶叶品质感官审评方法

Method for the organoleptic examination on quality of tea for import and export

2010-05-27 发布　　　　2010-12-01 实施

中华人民共和国国家质量监督检验检疫总局　发布

前 言

本标准按照 GB/T 1.1—2009 给出的规则起草。

本标准代替 SN/T 0917—2000《进出口茶叶品质感官审评方法》、SN/T 0737—1997《出口乌龙茶品质感官审评评分方法》、SN/T 0911—2000《进出口茶叶感官审评室条件》。

本标准整合了 SN/T 0917—2000、SN/T 0737—1997 和 SN/T 0911—2000，除编辑性修改外，主要技术变化如下：

——增加了审评员的基本条件和要求；

——增加了评茶用水的要求；

——增加了黄茶、黑茶、袋泡茶、调味茶审评用具和操作方法；

——增加了茶叶标准样和贸易成交样的定义；

——增加了其他茶类的评分方法；

——增加了评茶杯碗的图片；

——删除了抽样和原理；

——修订了压制茶的定义。

本标准由国家认证认可监督管理委员会提出并归口。

本标准起草单位：中华人民共和国福建出入境检验检疫局、中华人民共和国厦门出入境检验检疫局和中华人民共和国上海出入境检验检疫局。

本标准主要起草人：连文钦、蔡知凌、陈荔银、汪玲平、毕立新、陈迪、刘秀容。

本标准所代替标准的历次版本发布情况为：

——SN/T 0917—2000；

——SN/T 0737—1997；

——SN/T 0911—2000。

进出口茶叶品质感官审评方法

1 范围

本标准规定了进出口茶叶品质感官审评的环境、器具、用水、审评员的基本条件和要求、审评内容、操作方法和评分方法。

本标准适用于进出口茶叶中的基本茶类（红茶、绿茶、白茶、黄花、乌龙花、黑茶）和再加工茶类（花茶、压制茶、袋泡茶、调味茶）的品质感官审评。

2 规范性引用文件

下列文件对于本文件的应用是必不可少的。凡是注日期的引用文件，仅所注日期的版本适用于本文件。凡是不注日期的引用文件，其最新版本（包括所有的修改单）适用于本文件。

GB 5749 生活饮用水卫生标准

GB/T 14487 茶叶感官审评术语

3 术语和定义

下列术语和定义适用于本文件。

3.1 茶叶品质感官项目 organoleptic examination on quality of tea

由色、香、味、形等构成的茶叶外形和内质。

3.2 压制茶 compressed tea

在制茶过程中使用机械压制成型的沱茶、紧茶、饼茶、砖茶、圆茶等形状的茶叶。压制茶根据所采用的原料可分为压制黑茶、压制红茶、压制绿茶、压制乌龙茶、压制白茶等。

3.3 **袋泡茶** bag tea

将茶叶或粉碎加工后的茶叶经包装机包入过滤纸、尼龙网袋或无纺织布袋的一种方便冲泡的小包装茶叶。

3.4 **调味茶（加香茶）** spiced tea

以茶叶为基础，经过添加少量的干水果粒等食品或喷洒少量的食用香精，强化特殊风味和口感的茶叶再加工产品。

3.5 **茶叶标准样** standard sample of tea

根据各类茶叶品质规格等级的要求制定的各类茶叶统一的实物标准样茶。是茶叶外形、内质、等级等品质审评的参比物。茶叶标准样有一定的适用范围和一定的时间限制，并有相应的茶叶外形、内质、等级的质量指标文字描述。

3.6 **茶叶贸易成交样** purchase sample for tea trade

在茶叶国际贸易中，经买卖双方确认、作为成交计价和交货验收的实物依据。

3.7 **干评台** dry-tea examining table

供审评茶叶外形用的平台。高 85cm～90cm，宽 60cm，长短视审评室及具体需要而定，放置茶叶罐、茶样盘、天平等器具。要求台面光洁，无杂异味，通常漆成黑色。

3.8 **湿评台** tea tasting table

供审评茶叶内质用的平台。高 85cm～90cm，宽 60cm，长 120cm，上置审评杯碗、汤匙、定时器等器具。要求台面不渗水、沸水溢于台面不留斑痕，无杂异味，通常漆成白色或以不锈钢材料制作。

4 审评室条件

4.1 室外环境

茶叶感官审评室应设立在地势干燥，北向空旷无遮挡无放射光，周围无异气污染的安静场所。

4.2 室内环境

4.2.1 基本要求

室内要求干燥、整洁、明亮，空气清新，无异味。

4.2.2 噪声

噪声不超过 45dB。

4.2.3 室内温度、相对湿度

室内温度保持在 20℃±5℃，相对湿度保持在 70%±5%。

4.2.4 面积

面积最小不得小于 $15m^2$。

4.2.5 色调

天花板、墙壁、地面由白色至浅灰色，相当于蒙赛尔中性 7.0～8.5。

4.2.6 采光

4.2.6.1 自然光

利用北面自然光。前方无遮挡物、放射光，开窗面积大，使用无色透明玻璃，并保持清洁。

有条件的，可采用北向斗式采光窗，采光窗高 2m，斜度 30°，半壁涂以无反射光的黑色涂料；顶部镶以无色透明平板玻璃，向外倾斜 3°～5°。

4.2.6.2 人造光

当自然光线昏暗时，应使用人造昼光标准光源。安装在干评台上方，与台面距离 1.0m～1.2m。干评台工作面照度不低于1 000 lx，湿评台工作面照度不低于 750 lx。光线均匀、柔和、无投影。

5 审评员的基本条件和要求

5.1 基本条件

5.1.1 身体健康，并取得有效健康合格证。感光器官（指视觉、嗅觉、味觉、触觉）正常，并具有良好的敏感性。个人卫生习惯良好，无明显体味。

5.1.2 有一定的审评实践经验，并具有相应的专业理论知识。

5.1.3 审评员应具备良好的职业道德。

5.2 要求

为保证评茶质量，要求审评员无不良嗜好，无嗜酒、嗜烟习惯。审评前 1h 内不抽烟，不吃油腻和辛辣食品，不涂抹有芳香气味的化妆品。在审评过程中，应经常用清水漱口，以消除口腔杂味及茶味。持续评茶 2h 以上，应稍事休息，

以恢复感官疲劳。身体不适时不能参加审评检验。

6 审评

6.1 感官审评的原理

按照本标准规定的检验程序，根据检验人员正常视觉、嗅觉、味觉、触觉评定茶叶质量的优劣。

6.2 基本茶类审评

6.2.1 红、绿、白、黄茶，黑茶（散茶）

6.2.1.1 评茶用具

6.2.1.1.1 评茶杯、碗（见图1）：纯白瓷烧制，各杯碗厚度、大小和色泽应一致。

a）评茶杯：高65mm，外径66mm，内径62mm，容量150mL，具盖，盖上有一小孔，在杯柄对面一侧的杯口上缘有一呈锯齿形或月牙形的小缺口；

b）评茶碗：高55mm，上口外径95mm，内径89mm，容量200mL。

图1 红、绿、白、黄、黑茶评茶杯碗

6.2.1.1.2 评茶盘：无毒无味、不带静电的白色胶合板或塑料板，长、宽各230mm，边高30mm，盘的一角有缺口。

6.2.1.1.3 叶底盘：黑色方形小木盘或白色搪瓷盘。黑色方形小木盘供审评红、绿、黄、黑茶类使用，白色搪瓷盘供审评乌龙茶使用。叶底盘色调应一致。

6.2.1.1.4 网匙：铜丝网制或不锈钢网制，底圆形。

6.2.1.1.5 唾茶桶。

6.2.1.1.6 其他用具包括：

a）天平：感量0.1g；

b）计时钟或沙时计；

c）茶匙；

d）茶盏；

e）电水壶。

6.2.1.2 评茶用水

符合GB 5749的要求。

6.2.1.3 操作方法

6.2.1.3.1 外形审评

根据不同茶类，用分样器或四分法从平均样品中分取试样约100g～180g，置于评茶盘中，将评茶盘运转数次后检视茶叶外形。

6.2.1.3.2 内质审评

称取3g已在评茶盘中混均的试样，置于评茶杯中，注满沸水，注水时开始计时，加盖浸泡5min后，将茶汤沥入评茶碗中依次审评其汤色、香气和滋味（必要时可冲泡二次，或双杯审评）。最后将杯中的茶渣移入叶底盘中，检视其叶底。

6.2.1.4 **审评内容**

6.2.1.4.1 **概述**

品质审评因子主要包括外形（条索、净度、整碎、色泽）和内质（香气、滋味、汤色、叶底）八项因子。对照标准样或成交样茶，按照下列规定评比茶叶的外形、内质各项因子。并分别用 GB/T 14487 中规定的评茶术语表达。

6.2.1.4.2 **工夫红茶**

外形：评比条索、整碎、色泽、净度等。

内质：评比香气、滋味、叶底（嫩度和色泽）等，汤色作为参考因子。

6.2.1.4.3 **红碎茶**

外形：评比重实程度、匀度、色泽和净度等。毫尖碎茶加评含毫量。

内质：评比滋味、香气、汤色及叶底嫩度、色泽等。其中以滋味的浓、强、鲜为主。

注：红碎茶可加乳审评。

6.2.1.4.4 **绿茶**

品质审评因子与 6.2.1.4.2 相同。

蒸青绿茶的审评要考虑其传统的“三绿品质”。主要审评其外形色泽和特殊的香气及滋味的鲜爽度。

6.2.1.4.5 **白茶**

外形：评比叶态、嫩度、色泽和净度等。

内质：评比香气、滋味、汤色和叶底等。

外形中叶态、色泽和嫩度是白茶和重点审评因子。

6.2.1.4.6 **黄茶**

外形：评比条索、色泽、整碎和净度四项因子。

内质：评比香气、滋味、汤色和叶底四项因子，注重香气纯度、滋味的醇甜度。

6.2.1.4.7 **黑茶（散茶）**

外形：评比条索、色泽、整碎和净度四项因子，侧重条索和色泽两项因子。

内质：评比香气、滋味、汤色和叶底四项因子，以香气、滋味为主，注意滋味和醇和陈香程度。

6.2.2 **乌龙茶（青茶）**

6.2.2.1 **评茶用具**

6.2.2.1.1 评茶杯、碗（见图 2）：纯白瓷烧制，各杯、碗厚度、大小和色泽应一致。

a）评茶杯：呈倒钟形，高 52mm，上口内径 80mm，底径 45mm，容量 110mL，具盖；

b）评茶碗：高 50mm，内径 90mm，容量 120mL。

图 2 乌龙茶评茶杯碗

6.2.2.1.2 其他用具：用 6.2.1.1.2～6.2.1.1.6 所列各项。

6.2.2.2 **评茶用水**

同 6.2.1.2。

6.2.2.3　**操作方法**

6.2.2.3.1　**外形审评**

同 6.2.1.3.1。

6.2.2.3.2　**内质审评**

称取混匀的试样 5g，置于评茶杯中，注满沸水，注水时开始计时，加盖浸泡 2 次～4 次，第一次浸泡 2min，第二次浸泡 3min，第 3、4 次浸泡各 5min。每次分别审评其盖香，并将茶汤沥入评茶碗中依次审评其汤色和滋味，最后将杯中茶渣移入叶底盘中，检视其叶底。

6.2.2.4　**品质审评因子**

对照标准样茶或成交样茶，按照下列规定审评外形、内质各项因子：

a）外形：评比条索、整碎、净度、色泽；

b）内质：评比香气、滋味、叶底、汤色。

审评时应注意各品种的品质特征。色泽、汤色作为参考因子。

6.3　**再加工茶类审评**

6.3.1　**花茶、压制茶、调味茶（加香茶）**

6.3.1.1　**评茶用具**

同 6.2.1.1。

压制茶审评，必要时使用压制茶分解工具。

6.3.1.2　**评茶用水**

同 6.2.1.2。

6.3.1.3　**操作方法**

同 6.2.1.3。

6.3.1.4　**审评内容**

6.3.1.4.1　**花茶**

品质审评因子与 6.2.1.4.2 相同。

取样时应剔除花干，审评时应注意香气的鲜灵度和浓度。

6.3.1.4.2　**压制茶**

外形：评比形状、匀整、松紧和光洁等，并注意观察里茶与面茶。

内质：评比香气、滋味、汤色和叶底嫩度等。

压制茶用压制茶分解工具取样。取样时应称取茶底、茶面和茶中心部分按比例混合均匀的样品。不同茶类的压制茶审评方法和品质特征参考其同类茶。

6.3.1.4.3　**调味茶（加香茶）**

外形：应具有该产品正常的外形及固有的色泽。

内质：评比香气、滋味（协调性和浓度）、汤色。

6.3.2　**袋泡茶**

6.3.2.1　**评茶用具**

同 6.2.1.1。

6.3.2.2　**评茶用水**

同 6.2.1.2。

6.3.2.3　**操作方法**

6.3.2.3.1　**外形审评**

仅对茶袋的滤纸、尼龙袋和布袋的包装状况进行审评。

6.3.2.3.2　**内质审评**

取一个茶包置于评茶杯中，不同茶类的袋泡茶按照本标准同等茶类的茶水比进行冲泡，注水时开始计时，冲泡 3min 后上下提动茶包两次（每分钟一次），至 5min 时将茶汤沥入评茶碗中，依次审评其汤色、香气和滋味。叶底审评茶包的完整性，必要时检视茶渣的色泽和均匀度。

6.3.2.4　**品质审评因子**

内质：评比香气、滋味，汤色的清晰度。

7 评分

7.1 红、绿、白、黄茶，黑茶（散茶）评分

7.1.1 评分方法

对照贸易成交样或各等级标准样茶，按表1评分规定对茶叶的外形和内质的各品质因子分别进行评定。

表1 评分规定

对照贸易成交样或各等级标准样	评分	说　明
高	＋3	与标准样或贸易成交样相比，品质水平明显的好或某项因子明显的好
较高	＋2	与标准样或贸易成交样相比，品质水平较好或某项因子较高
稍高	＋1	与标准样或贸易成交样相比，品质水平稍好或某项因子略高
相符	100	与标准样或贸易成交样相比，品质水平一致或基本相符
稍低	－1	与标准样或贸易成交样相比，品质水平稍差或某项因子略低
较低	－2	与标准样或贸易成交样相比，品质水平较差或某项因子较差
低	－3	与标准样或贸易成交样相比，品质水平差距大，明显的差或某项因子明显的差

7.1.2 评分结果计算

评分结果按式（1）计算：

$$\text{品质总分}=\frac{\text{各项品质因子评分之和}}{\text{总项数}} \quad \cdots\cdots (1)$$

7.2 乌龙茶评分

7.2.1 概述

采用五分制加权评分法。

7.2.2 评分权数

乌龙茶各品质审评因子的权数分配见表2。

表2 审评因子的权数分配表

审评项目	外　形				内　质			
审评因子	条索	整碎	净度	色泽	香气	滋味	叶底	汤色
权数	0.1	0.1	0.1	评语	0.3	0.3	0.1	评语
注：总权数为1。								

7.2.3 基准分和等级最低分

7.2.3.1 基准分：指对茶叶贸易成交样或各级标准样规定的界限分，此分作为对样审评时的基准。乌龙茶贸易成交样或各级标准样基准分均规定为零。

7.2.3.2 等级最低分：指某一等级乌龙茶品质最低水平的评分，具体规定见表3。

表3 乌龙茶品质等级最低分

等　级	最低分	等　级	最低分
特	100	四	60
一	90	五	50
二	80	不列级	40
三	70	—	—

7.2.4 **评分方法**

对照贸易成交样或各等级标准样茶，按表 1 评分规定对乌龙茶的外形和内质的各品质因子分别进行评定。

表 4 评分规定

对照贸易成交样或各等级标准样	评　　分
高	5
较高	3～4
稍高	1～2
相符	0
稍低	−1～−2
较低	−3～−4
低	−5

评分结果记录于表 5。

表 5 乌龙茶感官审评结果记录表

品名：贸易成交样或各等级标样评分：

对照样	茶号	项目及因子							
		外　　形				内　　质			
		条索（0.1）	整碎（0.1）	净度（0.1）	色泽（评语）	香气（0.3）	滋味（0.3）	叶底（0.1）	汤色（评语）
加权评分									
基准分或等级最低分									
总分									
评定									
审评员		复核员				审评时间			

7.2.5 **评分结果计算**

评分结果按式（2）计算：

$$总分=A\times a+B\times b+C\times c+D\times d+E\times e+F\times f \quad\quad (2)$$

式中：

A，B，C，D，E，F——分别代表条索、整碎、净度、香气、滋味、叶底六项品质审评因子的评分；

a，b，c，d，e，f——分别代表以上六项品质审评因子相应的权数。

8 结果评定

8.1 红、绿、白、黄茶，黑茶（散茶）结果评定

8.1.1 各类茶叶外形和内质按各项品质因子分别评分，以算术平均值为评定结果。

8.1.2 各项品质因子的评分有一项−3 分或一项−2 分、一项−1 分或三项−1 分者，均评为低于标准，不作算术平均，评定为不合格。

8.1.3 为了正确反映感官审评的结果，在对样评茶时，除按规定方法评分外，还应加上评语。

8.2 乌龙茶结果评定

8.2.1 对照贸易成交样茶评分的结果评定。

对照贸易成交样审评的茶叶，其所得评分若等于或小于成交样基准分－1分者，评定为不合格。

8.2.2 对照等级标准样茶评分的结果评定。

对照等级标准样审评的茶叶，其所得评分加上该等级标准样茶的实际评分，即为该批茶叶的等级分，该等级分若等于或小于其等级最低分－1分者，评定为不合格。

8.2.3 凡对照贸易成交样或等级标准样审评的茶叶，若其中一单项品质审评因子评分等于或小于－5分者，无论其最后得分高低，均评定为不合格。

ICS 67.160.20
分类号：X50
备案号：30232-2011

中华人民共和国轻工行业标准

QB/T 4067—2010

食品工业用速溶茶

Instant tea for food industry

2010-11-22 发布　　　　2011-03-01 实施

中华人民共和国工业和信息化部　发布

前　　言

本标准附录 A 和附录 B 为规范性附录。

本标准由中国轻工业联合会提出。

本标准由中国饮料工业协会归口。

本标准主要起草单位：中国饮料工业协会技术工作委员会、大闽食品（漳州）有限公司、深圳深宝华城食品有限公司、福建仙洋洋食品科技有限公司、浙江茗皇天然食品开发有限公司、联合利华（中国）有限公司。

本标准主要起草人：岳鹏翔、罗盈昌、郭洪涛、刘政权、邱建跃、李羽楠。

本标准首次发布。

食品工业用速溶茶

1　范围

本标准规定了食品工业用速溶茶的定义、产品分类、技术要求、试验方法、检验规则和标志、包装、运输、贮存。

本标准适用于第 3 章定义的食品工业用速溶茶。

2　规范性引用文件

下列文件对于本文件的应用是必不可少的。凡是注日期的引用文件，仅注日期的版本适用于本文件。凡是不注日期的引用文件，其最新版本（包括所有的修改单）适用于本文件。

GB 2760—2007　食品添加剂使用卫生标准

GB 2762　食品中污染物限量

GB 2763　食品中农药最大残留限量

GB/T 4789.21　食品卫生微生物学检验　冷冻饮品、饮料检验

GB/T 5009.11　食品中总砷及无机砷的测定

GB/T 5009.12　食品中铅的测定

GB 5749　生活饮用水卫生标准

GB/T 6682　分析实验室用水规格和试验方法（GB/T6682—2008，ISO 3696：1987，MOD)

GB/T 9833　紧压茶

GB/T 13738　红茶

GB/T 14456　绿茶

GB/T 18798.3　固态速溶茶　水分测定

NY 659　茶叶中铬、镉、汞、砷及氟化物限量

3　术语和定义

下列术语和定义适用于本标准。

3.1　食品工业用速溶茶　Instant tea for food industry

以茶叶或茶鲜叶为主要原料，经水提取或采用茶鲜叶榨汁，可在生产过程中加入食品添加剂和食品加工助剂，经加工制成的，作为食品、饮料等原辅料的固体产品。

4　产品分类

按使用的茶原料，速溶茶可分为：速溶红茶、速溶绿茶、速溶青茶（速溶乌龙茶）、速溶白茶、速溶黄茶、速溶黑茶、速溶花茶、其他速溶茶。

5　技术要求

5.1　原辅材料

5.1.1 茶叶应符合 GB 2762、GB 2763、GB/T 9833、GB/T 13738、GB/T 14456、NY 659 等相关标准的规定。

5.1.2 生产用水应符合 GB 5749 的规定。

5.1.3 不得使用茶多酚、咖啡因作为原料调制速溶茶。

5.2 感官要求

具有该产品应有的特征外形、色泽、香气和滋味，无结块、无酸败等异味及其他异常，用水冲溶后呈澄清或均匀状态、无正常视力可见的茶渣或外来杂质。

5.3 理化要求

理化要求应符合表 1 的规定。

5.4 卫生要求

卫生要求应符合表 2 的规定。

5.5 食品添加剂

应符合 GB 2760—2007 的规定，当速溶茶用作液体饮料的原料时，使用的食品添加剂应参照 GB 2760—2007 中"食品分类号 14.05 茶、咖啡、植物饮料类"，用量按稀释倍数符合用量要求；当速溶茶用作固体饮料的原料时，使用的食品添加剂应参照 GB 2760—2007 中"食品分类号 14.06 固体饮料类"的要求。

5.6 食品加工助剂

应符合 GB 2760 的规定。

表 1

项　目	指　标	
茶多酚/（g/100g）≥（干基质量百分比）	红　茶	6
	绿　茶	15
	乌龙茶	15
	花　茶	15
	白　茶	10
	黄　茶	10
	黑　茶	10
	其他茶	10
咖啡因/（g/100g）≥（干基质量百分比）	红　茶	1
	绿　茶	2
	乌龙茶	2
	花　茶	2
	白　茶	1
	黄　茶	1
	黑　茶	1
	其他茶	1
水分/%　　≤	6.0	
注：当咖啡因含量小于或等于同类产品咖啡因最低限量的 50%时可以声称为低咖啡因产品。		

表 2

项　　目		指　　标
铅（以 Pb 计）/（mg/kg）	≤	5.0
总砷（以 As 计）/（mg/kg）	≤	2.0
菌落总数/（cfu/g）	≤	10 000
大肠菌群/（MPN/100g）	≤	30
霉菌及酵母/（cfu/g）	≤	100
致病菌（沙门氏菌、志贺氏菌、金黄色葡萄球菌）		不应检出

6　试验方法

6.1　感官指标

取被测样品置于洁净的白色器盘中，在自然光线下观察其色泽和外观形态，嗅其气味；取 0.75g 样品用 80℃的蒸馏水在 200mL 的烧杯中制备成 150mL 的溶液，嗅其气味，品尝其滋味，静置 2min 后，观察其组织状态及杂质，并进行评定。

6.2　茶多酚

按附录 A 的方法检验。

6.3　咖啡因

按附录 B 的方法检验。

6.4　水分

按 GB/T 18798.3 规定的方法检验。

6.5　总砷、铅

分别按 GB/T 5009.11 和 GB/T 5009.12 规定的方法检验。

6.6　菌落总数、大肠菌群、霉菌、酵母、致病菌

按 GB/T 4789.21 规定的方法检验。

7　检验规则

7.1　组批的确定

由生产企业的质量管理部门按照其相应的规则确定产品的组批。

7.2　出厂检验

每批产品出厂时，应对感官指标、茶多酚、咖啡因、水分、菌落总数、大肠菌群、霉菌和酵母进行检验。

7.3　型式检验

本标准技术要求中规定的所有项目均为型式检验项目。型式检验每年进行一次，或当出现下列情况之一时进行检验。

——原料、工艺发生较大变化时；

——停产后重新恢复生产时；

——出厂检验结果与前一批次检验结果有较大差别时。

7.4　判定规则

除微生物指标外，检验项目如不符合本标准时，可以在同批产品中加倍抽取样品对不合格项进行复检，以复检结果为准；若复检结果仍有一项不合格，则判定该批产品为不合格品。微生物指标不符合本标准时，判定该批产品为不合格品，不得复检。

8　标志、包装、运输、贮存

8.1　产品标签应标明产品名称、产地、厂名、规格、生产日期、标准编号或者批号，此外还应标示茶多酚和咖啡因含

量。产品名称可根据产品分类标示为“速溶××茶”；符合低咖啡因规定的速溶茶可声称“低咖啡因速溶××茶”。

8.2 包装材料和容器应符合相关标准的要求。

8.3 产品运输应避免日晒、雨淋，不得与有毒、有异味、易挥发、易腐蚀的物品混装运输。

8.4 产品应在清洁、干燥、通风避光、无虫害、无鼠害的仓库内贮存。

附 录 A
（规范性附录）
速溶茶中茶多酚的检测方法

A.1 方法提要

茶中多酚类物质能与亚铁离子形成紫蓝色络合物，用分光光度计测定其含量。

A.2 仪器

实验室常规仪器及下列各项：

A.2.1 分光光度计。

A.2.2 分析天平：感量 0.001g。

A.2.3 容量瓶：25mL、100mL、1L。

A.3 试剂和溶液

所用试剂应为分析纯（AR），试剂用水应符合 GB/T 6682 的规定。

A.3.1 酒石酸亚铁溶液：称取 0.1g 硫酸亚铁（$FeSO_4 \cdot 7H_2O$）和 0.5g 的酒石酸钾钠（$C_{14}H_4O_6KNa \cdot 4H_2O$），用水溶解并定容至 100mL（冰箱冷藏保存有效期 10 天）。

A.3.2 磷酸盐缓冲液（pH=7.5）。

A.3.2.1 磷酸氢二钠（23.87g/L）：称取十二水磷酸氢二钠（$Na_2HPO_4 \cdot 12H_2O$）23.87g，加水溶解并定容至 1L。

A.3.2.2 磷酸二氢钾（9.08g/L）：称取经 110℃烘干 2h 的磷酸二氢钾（KH_2PO_4）9.08g，加水溶解并定容至 1L。

A.3.2.3 取上述磷酸氢二钠（A.3.2.1）85mL 和磷酸二氢钾（A.3.2.2）15mL 混合均匀。

A.4 分析步骤

A.4.1 试液制备

准确称取 0.20g～0.50g 速溶茶干基样品（将样品在 105℃下烘干 2h），用 80℃水溶解，冷却后定容至 100mL，作为待测试样液（所制备的溶液中茶粉浓度最好在 0.1%～0.4%，或样品取样量控制在检测吸光值在 0.2Abs～0.7Abs）。

A.4.2 测定

准确吸取上述试液（A.4.1）1mL～5mL 于 25mL 容量瓶中，加水 4mL 和酒石酸亚铁溶液（A.3.1）5mL，充分摇匀，用磷酸盐缓冲液（A.3.2）定容至刻度，用 10mm 比色皿，在波长 540nm 处，以试剂空白溶液作参比，测定吸光度（A_1）。同时吸取等量的试液（A.4.1）于 25mL 容量瓶中，加水 4mL，用磷酸盐缓冲液（A.3.2）定容至刻度，测定吸光度（A_2），以试剂空白溶液作参比。

A.4.3 结果表述

样品中茶多酚的含量按公式（A.1）计算：

$$X=\frac{(A_1-A_2)\times 1.957\times 2}{1\,000}\times\frac{L_1}{L_2\times m}\times 100 \qquad \text{(A.1)}$$

式中：

X——样品中茶多酚的含量，单位为克每百克（g/100g）；

L_1——定容后试液的总量，单位为毫升（mL）；

L_2——测定时的用液量，单位为毫升（mL）；

m——固体干基试样的质量，单位为克（g）；

A_1——试样显色后吸光度；

A_2——试液底色吸光度；

1.957——用10mm比色杯，当吸光度等于0.50时，每毫升茶汤中含茶多酚相当于1.957mg。

所得结果保留至一位小数。

A.5 允许差

在重复性条件下，获得的两次独立测定结果的绝对差不得超过算术平均值的5%。

附 录 B
（规范性附录）
速溶茶中咖啡因的检测方法

B.1 方法提要

茶叶中的咖啡碱易溶于水，除去干扰物质后，用分光光度计测定其含量。

B.2 仪器

实验室常规仪器及下列各项：

B.2.1 紫外分光光度计。

B.2.2 分析天平：感量0.001g。

B.2.3 容量瓶：25mL、50mL、100mL、1L。

B.3 试剂和溶液

所用试剂应为分析纯（AR），试剂用水应符合GB/T 6682的规定。

B.3.1 碱式乙酸铅溶液：称取50g碱式乙酸铅，加水100mL，静置过夜，倾出上清液过滤。

B.3.2 盐酸溶液［c（HCl）=0.01mol/L］：吸取0.9mL浓盐酸，用水稀释至1L，摇匀。

B.3.3 硫酸溶液［c（$1/2H_2SO_4$）=4.5mol/L］：量取浓硫酸250mL，用水稀释至1L，摇匀。

B.3.4 咖啡碱标准液：称取100mg咖啡碱（纯度不低于99%）溶于100mL水中，作为母液。准确吸取母液5mL，加水稀释至100mL，作为工作液（1mL含咖啡碱0.05mg）。

B.4 分析步骤

B.4.1 试液制备

准确称取0.20g～0.50g速溶茶干基样品（将样品在105℃下烘干2h），用80℃水溶解，冷却后定容至100mL，作为待测试样液（所制备的溶液中茶粉浓度最好在0.1%～0.4%，或样品取样量控制在检测吸光值在0.2Abs～0.7Abs）。

B.4.2 测定

准确吸取待测试液10mL，移入100mL容量瓶中，加入4mL盐酸溶液（B.3.2）和1mL碱式乙酸铅溶液（B.3.1），用水稀释至刻度，混匀。静置澄清过滤，准确吸取滤液25mL，注入50mL容量瓶中，加入0.1mL硫酸溶液（B.3.3），加水稀释至刻度，混匀，静置澄清过滤。用10mm石英比色皿，在波长274nm处，以试剂空白溶液作参比，测定吸光度（A）。

B.4.3 咖啡碱标准曲线的制作

分别吸取0、1、2、3、4、5、6mL咖啡碱工作液于7只25mL容量瓶中，各加入1.0mL盐酸溶液（B.3.2），用水稀释至刻度，混匀。用10mm石英比色皿，在波长274nm处，以试剂空白溶液作参比，分别测定吸光度。将测得的吸光度与对应的咖啡碱浓度绘制标准曲线。

B.4.4 结果表述

样品中咖啡碱含量以干态质量分数表示，按公式（B.1）计算：

$$X\ (\mathrm{g/100g}) = \frac{\frac{c \times L}{1\,000} \times \frac{100}{10} \times \frac{50}{25}}{m} \times 100 \qquad \text{(B.1)}$$

式中：

X——样品中咖啡碱含量，单位为克每百克（g/100g）；

c——根据试样测得的吸光度（A），从咖啡碱标准曲线上查得的咖啡碱的含量，单位为毫克每毫升（mg/mL）；
L——定容后试液总量，单位为毫升（mL）；
m——固体干基试样的质量，单位为克（g）。
所得结果保留至一位小数。

B.5 允许差

在重复性条件下，获得的两次独立测定结果的绝对差不得超过算术平均值的5%。

ICS 67.160.20
分类号：X50
备案号：30232-2011

中 华 人 民 共 和 国 轻 工 行 业 标 准

QB/T 4068—2010

食品工业用茶浓缩液

Tea concentrates for food industry

2010-11-22 发布　　2011-03-01 实施

中华人民共和国工业和信息化部　发布

前　　言

本标准附录A和附录B为规范性附录。

本标准由中国轻工业联合会提出。

本标准由中国饮料工业协会归口。

本标准主要起草单位：中国饮料工业协会技术工作委员会、深圳市深宝华城食品有限公司、大闽食品（漳州）有限公司、福建仙洋洋食品科技有限公司、浙江茗皇天然食品开发有限公司。

本标准主要起草人：罗盈昌、岳鹏翔、郭洪涛、刘政权、李羽楠。

本标准首次发布。

食品工业用茶浓缩液

1　范围

本标准规定了食品工业用茶浓缩液的定义、产品分类、技术要求、试验方法、检验规则和标志、包装、运输、贮存。

本标准适用于第3章定义的食品工业用茶浓缩液。

2　规范性引用文件

下列文件对于本文件的应用是必不可少的。凡是注日期的引用文件，仅注日期的版本适用于本文件。凡是不注日期的引用文件，其最新版本（包括所有的修改单）适用于本文件。

GB 2760　食品添加剂使用卫生标准

GB 2762　食品中污染物限量

GB 2763　食品中农药最大残留限量

GB/T 4789.21　食品卫生微生物学检验　冷冻饮品、饮料检验

GB/T 5009.11　食品中总砷及无机砷的测定

GB/T 5009.12　食品中铅的测定

GB 5749　生活饮用水卫生标准

GB/T 6682　分析实验室用水规格和试验方法（GB/T6682—2008，ISO 3696：1987，MOD）

GB/T 9833　紧压茶

GB/T 13738　红茶

GB/T 14456　绿茶

NY 659　茶叶中铬、镉、汞、砷及氟化物限量

3　术语和定义

下列术语和定义适用于本标准。

3.1　食品工业用茶浓缩液　tea concentrates for food industry

以茶叶或茶鲜叶为主要原料，经水提取或采用茶鲜叶榨汁，可在生产过程中加入食品添加剂和食品加工助剂，采用物理方法除去一定比例的水分，经加工制成的，作为食品、饮料等原辅料的液态产品。

4　产品分类

按使用的茶原料，茶浓缩液可分为：红茶浓缩液、绿茶浓缩液、青茶（乌龙茶）浓缩液、白茶浓缩液、黄茶浓缩液、黑茶浓缩液、花茶浓缩液、其他茶浓缩液。

5　技术要求

5.1　原辅材料

5.1.1 茶叶应符合 GB 2762、GB 2763、GB/T 9833、GB/T 13738、GB/T 14456、NY 659 等相关标准的规定。

5.1.2 生产用水应符合 GB 5749 的规定。

5.1.3 不得使用茶多酚、咖啡因为原料调制茶浓缩液。

5.2 感官要求

具有该产品应有的外形、色泽、香气和滋味，稀释后呈澄清或均匀状态，无正常视力可见的茶渣或外来杂质。

5.3 理化要求

理化要求应符合表 1 的规定。

表 1

项　目	指　标							
	红茶浓缩液	青茶浓缩液	绿茶浓缩液	花茶浓缩液	白茶浓缩液	黄茶浓缩液	黑茶浓缩液	其他茶浓缩液
茶多酚/（g/kg）　≥	15.0	25.0	30.0	30.0	30.0	30.0	15.0	15.0
咖啡因/（g/kg）　≥	5.0	4.0	4.0	5.0	4.0	4.0	5.0	5.0
注 1. 以上指标值以茶浓缩液的可溶性固形物含量为 20%时计，如生产不同可溶性固形物含量的茶浓缩液，指标按此比例折算。 注 2. 当咖啡因含量小于或等于同类产品咖啡因最低限量的 50%时，可声称为低咖啡因产品。								

5.4 卫生要求

卫生要求应符合表 2 的规定。

表 2

项　目	指　标
总砷（以 As 计）/（mg/kg）　≤	1.0
铅（以 Pb 计）/（mg/kg）　≤	2.0
菌落总数/（cfu/mL）　≤	1 000
霉菌及酵母/（cfu/mL）　≤	20
大肠菌群/（MPN/100mL）　≤	30
致病菌（沙门氏菌、志贺氏菌、金黄色葡萄球菌）	不应检出

5.5 食品添加剂和食品加工助剂

应符合 GB 2760 的规定。

6 试验方法

6.1 感官指标

6.1.1 色泽

取 50mL 样品于洁净透明烧杯中，置于明亮处，观察其色泽。

6.1.2 稀释水溶液色泽、滋味、气味和组织状态

加水稀释至可溶性固形物含量为 0.3%，倒入洁净透明的烧杯中，置于明亮处，观察其澄清度或均匀度、色泽和杂质，同时嗅其气味，品尝其滋味。

6.2 茶多酚

按附录 A 规定的方法检验。

6.3 咖啡因

按附录 B 规定的方法检验。

6.4 **总砷、铅**

分别按 GB/T 5009.11、GB/T 5009.12 规定的方法检验。

6.5 **菌落总数、霉菌和酵母菌、大肠菌群、致病菌**

按 GB/T 4789.21 规定的方法检验。

7 检验规则

7.1 **组批**

由生产企业的质量管理部门按照其相应的规则确定产品的组批。

7.2 **出厂检验**

每批产品出厂时，应对感官指标、茶多酚、咖啡因、菌落总数、大肠菌群、霉菌和酵母菌进行检验。

7.3 **型式检验**

本标准技术要求中规定的所有项目均为型式检验项目。型式检验每年进行一次，或当出现下列情况之一时进行检验。

——原料、工艺发生较大变化时；

——停产后重新恢复生产时；

——出厂检验结果与前一批次记录有较大差别时。

7.4 **判定规则**

除微生物指标外，检验项目如不符合本标准时，可以在同批产品中加倍抽取样品对不合格项进行复检，以复检结果为准；若复检结果仍有一项不合格，则判定该批产品为不合格品。微生物指标不符合本标准时，判定该批产品为不合格品，不得复检。

8 标志、包装、运输、贮存

8.1 产品标签应标明产品名称、产地、厂名、规格、生产日期、标准编号或者批号，此外还应标示茶多酚以及咖啡因含量。产品名称可根据产品分类标示为“××茶浓缩液”；符合低咖啡因规定的茶浓缩液可声称“低咖啡因××茶浓缩液”。

8.2 包装材料和容器应符合相关标准的要求。

8.3 产品运输应避免日晒、雨淋，不得与有毒、有异味、易挥发、易腐蚀的物品混装运输。

8.4 产品应在清洁、干燥、通风避光、无虫害、无鼠害的仓库内贮存。

附 录 A

（规范性附录）

茶浓缩液中茶多酚的检测方法

A.1 方法提要

茶叶中的多酚类物质能与亚铁离子形成紫蓝色络合物，用分光光度计测定其含量。

A.2 仪器

实验室常规仪器及下列各项：

A.2.1 分光光度计。

A.2.2 分析天平（感量 0.001g）。

A.2.3 容量瓶：25mL、250mL、500mL、1L。

A.3 试剂和溶液

所用试剂应为分析纯（AR），试剂用水应符合 GB/T 6682 的规定。

A.3.1 酒石酸亚铁溶液：称取 0.1g 硫酸亚铁（$FeSO_4 \cdot 7H_2O$）和 0.5g 的酒石酸钾钠（$C_{14}H_4O_6KNa \cdot 4H_2O$），用水溶解并定容至 100mL（冰箱冷藏保存有效期 10 天）。

A.3.2 磷酸盐缓冲液（pH=7.5）。

A. 3. 2. 1　磷酸氢二钠（23.87g/L）：称取十二水磷酸氢二钠（$Na_2HPO_4 \cdot 12H_2O$）23.87g，加水溶解后定容至1L。

A. 3. 2. 2　磷酸二氢钾（9.08g/L）：称取经110℃烘干2h的磷酸二氢钾（KH_2PO_4）9.08g，加水溶解后定容至1L。

A. 3. 2. 3　取上述磷酸氢二钠（A. 3. 2. 1）85mL和磷酸二氢钾（A. 3. 2. 2）15mL混合均匀。

A. 4　分析步骤

A. 4. 1　试液制备

准确称取含可溶性固形物1.00g～2.00g的待测茶浓缩液（如茶浓缩液浓度为20%，则所需称取的茶浓缩液质量为5.00g～10.00g），移入500mL容量瓶中，用水定容至刻度，作为待测试样液（所制备的溶液中茶的可溶性固形物浓度最好在0.1%～0.4%，或样品取样量控制在检测吸光值在0.2Abs～0.7Abs）。

A. 4. 2　测定

准确吸取上述试液（A. 4. 1）1mL～5mL于25mL的容量瓶中，加水4mL和酒石酸亚铁溶液（A. 3. 1）5mL，充分摇匀，用磷酸盐缓冲溶液（A. 3. 2）定容至刻度，用10mm比色皿，在波长540nm处，以试剂空白溶液作参比，测定吸光度（A_1）。同时称取等量的试液（A. 4. 1）于25mL容量瓶中，加水4mL，用磷酸盐缓冲液（A. 3. 2）定容至刻度，测定吸光度（A_2），以试剂空白溶液作参比。

A. 4. 3　结果表述

样品中茶多酚的含量按公式（A. 1）计算：

$$X=\frac{\dfrac{(A_1-A_2)\times 1.957\times 2\times L_1}{1\,000\times L_2}}{\dfrac{m}{1\,000}} \qquad \text{(A. 1)}$$

式中：

X——样品中茶多酚的含量，单位为克每千克（g/kg）；

L_1——定容后试液的总量，单位为毫升（mL）；

L_2——测定时的用液量，单位为毫升（mL）；

m——试液制备时的样品质量，单位为克（g）；

A_1——试样显色后吸光度；

A_2——试液底色吸光度；

1.957——用10mm比色皿，当吸光度等于0.50时，1mL茶汤中茶多酚的含量相当于1.957mg。

所得结果保留至一位小数。

A. 5　允许差

在重复性条件下，获得的两次独立测定结果的绝对差不得超过算数平均值的5%。

附　录　B
（规范性附录）
茶浓缩液中咖啡因的检测方法

B. 1　方法提要

茶叶中的咖啡碱易溶于水，除去干扰物质后，用分光光度计测定其含量。

B. 2　仪器和用具

实验室常规仪器及下列各项：

B. 2. 1　紫外分光光度计。

B. 2. 2　分析天平：感量0.001g。

B. 2. 3　容量瓶：25mL、50mL、100mL、1L。

B. 3　试剂和溶液

所用试剂应为分析纯（AR），试剂用水应符合GB/T 6682的规定。

B. 3. 1　碱式乙酸铅溶液：称取 50g 碱式乙酸铅，加水 100mL，静置过夜，倾出上清液过滤。
B. 3. 2　盐酸溶液 [c（HCl）=0.01mol/L]：吸取 0.9mL 浓盐酸，用水稀释至 1L，摇匀。
B. 3. 3　硫酸溶液 [c（$1/2H_2SO_4$）=4.5mol/L]：量取浓硫酸 250mL，用水稀释至 1L，摇匀。
B. 3. 4　咖啡碱标准液：称取 100mg 咖啡碱（纯度不低于 99%）溶于 100mL 水中，作为母液。准确吸取 5mL 加水至 100mL 作为工作液（1mL 咖啡碱 0.05mg）。

B. 4　分析步骤

B. 4. 1　试液制备

准确称取含可溶性固形物 1.00g～2.00g 的待测茶浓缩液（如茶浓缩液浓度为 20%，则所需称取的茶浓缩液质量为 5.00g～10.00g），移入 500mL 容量瓶中，用水定容至刻度作为待测试样液（所制备的溶液中茶的可溶性固形物浓度最好在 0.1%～0.4%，或样品取样量控制在检测吸光值在 0.2Abs～0.7Abs）。

B. 4. 2　测定

准确吸取待测试液 10mL，移入 100mL 容量瓶中，加入 4mL 盐酸溶液（B. 3. 2）和 1mL 碱式乙酸铅溶液（B. 3. 1），用水稀释至刻度，混匀。静置澄清过滤，准确吸取滤液 25mL，注入 50mL 容量瓶中，加入 0.1mL 硫酸溶液（B. 3. 3），加水稀释至刻度，混匀。静置澄清过滤。用 10mm 石英比色皿，在波长 274nm 处，以试剂空白溶液作参比，测定吸光度（A）。

B. 4. 3　咖啡碱标准曲线的制作

分别吸取 0、1、2、3、4、5、6mL 咖啡碱工作液于 7 只 25mL 容量瓶中，各加入 1.0mL 盐酸溶液（B. 3. 2），用水稀释至刻度，混匀。用 10mm 石英比色皿，在波长 274nm 处，以试剂空白溶液作参比，测定一组吸光度。将测得的吸光度与对应的咖啡碱浓度绘制标准曲线。

B. 4. 4　结果表述

样品中咖啡碱的含量按公式（B. 1）计算：

$$X=\frac{\frac{c\times L}{1\,000}\times\frac{100}{10}\times\frac{50}{25}}{\frac{m}{1\,000}} \qquad \text{(B. 1)}$$

式中：

X——样品中咖啡碱的含量，单位为克每千克（g/kg）；
c——根据试样测得的吸光度（A），从咖啡碱标准曲线上查得的咖啡碱的含量，单位为毫克每毫升（mg/mL）；
m——试液制备时的样品质量，单位为克（g）；
L——定容后试液总量，单位为毫升（mL）。

所得结果保留至一位小数。

B. 5　允许差

在重复性条件下，获得的两次独立测定结果的绝对差不得超过算数平均值的 5%。

ICS 97.180
B 87

中华人民共和国林业行业标准

LY/T 1924—2010

木制茶具

Wooden tea set

2010-02-09 发布　　　　2010-06-01 实施

国家林业局 发布

前　　言

本标准由国家林业局提出。

本标准由全国木材标准化技术委员会归口。

本标准负责起草单位：浙江省林产品质量检测站、台州市汉唐茶具有限公司。

本标准参加起草单位：浙江汉唐茶文化有限公司。

本标准主要起草人：方崇荣、徐漫平、陈林魁、林慧斐、杨伟明。

木　制　茶　具

1　范围

本标准规定了木制茶具的要求、试验方法、检验规则以及标志、包装、运输和贮存等。

本标准适用于以木材为原料而制成的茶具。

2　规范性引用文件

下列文件中的条款通过本标准的引用而成为本标准的条款。凡是注日期的引用文件，其随后所有的修改单（不包括勘误的内容）或修订版均不适用于本标准，然而，鼓励根据本标准达成协议的各方研究是否可使用这些文件的最新版本。凡是不注日期的引用文件，其最新版本适用于本标准。

GB/T 1931　木材含水率测定方法

GB/T 2828.1　计数抽样检验程序　第1部分：按接收质量限（AQL）检索的逐批检验抽样计划

GB/T 16734　中国主要木材名称

GB/T 18107　红木

GB/T 18513　中国主要进口木材名称

GB 18584—2001　室内装饰装修材料　木家具中有害物质限量

QB/T 2385—2008　深色名贵硬木家具

WB/T 1038　中国主要木材流通商品名称

3　术语和定义

下列术语和定义适用于本标准。

3.1　木制茶具　wooden tea set

以木材为原料，加工而成的用于品茶或陈列收藏用的各种茶具，主要由茶盘、茶托、茶针、茶罐、茶匙、茶挑、茶夹、茶漏以及杯架等构成。

3.2　茶盘　tea tray

用于搁置泡茶器皿的主体部分。

3.3　茶具附件　tea accessory

茶托、茶针、茶罐、茶匙、茶挑、茶夹、茶漏等。

3.4　杯架　cup shelf

置于茶盘一侧或茶盘之上，用于放置茶器（如茶碗）的支架。

4　分类和命名

4.1　分类

a）抽屉式茶盘；

b）排水式茶盘。

4.2　命名

木制茶具应按主要使用木材的木材名称进行命名，即按 GB/T 16734、GB/T 18107、GB/T 18513、WB/T 1038 规定执行。

5 要求

5.1 原材料要求

5.1.1 主要推荐树种按 QB/T 2385—2008 附录 A 中第 A.1 章、第 A.2 章、第 A.3 章规定执行。

5.1.2 同一茶具原则上应采用同一树种。

5.1.3 茶具正视面的用材应无边材且经木材干燥处理，色泽、纹理一致或相近。

5.1.4 所用木材无腐朽、死节、开裂和活体虫蛀现象。

5.1.5 涂层材料为环保树脂漆，有害物质限量应符合 GB 18584 要求。

5.2 外观质量要求

茶具表面应光洁，无刀痕、崩缺，边角圆滑。结合部位平整，无开裂现象；涂层均匀，无颗粒、堆积、流挂、漏漆、脱落、皱皮、裂痕、气泡、针孔等涂饰缺陷。

5.3 尺寸允许偏差

5.3.1 茶盘的长度、宽度允许偏差为±1%；外形不规则的茶盘尺寸偏差不作要求。

5.3.2 茶具附件尺寸偏差不作限定和要求。

5.4 理化性能指标

5.4.1 含水率

木制茶具含水率要求为 8.0%～16.0%。

5.4.2 漆膜涂层理化性能

漆膜涂层理化性能指标应符合表 1 规定。

表 1 漆膜涂层理化性能

漆膜涂层理化性能	技术要求
耐 10%碳酸钠溶液，16 h	仅在光线照射到试验表面或十分接近印痕处，反射到观察者眼中时，有轻微可视的变色、变泽，或不连续印痕
耐 10%乙酸溶液，16 h	
耐湿热，20 min	
耐干热，20 min	
漆膜附着力	割痕交叉处有漆膜剥落，漆膜沿割痕有少量断续剥落
漆膜耐磨性，1 000 转	漆膜局部轻微露白
漆膜抗冲击性，冲击高度 h=50 mm	漆膜表面无裂纹，但可见冲击印痕
耐冷热温差	应无鼓泡、裂缝等

5.5 可溶性重金属限量

木制茶具中可溶性重金属限量应符合 GB 18584 中的规定。

6 试验方法

6.1 外观质量

采用目测进行检查，并检查材质与明示树种是否一致。

6.2 茶盘的规格尺寸

距茶盘长（或宽）边约 30 mm 且平行于宽（或长）边，用钢卷尺（精度为 1 mm）分别测量茶盘的宽度和长度，精确至 1 mm。以相应偏差的绝对值与相应的明示长宽尺寸之比分别计算偏差，精确至 1%。

6.3 理化性能指标

6.3.1 试件制作、试件尺寸和数量的规定

含水率测定试件可在下料前的同种木材中截取，漆膜涂层理化性能指标测试样品应在生产后存放 24 h 以上的产品

中直接取样，也可以在与检验样品相同材料工艺条件下制成的试验样板上试验。制作试件的尺寸规格及数量见表2。

表2 试件尺寸规格及数量

检验项目	试件规格尺寸/mm	试件数量/个
含水率	20×20	3
漆膜涂层理化性能	75×75	8

6.3.2 含水率测定

采用误差不大于±1%的木材含水率测定仪。任选三个不同位置的部件，在每个部件上，选择距离部件边部100mm处的任意三点测定，记录最大值作为该部件的含水率。计算三个部件的含水率平均值，即为试件的木材含水率。

当对检验结果有异议或仲裁检验时，应按GB/T 1931的规定测定木材含水率。

6.3.3 漆膜涂层理化性能

按QB/T 2385—2008中7.5规定执行。

6.4 可溶性重金属限量

按GB 18584—2001中5.2规定执行。

7 检验规则

7.1 检验分类

产品检验分出厂检验和型式检验。

7.1.1 出厂检验

出厂检验项目包括：

a）外观质量（含材质）；

b）规格尺寸偏差；

c）木材含水率。

7.1.2 型式检验

型式检验包括出厂检验的全部项目、理化性能指标和可溶性重金属限量。正常生产时，每年检验不少于两次。

有下列情况之一时，应进行型式检验：

a）原辅材料及生产发生较大变动时；

b）停产三个月以上，恢复生产时；

c）新产品投产或转产时；

d）质量监督机构提出型式检验要求时。

7.2 抽样方案

7.2.1 外观质量检验

采用GB/T 2828.1中正常检验二次抽样方案，使用一般检验水平Ⅱ，接收质量限（AQL）为4.0，见表3。按5.2的规定对样本 n_1 进行检验。不合格数 $d_1 \leqslant Ac_1$ 时接收，$d_1 \geqslant Re_1$ 时拒收，若 $Ac_1 < d_1 < Re_1$，检验样本 n_2。前后两个样本中不合格品数 $d_1 + d_2 \leqslant Ac_2$ 时接收，$d_1 + d_2 \geqslant Re_2$ 时拒收。

表3 外观质量抽样方案

单位为件

批量范围 N	样本量		第一判定数		第二判定数	
	$n_1 = n_2$	$\sum n$	接收数 Ac_1	拒收数 Re_1	接收数 Ac_2	拒收数 Re_2
≤90	8	16	0	2	1	2
91～150	13	26	0	3	3	4
151～280	20	40	1	3	4	5

（续）

批量范围 N	样本量		第一判定数		第二判定数	
	$n_1=n_2$	$\sum n$	接收数 Ac_1	拒收数 Re_1	接收数 Ac_2	拒收数 Re_2
281～500	32	64	2	5	6	7
501～1 200	50	100	3	6	9	10

7.2.2　**规格尺寸偏差检验**

采用 GB/T 2828.1 中的正常检验二次抽样方案，使用一般检验水平Ⅰ，接收质量限（AQL）为 6.5，见表 4。按 5.3 的规定对样本 n_1 进行检验。不合格数 $d_1 \leqslant Ac_1$ 时接收，$d_1 \geqslant Re_1$ 时拒收，若 $Ac_1 < d_1 < Re_1$，检验样本 n_2。前后两个样本中不合格品数 $d_1 + d_2 \leqslant Ac_2$ 时接收，$d_1 + d_2 \geqslant Re_2$ 时拒收。

表 4　规格尺寸抽样方案

单位为件

批量范围 N	样本大小		第一判定数		第二判定数	
	$n_1=n_2$	$\sum n$	接收 Ac_1	拒收 Re_1	接收 Ac_2	拒收 Re_2
≤90	3	6	0	2	1	2
91～150	5	10	0	2	1	2
151～280	8	16	0	3	3	4
281～500	13	26	1	3	4	5
501～1 200	20	40	2	5	6	7

7.2.3　**理化性能和可溶性重金属含量检验**

理化性能和可溶性重金属含量的抽样方案见表 5，初检样本检验结果有某项指标不合格时，允许进行复检一次，在同批产品中加倍抽取样品对不合格项进行复检，复检后全部合格，判为合格；若有一项不合格，判为不合格。

表 5　理化性能抽样方案

单位为件

批量范围 N	初检抽样数 n_1	复检抽样数 n_2
≤500	1	2
501～1 200	2	4
>1 201	3	6

7.3　**综合判定**

产品的外观质量、规格尺寸偏差、理化性能和可溶性重金属含量均符合相应技术要求时，判为合格；否则为不合格品。

产品明示木材名称应与实际树种相符，否则判为不合格。

7.4　**检验报告**

检验报告应包括如下内容：

a）检测所依据的标准；

b）检验结果；

c）检测过程中出现的各种异常情况。

8　标志、包装、运输和贮存

8.1　标志、标签

8.1.1 **标志**

产品入库时，应在产品或其包装的适当部位标明厂名、厂址、产品名称、规格型号、产品等级、木材名称、生产日期或批号、执行标准等。

8.1.2 **标签**

包装标签上应有企业名称、地址，生产日期或批号、产品名称、规格型号、产品等级、木材名称、数量、标准代号、检验合格证等。

8.2 **包装**

产品出厂时应按产品类别、规格、等级分别包装。企业应根据产品的特点提供详细的使用说明书。包装要做到产品免受磕碰、划伤和污损，并有防潮、防晒等标记。

8.3 **运输**

所使用运输工具应保持清洁，装运过程应平整堆放，防止机械损伤，运输过程防污损、防潮、防湿和防曝晒。

8.4 **贮存**

贮存时应按类别、规格、等级分别平整堆放，每件应有相应的标记。

农业部办公厅
关于下达2010年全国蔬菜水果茶叶标准园农药残留监测任务的通知

各省、自治区、直辖市农业（农牧）厅（委、局）：

我国是园艺产品生产大国，蔬菜、水果、茶叶面积产量均居世界第一。针对近年来一些地区、部分品种单产不高、质量不优、竞争力不强等问题，为切实转变园艺产业发展方式，提高产品质量，提升产业素质，我部决定在园艺作物优势产区大规模地开展标准园创建。去年，我部相继启动了蔬菜水果茶叶标准园创建活动，公布了819个标准园创建名单。为切实推进标准园创建活动，保障标准园产品质量安全，2010年我部决定组织对全国蔬菜、水果、茶叶标准园开展农药残留监测，重点抽查136个正在创建的标准园。现将有关事项通知如下：

一、监测任务

（一）委托单位

委托农业部农药检定所组织北京等12个省（直辖市）农药检定机构，对河北等18个省（自治区、直辖市）的136个蔬菜、水果和茶叶标准园进行抽检。本次监测工作实行省际交叉抽查，具体抽检任务分配情况见附件1（略）。

（二）抽样要求

蔬菜、水果样品抽检应在采收期进行，茶叶抽样应在鲜茶叶加工厂点进行。抽样时要严格执行《蔬菜水果茶叶标准园农产品农药残留监测抽样技术规范》和《蔬菜水果茶叶标准园农产品农药残留监测行为规范》。

1. 抽样品种　蔬菜品种包括标准园生产的所有蔬菜；水果品种包括苹果、梨、柑橘、葡萄、桃、香蕉、荔枝；茶叶品种包括绿茶、红茶和乌龙茶。

2. 抽样时间　抽检时间根据标准园主要蔬菜、水果和茶叶品种采收期确定。

3. 抽样数量

（1）蔬菜抽查15个省，每个省抽查4个标准园，上半年和下半年各抽检2个。每次每个标准园至少抽检20个样品，全年不少于1 200个样品。

（2）水果抽查10个省，每个省抽查5个标准园，全年抽检1次。每次每个标准园至少抽检10个样品，全年不少于500个样品。

（3）茶叶抽查13个省，每个省抽查2个标准园。全年抽检1次，每次每个标准园至少抽检10个样品，全年不少于260个样品。

为保证抽样结果的代表性，蔬菜、水果、茶叶的每个品种抽样数量应不少于10个样品。

（三）用药情况调查

承担抽检任务单位应结合标准园生产档案和用药记录，开展用药情况调查。调查的内容包括：当地病虫害发生情况、常用防治用药品种、农民用药水平和用药习惯、存在的主要问题等。

（四）检测农药品种

蔬菜水果重点检测吡虫啉、克百威、三唑磷、灭多威、敌敌畏、甲胺磷、乙酰甲胺磷、毒死蜱、甲拌磷、氧乐果、对硫磷、甲基对硫磷、水胺硫磷、马拉硫磷、乐果、甲基异柳磷、氯氰菊酯、溴氰菊酯、氰戊菊酯、氯氟氰菊酯、甲氰菊酯、联苯菊酯等22种杀虫剂，百菌清、甲霜灵、腐霉利、霜脲氰、多菌灵、多效唑等6种杀菌剂。

茶叶重点检测六六六、三氯杀螨醇、滴滴涕、炔螨特、吡虫啉、硫丹、噻虫嗪、噻嗪酮、氯氰菊酯、溴氰菊酯、氰戊菊酯、氯氟氰菊酯、甲氰菊酯、联苯菊酯等14种杀虫剂，百菌清、苯醚甲环唑等2种杀菌剂。

（五）检测方法、判定标准及判定原则

1. 检测方法　采用有关农药残留检测的国家标准、行业标准及国际通用标准，如NY/T761—2008、GB/T509.146—2003、德国S19方法等。

2. 判定标准　采用国家标准和行业标准，同时借鉴国际食品法典的农药最大残留限量标准进行判定。

3. 判定原则　根据规定限量标准，每个样品所检测项目全部合格者，即判为“该抽检样品所检项目合格”；有一项指标不合格的，即判为“该抽检样品农药残留超标（不合格）”。

二、结果汇总及分析

（一）汇总监测结果

承担抽检任务单位每次（年度）抽检后均应汇总相关数据，按照要求填写检测结果统计表格。

本通知为2010年3月25日农业部发布的农办农［2010］38号文件。

（二）编制监测报告

承担抽检任务单位每次（年度）抽检后均应编制监测报告，包括以下内容：

（1）监测总体概况，包括抽检标准园名称、抽检品种、样品数量、检测项目、检出率、超标率等。

（2）监测结果。

（3）标准园用药情况调查。

（4）结合用药情况调查，对监测结果进行有针对性的分析。

（5）取得的经验和成效以及存在问题，原因分析。

（6）对策、措施、建议。

（三）及时报送结果

承担抽检任务单位应及时将监测报告报送农业部农药检定所残留室（纸质及电子文档同时报送）。每次监测报告分别于采样后的1个月内上报。农业部农药检定所应及时将各地的监测报告统计汇总报我部种植业管理司。

三、工作要求

（1）承担抽检任务单位根据各自任务制定具体的工作方案，并在接到通知20天内将方案报农业部农药检定所。

（2）承担抽检任务单位应确保监测工作科学、真实并具代表性。

（3）未经我部同意，任何单位和个人不得引用和公布检测结果。

（4）承担抽检任务单位应按本方案规定做好监测工作，按时按规定报送监测报告及监测结果。抽样检测结果要及时向被抽检县农（果、茶）业局反馈。

（5）本次农药残留监测经费在我部2010年农产品质量安全财政专项经费中列支，承担抽检任务单位要做到专款专用。

各省、自治区、直辖市农业（农牧）厅（局、委）要本着科学、客观的原则组织好本次标准园农药残留监测工作。对工作中出现的新情况、新问题要及时沟通，加强协调，确保监测工作任务的完成。标准园所在县的农（果、茶）业局要积极配合做好抽样工作，及时提供有关情况。

监测工作中有关技术问题请与我部农药检定所残留室联系。

联系人：秦冬梅　郑尊涛

电　话：010-59194078

邮　箱：icamares@hotmail.com

云南省人民政府
关于进一步加快茶产业发展的意见

各州（市）、县（市、区）人民政府，省直各委、办、厅、局：

茶产业是云南省传统优势特色产业，也是统筹城乡、增加就业和助农增收的优势骨干产业，做大做强茶产业是我省农业农村经济发展的重要组成部分。为全面贯彻落实党的十七大和十七届三中、四中、五中全会及省委八届九次全委会精神，进一步促进茶产业集约化、规模化、标准化、品牌化、国际化发展，带动农业增效、农民增收、农村发展和财政增长，加快绿色经济强省战略实施步伐，特提出本意见。

一、进一步加快茶产业发展的重大意义

（一）茶产业发展成效显著

近年来，在省委、省政府的重视和全省上下的共同努力下，我省茶产业进入了一个快速发展时期。尤其是自2007年下半年以来，针对茶叶市场出现大幅波动和复杂多变的形势，全省各地、各有关部门按照“稳定面积、调整结构、培育品牌、开拓市场”的战略方针、强化措施，加大措施，狠抓落实，茶叶产量、茶农收入、企业效益、财政税收、市场份额实现了大幅增长。2009年，全省茶园面积532万亩，居全国第1位，比“十五”末增长62.3%；茶叶产量18.3万吨，居全国第2位，同比增长57.9%；茶产业综合产值125亿元，同比增长52%。一批规模化、现代化企业及品牌不断发展壮大，普洱茶从传统的“砖、饼、沱”向袋泡、茶粉、茶膏、茶饮料、茶保健品等拓展，中国茶叶第一股在香港成功上市。云茶国内销区已从珠三角等传统销区向东北、西北和中部地区拓展，并远销30多个国家和地区。茶产业在建设社会主义新农村，提升农业综合生产能力和促进农民增收致富中的关键地位和重要作用已经凸现，为促进全省经济社会又好

本文为2010年11月18日云南省人民政府发布的云政发［2010］173号文件。

又快发展作出了重要贡献。

（二）茶产业发展迎来良好机遇

近年来，云茶产品尤其是普洱茶受到越来越多国内外消费者青睐，消费增长空间巨大，市场前景广阔。云茶产品质量安全水平逐步提高，普洱茶国家标准及管理办法的发布，加之“绿色健康”意识深入人心，国际、国内市场对无公害、绿色、有机茶产品的需求正在逐年递增。随着中国一东盟自由贸易区建立和中国面向西南开放桥头堡的建设，国家东部沿海地区产业向中西部转移步伐加快，农业区域布局调整力度加大，并将在实施新一轮西部大开发战略中加大对云南特色产业的扶持力度，为把云南建设成为面向西南最大的茶叶生产加工基地和流通集散中心带来了宝贵的发展机遇，近年来，国外茶叶主产区受到战乱、自然灾害等不利因素影响，茶叶产量减少、市场推广乏力，为云南茶叶进一步扩大国际市场份额带来了难得机遇。

（三）加快茶产业发展面临的挑战

尽管全省茶产业发展取得显著成效，但云茶产业还存在着原料生产质低量少、基地建设严重滞后、基础理论研究不深、品牌兴茶工作滞后、质量认证进展迟缓、精深加工较为欠缺，加工企业设施落后、销售市场亟待拓展等问题。同时，消费者对茶产品需求日益多样化，国际上对茶产品的质量安全要求越来越高，出口产品面临国际技术性贸易壁垒越来越多，实现我省由茶叶大省向茶叶强省跨越的任务十分艰巨，迫切需要我们在进一步分析国内外茶产业发展态势的基础上，有针对性地采取更直接、更有力的措施，进一步加快茶产业做强做大。

（四）加快茶产业发展意义重大

茶产业涉及面广、影响力大，已成为广大茶叶主产区的支柱产业和600多万茶农增收致富的重要来源，在建设绿色经济强省、民族文化强省和中国面向西南开放桥头堡中具有特殊重要地位。进一步加快发展茶产业，既是农村劳动力转移就业、推动社会主义新农村建设、统筹解决“三农”问题的有效途径，也是实施绿色经济强省战略、发展优势特色产业、推进农业产业化、带动贫困地区脱贫致富的现实选择，更是贯彻落实科学发展观、推进农业结构战略性调整、培育产业核心竞争力、形成优势突出和特色鲜明产业带、建设云南现代农业的重要举措。

二、进一步加快茶产业发展的思路和目标

（五）总体思路

按照科学发展观要求，紧紧围绕农民增收、企业增效和财政增长，抓住国家实施新一轮西部大开发和建设面向西南开放桥头堡的重要机遇，以效益为核心，以市场为导向，以加工为主线，以质量为保障，坚持用工业化理念谋产业发展，坚持以品牌化战略抓市场开拓，坚持走生态化道路促提质增效，致力于推进基地建设规范化、产品加工标准化、品牌打造国际化“三大进程”，不断强化营销网络、技术研发、质量监管、社会服务4大支撑体系，全力推进茶叶基地向区域化、规模化、专业化方向发展，加工企业向集团化、集约化方向发展，茶叶产品向优质化、品牌化方向发展，促进产业升级，推进云茶综合经济效益快速提升，为构建绿色经济强省和建设社会主义新农村作出更大的贡献。

（六）发展目标

到2015年，全省茶园种植面积发展到600万亩左右，其中高优茶园面积达到茶园总面积60%以上；茶叶产量达30万吨，综合产值达到400亿元；重点培育产品知名度高、市场影响力大、辐射带动能力强的20户龙头企业，其中销售额50亿元以上的企业1户、10亿～50亿元的企业3户、5亿～10亿元的企业6户、1亿～5亿元的企业10户；新培育一批中国驰名商标、中国名牌产品、云南省著名商标、云南省名牌产品、中国出口名牌产品。再经过5年的努力，到2020年，全省茶园种植面积稳定在600万亩左右，总产量达40万吨，综合产值突破800亿元，力争达到1 000亿元，其中农业产值实现200亿元，将云茶培育成为国际一流品牌，把云南打造成国际知名优质茶叶原料基地，高原生态茶叶生产加工和技术研发创新中心、名优茶集散中心、深厚茶文化溯源中心。

三、区域布局和重点工程

（七）茶产业区域布局

1. 重点发展区域布局 按照扶优扶强和比较优势的原则，在全省年产量5 000吨以上的县（市、区）中选择20个县（市、区）作为今后全省茶产业重点发展区域。重点县（市、区）在优势区域内进行科学规划，建设一批规模化、标准化和专业化程度高的茶叶专业乡（镇）、村。

2. 茶类基地区域布局 科学规划，突出重点，优化名茶类基地区域布局。以西双版纳、普洱、临沧、德宏、保山、大理为重点，发展优质普洱茶生产基地。以普洱、临沧、西双版纳、保山、大理、红河、文山为重点，发展优势绿茶生产基地。以临沧、保山、德宏为重点，发展优质红茶生产基地。

3. 重点加工企业区域布局 按照专业化、规模化、品牌化发展要求，以年产茶量2 000吨以上的企业为重点，优化区域布局。以普洱、临沧、西双版纳、保山、德宏为重点，发展优质绿茶加工企业。以临沧、保山、德宏为重点，发展优质红茶加工企业。

（八）茶产业发展重点工程

1. 中低产茶园改造工程 按照加强茶园基础建设，发展“优质、生态、高效”茶园的要求，以茶园水利工程建设为重点。采取“政府主导、企业主体、茶农参与、部门推动”的方式，多渠道筹措资金，全力推进低产、低质茶园改造。通过实施“改土、改树、改园”等改造措施，提高茶园产量、质量和效益。2011—2015年，每年改造50万亩，完成250万亩中低产茶园改造任务。中低产茶

园平均亩产从改造前不足50千克提高到100千克左右，茶园亩产值从改造前不到1 000元提高到3 000元以上。

2. **现代茶叶示范区建设工程** 以农业部开展“全国标准茶园创建活动”为契机，按照高产、优质、高效的要求，通过集成技术、集约项目、集中力量，在全省10个茶叶生产重点县（市、区）建设一批规模化种植、标准化生产、品牌化销售、产业化经营的现代茶叶产业示范区，推动发展方式转变和经营方式创新，增强产业竞争力和辐射带动力。每年建设5个1万亩左右并达到无公害茶园标准以上的茶叶示范区，其中至少有0.5万亩茶园有机茶认证。每个示范区茶叶产量达到800吨，实现农业产值4 000万元以上，工业产值7 000万元以上。“十二五”末，全省10个茶叶生产重点县（市、区）年产茶量达到1万吨以上，总产量占全省1/3以上，茶叶农业产值年均达到5亿元以上，农业总产值占全省一半以上，并培育形成30个茶业专业乡（镇）。

3. **良种苗木繁育体系建设工程** 按照统一建立良种繁育基地、统一生产标准、统一组织供应的原则，完善良种选育、茶苗良种繁育体系，加大茶叶无性系良种繁育速度，确保无性系良种茶苗供应。“十二五”期间。重点支持建立10个200亩以上的苗圃基地。

4. **茶叶初制所改建工程** 按照各大茶类国家生产标准要求，加大对初制所新技术推广、厂房改建、设备更新力度，促进茶叶生产技术和装备升级换代；推行标准化、清洁化生产；力争在现有5 000多个初制所范围内，每年改造环境条件差、技术设备落后，生产效率低的初制所400个，同时新建一批标准化初制所，通过改造和建设，使每个初制所加工能力达到50万吨以上，产值250万元以上，产品合格率达到100%，逐步建立健全茶叶初加工监管体系。

5. **茶叶精深加工工程** 以现有经济和技术实力雄厚、经营管理水平先进、竞争力强的精深加工企业为核心，同时引进大企业、大集团及先进设备，创新生产技术，全面推广新工艺，带动区域产业发展。大力发展市场前景广和潜力大的茶叶精深加工产品，引导企业提高优质精深加工产品的生产比例，强化茶叶新产品研发，扩大精深加工产品的生产规模，加快茶食品、茶用品、茶药品、茶化工产品的开发，进一步延伸茶叶产业链、提高产品附加值，全面推进企业提质增效，到“十二五”末，全省茶叶精深加工产品产值达到茶叶工业产值的75%以上。

6. **市场开拓工程** 按照“政府引导、市场主导、企业主体、协会参与”的原则，进一步加大对云茶产业和产品的宣传力度。以“中国云南普洱茶国际博览交易会”为抓手，实施主动营销策略，鼓励和支持企业开展以普洱、红茶、名优绿茶为主的云茶推介活动，参与国内外各种类型的茶叶展销会和综合展会，到云茶销区举办不同形式、不同层次、不同规模品茶会、评鉴会，从广度和深度上全面提升云茶影响力和知名度。要巩固南方消费市场，主动向东北、西北、华北等区域培养更多的消费群体，开辟新的市场。强化对外宣传、推进国际合作，千万百计拓展和开辟国际市场，扩大出口创汇。在巩固东南亚、日本、韩国等周边国家和地区传统出口市场的同时，努力恢复东欧、俄罗斯市场，不断扩大市场份额，千方百计开拓北美和中东地区市场。培植专业化的营销企业，鼓励企业积极探索现代营销方式，加快发展专卖店、专柜、连锁营销，建立完善的营销体系，构建多元的营销渠道，建设高效的营销队伍。将昆明市作为云南茶产业发展的重要组成部分和云茶流通的重要平台，规划建设1个规模大、档次高、功能全、管理完善、国内一流、国际知名的茶叶专业市场，逐步改变现有茶业市场的小、散、弱局面。同时，扶持企业在缅甸、马来西亚、泰国、新加坡等南亚、东南亚国家及东欧、西欧建设一批专业的云茶批发零售市场，扩大云茶产品的直接出口量。

7. **品牌打造工程** 重点打造普洱茶、红茶、绿茶3大茶类著名区域品牌，形成协调发展格局。以普洱茶、深加工产品为主攻方向，兼顾红茶和名优绿茶，大力培育和打造国内外知名品牌。鼓励企业开发具有自主知识产权、自主品牌的茶叶产品，推进中国、云南名牌农产品认定，鼓励和支持企业争创中国驰名商标、中国名牌产品。集中力量，重点扶持发展潜力大的大企业、大集团，通过5年到10年的努力，把天士力帝泊洱、大益、滇红、龙生、昌泰、龙润、七彩云南、下关沱茶、双江勐库、高黎贡山、普洱茶集团等企业及品牌打造成国内外知名品牌。“十二五”末，新增云南省茶叶类中国驰名商标、中国名牌产品5～8个，新增云南省茶叶类著名商标10～15个，云南省茶叶类名牌产品10～15个，茶叶类中国出口名牌产品5～10个，力争培育2～3个茶叶行业上市公司。建立健全品牌保护机制，推进地理标志产品保护工作，形成企业自我保护、行业保护和司法保护相结合的保护体系。

8. **中介服务体系建设工程** 充分发挥省茶叶行业协会的桥梁纽带作用，强化服务职能，做好行业自律和市场营销的协调、服务和监督工作，为政府职能部门决策当好参谋。引导和鼓励各重点产茶州（市）和县（市、区）建立各类专业合作社，加大对专业合作社的扶持，促进茶农向专业化发展，实现茶叶生产经营由单家独户向大市场转变。以国家把培育发展农村经纪人纳入《国家人才发展纲要》为契机，加强培育农村茶叶经纪人队伍，提高茶叶生产销售的组织化程度，连接小生产和大市场，增强产业自我发展能力。

四、落实产业政策，形成推动合力

（九）加大茶产业投入

为加快茶产业发展，2011年底前，省安排5 000万元茶产业发展专项资金，重点用于良种繁育、基地建设、精深加工、品牌打造、市场建设、科技研发、质量安全、信息服务平台建设等方面。今后，随着财政收入的不断提高，进一步加大茶产业的投入力度。同时，在不改变资金使用方向、项目运行方式和管理关系的前提下，农业产业化经营、优势农产品出口基地建设、技术设备更新改造等专项资金的使用安排也要向茶产业倾斜，并结合中低产田地改造、农田水利、农业综合开发、以工代赈、产业扶贫开发、农业科技项目研究等，加大茶产业发展的支持力度。茶产业发展重点州（市）、县（市、区）更要千方百计筹集资金，加大扶持力度。同时加大招商引资力度，创造良好的投资环境，积极吸引实力强、管理优的国内外知名企业入滇开发茶产业。

（十）建立茶叶产品质量安全监管长效机制

全面推进茶叶标准化体系建设。各地要以生产无公害茶为门槛，制定良种繁育和茶叶采摘、初制、精制、深加工、包装、储运及销售各环节的技术质量标准。鼓励和支持茶叶企业进行无公害茶、绿色食品茶、有机茶基地认定和产品认证，逐步建立从生产到市场的可追溯制度，坚持全面监管，加强监管水平，加大执法力度，确保为消费者提供安全优质的茶产品。以国家普洱茶检测中心建设为契机，加快提升云南省茶叶生产品质量检验检测能力和水平，为云南省茶叶产品质量安全提供强有力的技术支撑。

（十一）引导和鼓励茶叶企业整合重组

以打造知名品牌为主线、以资本经营为载体、以产业资源整合为切入点，遵循市场竞争规律，通过重点扶持大企业、大集团，引导其采取兼并、收购、参股、控股等多种形式，对茶叶企业进行重组整合，推进龙头企业向集团化发展，逐步淘汰小、散、弱企业。

（十二）强化茶产业科技研发和推广

充分利用劳动力转移、阳光工程、农村现代远程教育等培训项目，加大茶农和企业人员的培训力度，提高技能水平，增强经营管理、市场开拓的能力。农业、科技部门及高等院校、科研院所要加强茶产业科研工作，强化应用技术研究，重点抓好茶树优良品种选育、茶树高产优质栽培技术、茶叶精深加工技术、产品质量安全保证技术、茶叶保健功效等重点项目的科技攻关。鼓励有条件的龙头企业采取多种形式组建科研和技术开发机构，使企业成为技术创新的主体。

（十三）认真落实土地、税收等优惠政策

对茶叶生产、加工、物流用地，优先审批，低限收费；经投资主管部门批准的茶叶项目用地，可优先使用年度用地指标。认真落实有关农产品加工、西部大开发、高新技术、专用设备投资抵免、新技术研发费用等企业所得税优惠政策和茶叶出口退税政策；对单位和个人从事茶叶综合利用技术转让、技术开发业务和与之有关的技术咨询、技术服务业务取得的收入免征营业税。新设立的茶叶生产加工企业，当地政府在土地审批、各项地方收费、工商注册等方面给予优惠。对从事茶叶新产品开发和工艺创新的企业，金融机构要加大信贷支持力度。

（十四）形成茶产业发展推动合力

各地、各有关部门要按照各自职能，共同承担进一步加快茶产业发展的责任。发展改革部门要加强茶产业发展规划、主要政策措施的研究和协调。工业信息化部门要加大茶产业重点企业技改等资金支持力度，积极推进精深加工。科技部门要把茶产业技术进步创新作为科技创新的重要内容，在茶叶新品种选育、新产品开发、新技术创新、功能性研究、科技队伍培训等方面加大投入力度。财政部门要加强茶产业发展专项资金安排使用的监督管理。农业、林业、水利、扶贫、农业综合开发、发展生物产业、中低产田地改造等部门要结合各自职能，抓好茶叶原料基地建设、低产茶园改造、精深加工和茶叶科技推广。商务部门要做好茶产业招商引资、市场拓展等工作。文化部门要加强民族茶文化的保护、挖掘和推广，并与旅游部门联动，在弘扬茶文化、开拓茶产业市场与旅游业结合方面取得新的突破。质监部门要做好茶产业质量监管和品牌培育工作。海关、出入境检验检疫部门要树立服务意识，为云南茶产品出口开通绿色通道，简化手续，确保茶产品出口畅通。宣传部门要协调新闻媒体加大茶产业宣传力度，及时报道发展茶产业的典型经验，努力营造一个各方重视、关心和支持茶产业发展的良好氛围。

杭州茶文化概况

中国国际茶文化研究会　项宗周

杭州地处江南，襟钱江而带西湖，受东南季风影响，雨量充沛。低山丘陵地带，朝云暮雾，形成了适宜种茶的小气候。因此，早在南北朝时就开始种茶，据陆羽《茶经》载："钱塘（茶）生天竺、灵隐二寺"、"杭州临安、於潜二县茶生天目山者与舒州同"，可见杭州在唐代已是有名茶区。南宋时杭州茶事更盛，茶肆大兴，同时从寺院到宫廷再到民间的茶礼仪逐步形成体系，名扬中外的径山茶礼就是在这个时期形成的。明代杭州和淳安威坪已经成为浙江重要的茶叶集散地。清代乾隆六下江南，试尝龙井，写有龙井茶御诗6首，并亲封十八棵御茶，奠定了西湖龙井的资深地位。在深厚的历史积淀下，伴随着中国经济快速发展，各项文化事业兴旺发达，茶文化也因此受益匪浅，得到了长足的发展。

杭州是我国茶文化的重要发祥地之一，产茶历史悠久，文化底蕴深厚。近几年来，杭州的茶文化得到了大力发展，也呈现出一些自身特色来。

（一）涉茶组织多

杭州市现有中国茶叶学会、中国国际茶文化研究会、中国茶叶博物馆、中国农业科学院茶叶研究所、中华全国供销合作总社杭州茶叶研究院、国家茶叶质量监督检验中心、农业部茶叶质量监督检验测试中心等国家级涉茶组织。他们在各自的领域发挥自身优势，促进了杭州市茶产业各方面的发展。当然讲到茶文化，自然地要谈到茶产业、茶经济，三者间存在着相辅相成的关系。只有三者有机结合起来，才能得到更好更长远的发展。

2004年3月，中国国际茶文化研究会会长刘枫在全国政协十届二次会议上提出了《关于确定茶为中国"国饮"的建议》的提案，得到农业部、中华全国供销合作总社高度重视和涉茶社团、广大茶人的积极支持。2005年3月，中国国际茶文化研究会、中国茶叶学会、中国茶叶博物馆、中国农业科学院茶叶研究所、中华全国供销合作总社杭州茶叶研究院、国家茶叶质量监督检验中心、农业部茶叶质量监督检验测试中心等国家级涉茶机构联合发出倡议，建议将茶定为国饮，在全国范围内大力宣传饮茶的好处，使茶真正成为大众饮料。2005年4月，中国国际茶文化研究会与中共杭州市委、市政府联合召开了"倡导茶为国饮，打造杭为茶都"的高级论坛会。通过研究会的大力倡导和多种形式的宣传，"茶为国饮"的理念不断深入人心，如今已得到全社会的普遍认同。

2009年11月13日，杭州成立了杭州市茶文化研究会，具有特别重要的表征意义，既是传承茶文化、推进"茶为国饮"的续源之笔，也是新时期提升茶产业、打造"杭为茶都"的开流之作。在杭州市茶文化研究会的推动下，杭州市辖各区县，自从2010年3月17日桐庐县茶文化研究会成立后，富阳县茶文化研究会、西湖区茶文化研究会、临安市茶文化研究会、余杭区茶文化研究会、萧山区茶文化研究会、上城区茶文化研究会、滨江区茶文化研究会、江干区茶文化研究会、拱墅区茶文化研究会于2010—2011年间纷纷成立。

各地茶文化研究会成立以来，就把举办各类茶事活动，带动茶文化旅游、促进茶产业发展、造福广大茶农作为一项重要工作来抓，运用有效载体，凝聚各方力量，每年都要积极与产茶乡镇共同举办丰富的茶事活动，进一步促进了当地茶文化、茶经济的发展，造福于广大种茶人和饮茶人。悠久的茶历史，众多的茶遗存，俯拾的饮茶佳话，充栋的咏茶诗文，杭州市茶文化资源十分丰富。研究会成立以来，也十分注重视茶文化资源的挖掘、保护和利用工作。

（二）茶乡之旅

杭州自古以来就是名茶产区，众多名茶各具独特的品质风格。如今的杭州名茶主要有：西湖区的西湖龙井、余杭区的径山茶、建德市的千岛银针、临安市的天目青顶、淳安县的千岛玉叶、桐庐县的雪水云绿、富阳市的富春茗绿、萧山区的云石三清茶、滨江区的桂花茶等名茶。杭州作为众多名茶的发源地，自古以来就有很多关于茶的传说，有"径山寺茶宴"、"十八棵御茶"的传说，"龙井"之名由来的传说等，名茶还与众多的名人留下了不少的逸事佳话。这些典故、轶事是旅游中不可缺少的组成部分，增加了实体性景观的文化内涵和趣味性，能达到引人入胜的效果。

从龙井茶乡到径山茶乡、天目青顶茶乡，一片片茶园碧绿如染，一层层茶山连接云天。以龙井村为例，因盛产顶级西湖龙井茶而闻名于世。东临西子湖，西依五云山，南靠滔滔东去的钱塘江水，北抵插入云端的南北高峰，四周群山叠翠，云雾环绕。村内旅游资源丰富，御茶园、胡公庙、九溪十八涧、十八棵御茶、老龙井等景点点缀其中，为茶乡增加了浓郁的文化氛围。还能见到巧夺天工的龙井茶炒作流程，炒制手法包括抖、带、搭、甩、捺、拓、扣、压、磨、推等，号称十大手法。炒制时，不时变换手法，因势呵成，巧妙非常。近年来，在杭州市有关部门的重视下，开展了一系列整治工程。重塑了龙井村山涧溪流景观，再现了茶乡农居溯溪而上、择水而居的山地景观风貌,基本恢复了富有西湖龙井茶乡特色的自然村落风貌。

从龙井茶的历史演变看，龙井茶之所以能成名并发扬光大，一则是龙井茶品质好，二则离不开龙井茶本身的历史文化渊源。所以，龙井茶不仅仅是茶的价值，也是一种文化艺术的价值，蕴藏着较深的文化内涵和历史渊源。

中国茶叶博物馆也在杭州，位于西湖茶乡龙井村南高峰下，是以茶和茶文化为主题的国家级博物馆。不仅是我国茶史文物的收藏陈列馆，同时也是一个研究茶文化和进行学术交流的中心。博物馆的主体由几组错落有致的建筑组成，四周茶园簇拥，以花廊、曲径、假山、池沼、水榭等相勾连，富有江南园林的独特韵味和淳朴清新、回归自然的田园风光。陈列大楼设茶史、茶萃、茶事、茶具、茶俗5个展厅，分别为茶的历史、饮茶风俗、茶具艺术、名茶荟萃、茶健康5个专题。细致形象地反映了我国源远流长、丰富多彩的茶文化和中国几千年茶叶文明的历史轨迹。风味茶楼又称研露漱香庐，内设6个不同的茶室，供参观者休息品茗。近年来，中国茶叶博物馆又新辟可供游人参与的田间采茶、作坊制茶，以及品茶、斗茶、购茶等丰富多彩的内容。

(三) 独具风韵的杭州茶馆

杭州的茶馆历史悠久。金人灭北宋，南宋建都于杭州，把中原的儒学、宫廷文化都带到了这里，使这座美丽的城市茶肆大兴。那时的茶馆就已经分门别类的了，有听琴说书就着茶的，文人雅士聚会开茶话会的，市井引车卖浆者则常常在街头茶摊上边斗茶边谈天说地，赵孟頫专门有《斗茶图》记录了这一场景。到了明代，市井里巷间的茶馆就极为普遍了，张岱和吴敬梓在他们的文学作品中作了详细的描写。现在，据统计，杭州茶馆达到了300多家。杭州的茶馆是杭州茶文化的一道亮丽的风景线。

从20世纪90年代中期开始，杭州城的茶馆迎来了它的新时期。1994年是个起点，六公园附近的教场路上出现了杭州第一个展示茶艺的茶馆——太极茶馆，之后的每一年，杭州都会出现代表性的茶馆，这些茶馆一时成为杭州茶馆业进入新时代的先行者。它们孵化培育出一个讲究环境和概念，追求品位和消费的吃茶市场。新兴的茶馆分布是“一个中心，一枝横斜”。它们以西湖为中心，环沿西湖的南山路、湖滨路、北山路，又旁逸斜出沿曙光路、龙井路、梅灵路、茅家埠迤逦而去。风景和茶相看两不厌。

杭州的茶馆相比于其他城市最大的特点就是，不仅茶馆数量多，且茶馆各具特色。经过多年发展，茶馆渐渐形成了几种流派。走茶艺线路太极茶道苑（太极茶馆），所有的栏梯墙梁均木纹显露，桌椅橱柜都不施油漆，一切以天然见人。坐在素雅的室内，听着放音机里传出的“小热昏”（杭州旧时的民间说唱艺术），看着茶博士们的长嘴壶冲茶技艺，享受的是惬意自在的悠闲文化。走雅古线路的和茶馆是相当的古色古香，门窗匾额、水具茶具、银饰造像等皆是古物，一路走过，就像走进了历史博物馆。和茶馆则用古书的旧版绘图做墙纸，用清代的马车毂辘配以玻璃制成别致的茶桌；茶馆内放着明代紫楠小案、清代红木荷花扶手椅、清代民用小炕桌等各式古代生活用具和各种陶瓷、木雕、银器等。走田园风路线的紫艺阁茶馆则用绿叶植物装点，入室可以感受到田园风情弥漫。南山路上的西湖国际茶人村走的却是园林风，一派古典的江南园林建筑，茶馆室内布置结合琴、棋、书、画，所有器具均重茶艺特色。对临湖的湖畔居而言，区别于上述几家茶馆，卖点是西湖美景。一杯西湖龙井，一角西湖风景，喝茶看景两相宜。

茶叶奇珍

——茶膏

蒙顿茶制品（昆明）有限公司　崔怀刚

茶膏（普洱茶膏）是普洱茶5种形态——砖、饼、团、沱、膏之一。始于唐，兴于宋，盛于清。

从唐代陆羽发现茶膏雏形，到宋代赵汝励对茶膏工艺的记载，再到清代乾隆年间将茶膏的制作迁入御茶房，古代的茶人，一直在不间断地做着一种尝试——将茶叶的纤维物质与茶汁分离，并将获得的茶汁进行再加工，还原成更高一级的固态速溶茶。也许，这种实践由于涉及面极少，不是茶叶发展的主流，没有纳入茶学专家的视野。但它后来却逐渐演变成高端茶叶的一条分支。

这是一条非常了不起的分支，也可说是一条“高贵”的分支。因为沿着这条线走出来的茶膏，不仅作为贡品为皇室独享，也作为“国礼”赠与外国使臣，并且成为中国养生文化的一部分，纳入中药经典书籍。

(一) 茶膏发展史

唐代：茶膏雏形的发现。早在唐代，茶膏的雏形就已经出现，陆羽在制茶过程中发现了茶叶的膏化现象，并有这样的记载：出膏者光，含膏者皱。

宋代：茶膏的形成。继唐之后，宋代是茶膏的又一个重要发展阶段。

宋时的茶人已经开始制作茶膏，赵汝砺在《北苑别录》中第一次揭示了宋代制作茶膏的工艺，即“小榨去水，大榨出膏”。在宋代，茶膏已经作为独立的茶品存在，在北宋陶谷撰写的《茗荈录》中，就将两款茶膏纳入其中：一种是玉蝉膏，另一种是缕金耐重儿。

明代：茶膏的隐退。明朝开国皇帝朱元璋为体恤民情，下诏罢造龙团凤饼，全部改为散形茶。唐宋制茶工艺包括茶膏在内就此隐退。

清代：茶膏的兴盛。到了清代，茶膏进入了极盛时期，普洱茶膏在此时定名，且第一次出现在官方文献里，并成为“皇权”和“国礼”的象征。

雍正时期，云南土司借鉴中医“熬膏”的工艺，用大锅熬制茶膏。这种方法简单易学，很快便通过“茶马古道”传播到西藏，并迅速被西藏上层人物所接受，且流传至今。到了乾隆时期，茶膏的制作被迁入清宫御茶房，在制作工艺上也作了非常大的改进，形成“压榨制膏”工艺。所有的工序都是在常温下进行，生产出的普洱茶膏在品质上有了极大的提高，这就是后世所称的“宫廷普洱茶膏”。

近代：茶膏的再现。直到2004年，在广东的拍卖会上，由鲁迅先生收藏的3克宫廷普洱茶膏拍出12 000元的高价，茶膏才再次进入公众视野。

现代：茶膏工艺的突破。普洱茶膏发展到了现代，相较于古代普洱茶膏，取得了重大突破，在产量、质量及卫生安全方面都有所提高。现代茶膏制作工艺主要表现为两种模式：高温制膏和低温制膏。

高温制膏不仅可以制作茶膏，还可以生产茶粉。低温制膏工艺的出发点就是避免持续的高温对茶叶营养物的伤害，与清朝宫廷普洱茶膏的制作思路如出一辙。被誉为“茶膏三绝”的玉龙胜雪、普洱黑金、红运当头就是低温工艺的杰作。

（二）贡品与国礼

茶膏从一开始就作为贡品存在。据吴任臣《十国春秋》记载，早在南唐闽康宗通文二年（公元937年），就有贡品茶膏进献，即“贡建州茶膏，制以异味，胶以金缕，名曰耐重儿，凡八枚”。

雍正七年（1729），清朝政府在云南普洱地方设立普洱府，为流官制，管辖六大茶山等地，选取最好的茶叶，制成普洱团茶、女儿茶和茶膏，作为贡茶进贡朝廷。

乾隆五十八年（1793），普洱茶膏却作为国家礼品第一次向到访的英国使团马嘎尔尼馈赠。

从1793年开始，茶膏第一次作为“国礼”后，清政府对朝鲜王朝、越南王朝馈赠的礼品中都有茶膏出现。据统计，在这段时期作为“国礼”送出的茶膏达200匣。

（三）茶膏与中国养生文化

关于普洱茶膏的功效，在清代药学家赵学敏撰写的《本草纲目拾遗》中曾有记载：普洱茶膏黑如漆，醒酒第一。消食化痰，清胃生津，功力尤大也。

“醒酒第一，清胃生津”不是治病，而是养生的需求。

自中国的清代起始，人们对普洱茶膏的饮用，不管是皇帝，还是那些能够得到它的达官贵人，基本上都是从养生的角度品饮的，保健的功能始终是放在第一位的。但是，普洱茶膏除了养生的功能外，也对某种病具有独特的疗效。如腹胀所产生的不适，饮用普洱茶膏就可很快解决；如口舌出现轻微的溃烂，可口含一小块茶膏，过夜即愈。这些也同属于中医药的范畴。

实际上，中国的古人不愿将其单纯归类为药物，就在于它还是茶，是浓缩了普洱茶的精华的茶珍品。既然是茶，其养生的概念就是第一位的。

（四）中国茶膏博物馆

2011年5月20日，中国首家茶膏博物馆在云南省昆明市康乐茶文化城落成。

中国茶膏博物馆占地200平方米，共有展品216件，是中国首家，也是目前唯一的一家茶膏博物馆。

中国茶膏博物馆从茶膏的历史、工艺、功效、原料等方面对茶膏作了全方位的解读，梳理了一条清晰的茶膏发展史。

中国茶膏博物馆还首次展出了多款珍稀茶膏藏品：如普洱茶母——云南省博物馆唯一馆藏茶膏、玉蝉膏——对宋代制膏工艺的首次复制、特大金瓜——世界上纯手工制作的最重的茶膏和清代宫廷普洱茶膏、九龙茶膏等。

中国茶膏博物馆历时3年，进行资料收集、整理和物品筹备工作，博物馆成立的宗旨是传播茶膏的历史和文化，让更多的人了解茶膏这一源自中国的养生文化。

泾渭茯茶

——茯砖茶制作技艺

陕西苍山茶业有限责任公司　张帆

名　称	批准批次	批准编号	申报地区	申报单位
茯砖茶制作技艺	陕西省第三批	Ⅷ-102	陕西省咸阳市	陕西苍山茶业有限责任公司

（一）历史渊源

茯砖茶约在1368年（洪武元年即朱元璋“明太祖”建立明朝初）前后问世，采用湖南安化黑毛茶为原料，手工筑制，因原料送到泾阳筑制，称泾阳砖；茯砖早期称湖茶，因在伏天加工，故又称伏茶。以其药效似土茯苓，就由伏茶美称为茯茶或福砖。由于系用官引制造，清代前期须在兰州府缴纳三成至五成砖茶作为税金，交给官府销售，又叫官茶、府茶。其余的砖茶由茶商按照政府指定的销区销售，故称为附茶。

明清以来，将安化黑毛茶中色黄叶粗的茶用篾篓踩成大包，包重90千克，运往陕西泾阳压制成砖。据资料可考，湖南竹林溪等茶先肩挑马驮至洞市，后顺麻溪水用竹排、木排运至小淹市等处，而后资水用船运至武汉汉口、潭州靖港等处，再至西北。民国时期洞市竹林溪等茶是顺麻溪水运至小淹资水，用船运至益阳，改大船运湖北沙市，经老河口，用驼马或汽车直运泾阳；或者从益阳船运汉口，交平汉铁路抵郑州，中转陇海路至咸阳，再转泾阳。在泾阳压成茯砖后，运输工具以驼马、汽车运兰州投验销售。茯砖茶香气浓郁，古有“茯茶驼队十里外，茶香已入牧人家”之说。在明清时期600余年间生产的马合盛、天泰、泰合诚、人民等品牌茯砖茶深受茶叶销量最大的西北部地区广大消费者青睐。

咸阳和泾阳在抗战前有茶厂60多家，在武汉沦陷后，仅余延顺、裕民、天泰运、裕兴重、昌盛等8家。1951年统归泾阳人民茯砖加工厂，加工人民牌茯砖茶。1953年，公私合营生产规模扩大，组建大型茶叶加工企业——陕西咸阳人民茯茶厂，使咸阳成为中国最大的茶叶集散地和加工地。1958年，缘于“陕西加工茯砖茶，存在原料二次运输，不符合多快好省原则”，中央政府下令取消陕西咸阳人民茯茶厂，将茯砖加工的任务全部交由湖南省承担。

（二）技艺特点

由于茯砖茶的加工复杂，发花工艺尤其难以掌握，因此每一个制作工序都会影响到茯砖茶的发花品质。茯砖茶的主要步骤：

1. **原料处理** 首先将原料剁碎，一律倾在长方形的特大木板上，板的两边成对坐着（或跪着）簸工，许多簸工双手举起铁刀（除刀柄外长约33厘米、宽约16.5厘米钝口无锋的刀）反复不停地砍剁茶叶，另外有3个簸工拿起方形篾筛（眼大约1.3～1.7厘米）打分筛，筛面的茶头反复剁碎过筛，筛下的碎茶就是清茶，倾在堆上做副料之用。将初剁好的原料堆放在阴暗的地方，均匀洒上井水（约为茶叶3%），待其发酵，堆放约5天左右，摊在阴处晾干后，方可进行炒茶。

2. **炒茶烹水** 从清茶堆上称茶6斤2两（旧时老秤）倒进烧红了的铁锅里，随即用手把茶扒开使锅底露现一个“窝”，舀三瓢“茶汁”烹进锅里，即见白气升腾，这时炒茶人快速用双手分拿两根木杈翻炒，先由两边向中心，再由下方向上方，使茶和水拌匀，炒到茶叶变软时，很快由灌封的工人用软口篾撮箕把茶铲出锅外，送去灌封。

3. **筑制** 封的工人站梆子（木模）侧边，双手捧起撮箕，一边簸茶散汽，一边灌茶进纸封使之饱满，另一工人站在梆子的正面，双手提起“棍子”一下一下地杵筑，边灌边筑，约经3分钟，茶恰恰筑进封壳里，不满也不浅。筑制的时候需3个人操作，除灌封、提棍2人之外，还有1人坐在梆子的另一边，名叫扶棒，他的责任是帮助扒匀封口的茶，帮助扦门（筑封口）及开关梆子安放封壳和取出茶封等。一封茯茶一般情况约筑170～300棍，即提棍（高提重筑）100～120下。拐棍（低提轻筑）50～80下。棍分4路（从梆子前到梆子后排列4棍）不能错乱，成封后折紧封口，开梆出封用麻绳捆扎，以便定型。随用铁钎在封口戳1个孔（深约茶封1/2），插进1～2根丝茅茎以导出茶封中的水分。

4. **发花** 筑制好的茯砖茶按顺序叠码于空间较小的架空房内，整齐叠码，并加棕片覆盖，以保持一定的湿度，这时，茯砖茶因发酵而自然升温，待砖片裱纸的表面出现白色霉状物时，即时调整砖片的上下、左右位置，20天左右，发花过程完毕。

6. **水源特征** 茯砖茶的特殊品质很大程度上与咸阳的泾河水有关。泾河从西北入境，向东南流出注入渭河。泾河水水质清澈、甘爽，在茯砖茶加工过程中起着重要的作用，曾有“离了泾河水不能制”之说。

7. **原料特征** 茯砖茶的原料相比其他茶类特殊一些，采用的原料比较粗老，原来是使用湖南的毛茶，现在用的是陕南高山无污染茶为原料。陕南茶生长期长，内含物质丰富，尤其是氨基酸含量远远高于其他茶区。

8. **工艺特征** 工艺较为复杂，受气候、水质、人工技术的影响，发花工艺较难掌控。

9. **产品特征**

感官特点：砖面平整、松紧适当、金花茂盛、色泽黄褐。

内质特点：滋味醇厚、菌花香明显、汤色橙红明亮、叶底黄褐。

（三）技艺现状

1. 由于茯砖茶生产技术难度大，习艺周期长，年轻人多不愿学，已经是后继乏人。

2. 省内外一些企业聘请咸阳人为师傅开办茯砖茶厂，但从原料到工艺过程都与传统茯砖茶大相径庭。这不但造成了咸阳茯砖茶人才流失，而且使茯砖茶市场混乱，危害极大。

3. 由于经济效益的利诱，多种现代化机械和化工产品正在不断取代传统的加工器具和用料，使最具特色的茯砖茶传统工艺难以为继。

（四）传承意义

全面恢复茯砖茶传统制作工艺，保护传统的制茶工艺，传承和弘扬传统文化，促进现代茶产业的发展。

（五）保护（计划、目标、措施、步骤和管理机制、

成效等）

1. **保护计划**

（1）保护身怀绝技的老艺人（老工人），发挥他们的“传帮带”作用，结合外出进修等方式，培养年青一代的茯砖茶生产和管理人才。

（2）保存完整的传统茯砖茶生产工艺，在茯砖茶研究创新中尽量避免使用现代化设备和化学制剂。

（3）建设完整的茯砖茶原料生产基地，确保茯砖茶生产原料的供给。

（4）建设一座茯砖茶文化园，包括茯砖茶古法生产作坊等。

2. **保护目标** 建立泾渭茯砖茶研究院，投资800万元购买专门的检验、检测设备，成立专门的研究组，开展茯砖茶的工艺技术、配方等研究；落实专人对老艺人进行跟踪保护；做好光盘、录像资料的整理，将茯砖茶筑制技艺整理成文，使茯砖茶成为陕西省著名的文化品牌。

3. **管理机制** 陕西苍山茶业有限责任公司成立非物质文化遗产保护中心，公司法人代表牵头、主管副总与工作人员组成工作组开展相关工作。

4. **已取得成效** 2008年完成茯砖茶资料的收集整理工作，通过电视录像，对这一民间手工技艺进行详细记录，并将资料入库保存。公司拥有国内黑茶行业第一条高标准清洁化生产线，建立完整的原料基地，确保茯砖茶所用原料，培养茯砖茶技艺后继人才，使茯砖茶技艺传承后继有人；建立了茯砖茶传统工艺仿古作坊——益生源记，全面恢复茯砖茶传统制作工艺，全力打造泾渭茯砖茶品牌，挖掘茯砖茶历史文化和内涵，增加茶农的收入，带动陕西省茶叶产业的升级。

话说茶百戏

章志峰

茶百戏在历史上曾流传于闽北武夷山一带，又称分茶、水丹青、汤戏、茶戏等，它能使茶汤纹脉形成物象供人们欣赏并饮用。目前，这一文化已正式列入武夷山市非物质文化遗产名录。在第四届海峡两岸茶业博览会及武夷山茶节上，展出的茶百戏作品备受社会各界关注，并接受了台湾东森电视台、福建电视台、南平电视台专访。

1. **初识分茶** 现代分茶的研究缘于对外茶文化交流。1997年到日本留学（研修）期间初步了解了日本茶道，对日本抹茶道采用的点茶法产生浓厚兴趣。

2. **日本茶道的启发** 2004年，笔者作为中国首位茶学专业的国际交流员到日本讲授中国茶文化期间，有幸受到日本茶道老师的邀请进行茶文化交流，有机会系统地学习了一年的日本茶道里千家流。从日本茶道的点茶法和点茶工具如竹筅、水注等茶具中得到启发，回国后开始对分茶艺术进行系统的研究。

3. **分茶技法和原料探究** 通过查阅大量的资料了解到原料的制备至关重要。于是选择适合的茶园，在5年的时间里，对不同的茶树品种、不同栽培管理措施、不同的采摘标准、不同的团饼茶制作方法和抹茶加工、点茶和分茶技巧进行了上百次的对比试验。

4. **文字图案初现** 经各种原料和技法的比较试验终于在2009年春，恢复了这一珍贵的分茶技艺，用自己加工的茶叶原料可以在茶汤中现出文字和图像。但保留的时间较短，观赏性不强。随后又对原料的加工进行改良，终于获得较大突破。

5. **各茶类演示的突破** 经技术分析和反复实验，突破了古代仅能用绿茶演示分茶的局限，可以用红茶、黄茶、白茶、乌龙茶、黑茶等其他茶类演示分茶，表现中国风格的山水花鸟图案和文字。图案保留的时间也从古代的瞬间延长到半小时至4小时。

6. **分茶图案配景** 为提高观赏性，便于表现活动主题，目前茶百戏作品和插花等景物相配，实现景中有画，画中现景。可根据活动主题选择图景，如适用于婚庆的“龙凤呈祥”、“相伴一生”，适用于企业庆典的“马到成功”，一般庆典的“喜上眉梢”、“连年有余”等。

7. **今后的方向** 茶百戏最终将做成欣赏和品饮兼备（抹茶）、点茶法和（团饼茶）冲泡法并用、养生和怡情共存的一种艺术珍品。

中国国际茶文化研究会

中国国际茶文化研究会 程启坤 项宗周

中国国际茶文化研究会（简称茶研会）于1993年11月成立。由农业部主管，下设办公室、学术部、发展部、联络部和培训部等。

研究会全面开启“茶为国饮健康消费”系列活动，大力组织和参与茶事活动，深入开展茶文化研究，高度重视茶文化培训和教育工作，积极提升茶科技、促进茶经济、造福种茶人和饮茶人，努力为政府服务、为会员服务、为茶农和广大茶界朋友服务。

1. 积极开展“茶为国饮健康消费”系列活动 与浙江省工商行政管理局共同发起，联合省委宣传部、省农业厅、中国农业科学院、浙江大学等 24 家单位成立了“茶为国饮健康消费”推进委员会，在浙江全省上下启动了“茶为国饮健康消费”系列活动和示范茶楼评选活动；与浙江图书馆联合举办“茶为国饮健康消费”系列讲座在“文澜讲堂”开讲，宣传和弘扬茶文化，均取得良好效果。

2. 积极参与主办或联办茶事活动 茶研会全年主（联）办和参与的茶事活动主要活动有：重庆第十一届国际茶文化研讨会、陕西第五届浙江绿茶博览会、陕西省首届茶文化节、杭州中日韩茶文化交流大会、杭州·国际茶席展等。

3. 组织并试点中国茶文化之乡和中华文化名茶评审活动 先后已完成了对浙江、福建和四川等 13 个县（市、区）授予中国茶文化之乡称号，以及对 12 个名茶授予中华文化名茶称号的考察和审定工作，取得了广泛的社会效益和一定的经济效益。编辑出版了《茶及茶文化专题讲座》、《第十一届国际茶文化研讨会论文集》、《茶圣·茶经》等茶文化著作 7 部；《吴觉农茶学全集》、《图说中国茶文化》、《新茶经》3 部著作的编写工作取得新进展。结合各地茶事活动，举办了第十一届国际茶文化研讨会论文报告会、茶叶市场发展与建设研讨会、中日韩茶文化高峰论坛会、茶与城市生活学术论坛会等 4 次大型学术研讨会。主持了国内外各类学术研讨会并作了相应报道。

4. 积极开展茶文化教育工作 一年间培训学员达百余人；组织了中国学员赴韩国学习和研修韩国茶道。与浙江农林大学合办的茶文化学院首届毕业生全部完成就业，积极引导境外学生到茶文化学院留学深造。

5. 加强自身建设，完善组织功能 2010 年，新成立径山禅茶文化研究中心和湖北天门陆羽茶经研究中心。茶馆专业委员会召开了 2 次全国茶馆经理年会，与杭州市茶楼业协会联合出台了浙江省《茶楼茶馆服务规范及星级划分》地方标准。举行了浙江省茶文化研究会换届会议，扩大了茶文化工作队伍。并适时召开了浙江省茶文化研究会会长会议和书画院院长会议。中国国际茶文化研究会门户网站《茶和天下》将开通。所属《茶博览》杂志加强了对茶研会举办活动的重点报道，建立了官方网站和官方博客。

北 京 市

延庆县
怀柔区
密云县
昌平县
顺义区
平谷区
海淀区
门头沟区
北京市
朝阳区
石景山区
通州区
丰台区
房山区
大兴区

北京市茶业协会
中国茶叶股份有限公司
北京张一元茶叶有限责任公司
北京吴裕泰茶业股份有限公司
北京市更香茶叶有限责任公司
北京茶叶总公司
马连道茶叶一条街
老舍茶馆

北京是我国首都，全国的政治、经济、交通和文化中心。北京地区有悠久的饮茶历史，茶文化绚丽多彩、凝聚厚实。改革开放以来，茶叶消费量逐年上升，成为全国最大的茶叶销售区域之一，呈现出多种经济成分、多种流通渠道、多种经营方式并存的市场新格局。

茶叶市场

9 月 20 日第七届北京中国国际茶业博览会在北京奥林匹克公园国家会议中心召开，会议期间，结合了国际名优茶评选、包装设计大赛、茶艺表演大赛、茶服设计大赛、茶席设计大赛、茶具设计大赛、茶空间设计展示、中国茶使者网络推选、万人品茗、纪念版国礼茶慈善拍卖等系列活动，共同将中国茶·礼天下所承载的历史、文化价值，借助商业运作得以真实展现；借中国茶·礼天下搭建政治文化与企业的交流舞台，提升企业的品牌软实力，全国各地茶业企业纷纷参展。在这一茶业大型舞台上，日本茶叶协会、韩国茶叶协会、俄罗斯茶叶协会、印度茶叶局等国家茶叶组织组团参观茶博会。

茶叶批发市场

北京市主要茶叶批发市场

单位：亿元、平方米

公司名称	开业时间（年）	市场面积
北京市京闽茶城	1998	13 000
北京马连道茶城	2000	68 000
马甸福丽特中国茶城	2000	8 000
北京茶叶总公司茶叶市场	2004	30 000
北京茶缘茶叶批发市场	2005	12 000
北京天福缘茶叶批发市场	2006	—
北京国际茶城	2007	16 000
绿山九茶城	2010	5 000
东都缘茶叶市场	2011	3 000
北京日坛雅宝国际茶城	2011	3 000

注：本表以开业时间排序。

茶叶文化

第九届八大处中国园林茶文化节

由北京市石景山区人民政府一年一度主办的第九届“八大处中国园林茶文化节”，4 月 27 日至 5 月 3 日在八大处公园开幕。据悉，“八大处中国园林茶文化节”是全国唯一一个以佛教寺庙禅林文化为背景，以中国博大精深的茶文化为主题，通过园林茶文化活动、茶文化产品研发、展示，茶产地旅游等多方面、多层次，进行跨行业的大型文化活动。几年来，该活动受到社会各界的广泛好评，成为北京旅游市场“五一”的亮点活动之一。

本届茶文化节以“快快乐乐登山，健健康康品茶”为主题，以国际茶文化交流为主线，举办一系列丰富多彩的文化活动。

韩国茶文化进驻八大处，成为本届茶文化节最大亮点。在开幕式现场，富有异域色彩的韩国皇室茶道表演及韩国炒茶表演让游客大饱眼福。演出结束后，领导和嘉宾及部分游客现场体验了茶拌饭，现场观看韩国炒茶。黄金周期间，在二处主会场韩国皇室茶道、大长今等演出与观众见面。占地面积达 100 平方米韩国特装展区，充分展示韩国茶道和制茶工艺、韩国特色的茶食品、韩国特色泡菜、打糕制作及韩国茶布艺术。

4 月 27 日上午，灵光寺内举办“第四届春茶供佛斋僧甘露法会”活动。法会由灵光寺高僧主持。来自韩国天台宗的僧人也一并参与。当拈香顶礼、鸣磬唱赞后，众高僧即开光祈福。在庄严的梵呗声中，嘉宾还可得到由高僧大德洒播的象征平安的甘露净水及结缘饰品。

黄芩缘茶文化展：会期内在四处广场集中展示北京市延庆县井庄镇与门头沟区灵之秀的黄芩茶产品与黄芩茶文化。

龙泉开井活动：八大处龙泉水自古享誉京城。当年，康乾二帝、慈禧太后曾多次驾临龙泉庵休闲品茗，“御水泡御茶”被传为佳话。5 月 1 日，龙泉茶社由草根儿“皇帝”命人打开龙泉井，取出珍贵的龙泉水并用木桶送水到各处茶社冲泡香茗，再次让百姓品尝到由龙泉水沏泡的名茶。五处龙泉庵刻有一首赞美龙泉井泉水的古诗《甜水歌》，开井当天由草根儿“皇帝”完成最后一笔的雕刻工作，再现皇帝收锤一景。

“万人品茗”感受园林茶文化：活动期间，每天各茶社将用五处龙泉水冲泡香茗，让游客在风景秀丽的园林环境中品饮的同时，深刻感受中国园林茶文化的魅力。文化节期间形成万人品茗的壮观景象。

茶文化专家讲座：活动期间，五处茶社将邀请茶界的专家学者从科学的角度与公众交流茶叶的品质特点。游客可以在茶社内品饮香茗，同时了解有关茶的知识。灵光寺法柱法师现场讲禅茶文化。

知名茶馆

北京市知名茶馆

单位：个、平方米

名称	连锁店数量	营业面积	茶馆区域分布
更香茶楼	2	2 500	北京市宣武区马连道甲 10 号
老舍茶馆	1	2 000	宣武区前门西大街 3 号楼三层
碧波轩茶楼	1	700	沙河车站路 59-9 号
唐茗轩茶艺馆	1	600	北京市顺义区顺义
瓷茗缘茶楼	5	600	北京市门头沟区剧场东街甲 10 号
龙团茶苑	3	500	三里河东路 23 号楼
贵士茶道	2	340	宣武区广安门内大街 138 号 1 楼

注：本表以营业面积为序。

大事记

1月23日，北京张一元茶叶公司“世博十大名茶授牌仪式”，仪式在前门大栅栏“张一元”茶叶总店隆重举行。

1 月 31 日，上午，在京瑞大厦举行首都茶人新年团拜会。这是一年一度的首都茶人大聚会，由国际茶叶科学文化研究会等在京的茶叶社团组织的，会上工人文工团演出了节目，首都几百茶人欢庆新年。

2 月 28 日，上午，在中国社会科学院茶产业研究中心召开的京城茶人元宵会。

3 月 8 日，下午，首都巾帼茶人座谈会，这是近几年每年“三·八”都要召开的座谈会。

5 月 29 日，上午，中国社会科学院召开的纪念赵朴初逝世十周年大会。

9 月 8 日，中国网络电视台做节目。世界华人网节目邀请于观亭、吴甲选、邵曙光三人谈茶，于观亭重点谈了中国茶文化的历史和现状；吴甲选主要谈了他父亲当代茶圣吴觉农生前对中国茶业所作的贡献；邵曙光主要谈了茶叶基金等茶叶社团及她个人从事茶业的经历。

9 月 20 日，第七届国际茶叶博览会在国际会议中心召开。下午在国际会议中心召开中华茶人联谊会理事会。

11 月 10 日，下午，北京市商委评选出王秀兰、孙丹薇为北京茶业方面的技能大师。

12 月 27 日，下午，在人民大会堂上海厅召开世博十大名茶总结大会。对世博会期间宣传弘扬了中国茶文化，推动了中国茶产业的发展予以肯定。

（北京市茶业协会　白文祥　付光丽）

天 津 市

蓟县
宝坻区
武清区
宁河县
天津市茶业协会
天津国际茶文化研究会
正兴德茶叶有限公司
海雅实业有限公司
珠江道茶城
一商茶叶交易中心
闽龙茶叶城
海峡茶叶城
珠江道茶叶批发市场
北辰区
红桥区
河北区
和平区
河东区
西青区
南开区
天津市
河西区
东丽区
滨海新区
津南区
静海县

天津地处九河下梢，市区面积4 300平方公里，水陆交通便利，四通八达，曾经是我国北方的茶叶集散地。目前，天津常住人口约1 200余万，流动人口 100 多万，茶叶消费呈逐年上升趋势。据不完全统计，近两年天津茶叶的销量大约在8 000～10 000吨，销售额约在 10 亿元左右。随着人民生活水平的不断提高和消费观念与消费水平的变化，消费者饮茶习惯也在悄然改变。目前，茉莉花茶占总销量的比例，已从 20 年前的 90％下降为 55％左右；绿茶和乌龙茶的销量增幅较大，已占有 1/3 以上的份额；普洱茶销售回暖，各种名优茶、品牌茶走俏；湖南安化黑茶和福建红茶也受到部分消费者的青睐。

随着电子商务的快速发展，方便快捷的网购服务也将加快茶叶销售的进程。今后市场销售趋势将向名优茶和品牌茶方向发展，一些坚持创新意识的茶企品牌将脱颖而出。

茶叶市场

天津在历史上就是我国北方的茶叶集散地。改革开放前，曾为天津地区和我国华北、东北及西北地区的茶业发展作出了积极的贡献。目前，随着改革开放的深化，天津的茶叶市场已形成多家经营、多种经济成分和多种经营方式并存的局面。在国家加大食品安全监管力度的政策下，沿街挑担叫卖、散兵游勇的经营方式已遭淘汰，茶叶市场逐步走向规范。

截止到2010年底，天津市已有大小规模的茶叶批发市场20个，入驻市场的商户约有千余家，另有数千家各种类型的茶叶网点分布在市内各区和郊区、县的临街门面、饭店、菜市场、超市等。

随着电子商务的快速发展，方便快捷的网购服务也将加快茶叶销售的进程。今后市场销售趋势将会走向名优茶的品牌化和规模化的发展之路，一些坚持创新意识的茶企品牌将脱颖而出。

目前，天津经营茶叶的主要企业有：具有273年历史的中华老字号“正兴德”，包括：天津市正兴德茶叶有限公司（和平区）、天津市清真正兴德茶叶批发公司（南开区）、天津市正鑫商贸有限公司正兴德茶庄（红桥区）；天津市茶业公司、天津市海雅实业有限公司海雅茶园、天津御品轩茶超市、峰芽大佛龙井天津经销部、安徽天方茶叶（集团）有限公司天津经销部、天津市九州茶叶有限公司、天津联合馨意德茶叶经销部、天津市神古茶园、北京张一元、天福茗茶等，其他大部分经营商户都是来自福建、浙江、安徽及各产茶区。

茶叶市场

天津市主要茶叶批发市场

单位：万平方米、个

公司名称	市场面积	规划铺位
天津一商茶叶交易中心（河东店、南开店）	3	240
天津珠江道茗都茶城（河西区）	1.8	160
天津芥园道茶城（红桥区）	0.9	70
天津海峡茶叶城（河东区）	0.8	95
天津珠江道茶叶批发市场（河西区）	0.8	60
天津新文化茶城（和平区）	0.4	40
天津康茗园茶叶市场（河西区）	0.4	65
天津珠江茶城（河西区）	0.32	60
天津香泉茶叶市场（红桥区、西青道茶城）	0.3	40

注：本表以2010年市场面积排序。

天津市知名茶馆

单位：平方米、万元、个

名称	营业面积	营业额	连锁店数量
天津海雅茶园	2 000	2 000	9
天津妙云轩休闲茶艺馆	1 680	600	5
天津清茗雅轩茶艺馆	600	100	1

注：本表以2010年营业面积排序。

茶叶消费

随着外来人口的增加和滨海新区经济建设的飞速发展，以及数百家外资企业入驻滨海新区，天津市茶叶销量呈逐年上升趋势，尤其是近几年，销量和销售额增幅较大。随着百姓生活水平的提高和消费观念与消费水平的变化，消费者饮茶习惯也在悄然改变。改革开放以前，茉莉花茶的销量约占天津市茶叶总销量的90%以上，如今已下降为55%～60%；目前，绿茶和乌龙茶的销量增幅较大，已占有1/3以上的份额；普洱茶销售走出低谷，大品牌普洱茶走俏；湖南安化黑茶和福建红茶也受到部分消费者的青睐。

茶叶文化

4月15～18日，在天津国际会展中心举办了首届中国茶艺博览会。本届博览会，来自国内外的各参展商把各种名优茶及紫砂、根雕、奇石等作品和工艺品展示给津门百姓，让大家在品饮明前新绿的同时，感受祖国传统茶文化和民间工艺品的博大精深。传统与现代相结合的紫砂和根雕、奇石，更是给中国的茶文化注入现代与时尚的元素，将中国的茶艺和茶文化发挥得淋漓尽致，尽展中国茶和中国茶艺的风采。

5月29日，天津市茶业协会与天津人民广播电台、福建安溪铁观音集团、天津国际茶文化研究会共同在天宇大酒店举办了天津市首届茶文化节，与现场几百名听众进行多种形式的互动活动。现场活动之后，在天津人民广播电台连续进行了近一个月的有关茶叶知识的广播互动节目，并进行茶叶知识讲座等，受到广大听众的欢迎，影响深远。

7月24日，天津市茶业协会与天津国际茶文化研究会联合举办了天津市首届国际茶文化艺术节。在人民公园的中华花戏楼举办的本次活动，内容有茶艺表演、曲艺表演及书画展等。本届茶文化艺术节历时3天，迎来众多的爱茶人和书画、曲艺爱好者。

大事记

3月25～28日，天津市茶业协会组织本市茶商等共30余人，赴浙江松阳参加全国第三届茶商大会暨松阳茶叶节。

5月1～4日，天津市茶业协会与天津市正兴德茶叶有限公司，在滨江道金街举办天津市第八届绿茶节暨正兴德第八届绿茶节，现场进行碧螺春、西湖龙井、黄山毛峰、信阳毛尖等名优绿茶的炒制。

5月27日，在西青区的千年古镇——杨柳青，满园香茗茶业有限公司及满园香茗茶楼举行开业庆典暨天津市茶业协会茶文化交流中心揭牌仪式。

7月，全国食品安全工作委员会颁发的“全国食品安全诚信单位”铭牌标志落户西青道茶城。

11月，在中国食品安全年会上，天津御品轩茶超市荣获“中国食品安全示范单位”。

9月26日至10月7日，一商茶叶交易中心举办该交易中心迁址开业两周年庆典暨茶文化节开幕仪式。

10月，经天津市公众投票，协会常务理事马长寿被评为“天津市十大孝子”。在十大孝子中排名第二，给天津市茶叶界增添了光彩。

11月26日，一商茶叶交易中心南开店落成开业。

12月6日，一商茶叶交易中心茶叶质量自检站成立。该站对场内商户实行定期、不定期和随时免费进行检测，以保茶叶质量符合食品安全要求。

（天津市茶业协会　谭肇荣）

主要茶叶市场

天津一商茶叶交易中心（河东店）

经　理　运悦然
电　话　022-24319995
传　真　022-24381333
地　址　天津河东区津塘路23号
邮　编　300171

天津一商茶叶交易中心（南开店）

经　理　运悦然
电　话　022-87360558
传　真　022-87360558
地　址　天津南开区南泥湾路6号
邮　编　300112

天津海峡茶叶城

经　理：王　彤
电　话：022-24145111
传　真：022-24145222
地　址：天津河东区十一经路58号
邮　编：300171

天津珠江道茗都茶城

总经理　庞长春
电　话　022-88240669
传　真　022-88240669
地　址　天津河西区珠江道72号
邮　编　300221

天津闽龙茶叶城

经　理　林跃文
电　话　022-88112088
传　真　022-88112088
地　址　天津河西区珠江道 47 号
邮　编　300221

天津珠江道茶叶批发市场

经　理　王显朋
电　话　022-28041128
传　真　022-28041128
地　址　天津河西区珠江道 58 号
邮　编　300221

天津康茗园茶叶交易市场

经　理　张　红
电　话　022-88263800
传　真　022-88263800
地　址　天津河西区太湖路 12 号
邮　编　300130

天津珠江茶城

经　理　龙力军
电　话　022-88243430
传　真　022-88232059
地　址　天津河西区解放南路 475 号
邮　编　300221

天津香泉茶叶市场（西青道茶城）

经　理　孙志华
电　话　022-27738877
传　真　022-27738877
地　址　天津红桥区西青道 94 号
邮　编　300122

河 北 省

河北省简称冀，位于东经 113°04′～119°53′，北纬 36°01′～42°37′，地处华北，漳河以北，东临渤海北京周边，西为太行山地，北为燕山山地，燕山以北为张北高原，其余为河北平原，43%的平原海拔不到 100 米。面积 18.47 万平方公里，人口约7 000万，2010 年 GDP 2 万亿（位列全国第六位）。东与天津市毗连并紧傍渤海，东南部、南部衔山东、河南两省，西倚太行山与山西省为邻，西北部、北部与内蒙古自治区交界，东北部与辽宁接壤。省会石家庄，省政府驻石家庄市裕华西路。

河北省属温带大陆性季风气候，冬季寒冷少雪，夏季炎热多雨；春多风沙，秋高气爽，四季分明。全省年平均降水量分布很不均匀，年变率也很大。一般的年平均降水量为 400～800 毫米。燕山南麓和太行山东侧迎风坡，形成两个多雨区，张北高原偏处内陆，降水一般不足 400 毫米。春季降水少，夏季降水常以暴雨形式出现。

河北省茶叶生产虽尚未形成规模，但河北是茶叶的消费大省，全省拥有茶叶批发市场 20 余家，茶叶销售单位近8 000家，其中茶馆2 000多家，也是中国拥有清茶馆最多的一个省份。近年来，在以河北省茶文化学会秘书长舒曼为代表的一批茶文化专家与茶文化爱好者的共同努力下，通过对河北省茶文化历史资源的深度挖掘和对茶叶市场的有效引导，河北茶人紧密团结，使得河北茶业出现了健康、繁荣的大好景象。

茶叶生产

20世纪90年代，张占义等人开始试验南茶北移，在河北灵寿栽植龙井茶，茶树品种采用龙井43，实验获得成功。1998年，南茶北移在河北省农林科学院立项定植667平方米。2001年0.67公顷茶园通过技术鉴定。2002年进行了样茶化学分析和感观审评。到2008年茶园发展到20公顷，2009年茶园33.33公顷，分别产茶约200千克和400千克，茶叶品种也从单一的制作绿茶，开始试做红茶。2010年，已扩大至40余公顷的茶园因受冻害，产量受损。河北的茶叶生产还处在探索阶段，没有形成产业规模。

茶叶加工

河北除灵寿40余公顷的试验性茶园，没有其他的茶叶生产与加工单位，试验茶园每年也仅有少量绿茶和红茶，并没有形成成熟的茶叶生产体系。

茶叶市场

河北是茶叶消费大省，茶叶零售和批发相对活跃，各地市均有不同规模的茶叶市场，但以省会石家庄所占数目最多，2008—2009年维持以佳农茶叶批发市场、正定北方茶城、南三条茶叶市场、现代商场茶叶市场、乐模茶礼茶城为主的茶叶市场格局。2010年，由于石家庄城市改造拆迁，一些旧有茶叶市场将可能受到影响，到2010年底，除暂未受拆迁影响的旧有茶叶市场依然经营，又新加华夏茶城和华夏一号茶城，怀特茶城也进行了二期扩建，增加营业面积，另有福建茶城建设与招商。

河北省主要茶叶批发市场

单位：万平方米、万吨、亿元

公司名称	市场面积	交易量	交易额
石家庄怀特茶城	6	—	3.80
河北北方正定茶城	5	0.67	3.50
石家庄乐模茶城	5	—	3.00
石家庄佳农茶叶批发市场	1.9	0.75	3.30

注：本表以市场面积排序。

茶叶消费

河北虽不产茶，但是茶消费大省，河北人爱喝茶，善品饮。一直以来，河北百姓以喝花茶为主，但最近十几年来喝绿茶、乌龙茶、普洱茶、白茶的人群逐年增加，对茶叶品质、品位的需求也在提高。据近年我们从茶商方面了解，目前河北喝花茶的人数降低了50%左右，而喝绿茶和乌龙茶的人数上升了30%～40%，还有10%的爱茶人对黑茶（含普洱茶）、白茶表示了需求和青睐。在河北喝茶人群当中，约有20%是从茶叶批发市场购茶，50%从茶叶零售店和超市购买，20%从茶馆购买，10%为获赠茶。在河北，规模较大的茶叶专营店有天福茗茶、八马茶业、华祥苑茗茶、安溪铁观音集团等，这些店大多在各个地市都设有连锁店，以优质的产品，贴心的服务，深得广大消费者的好评。

河北省知名茶馆

单位：平方米、个

单位	营业面积	区域分布	连锁店数量
石家庄三字禅茶院	2 000	石家庄市富强大街49号石门公园	1
邢台三剑茶艺馆	1 200	河北省邢台市黄河路元街221号	1
保定市仙山茶艺社	900	保定市复兴西路517号	6
廊坊市白鹭原茶馆	800	廊坊市广阳区第五大街48号	1
邯郸市金杭茶楼	600	河北省邯郸市丛台区光明北大街100-8号	1
承德市张一元茶楼	500	承德市钟鼓楼小区七号楼	1
石家庄悠哉茶道	500	河北省石家庄市长安区建设北大街11号	1
老寒茶馆	500	石家庄市东岗路24号燕港怡园底商	2
唐山静园茶艺馆	400	唐山市建华东道河畔人家20-10号	1
张家口桂府茶楼	400	河北省张家口市桥东区胜利北路东八区七号底商	1

注：本表以营业面积排序。

茶文化

河北省茶文化活动的兴起与交流始于20世纪90年代末。1999年，一批茶文化的爱好者共同在石家庄石门公园举办了河北省第一届金秋茶会，外界以“清香染得石门香”誉之，茶会的成功举办，打响了河北省茶文化活动的第一炮，是河北省茶文化发展的一个里程碑，河北省茶文化活动从石门公园走来。

大事记

4月，河北省茶文化学会策划组织中国世博十大名茶入驻2010年上海世博会联合国馆启动仪式。

8月，河北省茶文化学会策划组织世界和谐茶会，成为目前同时参与国家数最多的茶会。

10月，河北省茶文化学会策划组织河北省第十届金秋茶会在唐山举行，同期举行京、津、冀三地茶馆经济交流会和全国首届香道文化高峰论坛。

地方特色

河北地区茶文化历史资源丰富，自古形成系统的禅茶文化形态。《五灯会元》记载赵州柏林禅寺（古称观音院）从谂禅师“吃茶去”公案——师问新到：“曾到此间么?”曰：“曾到。”师曰：“吃茶去。”又问僧，僧曰：“不曾到。”师曰：“吃茶去。”后院主问曰：“为甚么曾到也云吃茶去，不曾到也云吃茶去?”师召院主，主应喏。师曰：“吃茶去。”

后有净慧老和尚提出中国禅茶文化的精神“正清和雅”和中国禅茶文化的功能感恩、包容、分享、结缘。将正气融入感恩中，融入包容中，将和气融入分享中，将雅气融入结缘中；从而弘扬禅茶文化的精神和落实禅茶文化，发挥禅茶文化凝集人心、化解矛盾、优化自身素质、和谐关系的潜移默化的作用。

（河北省茶文化学会　舒　曼）

山 西 省

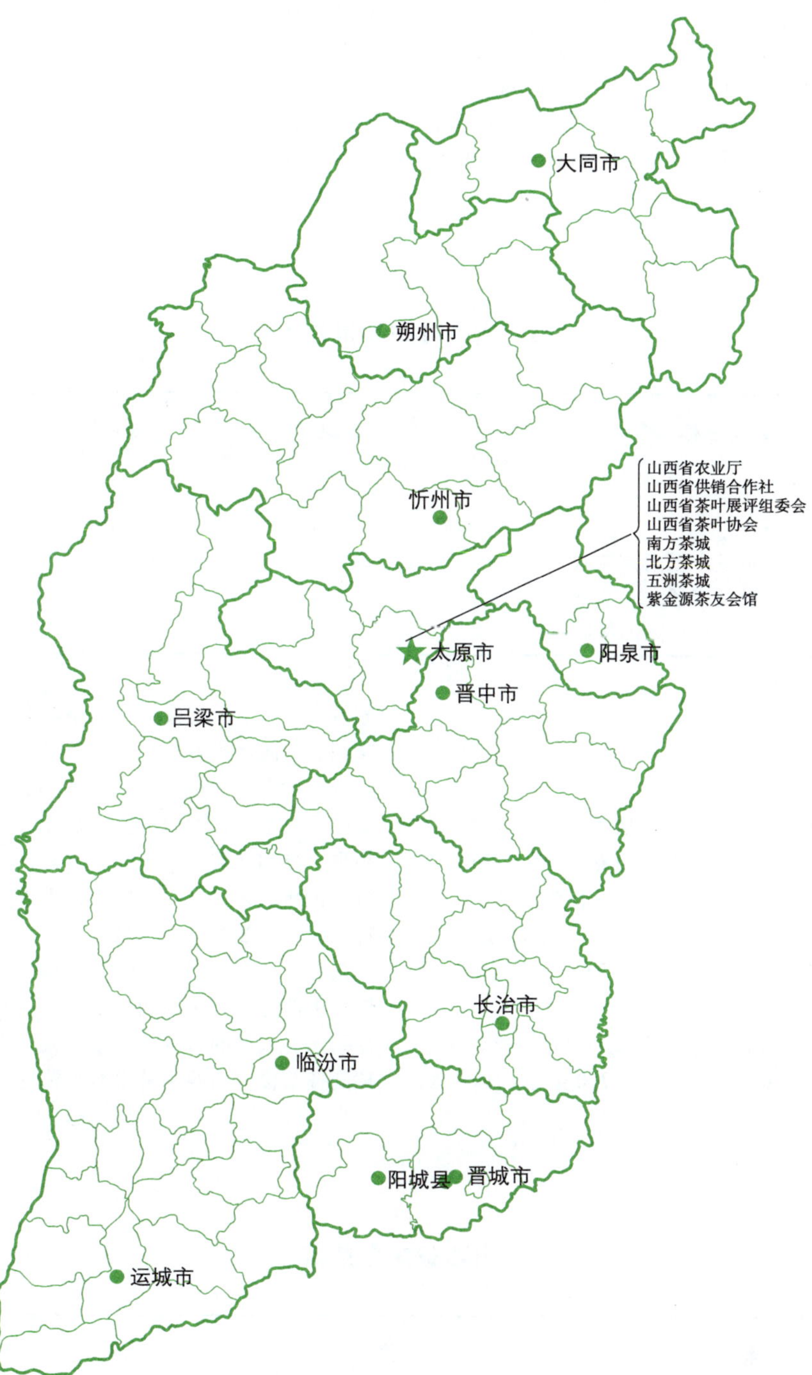

山西虽不产茶，但山西人爱喝茶，善品饮。历史上，号称中国十大商帮之首的晋商善于经营茶业，曾开辟过万里茶路，创造过灿烂的茶商文化。早在明末清初，茶叶已成为晋商经营的重要商品。目前山西喝茉莉花茶的人数已由历史上的98%降至50%左右，而喝绿茶和乌龙茶的人数上升到30%～40%，还有10%的爱茶人对黑茶（含普洱茶）、白茶表示了需求和青睐。

茶叶市场

目前，山西市场上的茶商有60%左右来自福建、浙江等地。原国有企业山西省茶叶公司已停业，所属地、县茶叶公司也基本停业，在省城太原市只有老字号乾和祥茶庄、太原市果品茶叶公司所属一品香茶庄和阳泉市振华茶庄尚在营业，并有一定的经营规模。

目前山西省太原市尖草坪区有南方、五洲、北方，万柏林区有现代、中奥、温州、千峰，迎泽区有五一，小店区有永康、千禧、茶文化一条街大小不一批零兼营的11个茶叶集散地。

地县中只有运城、阳泉、忻州、临汾等地有小规模（十几家）的茶叶批发市场。

茶叶批发市场

山西省茶叶主要批发市场

单位：万平方米、个、亿元

公司名称	建筑面积	规划铺位	交易额
山西现代国际茶文化城	4	300	1
山西坦洋工夫茶城	1.5	100	
太原市尖草坪茶叶批发市场南方茶城	0.35	50	0.6
太原市尖草坪茶叶批发市场北方茶城	0.21	40	0.4
太原市尖草坪茶叶批发市场五洲茶城	0.2	40	0.8

注：本表以建筑面积排序。

茶叶消费

在山西，80%左右的消费者是从茶叶专营店购买散茶，20%左右的人从超市购买定量包装茶，其中多为送礼、赠友。茶叶专营店的价位一般为批发价的1.5～2.0倍，但茶店的优势是茶商地点、茶叶质量较稳定，先尝后买，茶商与消费者容易沟通，从而建立茶情、茶谊。

据不完全统计，山西省目前有茶商（专营）2 000余家，其中太原市占一半多。全省茶馆有700余家，其中太原占2/3以上。规模较大的茶叶专营店有天福、八马、御茶园、安溪铁观音集团等，在太原、大同、阳泉、晋城、临汾市均有加盟连锁店，太原玉记茶庄、太原灵芝茶庄、太原台伟茶行、太原日盛增茶业、太原市果品副食公司一品香、乾和祥茶庄、太原更香茶行、建华茶行、梦龙香茶行、正清和茶行、尖草坪天天香茶行、风雷镇茶业等各具特色、经济效益好、知名度高的中小茶叶店。规模较大的茶馆有山西璐瑶轩茶馆、太原紫金源会馆、太原清竹茶馆、山西迎泽宾馆的四季茶园、山西天瑞商务酒店的绿雪芽茶园、太原的茗香聚茶楼、大同市裕盛祥茶馆、大同泓瑞商务茶楼、山西柳林康茗茶馆等。

知名茶馆

山西省知名茶馆

单位：平方米、万元

名　　称	营业面积	营业额
太原紫金源茶友会馆	1 000	300
山西璐瑶轩茶馆	700	280
泓瑞茶艺馆	500	170
柳林康茗茶馆	500	150
太原清竹茶艺馆	400	150
太原江郎茶茵缘茶文化传播有限公司	400	200

注：本表以营业面积为序。

大事记

2009年6月至今太原市风镭镇茶叶在太原市各主要繁华地段开设府东店、千禧店、桃南店、长风店、和平店、东曲店、桥东店7家连锁店，安排就业人员60余人，年销售额达600万元。

6月，经考证，明末清初，时值山西茶商在武夷山市下梅一带开始采办武夷岩茶之际，大红袍已惊现于世，成为皇家贡茶。为铭记三晋先辈自明、清以来开创“茶通天下，汇通天下”的光辉业绩，传承晋闽两地茶情茶谊，激励当代三晋茶人爱茶爱国精神，2010年6月9日，三晋当代资深茶人杨力、知名茶商朱莹等一行9人驱车千里，寻觅古代晋商万里茶路起点——武夷山下梅古村，重温了晋闽两地先辈携手植茶、制茶、运茶、买卖茶叶中彰显出的勤奋拼搏精神和诚信义利茶德。与此同时，之前已由山西茶叶展评组委会委托福建省“武夷岩茶（大红袍）传统工艺技能及习俗”代表性传承人陈德华先生在2010年春季精心选育了9盆纯种大红袍茶苗，在原产地培育108天后，于2010年6月11日上午在武夷山北斗岩茶研究所举行了隆重的迎取仪式。次日，由专人护送运回太原。9盆纯种大红袍寓意天长地久，由9名三晋资深茶人认养，同时定点、定人专门养护，供三晋各界茶人零距离观赏佳茗，品茶修德；与茶同行，共悟茶道。

2010年为了使山西茶叶从业人员的评茶技艺、茶文化理念等丰富而宝贵的经验得以传承，后继有人，山西茶业展评组委会将先后分批在山西茶企、茶人中挑选出一些大专文化程度以上、从事茶业活动超过3年、特别爱茶的年轻人，推荐到浙江大学茶学系，进行正规、科学、封闭式、脱产评茶资格培训。培训场地、设施、教材均正规、统一，授课老师为该校茶专业教授，并由中国茶业体系学科带头人龚淑英教授亲自指导，重在培养学员识茶、评茶基础知识水平。已取得评茶员资格证书的有马建强、谭海蓉、吴雁、杜记华、武景美、孙秀平6人。

12月25日在山西省太原市举办了山西璐瑶轩杯正味铁观音“评、品、斗”茶王邀请赛。

5月，山西茶叶展评组委会在山西现代国际茶城召开太原茶文化战略发展研讨会，会上回顾了晋商的茶业发展历史，探讨了太原茶叶市场的现状与发展前景。

10月，京、津、晋、冀茶馆经济合作研讨会在河北省唐山市金古月茶道会馆举行。山西茶叶展评组委会主任杨力在会上介绍了山西茶馆的发展与前景。

（山西茶叶展评组委会　张晓鸿）

上　海　市

崇明县
宝山区
嘉定区
上海古峰茶业
上海市茶业协会
上海市茶叶学会
上海天坛国际
上海群峰茶叶
上海大不同天山茶城
上海黄山茶叶
上海古峰茶业
上海茶叶有限公司
上海茶恬园茶业
上海大宁国际茶城
上海满堂春茶城
上海帝芙特
上海市
青浦区
闵行区
松江区
金山区
奉贤区

上海是我国经济、文化中心城市，是长江三角洲的龙头城市，具有得天独厚的地理优势，是中国最大的茶叶集散地和茶叶消费城市之一。拥有众多大型茶叶批发市场、茶叶经营企业、茶馆，人均茶叶年消费量超过 1 千克，明显高于全国平均水平。

茶叶市场

上海市茶叶贸易企业

单位：万元

名　　称	销售额	品　　牌
上海天坛国际贸易有限公司	41 060	天坛（主要出口）
上海群峰茶业有限公司	8 000	
上海黄山茶叶有限公司	3 850	
上海茶叶有限公司	3 500	
上海古峰茶业有限公司	3 000	
上海茶恬园茶业有限公司	1 400	

注：本表以销售额为序。

上海市主要茶叶批发市场

单位：万平方米、个、亿元

名　　称	市场面积	规划铺位	年交易额
上海帝芙特国际茶叶市场经营管理有限公司	11	1 000	20
上海大宁国际茶城	3.5	350	10
上海大不同天山茶城	2.3	380	10
上海九星茶叶市场	1.3	378	
上海满堂春茶城	1.2	197	2.3

注：本表以市场面积为序。

茶文化

上海市茶叶学会七届理事会期间组织参与多种茶文化活动：①对外交流情况。海外科技团组来访100个，参与人数150人；组团出访日本1个，参与人数20人；组团出访韩国1个，参与人数20人；组团出访中国台湾地区1个，参与人数18人。②茶科技、茶文化普及进社区。宣讲内容为：饮茶讲科学，品茶讲艺术系列讲座；茶科技、文化与和谐社会建设。宣讲活动4月9日，60次，参加人数：136 000人。

2010上海豫园国际茶文化艺术节。由中国国际茶文化研究会、中华茶人联谊会、上海市黄浦区人民政府、上海市茶叶学会、上海市茶叶行业协会、上海豫园旅游商城股份有限公司主办，上海豫园文化传播有限公司承办，龙泉市人民政府协办的“2010上海豫园国际茶文化艺术节”，于4月9日在被誉为“世博后花园、世博馆外馆”的豫园商城内开幕。在中国国际茶文化研究会、上海市茶叶学会、上海市茶叶行业协会的牵头组织下，福鼎白茶（太姥银针）、都匀毛尖、西湖龙井、安溪铁观音、天驿古茗武夷山大红袍、润思祁门红茶、一笑堂六安瓜片、张一元花茶、湖南黑茶、天目湖（富子）白茶、龙泉金观音、福安工艺花茶、三角立体包原茶以“中国精品名茶”名义集体亮相上海豫园商城，中国国际茶文化研究会副会长梁朝清，上海市茶叶学会副理事长兼秘书长周星娣，上海市茶叶学会副理事长、行业协会会长黄政及行业协会副会长顾莲生，向他们颁发了由中国国际文化研究会周国富会长亲笔挥毫题写的“中国精品名茶”龙泉青瓷特制奖瓶及获奖证书。

中国国际茶文化研究会副秘书长兼学术部主任姚国坤，黄浦区文化局局长叶盛，上海茶叶进出口公司总经理、中国世博十大名茶组委会主任黄汉庆，上海豫园旅游商城股份有限公司费慧林书记、吴仲庆副总裁、吕颂宪副总裁、上海豫园文化传播有限公司丁文莉总经理，以及浙江省、福建省和贵州省的领导们，出席了开幕活动。本次茶文化艺术节期间，上海市茶叶学会发起策划、组织的“中国世博茶寿星”品茗湖心亭、“中国世博十大名茶”对接湖心亭等活动，不仅是这次茶文化艺术节的亮点，也是“中国世博十大名茶”及其特色主题活动世博前夕在豫园商城的一次隆重“预演”。以茶为媒，百年世博会和豫园商城、湖心亭茶楼，交流、交汇、交融，其意义远远超过了宣传茶文化本身。

4月1日，正值新茶飘香。上海市拓展型课程茶艺教研组在黄浦区回民小学进行少儿茶艺“同课异构”系列研究。用同一题材——“碧螺春”以“校本”、“人本”为研究对象，建构两堂不同的课。

课上，教师大胆创新，与学生共同“玩、赏、探”，乐趣之中教学相长。课后，与会者就“异构”的核心问题进行深入研究探讨。茶引文人思，专家、教师灵感迸发，提出自己的真知灼见，既有对课标理解的和谐共振，也有不同看法的碰撞，研讨中亮点纷呈。志趣相投者，闻香识茶，品茗构课，其乐融融。同课异构的目标、价值在与会者的心志注入时卓显效能。两堂课的课程文化、课程品质于无痕中透露。

4月15日，2010第十七届上海国际茶文化节，以“中国茶喝彩世博”为主题的2010年第十七届上海国际茶文化节隆重开幕，市委常委、宣传部长杨振武，全国供销合作总社监事会主任、中国茶叶流通协会会长刘环祥，中国国际文化交流中心副理事长林丽韫，中国国际公共关系协会会长李道豫，中国宋庆龄基金会副会长、中国翻译协会常务副会长唐闻生，以及上海市人大常委会副主任郑惠强、市政协副主席钱景林、市委宣传部副部长本届茶文化组委会主任马春雷等参加开幕式。市委宣传部杨振武部长宣布2010年第十七届上海国际茶文化节开幕。本届茶节以“宣传世博，融入世博，服务世博”的办节理念，通过“主题展示，经济旅游，文化传播”三大板块、十多项活动，展示中华茶文化的风采。4月18日，2010年第十七届上海国际茶文化节组委会，赴上海对口支援灾后重建的四川都江堰市举行第十七届上海国际茶文化节闭幕式，让灾后重建地区百姓共享茶文化和上海世博盛会。

4月29日，吴中路小学第二届茶文化节。吴中路小学“茶情·世博·书香”第二届茶文化节正式开幕。本次文化节围绕城市，让生活更美好；喝茶，让生命更健康；阅读，让生平更充实主题展开。和谐、健康、文化是中国茶文化的基本思想，构成了美好生活的基石。把中国茶文化思想融入城市生活中，可使我们城市生活中的一壶茶更有滋味，彰显出我们城市高雅情趣以及人的生活魅力。同时我爱读书，我爱生活——与世博同行，享阅读快乐的“书香致远”活动也正式启动，让每一位师生成为爱书人，感受知识力量，丰富生活内涵。出席这次活动的有：上海市茶叶学会、徐汇区教育局、田林街道、社区代表和家属委员会成员。本次茶文化节活动分为3个板块：班级文化系列活动，以茶礼、书境、茶情为主；茶文化学科拓展活动，以了解进入世博的“十大名茶”等茶事、“茶与低碳生活”环保知识金点子征集、茶文化学科整合交流会为主；茶韵芬芳系列活动，以茶操比赛、学生茶艺冲泡技艺比赛为主。让我们的师生在舒心品茶、静心阅读中提升素养与品味。通过本次活动，大家感受了中国茶文化的独特魅力。一杯好茶，能让人在工作中更添动力，在学习生活中更添闲适。

上海市知名茶馆

单位：平方米

名称	营业面积	茶馆区域分布
宋园茶艺馆	3 000	共和新路1667号
颐风茶道	1 800	杨浦区沙岗路588号（国顺东路）
唐韵茶坊	1 800	徐汇区衡山路199号　1家分店
江南茶人	1 600	浦东新区华夏二路717号　12家分店
得和茶馆	1 400	建国西路135号2楼　1家分店
大可堂	1 300	襄阳南路388弄25号
清风人家	1 200	浦东新区周浦镇周东路778号3楼　19家分店
一壶天茶楼	1 046	宝杨路986号
泰和茶馆	1 000	浦东大道1048、1068号　3家分店
友缘茶人茶馆	800	大渡河路565号
秋萍茶宴馆	537	襄阳南路500号
德缘居茶馆	400	闸北区晋城路427号
紫怡茶道	320	浦东新区云山路1230号
上海湖心亭茶楼	300	豫园路257号　全国十佳特色茶馆
备注：以上均为2009—2010年度全国百家茶馆		

注：本表以营业面积为序。

茶业大事记

2010年上海世博会历时184天，上海茶界会同全国茶界，积极参与世博、奉献世博、宣传世博、服务世博、支持世博、共享世博，一切茶事活动都围绕世博这个中心进行组织策划，并为世博增辉、为世博添彩做了大量工作，取得巨大成就，受到世人好评。更令人高兴的是上海茶界倡导宣传实践多年的爱国、奉献、团结、创新的茶人精神，在2010年12月27日全国世博会表彰总结大会上被胡锦涛主席认可为世博精神之一（世博精神比茶人精神多两条——服务精神，实干精神），这是对上海茶人、乃至全国茶人的极大鼓舞，上海茶人表示今后将继续努力大力宣传弘扬世博精神与茶人精神，为中国茶叶事业发展作出新贡献！

中国世博十大名茶——安溪铁观音、都匀毛尖、福鼎白茶、湖南黑茶、祁门红茶、六安瓜片、天目湖白茶、西湖龙井、武夷大红袍、张一元花茶入驻世博会联合国馆，向世人展示、展演、展销，圆了中国茶人百年世博梦，让中国名茶飘扬四海。开幕时，国家副主席习近平到会祝贺并品饮世博茶；闭幕时，联合国秘书长潘基文赴会感谢表扬中国茶界大力支持联合国馆，使之成为历届世博会规模最大、参观人数最多（320万人次），是最棒最成功的一次盛会。他还肯定了“一个地球，一个联合国，一杯中国茶”、“喝茶，让城市生活更美好”的提法很经典。会期中间，几十个国家领导人、名流、名人前来品茗观艺，都说好！

4月14日　为倡导“全民饮茶，共享健康”、“饮茶·健康、快乐、和谐、长寿”的理念，在全国推荐评选了30位世博茶寿星，年龄最轻90岁，最大108岁，他们因茶而健康，因健康而快乐，因快乐而和谐，因和谐而长寿。4月14日在世博会联合国馆隆重举行颁发证书大会，联合国副秘书长阿瓦尼·贝楠，亲自将证书颁发给每位世博茶寿星，并激动地说：“正因为有了中国茶，证明了生命的延年益寿的价值存在，茶寿星印证了茶的价值所在，世界有了茶寿星，才显得更加精神。”

中国茶界泰斗张天福、王家扬，著名茶人熊森、尹在继，诗人戴盟，艺术家秦怡、陆春龄，老红军詹越、苏荣、贺永昌及谈家桢夫人邱蕴芳女士等榜上有名。

4月14日　吴觉农纪念馆开馆5周年庆典活动在百佛园隆重举行。由吴觉农茶学思想研究会、上海市茶叶学会、上海出入境检验检疫协会、中国世博十大名茶活动组委会、上海四海茶文化公司联合主办的“纪念当代茶圣吴觉农先生诞辰113周年”暨“科学兴茶”学术研讨会，“吴觉农纪念馆开馆5周年庆典活动”。来自全国茶人代表150余人出席会议。大会向46位荣获第二批“觉农勋章”的代表颁发了觉农勋章与证书。有6位专家在会上就“科学兴茶”作了精彩演讲，本次研讨会共收到论文31篇。

4月24日　上海茶人与全国茶人及部分大专院校一起，排练了精彩的茶艺、茶道节目，参加了世博演艺中心、宝钢大舞台、联合国馆与许多场馆广场为中外参观者演出，获得好评。我们还从众多茶艺小姐中，推荐评选出60位气质高雅，并具多种才艺魅力的“茶仙子”参与茶艺、讲解的演示，获得大家好评。4月24日，在联合国馆向荣获“茶仙子”称号者颁发了证书。世博会闭幕前夕，为表彰“茶仙子”在世博会期间的辛勤劳动和精彩演示，联合国副秘书长阿瓦尼·贝楠把亲笔签字的“嘉许状”，亲手颁发给60位“茶仙子”。

5月21～24日　“2010中国（上海）国际茶业博览会”在上海国际展览中心隆重开幕。本届展会重视提升展会本身的品位和服务水平，展出面积达到1.5万平方米，来自国内外参展商多达513家，一大批茶叶百强企业盛装登场，形成了一个千茶竞秀、百器争彩的品牌天地，成为中国长三角地区的行业盛会。在4天的展期内，观展人数达5.3万人次，订单交易突破9.26亿元，意向订单额达14.15亿元，现场销售额达2 630万元。从而，突出了产品展示和现场交易的实际效果，体现了长三角茶业合作联动的积极作用，充分显示了中国茶业从产茶大国向产茶强国迈进的强劲步伐，进一步增强了扩大茶叶消费、积极拉动内需的信心和实力。

2010中国世博会上，为了让海内外人士更多地了解中国茶文化的内涵，上海市茶叶学会隆重推出中国世博“十大名茶”对接上海20家名茶馆，将中华民族的千年茶情传播五洲四海。

徐汇区秋萍茶宴馆、黄浦区耕月人茶馆与湖南省茶叶有限公司推荐的“湖南黑茶”结成合作伙伴；浦东新区雅趣茶道、虹口区烟雨江南茶馆与杭州市人民政府推荐的“西湖龙井”结成合作伙伴；浦东新区茶识地茶馆、闸北区宋园茶艺馆与贵州都匀市人民政府推荐的“都匀毛尖”结成合作伙伴；闸北区德缘居茶馆、浦东新区泰和茶馆与福建安溪市人民政府推荐的“安溪铁观音”结成合作伙伴；徐汇区的大可堂茶馆、浦东新区清风人家与北京张一元茶叶有限责任公司推荐的“张一元花茶”结成合作伙伴；浦东新区颐品茶道、闸北区紫怡茶道与安徽国润茶业有限公司推荐的“润思祁门红茶”结成合作伙伴；徐汇区唐韵茶坊、宝山区一壶天茶楼与安徽一笑堂茶业有限公司推荐的“一笑堂六安瓜片”结成合作伙伴；杨浦区颐风茶道、浦东新区紫藤苑茶楼和江苏天目湖生态农业有限公司推荐的“天目湖富子白茶”结成合作伙伴；卢湾区得和茶馆、普陀区友缘茶馆与福建福鼎市人民政府推荐的“福鼎白茶”结成合作伙伴；黄浦区湖心亭茶楼、浦东新区江南茶人与福建武夷山市人民政府推荐的“天驿古茗武夷山大红袍”结成合作伙伴。

7月16日　“世博十大名茶安溪铁观音·让都市生活更美好”的大型品茗观艺会，在上海举行。由中国茶叶流通协会、海峡两岸交流协会、安溪县人民政府、上海市茶叶学会、上海市茶叶行业协会共同主办的铁观音大型品茗观艺会在南京路步行街世纪广场隆重举行，数千名市民冒雨观看了精彩的“茶乡风情”茶艺节目演出。

8月7日　“感受白茶，共享健康”大型茶会在上海举行。由中国国际茶文化研究会、福建报业集团、海峡两岸茶业交流协会，以及福建省农业办公室、农业厅、文化厅、宁德市人民政府、福鼎市人民政府、上海市茶叶学会、“海峡茶道”等主办的“闽茶中国行——中国世博十大名茶福鼎白茶香飘申江”大型茶会在上海豫园隆重举行。这是“闽茶中国行”台湾之行之后，第一次在大陆启动的第一站。来自全国的200多位嘉宾、专家出席。会上专家、学者介绍了白茶的保健功效，为白茶的推广开创了一条新路。

8月6日　世界茶文化史上参加国家最多的一次茶会——世界和谐茶会在上海举行。由上海市茶叶学会中国世博十大名茶活动组委会与联合国馆共同主办在联合国馆隆重举行。来自五大洲100多个国家与地区的100多位代表，欢聚在联合国馆学术大厅参加“世界和谐茶会”，分享“一个地球，一个联合国，一杯中国茶”，在优雅的乐声中，与会者细心品饮“茶仙子”奉上的10杯世博名茶，并分别给十大名茶予以“理解茶、沟通茶、欢聚茶、合作茶、感恩茶、包容茶、分享茶、结缘茶、友爱茶、快乐茶”等雅名，同时也给予和谐茶会很高评价，认为这是人类精神文明的一次精彩对话，是世界多元文化的一次和谐融合。

学会与都江堰市农村发展局签约茶叶产业发展战略合作协议。为促进茶叶产业的发展，加强行业间的合作，进一步拓展市场，共同打造茶叶品牌，提升四川茶叶在上海市场的份额，在2010年第十七届上海国际茶文化节都江堰闭幕式中，本着优势互补、共同发展、长期合作的原则，学会与都江堰市农村发展局经友好协商，就共同建立茶叶产业发展战略关系达成合作协议。

上海市茶叶学会联合举办2010年首届秋茶采购节。上海市茶叶学会、行业协会于9月30日至10月4日联合在帝芙特茶文化广场举办2010年首届秋茶采购节。以“精彩每一天”为主题的上海旅游节是上海的著名文化旅游活动，上海茶乡旅游合作联盟将以此为契机。首届秋茶采购节以上海茶乡旅游合作联盟的成员单位所在地区为主要参展对象，成为集中展示各地名茶的大好时机。

上海茶乡旅游合作联盟通过上海国际茶文化节应运而生，也是该节的延伸和商旅结合的重要抓手。联盟将充分利用上海旅游节的平台作用，树立“产品共兴、品牌共推、市场共构、社会共享”的理念，达到区域间“互动、互融、互补、互助”的目的。

（上海市茶叶学会　周星娣）

江 苏 省

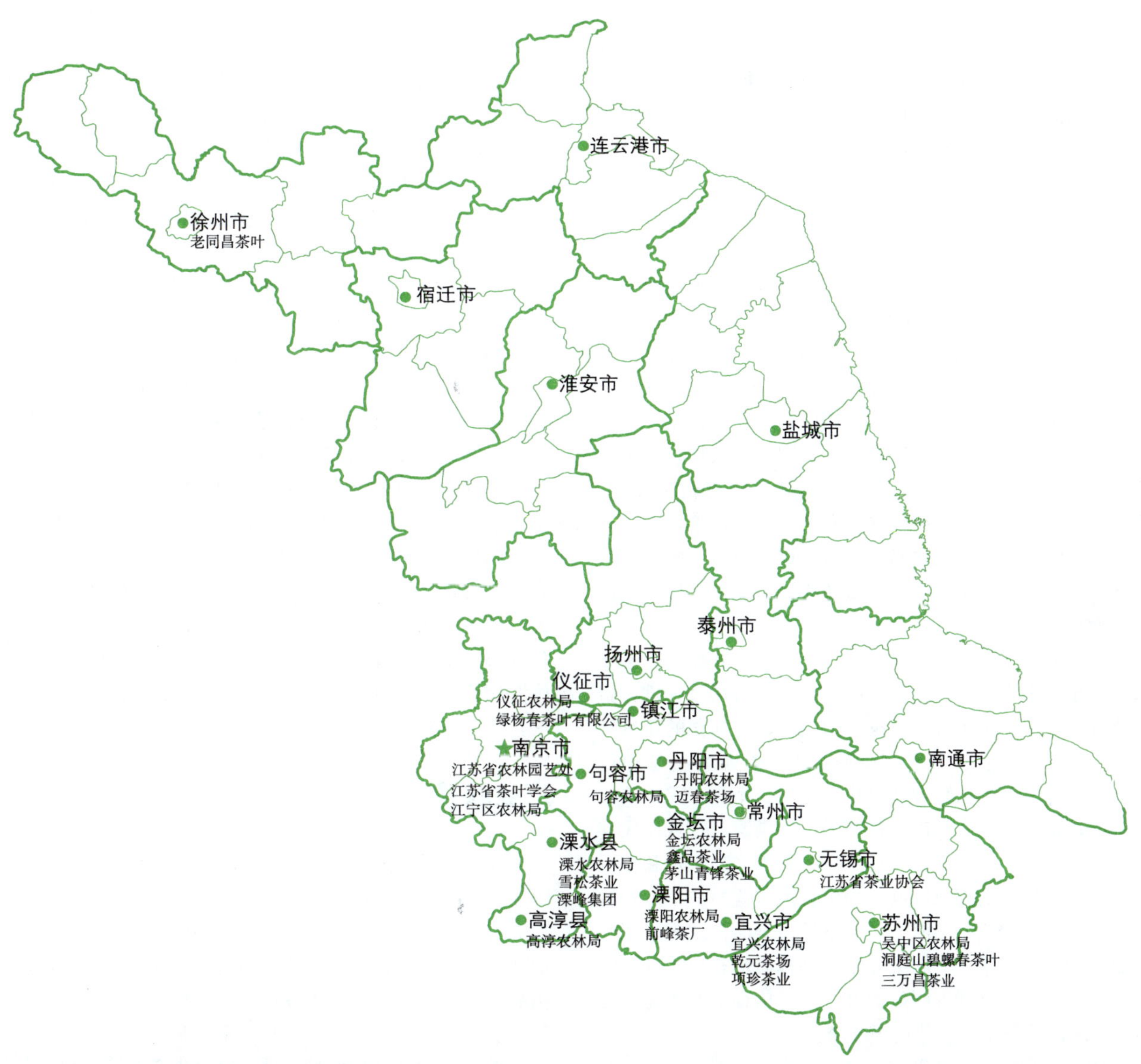

江苏省地处我国茶区北缘，境内多平原水网，丘陵山地仅占总面积的14.9%，茶园主要分布在沿江和江苏南部丘陵地区，是茶叶的小产区、大销区。江苏茶叶产茶历史悠久，素以建园科学规范、栽培管理精细、制茶技术精湛而见长。2010年产茶1.5万吨，产值18.1亿元，产茶县（市、区）34个，从业人员40多万人。茶叶产业已成为丘陵山区农业的重要支柱产业，是现代高效农业的重要组成部分，对促进农业产业结构调整、增加农民收入、扩大就业，推动山区新农村建设发挥着重要的作用。

江苏省茶业基本情况

项　　目	单　　位	2010 年
毛茶产值	亿元	18.1
茶园面积	万公顷	3.24
茶叶产量	万吨	1.49
企业数	个	891
城镇居民茶叶消费	千克/人	0.35

发展现状

江苏茶叶坚持质量第一，实施精品战略，在业内得到普遍赞同，苏茶影响力和竞争力得到迅速提升。2010 年江苏茶园总面积达 3.24 万公顷，同比增长 3.2%；茶叶总产量，达 1.49 万吨，同比减少 900 吨；总产值达 18.1 亿元，同比增长 14.5%。2010 年名茶产量达到5 000吨，同比减少 3.8%，产值 14 亿元，增长 2.2%。全省开采茶园平均产值达65 579元/公顷，居全国前列。

（1）茶园基础得到加强。各茶区继续以发展茶树无性系为重点，大力加强茶园基础建设。据统计，2010 年无性系良种茶园面积逾9 066公顷，无性系良种茶园的普及率提高到 28%。推广林茶、果茶间作等复合生态茶园建设，形成了一批路沟渠配套、林网配套的现代化茶叶生产新基地。全省通过“三品”认定的茶园不断增加，其中无公害茶园面积接近 100%，地理标志认证也有很大发展。为了提高茶园防御自然风险能力和质量安全水平，应对早春晚霜危害频繁的茶园防霜冻风扇、遮阳网等设施得到广泛推广应用，部分茶园开始尝试使用频振式杀虫灯、性诱剂等病虫害综合防治方法。

（2）清洁化加工实现重大突破。全省茶叶加工设备技术改造步伐全面加快，引进、应用环保型汽热杀青机、微波杀青机等茶叶加工机械。推广标准化、系列化的新机械及名优茶的加工技术，名茶机械加工的普及率全省超过 90%。实施茶叶加工环境的绿化、美化、净化工程，茶叶加工厂环境得到综合整治，杜绝加工污染源，符合现代食品安全要求的、崭新的茶叶加工厂不断增多。制定和执行茶叶清洁化加工的规章制度，严格管理和监控加工过程的茶叶质量安全。改善储藏、包装条件，全面普及推广茶叶低温冷藏保鲜技术，实施茶叶生产全程质量安全控制，使全省茶叶质量安全状况明显提升，质量信誉不断提高，通过 QS 认证的茶企业总数达 369 家。

（3）民营经济发展迅速。民间资本投资茶园建设、开发茶产业继续保持增长，民营经济已成为产业的发展主体，全省民营茶园面积比重已达 90%。民营经济具有起点高、规模大、活力强的特点，它的迅速崛起，为江苏茶产业发展增添了动力，推进了社会资源的有效配置，产业内部的组合优化，促进了江苏茶叶的健康发展。同时，茶区的农民专业合作组织和土地股份合作组织发展迅速，全省茶叶合作经济组织已超过 100 家，部分地区成立了茶叶股份合作联社，加快了茶叶生产方式从家庭作坊式向股份合作规模化经营的转变，对于提高竞争力、适应市场经济发展起到了积极的推动作用。

（4）品牌优势日益显现。茶产业是步入市场经济最早的产业之一，经过多年激烈市场竞争的磨炼，全行业无论是领导者还是经营者、生产者，质量标准意识、市场意识、品牌意识普遍增强。有一定规模的茶场都有独立的注册商标、企业标准、名茶品牌，全省已制定省级茶叶地方标准 39 部，拥有省著名商标 25 个，省级以上名牌农产品 33 个。各地为弘扬茶文化，引导茶消费，举办诸如苏州吴中洞庭（山）碧螺春茶文化旅游节，溧阳茶叶节暨天目湖旅游节，南京雨花茶节，无锡斗山太湖翠竹茶叶节，镇江金山翠芽茶叶节，仪征绿杨春早茶文化节等节庆活动，宣传推介产品，扩大产业影响。

（5）产业发展空间拓宽。茶叶深加工和休闲观光农业的发展成为江苏省茶产业链延伸的重要方向。以茶多酚、速溶茶、超微粉茶为主的深加工产品生产和销售有较大幅度的增长，其中速溶茶年加工消耗原料 1.5 万吨，茶多酚的销售突破 1.5 亿元，超微粉茶的生产销售连年翻番，其应用涉及食品、医院、化工等领域，显示了茶叶深度加工产品的广阔发展前景。茶文化和休闲观光农业的兴起，成为产业发展的新亮点。茶叶企业利用周边的旅游环境，涉足观光休闲茶园、茶楼建设，增强了企业活力，开拓了经营渠道，收到了良好的效果。这不仅推动了茶叶的消费，而且带动了其他产业的发展，活跃和发展了农村经济，改变了茶区面貌，致富了山区农民，推动了山区新农村建设。据不完全统计，全省从事休闲观光农业茶叶企业达 100 家，年经营额数亿元。各种茶叶节庆和茶艺茶事活动频繁，品茗休闲，茶文化旅游逐步兴起，从不同侧面激活了市场，开拓了消费需求，促进了产业的发展。

产业政策

江苏省经济发达，劳动力成本高，宜茶自然资源有限，是茶叶的大销区小产区，自产茶产量约占省内销量的 1/3。因此，近年来，江苏茶产业发展定位于优质、省工、清洁、节能，发挥名茶优势、质量优势和效益优势，坚持精品战略，以名优茶为支柱产品，积极发展深加工茶制品和再加工茶叶产品，巩固提高大宗绿茶。实施标准茶园创建，扩大无性系良种面积，推广复合生态茶园建设、茶园病虫害综合防治、名茶机械化、清洁化加工、茶园灾害防除设施应用等技术，积极开拓市场，宣传推介品牌，全面提升产业化经营水平。根据上述产业发展总体思路，各级财政给予相应的资金扶持。一是通过财政支持现代农业生产发展、高效设施农业、农业三新工程、丘陵山区农业综合开发等项目，对无性系茶树良种、茶园生态建设、茶叶标准化生产给予补贴，省以上财政按不超过建设总投入的 1/3 给予补助。二是通过项目对农民专业合作组织、农业产业化龙头企业建设予以补助，补贴标准 15 万～200 万元。三是农机补贴，对茶场购置保鲜冷库、杀青机、杀虫灯等给予定额补贴。四是鼓励申报无公害、绿色、有机产品基地和农产品地理标志认定，对通过认证和获得各级名牌产品称号给予1 000～5 000元奖励。五是开展标准茶园创建，中央财政给予一定补助，主要用于生态栽培物化技术应用补贴。六是建设省级茶树基因库和地方品种种质资源保护圃，以及省级茶树良种繁育示范场。

茶叶生产

江苏省茶叶生产情况

单位：万公顷、万吨、亿元、%

年份	面积		产量		产值		名特茶增幅	
	总面积	开采面积	总产量	名茶产量	总产值	名茶产值	产量增幅	产值增幅
2010	3.24	2.76	1.49	0.5	18.1	14	−3.8	2.2

江苏省茶叶主产地区

单位：吨、公顷

地区（市）	茶叶产量	茶园面积	茶树品种	主要品牌
无锡市	6 426	5 730	福鼎大白、福鼎大毫、龙井系列、浙农系列、鸠坑种、槠叶种	阳羡雪芽、无锡毫茶、太湖翠竹、竹海金茗
常州市	3 463.5	7 695.3	福鼎大白、龙井系列、浙农系列、鸠坑种、槠叶种	金坛雀舌、茅山青锋、天目湖白茶、翠柏、寿眉
南京市	2 091.7	7 509.6	龙井系列、鸠坑种、槠叶种	雨花茶、翠眉、金陵春
镇江市	1 344.9	4 442.5	福鼎大毫、龙井系列、浙农系列、槠叶种	金山翠芽、茅山长青、吟春碧芽、

注：本表以茶叶产量为序。

江苏省茶叶主产县（市）

单位：吨、公顷

县（市）	茶叶产量	茶园面积	茶树品种	主要品牌
宜兴市	6 009	4 993	福鼎系列、龙井系列、浙农系列、槠叶种、鸠坑种、宜兴群体种	阳羡雪芽、竹海金茗、碧螺春
溧阳市	1 983	4 666.7	安吉白叶茶、福鼎大白、槠叶种、鸠坑种	天目湖白茶、水西翠柏、南山寿眉、沙河桂茗
金坛市	13 505	2 757.3	福鼎大白、龙井系列、浙农系列、槠叶种	金坛雀舌、茅山青锋
高淳县	554.4	1 317.87	福鼎大白、龙井系列、槠叶种	雨花茶、金陵春
南京江宁区	660.6	2 875	龙井系列、槠叶种	雨花茶
溧水县	591.2	1 708	龙井系列、槠叶种	雨花茶、翠眉
句容市	553.6	2 515.73	福鼎大毫、龙井系列、浙农系列、槠叶种	茅山长青、金山翠芽、春毫
仪征市	553.4	2 261.9	槠叶种、鸠坑种、宜兴群体种	绿杨春
镇江丹徒区	283	748.53		金山翠芽
苏州吴中区	257	2 017	洞庭山群体种	碧螺春

注：本表以茶叶产量为序。

茶叶加工

江苏省主要茶叶加工企业

单位：万元、吨、公顷、吨/年

名称	销售额	茶叶产量	茶园面积	加工能力	茶叶品牌
苏州洞庭山碧螺春茶叶有限公司	5 000	8	133.3	15	玉品
江苏省前锋茶厂	2 484	669		600	前锋
茅山青锋茶业有限公司	2 320	50	386.6	360	金鹿
江苏鑫品茶业有限公司	1 600	80	80	360	鑫品、鑫园
南京溧峰集团	1 200	240		400	溧峰
宜兴市盛道茶业有限公司	1 000	24		40	盛道
丹阳市迈春茶场	1 000	20		50	吟春碧芽
宜兴市乾元茶场	910	17		30	宜竹
南京雪松茶业有限公司	850	1 050		1 050	雪松
仪征市绿杨春茶叶有限公司	500	100		150	捺山

注：本表以销售额为序。

茶叶市场

江苏是茶叶的大销区小产区，地产茶叶以内销为主，部分名茶和低档绿茶出口。内销茶除传统名茶洞庭（山）碧螺春外，其他以本地直销、集团消费为主，很少进入市场流通。占据江苏茶叶市场的主要是来自省外各茶叶主产区的产品，门市销售方式有传统茶叶老店、连锁店、产区直销店和商场、超市专柜。较大的茶叶专业批发市场主要分布在南京、苏州和溧阳，其他在茶叶集中产区有一些小型、季节性茶叶产地批发市场。

江苏省主要茶叶批发市场

单位：亿元、万吨、万平方米、个

名称	交易额	交易量	建筑面积	规划铺位
苏州市南环桥茶叶批发市场	5.8	0.65	0.6	250
南京江苏正大茶城	5	0.7	1.3	260
南京下关茶叶批发大市场	3	0.5	0.8	278

注：本表以交易额为序。

茶文化

江苏茶文化底蕴深厚，早在唐代就有诗人皮日休和陆龟蒙分别以茶坞、茶人、茶笋、茶赢、茶舍、茶灶、茶焙、茶鼎、茶瓯、煮茶为题写就的《茶中杂咏并序》和《奉和皮子十咏》组诗，为后人留下一段茶人佳话。茶圣陆羽曾在江苏游历考察，留下诗作、遗迹；与茶有关的地名、传说遍及江苏各地，如无锡的天下第二泉、镇江的江南第一泉、茶亭、茶山等，有待进一步发掘整理。近年来，为弘扬茶文化，引导茶消费，发展茶产业，各地举办了以茶为主题，内容丰富，形式多样的茶事节庆，开发了一批以茶产业为基础的休闲观光景点，这是近年来江苏茶文化发展的两个特点。

茶事节庆

苏州吴中洞庭（山）碧螺春茶文化旅游节　苏州市吴中区人民政府主办，每年3月中下旬举行，期间进行碧螺春炒制能手竞赛、民间文艺表演，组织茶乡旅游。

溧阳茶叶节暨天目湖旅游节　江苏最早的茶事节庆，溧阳市政府主办，1991年举办第一届，至今已连续举办十一届，举办时间在4月下旬，其间开展名茶评比、展示，经贸洽谈，科技成果信息发布，茶产业发展高层论坛，大型主题情景晚会等活动，推动了溧阳市茶产业发展，打响了天目湖茶叶品牌。

南京雨花茶节　南京市人民政府和江苏省农业委员会主办，南京市农业委员会承办，每年4月中下旬举办，进行雨花茶专场推介会、万人共饮雨花茶、雨花茶茶文化介绍、雨花茶现场展示展销等活动，扩大雨花茶品牌、文化。

无锡斗山太湖翠竹茶叶节　无锡市锡山区人民政府主办，4月中下旬举行，茶叶节期间举办名特茶展销、茶艺表演、茶文化图片展等茶文化系列活动，以及书画展、摄影展、体育比赛等一系列群众性文体活动。

镇江金山翠芽茶叶节　镇江市人民政府主办，2007年为第一届，期间举办名茶评比，万人品新茗，地产名优茶展销，茶产业专项招商项目推介会等活动。

仪征绿杨春早茶文化节　仪征市人民政府主办，每年4月中下旬举行，组织茶乡旅游、茶书画展、茶文化知识讲座、茶精品展示。

大事记

4月15日　全国茶叶标准化技术委员会碧螺春工作组在苏州成立。

4月24日　第十四届江苏省“陆羽杯”名特茶评比活动在溧阳举行。

5月15日　江苏省茶文化学会在宜兴市成立。

5月　上海国际茶叶博览会为雨花茶专辟展示茶馆，参展企业联手开展“万人共品雨花茶”活动。

5月　溧阳富子牌白茶入选“世博十大名茶”。

12月6日　江苏省茶叶学（协）会在宜兴市举办纪念张志澄先生诞辰100周年活动。

（杨意成　张　定）

浙 江 省

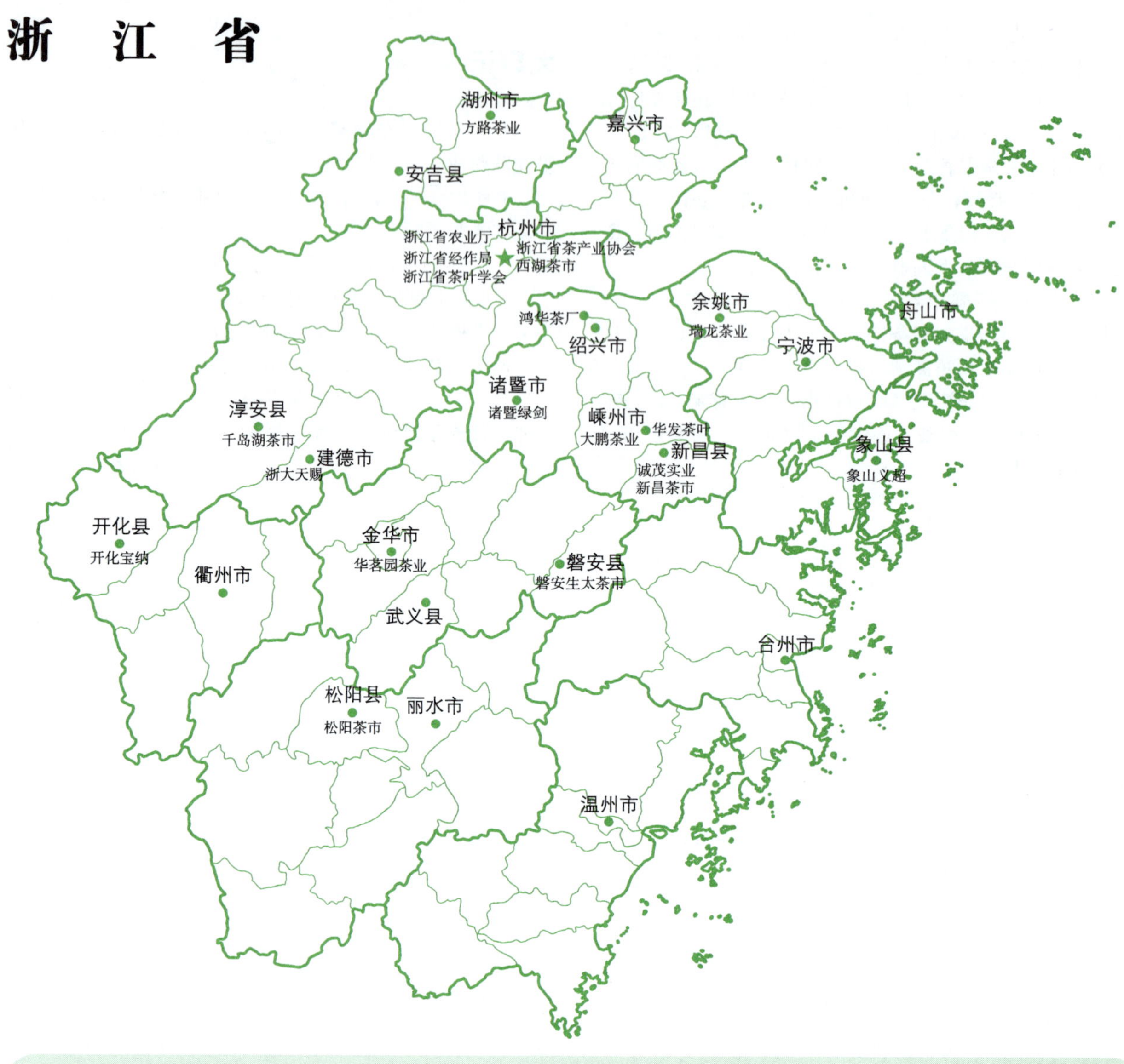

浙江素称“鱼米之乡、丝茶之府”，是我国乃至世界最适宜的绿茶种植产区之一，种植历史悠久，产业基础扎实，文化底蕴深厚。浙江是韩国和日本茶种的源头，是日本茶道的发源地，是茶圣陆羽撰写世界第一部茶书《茶经》之地。在浙江，有我国历史最早的贡茶院，有乾隆皇帝钦点的“十八棵御茶”，有我国最早的茶叶交易市场——磐安玉山古茶场等。近年来，在浙江省委、省政府的高度重视下，全省上下合力打造茶业强省，大力发展名优茶和精深加工，浙江绿茶产业呈现持续快速发展的良好局面，以龙井茶为代表的名优绿茶和以珠茶、眉茶、蒸青茶为代表的大宗出口绿茶深受海内外消费者的青睐。2010年在春茶采摘期间遭受雪灾、冻害等罕见“倒春寒”气候，大部分早熟品种受到严重损害。在不利的自然条件下，经过整个茶叶行业的共同努力，全年仍然取得较大幅度增收的好成绩。

浙江省茶业基本情况

项　目	单　位	2010 年	项　目	单　位	2010 年
毛茶产值	亿元	90.5	茶农户数	万户	67
茶园面积	万公顷	17.79	毛茶平均价格	元/千克	55.52
茶叶产量	万吨	16.3	企业数	个	2 120
精制茶产量	万吨	20	行业销售额	亿元	166
茶叶年加工能力	万吨	30			

产业政策

2010年，浙江省各级政府保持对茶叶产业高度重视的热度，不仅多位省领导批示要求加强茶产业发展，同时，省人大、省政协也有多个提案要求加快推进现代茶叶产业发展，特别是对茶叶精深加工产业发展高度关注。同时，浙江省在全面推进“二区”（现代农业园区、粮食功能区）建设中，茶叶产业现代园区建设地位突出，在现代农业综合区、主导产业示范区与现代农业精品园建设名录中，茶叶产业建设比重较大。2010年在开始实施“十二五”浙江茶叶产业转型升级方案的同时，浙江省在现代农业生产发展资金、种子种苗、茶树品种改良、省级龙头企业扶持、茶叶专业合作组织建设等方面政策性资金扶持上，对茶叶产业给予了多方面的支持，保持政策对茶叶产业较大的扶持力度。

同时，2010年龙井茶证明商标使用与管理办法得到全面推进，新华社等全国近200家报刊、电视、广播等媒体发布了龙井茶实施证明商标管理的相关信息。并正式启动国际注册保护，完成了43个国家和地区注册申请工作。到2010年底，有240家企业（包括30多家省外销区经销企业）获得龙井茶证明商标准用证。同时，河南、青海、山西、安徽、山东等地工商部门查处了近30起龙井茶侵权案件，龙井茶合法生产者、经营者的权益得到有效保护。

茶叶生产

2010年全省茶叶面积达17.8万公顷，比上年增加0.2万余公顷，全省全年茶叶产量为16.3万吨，与上年同口径的16.7万吨略减；实现产值90.5亿元，比上年75.3亿元，增加15.2亿元，增长20.2%，茶叶产值再创历史新高。其中，名优茶产量达6.4万吨，比上年同口径的6.7万吨减少0.5%，名优茶产值84.4亿元，比上年同口径的68.4亿元增长24.0%。

在生产茶类上，浙江保持绿茶主导地位的同时，紧压茶在金华、绍兴等地形成规模化生产，产量达7 000多吨，比上年增长近40%；红茶生产多点开花，夏秋茶利用有序推进。

2010年全省继续重视茶树品种改良工作，全省共发展无性系良种茶园10.04万亩，无性系茶树良种面积达11万公顷，良种率达到62%，如期实现了2000年省委、省政府提出的达到60%的目标。同时在全国茶树品种鉴定委员会新品种鉴定会上，浙江有中国农业科学院茶叶研究所选育的中茶108、中茶302，浙江大学选育的浙农139、浙农117，武义县农业局育成的春雨1号（武阳早）、春雨2号（武阳香），以及杭州市农业科学院选育的茂绿7个茶树品种通过国家茶树新品种鉴定，建德、新昌、余姚、永嘉、景宁、龙泉、武义、天台、江山、长兴等10个县（市）被评为2009年度浙江省茶树良种化先进县。

2010年茶园机械化采剪进一步推进，全省采茶机械和修剪机械拥有量分别为6 900台和13 300台，机采茶园面积4.13万公顷，机械修剪面积10.47万公顷。

2010年，通过组织开展了茶叶产地准出管理与推行生产档案记录与产品质量追溯制度。浙江茶叶质量安全继续得到保障，根据农业部标准茶园抽样与浙江省农业厅质量安全例行抽检，茶叶产品质量合格率保持在较高水平，没有发生重大质量安全事件。全省对春茶、夏秋茶监测3次，共抽检220批次，合格219批次，合格率99.5%。其中：农业部例行监测30批次，合格率100%；省级例行监测110批次，合格率99.1%；秋季茶叶专项监测80批次，合格率100%。

2010年浙江茶叶在加工方面继续推进优化改造工作。全省改造初制茶厂480家，并且名优茶加工连续化、自动化生产线在多个主产县得到推广；与此同时，自动称重投叶扁形茶加工机械在松阳、新昌等县成功研制与推广，加上农机补贴政策继续全面推行，名优茶加工机械推广持续保持相当热情，到年底全省共拥有名优茶加工机械24.1万台，比2009年21.5万台，增加了26 000台，增长12.1%，名优茶机制比重达到的98%以上，基本实现了名优茶加工的机械化。同时，开展了茶叶精深加工调研，成功举办了于4月下旬在新昌举行的中国茶叶深加工高峰论坛，并在会上达成了《中国茶叶深加工高峰论坛新昌共识》，为推进茶叶精深加工产业化发展统一了认识、打下了基础。

浙江省茶叶生产主要地区（一）

单位：吨、公顷

名称	茶叶产量	茶园面积	茶树品种	主要品牌
绍兴市	49 580	33 125	鸠坑种、迎霜、龙井43、乌牛早、浙农系列等	大佛龙井、绿剑茶、越乡龙井、皇帝、会稽龙井、觉农舜毫、平水珠茶、泉岗辉白等

浙江省茶叶生产主要地区（二）

单位：吨、公顷

名称	茶叶产量	茶园面积	茶树品种	主要品牌
杭州市	30 500	32 262	龙井43、鸠坑种、迎霜、浙农系列等	西湖龙井、径山茶、千岛玉叶、雪水云绿、天目青顶、千岛银针、云石三清、眉茶等
丽水市	22 627	27 385	迎霜、龙井43、安吉白茶、群体种、乌牛早	松阳银猴、金奖惠明、梅峰、仙都笋峰、龙谷丽人、凤阳春、香茶
宁波市	18 155	12 718	鸠坑群体种、乌牛早、迎霜、福鼎大白茶、白叶茶1号、黄叶早	余姚瀑布仙茗、望海茶、奉化曲毫、四明龙剑、天池翠、平平顶芽茶、珠茶等
金华市	16 630	20 599	鸠坑种、迎霜、武阳早、龙井43、浙农117、木禾种	武阳春雨、更香有机茶、磐安云峰、浦江春毫、婺州举岩、东白春芽、兰溪毛峰、道人峰等
湖州市	10 352	17 096	白叶1号、龙井43、迎霜、鸠坑、浙农系列	安吉白茶、长兴紫笋、莫干黄芽
衢州市	6 090	10 634	迎霜、乌牛早、龙井43、鸠坑种	开化龙顶、江山绿牡丹、衢州玉露
温州市	4 561	14 421	乌牛早、平阳特早、清明早、黄叶早、香菇寮白	雁荡毛峰、三杯香、乌牛早、平阳早香茶、温州黄汤

注：本表以茶叶产量为序。

浙江省茶叶主产县

单位：吨、公顷

地区（县和县级市）	茶叶产量	茶园面积	茶树品种	主要品牌
嵊州市	19 138	12 103	群体种、龙井43、迎霜、乌牛早等	越乡龙井、华发茶叶、泉岗辉白
诸暨市	12 266	6 729	群体种、迎霜、浙农117、龙井43等	绿剑、龙井
余杭区	9 614	3 657	群体种、龙井43、迎霜、浙农117系列等	径山茶、蒸青茶
松阳县	9 050	7 344	银猴、安吉白茶、龙井43	松阳银猴、香茶
武义县	7 424	6 752	鸠坑种、武阳早、迎霜、乌牛早、龙井43	武阳春雨、更香有机茶、汤记高山茶
淳安县	6 850	12 157	群体种、乌牛早、龙井43	千岛玉叶、鸠坑毛尖
遂昌县	6 819	6 987	银猴、迎霜、安吉白茶	龙谷丽人、香茶
新昌县	5 925	6 487	乌牛早、群体种、龙井43、浙农117等	大佛龙井
余姚市	5 313	4 060	鸠坑种、乌牛早、白叶茶1号、黄金芽等	余姚瀑布仙茗、四明龙尖

注：本表以茶叶产量为序。

浙江省主要茶叶加工企业

单位：万元、吨、公顷、吨/年

公司名称	销售额	茶叶产量	茶园面积	加工能力	品牌
浙江华发茶业有限公司	41 985	31 000	10 800	35 000	皇帝、华发
浙江华茗园茶业有限公司	38 886	12 634.6	3 333	10 000	
浙江更香有机茶业开发有限公司	29 000	1 680	2 333	2 000	更香
象山义超茶业有限公司	26 900	6 250	1 665	18 000	HAMZA（哈马达）等
新昌县诚茂实业有限公司	23 000	20 000	650	25 000	诚茂、亿万杯
湖州方路茶业有限公司	21 000	20 855	18 666	30 000	
绍兴县和兴茶厂	19 350	17 200	800	25 000	平水珠茶
浙江省诸暨绿剑茶业有限公司	16 800	1 250	2 000	2 000	绿剑
嵊州市大鹏茶业有限公司	15 200	16 000	6 667	30 000	ASKIA、鹏宇、祁山
浙江鸿华茶厂	15 125	14 000	700	25 000	
绍兴县两溪茶厂	13 720	13 000	500	20 000	舜湖
余姚市华通茶厂	12 000	6 000	2 500	10 000	长寿，鼓鼓
浙江四贤茶业有限公司	8 000	3 000	1 000	4 000	四贤

注：本表以销售额为序。

茶叶市场

2010年浙江的茶叶市场，总体呈先淡后旺，全年基本持续平稳的局面。早春2月底前由于消费慢热，开始之时有交易清淡现象；冻灾之后，迅速恢复到了交易活跃的局面，全年总体保持着产销顺利对接的良好局势。2010年全省茶叶流通产地市场主渠道作用进一步增强，全省现有乡级以上茶叶市场131个，交易总量与总产值分别达11.1万吨、88.4亿元，比上年的9.8万吨和71.6亿元，分别增长了13.3%和23.5%。其中，浙南茶叶市场交易量达4.7万吨，交易额17.3亿元，其交易量、交易额分别比上年增长11.90%和39.52%。新昌中国茶市交易量9 969吨，交易额16.78亿元，同比分别增长10.58%和32.23%。

同时由于市场拉动与质量提高因素影响，近期茶叶价格明显上扬，全省全年平均价格达每千克63.18元，比上年同口径的56.96元增加10.9%；其中，名优茶平均价格每千克131.12元，比上年的118.30元增加10.84%。

2010年，浙江省茶叶出口量15.5万吨，同比减少4.3%；出口额3.94亿美元，同比增长3.19%；分别占全国出口总量和出口总额的51.30%和50.24%；平均单价为每吨2 539美元，比上年增长7.8%。浙江茶叶出口的国家和地区有95个，比上年增加8个。其中前十位分别是摩洛哥（50 353吨）、毛里塔尼亚（10 701吨）、乌兹别克斯坦（10 701吨）、马里（6 231吨）、阿尔及利亚（6 055吨）、日本（5 798吨）、塞内加尔（5 715吨）、多哥（5 388吨）、贝宁（3 877吨）和俄罗斯（3 849吨）。

2010年浙江出口茶叶呈现多元化格局，其中民营企业出口量10.79万吨，出口额2.71亿美元；国有企业出口量2.64万吨，出口额0.68亿美元；集体企业出口量1.44万吨，出口额0.36亿美元；外商投资企业出口量0.65万吨，出口额0.19亿美元。

浙江省主要茶叶贸易及出口企业（一）

单位：万元、吨

名　　称	销售额	交易量	出口量
浙江华发茶业有限公司	41 900	32 489	17 682.6
宁波义超进出口有限公司	26 900	16 287	16 287

浙江省主要茶叶贸易及出口企业（二）

单位：万元、吨

名　　称	销售额	交易量	出口量
浙江昌祥茶叶有限公司	19 350	18 600	15 200
浙江余姚茶厂	15 300	7 900	7 625
嵊州大鹏茶业有限公司	15 200	16 500	12 000
浙江鸿华茶厂	15 125	15 200	12 100
绍兴县两溪茶厂	13 720	13 200	10 980
浙江宝纳制茶有限公司	10 000	9 000	8 000
浙江四贤茶业有限公司	8 000	3 000	3 000

注：本表以销售额为序。

浙江省主要茶叶批发市场

单位：万平方米、万吨、亿元

公司名称	市场面积	交易量	交易额
新昌中国茶市	10	0.996 9	16.78
杭州千岛湖茶叶市场	2.9	4.23	5.1
浙南茶叶市场	2.84	4.7	17.3
浙中生态茶叶市场	1.99	0.18	2.13
武义茶城	1.2	0.28	2.6
开化龙顶茶叶市场	1	0.1	2.6
苍南浙闽茶叶集散中心	0.9	0.2	1

注：本表以市场面积为序。

茶叶消费

2010年浙江茶叶消费总体呈平稳增长，主要消费茶类仍为名优绿茶，尤其是龙井茶的消费保持较强增长优势，十大名茶及省、市级茶叶龙头企业品牌名优茶销势持续增长，而且品牌价值也在其销售价格中得到较好体现，说明浙江茶叶消费者的品牌意识也在同步提高。在团购消费中，据多家企业反映，房地产行业的名优茶消费2010年有明显下降。同时据新昌、淳安等产地市场反映，消费者组织团购或自发直接到市场选购名优茶的人群或旅游者明显增长，新昌调查，4月份以来中国茶市直接购买茶叶的消费者比上年增长30%以上。

茶文化

为促进茶消费、打造茶品牌、弘扬茶文化、发展茶经济，2010年各地重视茶事举办，3月3日由永嘉县人民政府、温州市农业局与浙江省农业厅经济作物管理局主办的首届永嘉（乌牛早）早茶节已为浙江省虎年的茶事活动拉开了序幕。据统计，在3～5月期间，全省有近30个县、市、区主办的不同形式的茶事活动在省内外精彩纷呈。其中主要大型的茶事活动有：

3月19～21日，由温州市人民政府、浙江省农业厅主办的“苍南翠龙”第八届温州早茶节，在温州松台广场举办，期间举行了“苍南翠龙”证明商标新闻发布会、温州名优早茶评比、茶歌茶舞茶艺表演、温州茶人品茶擂台赛、外宾品茶、茶文化科普知识展览、早茶展示宣传、书画展示、现炒现卖、温州早茶尝新、网上早茶节等的活动。

3月25～27日，由中国茶叶流通协会、浙江省农业厅、丽水市政府主办，松阳县和省茶叶产业协会承办的第三届中国茶商大会松阳银猴茶叶节，在松阳举办；此次茶会活动围绕茶商、市场、科技、品牌主题，配套有中国（松阳）绿茶产销对接会、中国（松阳）绿茶产业可持续发展研讨会、品茶会等系列茶事活动。来自全国10多个省的茶产业协会负责人，全国主要产区、销区茶叶市场老总、重要茶商、全国茶叶界各方面的专家学者等700多位代表到会。

4月20～23日，由中国国际茶文化研究会，浙江省农业厅，中国农业科学院茶叶研究所，中国茶叶流通协会，中国茶叶学会，绍兴市政府主办的2010中国（新昌）国际茶业博览会暨“中国茶文化之乡”授牌典礼，在新昌县举行，期间开展了中国名优茶精品展示展销会、浙江省第五届龙井茶手工和第三届机制茶炒制大赛、中国茶叶精深加工高峰论坛、中国茶叶区域公用品牌价值发布会、浙江省茶文化研究会代表大会等活动。

4月24～26日，由中国茶叶流通协会、中国国际茶文化研究会、浙江省农业厅、中国茶叶学会、宁波市人民政府联合主办的第五届宁波国际茶文化节暨第五届世界禅茶文化交流大会，在宁波市国际会议展览中心举办。此次茶文化节以发展、健康、和谐为主题，以展示展销、招商引资、文化活动等形式为载体，推动茶产业，促进茶文化，发展茶经济。配套有以禅茶东传宁波缘为主题的第五届世界禅茶文化交流大会与海上禅茶乐专场文艺表演等。

另外，浙江继续重视浙江绿茶国际推广工作，10月17～21日，在2010年法国国际食品展上，浙江省组织了浙江绿茶巴黎推介活动。有包括第二届浙江省十大名茶与部分优质名茶的26家企业，近50多位代表参加了此活动。这是浙江省茶叶企业参加国际展览企业阵容最大的一次，通过整体展示展销、媒体宣传与茶文化呈现等，进一步扩大了浙江绿茶在国际市场的影响力。在茶事活动此起彼伏的同时，中国国际茶文化研究会及浙江20多年地方茶文化研究机构也做了大量茶文化挖掘、传承与弘扬等工作，还有中国茶叶博物馆、杭州“茶为国饮、杭为茶都”品牌促进会、中国茶叶学会等也分别为茶文化弘扬做了许多工作。特别是于3月26日至4月23日举行的2010中国（杭州）西湖国际茶文化博览会，把三四月的杭州盖上了弥足茶香的茶文化氛围。不仅开展以龙井茶文化展示、龙井茶与世博会、龙井茶与名人和龙井茶与健康四大篇章，展示茶起源、茶典故、茶礼教等茶文化活动。在开展了推出西湖茶宴的同时，进行了首届茶菜（点）民间挖掘活动。开展了全民动员，电视联动，杭州茶艺之星的选拔和角逐，吴山斗茶会、民间炒茶王PK赛、老街问茶、茶艺大汇串和清河坊茶会茶叶、茶器展销会等活动，充分展现茶都杭州历史悠久的民俗茶文化，让更多的市民、游客体会生活品质之城的内涵和魅力。而且还组织了隆重的杭州—京杭大运河南北大茶会，联动杭州到运河沿线其他33个城市设置1 000个饮茶点，向中小学、高校学生、市民、游客等赠茶活动。还在灵隐寺举办由法师、僧人演绎的云林禅茶会，传达了讲究主客之茶与禅的心灵互通，感悟平凡人生真谛，弘扬茶文化和谐圆满的理念。

浙江省知名茶馆

单位：平方米、个

名　　称	营业面积	区域分布	连锁店数量
宁波青源茶馆	6 000		
杭州新源茶楼	3 000		
新江畔居	2 500		
杭州门耳茶坊	1 600		
新昌清源茶楼	1 600		
杭州和茶馆	1 200		
杭州湖畔居茶楼	1 000		
大观园茶道	1 000	温州	3

注：本表以营业面积为序。

大事记

3月8～10日，浙江出现了大范围降雪和大部分地区最低气温降至－2～5℃冰冻天气，致使全省10个市的9.97万公顷茶园遭受严重冻害，其中严重冻害面积5.68万公顷，损失名优茶9 685吨，直接经济损失16.9亿元。

3月25日，由中国茶叶流通协会、浙江省农业厅、丽水市人民政府和松阳县人民政府共同主办的第三届中国茶商大会松阳银猴茶叶节在松阳开幕。来自全国各省份茶叶流通协会、茶叶科研机构的专家、学者和全国知名茶商700多人齐聚松阳，共商茶产业发展大计并开展商贸洽谈。

3月28日，由浙江省茶叶学会与泰顺县人民政府举办的2010浙江省“泰顺三杯香”敬老茶会在杭州钱皇祠举行，近800余位在杭老领导、老茶人、老专家参加。

4月21日，2010中国（新昌）国际茶业博览会在新昌开幕，浙江省人大常委会副主任程渭山，农业部总经济师张玉香，浙江省政协原副主席、中国国际茶文化研究会常务副会长徐鸿道及浙江省农业厅孙景淼厅长参加开幕式。

4月21日，由浙江省农业厅主办的大佛龙井杯第五届浙江省龙井茶手工炒制、第三届浙江省龙井茶机制加工大赛在新昌举行，来自全省8个市21个县（市、区）的36位选手参加了龙井茶手工炒制大赛角逐，来自全省各地的29家扁形茶机生产企业参加了名茶机制比武。

4月21日，由中国农业科学院茶叶研究所、浙江省农业厅、国家茶产业工程技术研究中心共同主办的中国茶叶深加工高峰论坛在新昌举行，论坛由副厅长朱志泉主持，中国农业科学院茶叶研究所陈宗懋院士、浙江大学梁月荣教授、湖南农业大学刘仲华教授应邀作“茶叶精深加工和中国茶产业”、“茶叶功能性成分研究与健康产品开发”，以及“茶叶深加工终端产品开发”等专题报告，6名专家作了学术交流。与会专家学者及企业界人士围绕茶饮料加工技术、茶天然产物的提取制备新技术、茶叶功能性成分与人体健康、茶资源开发与利用新途径等方面进行了深入探讨。论坛还通过了《中国茶叶深加工高峰论坛新昌共识》。

5月8日，浙江省茶叶产业协会成立十周年庆典纪念会暨浙江茶产业转型升级论坛在杭州举行。浙江省委书记、省人大常委会主任赵洪祝题词祝贺，浙江省政协主席、中国国际茶文化研究会会长周国富出席并讲话，浙江省人大常委会副主任程渭山，中华全国供销合作总社监事会原主任、中国茶叶流通协会会长刘环祥，省茶叶产业协会名誉会长许行贯及省农业厅孙景淼厅长参加了纪念会。

5月12日，由浙江省农业厅与中国国际茶文化研究会主办，浙江省茶叶产业协会和开化、松阳、武义、余姚、缙云、龙泉、嵊州县（市）人民政府协办的第五届浙江绿茶博览会，在西安隆重开幕，浙江省政协主席、中国国际茶文化研究会会长周国富，浙江省人大常委会副主任、浙江省茶叶产业协会名誉会长程渭山，原中共陕西省委书记、陕西省茶文化研究会会长安启元，陕西省人大常委会副主任李晓东，陕西省政协副主席张伟，中国国际茶文化研究会常务副会长徐鸿道，以及陕西省农业厅、旅游局、商务厅的领导，浙江省有关市县领导和农业局局长；以及来自甘肃、内蒙古、山西、宁夏等省份的特邀嘉宾等300多位代表出席开幕式暨招待酒会。开幕式由省农业厅朱志泉副厅长主持、孙景淼厅长致词、周国富主席宣布开幕。开幕式上程渭山副主任还为获得第五届浙江绿茶博览会金奖产品企业代表颁发了获奖证书。

5月13日，由中国国际茶文化研究会、浙江省农业厅、陕西省茶文化研究会主办，嵊州市政府承办的“绿茶与健康”论坛在曲江会展中心举行，西安各界160余位代表出席，论坛由徐鸿道常务副会长主持，周国富主席、孙景淼厅长等分别致词，程启坤研究员主讲。这是历届浙江绿茶博览会中第一次举行“绿茶与健康”论坛。

6月18日，浙江省“十二五”茶产业转型升级座谈会在杭州举行。中国农业科学院茶叶研究所所长杨亚军，全国供销合作总社杭州茶叶研究院院长张士康，浙江省茶叶产业协会常务副会长沈璇，中国国际茶文化研究会研究员姚国坤，浙江大学茶学系教授梁月荣，浙江农林大学教授苏祝成，浙江省茶叶集团股份有限公司董事长施建强，浙江华发茶业有限公司董事长尹晓民，中国茶叶博物馆馆长王建荣等参加了座谈会。与会专家针对“十二五”发展指导思想，发展规划重点，及主要措施等提出了建议、意见。

9月25～26日，由农业部种植业司经济作物处王戈处长带队，重庆、山东与浙江省有关代表参加的专家组，到浙江省进行园艺作物标准园创建工作调研，专家考察了新昌茶叶标准园、萧山蔬菜标准园现场，期间还在新昌召开了标准园创建工作座谈会，来自黄岩、柯城、嘉善、萧山、嵊州、松阳等县（市、区）的水果、蔬菜及茶叶标准园创建单位的代表参加并汇报了创建情况。

10月25～26日，由国家茶产业技术体系与浙江省农业厅经济作物管理局联合举办的茶叶新品种推介现场会9月下旬在嵊州召开。来自全省9个市近40个重点产茶县（市、区）、部分龙头企业合作社、种植大户、育苗基地与茶叶合作社以及杭州、绍兴、丽水3个综合试验站的100余位代表参加了会议，国家茶产业技术体系首席科学家中国农业科学院茶叶研究所所长杨亚军研究员、国家茶产业技术体系岗位专家浙江大学梁月荣教授及浙江省农业厅经济作物管理局局长毛祖法研究员出席会议。会上，毛祖法局长回顾了“十一五”浙江省茶树良种工作取得的成就，提出了“十二五”浙江茶树良种工作的目标与措施；中国农业科学院茶叶研究所与浙江大学的专家分别介绍了通过新一轮国家茶树品种鉴定的中茶108、中茶302、浙农139、浙农117等一批新品种，缙云、松阳、富阳的代表介绍了有关品种栽种应用情况。代表们还参观了崇仁镇新品牌茶园与黄泽镇国家茶叶标准创建园。

地方特色

丽水香茶水香茶是浙江省丽水市及9县（市、区）合力重点打造的名优茶区域品牌，现正申报国家商标局注册丽水香茶集体商标及农业部农产品地理标志产品，力求市县形成品牌合力，共闯大市场。广义丽水香茶泛指浙江丽水境内松阳、遂昌、景宁、缙云、莲都、龙泉、云和、庆元、青田等9县（市、区）所产茶叶。狭义丽水香茶指主产于松阳、遂昌、龙泉、莲都、云和等地，一种针对内销市场大众消费的半烘炒优质绿茶，是浙江优质绿茶的典型代表，丽水香茶以香得名，条索细紧、色泽翠润、香高持久、滋味浓爽、汤色清亮、叶底绿明等品质风格独特，以色绿、条紧、香高、味浓四绝著称，畅销全国20多个省份。2010年丽水茶园面积3万公顷，年产量2.15万吨，产值14.68亿元，香茶产量占全市茶叶产量的70%以上，产值占50%以上。

（浙江省农业厅经济作物管理局　罗列万）

绍　兴　市

绍兴市地处长江三角洲南翼，浙江省中北部杭州、宁波之间。历史悠久，名人荟萃，素有水乡、桥乡、酒乡、书法之乡、名士之乡的美誉，是首批国家级历史文化名城、首批中国优秀旅游城市，是长江三角洲南翼重点开发、开放城市。人杰地灵，物产丰富，茶业尤孚盛名。据考证，绍兴茶业始于汉，兴于唐，盛于宋，至清代进入历史鼎盛时期。目前，绍兴市茶业的发展水平居全国地级市前列，是全国茶业经济最为发达的地区之一。又是全世界独一无二的珠茶加工、集散中心与全国重要的名优绿茶产销基地，在世界绿茶行业占有举足轻重的地位。2010 年，全市茶园面积 3.71 万公顷，茶叶产量 4.34 万吨，产值 17.71 亿元。

绍兴市茶业基本情况

项　目	单　位	2010 年	项　目	单　位	2010 年
毛茶产值	亿元	17.71	茶农户数	万户	25
茶园面积	万公顷	3.71	毛茶平均价格	元/千克	40.86
茶叶产量	万吨	4.34	企业数	个	332
精制茶产量	万吨	8.5	行业销售额	亿元	45.03
茶叶年加工能力	万吨	10			

产业政策

绍兴市各级政府历来对茶产业十分重视，2010 年各级财政继续加大了对茶产业的资金扶持力度。除绍兴市政府安排 500 万元用于茶业强市建设外，各县（市）政府也积极响应，扶持力度有增无减。如新昌县出台了新一轮茶叶产业政策，扶持资金从 300 万元增加到 600 万元，重点扶持媒体广告宣传、示范性茶厂建设、大佛龙井品牌形象店建设、大佛龙井小包装开发、规模加工等内容。诸暨市财政专门设立茶叶产业发展专项资金，预计 2010—2013 年，每年安排 550 万元，提升茶叶产业发展。嵊州市财政安排 500 余万元主要用于扶强茶叶、花卉农业主导产业。绍兴市政府切块安排 250 万财政专项资金，重点用于茶叶园区建设、茶厂优化改造和品牌宣传，还拨款 25 万元用于茶园土地流转，引导茶产业向规模化、集约化方向发展。2010 年，全市用于扶持发展茶叶产业的资金超过2 400 万元，有力地推动了各项工作的开展与产业素质的提升。

茶叶生产

2010 年春茶开采前期，全市茶叶连续遭受低温阴雨、霜冻等不利天气影响，尤其 3 月 10 日的霜冻，给全市约 1.33 万公顷良种茶园带来灭顶之灾，早生良种茶树大幅减产、减值。在各级政府的高度重视和涉茶部门的共同努力下，全市茶叶生产仍取得好于预期的好成绩。据统计，全市茶叶总产量43 356吨，总产值 17.71 亿元，总产量同比减少 4.04%，总产值增 5.76%；其中名优茶产量、产值分别为15 420吨、15.61 亿元，产量同比减少 2.05%，产值增加 6.57%。

2010 年全市茶树良种化工程建设继续推进。全市改造发展无性系良种茶园面积2 980公顷，无性系良种率达到 65%。建成相对连片集中 6.67 公顷以上的无性系良种示范区 18 个，示范区规划布局合理，防护林及路沟渠等基础设施配套，具备一定的休闲观光功能。新昌县被浙江省农业厅评为 2009 年度浙江省茶树良种化先进县。现代农业园区建设工作初见成效。新昌县大明有机茶业发展有限公司、嵊州市明山茶场茶叶专业合作社、黄泽镇卧龙茶叶观光园、绍兴县茶场、浙江省诸暨绿剑茶业有限公司、绿剑科技园被农业部确定为第一批茶叶标准园创建单位。嵊州黄泽明山茶场和十里坪茶园等列入浙江省首批现代农业综合园区；新昌县大佛龙井茶精品园被确定为首批省级特色农业精品园创建点。

绍兴市茶叶主产县

单位：吨、公顷

县（区）	茶叶产量	茶园面积	茶树品种	主要品牌
嵊州市	20 800	12 000	群体种、龙井 43、迎霜、乌牛早等	越乡龙井、皇帝、华发、泉岗辉白等
绍兴县	6 551	5 400	龙井 43、迎霜、浙农 117、浙农 139 等	会稽龙井、平水珠茶
新昌县	5 510	8 000	乌牛早、群体种、龙井 43、浙农 117 等	大佛龙井、望海云雾等
上虞市	3 950	3 443	乌牛早、迎霜、龙井 43、群体种等	觉农舜毫、龙浦仙毫

注：本表以茶叶产量为序。

茶叶加工

绍兴是全国知名的茶叶加工集散中心，有一批诸如浙江华发茶业有限公司、新昌县诚茂实业有限公司、浙江鸿华茶厂、嵊州市大鹏茶业有限公司等大型茶叶加工企业。随着购机补贴面进一步扩大，全市名优茶炒制机械逐步普及。2010 年全市已拥有茶叶加工机械102 644台，同比增加9 604台，占浙江省总数的 50%以上；全年机制名优茶产量达到13 790吨，产值134 769万元，名优茶机制率达 86.4%，基本实现了炒制机械化。

与此同时，全市茶叶加工环境进一步改善，加工能力也有新提升。2010 年全市建成投资 30 万元以上的示范性茶厂和加工集聚小区（中心）12 家，示范茶厂建设和加工设备改造等投资达 800 多万元。目前，全市示范性茶厂总数达到 41 家。这些新建成的示范性茶厂与加工集聚小区（中心），体现转型升级的要求，与时代同步，适应无公害生产的发展潮流，均通过 QS 认证，厂房整洁，布局合理，设施配套，茶机先进，制度完善，质量可追溯，堪称全市茶叶历史上最好的茶厂，成为绍兴市茶叶初制企业建设水平的最高峰，是新一代的茶厂。

绍兴市主要茶叶加工企业

单位：万元、吨、公顷、吨/年

公司名称	销售额	茶叶产量	茶园面积	加工能力	品牌
浙江华发茶业有限公司	41 985	31 000	10 800	35 000	皇帝、华发
新昌县诚茂实业有限公司	23 000	20 000	650	25 000	诚茂、亿万杯
绍兴县和兴茶厂	19 350	17 200	800	25 000	平水珠茶
浙江省诸暨绿剑茶业有限公司	16 800	1 250	2 000	2 000	绿剑
嵊州市大鹏茶业有限公司	15 200	16 000	6 667	30 000	ASKIA、鹏宇、祁山
浙江鸿华茶厂	15 125	14 000	700	25 000	
绍兴县两溪茶厂	13 720	13 000	500	20 000	舜湖
嵊州市瑞兴茶业有限公司	8 500	8 100	500	2 0000	
浙江春力茶业有限公司	7 011	4 461	1 867	12 000	春力、黑珍珠、珍珠塔

注：本表以销售额为序。

茶叶市场

绍兴茶叶主要通过产地市场和销区市场进行销售。2010年，全市共有乡级以上茶叶市场38个，交易茶叶18 426吨，交易额23.57亿元。影响力较大的是位于新昌县的中国茶市，2010年度市场茶叶交易总量9 969吨，交易总额16.78亿元，分别比2009年同期增长9.96%和32.23%。2010年先后被浙江省工商局授予“浙江省四星级文明规范市场”，被中国商务部授予全国“双百市场”，被中国商品市场峰会组委会授予“中国最具发展潜力商品市场”，被浙江省人民政府认定为“浙江省重点市场”。中国茶市的繁荣，有力地带动了周边县市茶产业的发展。

2010年全市主要茶叶品牌在全国多个城市新设立茶叶专卖店163家。截至目前绍兴市各类茶叶品牌在全国各级城市中设立专卖店（连锁店）296家，其中越乡龙井100家，大佛龙井80家，进一步外拓了绍兴市茶叶在济南、沈阳、西安、杭州等地的销售。山东省是绍兴市龙井茶的主销市场。以越乡龙井茶为例，初步统计，截至2010年底，在山东省滕州、济宁、枣庄、济南等地经销越乡龙井的茶庄超过1 500家，山东市场年销售越乡龙井近3 000吨，约占嵊州市龙井茶总产量的46%，约占全市龙井茶产量的1/4，销售额近4亿元。

2010年绍兴地区共出口茶叶8.51万吨，约合1.71亿美元，均价创近10年来历史新高，首次突破每千克2美元。出口呈现三大亮点：一是花茶出口量大增，同比增长了36.5倍；二是杜仲叶、甘薯叶等非茶类替代品市场日趋成熟；三是速溶茶、茶多酚、茶浓缩汁等茶叶深加工产品出口方兴未艾。

绍兴市主要茶叶批发市场

单位：万平方米、万吨、亿元

公司名称	市场面积	交易量	交易额
新昌中国茶市	10	0.996 9	16.78

茶文化

为了进一步打响“茶业强市·绿色茶都”这一品牌，提升知名度与竞争力，绍兴市积极参加与举办多项重大茶事活动。一是2010中国（新昌）国际茶业博览会暨中国茶文化之乡授牌仪式于2010年4月21～23日在新昌成功举办，期间举行了浙江省第五届龙井茶手工和第三届龙井茶机械炒制大赛、中国茶叶区域性公用品牌价值发布、精品名优茶展示等一系列活动，取得了显著成效。二是组织全市12家名茶企业踊跃参加浙江省第五届绿茶博览会，展出大佛龙井、越乡龙井、绿剑茶、觉农舜毫等知名度较高的名优绿茶，全市5只名优茶产品获博览会金奖，成功实现了绍兴绿茶与西北市场的对接。嵊州市人民政府承办绿茶与健康论坛，向西安市民很好地宣传了茶的功效。三是鼓励与支持各县（市、区）开展多种特色鲜明的茶事活动。嵊州市组团相继赴济南、河北正定举办越乡龙井推介会，进一步扩大了在北方市场上的影响力。诸暨市举办首届名优茶手工炒制大赛，既保护和传承了传统炒制工艺，又提升了名优茶炒制水平。多个活动的举办，进一步提升了“茶业强市·绿色茶都”品牌知名度。新昌县、嵊州市、绍兴县和诸暨市被中国国际茶文化研究会授予“中国茶文化之乡”称号，大佛龙井、越乡龙井、平水珠茶，绿剑茶被评为“中华文化名茶”。大佛龙井以 20.38 亿元的身价，跻身中国茶叶区域公用品牌十强。大佛龙井价格指数由中国茶叶流通协会发布，成为全国第一个发布价格指数的绿茶品种。新昌被中国茶叶流通协会授予“全国重点产茶县”十强。浙江省诸暨绿剑茶业有限公司连续 5 年荣获“中国茶叶行业百强企业”称号，董事长马亚平还当选为 2010 年中国茶叶行业年度十大经济人物。

绍兴市知名茶馆

单位：平方米

名称	营业面积	区域分布	连锁店数量
新昌清源茶楼	1 600	—	—

大事记

2010 年 3 月 8～9 日，全市茶叶遭受严重霜冻影响，正值萌芽期的早生良种茶树不同程度受灾，尤其特早生乌牛早品种几乎绝收，受灾面积约 1.33 万公顷。

2010 年 4 月 12 日，诸暨市举办首届名优茶手工炒制大赛，既保护和传承了传统炒制工艺，又提升了名优茶炒制水平。

2010 年 4 月 21～23 日，中国（新昌）国际茶业博览会暨中国茶文化之乡授牌仪式在新昌成功举办；新昌县、嵊州市、绍兴县和诸暨市被中国国际茶文化研究会授予“中国茶文化之乡”称号；大佛龙井、越乡龙井、平水珠茶、绿剑茶被评为“中华文化名茶”。期间还举行了浙江省第五届龙井茶手工和第三届龙井茶机械炒制大赛、中国茶叶区域性公用品牌价值发布、精品名优茶展示等一系列活动，取得了显著成效。

2010 年 4 月 22 日，由中国食品土畜进出口商会主办，浙江省茶叶产业协会协办，浙江省嵊州市人民政府承办的全国茶叶出口战略研讨会在嵊州市举行。100 余名全国茶业界同行会聚一堂，交流学习中国茶业发展经验，共同探讨茶叶出口和发展大计。

2010 年 5 月 12～15 日，第五届浙江绿茶博览会在西安举办，全市 12 家名茶企业踊跃参加，展出大佛龙井、越乡龙井、绿剑茶、觉农舜毫等知名度较高的名优绿茶，全市 5 种名优茶产品获博览会金奖，成功实现了绍兴绿茶与西北市场的对接。嵊州市人民政府承办绿茶与健康论坛，向西安市民很好地宣传了茶的功效。

2010 年 6 月 22 日，嵊州市茶叶产业协会举办珠茶产品安全质量问题研讨会。

2010 年 7 月 8～9 日，浙江嵊州·越乡龙井济南推介会在“江北第一茶叶市场”济南市茶叶批发市场举行。

2010 年 8 月，浙江省农业厅发文公布获得 2009 年度浙江省茶树良种化先进县名单，新昌县被评为 2009 年度浙江省茶树良种化先进县。

2010 年 9 月 3～5 日，中国·正定北方茶博览会在河北省正定举行期间，嵊州市召开了越乡龙井正定推介会，越乡龙井品牌再次得到了包括中央电视台在内的众多媒体的关注，进一步扩大了在北方市场上的影响力。

2010 年 10 月 25～26 日，浙江省茶树新品种推介现场会在嵊州召开。来自全省 9 个市近 40 个重点产茶县（市、区）、部分龙头企业合作社、种植大户、育苗基地与茶叶合作社以及杭州、绍兴、丽水 3 个综合试验站的 100 余位代表参加了会议，国家茶产业技术体系首席科学家中国农业科学院茶叶研究所所长杨亚军研究员、国家茶产业技术体系岗位专家浙江大学梁月荣教授及浙江省农业厅经济作物管理局局长毛祖法研究员出席会议。

2010 年 10 月 28 日，第六届中国茶业经济年会暨 2010 中国贵州国际绿茶博览会隆重开幕，新昌县荣获 2010 年全国重点产茶县十强，进入全国重点产茶县十强第二名。

（绍兴市农业局经济特产站）

安 徽 省

2010年，安徽省茶区又遭受了自2008年以来连续第三年的早春低温冻害，造成江南茶区部分早芽品种茶树和高山茶树受冻。且春茶前期全省低温时间长，春茶开园普遍推迟，高档茶减产。但由于市场持续向好，量减价扬，春茶产量3.67万吨，较上年减少12%，春茶产值28.5亿元，较上年增加20%，其中名优茶25亿元，较上年增加22.7%。年末统计，全省茶园面积13.35万公顷，其中开采面积11.96万公顷，均较上年略增。全年茶叶总产量8.32万吨，毛茶产值36亿元，分别较上年增加1.46%和20%。面积、产量均居全国第七位（面积较上年下降一位）。全省产各类名优茶2.8万吨，产值28亿元，分别较上年增加5.2%和21.7%。安徽省口岸出口茶叶22 991.3吨，换汇5 726.2万美元，出口量减10%，出口值增加15.52%。自2000年起，安徽茶产业已连续10年增产、增收。“十五”、“十一五”期间成为安徽茶产业发展最好时期。

安徽省茶业基本情况

项 目	单 位	2010年	项 目	单 位	2010年
毛茶产值	亿元	36	茶农户数	万户	100
茶园面积	万公顷	13.35	毛茶平均价格	元/千克	43.26
茶叶产量	万吨	8.32	企业数	个	5 800
精制茶产量	万吨	7.0	行业销售额	亿元	
茶叶年加工能力	万吨	10.0			

产业政策

2010年安徽省茶叶工作继续围绕落实安徽省人民政府办公厅《关于加快茶产业发展的意见》，工作着力点仍旧是督促各产茶市（县、区）的政策、资金配套落实。同时努力发挥好省级专项资金的引导作用。从实际效果看，黄山市的全部、六安和安庆市的大部分县都动起来了，而池州和宣城市只有个别县如石台县、宁国市有政策出台。

茶叶生产

2010年的春茶生产又遭受了自2008年以来连续第三年早春低温、冰雪和霜冻天气。全省茶区3月上中旬10℃以下天气持续时间长，3月初大别山茶区普遍气温在0℃以下。3月8日夜至3月10日的冰雪强冷天气，造成江南茶区部分早芽品种茶树芽、梢受冻，3月中旬又出现低温冻害，更为特殊的是4月14～15日部分高山地区还出现了雨雪冰冻的极端天气。全省春茶开园普遍推迟至3月底、4月初，较常年迟10～15天左右，部分高山、深山区迟20天以上。全省春茶产量3.67万吨，较上年减少12.7%，名优茶减产12.8%，仅2.4万吨。但由于市场购销持续向好，量减价扬，春茶产值28.5亿元，较上年增加20%，其中名优茶产值25亿元，较上年增加22.7%。

截止到2010年底，全省茶园面积13.35万公顷，其中开采茶园11.96万公顷，均较上年略增。茶叶总产量8.32万吨，毛茶产值36亿元，分别较上年增1.46%和20%。面积和产量在全国的位次均列第七位，面积较上年降了一位，被贵州省超越。安徽省年产各类名优茶2.8万吨，产值28亿元，分别较上年增5.2%和21.7%。安徽省口岸出口茶叶22 991.3吨，换汇5 726.2万美元，出口量减10%，换汇额增15.52%。

茶叶发展的核心向一些重点县集中。2010年统计，茶叶产值超亿元的县（市、区）13个，合计产值28.5亿元，占全省总产值的80%。其中2亿元以上的7个，3亿元以上的3个。皖南歙县以3.5亿元成为年度第一。

茶农增收明显。2010年，全省300万茶农人均收入1 200元，较上年增加20%，较2005年翻了一番。太平猴魁、黄山毛峰主产地的黄山市黄山区、徽州区茶农人均茶叶收入超过4 000元，已占当地农民收入一半以上。黄山区成为全省产茶市、县中唯一亩（666.67平方米）产值、人均收入双超4 000元的典型。太平猴魁原产地猴坑村民组人均收入20万元，成为全省之最。

安徽省茶叶主产地区

单位：吨、公顷

地区（地级市）	茶叶产量	茶园面积	主要品牌
宣城市	24 751	20 648	敬亭绿雪、汀溪兰香
黄山市	23 963	48 094	谢裕大
六安市	16 847	23 221	六安瓜片
安庆市	7 374	23 449	天柱、翠兰
池州市	5 634	11 517	天方

注：本表以茶叶产量为序。

安徽省茶叶主产县（一）

单位：吨、公顷

县（县级市）	茶叶产量	茶园面积	茶　类	主要品牌
宣州区	13 820	5 457	绿	
歙　县	7 750	16 552	绿	汪满田
休宁县	6 688	11 030	绿	松萝、新安源
金寨县	6 420	6 604	绿	安态

安徽省茶叶主产县（二）

单位：吨、公顷

县（县级市）	茶叶产量	茶园面积	茶类	主要品牌
郎溪县	5 870	3 274	绿	
祁门县	5 129	10 385	绿、红、黑	祁门香、安茶
霍山县	4 929	5 913	绿	霍山黄芽
裕安区	3 134	5 240	绿	徽六
宁国市	1 980	2 984	绿	瑞草
岳西县	300	8 733	绿	翠兰

注：本表茶叶产量为序。

茶叶加工

全省有茶叶加工企业5 800余个（其中黄山市3 600余个），没有大的变化。长期以来企业规模一直较小的皖西茶区岳西、潜山、霍山、金寨等县，都在通过积极引进外地、外行业资金，发展行业龙头企业和市场等，也有了一些变化。如岳西县新成立的翠兰投资发展有限公司，注册资金5 000万元，计划投资2亿元，打造岳西县最大的集生产、加工、销售于一体的茶叶企业。并正在县城建设一座茶叶专业市场。

2010年，各地的茶叶加工厂清洁化改造仍是主要工作，仅农机补贴渠道国家和省茶机资金发放3 061.9万元，购机22 083台，总发生购机款10 440万元（平均4 000元/台），带动农民投入7 378.15万元。明显看出以农户购买为主，小型机械为主，大型联装机械还是靠企业自身或其他农业资金渠道解决。

安徽省主要茶叶加工企业

单位：万元、吨、公顷、吨/年

公司名称	销售额	茶叶产量	茶园面积	加工能力	品牌
黄山市松萝有机茶叶开发有限公司	36 000	8 000	103 000	16 000	松萝山
黄山市歙县薇薇茶业（集团）有限公司	20 000			8 000	薇　薇
黄山市新安源有机茶开发有限公司	18 000	6 000	50 000	8 000	新安源
黄山汪满田茶业有限公司	16 000	200			汪满田
安徽国润茶业有限公司	11 000			4 000	润　思

注：本表以销售额为序。

茶叶市场

2010年，全省茶区县级以上茶叶专业市场已达14座，年交易额40多亿元。石台县新开业一座市场，占地6.67公顷，一期商铺300个，7万平方米。其中设有农民散户交易大厅3 000平方米。目前，全省产地市场常年以经销户坐商经营为主，春茶期间农民及散户上市交易较多，特色茶以经销户上门收购的居多。由于安徽省茶区主产乡镇多距县城较远，因此每年茶季乡镇市场发挥了很大的作用。

由于近年来劳动力等生产成本不断上升，周边浙江、江苏等省春季来安徽省临近茶区收购高档鲜叶的越来越多，近几年在这些地区也催生出许多鲜叶市场，也分流了不少原料。

安徽省内中心城市长期缺少大型茶叶专业市场的局面有望改变，仅合肥市筹备和建设中的已有两座，经营面积都在3万平方米以上。

安徽省主要茶叶贸易企业

单位：万元、吨

名　　称	销售额	交易量	出口量
安徽省茶叶进出口有限公司	75 000	19 000	15 000
黄山市松萝有机茶叶开发有限公司	36 000	15 000	2 500
黄山市歙县薇薇茶业（集团）有限公司	20 000	6 000	
黄山市新安源有机茶开发有限公司	18 000	6 000	1 800
安徽国润茶业有限公司	11 000	4 000	2 000

注：本表以销售额为序。

安徽省主要茶叶批发市场

单位：万平方米、吨、亿元

公司名称	市场面积	规划铺位	交易额
安徽江南第一茶市	14	1 160	16
霍山大别山绿色商城	16	400	5
黄山茶城	5.1	330	5
祁门金东茶市	4.2	200	1.3
大华国际商贸城	—	200	1.1

注：本表以市场面积为序。

茶叶消费

安徽省茶叶销售去向主要还是内外销两大渠道，大致比例 6∶4，与往年相比变化不大。绿茶仍是主流，但随着红茶高档毛茶消费的兴起，红茶消费量略有上升。另外，各类品牌包装茶叶的消费量也上升较快，品牌作用开始显现。

茶文化活动

4 月 10～20 日，2010 安徽石台茶叶节在北京和石台县举行。4 月 10 日在北京国际饭店召开新闻发布会，4 月 11～14 日在北京天方茶苑举办了驻中国使节及夫人茶艺与茶文化培训班，邀请了 30 个国家的 60 位使节和夫人，赴石台县参加茶叶节的体验采茶、制茶活动。由该县天方公司承办了驻我国使节及夫人茶艺大赛。茶叶节上还举办了“最值得驻华大使向世界推荐的中国原生态最美山乡——石台”新闻发布会。

大事记

1 月 14 日，安徽省农业委员会在岳西县召开全省茶叶标准园建设启动会。

4 月 17 日，上海世博十大名茶授牌仪式在六安市第十届“六安瓜片文化旅游节”开幕式上举行，并在六安瓜片原产地举行盛大共种同盟茶树活动。

4 月 19 日，由安徽省农业委员会、徽茶文化研究会、新安传媒共同举办的“徽茶崛起——安徽省首届茶产业高峰论坛”在合肥举行。原省委老领导卢荣景等出席。

4 月 20 日，休宁县第十届茶交会上，举行了“百年松萝进世博”启运仪式。

6 月 10 日，安徽省农业委员会在休宁县召开全省茶叶、蚕桑工作会议。

11 月 29 日至 12 月 2 日，“2010 中国茶叶学会团体会员会议暨科技创新与低碳茶业学术研讨会”在合肥召开。

（安徽省农业委员会特色农产品开发处　杨　庆）

黄　山　市

黄山市地处安徽省最南端，是一座新兴的国际旅游城市，也是一个以农业为主的山区城市。境内峰峦起伏，松竹并茂，波流清澈，全市森林覆盖率达77.4%，堪称“绿色金库”，是茶叶种植最适宜的地区。所产名茶黄山毛峰、太平猴魁、祁门红茶名列全国十大名茶；屯绿、琅源松萝、白岳黄芽、老竹大方历史悠久，驰名中外；新安源银毫、黄山绿牡丹、黄山银钩、紫霞莲芯、黄山松针、黄山翠兰蓓蕾绽放，享誉全国。

黄山市茶业基本情况

项　目	单　位	2010年	项　目	单　位	2010年
毛茶产值	亿元	13.5	茶农户数	万户	70
茶园面积	万公顷	4.73	毛茶平均价格	元/千克	55.8
茶叶产量	万吨	2.42	企业数	个	3 600
精制茶产量	万吨	2.10	行业销售额	亿元	38.8
茶叶年加工能力	万吨	3.8			

产业政策

黄山市委、市政府高度重视茶产业发展，提出“要把茶产业做强、要把茶产品做优、要把茶企业做大、要把茶市场做活、要把茶文化做响、要让茶农致富”的指导方针，为全市茶业经济提出了新的发展思路。一是强力推进实施全省茶产业“241”振兴工程和市重点项目“双十工程”，大力发展新辟茶园，加大无性良种推广和普及，加快提高茶农收入。二是继续做好全市茶产业发展项目建设，加大资金扶持力度。自 2005 年以来，黄山市市级财政已安排茶产业项目资金1 396万元，强有力地推动了生态茶园、品质提升、品牌塑造和龙头培育四大工程建设。三是各区县加大“茶业富民工程”建设进度。黄山区研究制订了《2010—2020 年茶产业发展规划》，在品牌建设上，对获得中国名牌农产品和中国名牌或中国驰名商标的企业，分别给予 20 万元和 50 万元的重奖。徽州区制订印发了《徽州区 2010 年农业七大产业发展实施方案》(徽办发［2010］64 号文件)，对茶产业提出了具体发展目标及工作思路和措施。歙县、休宁县等区县，积极配套，制定优惠政策，加大扶持力度，全力推进茶产业建设，以期更大程度实现茶产业跨越式快速发展。

茶叶生产

黄山市位于安徽省南陲，属江南茶区的太湖流域低山丘陵区域，东经 117°39′～118°26′，北纬 29°24′～30°02′，地处在中国名茶主产地神秘线上，是中国绿茶金三角核心产区。境内群峰参天，波流清澈，溪水回环，到处清荣峻茂，水秀山灵，孕育出众多种质资源和名茶精品。

黄山市现今拥有黄山种、祁门种、安徽 1 号、安徽 3 号、安徽 7 号、杨树林 783、凫早 2 号等 7 个国家级茶树良种；柿大茶、茗州 12、仙寓早、黄山春韵、滴水香、杨树林 781、松萝种等一批省级良种和新选育的柿大茶 3 号、柿大茶 6 号、柿大茶 23 等优良品系以及近年引进的乌牛早、迎霜、福鼎大白毫、龙井 43、平阳特早、浙农 139、龙井长叶等良种，为黄山茶叶的品质形成提供了丰富的种质资源。为黄山茶叶更好地满足国内外市场对茶叶的不同需求提供了品种基础和保证。

2010 年，全市茶叶总产量 2.42 万吨，产值 13.5 亿元，其中名优茶产量9 660吨、产值 11.25 亿元。茶叶出口 3.94 万吨，其中自营出口 1 万吨，创汇2 800万美元，加工出口 2.94 万吨，产值 4.5 亿元。茶园面积 4.73 万公顷，其中认证的有机茶园 0.701 万公顷，绿色食品茶园 0.75 万公顷，无公害茶园 3.21 万公顷，三茶认证率达 98.3%。全市无性系良种茶园新增 700 公顷（其中新建 233.33 公顷、换种改植 466.67 公顷)，无性系良种茶园比重提高到 13.4%。全市拥有中国茶叶行业百强企业 8 家，为全国地级市之最，省级龙头企业 13 家，占全市省级龙头企业数 43.3%，市级龙头企业 24 家，占全市农业产业化龙头企业数 34.3%。

(1) 主要茶叶分布。黄山市主要产茶品种为黄山毛峰、太平猴魁、祁门红茶、屯绿及新安源银毫、老竹大方等。其中黄山毛峰分布全境，主要集中在徽州区、歙县；太平猴魁主要集中在黄山区；祁门红茶主要在祁门县和黟县部分区域；新安源银毫和老竹大方主要分布在休宁县和歙县。

(2) 特种茶生产情况。从 20 世纪 80 年代起，黄山芳生茶业有限公司相继发明的绿牡丹、锦上添花、神农茶、海贝吐珠等 200 多个品种的工艺造型名茶，造型巧夺天工，形态万千，栩栩如生，具有色艳、毫显、香高、汤清、味甜、形美六绝，集观赏、饮用、保健于一体，填补了国内外空白。公司产品先后 86 次获得国际和国家金、银、铜质等奖，产品畅销全国，出口 80 多个国家和地区。2007 年，绿牡丹被选为国礼茶赠送俄罗斯前总统普京。

黄山市茶叶主产县

单位：吨、公顷

县（县级市）	茶叶产量	茶园面积	茶树品种	主要品牌
歙　县	7 750	16 552	滴水香等	汪满田、立安、
休宁县	7 688	11 030	茗州种等	新安源、松萝、齐云道家茶
祁门县	5 129	10 385	槠叶种等	凫绿、一顶天红、祁香、七律
黄山区	1 400	3 822	柿大茶等	猴坑、六百里、新明、双猴
徽州区	1 243	3 211	黄山大叶种等	漕溪、千秋泉、紫霞、丰瑶泉
黟　县	1 060	1 637	槠叶种等	五溪山
屯溪区	450	515	迎霜等	屯绿、汪芳生、龙山园
全　市	24 236	47 331		

注：本表茶叶产量为序。

茶叶加工

全市现有初、精制加工厂3 600多家，其中规模以上加工企业 66 家，年加工茶叶 3.45 万吨（69 万担），其中初加工 2.14 万吨（42.8 万担）、精加工 1.31 万吨（26.2 万担）。2010 年规模以上加工企业实现营销收入 31.1 亿元，其中超亿元企业 7 家、超5 000万元企业 12 家。

黄山市茶叶加工企业分布主要是根据其生产加工茶类的不同，而分布于不同的区域，总体来说，黄山毛峰企业主要分布在徽州区、歙县及黄山区、黟县、屯溪区的部分地区；太平猴魁企业基本上位于黄山区境内；祁门红茶主要分布在祁门县和黟县的部分区域；屯绿主要分布在休宁县和屯溪区、歙县部分地区；创新名茶新安源银毫和琅源嫩毫主要分布在休宁县；造型茶主要分布在歙县深山的部分乡镇。

黄山市主要茶叶加工企业

单位：万元

名　　称	销售额	品　　牌
黄山市松萝有机茶开发有限公司	—	松萝
黄山谢裕大茶业有限公司	15 328	漕溪
黄山市新安源有机茶开发有限公司	—	新安源
黄山茶业集团有限公司	10 120	云谷
黄山市祁门红茶发展有限公司	10 115	国品天香
黄山汪满田茶业有限公司	—	汪满田
黄山猴坑茶业有限公司	7 650	猴坑
黄山六百里猴魁茶业有限公司	7 580	六百里
休宁县荣山茶厂	7 200	齐云
黄山光明茶业有限公司	6 682	千秋泉

注：本表以销售额为序。

茶叶市场

黄山市茶叶市场主要包括国内和国际市场，黄山毛峰、太平猴魁等名优绿茶主要供应国内大中城市消费市场，祁门红茶和屯绿主要供应出口。国内主要市场包括北京、上海、山东、合肥、芜湖、武汉、南京、镇江、扬州以及华北、华中、华南等部分大中城市。国际主要市场包括美国、英国、法国、德国、西班牙、加拿大、澳大利亚、丹麦、瑞典、芬兰、挪威、阿联酋、伊朗、巴基斯坦、阿富汗、俄罗斯、乌克兰、乌兹别克斯坦、尼日利亚、土库曼斯坦、尼日尔、阿尔及利亚、塞内加尔、毛里塔尼亚、突尼斯、波兰、日本、韩国、新加坡、墨西哥。

（1）主要茶叶贸易企业。黄山汪满田茶业有限公司、黄山市歙县薇薇茶业（集团）有限公司、黄山市新安源有机茶开发有限公司、黄山市松萝有机茶叶开发有限公司、徽州谢裕大茶业有限公司、休宁县荣山茶厂、黄山六百里猴魁茶业有限公司、黄山猴坑茶业有限公司、黄山皋峰绿色食品开发有限公司。

（2）主要茶叶出口企业。黄山茶业集团有限公司、黄山市歙县薇薇茶业（集团）有限公司、黄山市松萝有机茶叶开发有限公司、黄山市新安源有机茶开发有限公司、黄山市金叶茶业有限公司、黄山一品有机茶业有限公司、休宁县荣山茶厂、黄山祁门香茶业有限公司等。

黄山市主要茶叶批发市场

单位：平方米、个、吨、亿元

名　　称	营业面积	规划铺位	年交易额
黄山茶城	14 000	330	7.2
黄山区茶叶市场	8 000	260	2.2
大华国际农贸城茶叶交易市场	7 000	200	1.8
祁门金东茶叶市场	7 000	200	1.5

注：本表以营业面积为序。

茶叶消费

目前，黄山茶业的整体营销市场范围不断扩大，茶叶内、外营销数量不断增加，茶叶出口量和出口额逐步上升。这主要得益于黄山茶叶的品质不断提升、成品茶种类的不断翻新，加上徽茶文化的发扬光大，黄山茶的内在品质正日益受到广大消费者的认同和喜爱。

茶叶文化

黄山茶业历史悠久，源远流长。早在汉末三国就有种茶，唐代陆羽《茶经》中就有歙州产茶一说，永泰二年（公元 766），杨华在《膳夫经手录》中写到歙州、婺洲、祁门、婺源方茶、置制精茶、不杂木叶、自梁、宋、幽、并间、人人皆尚之，赋税所入，商贾所赍，粒千里不绝于道路。明崇祯八年（公元 1635），黄山莲花庵一带产黄山云雾茶，“莲花庵地平旷，约二亩许，四楹三室，左右映带，篱茨甚幽丽。就石缝养茶，多轻香冷韵，袭人断腭不去，所谓黄山云雾茶是也”（明代许楚《黄山游记》），明代中叶，僧大方居休宁县北松萝山，创制松萝茶，制法精良，品质优异，是我国的早期优质炒青绿茶。清代开始，松萝茶（屯绿鼻祖）、祁红大量出口，徽州茶商抓住这一机遇，开创了 300 多年的中国茶叶经济辉煌。祁红、太平猴魁在 1915 年巴拿马万国博览会上获得金奖；之后祁红还获得布鲁塞尔第 26 届世界食品博览会金奖等。清代到民国时期，中国茶文化的中心就在古徽州，沉积了丰厚的徽茶文化。尤其是新中国成立后发展和茶叶经济 20 年转型期的调整，茶园生产体系、茶叶加工体系、产品结构系列日趋合理，为优化茶叶资源配置打下了较好的基础。

（1）茶叶品牌。全市现有省级以上名牌农产品和著名商标 42 个，其中中国名牌农产品 1 个（汪满田牌黄山毛峰）；安徽省著名商标 19 个（猴坑、千秋泉、漕溪、紫霞、新安源、祁山、六百里、汪满田、新明、皂绿、黄山翡翠、祁香、黄山、松萝山、洪通、洪立安、双猴、谢正安、五溪山）；安徽省名牌产品 11 个（猴坑牌太平猴魁、漕溪牌黄山毛峰、千秋泉牌黄山毛峰、五溪山牌黄山毛峰、新安源牌有机茶、六百里牌太平猴魁、洪通牌黄山毛峰、皂绿牌祁门红茶、紫霞牌黄山毛峰、松萝山牌松萝茶、七律牌祁门红茶）；安徽省名牌农产品 11 个（汪满田牌黄山毛峰、漕溪牌黄山毛峰、汪满田牌滴水香、猴坑牌太平猴魁、松萝山牌眉茶、祁山牌祁门功夫红茶、屯绿牌眉茶、皂绿牌有机茶、六百里牌太平猴魁、云谷牌袋泡茶、洪立安牌顶谷大方）。

（2）原产地保护。由国家质量检验检疫总局批准的原产地域产品保护 3 个：①2001 年 12 月，祁山牌祁门红茶被国家质量检验检疫总局正式批准原产地标记注册，成为全国第五例原产地标记注册和茶叶行业首例注册。②2002 年 11 月，黄山毛峰茶被国家质量检验检疫总局批准实施原产地域产品保护。③2003 年 5 月，太平猴魁茶被国家质量检验检疫总局列为原产地保护产品。

（3）证明商标保护。2006 年 12 月，太平猴魁证明商标得到国家工商总局批准。

（4）非物质文化遗产。2008 年 6 月 7 日，黄山毛峰、太平猴魁、祁门红茶制作技艺被列为第二批国家级非物质文化遗产。

老谢家茶创始人谢四十被认定为黄山毛峰茶国家级非物质文化遗产传承人；原祁门茶厂闵宣文、陆国富被认定为祁门红茶国家级非物质文化遗产传承人。

黄山市知名茶馆

单位：平方米、个

名　　称	营业面积	连锁店数量	茶馆地点	名　　称	营业面积	连锁店数量	茶馆地点
紫藤茶馆	800	1	黄山市屯溪区	庆艺茶楼	320	1	黄山市屯溪区
天竺茶楼	600	1	黄山市屯溪区				

注：本表以营业面积为序。

（黄山市茶叶站、黄山市茶叶行业协会　许乃新）

福　建　省

福建是我国南方茶叶的重要产地，由于自然条件优越，宜茶山地较多。区位地理优越，生产早春名优茶的优势明显。具备一定的知名度。福建茶叶在国际市场上的比较优势主要是具有独特的品种资源优势、优异品质特征优势、地理气候优势。福建省茶文化旅游资源数量众多、类型多样，有地文景观类 7 处、水域风光类 1 处、生物景观类 2 处、遗址遗迹类 8 处、建筑设施类 33 处、旅游商品类 25 处、人文活动类 22 处。福建茶文化旅游已经具备一定的规模。全省有国家级龙头企业 2 家、省部级龙头企业 34 家、市级龙头企业 138 家；全省共有中国驰名商标 9 个、中国名牌农产品 6 个、省著名产品 6 个、省名牌产品 55 个。

福建省茶业基本情况

项　目	单　位	2010 年	项　目	单　位	2010 年
毛茶产值	亿元	99.58	茶农户数	万户	50
茶园面积	万公顷	20.12	毛茶平均价格	元/千克	36.53
茶叶产量	万吨	27.26	企业数	个	299
精制茶产量	万吨	7.88	行业销售额	亿元	101.09

产业政策

近年来，福建省按照农业部提出的“一稳定，三提高，两进一步”的总体思路，结合福建省实际，以茶叶结构调整和转变发展方式为主线，以无公害生产为重点，以标准化建设为载体，着力提升茶产业综合素质，不断增强可持续发展能力。

（1）福建省各级领导、政府高度重视茶产业发展，相继出台和制定了一系列的扶持政策和措施。福建省“十一五”期间，提出了建设三大特色产业带、培育四大支柱产业、发展九大主导农产品的农业发展规划，把茶产业作为新一轮农产品区域布局规划调整的重要内容和促进农村经济发展、增加农民收入的重要工程，不断加大扶持倾斜力度，出台了一系列的政策、措施，促进了茶产业稳定持续发展。在土地政策方面，引导茶农对承包土地进行合理、规范的流转，促进土地相对连片集中，为福建省茶业规模化、集约化生产搭建平台；在品种改良方面，鼓励各类龙头企业或茶农大户，集中连片进行品种改良；在加工设备改进方面，除全面落实国家有关农机、购机补贴政策外，有关产茶区还出台一系列更优惠的政策，鼓励加快进行茶叶机具设备更新；在品牌创建方面，省委、省政府高度重视品牌农业发展，2007 年以来，省政府连续 3 年开展了“福建省品牌农业企业金奖”评选认定活动，福建省共有品品香茶业有限公司、安溪八马等 8 家茶叶企业入选。

福建省于 2008 年组织开展茶叶地方立法工作，并列入省政府 2011 年地方性法规立法计划项目，目前《福建省促进茶产业发展若干规定（草案）》已通过省政府常务会议审议，省人大正组织开展立法调研，该法规即将正式颁布实施。这是全国第一个省级地方茶叶法规，对于保证茶产业的发展政策规定以及资金、物质、人力的投入保障等纳入法制化轨道，全面提升茶产业经营水平，实现福建省由茶叶资源大省向茶产业强省的转变，具有重大意义。

（2）组织实施重大发展项目，促进茶产业可持续发展能力提升。2008—2010 年，福建省连续在安溪、福安、武夷山等 15 个重点产茶县（市、区）组织实施中央财政支持现代茶业建设项目，中央财政累计投入 2.29 亿元用于福建现代茶业生产发展，整合省级相关部门资金 4.33 亿元、带动县级及茶叶企业投入 6.24 亿元，共建设完成标准化生态茶园 1.96 万公顷，辐射带动标准化茶园改造 5.09 万公顷，改造茶园占全省茶园面积的 25.4%，扶持 34 家企业建设标准化加工厂房。

（3）开展茶树种质资源保护与利用工作，注重保护与开发的协调互动。茶树种质资源是茶叶生产重要的物质基础，是选育良种和生物学理论研究不可或缺的重要材料，也是国家的宝贵财富。切实做好茶树种质资源保护工作是现实所需，发展所系，职责所在。2008 年 5 月，福建省农业厅正式启动实施了福建省茶树优异种质资源保护与利用工程，确定了由福建省农业厅牵头组织，福建省农业厅、福建省农业科学院、福建农林大学分工协作，种质资源所在县（市、区）农业（茶业）管理部门具体实施的工作机制。至 2010 年，共在 27 个县（市、区）保护茶树种质资源圃 4 个、原生无性系栽培种 22 个、有性群体种 15 个、野生（半野生）茶树种质资源 8 个。

质量安全

（1）积极开展“三品一标”的认证工作。近几年，福建省坚持以完善和强化农业质量保障体系为核心，以打造品牌、拓展市场、促进消费为引领，不断加大茶叶“三品一标”认证工作力度，至 2009 年底已认证的无公害茶叶基地 107 个，面积 2.7 万公顷，产量 7.5 万吨；绿色食品基地 115 个，面积 1.58 万公顷，产量 1.9 万吨；有机食品基地 54 个，面积 0.29 万公顷；全省茶叶地理标志产品 26 个。

（2）积极开展茶叶标准化示范与建设和茶叶标准园创建工作。农业部和福建省高度重视茶叶标准化工作，积极推进茶叶标准化生产。自 2006 年以来，在安溪、福安、武夷山等 30 几个茶叶生产县（市、区）建设省级茶叶标准化示范区，每个项目区都做到了“五个一”，即一个核心示范企业基地、一套标准示范技术、一本实用技术“口袋书”、一张简易挂图、一盘示范技术 VCD。通过建设茶叶标准化示范区，发挥了示范区在生产标准化、规模化、产业化等方面的示范和带动作用，提升了示范区、示范基地和农民掌握标准、用标准的能力。2009 年农业部正式启动园艺作物标准创建园工作后，福建省在 16 个主产县开展茶叶标准园创建活动，其中安溪、武夷山、南靖、福鼎 4 县（市）已获得农业部园艺作物标准创建园专项经费扶持，各标准创建园项目县按照农业部标准创建园工作要求，积极开展了推广生态栽培技术、推进标准化生产、建立质量安全管理制度等方面的工作。

（3）高度重视茶叶“五新”推广工作。自 2004 年开展农业“五新”推广工作以来，福建省紧紧围绕茶产业发展的技术需求，着力解决产业升级的技术瓶颈，坚持开发创新与推广应用相结合、单项推广与综合示范相结合、专项培训与入户指导相结合等“三个结合”的工作思路，突出进村入户、突出部门协助配合、突出配套集成，大大提高茶叶科技到位率、转化率和普及率。从 2008 年至今，全省共推广了金观音、金牡丹、黄观音等茶树优新品种 1 万公顷，在华安、福安 2 个重点产茶县组织召开了大规模的全省茶叶“五新”现场观摩会，开展了全省性无公害茶园建设、生态茶园建设等茶叶实用技术的示范与推广，取得了良好成效。

茶叶生产

2010年福建省各设区市茶园面积和产量分别为：宁德5.99万公顷、6.13万吨；泉州3.6万公顷、5.24万吨；南平3.43万公顷、4.71万吨；漳州2.69万公顷、4.94万吨；三明1.96万公顷、2.74万吨；龙岩1.32万公顷、1.34万吨；福州0.92万公顷、1.66万吨；莆田0.15万公顷、0.38万吨；厦门0.07万公顷、0.13万吨。全省产乌龙茶14.78万吨，占全省茶叶总产量的54.22%；绿茶10.24万吨，占37.56%；红茶1.35万吨，占4.95%；白茶0.63万吨，其他茶0.26万吨。

茶叶加工

为切实改进福建省茶叶初制加工的落后状况，进一步提高茶叶加工连续化、清洁化、优质化的技术水平，2010年在现代茶业项目实施的15个县组织开展茶叶加工清洁化改造项目，共投入2 000万元省级资金，对100家初制茶厂进行试点改造，围绕节能、降耗、安全、增效的总体目标，进一步改善茶叶生产环境，提高加工工艺水平，促进企业技术进步，以促进产品质量安全和效益的提升，有效促进福建省茶产业持续健康发展。

福建省主要茶叶加工企业

单位：亿元、万吨、万吨/年

企业名称	销售额	茶叶产量	加工能力
安溪八马茶业有限公司	3.55	0.55	0.60
安溪铁观音集团有限公司	3.25	0.35	0.50
漳州天福茶业有限公司	3.20	0.06	0.09
福州春伦茶业有限公司	2.82	0.37	0.52
福建茶叶进出口有限公司	2.62	0.82	1.50
大闽食品（漳州）有限公司	2.34	0.63	0.85
福州满堂香生态农业有限公司	2.33	0.34	0.35
星愿（中国）茶业有限公司	1.88	0.17	0.25
泉州市日泰茶业有限公司	1.80	0.35	0.38
福建品品香茶业有限公司	1.60	—	0.23

注：本表以销售额为序。

茶叶市场

(1) 国际市场。茶叶已经成为全球性的天然饮料，消费量一直呈增长态势，福建省茶叶产量从1990年的252.3万吨增长到2010年的406.7万吨，增幅达61.2%；贸易量从1990年的113.4万吨增长到2010年的333.9万吨，增幅达194.4%。尽管世界茶叶贸易中，红茶占85%以上，由于绿茶对人体健康有益作用的宣传，刺激了国际市场对绿茶需求的快速增长，我国绿茶、特种茶出口量也随之增大。1990年我国茶叶出口量为19.9万吨，增加到2010年的30.2万吨，增幅达52.2%；绿茶从1990年的8.3万吨增至2010年23.4万吨；特种茶从2.3万吨增至3.2万吨。从1998年起，我国绿茶出口已经年年超过红茶。2010年的出口产品中，绿茶占77.4%，特种茶为10.5%，红茶为12.1%。近年来，除传统销售市场摩洛哥、乌兹别克斯坦、巴基斯坦、日本和马里等国的茶叶销量都有不同程度增长外，在美国、德国、俄罗斯等欧美发达国家也有很大的市场增长空间。

(2) 国内市场。目前，国内人年均茶叶消费只有460克，随着我国社会经济的发展，人民生活水平的提高，茶叶保健功能的开发和茶文化的发展，茶叶消费增加已是必然趋势。

茶叶消费

乌龙茶：福建一直是全球乌龙茶生产、贸易与科技研发中心。福建乌龙茶产量约占全国80%，主要出口日本，部分出口到东南亚地区。国内传统的花茶和绿茶消费区开始饮用乌龙茶，发展潜力巨大。

绿茶：福建绿茶产量约占全国的15%，居全国第二位。但市场竞争力优势并不明显，近几年得益于绿茶在国内外市场份额的攀升，和绿茶保健作用宣传力度的加大，绿茶消费提高。

白茶：原产福建，福鼎、政和为主要产区，内销较少，大部分用于出口。随着白茶的保健功能为人们所认识，内地市场、港澳市场，以及国外的欧盟市场对其需求逐年增加，白茶市场前景看好。

花茶：原产福建，福建省的茉莉花鲜灵度高，适宜制作高档茉莉花茶，随着国内茉莉花茶市场稳步发展，福鼎、政和、福州等地的茉莉花生产规模逐步扩大，福建省中高档茉莉花茶销量稳定。

红茶：福建三大工夫红茶属条形茶，红茶占国际贸易总量的 80%，虽原产于福建，但市场基本被其他产茶国所分占，随着出口贸易的萎缩，福建红茶几近消失。近几年由于国内市场对产品多样化的客观需求，红茶加工有所恢复。

茶文化

（1）茶叶会展和茶文化交流活动。全省开展各类茶叶会展和茶文化交流活动，如海峡两岸茶博会、海峡两岸名优农产品贸洽会、海峡两岸茶文化交流会、福建（厦门）国际茶文化节、中国武夷山大红袍茶文化节等。各地举办的“茶王”赛、海峡茶艺电视公开赛、全国茶艺表演暨最佳茶艺小姐大奖赛、中国名茶形象小姐选拔赛、茶席设计大赛、茶叶包装设计大赛等各类茶事活动也大大丰富了福建茶文化的内涵。

（2）茶文化创意产业。福建是全国的先行先试者。由著名导演张艺谋执导的系列山水实景作品《印象大红袍》，将优秀的茶文化思想内涵与现代高科技视觉表演艺术载体完美结合，是对茶文化、茶品牌、茶旅游资源富有创意的诠释。由福建省时代华奥动漫有限公司投资的全球首部茶文化原创动画片《乌龙小子》，以现代高科技手段，用拟人化的手法，讲述象征和平友谊的中国茶和茶文化历尽艰险传播到世界各地的故事，使青少年能在娱乐中认识和了解茶文化。此外，以福州茉莉花茶为原型的又一部茶文化动漫片《茉莉仙子》已着手设计。

（3）茶叶博物馆和茶文化展示场所。目前福建拥有天福茶博院、武夷山茶博物馆等 2 家茶叶博物馆和安溪（中国茶都）万壶馆、安溪茶史馆、茶叶企业展示馆等多个茶文化展示场所，这些场所集中展示了福建省丰富的茶品种资源，精湛的制茶工艺和源远流长的茶文化。

（4）人才培养。近年来，福建许多高等院校纷纷设立了茶学专业，逐渐形成了以福建农林大学茶学系为学科龙头的茶学教育体系，承担着为培养包括茶文化专业人才在内的大量茶学专业人才的重任。武夷学院的茶学专业（茶文化经济方向）获国家第六批高等学校特色专业建设点，该校还设有表演艺术（茶艺表演与模特方向）、艺术设计（茶产品设计与包装方向）等专业。此外，宁德职业技术学院、漳州天福茶业职业技术学院、安溪茶业职业技术学校、漳州市农业学校、厦门艺术学校等也都培养了大批茶文化专业人才。目前国家推行的职业资格考试与培训制度是茶文化教育推广的重要途径，福建省由学校、企业开设的茶艺师、评茶员培训班，在讲授茶知识、传播茶文化、提升茶叶鉴评技能等方面，发挥了重要的作用。

茶产业特色

（1）产业发展。2010 年福建克服了冻害与暴雨的恶劣气候条件，实现茶叶产量 27.26 万吨，居全国第一位；毛茶产值 99.58 亿元，居全国第二位；茶叶出口 1.61 万吨，创汇6 668万美元，位居全国前列。

（2）产业链的延伸。茶产业持续、稳步发展，已成为农业发展中最具活力的产业之一，同时也极大地带动了与茶产业密切相关的产品加工、营销贸易、产品包装、物流运输、餐饮旅游等二、三产业的发展，增加了农村劳动力就业、创业、兴业机会，全省涉茶人数超过 300 万。

（3）茶区农民收入提升。随着茶产业的不断发展，茶产业总体效益日益攀升，茶区农民收入显著增加。安溪、福安、武夷山等茶叶主产县涉茶人数占全县人口的60%～70%，农民人均纯收入中 50%～60%是来自茶产业。

（4）科技推广应用进步。全省拥有国家级茶树良种 26 个、省级茶树良种 16 个，无性系良种推广面积达 95%，远高于全国 42%的平均水平，居全国领先地位；全省平均茶叶单产 99 千克/亩，高出全国平均水平 30.2 个百分点，为全国第一；茶叶加工技术水平不断进步，全省名优茶产量 9.4 万吨、产值 60.1 亿元，分别占全省茶叶总产量和总产值的 38%、81%。

（福建省农业厅种植业管理处　林景元　何孝延）

江 西 省

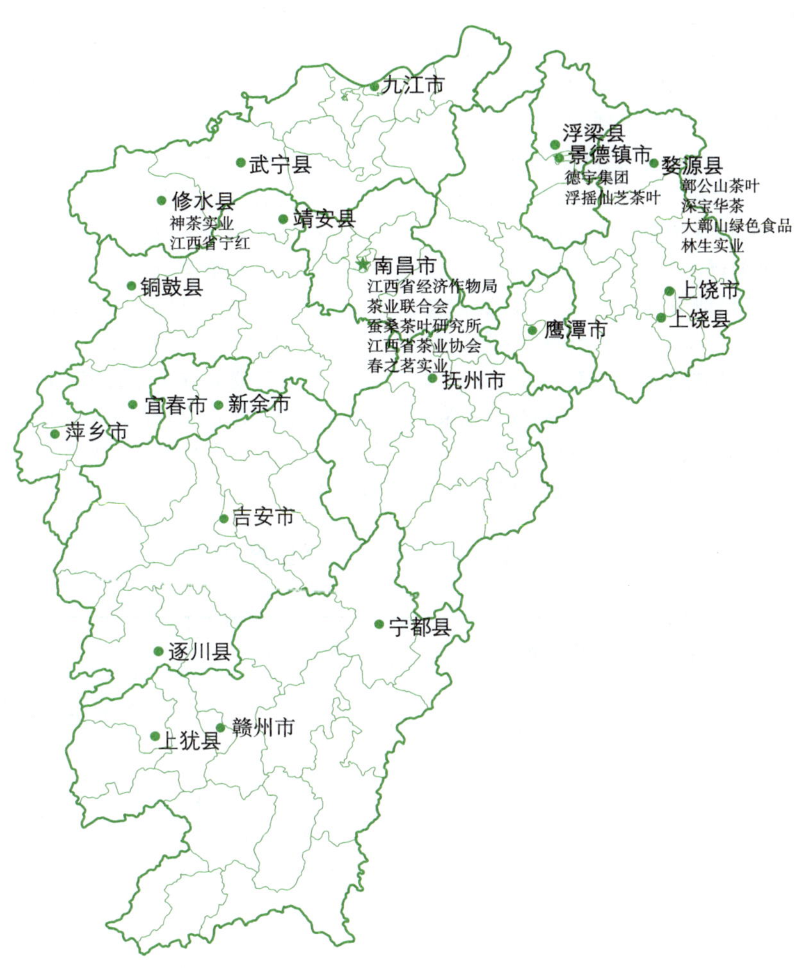

江西省地处长江中下游南岸，属亚热带湿润气候，2010 年全省茶园面积56 771公顷，产量 2.98 万吨，产值 36 亿元，有机茶园面积17 400公顷，以生产绿茶为主。主要名茶有婺源协和昌、遂川狗牯脑、修水宁红、浮瑶仙芝、庐山云雾和得雨活茶等，江西省的茶叶品牌获国际、国内大奖有 70 多个，其中遂川的狗牯脑茶 1915 年就获得巴拿马国际博览会金奖，庐山云雾 1959 年就被评为中国十大名茶。江西茶叶市场主要在南昌市茶叶交易大市场、南昌龙鼎茶城、南昌洪城茶叶市场和婺源、浮梁等主产县茶叶交易市场。江西省茶叶消费习惯以绿茶为主。

江西省茶业基本情况

项　目	单位	2010 年	项　目	单位	2010 年
产值	亿元	36	茶农户数	万户	23
茶园面积	万公顷	5.7	毛茶平均价格	元/千克	100
茶叶产量	万吨	2.98	企业数	个	190
精制茶产量	万吨	2.4			

产业政策

一是大力扶持良繁体系建设。积极争取农业部的支持，在江西省蚕桑茶叶研究所、景德镇市茶叶科学研究所、修水县和婺源县建立了4个国家级茶树良种繁育场。二是大力扶持茶叶企业发展。每年把支持省级以上茶叶龙头企业贷款贴息作为省级农业产业化资金优先安排。三是大力扶持企业参加各类茶事活动，加大了茶农的实用技术培训。每年都举办1～2次大型茶博会等活动，为企业的品牌宣传和产品展示提供平台，并支持企业走出省门，在全国各地举办展示展销会；培训茶农被列入各级政府阳光培训工程，为茶农提供技术支撑。四是实行茶机补贴。从2007年起，把茶叶种植、采摘机械等茶叶加工机械纳入了农业购机补贴范畴，实行享受购置粮食机械同等的补贴政策，扩大了茶叶生产的机械化率。五是实行茶苗补贴。从2007年开始，对新植或改造茶园实行了无性系优质茶苗补贴。

茶叶生产

立足江西优越的生态环境，提出了"三不一坚持"的茶叶生产指导思想。即不盲目发展、不片面追求面积、不破坏原有生态和坚持标准化生态茶园建设，在基地建设要求做到"三个确保"即确保茶园生态平衡，确保茶叶质量安全，确保茶农种植效益。近年来，江西省每年均发展标准化良种茶园0.4万公顷以上，其中规模连片茶园均超过133.33公顷以上，全省无性系茶园比重已从2004年不足13.02%提高到2010年44.5%；2010年全省茶园机剪面积突破3万公顷，机采茶园近1.67万公顷，茶叶初制加工90%以上实现了机械化。目前，全省建立省级无公害茶叶基地57个，通过绿色食品认证的茶叶企业和产品分别达到43家和139个，茶产业是江西省农产品通过绿色食品认证企业和产品数最多的产业。

江西省茶叶生产主要地区生产情况

单位：吨、公顷

地区（地级市）	茶叶产量	茶园面积	品　　种	主要品牌
上饶市	10 137	17 010	白毫早、乌牛早、福鼎大白	婺源绿茶、大鄣山茶、上饶白眉等
九江市	5 337	6 430	白毫早、乌牛早、福鼎大白、庐山群体种	庐山云雾、双井绿、宁红工夫等
景德镇市	4 061	7 266	白毫早、乌牛早、福鼎大白	德宇活茶、浮梁茶
抚州市	2 462	3 954	白毫早、乌牛早、福鼎大白	资溪白茶
赣州市	2 267	8 081	白毫早、乌牛早、福鼎大白	小布岩茶、梅岭毛尖

注：本表以茶叶产量为序。

江西省茶叶主产县生产情况（一）

单位：吨、公顷

县（县级市）	茶叶产量	茶园面积	茶树品种	主要品牌
婺源县	8 200	11 000	群体种、白毫早、乌牛早、迎霜	婺源绿茶
修水县	4 020	5 500	迎霜、乌牛早、福鼎大白、白毫早	双井绿、宁红
浮梁县	3 420	6 666.7	群体种、槠叶齐、乌牛早、福鼎大白	浮梁茶
铜鼓县	3 410	4 893.3	安吉白茶、龙井43、福鼎大白	铜鼓春韵
武宁县	2 100	1 333.3	白毫早、乌牛早、福鼎大白	白鹤坪
遂川县	800	5 066.7	群体种、白毫早、乌牛早、福鼎大白	狗牯脑
上犹县	782	2 760	白毫早、乌牛早、福鼎大白	梅岭毛尖
上饶县	630	3 066.7	上饶县群体种、乌牛早	上饶白眉、仙姑龙源

江西省茶叶主产县生产情况（二）

单位：吨、公顷

县（县级市）	茶叶产量	茶园面积	茶树品种	主要品牌
庐山区	300	900	庐山群体种	庐山云雾茶
资溪县	20	2 133.3	安吉白茶	资溪白茶

注：本表茶叶产量为序。

茶叶加工

江西省主要茶叶加工企业

单位：万元、吨、公顷、吨/年

公司名称	销售额	茶叶产量	茶园面积	加工能力	品　牌
江西德宇集团有限公司	2 3000	150	6 666	260	得雨活茶
江西省宁红有限公司	16 401	1 100	323	1 500	宁红工夫茶
南昌市春之茗实业有限公司	11 000	3 500	200	4 000	林恩
婺源县鄣公山茶叶实业有限公司	8 816	5 510	253.3	7 000	鄣公山茶
浮瑶仙芝茶叶有限公司	8 200	1 500	133.3	1500	浮瑶仙芝
江西省婺源大鄣山绿色食品有限公司	7 654.5	1 500	667	4 000	大鄣山茶
婺源县林生实业有限公司	6 200	500	1 066.7	550	林生茶
婺源县聚芳永茶叶有限公司	5 639	3 685	80	6 000	聚芳永
江西武宁茶场	5 200	2 400	220	4 000	白鹤坪
江西修水神茶实业有限公司	3 679.8	38.13	8 00	400	修水神茶
九江市松柏茶叶有限公司	230	8	60	—	庐山云雾茶

注：本表以销售额为序。

茶叶市场

江西省茶叶贸易及出口企业

单位：万元、吨

名　　称	销售额	交易量	出口量
南昌市春之茗实业有限公司	11 000	3 500	3 500
婺源县鄣公山茶叶有限公司	8 816	5 510	5 200
浮瑶仙芝茶叶有限公司	8 200	1 500	1 400
江西省婺源大鄣山绿色食品有限公司	7 654.5	1 600	1 500

注：本表以销售额为序。

江西省主要茶业批发市场

单位：平方米、个、吨、亿元

名　称	市场面积	规划铺位	年交易量	年交易额
江西南昌茶叶交易市场	20 000	150 个	275	1.1

江西省知名茶馆

单位：平方米、个

名　称	营业面积	连锁店数量	分布区域
南昌协和昌茶馆	800	3	南昌市
南昌天福源茶座	500	1	南昌市
南昌博雅茶艺	300	1	南昌市

注：本表以营业面积为序。

（江西省经济作物局　邱春娇　罗省根）

九　江　市

九江地处湘、鄂、皖三省交界，山清水秀，森林覆盖率大，土壤有机质含量高，气候温和，雨量充沛，发展茶叶自然条件得天独厚，生态环境保护得好，全市宜茶面积大，发展茶叶产业潜力巨大。九江产茶有千余年历史，自古就是三大茶市之一。是驰名中外庐山云雾茶原产地，积淀了深厚的文化底蕴，积累了丰富的茶叶生产经验，初步建立了较为完善的茶叶种植、加工、营销、科研及人才培养体系。

九江市茶业基本情况

项　目	单位	2010 年	项　目	单位	2010 年
毛茶产值	亿元	3	茶农户数	万户	0.65
茶园面积	万公顷	0.857 3	毛茶平均价格	元/千克	60
茶叶产量	万吨	0.55	企业数	个	110
精制茶产量	万吨	0.15	行业销售额	亿元	5
茶叶年加工能力	万吨	0.55			

产业政策

修水县是九江市主产茶区，茶产业发展遵循 3 个原则，即实事求是、因地制宜；民办、民营、民受益；扶持重点场、重点户。品种选择坚持 3 个不引进，即不是国家级良种不引进；未通过修水县试种的不引进；不是无性系茶苗不引进。基地培植明确 6 个不支持，即集体投资建园的不支持；开发面积在 100 亩（6.67 万平方米）以下的不支持；土地未合法流转的不支持；种子直播的不支持；经营能力弱的不支持；配套资金不足的不支持的发展机制，采取整合项目，部门操作，以奖代补，结算到户的扶助方法，采用建立台账，分段检查，通报得分，年终汇总的管理考评方式，逐步建立起政府扶助引导，市场运作主导的发展模式。积极组织实施万、千、百、十工程，即万亩乡、千亩场、百亩以上基地、十亩以上专业户。2009 年后，对每亩新扩茶园补助 700 元。

庐山区区委、区政府下发了《关于进一步加快庐山云雾茶产业发展的意见》，提出了加快庐山云雾茶产业发展的目标任务、制定了工作重点和保障措施，区财政每年安排 300 万元茶叶产业化专项经费，相关乡镇街道每年要安排一定的专项资金用于扶持茶叶产业发展，鼓励民营企业、私营业主和社会资本以参股、租赁承包等方式发展茶叶产业；对培育龙头企业、茶叶加工企业生产发展、技术改造等的贷款进行贴息补助；对达到一定规模的良种繁育基地建设进行补贴；对连片开发、品质符合标准的种茶企业和种茶大户给予扶持；对茶叶市场体系建设、茶叶产品展示展销推介活动等给予补助；对获得无公害农产品、绿色食品和有机食品认证的给予奖励。对参加茶叶产业化经营的农户，采取小额贷款发放方式，有效解决农民发展资金问题。“百里果业工程”补助向茶叶产业化项目倾斜，鼓励“百里果业”新开垦果园套种茶叶，全部按照标准化、良种化、有机化要求建设。区发改、经贸、科技、农业、林业、水利等有关部门的资金要相对集中地支持茶叶产业化经营的项目。

武宁县政府重点扶持茶叶龙头企业，茶叶生产以集中连片的 200 公顷标准化茶园为主，辅以零星的散户经营茶园，对重点产茶区在技术力量、人员配备等方面都不断强化。

2010 年，星子县购买优良品种迎霜扦插苗木 26.67 公顷，无偿送给农民种植。

茶叶生产

概况：由于去冬今春天气条件有利于茶叶生长，加上人工、农资、包装等价格上涨，茶叶产销表现出价量齐升的态势。茶叶产量比上年增加37%，价格比上年上涨90%，尤其是明前茶，平均每千克在400元以上，谷雨茶在500元。同时大力发展特种茶生产，九江市已引进白茶种植，面积已达53.3公顷。为适应茶叶消费品种多样化，开始尝试研制速溶型大众化中档茶叶和具有保健作用的茶叶品种。

目前以出口红茶品种为主，在清明前后生产部分精制茶，同时投资研发其他新的品种，逐步形成高档中档和出口红茶等多个品系。

九江市茶叶主产县

单位：吨、公顷

县（县级市）	茶叶产量	茶园面积	茶树品种	主要品牌
修水县	4 020	5 500	浙农 117、乌牛早、龙井 43、迎霜、槠叶齐、福云 6 号、宁州群体种、宁州 2 号	双井绿、宁红、梅山、霞森、凯球、五杰银雾等
武宁县	2 100	1 333.3	宁州群体、福鼎等	地元白鹤羽
庐山区	300	900	本地群体种、迎霜，乌牛早、浙农 118 等	庐山云雾茶
星子县	65	300	福鼎大白	七尖云雾、金轮峰

注：本以茶叶产量为序。

茶叶加工

九江市茶叶加工企业主要以精制茶以及礼品茶为主，近年来，随着加工企业的发展以及市场需求和拓展，大宗茶的生产产量逐年提高，并且已发展有 2 家具备自营出口权的加工企业。

九江市主要茶叶加工企业

单位：万元、吨、公顷、吨/年

名　称	销售额	茶叶产量	茶园面积	加工能力	品　牌
大椿茶厂	3 600	375	72	500	霞森牌双井绿、宁红
江西省宁红有限责任公司	—	—	—	—	宁红
江西省修水神茶实业有限公司	—	—	—	—	梅山
修水新华茶厂	1 200	125	125	135	宁红、双井绿
星子县庐山东南茶场	1 200	30	1 333	108	七尖兰有机庐山云雾茶
九江市松柏茶业有限公司	—	—	—	—	庐山云雾云雾茶
武宁茶场	—	—	—	—	白鹤羽、碎红、末茶
修水东谷潭有机茶场	1 000	118	108	130	宁红、双井绿
修水琼峰茶场	820	85	42	100	宁红、双井绿
庐山露语茶叶有限公司	625	60	146	80	庐山云雾云雾茶
修水茶科所精制厂	620	79	65	85	宁红、双井绿、凯球
修水兄弟茶业公司	500	60	28	65	宁红、双井绿
修水眉峰实业开发公司	420	40	64	60	宁红、双井绿
修水眉新茶厂	350	38	28	42	宁红、双井绿
星子县桃花源茶场	200	5	20	30	康王谷庐山云雾茶
星子县金轮峰茶叶公司	100	2.5	10	10	金轮峰庐山云雾茶
九江古圣庐茶业有限公司	27.3	0.8	36	5	庐山云雾云雾茶

注：本表以2010年销售额为序。

茶叶市场

名优茶以茶叶店（或茶庄）销售为主，精制与深加工产品主要是外销或间接出口。修水县湘鄂赣边界茶叶交易市场正在筹建中。庐山云雾茶的高档礼品茶主要以内销以及省内销售为主，大宗茶主要以出口为主。

主要茶叶市场及分布：

茶庄主要分布在山东、上海、江苏、广东、南昌、九江等地以及县内。出口产品主要销往日本、东南亚等。

九江市主要茶叶批发市场

单位：平方米、个、万元

名　称	市场面积	规划铺位	年交易额
赣西北茶叶交易市场	46 690	300	—

茶文化

早在930多年前，北宋著名诗人、书法家黄庭坚将家乡精制的双井绿茶推赏于京师，一时名动京华，被欧阳修誉为“草茶第一”。苏东坡、欧阳修、司马光、梅尧臣等文豪诗人赞美双井茶的诗多达百余首。宁红工夫茶在1915年美国旧金山巴拿马万国博览会上获得甲级大奖章（比金奖高两个等次）。1891年游历来华的俄国皇太子赠匾宁红茶“茶盖中华，价甲天下”。在香港、汉口等出口口岸有“宁红不到庄，茶叶不开箱”之美誉。当代茶圣吴觉农题词：“宁红、祁红并称世界之首”、“宁州红茶誉满全球”。时有不知修水者，然无不知“宁红”者。

九江市知名茶馆

单位：平方米、个

名　　称	营业面积	连锁店数量	茶馆区域分布
翡翠名珠	3 000	1	浔阳区
淑萍	3 000	2	浔阳区
百茶园茶楼	2 800	1	修水县城
秀玉	2 000	2	浔阳区
兰野	2 000	1	浔阳区

注：本表以营业面积为序。

（江西省九江市农业局经济作物站　张玲芳）

上 饶 市

上饶市位于江西省东北部。东邻浙江，西接安徽，南连福建；素有八省通衢、豫章第一门户的称谓。上饶地理位置在北纬 27°34′～29°34′，东经 116°13′～118°29′之间。全境位于中亚热带季风湿润气候区，年平均气温 16.7～18.2℃，年降水量为1 600～1 800毫米，年无霜期 251～274 天。境内气候温和，日照充足，雨量丰沛，无霜期长，分温热、温和、温凉三小气候区，具有春、秋短，冬、夏长的季节特点。

上饶市茶业基本情况

项　目	单　位	2010 年	项　目	单　位	2010 年
毛茶产值	亿元	3.958	茶农户数	万户	15.3
茶园面积	万公顷	1.633	毛茶平均价格	元/千克	12
茶叶产量	万吨	1.048	企业数	个	283
精制茶产量	万吨	1.027	行业销售额	亿元	14.5
茶叶年加工能力	万吨	6	城镇居民茶叶消费	千克/人	0.3

注：本表以 2010 年度数据为准。

茶叶生产

上饶市茶叶主产县

单位：吨、公顷

县（县级市）	茶叶产量	茶园面积	茶树品种	主要品牌
婺源县	8 200	11 000	白毫早、乌牛早、福鼎大白	婺绿
铅山县	795	2 333	群体种	武夷玉枝、高山有机茶
玉山县	660	1 233	群体种	饶绿
上饶县	630	3 067	白毫早、乌牛早、福鼎大白、福云、上梅州	上饶白眉
德兴县	195	767	群体种、福鼎、福云、白茶、上梅洲、乌牛早、水灵、新品等	梧风、水芗、佳香、晶品香、毛尖等

注：本表以产量为序。

茶叶加工

上饶市主要茶叶加工企业

单位：万元、吨、公顷、吨/年

公司名称	销售额	茶叶产量	茶园面积	加工能力	品牌
上饶市茗龙实业集团有限公司	8 300	5 200	2 300	6 000	茗龙
婺源县鄣公山茶叶实业有限公司	—	—	—	—	鄣公山茶
婺源聚芳永茶业有限公司	6 500	3 500	213	4 600	聚芳永
江西省婺源大鄣山绿色食品有限公司	—	—	—	—	大鄣山茶
婺源县林生实业有限公司	—	—	—	—	林生茶
天坛鸿达茶业有限公司	3 200	1 800	160	4 000	万年青
同舟茶业有限责任公司	1 200	850	88	1 000	同舟
铅山县黄冈山有机资源开发有限公司	1 160	2 800	800	950	武夷玉枝
玉山县紫湖茶厂	950	400	120	700	三清雨雾茶
溪头有机茶有限公司	900	350	80	500	金路庄

注：本表以销售额为序。

茶文化活动

上饶市知名茶馆（一）

单位：平方米、个

名　称	营业面积	连锁店数量
三清山茶庄	800	4
怀玉茶庄	600	3
红叶茶苑	600	1

上饶市知名茶馆（二）

单位：平方米、个

名　称	营业面积	连锁店数量
迪欧咖啡厅	500	1
婺源茶博府	200	1
婺园茶楼	150	1
书乡茶馆	120	1

注：本表以营业面积为序。

大事记

在2010中国（上海）国际茶叶博览会上，取得了1金3银的好成绩，其中：江西上饶茗龙实业集团的绿露牌上饶白眉荣获本届茶博会金奖；江西上饶三清云毫茶叶有限公司的春云、春芽，上饶碧源茶叶开发有限公司的宇源雀舌获得银奖。

6月5～7日，由江西省农业厅主办，江西茶业联合会、南昌茶叶交易市场承办，青山湖区人民政府协办的第三届江西绿茶博览会上，上饶市获得江西绿茶杯优质茶特别金奖1个，江西绿茶杯优质茶金奖4个、江西绿茶杯优质茶银奖1个，上饶市农业局获优秀组织奖，金奖及获奖总数均居全省首位。

（上饶市粮油经济作物局　毛盛河　高华清）

山 东 省

山东省地处我国东部沿海，黄河下游，东部为半岛，突出于黄海、渤海之间。西部为内陆，与冀、豫、皖、苏4省接壤。土地总面积15.67万平方公里。山东省属暖温带季风气候区，四季分明。全省年日照时数为2 200～2 900小时，日照百分率为50%～65%。

山东省是重要农业省份，历史上有无茶树栽培说法不一，但当代茶树栽培的历史较短。1952年有零星种植，1966年开始有组织、有计划地开展茶树引种试种工作，目前已成为我国北方重点茶区。经过40多年的发展，山东茶叶生产区域已经由日照、临沂、青岛3市的东南沿海部分县（市、区）扩大到胶东半岛的威海、泰沂山区的泰安、潍坊等地。茶叶生产在全省农业种植业中所占比重虽小，但在产茶地区已成为农村经济的支柱产业。

山东省茶业基本情况

项　目	单　位	2010年
毛茶产值	亿元	19
茶园面积	万公顷	1.83
茶叶产量	万吨	1.19
企业数	个	600
城镇居民茶叶消费	千克/人	0.45

产业政策

2010年5月，全省高效特色农业现场会在济南召开，会议将茶叶列为全省重点发展的5大特色农业产业之一，力争通过“十二五”期间的努力，在全省建成一批产出能力强、技术含量高、示范作用大的高标准生产基地和园区，扶持一批素质高、发展快、带动作用强的新型生产经营主体，培育一批质量好、影响大、市场占有率高的知名品牌，使小产业也有大作为。为了解决茶树越冬难题，2008年以来，山东省财政连续3年将茶叶列为财政支持农业技术推广项目。2010年，实施“名优茶生产加工技术示范推广”项目，全省又投入115万元，扶持6个产茶县建设名优茶生产示范园280公顷，示范发展480公顷，取得了较好的经济、社会和生态效益。

日照、临沂、青岛、威海等地也出台了支持茶叶生产发展的各种优惠政策，并根据当地自然条件，科学规划，合理布局，按照区域化种植、规模化发展的思路，结合土地延包工作和种植业结构调整，把发展茶叶生产列入了议事日程。日照市把打造“北方绿茶之乡”作为日照市8张城市名片之一，不仅将其作为农业中的特色产业来扶持，而且纳入全市经济社会发展的重要组成部分。青岛市把提升茶叶产业体系作为重点，以“万亩市、千亩镇、百亩园（村）”建设为依托，建设52处百亩示范园，重点推广无害化生产技术，大力发展无公害、绿色和有机茶叶生产。临沂市实施了茶叶发展财政补助资金专项，2010年共核定市级补助资金200多万元。

茶叶生产

2009年以来，山东省连续遭遇了历史罕见的低温干旱天气，去冬今春的旱情达到了百年一遇。低温干旱天气造成春茶开采推迟，早期高档茶产量减少。在全省上下各级的共同努力下，茶叶主产区积极应对低温冻害，努力将损失降到最低，2010年茶叶生产继续呈现产销两旺的良好局面。据山东省统计局统计，截至2010年末，全省实有茶园面积1.83万公顷，采摘茶园1.21万公顷，分别比2009年增长17.6%和9.2%；其中全省无性系良种茶园面积接近333.33公顷。2010年，全省干毛茶总产量11 924吨，比上年增加7.9%，茶叶总产值达到19亿元。其中，全年春茶产量约6 550吨，占总产量的54.9%。

为了从根本上提高茶叶质量，近年来，山东省先后从浙江、安徽、福建等地引进了龙井43、白毫早、龙井长叶、金观音等10多个无性系茶树良种。目前全省无性系良种茶园接近333.33公顷。随着红茶、乌龙茶消费的升温，我们在重点发展名优绿茶的基础上，加大了茶类花色品种开发力度，相继开发出一系列名优绿茶、乌龙茶、红茶等3大类别的茶叶产品，丰富了茶叶产品结构，增强了市场竞争力。2010年全省名优茶产量6 500吨，产值13亿元，分别占茶叶总产量的54%和68%，初步形成了以名优绿茶为主，大宗绿茶和其他茶类为辅的生产格局。

山东省茶叶生产主要地区

单位：吨、公顷

地区（地级市）	茶叶产量	茶园面积	茶树品种	主要品牌
日照市	7 936	10 442	鸠坑、黄山、福鼎大白	雪青、共青、北叶青、碧波
青岛市	3 755	6 921	鸠坑、黄山、福鼎大白	晓阳春、万里江、海青、胶南春、碧雪春
临沂市	2 884	6 035	鸠坑、黄山、福鼎大白	玉芽、春山
威海市	385	1 073	鸠坑、黄山、福鼎大白	正华大乳山绿茶
泰安市	134	480	鸠坑、黄山、福鼎大白	泰山女儿茶
烟台市	100	530	鸠坑、黄山、福鼎大白	天旂山、碧雪香、迎春绿

注：本表以茶叶产量为序。

山东省茶叶主产县（一）

单位：吨、公顷

县（县级市）	茶叶产量	茶园面积	茶树品种	主要品牌
日照市岚山区	6 170	6 621	鸠坑、黄山、福鼎大白	雪青
青岛胶南市	2 262	4 593	鸠坑、黄山、福鼎大白	海青、胶南春
临沂市莒南县	1 500	3 000	鸠坑、黄山、福鼎大白	玉芽
日照市东港区	1 020	2 764	鸠坑、黄山、福鼎大白	茗家春
青岛市崂山区	914	1 237	鸠坑、黄山、福鼎大白	崂山绿茶
日照市莒县	539	457	鸠坑、黄山、福鼎大白	浮来青
青岛即墨市	480	693	鸠坑、黄山、福鼎大白	即墨绿茶
临沂市沂水县	300	330	鸠坑、黄山、福鼎大白	蒙山龙雾

山东省茶叶主产县（二）

单位：吨、公顷

县（县级市）	茶叶产量	茶园面积	茶树品种	主要品牌
临沂市临沭县	210	530	鸠坑、黄山、福鼎大白	春山玉芽
日照市五莲县	178	549	鸠坑、黄山、福鼎大白	莲山翠芽

注：本表以茶叶产量为序。

茶叶加工

目前，全省各类大、中、小型的茶叶加工企业有600余家，主要集中在青岛、日照、临沂、威海、烟台、泰安等茶叶主产区。近年来，随着劳动力成本的逐年上升和消费者质量安全意识的提高，茶叶的清洁化、自动化、连续化加工逐渐成为趋势，加工企业想方设法减少用工量，提高加工效率，降低产品成本。

针对这种情况，全省加大了名优茶清洁化生产加工技术的推广力度，并依托山东省财政支农项目的实施，在全省改建了6家清洁化加工示范企业，示范推广了优质茶园培育、名优茶鲜叶采收、连续化清洁加工等技术，通过对鲜叶原料、加工环境、加工工艺、加工人员等关键点进行质量控制，对整个流程进行优化集成，全面规范“五化”（加工环境清洁化、加工设备清洁化、加工能源清洁化、炒制过程清洁化、包装储运清洁化）操作要求，提升了产品质量安全水平。目前全省名优茶已基本实现清洁化加工。

山东省主要茶叶加工企业

名　　称	主要品牌
山东御青茶业有限公司	御青
日照碧波茶业有限公司	碧波青峰
青岛万里江茶业有限公司	万里江
青岛崂山云雾茶场有限公司	崂鑫

茶叶市场

山东是全国茶叶消费大省，9 000多万人口拥有巨大的消费市场，年消费茶叶4万多吨，是全国茶叶主销区。目前，全省17个地市都有大小不一的茶叶交易市场，一般每个市场有50～200家商户，各地零售茶庄有1万家，茶艺馆大约有3 000～5 000家。仅省会济南市就有大型茶叶批发市场4家，被称为中国北方最大的茶叶集散中心。

通过调研发现，近年来，山东省的茶叶消费需求呈现多元化。从销售量上看，日照绿茶、铁观音、乌龙茶、花茶仍旧占据主导地位。2010年红茶、白茶销量猛增，特别是福建产的红茶，在武夷岩茶的带动下，有着不俗的市场表现。

从消费能力来看，沿海地区对于高价茶接受能力强，而其他地区的消费能力为50～200元。鲁北、鲁西北、鲁中、鲁南地区，茶叶消费呈多元化，而鲁西南地区偏爱龙井，单品销量很高。

山东省主要茶叶批发市场

单位：万平方米、个

名　　称	建筑面积	规划铺位	年交易额
济南市茶叶专业批发市场	6.6	300	—

大事记

2010年5月，全省高效特色农业现场会在济南召开，将茶叶列为全省重点发展的5大特色农业产业之一。

2010年5月，沂蒙玉芽茶文化节暨海峡两岸茶叶产业发展论坛在莒南县隆重举行。这是山东省首次以茶为主旨开展的海峡两岸发展论坛及经贸洽谈活动。

2010年7月，名优茶叶生产加工技术示范推广项目列入2010年山东省财政支持农业技术推广项目，实施地点为日照市东港区、岚山区，临沂市沂水县、莒南县和泰安市泰山区、泰山景区，共6个县区。通过项目的实施，累计建设示范园280公顷，辐射带动480公顷、改造茶叶清洁化加工企业6个，研发茶叶新品种8个，取得了较好的经济和社会效益。

2010年11月，《无性系茶树良种扦插繁育技术规程》（DB37/T 1676—2010）、《新建茶园技术规程》（DB37/T 1677—2010）两项山东省地方标准批准发布实施。

2010年12月，临沂市茶叶学会成立。

（山东省果茶技术指导站　段家祥）

河　南　省

信　阳　市

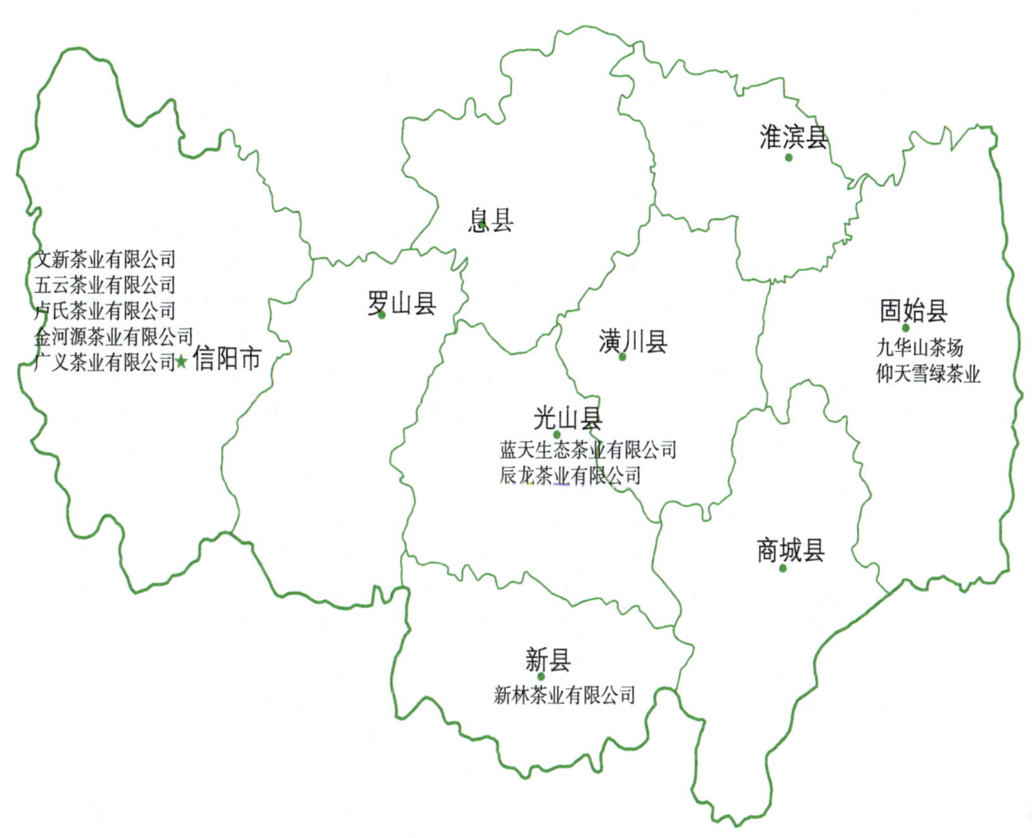

信阳市位于河南省南部，地处淮河上游、大别山北麓，东邻安徽，南接湖北，素有三省通衢之称。总面积1.89万平方公里，辖8县2区，总人口820万人。信阳市地处南北气候过渡带，属亚热带向暖温带过渡区，全市年均降雨量为1 200毫米左右，年平均气温15.1℃，日照充足，雨量丰沛，山水相依、泉明林翠，是“北国江南，江南北国”。这里历史悠久，区位优越，生态良好，文化厚重，是全国双拥模范城市、中国优秀旅游城市和国家级生态示范市。特殊的地理位置、良好的自然生态条件使信阳成为我国北方边缘茶区，是全国最大名优绿茶生产大市之一。

信阳市茶业基本情况

项　目	单　位	2010年	项　目	单　位	2010年
毛茶产值	亿元	33	茶农户数	万户	22.5
茶园面积	万公顷	10	毛茶平均价格	元/千克	90
茶叶产量	万吨	3.6	企业数	个	850
精制茶产量	万吨	3.9	行业销售额	亿元	40
茶叶年加工能力	万吨	5.5	城镇居民茶叶消费	千克/人	0.8

发展现状

2010 年，全市茶园面积达 10 万公顷，开采面积 6 万公顷，全市各类茶场1 230多家，茶叶加工企业 600 余家，达到一定规模的茶叶企业 310 余家，百万资产的茶农（大户）460 多户，省级龙头企业 10 家，市级龙头企业 34 家，中国茶行业百强企业 8 家；中国驰名商标 4 个，省级著名商标 9 个，市级知名商标 18 个，中国名牌农产品 3 个，河南省名牌农产品 6 个。有 9 家企业通过了有机茶认证，一大批茶叶生产企业产品分别通过了 ISO9001：2000、QS、HACCP 质量体系认证和 GAP、ISO14001 认证。茶叶集贸市场 100 多个，茶馆、茶楼 200 余家；行业组织迅速发展，已经建立茶叶产业协会 10 个，茶叶专业合作社 480 余家；现有茶农 95 万人，从业人员超过 110 万人；2010 年，茶农因种茶人均收入近3 000元，占全市农民人均收入的 55%；在一些茶叶生产专业村，种茶收入占农民收入的 90%以上。

2009 年 12 月 27 日，河南省委书记卢展工到信阳视察时，指出信阳要充分利用丰富的茶叶资源，尝试开发茶叶新产品——红茶，增加群众收入，卢展工还给新品牌起名为信阳红。信阳市委、市政府坚持高起点、高标准、高层次、高品位的发展战略，提出要在保护和发展信阳毛尖绿茶金字招牌的同时，调整茶叶产品结构，大力开发生产信阳红红茶，实现产业增效，茶农增收。2010 年，信阳市 8 个主要产茶县区已有 30 多家红茶生产企业生产出了信阳红，产量已达 50 万千克，产值达 2 亿多元。

产业政策

（1）设立茶产业发展基金。市财政每年安排 200 万元专项资金，各主要产茶市（县、区）每年安排财政专项资金 100 万元，分别设立市（县、区）茶产业发展基金用于扶持茶产业发展。茶产业发展基金由市（县、区）茶产业办统一协调安排，专款专用。茶叶生产重点乡镇要拿出一定比例的配套资金，用于支持茶产业的发展。

（2）积极扶持无性系良种茶园的发展和繁育工作。对自筹资金集中连片发展5亩以上标准无性系良种茶园的，每亩给予100元种苗补助。补助资金由市(县、区)各承担50%。

（3）对 2006 年以后获得中国名牌产品或中国驰名商标称号的茶业企业，一次性给予 2 万元的奖励；对获得河南省名牌产品或河南省著名商标的茶业企业，一次性给予 5 000元的奖励。

（4）对 2006 年以来通过 ISO9000、ISO9001 质量体系认证，QS 认证、HACCP 认证、有机茶认证、绿色食品认证的茶业企业，给予通报表彰。

（5）信阳毛尖产品应当使用信阳毛尖茶原产地域产品保护标贴和信阳毛尖证明商标。信阳毛尖茶原产地域产品保护标贴和信阳毛尖证明商标经有关茶叶管理机构允许后有偿使用。以企业年度使用信阳毛尖茶原产地域产品保护标贴（以下简称标贴）的数量为依据，对使用标贴的企业实行返还优惠，凡一年内使用标贴 10 万枚以上的，按 5%返还；凡一年内使用标贴 10 万～30 万枚的，按 10%返还；凡一年内使用标贴 30 万枚以上的，按 15%返还。

（6）对茶叶龙头企业（产值或销售收入5 000万元以上）、新产品开发企业、精深加工出口企业，金融部门要确定年优先贷款的基数，市财政予以贴息。同时，对被市政府授予全市个体私营纳税大户的茶企业，金融部门要在行业政策允许的范围内提供最大限额的贷款。

（7）对引进市外资金在信阳市投资新办规模以上茶业企业，享受信阳市招商引资相关优惠政策。

（8）鼓励茶叶科研与开发，实施知识产权保护与奖励战略。对通过有关部门认证的设计专利、发明创造，每件给予2 000元奖励。

（9）对茶企业以企业自身的名义在中央电视台或省级以上媒体做信阳毛尖宣传广告的，市政府根据不同情况予以奖励。

（10）鼓励各级、各类企业承办信阳茶文化节，鼓励茶企业参加国家级茶文化节和茶博会，对积极承办、参与国家级茶事活动的企业，市政府将视不同情况予以奖励。

（11）鼓励企业筹建茶叶产品质量检测室，市政府将在设备购置资金和人才方面给予支持。

（12）对进入茶企业或在乡镇以下从事茶叶生产、开发、管理工作的应届大中专毕业生，在职称评定方面予以优先。

（13）林业部门要结合林业产权制度改革工作，认真、及时做好茶山登记确权工作，对新开垦茶园做好相关手续办理工作。

信阳市茶叶主产县（一）

单位：吨、公顷

县（县级市）	茶叶产量	茶园面积	茶树品种	主要品牌
浉河区	14 500	30 500	白毫早、乌牛早、福鼎大白、信阳群体种、信阳 10	龙潭牌、五云牌、文新牌、广义牌
光山县	5 200	16 800	白毫早、乌牛早	净居寺牌、蓝天玉叶牌、辰龙牌

信阳市茶叶主产县（二）

单位：吨、公顷

县（县级市）	茶叶产量	茶园面积	茶树品种	主要品牌
新　县	4 700	14 000	白毫早、乌牛早	新林玉露
商城县	4 200	13 400	白毫早、乌牛早	其鹏牌、黄柏山牌、金刚碧绿牌
罗山县	3 500	12 000	白毫早、乌牛早	申林玉露、仙灵牌
固始县	3 200	9 445	白毫早、乌牛早	九华山牌、仰天雪绿、十八盘
平桥区	630	4 400	白毫早、乌牛早	佛灵山牌、五岳神针牌
潢川县	580	3 550	白毫早、乌牛早	光州牌

注：本表以茶叶产量为序。

茶叶加工

2010年茶叶产量3 600万千克，总产值33亿元，其中信阳红茶产量50万千克，产值2亿元。

信阳市主要茶叶加工企业

单位：万元、吨、公顷、吨/年

名　称	销售额	茶叶产量	茶园面积	加工能力	茶叶品牌
河南信阳卢氏茶叶有限公司	220 00	21 000	56 000	58 000	红龙
河南信阳五云茶叶有限公司	20 040	1 500	10 000	25 000	龙潭牌、五云牌
信阳市文新茶叶有限责任公司	13 051	156	51 000	870	文新牌
河南固始县仰天雪绿茶业有限公司	10 673	140	14 000	160	仰天雪绿牌
河南固始县九华山茶场	9 986	416	19 470	600	九华山牌
河南新林茶业有限公司	9 347	520	9 200	2 190	新林玉露
河南申林茶业有限公司	8 500	150	22 000	300	申林玉露

注：本表以销售额为序。

信阳市主要茶叶贸易企业

单位：万元、吨

名　称	销售额	交易量	出口量
河南信阳卢氏茶叶有限公司	27 596	30 500	30 500
光山县辰龙茶叶有限公司	10 000	11 000	11 000

注：本表以销售额为序。

信阳市主要茶叶批发市场

单位：万平方米、个、亿元、万吨

名　称	建筑面积	规划铺位	年交易额	年交易量
东双河茶叶批发市场	4.67	75	2.5	0.35
浉河港茶叶批发市场	4.0	80	2.8	0.39
董家河茶叶批发市场	4.00	120	1.8	0.2
光山大别山茶市	3.33	50	2.2	0.3
信阳市茶文化一条街	1.33	130	2	0.25

注：本表以建筑面积为序。

茶文化

中国茶都——信阳第十八届国际茶文化节暨 2010 中国绿茶大会期间，来自日本、中国台湾、中国香港等国家和地区的 10 家境外企业及 65 家国内企业参展共签约对外合作项目 125 个，总投资 233.895 亿元。人民日报、新华社、农民日报、香港文汇报、河南日报、大河报、信阳日报等平面媒体，新华网、人民网、新浪网、大河网、农博网、信阳网等网络媒体，中央人民广播电台、中央电视台、中国国际广播电台、河南电视台广电媒体等 200 余名记者来到信阳进行现场采访，并实现了新华网、河南频道等主流媒体的现场直播。

信阳市知名茶馆

单位：平方米、个

名　　称	营业面积	连锁店数量	分布区域
五云茶艺馆	6 000	15	郑州及市内
信阳市文新茶艺馆	4 000	10	郑州及市内
河南蓝天茶艺馆	800	3	郑州及市内
信阳仰天雪绿茶艺馆	800	2	市内
信阳九华山茶艺馆	800	2	市内
光山县净居寺茶楼	600	2	市内

注：本表以营业面积排序。

大事记

3 月 22 日，信红茶叶有限公司 CTC 颗粒红茶项目奠基开工仪式在光山县官渡河工业园区隆重举行。项目总投资 1.5 亿元，拟建 5 条全自动生产线，年产 CTC 颗粒红茶 3 万吨，产值 6 亿元以上。这一项目填补了河南省红碎茶生产的空白。

5 月 27～29 日，大别山地区名优茶优质、高产第二次协作会议在湖北省孝感市大悟县召开，来自农业部种植业管理司和全国农技推广服务中心经济作物处，鄂、豫、皖 3 省农业厅委，以及参与协作的 3 省 6 市 26 县 39 个协作单位和中国农业科学院茶叶研究所等 6 个技术支撑单位行业主管领导、专家学者和技术人员约 160 人与会。信阳市茶产业办公室、信阳市农业科学研究所及浉河、平桥、罗山、光山、固始、商城、新县茶办和五云集团等单位组团 20 名代表参会，积极参与学习交流，观摩研讨，取得了圆满成功。

4 月 13 日，具有信阳特色品质风味的信阳红研制成功。

4 月 26 日，河南省委书记卢展工与中国国际茶文化研究会名誉会长刘枫一行再次来到信阳，在品鉴了信阳红后，对其良好品质给予了高度赞扬，刘会长还欣然提笔，写下了“信阳红，健康之宝，致富之源”。

2010 年 4 月，中国最具权威评估机构浙江大学 CARD 农业品牌研究中心，历时近半年，涵盖全国主要产茶区域六大茶类，开展了 2010 中国茶叶区域公用品牌价值评估，信阳毛尖品牌价值以 41.39 亿元紧随西湖龙井和安溪铁观音之后，位列前三甲。

6 月 10～13 日，由中国茶叶流通协会、澳门贸易投资促进局联合主办的 2010 中国（澳门）国际茶业博览会在澳门举办，来自东南亚、非洲、南美洲和中国台湾、中国大陆的 10 多个产茶省份的 300 多家茶叶、茶具、茶艺、茶文化企事业单位参加了博览会。

9 月 17 日，中国茶叶流通协会组织了信阳红品质鉴评会，全国知名茶叶专家、全国政协常委、安徽农业大学副校长、教授、博士生导师夏涛任主任委员，中国农业科学院茶叶研究所副所长、研究员鲁成银和国家茶叶质检中心副主任、高级工程师赵玉香任副主任委员，中国茶叶流通协会秘书长吴锡端及河南省农业厅研究员段传章等 9 人为委员的信阳红品质鉴定委员会，给予信阳红“外形条索紧细，色泽棕润多金毫，内质汤色红亮，香气甜香持久，滋味醇厚甘爽，叶底嫩匀红亮”的高度评价。

9 月 30 日，“信阳红风暴”系列宣传推介活动信阳启动仪式在信阳市百花会展中心广场举行。

10 月 9 日，在北京人民大会堂河南厅举行“信阳红风暴”北京新闻发布会。

10 月 10 日，举行“庆国庆·红茶送红旗”活动——信阳红慰问国旗护卫队。

10 月 10～16 日，在北京市东城区王府井大街澳门中心广场举行“信阳红风暴”北京王府井活动周。

10 月 12 日，“信阳红风暴”系列宣传推介活动郑州启动仪式在省人民会堂举行。

10 月 17～19 日，在北京马连道国际茶城举行“信阳红”展示、展销推介活动。

10 月 22～25 日，在郑州中原博览中心举行第四届中国（郑州）国际茶业博览会信阳红新品发布会及系列宣传推介活动。

10月22～25日，由商务部和河南省人民政府联合主办的2010第四届中国（郑州）国际茶业博览会在郑州中原国际博览中心举行，信阳市8个产茶市（县、区）30多家重点茶叶龙头企业共设立46个国际标准展位，参加了名优茶展销、信阳红茶评比、信阳红专场推介会、信阳红斗茶大会、茶艺表演等活动。在信阳红茶评比中，罗山县灵山茶业有限公司生产的信阳红茶获得茶王称号，另有11家企业获得金奖。

10月28～30日，第六届中国茶业经济年会暨2010中国贵州国际绿茶博览会在遵义市举行，信阳市组团参加了大会，卢氏、五云、文新、九华山、仰天雪绿、申林和新林等7家茶叶企业被评为2010年度中国茶叶行业百强企业，浉河区排在全国重点产茶县第四位，新县被授予“全国特色产茶县”称号。

12月1日，全省茶产业发展工作会议在信阳市召开。会议的主要任务是深入贯彻落实省委八届十一次全会精神，总结近年来河南省茶产业发展情况，讨论《河南省茶产业发展规划（2011—2020年）》（讨论稿），部署2011年全省茶产业发展工作。省人大原副主任、省茶文化研究会会长亢崇仁和省委农办常务副主任余学友出席会议。

（信阳市茶产业办公室　张久谦　张杰磊）

湖　北　省

湖北省位于长江中游，介于北纬 29°01′53″～33°6′47″，东经 108°21′42″～116°07′50″。地貌类型多样，山地、丘陵、岗地和平原兼备，其中山地占全省总面积的 55.5%，属于亚热带，季风气候，空气湿润，光能充足，热量丰富，无霜期长，降水充沛，雨热同季，是发展茶叶的适宜地区。茶树品种资源丰富，宜昌大叶种等 3 个品种已被审（认）定为全国茶树良种，鄂茶 1～10 号茶树品种被审定为湖北省级良种；茶类多、内质好。绿茶是湖北省的优势茶类，乌龙茶发展前景看好，宜红工夫茶是全国三大红茶之一，在国际市场享有盛誉，川字牌砖茶畅销边疆少数民族地区。

湖北省茶业基本情况

项　目	单　位	2010 年
毛茶产值	亿元	52.4
茶园面积	万公顷	21.46
茶叶产量	万吨	16.57
精制茶产量	万吨	10
茶农户数	万户	100
毛茶平均价格	元/千克	45
企业数	个	5 000

产业政策

2010年2月，湖北省农业厅下发了《关于推进我省有机乌龙茶产业开发的意见》(鄂农经发〔2010〕16号)，这是湖北省在省政府大力支持下为推动乌龙茶产业发展颁发的专题文件。文件明确了目前湖北省乌龙茶产业开发的指导思想和目标，谋划了科学合理的乌龙茶产业发展思路和规划布局，提出了工作重点和工作措施。要求各级党委和政府及有关部门从全局和战略的高度，制定具体实施方案，加大投入力度，把乌龙茶开发作为发展茶叶产业的一项全新的重要工作来抓，力争有机乌龙茶产业开发1年初见成效，3～5年大见成效。

茶叶生产

(1) 基本情况。2010年，全省茶叶生产再创历史新高，茶园总面积21.47万公顷，其中采摘面积15.59万公顷，茶叶总产量16.6万吨，农业产值52.4亿元，茶叶综合产值达到102亿元。全省有20个重点产茶县市300多个乡镇生产茶叶，随着产业的不断发展，全省逐步建成一批茶叶大县市、大乡镇和大基地，2010年英山、恩施、竹溪、夷陵、五峰、鹤峰、大悟、竹山、利川、保康、谷城等13个县市的茶园面积超过0.67万公顷。

产品质量进一步提升，2010年全省名优茶产量7.4万吨，名优茶产值40.8亿元，分别占茶叶总产量和总产值的44.6%和78%，分别比上年名优茶6.19万吨、产值32亿元提高19.5%和27.5%，已成为全国名优茶生产大省。有机茶生产再上新台阶，全省已有25个县市90家企业获得国内外有机茶认证，认证数量居全国第二位。

茶产业规模位列全国产茶省区的前列，具有举足轻重的地位，茶园总面积仅次于云南、四川，位居第三位；产量仅次于福建、云南、四川，位居第四位；产值仅次于福建、浙江、四川，位居第四位。规模和效益为中部地区第一位，是名副其实的全国产茶大省。在全国20个产茶省份中，全省茶园总面积、总产量、农业总产值比1995年的第五位、第七位、第八位分别提升了两位、三位和四位。茶叶已成为湖北省山区农村经济和农民增收致富持续稳定的支柱产业。

(2) 主要茶树品种及分布。湖北省主要推广的茶树品种为福鼎大白茶、鄂茶1号、福云6号、宜昌大叶茶等。其中福鼎大白在全省各大产区均有分布，福云6号主要分布在恩施市及周边，鄂茶1号在咸宁市、孝感市、英山县等地栽培，宜昌大叶茶主要在宜昌市夷陵区种植，还有一些种植比较多的就是本地群体种。

(3) 特种茶生产情况。湖北省特种茶以紧压茶(砖茶)为主，主要产地咸宁市。2010年全省紧压茶产量0.98万吨，占总产量的6%。主销边疆少数民族地区，国内北至沈阳、新疆，南至浙江、深圳、北海等城市均有市场。

湖北省茶叶生产主要地区

单位：吨、公顷

地区（地级市）	茶叶产量	茶园面积	茶树品种	主要品牌
恩施土家族苗族自治州	46 103	56 896	福云6号、福鼎大白、鄂茶10	恩施玉露、翠泉、伍家台
宜昌市	39 052	42 944	宜昌大叶种、宜红早、鄂茶9号	采花毛尖、萧氏、邓村
黄冈市	32 954	22 373	福鼎大白	英山云雾
咸宁市	18 374	10 160	福鼎大白、鄂茶1号	松峰、汀泗川玉
十堰市	10 411	32 083	福鼎大白、鄂茶1号	龙王垭、圣水、武当道茶
襄樊市	8 039	13 677	福鼎大白	玉皇剑、筑阳翠峰
孝感市	6 053	21 344	福鼎大白、鄂茶1号	悟道、大悟寿眉

注：本表以茶叶产量为序。

湖北省茶叶主产县（一）

单位：吨、公顷

县（县级市）	茶叶产量	茶园面积	茶树品种	主要品牌
英山县	27 575	13 400	福鼎大白	英山云雾
五峰土家族自治县	15 587	12 007	福鼎大白、鄂茶7号	采花毛尖
鹤峰县	14 961	14 668	福鼎大白、鄂茶10	翠泉茶

湖北省茶叶主产县（二）

单位：吨、公顷

县（县级市）	茶叶产量	茶园面积	茶树品种	主要品牌
夷陵区	10 095	12 367	宜昌大叶种、宜红早	萧氏、邓村
竹溪县	9 869	14 508	福鼎大白、鄂茶 1 号	龙峰、龙王垭
利川市	9 802	8 794	福鼎大白、鄂茶 10	飞强
恩施市	—	13 598	福云 6 号、福鼎大白、鄂茶 10	恩施玉露、伍家台
大悟县	4 577	13 015	福鼎大白、鄂茶 1 号	悟道、大悟寿眉
竹山县	4 206	9 630	福鼎大白、鄂茶 1 号	圣水
谷城县	4 031	8 859	福鼎大白	玉皇剑、筑阳翠峰

注：本表以茶叶产量为序。

茶叶加工

湖北省茶叶主要加工企业及分布

地区（地级市）	主 要 企 业
恩施土家族苗族自治州	恩施润邦国际富硒茶业有限公司、恩施土家族苗族自治州伍家台贡茶公司、鹤峰翠泉茶业有限公司、恩施馨源生态茶业有限公司
宜昌市	宜昌萧氏茶叶集团有限公司、湖北采花茶业有限公司、湖北邓村绿茶集团有限公司
黄冈市	英山绿屏茶叶有限公司、英山志顺茶叶有限公司
咸宁市	赵李桥茶厂有限责任公司、咸宁汀泗川玉茶业有限公司
十堰市	湖北龙王垭茶业有限公司、湖北圣水茶场有限公司、竹溪梅子贡茶业有限公司
襄樊市	保康荆山锦有机茶有限公司、湖北汉家刘氏茶业有限公司、湖北玉皇剑茶叶有限公司
孝感市	大悟县悟道茶业有限公司、大悟寿眉茶叶有限公司

目前全省年产值和年销售额超过亿元以上的茶叶企业有 6 家，超千万元以上的企业有 30 多家，其中国家级农业产业化重点龙头企业 3 家，省级龙头企业有 24 家，通过 ISO9001：2 000国家质量体系认证的企业有 40 多家，成立茶叶专业合作社超过百家。如湖北采花茶业有限公司成功引进宜昌国贸集团，实行增资扩股。在五峰渔洋关征地 9.8 公顷建设五峰采花科技园，采花科技园一期工程名优茶加工车间和湖北茶博馆已竣工，投资 1.5 亿元。宜昌萧氏茶叶集团公司，引进日本全程清洁化、智能化加工生产线和鲜叶水洗生产线，实现了传统农业向现代茶业加工的飞跃。公司启动建设了“中国茶产业高新科技工业园”，占地 20 公顷，大力开发茶饮料、茶食品、机械、包装印刷等综合性产业集群。此外，恩施润邦、邓村绿茶、龙王垭、竹溪梅子贡、竹山圣水、武当山八仙观、英山云雾、大悟悟道、咸丰馨源、宣恩伍家台、谷城玉皇剑、保康荆山锦、襄樊威杰等一大批“龙头＋基地＋农户”产业化经营模式正在快速壮大，发展势头强劲。

湖北省主要茶叶加工企业（一）

单位：万元、吨、公顷、吨/年

公司名称	销售额	茶叶产量	茶园面积	加工能力	品牌
宜昌萧氏茶叶集团有限公司	62 000	6 000	300	7 500	萧氏
湖北采花茶业有限公司	36 600	6 500	6 660	8 000	采花毛尖
湖北邓村绿茶集团有限公司	22 300	3 000	200	5 000	邓村绿茶
湖北悟道茶业有限公司	22 000	1 050	4 330	1 200	悟道
湖北龙王垭茶业有限公司	19 000	480	1 330	500	龙王垭、龙峰

湖北省主要茶叶加工企业（二）

单位：万元、吨、公顷、吨/年

公司名称	销售额	茶叶产量	茶园面积	加工能力	品牌
英山绿屏茶业有限公司	7 500	800	160	1 000	绿屏
湖北圣水茶场有限责任公司	3 500	330	66	500	圣水
咸宁汀泗川玉茶业有限公司	1 500	20	66	100	汀泗川玉

注：本表以销售额为序。

茶叶市场

从茶类来看，全年茶叶销售持续看好。绿茶市场稳中有升。红茶市场逐渐升温，宜都宜红茶叶公司生产和收购宜红茶达8 121吨，产值8 513万元，均价 10.5 元/千克，分别比 2009 年同期增加2 929吨和3 111万元。乌龙茶市场火热。2010 年省政府加大了对乌龙茶产业开发力度，全省开始形成乌龙茶开发热潮。竹溪梅子贡茶业公司生产武当有机乌龙功夫茶 150 吨，创产值5 000多万元，均价达 340 元/千克。咸丰馨源茶业有限公司生产的乌龙茶，内销价格1 760元/千克，外销出口到俄罗斯等国家，出口价为 360 元/千克。砖茶边销市场稳步发展。砖茶今年突出调整产品结构，开发名优新产品，小包装、礼品包装大量上市，均价提高 15%～20%左右。

从产茶季节来看，春茶销售火爆。春茶产值达到 35.7 亿元，占全年茶叶销售额的 68.7%，比上年同期的 28.1 亿元增加 7.6 亿元，增幅 27%。增收的主要原因：一是 2010 年全国多数茶区因气候异常大面积减产，但湖北省春茶生产期间气候正常，南方各省到湖北抢购鲜叶原料和干茶，导致湖北春茶价格大幅上扬，涨幅在 20%以上，为历年所少见。二是品牌茶的拉动。由于近年湖北省茶叶品牌知名度越来越高，深受市场欢迎，尤其是高档茶鲜叶价格涨幅大增，如十堰市高档名优绿茶鲜叶均价达 140 元/千克，同比提高 35%，最高达 200 元/千克，仅此直接带动茶农增收8 000万元以上。夏秋茶除生产绿茶，还生产红茶、乌龙茶和砖茶等，满足不同市场需求，价格略有增长。根据市场调查，夏秋茶价格约为 17.2 元/千克，同比上年 16.2 元/千克增长 6.2%。

湖北省主要茶叶贸易企业

单位：万元、吨

名　　称	销售额	交易量	出口量
宜都市宜红茶业有限公司	10 500	9 530	9 050
武汉黄鹤楼茶叶有限公司	5 500	8 500	5 000

注：本表以 2010 年销售额为序。

湖北省主要茶叶批发市场

单位：万平方米、个、吨、亿元

公司名称	市场面积	规划铺位	交易量	交易额
宜昌三峡国际旅游茶城	6.3	500	30 000	10.0
陆羽茶都	5	440	4 000	2.3
大别山茶叶广场	3.5	190	11 000	4.1
汉口茶市	1	248	5 000	3.5

注：本表以市场面积为序。

茶文化活动

1. 成功举办 2010 年第三届华中（武汉）茶业博览会暨茶文化节　5 月 13 日，湖北省茶叶学会、省茶叶协会、陆羽茶文化研究会在武汉国际会展中心联合举办了 2010 第二届华中（武汉）茶业博览会。全国 20 个省份 200 家知名企业参展。湖北省农业厅副巡视员马良平致开幕词。中共湖北省顾问委员会原主任、原副省长陈明，省政协主席王生铁、副主席陈柏槐等省领导参加了开幕式。展会内容丰富多彩，举办了茶艺、茶道表演和比赛，逛会群众突破 10 万人次。

2. **成功举办了中国英山第十九届茶叶节** 4 月 18 号，湖北省农业厅和黄冈市人民政府在英山县联合举办了中国英山第十九届茶叶节，本次活动安排了英山云雾茶"王中王"擂台赛，历届擂台赛的 15 名茶王和制茶名师同台打擂，争夺"王中王"桂冠。进行了英山云雾名优茶评比，评出春笋、春蕊、春茗茶中名品。还进行了茶道表演、品三道茶和文艺演出。

3. **成功举办了第二届玉皇剑杯鄂西北茶王赛暨农村生态旅游节** 4 月 28 日谷城县第二届玉皇剑杯鄂西北茶王赛暨农村生态旅游节在中国茶乡五山镇举办。此次旅游节由谷城县委、县政府主办，五山镇、省茶叶学会、襄樊日报社、玉皇剑公司协办。推出了玉皇剑杯茶王赛评比、最美茶乡人摄影赛、印象五山乡村生态游、天下网友走进茶乡、绿色生态招商洽谈、记者陪你看襄樊等活动。

湖北省知名茶馆

单位：平方米、个

名　　称	营业面积	连锁店数量	分布区域
荆州鸿渐茶艺馆	—	1	荆州
武汉巴山夜雨茶馆	6 000	1	武汉市洪山区
汉口梦寮茶艺馆	—	1	武汉市汉口
陆羽茶艺馆	5 000	2	武汉市
采花茶苑	500	1	宜昌市区

注：本表以营业面积为序。

大事记

6 月 25 日上午，在湖北省农业厅举行了萧氏高山明珠有机乌龙功夫茶鉴评发布会，省委常委张昌尔、祝厅长亲临会议指导并察看了萧氏公司 20 多种系列产品，会议由焦泰文副厅长主持，宜昌市、夷陵区领导、厅机关处室和厅直有关单位负责人、茶艺茶楼、商贸企业及中央、省市新闻媒体共 100 多人参会，中国农业科学院茶叶研究所副所长鲁成银研究员代表专家组点评了萧氏乌龙功夫茶新产品。省委常委张昌尔会上做了重要讲话。对有机乌龙茶开发具有很大的示范推动作用。

9 月 18～20 日，全省乌龙功夫茶开发现场培训会在宜昌市夷陵区举行，省农业厅副巡视员伍昌胜主持会议，厅党组副书记、副厅长余胜伟出席会议并讲话。会议参观了宜昌萧氏茶叶集团乌龙功夫茶加工现场、乌龙茶标准茶园、现代茶叶加工厂、萧氏茶产业工业园，讨论总结了乌龙茶开发经验，邀请了中国农业科院茶叶研究所专家进行乌龙茶专题讲座，并对全省 16 家企业选送的 23 个乌龙功夫茶产品进行了认真的质量鉴评。

起草、制定了湖北省乌龙茶地方标准。为了抓好全省乌龙功夫茶开发工作，在多次调研的基础上，针对生产技术难题，派茶叶技术人员赴乌龙茶产区进行生产、加工技术试验示范和研究，收集了资料，与湖北省农业科学院果茶研究所合作，已经起草制定了湖北乌龙茶产品、生产栽培和加工技术规程共 3 个省地方标准初稿，正在征求和收集省内外乌龙茶专家的意见。

5 月 27～29 日在大悟县召开了大别山地区名优茶优质高产协作会议，会议由农业部种植业管理司经济作物处主持召开，果品办（经作站）具体承办，副厅长焦泰文、孝感市副市长王红玲参会并致辞，湖北、河南、安徽三省六市相关县市、茶叶科所以及新闻媒体等 90 多人参加了会议。会上特邀农业部国家茶叶产业技术体系 3 名专家进行了技术讲座，总结了 2009 年协作工作进展情况，安排了下一步工作任务，各省市县进行了经验交流，参观了茶叶生产示范基地和加工厂。

5 月 26～28 日在大悟县召开了全国第二期园艺作物标准园（茶叶）生产技术培训班。培训班由全国农技推广中心主办，果品办（经作站）具体承办，副厅长焦泰文、孝感市副市长王红玲参加培训班并致辞，来自浙江、云南、福建、四川、湖南等 13 个省份及有关物化企业共 120 多名学员参加了培训班，围绕茶叶主要标准和质量安全、茶树病虫害防控和茶叶高品质高效率加工等课题，听取了 3 名外省知名专家的学术报告，参观了湖北悟道茶业有限公司现代制茶中心和茶叶生产示范基地。

向农业部申报的《有机茶无公害茶标准化生产技术示范推广》项目，荣获农业部农牧渔业丰收推广成果奖二等奖。

（湖北省农业厅经济作物站　曾维超）

恩施土家族苗族自治州

恩施土家族苗族自治州（以下简称恩施州）是我国最年轻的少数民族自治州，也是湖北省唯一享受国家西部大开发政策的地区。恩施州独特的地理气候环境，造就了恩施州丰富的物产，全州森林覆盖率达到67%，素有鄂西林海、武陵茶都、华中药库、烟草王国的美称。恩施州所产恩施富硒茶、恩施玉露、毛坝生漆、金丝桐油、利川鸡爪黄连、恩施板栗等土特产品蜚声海内外。恩施州魅力无限，是民族之林中一颗璀璨的明珠。

恩施土家族自治州茶业基本情况

项　目	单　位	2010年	项　目	单　位	2010年
毛茶产值	亿元	25	茶农户数	万户	57
茶园面积	万公顷	5.7	毛茶平均价格	元/千克	54.3
茶叶产量	万吨	4.6	企业数	个	1 600
精制茶产量	万吨	3	行业销售额	亿元	30
茶叶年加工能力	万吨	4.8			

茶叶生产

近年来，在恩施州委、州政府的高度重视下，恩施州茶叶产业得到了长足发展。2010 年茶叶基地面积达到 5.7 万公顷，其中无性系良种茶园面积达到 3 万公顷左右。茶叶总产量 4.6 万吨，茶叶总产值 11.8 亿元。目前茶叶产业已覆盖全州 8 县市 60 多个乡镇，全州农民人均茶叶收入 352.94 元，重点茶区茶叶产值占了农业总产值的一半以上，农民现金收入 80%以上来源于茶叶，为恩施州农民脱离贫困作出了贡献。

恩施州茶叶生产情况

单位：公顷、吨、万元

县市	茶园面积	采摘面积	茶叶产量	产值
全　州	56 986	41 778	46 103	117 554
鹤峰县	14 668	11 495	14 961	37 158
恩施市	14 508	10 758	9 869	29 119
利川市	8 794	5 858	9 802	20 739
宣恩县	7 679	5 066	5 466	11 521
咸丰县	6 093	4 636	4 179	14 375
巴东县	2 390	1 475	721	1 885
建始县	1 689	1 537	799	1 782
来凤县	1 165	953	306	975

资料来源：恩施州统计局。本表以茶园面积为序。

恩施州茶叶主产县

单位：吨、公顷

县（县级市）	茶叶产量	茶园面积	茶树品种	主要品牌
鹤峰县	14 961	14 668	恩苔早、福鼎大白、鄂茶 1 号、鄂茶 10	星斗山、雾洞
恩施市	9 869	14 508	恩苔早、福云 6 号、福鼎大白、鄂茶 10	恩施玉露、0846、芭蕉、怡茗
利川市	9 802	8 794	福鼎大白、鄂茶 10	飞强、硒源
宣恩县	5 466	7 679	恩苔早、福鼎大白、鄂茶 1 号、鄂茶 10	皇恩宠赐、昌成、贡羽
咸丰县	4 179	6 093	恩苔早、福鼎大白、鄂茶 1 号、鄂茶 10	人头山、馨源

注：本表以茶叶产量为序。

茶叶加工

全州现已基本形成绿茶、红茶、乌龙茶、花茶等多茶类生产的格局，全州加工营销企业达到1 600余家，年加工能力达到 5 万吨，其中：年加工能力在1 000吨以上的厂家 5 家，500 吨以上的厂家 10 家，100 吨以上的厂家 200 家，已有 40 多个品牌获得绿色食品认证，8 个基地已获得有机食品认证，100 多个厂家获得 QS 认证。

恩施州主要茶叶加工企业

单位：万元、吨、公顷、吨/年

企业名称	销售额	茶叶产量	茶园面积	加工能力	主要品牌
鹤峰县白果民族茶厂	6 800	1 200	1 000	1 000	白果
利川市飞强茶业有限责任公司	2 086	600	800	1 000	星斗山
恩施市润邦富硒茶业有限公司	1 906	500	800	1 000	芭蕉
恩施州伍家台贡茶有限公司	1 602	400	500	1 000	皇恩宠赐
咸丰县新龙茶业有限责任公司	1 440	400	500	1 000	新龙
巴东县金果茶叶有限公司	1 345	400	500	500	金果
鹤峰县翠泉茶业有限公司	1 018	300	500	500	翠泉
利川市硒源茶业有限公司	969	300	400	500	富硒
咸丰县馨源茶业有限公司	960	300	400	500	馨源
恩施市硒露茶业有限公司	860	200	300	500	0 846
恩施清江茶业有限责任公司	648	200	300	500	红庙

注：本表以销售额为序。

茶叶市场

恩施州内现有茶叶批发市场1个，占地面积12万平方米，有茶叶销售门市50余家，年交易量2 500吨，年交易额1亿元左右。

大事记

2010年经农业部批准，在恩施州设立了国家茶叶产业技术体系恩施综合试验站。

2010年恩施州新建无性系良种茶园面积达到0.73万公顷，是有史以来新建茶园面积最大的一年。

（湖北省恩施土家族苗族自治州农业局　吕宗浩）

湖　南　省

湖南属亚热带季风性湿润气候区，气候温和，四季分明，雨水集中，光热资源丰富，年均气温 17℃，年降水量1 200～1 700毫米，相对湿度多在 80%左右；土壤肥沃，平、丘区占 46.3%，山区占 46.9%，在土壤成土母岩中，花岗岩、变质岩、沉积砂页岩占 41%，微酸性，砂黏适中，无机养分丰富，自然肥力较高，适宜茶树生长。

湖南不仅茶叶生长自然生态环境、地理条件优越，而且生产加工技术、贸易经营和商品流通甚为发达，既有享誉国内外的君山银针、高桥银峰、古丈毛尖、竭滩贡茶、安化松针、南岳云雾、石门银峰、狗脑贡茶、桂东玲珑茶等获过国内外大奖的历史名茶；还有驰名中外的安化黑茶、猴王花茶、岳阳黄茶、保靖黄金茶、桃源野茶王等畅销茶；更打造出了君山、怡清源、金井、猴王、古洞春、湘丰、古丈毛尖等湖南 7 大中国驰名商标品牌茶叶代表。特别是近年来安化黑茶、岳阳黄茶等优势茶类迅速崛起，正带动和促进湖南进入一个优势明显、特色突出的全国茶叶强省。

湖南省茶业基本情况

项　目	单位	2010 年	项　目	单位	2010 年
毛茶产值	亿元	68	茶农户数	万户	55.6
茶园面积	万公顷	10	毛茶平均价格	元/千克	32
茶叶产量	万吨	13.8	企业数（规模企业）	个	268
精制茶产量	万吨	12.5	行业销售额	亿元	300
茶叶年加工能力	万吨	23			

产业政策

近年来，在省委、省政府的高度重视和相关部门大力支持下，茶产业已列入新农村建设支柱产业与农业产业结构调整优先发展产业，同时也是湖南省“四化两型”（四化：新型工业化、新型城镇化、农业现代化、信息化；两型：资源节约型、环境友好型）社会建设重点扶持的产业，湖南茶业迎来新的发展高潮。全省成立了以副省长徐明华为主任、各相关职能厅局组成的湖南省茶产业品牌工作领导小组，着手湘茶品牌的资源整合、品牌打造和产业结构性调整，正积极准备筹备召开新一届的全省性茶业工作会议，并将出台新的支持茶产业发展的政策性文件；随着2009中华茶祖节暨祭炎帝神农茶祖大典和2010中华茶祖节等全国性、全省性弘扬茶祖文化活动的举办，中华茶祖神农文化产业园项目正式落户湖南茶陵县，并成为中国茶文化1号工程；全省“十二五”发展规划正式提出了打造“千亿湘茶产业”的目标。各主产市、县更是以此为契机，根据地域特征和茶类优势，相继推出了加快茶产业发展的不同政策与措施：益阳市抓住安化黑茶迅速崛起的机遇，出台了《益阳市人民政府关于加快茶叶良种繁育基地建设发展优质生态茶园的意见》和《益阳市人民政府关于印发“安化黑茶地理标志产品保护管理办法”的通知》，并制定了“十二五”发展规划，致力于建设3.33万公顷优质茶园、打造100亿元安化黑茶产业；岳阳市人民政府也成立了茶产业领导小组和岳阳中国黄茶之乡指导小组，出台了《关于加快岳阳市茶产业发展的意见》，成功申报了中国黄茶之乡，举行了北京中国黄茶之乡新闻发布会、中国黄茶高峰论坛、君山黄茶品鉴推荐会等系列活动，正研究出台岳阳黄茶“十二五”发展规划及其政策措施，以期将岳阳打造成中国黄茶产业生产加工中心、中国黄茶交易中心、中国黄茶文化研究中心及茶旅游经典示范区。同时，石门、安化、桃源、沅陵、古丈、保靖、桂东、会同等茶叶主产市县也相继出台有加快茶产业发展的政策性文件及其相关措施。

茶叶生产

2010年全省茶园面积增加近0.67万公顷，茶园总面积已达10万公顷；新增茶园逐步进入量产，全省茶叶产量达到13.8万吨，外进原料近5万吨；新建茶叶加工厂36家，更新改造和新上的清洁化、自动化、智能化先进生产线18条；茶叶生产加工结构优化，名优特种茶和中高档黑茶、绿茶、黄茶生产分量份额提高，其产量、产值进一步增加。同时，由于优势茶类的兴起及茶叶加工贸易的相对集中，绿茶、黑茶、黄茶、花茶出口等产业群体及其区域布局形态形成。

特别是随着全国黑茶消费热的兴起，全省黑茶产业迅速崛起，并形成了安化、赫山、资阳、桃江、沅陵、桃源、临湘、宁乡等黑茶产区，综合产值达50亿元；黑茶新产品开发迅速，技术改造、设备更新加快，产品结构满足于边销、内销和外销3种业态；白沙溪、湘益、怡清源、华莱、久扬、永巨等产销1亿元、2亿元、5亿元以上的黑茶龙头企业成长起来。

与此同时，随着以君山银针为代表的岳阳黄茶在全国的推介与兴起，一条以岳阳君山区、云溪区、平江、华容、湘阴、屈原等为基地的黄茶生产带区逐渐成形，一个湖南茶产业新的经济增长点又一次出现。

湖南省茶叶生产主要地区

单位：吨、公顷

地区（地级市）	茶叶产量	茶园面积	茶　类	主要品牌
长沙市	17 560	11 500	绿茶、花茶、红茶	君山、猴王、怡清源、中茶、金井、湘丰、沩山、天牌
益阳市	27 280	15 330	黑茶、绿茶、红茶	湘益、白沙溪、安化黑茶
常德市	22 350	16 040	绿茶、黑茶、红茶	石门银峰、紫艺、古洞春、藤琼
岳阳市	28 810	13 860	黄茶、黑茶、绿茶、红茶	君山、洞庭山、永巨、兰岭
怀化市	7 980	10 260	绿茶、黑茶	碣滩、干发
湘西土家族苗族自治州	5 820	8 160	绿茶	古丈毛尖、保靖黄金茶
郴州市	5 260	6 790	绿茶、红茶	桂东玲珑、资兴狗脑贡

注：本表以茶叶产量为序。

湖南省茶叶生产十强县

单位：公顷、吨

地区（县和县级市）	茶叶产量	茶园面积	茶树品种	主要品牌
安化县	12 750	6 140	褚叶挤、云台大叶、安茗早、安化群体、福鼎大白、碧香早	安化黑茶、白沙溪、黑茶园、晋丰厚、怡清源、久扬
临湘市	12 460	5 680	群体品种、褚叶挤、白毫早、碧香早、福鼎大白	明伦、永巨、洞庭
长沙县	12 280	6 550	褚叶挤、福鼎大白、白毫早、桃源大叶、湘波绿 2 号、碧香早	金井、湘丰、金鼎山、高桥
桃江县	10 680	4 310	群体品种、褚叶挤、白毫早、碧香早、福鼎大白	雪峰山、美人窝、香炉山、天问
石门县	10 560	6 620	褚叶挤、福鼎大白、碧香早、白毫早、湘波绿 2 号、玉笋	石门银峰、东山秀峰
桃源县	7 120	5 710	桃源大叶、褚叶挤、白毫早、碧香早	桃花源、紫艺、古洞春、藤琼
古丈县	5 620	5 220	楮叶齐、碧香早、玉笋、福云 6 号、福鼎大白、	古丈毛尖、倩云、小背篓、古阳河
沅陵县	5 370	4 580	群体品种、褚叶挤、白毫早、碧香早、福鼎大白、玉笋	官庄、干发、碣滩、银峰
平江县	4 890	4 360	楮叶齐、福云 6 号、福鼎大白、碧香早	九狮寨、江南、时丰
宁乡县	4 850	3 180	群体品种、福云 6 号、福鼎大白、褚叶挤	沩山、密印湘沩、楚香源

注：本表以茶叶产量为序。

茶叶加工

湖南茶叶加工技术历史悠久，茶叶加工工艺独具特色。在茶叶加工业随市场经济发展需要进入规模化、规范化的时期，湖南茶叶加工业正逐渐走出传统的局限与制约，迎来了新的一场革命，凭依湖南不断提高的茶叶科技水平，全省茶叶加工技术与机械已经过多次的更新换代，加工设备技术水平也有了大幅提升，除部分特种茶外，茶叶的初、精制加工基本上实现了机械化。近年来，随着具有代表意义的猴王小包装全自动化生产线、湘丰量身打造的全国首条万吨级绿茶初精制包装自动化流水线、益阳茶厂获砖茶连续化生产线和省公司湘茶科技园现代化生产线等的相继投产，标志着湖南茶叶加工业正全面在朝清洁化、连续化、自动化、智能化方向发展和转变，突显出湖南茶叶加工业的新优势。

湖南茶叶加工拼配原料为主型企业包括金洲茶业、三益茶业、湘北茶业、天问茶业、桃花源茶业、星火茶业等，主要分布在茶叶主产区常德、益阳等市；加工成自有品牌产品型企业主要包括猴王茶业、怡清源茶业、益阳茶厂、白沙溪茶厂、湘丰茶业、金井茶业、君山银针、华莱生物、干发茶业、久扬茶业、洞庭山、临湘永巨等，主要在长沙、益阳、岳阳一条线；加工出口型企业包括登凯贸易、桃江浩茗、湘潭大洋、益阳金佛等，分布在以长沙为中心的周边交通方便区域；生产加工经营出口综合型企业包括湖南省茶业有限公司以及湖南中茶茶业有限公司，具有行业龙头地位，总部集中在长沙。

湖南省主要茶叶加工企业

单位：万元、吨、公顷、吨/年

公司名称	销售额	茶叶产量	茶园面积	加工能力	品牌
湖南省茶业有限公司	210 000	45 000	36 000	60 000	君山、白沙溪、湘益、
湖南猴王茶业有限公司	25 000	16 000	2 500	30 000	猴王、凤嘴
湖南中茶茶业有限公司	21 000	12 000	1 500	40 000	沙漠之舟、中茶、
湖南湘丰茶业有限公司	20 800	15 000	3 500	35 000	湘丰、金鼎、富甲
湖南省白沙溪茶厂有限责任公司	18 000	13 000	1 820	15 000	白沙溪
湖南华莱生物科技有限公司	16 000	12 000	1 200	12 000	华莱
湖南登凯贸易有限公司	14 500	17 000	2 100	30 000	登凯
湖南怡清源茶业有限公司	14 000	12 000	1 500	26 000	怡清源
湖南省益阳茶厂有限公司	12 000	13 000	1 600	25 000	湘益
湖南桃花源茶叶集团	12 000	17 000	2 200	20 000	桃花源
湖南金洲茶业有限公司	10 500	15 000	2 500	20 000	楚香源
湖南金井茶业有限公司	8 900	7 500	1 800	18 000	金井
湖南古洞春茶业有限公司	7 850	6 200	1 200	8 000	古洞春
湖南干发茶叶有限公司	7 600	6 800	1 500	10 000	干发
湖南省君山银针茶业有限公司	7 200	4 200	1 800	8 000	君山
临湘永巨茶业有限公司	7 010	16 100	1 700	25 000	洞庭
岳阳洞庭山茶叶有限公司	6 800	4 900	800	8 000	洞庭山
湖南晋丰厚茶业有限公司	6 500	8 600	900	10 000	晋丰厚
桃源湘北茶业有限公司	6 200	9 000	480	10 000	湘北
湖南天牌茶业有限公司	5 600	5 600	780	7 000	天牌
湖南久扬茶业有限公司	5 400	7 200	400	10 000	久扬
湘潭羊鹿茶业有限公司	5 200	4 800	700	8 000	羊鹿

注：本表以销售额为序。

茶叶市场

1. 2010 年茶叶市场情况 湖南茶叶销售主要通过出口、边销、内销三大市场。近年来，茶叶出口增长较快，主要是新品类和特种茶产品市场的拓展和发达国家市场的深度进入带来的增长，加上日本、韩国、俄罗斯、蒙古等地砖茶、黑茶出口市场的开发，湖南茶叶已先后出口到西欧、中欧、独联体国家、中亚、北美、北非、东南亚和大洋洲的 56 个国家和地区，2010 年全省茶叶出口量 3.8 万吨、创汇7 500万美元；边销是湖南茶叶传统市场，2010 年全省销往这些地区的边销茶近 2 万吨；由于黑茶保健价值获得广州、上海、北京等广大内地消费者认同而掀起的黑茶热，使得湖南黑茶市场快速成长，每天以 4 家黑茶专卖店的速度在全国铺开，这样安化黑茶与湖南传统名优特种茶销售，加之在东北、西北、华北享有盛誉的猴王花茶和近一两年迅速扩大市场的君山黄茶，一道成为湖南茶叶在全国内销市场的典型代表，每年国内销茶叶接近 4 万吨；湖南省绿茶尤其是名优茶、品牌茶是省内消费的主要茶类，加上近年来为湖南省内消费者所喜爱的安化黑茶，全省每年消费约 2.5 万吨，全省茶叶零售和终端消费各类茶叶 30 亿元，并且消费量和消费额都在逐年快速增长。

2. 主要茶叶市场及分布 全省已建成并在运营的主要茶叶市场包括位于长沙市的湖南茶城、长沙茶市，位于岳阳市的中南茶市，位于益阳的起点高、投资大、标准化的益阳茶业大市场，位于衡阳市中心的雁城茶都，位于常德的常德财富广场茶叶市场等区域茶叶商品交易流通综合市场，以及古丈、沅陵、桂东、平江、星沙等市（县、镇）小型茶叶初制产品交易市场。

湖南省茶叶贸易及出口企业

单位：亿元、万吨

名　　称	年销售额	年交易量	年出口量	年出口额（万美元）
湖南省茶业有限公司	21	4.5	2.5	4 000
湖南猴王茶业有限公司	2.5	1.6	0.15	200
湖南中茶茶业有限公司	2.1	1.2	0.5	800
湖南登凯贸易有限公司	1.5	1.7	0.8	1 200
湖南省怡清源茶业有限公司	1.4	0.8	0.2	400
湖南省临湘永巨茶业有限公司	0.7	1.6	0.02	120
湖南天牌茶业有限公司	0.5	0.6	0.02	130
益阳市金佛茶业有限公司	0.4	0.5	0.15	300
桃江县浩茗茶业有限公司	0.4	0.5	0.05	250
湘潭大洋茶叶有限公司	0.3	0.4	0.05	150

注：本表以销售额为序。

湖南省主要茶叶批发市场

单位：吨、亿元、万平方米

名　　称	建筑面积	规划铺位	交易额	交易量
益阳茶叶市场	30 000	220	16 800	7 920
常德茶叶市场	28 600	250	3 900	2 560
湖南茶城	25 000	356	31 800	14 180
长沙茶市	19 000	180	20 200	6 300
衡阳雁城茶都	15 000	109	5 800	2 800
岳阳中南茶市	10 600	120	7 500	3 600

注：本表以市场面积为序。

茶叶消费

湖南饮茶历史久远，饮茶习俗普遍，客来敬茶是传统的礼仪习俗，并衍生了擂茶、姜茶、婚茶、寿茶、禅茶、佛茶等众多的茶饮。长沙、常德、衡阳、郴州、益阳等地更是茶馆林立，茶叶市场繁荣。目前，湖南饮茶以绿茶为主，尤其是名优茶、品牌茶更是省内消费的主要茶类，外省乌龙茶、普洱茶也有一定的消费者，但随着近年黑茶的兴起，黑茶品饮人群上升最快，并迅速挤占乌龙茶和普洱茶的消费市场，成为全省茶叶消费最热的茶类。全省人均饮茶量虽然只有 0.34 千克，但长沙、益阳等地城市近年增长很快，人均达 1.12 千克以上。全省每年约消费 2.5 万吨，全省茶叶零售和终端消费各类茶叶 40 亿元以上，并且消费量和消费额都在逐年快速增长。

茶文化

随着湖南茶产业的进一步发展，全省茶文化活动十分丰富，特别是一年一度的中华茶祖节、湖南茶业博览会，两年一度的“中国湖南·益阳黑茶节暨安化黑茶博览会”以及全省各地方的石门茶文化节、古丈茶文化节、南岳采茶祭祖节、长沙县采茶节等，还有不定期举办的中华茶祖神农文化论坛、石门·茶禅一味论坛和经常举行名茶品鉴拍卖会、茶叶品牌推介会等茶文化交流活动。茶馆业不断繁荣，目前全省大小茶馆近1万家，从业人员近 10 万人，并且茶馆业每月都在上 10 家的速度增加，实际上茶馆已成为湖南弘扬传播茶文化、普及市民茶知识、传播礼仪与社交文化和引导市民健康消费、享受生活情趣的重要场所和有益载体。茶文化书刊网进一步增多，除定期出版《魅力湘茶》、《茶叶通讯》、《岳阳茶业》等书刊和随时更新的湖南茶网、中国名茶网、茶叶在线外，又增加了《茶友》、《爱茶人》、《湖南黑茶》等刊和湖南黑茶网、中国黑茶网等，特别是致力于打造世界茶人精神家园的中华茶祖神农文化产业园项目启动和宣传展现安化黑茶历史文化的电视剧《菊花醉》摄制更是将湖南茶文化建设推进到一个新的层面与高度。

湖南省知名茶馆

单位：个、平方米、万元

名　　称	连锁店数量	营业面积	年营业额	茶馆分布区域
竹淇茶馆	8	7 800	2 000	长沙市芙蓉路、车站路、人民路，郴州市
大河茶馆	2	4 200	1 200	常德市洞庭大道、长沙市八一路
御茶园茶馆	2	3 200	800	长沙市麓山路、解放路
聚茗缘茶馆	3	2 800	800	长沙市、郴州市、耒阳市
正和茶馆	2	2 600	600	郴州市
益阳黑茶源茶馆	2	2 350	600	益阳市
君山银针茶馆	3	2 300	600	岳阳市岳阳楼、长沙市解放路等
白沙源茶馆	2	1 900	500	长沙市白沙路、邵阳市水浒庙
和园茶府	1	1 750	300	长沙市白沙路
沁和园	1	1 100	260	长沙市韶山路

注：本表以营业面积为序。

大事记

1月15～17日，湖南省茶叶公司、潇湘、益阳茶厂、白沙溪、湘丰、古洞春、沩山等近40家茶企参加首届湖南省供销合作社系统产品暨年货展销会。

2月3日，湖南省茶业协会和省茶叶学会、茶祖神农基金会联合举办湖南茶业汇报会暨2010迎春团拜会。

3月10日，湖南省委副书记梅克保考察白沙溪、安化怡清源等并听取关于安化黑茶发展情况的汇报。

3月23日，由湖南省茶叶协会、学会、基金会、茶叶研究所、茶馆分会合编的《爱茶人》正式专著出版。

3月24日，全省茶业经济年会暨市场营销论坛在长沙隆平高科技园组织召开。

4月2日，由湖南省茶叶协会主办，湖南省茶业有限公司承办的湖南黑茶“进驻中国2010上海世博会联合国馆”新闻发布会在长沙举行。

4月9日，2010中华茶祖节之南岳春茶祭典在南岳毗卢洞茶园举行。

4月14日，湖南省农业厅在长沙召开了湖南省茶叶品牌工程建设暨茶叶学术年会，参加会议的有湖南省政府办公厅、发改委、农办、财政厅等省直有关部门及湖南省农业科学院、湖南农业大学的领导，各市（州）农业局、7个国家标准茶园创建示范县农业局的领导，茶叶行业15家国家级、省级龙头企业和4家中国驰名商标企业的负责人，各市（州）茶叶协会、茶叶学会的领导。湖南省人民政府副省长徐明华同志在会议上作了重要讲话，湖南省农业厅厅长田家贵同志部署和安排了湖南省茶叶品牌工程建设的具体工作。

4月19日，湖南省人民政府甘霖副省长到安化考察，听取关于安化黑茶发展情况的汇报。

4月20日，2010年中华茶祖节“百万爱茶人共品三湘茶”系列活动在长沙举行启动仪式。

4月28日，由中国茶叶流通协会、国际茶业科学文化研究会、中国国际茶文化研究会、湘西土家族苗族自治州人民政府主办，古丈县人民政府承办的2010中华茶祖节·古丈毛尖万人品评会在古丈举行。

5月16日，湖南省茶业协会、湖南省茶叶研究所和湖南省茶馆分会主办益阳黑茶源茶艺师培训班基地在益阳举行授牌。

5月25日，湖南（益阳）安化黑茶文化日活动在上海世博会湖南馆桃花源里隆重举行。

7月15日，株洲市茶业协会成立。

8月28日，2010两岸（长沙）茶文化节在长沙举行。

10月28日，在贵州召开的第六届中国茶业经济年会上，白沙溪茶厂刘新安总经理荣获2010中国茶叶行业年度经济人物。

11月11日，湖南省茶业协会第二届会员代表大会在长沙市召开，选举新一届理事会成员和协会领导班子。

12月2日，2010第二届湖南茶业博览会暨收藏展在长沙举行。

12月23日，由湖南省农办、湖南省供销社和岳阳市政府主办的“中国黄茶——世界品”主题日活动在广州举行。

（湖南省茶叶协会　伍崇岳）

广 东 省

广东省茶叶产业发展紧密围绕省委、省政府提出的建设广东现代农业强省的战略目标，以科学发展观为指导，坚持优质、高效、安全、生态的可持续发展方向，突出以优化布局结构、强化科技支撑、创新发展机制、提高发展质量为中心任务，努力推动茶产业发展方式，加快转变，加快构建现代茶叶产业体系，全面提升产业竞争力。

广东省茶业基本情况

项　目	单　位	2010 年
茶园面积	万公顷	4.08
茶叶产量	万吨	5.33

茶叶生产

近年来，广东省以提升产业竞争力为核心，依靠科技进步，努力转变发展方式，促进了茶叶产业在调整和优化中稳步发展。2010年，全省茶园总面积4.08万公顷，同比增长8.6%，总产量5.33万吨，同比增长3.7%，单产达到106千克（按采摘面积计），与“十五”期末的2005年相比，茶园面积增加0.48万公顷，产量增长19.8%，单产提高15千克。2010年，广东省生产绿毛茶2.34万吨，占茶叶生产总量的43.9%；乌龙毛茶2.32万吨，占茶叶生产总量的43.5%；红茶、黄茶和其他茶0.67万吨，占茶叶生产总量的12.57%。

1. 产业发展概况

（1）区域布局加快推进。广东省积极实施茶叶优势区域布局规划，茶叶生产逐步向优势产区发展，产业集中度逐步提高。2010年，梅州、潮州、揭阳三市茶叶产量分别为1.13万吨、0.95万吨和0.82万吨，总和超过全省茶叶总产量的50%。目前，全省茶叶生产集中在梅州、潮州、揭阳、肇庆、湛江、韶关、河源、清远、云浮、茂名10个地级市，这10个地级市合计茶园面积、茶叶产量均占全省的95%以上，其中15个主产县茶叶产量占全省的68%。形成了粤东乌龙茶基地、粤北白毛茶基地、粤北及粤西的大叶种绿茶和优质红茶生产基地。

（2）产业结构明显优化。目前全省无性系茶园面积已占茶园总面积的60%左右，优新品种规模不断扩大；茶类结构以市场需求为导向不断调整，2010年全省红茶类产量占茶叶总产量的2%，绿茶占43.9%，同比下降6.2%，乌龙茶占43.5%，同比增长24.1%，产量比重大幅上升；各茶类中名优茶、地方特色名茶不断增加。无公害茶叶生产进一步发展，品牌建设得到加强，目前全省已有47个茶叶产品被评为广东省名牌产品。可以说，广东茶叶生产已实现由注重数量增长向注重结构优化和质量安全的转变，竞争能力在不断提高。

（3）发展方式不断创新。产业化经营加快了步伐，涌现出了一批生产规模大、专业化程度高、技术含量高、产品质量好的大型茶叶龙头企业。目前全省有9家茶叶企业被认定为省级重点农业龙头企业，其中有1家被认定为农业产业化国家重点龙头企业。近年来，一些重点产区积极引进外商、外资办茶场，建设了一批高标准的名优茶生产基地，引入优良品种、先进技术和先进管理理念。一些大型茶叶流通企业承包国有茶场，实行低成本扩张，实现从纯贸易经营向品牌经营转变。

（4）市场建设日益完善。广东是茶叶消费大省，年消费量约8万吨；茶叶市场发达，据统计，每年茶叶流通量达到11万吨左右。近年广东省加强了茶叶市场建设，重点产区建设了产地茶叶专业市场，广州、深圳、东莞、南海等城市建设了一批销区茶叶专业市场，拥有一批庞大的茶叶流通队伍。广州已成为全国茶叶销售重要集散地。另外，每年在广州等城市举办的各种大型茶叶会展、评比等茶事活动，为企业搭建展销和宣传平台，促进茶文化深入发展，拓宽了茶叶的销售领域，有力地促进广东省茶业经济的发展。

2. 存在问题

（1）茶树品种方面。一些优势资源，如白毛茶、客家绿茶、凤凰单丛的一些高香型品种资源有待进一步开发利用；乌龙茶区品种比较单一，总体上品种更新缓慢。

（2）茶树栽培生产方面。由于政府对茶叶生产投入少，基层茶叶技术力量十分薄弱，安全优质栽培生产技术难以推广普及。

（3）茶叶加工方面。一些地方特别是新发展茶区，茶叶加工技术跟不上，制茶品质难以提高；乌龙茶机械化加工水平比较低，传统的加工技术难以创新突破。

（4）生产经营方式方面。茶叶生产经营非常分散，小生产与大市场、大流通的矛盾依然突出，这是阻碍茶叶高效发展的关键问题。另外，茶叶市场对生产和消费的引导功能有待进一步发挥。

（广东省茶业行业协会　张黎明）

广西壮族自治区

广西地处中国美丽的南疆，山清水秀、雨水充沛，具有优越的茶叶种植气候和悠久的种茶制茶饮茶历史，是全国主要茶叶产区之一。历史上广西曾出现过多个闻名遐迩的贡品名茶，经过多代茶叶工作者的努力，广西名茶得以发扬光大，推出了一批独具地方特色的名优茶。红茶以浓、强、鲜、爽，色红亮，香气高而驰名国内外；茉莉花茶占全国花茶产量50%以上；六堡茶以其红、浓、陈、醇的独特魅力蜚声海外；绿茶具有持嫩性高，内含物丰富，白毫多，香气高，滋味浓，风味独特等特点，尤其是早春名优绿茶，上市早、品质优，被誉为中国内地第一早春茶。

广西壮族自治区茶业基本情况

项　　目	单　　位	2010 年	项　　目	单　　位	2010 年
毛茶产值	亿元	12	茶农户数	万户	60
茶园面积	万公顷	5.2	毛茶平均价格	元/千克	25.5
茶叶产量	万吨	3.66	企业数	个	150
精制茶产量	万吨	2.85	行业销售额	亿元	20
茶叶年加工能力	万吨	5.0			

茶叶生产

2010年，广西茶园面积5.2万公顷，其中开采茶园面积4.53万公顷，全年茶叶总产量3.66万吨，毛茶产值12亿元。

2010年，广西茶叶生产先抑后扬，年初春茶生产受严重旱灾影响造成一定程度的减产，全自治区春茶产量4 200吨，产值2.15亿元，较上年分别减少38%和14%；随着夏秋茶开发逐年加大、效益不断提升，夏秋茶生产迅猛发展，尤其是红茶和六堡茶的发展成为茶叶生产的亮点，全年茶叶继续保持稳步增长的态势。

广西茶叶标准化加快推进，已经创立5个国家级茶叶标准园。在茶园管理上，重点推广广西近年来集成推广的三避技术、水肥一体化、绿色植保等实用技术，通过标准茶园示范带动广西茶叶标准化生产。2010年底广西无公害茶园面积2.33万公顷，有机茶园面积0.17万公顷。

广西壮族自治区茶叶主产地区

单位：吨、公顷

地区（地级市）	茶叶产量	茶园面积	茶树品种	主要品牌
百色市	8 580	22 000	凌云白毫	浪伏、顾式、班飞
柳州市	6 850	10 900	福云6号、桂绿1号	柳韵春晓、三江春、侗仙、布央
贺州市	6 150	9 540	福云6号、乌牛早	将军峰、象棋山、亿健
钦州市	5 840	4 554	福云6号	白蕾、桂灵
贵港市	2 100	2 914	福鼎大毫、福云6号	覃塘、云台、西山

注：本表以茶叶产量为序。

广西壮族自治区茶叶主产县

单位：吨、公顷

县（县级市）	茶叶产量	茶园面积	茶树品种	主要品牌
三江县	6 092	8 760	福云六号、福鼎大毫、龙井长叶	多耶楼、侗仙
昭平县	6 000	9 066	福云6号、福鼎大毫、元宵绿	将军峰、亿健、象棋山
灵山县	5 584	4 066	福云6号	白蕾、桂灵
西林县	4 500	8 053	凌云白毫、福鼎大毫	王子山
乐业县	3 700	6 573	凌乐白毛、福云6号、福鼎大毫	顾氏、班飞、布柳河
凌云县	3 250	7 466	凌云白毫	浪伏、小阳家

注：本表以茶叶产量为序。

茶叶加工

广西是全国茶叶的主要产区之一，各大茶类均有生产。其中：红茶以浓、强、鲜、爽，色红亮，香气高而驰名国内外，是全国红茶优势产区；茉莉花茶占全国花茶产量的50%以上，是全国最大的茉莉花茶生产基地；六堡茶以其红、浓、陈、醇的独特魅力蜚声海外，是出口的拳头产品；绿茶则是广西主要茶叶产品，占总产量的80%以上。2010年，广西加大茶叶产业结构调整，根据市场需求，推进红茶和六堡茶生产，取得良好的效益。

2010年，全自治区共有各类型的茶叶初制厂1 000多家，年加工量200吨以上的加工企业有20多家。主要加工企业有：广西梧州茂圣茶业有限公司、广西农垦茶业集团有限公司、广西石乳茶业有限公司、广西梧州茶厂、广西金花茶业有限公司、广西凌云浪伏茶业有限公司、广西昭平将军峰茶业有限公司等。

广西壮族自治区主要茶叶加工企业

单位：万元、吨、吨/年

名　　称	销售额	茶叶产量	加工能力	主要品牌
广西梧州茂圣茶业有限公司	9 000	2 000	5 000	茂圣
广西梧州茶厂	5 000	3 500	5 000	三鹤
广西石乳茶业有限公司	3 500	2 500	2 000	石乳
广西农垦茶业集团有限公司	3 000	6 000	5 000	大明山
广西金花茶业有限公司	2 650	1 200	5 000	金花
广西凌云浪伏茶业有限公司	2 500	500	800	浪伏

注：本表以销售额为序。

茶叶市场

广西重视茶叶流通和品牌建设，加大力度快茶叶市场建设。目前，已建成了在中国与东盟有较大影响的广西南宁茶叶批发市场（10＋1 茶叶一条街），全国最大的花茶交易市场——横县西南茶城，全国最大的六堡茶交易中心——梧州茶城以及凌云县白毛茶批发市场、昭平县茶叶批发市场等 5 个茶叶市场。其中，广西横县成为中国茉莉花茶交易会永久举办地、全国四大茶叶交易市场之一。

广西茶叶主销市场：茉莉花茶主销国内的华北、东北，国外主销俄罗斯、日本等国市场；六堡茶国内主销东粤、香港、澳门，国外主销马来西亚等侨胞地区。近年来随着广西有机茶生产的发展，广西有机绿茶也销往欧美、日本市场。

广西壮族自治区主要茶叶批发市场

单位：万平方米、个

名　　称	建筑面积	规划铺位
广西横县西南茶城	2	202
广西南宁茶叶批发市场	2	150
广西梧州六堡茶城	1.5	200
广西凌云茶叶市场	1	100
广西昭平县茶叶市场	0.5	100

注：本表以建筑面积为序。

茶文化活动

为进一步培育市场、打造品牌，广西从 2008 年起连续举办广西春茶节，取得显著成效。2010 年 3 月，第三届广西春茶节在梧州举办，来自全国各地的 250 多家企业前来参展，布展展位达 300 个，各地嘉宾和企业、客商代表1 000多人到会参展，观众人数达 7.38 万人（次），签订农业投资、茶叶购销等项目 35 个，金额 14.12 亿元，现场购销成交额达 873.6 万元。越南等东盟国家农业代表团到会观摩，本届春茶节规模创历届春茶节之最，对广西的茶产业起着重大的推动作用。各主要产茶县也连年举办茶事活动。年内，各地举办的有较大影响的茶事活动有：灵山春茶节，昭平春茶开采节，凌云祭茶圣，三江茶文化节等，各地政府还组织茶叶企业参加北京、上海、广州等地的重大茶叶展销活动，对提升广西春茶的名声都有很好的作用。

广西壮族自治区知名茶馆

单位：平方米、个

名　　称	营业面积	连锁店数量
南宁长裕川茶艺馆	7 000	3
南宁古鼎香茶艺馆	6 500	3
南宁绿野茶城茶艺馆	2 000	2
南宁浪伏红茶馆	1 200	1
南宁通天香茶艺馆	1 000	1

注：本表以营业面积为序。

地方特色

1. **石崖茶**　学名亮叶黄瑞木，扬桐属，乔木。因生长在悬崖上而得名，其芽叶肥厚，所制茶叶汤色亮丽，味纯回甘好，耐冲泡。经有关部门检测，石崖茶是目前发现在自然植物中黄酮类含量最高的植物，属国内珍稀的原生态、纯天然绿色植物的茶中珍品，深受消费者喜爱。广西石崖茶采用野生石崖茶嫩芽作原料，采用科学工艺流程，并结合绿茶制作方法加工而成。茶中含有多种对人体有益元素。石崖茶茶汤清澈，香气浓郁，回味持久。茶汤色黄绿明亮，不仅香气独特、香气高长持久，滋味醇厚，回甘快而显著，入口先清苦后甘甜清爽、止渴生津，清凉感觉透出高山“崖味”，清心怡神、满口留香。常饮不仅能提神醒脑，清暑消滞，止渴生津，且因石崖茶富含黄酮类物质，故有较好的生理活性，能有效清除人体内的自由基，降低肌体的过氧化反应，故对人体具有良好的养生保健作用。

2. **金花茶**　山茶科，山茶属，金花茶组，一种古老的植物，是世界稀有的珍贵植物和种质资源，与银杉、桫椤、珙桐等珍贵“植物活化石”齐名，是我国8种国家一级保护植物之一，被誉为植物界大熊猫、茶族皇后。金花茶除作观赏外，尚可入药，对于调节人体血脂、血糖、胆固醇，增强机体免疫力具有明显的效果。据中国疾病预防控制中心等多个国家权威机构检测表明，金花茶属无毒级，含有400多种对人体有益的营养物质。富含茶多酚、总皂甙、总黄酮、茶多糖、茶色素、咖啡因、维生素、氨基酸等多种天然营养成分，以及含有对人体具有重要保健作用的天然有机锗（Ge）、硒（Se）、钼（Mo）、锌（Zn）、钒（V）等多种微量元素，是自然界中药用、营养价值最丰富的植物之一。民间又称金花茶为“神茶”，金花茶泡出的茶，颜色淡黄清亮，口感清纯，自然存放1个多月仍不变色、不变味，有“常饮金花茶，健康又长寿”之说。近年来，金花茶在广西被人工广为引种大面积栽培，利用金花茶研制加工成保健茶初具一定规模，开发了金花茶系列的凉茶、饮料、纯净水、含片、浓缩液、口服液、袋泡茶、金花茶茶花等多个产品。

大事记

3月19～21日，2010·灵山春茶节在灵山县举办。

3月25日，2010·广西（梧州）春茶节暨六堡茶博览交易会名优茶评比在梧州举办。

3月26～28日，2010·广西（梧州）春茶节暨六堡茶博览交易会在梧州举办。中国工程院陈宗懋院士、中国农业科学院茶叶研究所所长、农业部茶叶首席专家杨亚军等国内著名茶叶专家应邀参加节会，并指导广西名优茶评比，在广西茶产业发展论坛做主题发言。

4月28～29日，2010年凌云茶文化节在中国名茶之乡——凌云县举办。

9月9日，昭平县被中国茶叶学会评为“中国名茶之乡”。

12月23日，由广西茶叶学会主办的福云6号茶树品种研制红茶新产品——昭平红研讨会在昭平县召开。

（广西优质农产品开发服务中心　陶增胜）

重 庆 市

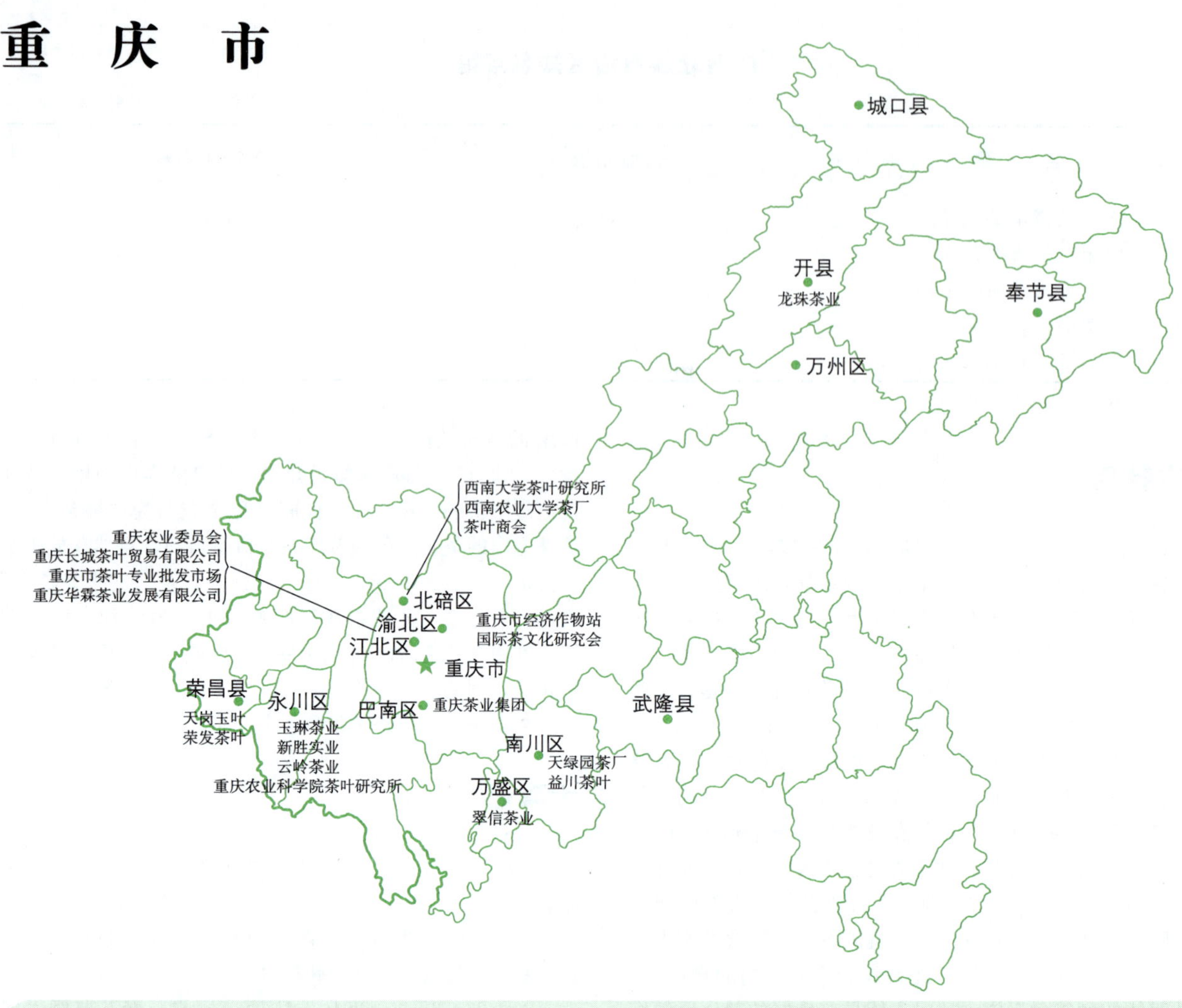

重庆市位于中国西南部，长江上游。地处四川西北，东邻湖北、湖南，南接贵州，北连陕西。属东亚内陆季风区，冬暖春早，降水丰沛，多云雾，少霜雪，立体气候明显，生态环境优越，十分适宜茶树生长和优质茶叶生产，是全国最古老的茶区之一，也是我国茶树生长最适宜地区。近年来重庆茶业得到较大发展。南川、永川、荣昌列入2009年农业部全国绿茶优势区域发展规划；初步建成渝西名优早茶区、渝东南高山名优绿茶区、三峡库区生态和有机茶区三大优势区域；建成国家级茶树良种繁育基地；茶叶市场建设迈上新台阶，有重庆市茶叶专业批发市场、尚座茶城、石生茶城共约10万平方米茶叶专业市场开业营运；定心·巴渝银针、永川秀芽、滴翠剑名等品牌强势崛起。茶叶逐渐成为重庆山区农村经济发展、农民致富增收、出口创汇的重要特色、优势产业和主要经济来源之一。2010年，全市茶园面积4.27万公顷，茶叶产量3.26万吨，毛茶产值6.09亿元，出口茶叶0.9万吨，实现创汇750万美元。

重庆市茶业基本情况

项 目	单位	2010年	项 目	单位	2010年
毛茶产值	亿元	6.09	茶农户数	万户	100
茶园面积	万公顷	4.27	毛茶平均价格	元/千克	18.68
茶叶产量	万吨	3.26	企业数	个	385
精制茶产量	万吨	5.15	行业销售额	亿元	10.00
茶叶年加工能力	万吨	10.00	城镇居民茶叶消费	千克/人	0.75

产业政策

茶叶产业作为重庆市农业特色产业发展得到了各级政府和各级部门的高度重视。2010年，中共重庆市委、市政府下发了《关于推进城乡统筹夯实农业农村发展基础的意见》(渝委发〔2010〕1号)、《关于进一步加强农业综合开发工作的意见》(渝办发〔2010〕299号)、《关于实施"两翼"农户万元增收工程的意见》(渝委发〔2010〕6号)。以此为指导，实施《重庆市茶业振兴计划》，推进"一圈两翼"〔一圈：以主城为核心，以大约1小时通勤距离为半径范围的城市经济区。两翼：建设以万州为中心的三峡库区城镇群（渝东北翼）和以黔江为中心的渝东南城镇群（渝东南翼）〕现代农业发展，做大做强茶叶产业。全市各市（县、区）也相应出台了各种政策和措施，通过良种苗木补贴、农机补贴、鼓励创品牌、名牌等方式，为农业增效、农民增收、服务社会主义新农村建设、统筹城乡发展、"两翼"农户万元增收发挥重要的作用，真正成为农村经济发展的重要特色产业。

茶叶生产

1. 茶叶生产情况 2010年，是启动实施《重庆市茶业振兴计划》开局之年，也是贯彻落实农业部标准茶园创建工作之年，重庆市各市（县、区）发展茶产业积极性高涨，名优茶生产开发得到进一步的恢复和提高，取得了春茶生产连续增产增收，产销两旺，名优茶产量、产值快速增长的良好开局。全年茶叶产量、产值均比上年有较大增长，实现了全年茶叶生产连续增产增收，茶农收入进一步提高。全年茶叶总产量3.26万吨，产值6.09亿元，分别较上年增长5.5%和16%；名优茶总产量1.03万吨，产值3.2亿元，分别较上年增长10.75%和21.67%；茶园总面积4.27万公顷，较上年增长0.07万公顷。

2. 主要茶树品种及分布 重庆茶树种植资源极为丰富，主要栽培茶树品种：四川中小叶种约占总面积的61%，云南大叶种占总面积的16%，无性系良种（包括巴渝特早、福鼎大白茶、蜀永系列、黔湄系列、早白尖5号等）占总面积的23%。有国家级无性系良种48个，省级良种和自育良种10个，加上南川、万盛、綦江等地的野生大茶树资源和其他引进选育的品种资源储备1000余份。

目前，全市初步建成三大特色茶叶优势区域：一是渝西特早名优茶区，以荣昌、永川为核心。二是渝东南高山名优绿茶区，以巴南、万盛、南川、秀山为核心。三是三峡库区生态、有机茶区，以万州、奉节为核心。这些茶树品种主要分布在37个产茶区市（县、区）以及三大特色茶叶优势区域。

3. 特种茶生产情况 重庆特种茶类产量较少。

重庆市茶叶主产县

单位：吨、公顷

县（区）名称	茶叶产量	茶园面积	品　种	主要品牌
秀山县	3150	3400	福鼎大白茶、福鼎大白毫	钟灵毛尖
南川区	3080	4446	云南大叶种、巴渝特早等	金佛玉翠
永川区	2560	3066	四川中小叶种、福鼎、蜀永系、巴渝特早、早白尖等	永川秀芽
荣昌县	2500	1500	黔湄系列、云南大叶种、福鼎大白、巴渝特早	天岗玉叶、明前玉尖
巴南区	2430	2400	福鼎大白、巴渝特早、四川中小叶种	巴南银针、定心·巴渝银针
万盛区	680	786	四川中小叶种、福鼎大白茶、巴渝特早	滴翠剑名、黑山雪芽
开　县	532	1066	四川中小叶种、福鼎大白茶、巴渝特早	龙珠茶
万州区	510	1000	四川中小叶种、福鼎大白茶、巴渝特早	太白银针
奉节县	395	1053	四川中小叶种、福鼎大白茶、巴渝特早	香山贡茶
城口县	350	1070	四川中小叶种、福鼎大白茶、巴渝特早	鸡鸣贡茶

注：本表以茶叶产量为序。

茶叶加工

重庆市不仅是传统的绿茶产区，也是全国最大的红碎茶出口市场。2010 年精制茶产量 5.15 万吨，茶叶产值 12 亿元，综合产值 30 亿元，茶叶年加工能力在 10 万吨左右。重庆市生产茶类丰富，有绿茶、红茶、花茶、黑茶、沱茶和特种茶六大类，100 多个花色品种。其中主要以绿茶为主，占茶叶总产量的 84%，绿茶内外兼销，以内销为主；红碎茶次之，占总产量的 13%，以外销为主，近年由于受国际市场影响，红茶出口量减少，产量下降；另有少量花茶、沱茶等再加工茶、青茶（乌龙茶）和特种茶类生产，占总产量的 3%，花茶和沱茶是重庆消费的主要茶类，特种茶类产量较少，但近年发展较快。

据不完全统计，全市茶叶年产值超过 100 万元的生产企业达 39 家，其中超过 500 万元的生产企业有 15 家，超过1 000万元的生产企业有 12 家。全市茶叶加工设施、设备配套，加工条件较好、水平较高的加工厂有 270 余家。2010 年全市出口茶叶 0.9 万吨，创汇 750 万美元，在全市农产品出口创汇中排名第三。重庆市荣昌县是目前全国最大的红碎茶出口市场，常年出口红茶近万吨，为国家换取外汇近千万美元。

重庆市主要茶叶加工企业

单位：万元、吨、公顷、吨/年

公司名称	销售额	茶叶产量	茶园面积	加工能力	品　牌
重庆市茶业集团	7 196	1 200	430	1 500	定心、明望、巴南
重庆市秀山县钟灵茶叶有限公司	6 500	350	333	500	钟灵毛尖
重庆翠信茶业有限公司	4 000	120	400	150	滴翠剑名
重庆云岭茶叶公司	3 200	80	100	270	云岭
重庆市天岗玉叶茶业有限公司	2 600	250	71	300	天岗玉叶
重庆玉琳茶叶公司	2 500	720	350	1 600	玉琳、海波螺
重庆新胜实业公司	1 800	200	350	300	新胜、金凤
南川区天绿园名优茶厂	1 580	520	667	1 200	金佛玉翠、金佛山毛峰
开县龙珠茶业有限公司	1 556	310	640	450	龙珠
西南农业大学实验茶厂	1 200	300	—	400	西农花茶

注：本表以销售额为序。

茶叶市场

重庆市茶叶市场主要有重庆茶叶专业批发市场、重庆石生国际茶城、重庆盘溪农产品综合批发市场，以及正在建设中的重庆尚座茶城，是集商贸、旅游、文化为一体的现代化茶叶专业市场，旨在打造重庆大型茶叶零售、批发、团购平台，形成重庆市及西南地区茶类产品集散地。零售茶叶主要有大型商场、大型超市、连锁店、专业茶庄等，主城区年销售茶叶约为 1.8 亿元，其中 18%为沱茶，30%为花茶，42%为名优绿茶，10%为乌龙茶等特种茶系列。全市现有专业茶叶公司约 33 余家，大部分为经营型企业，以代销茶叶为主，规模较小，年销售额在1 000万元以上的企业有 5 家。重庆市荣昌县是全国重要红茶集散地之一，出口红茶 0.8 万吨，创汇 700 万美元。

重庆市主要茶叶贸易企业

单位：万元、吨

名　　称	销售额	交易量	年出口量
重庆长城茶叶贸易有限公司	5 600	710	—
重庆市荣发茶叶进出口有限公司	2 600	4 200	3 800
重庆市华霖茶业发展有限公司	1 286	1 286	—
重庆市荣昌县宏发茶业有限公司	950	1 700	1 700
重庆市荣昌县兴荣茶叶有限公司	630	1 000	1 000

注：本表以销售额为序。

重庆市主要茶叶批发市场

单位：万吨、亿元、万平方米

公司名称	交易额	交易量	市场面积
重庆市茶叶专业批发市场	3	3	3

茶文化活动

重庆市地处长江上游“巴山峡川”核心地区，是世界茶树原产地和巴渝茶文化的发祥地，也是世界饮茶文化的起源地，茶文化底蕴深厚。2010 年 2 月 7 日，中国国际茶文化研究会、重庆市农业委员会、巴南区人民政府主办，重庆国际茶文化研究会、巴南区农业委员会、重庆茶业集团、重庆市经济作物站承办的中国（重庆）迎春特早茶定心·巴渝银针开园仪式在重庆茶业集团基地隆重举行，重庆特早茶迎春开园，开启了国内露地茶园立春后 3 天采茶的先河，创下了国内新茶在春节前上市纪录，见证了“巴渝春来早、中国第一泡”这一时刻的诞生。国际著名茶学专家、中国工程院院士陈宗懋为开园仪式欣然题字：“定心巴渝银针，中国特早茶”；2010 年 10 月 22 日，重庆市商委、江北区政府主办、重庆国际茶文化研究会指导的第二届中国（重庆）茶文化艺术节在江北南桥寺重庆茶叶专业批发市场隆重开幕；2010 年 5 月 28～31 日，重庆市人民政府、中国国际茶文化研究会主办 2010 年第十一届国际茶文化研讨会暨第四届中国重庆（永川）国际茶文化旅游节在永川举行，主题为人文·生态·健康·发展。通过这些大型茶事活动，展示重庆茶产业发展，传承与弘扬巴渝茶文化，同时也大大提升了重庆市茶叶知名度。

重庆市知名茶馆

单位：个、平方米

名　　称	连锁店数量	营业面积
滴翠茶楼	2	1 560
鸿儒茶艺会馆	1	1 000
百年天香	1	1 000
巴渝文化茶楼	1	1 000
老街十八梯茶楼	1	500

注：本表以营业面积为序。

大事记

2 月 7 日，中国国际茶文化研究会、重庆市农业委员会、巴南区人民政府主办中国（重庆）迎春特早茶定心·巴渝银针开园仪式。

2 月 24 日，农业部发展计划司副司长刘北桦到重庆市茶业集团基地视察工作。

5 月 6 日，重庆市农业科学院茶叶研究所主持“蒸青针形名茶造型与焙香关键工艺研究”荣获市科技进步奖二等奖。

5 月 28～31 日，重庆市人民政府、中国国际茶文化研究会主办 2010 年第十一届国际茶文化研讨会暨第四届中国重庆（永川）国际茶文化旅游节。

6 月 5 日，重庆市茶叶学会、重庆市茶叶商会举办了重庆市第八届“三峡杯”名优茶评比和第二届十大名茶评比活动。

9 月 26～28 日，重庆市经济作物技术推广站承办了全国农业技术推广服务中心全国第七期园艺作物标准园创建（茶叶）生产技术培训班。

10 月 22 日，重庆市商委、江北区政府主办、重庆国际茶文化研究会指导的第二届中国（重庆）茶文化艺术节开幕。

11 月 3 日，重庆市农业科学院茶叶研究所主持、农机研究所参加的市科委重点攻关项目“中小茶厂绿茶连续机械化加工关键设备及工艺研究”研发的自动揉捻机组达到国内领先水平。

12 月 23 日，重庆市农业科学院茶叶研究所建立的“国家茶叶产业技术体系重庆综合试验站”被评为 2010 年度优秀试验站。

12 月，重庆市经济作物技术推广站编制完成了《重庆市茶业“十二五”规划》。

（重庆市经济作物技术推广站　王　敏　贺　鼎）

四 川 省

四川省是农业部《全国茶叶重点区域发展规划》的名优绿茶和出口茶生产基地，11 个县列入全国优势县。2010 年，全省有茶园面积 21.89 万公顷、产量16.927 6万吨、产值 67 亿元，分别位于全国第二、三、四位。

四川省茶业基本概况

项　目	单　位	2010 年	项　目	单　位	2010 年
毛茶产值	亿元	67.0	茶农户数	万户	370
茶园面积	万公顷	21.89	毛茶平均价格	元/千克	39.58
茶叶产量	万吨	16.927 6	企业数（100 万元以上）	个	1 721
精制茶产量	万吨	15.4	行业销售额	亿元	100
茶叶年加工能力	万吨	33	城镇居民茶叶消费	千克/人	1.88

产业政策

1. 按照农业部和省政府有关文件的要求，认真总结和深入分析“十一五”期间四川省茶叶产业发展现状、优势和潜力，紧紧围绕现代农业产业，促进农业增收，农民增收，制订了《四川省茶叶产业“十二五”规划》。

2. 根据整合资金集中投资、现代农业产业基地重点投入、重点建设项目倾斜扶持、突破性技术专项支持的原则，2010年省级投入1 850万元，集中扶持9个现代农业产业基地强县茶叶培育县，标准园创建100万元，带动整合各类资金近3亿元投入茶产业发展。

3. 为认真贯彻落实省政府《关于加快现代农业产业基地建设的意见》和深入推进现代农业产业基地建设工作精神，进一步规范现代农业产业基地建设，推进四川省现代农业产业健康快速发展，省政府在广安市召开了全省深入推进现代农业（林业、畜牧）产业基地建设工作会议，命名了首批20强县，其中茶叶4个。6月，召开了全省现代农业产业基地建设现场会。省委1号文件提出要“大力推进现代农业产业基地建设”、“建设一批优势突出、特色鲜明的主导产业集中发展区”。省委九届八次全会提出要“大力发展特色优势产业”、“大力发展现代农业，加快新农村建设，拓宽农民增收渠道，全面推进统筹城乡发展”。省农业厅下发了《四川省现代农业产业基地建设考评办法》和《四川省现代农业产业基地强县评选办法》的通知（川农业［2010］11号）。

4. 认真落实了国务院办公厅《关于统筹推进新一轮菜篮子工程建设的意见》（国办发［2010］18号）。

茶叶生产

1. 2010年茶叶生产情况 全省茶园总面积21.89万公顷，比上年增加1.92万公顷，增长了9.61%，投产茶园14.85万公顷，比上年增加1.04万公顷，增长了7.53%，其中良种面积达10.39万公顷；总产量16.927 6万吨，比上年增加1.46万吨，增长了9.4%，其中名优茶产量8.7万吨，比上年增加1.10万吨，增长了13.8%；毛茶产量67.0亿元，比上年增加10.0亿元，增长了17.54%。

2. 主要茶树品种及分布 四川省主推和大面积应用的品种主要有：名山131、名山311、特早213、福选9号、乌牛早、川茶中小叶种，在茶叶主产区均有种植。2010年，茶树新品种马边绿1号和川沐28号通过四川省品种委员会审定。

3. 特种茶生产情况 2010年，四川省紧压茶产量13 397吨，产值7.87亿元，分布于雅安市的雨城区、名山县，宜宾市的宜宾县、珙县和长宁县。主要有民族团结牌、柯罗牌、吉祥牌、幸福牌、兄弟友谊牌、金船牌、棚叶木牌、金叶巴扎牌、和龙牌、德仁牌、天雕牌、雅龙牌等十几个品牌。

四川省茶叶主产市（一）

单位：吨、公顷

地（地级市）	茶叶产量	茶叶面积	品　种	主要品牌
雅安市	55 827	34 872.33	福鼎大白茶、福选9号、名山131、川茶中小叶种、名选213、天府系列	蒙山、吉祥、友谊、蒙顶山茶
乐山市	27 512	41 559.47	福鼎大白茶、福选9号、名山131、川茶中小叶种、乌牛早、安吉白茶	竹叶青、仙芝竹尖、峨眉雪芽、峨眉山茶
宜宾市	27 071	42 565.4	福鼎大白茶、福选9号、名山131、川茶中小叶种、平阳特早、早白尖	早白尖、林湖、叙府龙芽、宜宾早茶
眉山市	21 539	19 056.8	福鼎大白茶、福选9号、名山131、川茶中小叶种、安吉白茶	道泉
成都市	13 044	13 564.13	川茶中小叶种、名山131、名选213、花秋1号	绿昌茗、嘉竹、了翁、花秋
自贡市	8 780	3 516	川茶中小叶种、名山131、福鼎大白	龙都香茗

四川省茶叶主产市（二）

单位：吨、公顷

地（地级市）	茶叶产量	茶叶面积	品　种	主要品牌
达州市	6 526	11 762.33	川茶中小叶种、名山131、福鼎大白	巴山雀舌、九顶雪眉
泸州市	5 119	8 305.2	川茶中小叶种、名山131、福乌牛早鼎大白、福选9号、平阳特早、牛皮茶	瀚源、凤羽
广元市	3 721	12 651.53	川茶中小叶种、名山131、福鼎大白	米仓山、七佛贡茶
绵阳市	2 913	11 976	川茶中小叶种、名山131、福鼎大白、北川苔子茶	羌山雀舌、四新、自然天堂
巴中市	1 786	9 744	川茶中小叶种、名山131、福鼎大白、南江1号、南江2号	罗村、元顶子、云顶茗兰、天岗银芽

注：本表以茶叶产量为序。

四川省茶叶主产县（一）

单位：吨、公顷

县（县级市）	茶叶产量	茶叶面积	品　种	主要品牌
名山县	39 840	17 920.4	福鼎大白茶、福选9号、名山131、川茶中小叶种、名山213、天府系列	蒙顶山茶、蒙山、蒙顶、金叶巴扎
洪雅县	12 388	13 967.47	福鼎大白茶、福选9号、名山131、川茶中小叶种、安吉白茶	道泉、尚林
雨城区	11 904	10 733.33	福鼎大白茶、福选9号、名山131、川茶中小叶种、名山213	吉祥、友谊、老茶客、跃华
峨眉山市	9 830	11 200	福选9号、名山11、川茶中小叶种、福鼎大白、乌牛早	仙芝竹尖、竹叶青、峨眉雪芽
荥　县	8 522	3 333	福鼎大白、福选9号、川茶中小叶群体种、名山131	龙都香茗
夹江县	6 675	6 319	福选9号、名山131、川茶中小叶种、福鼎大白	甘溪金竹、龙园
屏山县	6 500	9 040.67	福选9号、名山131、川茶中小叶种、福鼎大白	龙湖翠、水中韵
蒲江县	5 561	6 995.87	川茶中小叶种、名山131、名山213	绿昌茗、嘉竹、了翁
筠连县	5 304	8 484	福鼎大白、福选9号、川茶中小叶群体种、名山131	筠连红
邛崃市	5 055	4 839.53	福鼎大白、福选9号、川茶中小叶群体种、名山131、花秋1号	花秋、文君
高　县	4 860	12 026	福鼎大白茶、福选9号、名山131、川茶中小叶种、平阳特早、早白尖	早白尖、林湖

四川省茶叶主产县（二）

单位：吨、公顷

县（县级市）	茶叶产量	茶叶面积	品种	主要品牌
马边彝族自治县	4 565	10 550.6	福选9号、名山131、川茶中小叶种、福鼎大白	森林雪、文彬绿雪
沐川县	3 736	7 604.67	福鼎大白、福选9号、川茶中小叶群体种、名山131	一枝春
宜宾县	3 500	4 833	福鼎大白、福选9号、川茶中小叶群体种、名山131	
万源市	2 810	7 333.33	福选9号、名山131、川茶中小叶种、福鼎大白	巴山雀舌
珙　县	2 579	3 320	福鼎大白、福选9号、川茶中小叶群体种、名山131	鹿鸣
宣汉县	2 554	2 928	福鼎大白、福选9号、川茶中小叶群体种、名山131	
纳溪区	2 110	5 371.13	福鼎大白、福选9号、乌牛早、名山131、安吉白茶、早白尖5号	瀚源、凤羽
平武县	2 070	7 760	福鼎大白、福选9号、川茶中小叶群体种、名山131	四心
旺苍县	1 845	3 707.87	福选9号、名山131、川茶中小叶种、福鼎大白	米仓山
青川县	1 841	8 466	福鼎大白、福选9号、川茶中小叶群体种、名山131	七佛贡茶、仙雾、白龙
都江堰市	1 735	683.93	福鼎大白、福选9号、川茶中小叶群体种、名山131	贡品堂
南江县	1 088	3 801	福鼎大白、福选9号、川茶中小叶群体种、名山131、南江1号	元顶子
古蔺县	890	548	福鼎大白、福选9号、川茶中小叶群体种、名山131、牛皮茶	古蔺牛皮茶
翠屏区	742	1 221.8	福鼎大白、福选9号、川茶中小叶群体种、名山131	
叙永县	630	1 611	福鼎大白、福选9号、川茶中小叶群体种、名山131	红岩
通江县	524	4 716	福鼎大白、福选9号、川茶中小叶群体种、名山131	罗村、翰林
北川县	209	3 394	福鼎大白、福选9号、川茶中小叶群体种、名山131	自然天堂
犍为县	163	2 333.33	福鼎大白、福选9号、川茶中小叶群体种、名山131	清溪

注：本表以茶叶产量为序。

茶叶加工

据统计，2010年四川省茶叶总产量16.927 6万吨，毛茶产值67.0亿元，其中鲜叶产值30.06亿元；名优茶产量8.7万吨，产值43.55亿元；百万元以上的加工企业达1 721家，年加工能力33吨。四川省生产的茶类丰富，有绿茶、红茶、紧压茶、乌龙茶花茶和其他茶，其产量分别为134 621吨、1 510吨、13 397吨、13 328吨和14 051吨。有5家企业获得GAP认证，40多家企业600多吨产品获有机产品认证。

四川省主要茶叶加工企业

单位：万元、吨、公顷、吨/年

公司名称	销售额	茶叶产量	茶园面积	加工能力	品　牌
四川峨眉山竹叶青茶业有限公司	42 000	3 200	1 333.33	5 000	竹叶青
四川峨眉山仙芝茶业有限公司	23 000	4 000	5 866.67	5 500	仙芝竹尖、黑宝山
都江堰青城贡品茶业有限公司	23 000	1 000	1 333.33	1 000	贡品堂
四川米仓山茶叶集团公司	16 500	700	2 000	3 000	米仓山
四川龙都茶业（集团）有限公司	16 000	1 100	2 000	2 000	龙都香茗
四川叙府茶业有限公司	15 000	3 000	2 000	8 000	叙府
四川花秋茶业有限公司	12 000	1 300	1 333.33	2 000	花秋
四川省雅安茶厂有限公司	11 000	10 000	4 000	10 000	康砖、金尖、芽细、双环
四川嘉竹茶业有限公司	10 230	2 000	1 333.33	2 500	嘉竹
四川文君茶业有限公司	10 000	1 000	2 333.33	2 000	文君
四川巴山雀舌名茶实业有限公司	9 000	500	666.67	1 100	巴山雀舌
四川省蜀涛茶业有限公司	5 572	200	666.67	1 500	蜀涛
四川绿昌茗茶业有限公司	5 000	900	333.33	2 000	绿昌茗
四川香叶茶业有限公司	5 000		2 133.33		香叶尖
四川省复立茶业有限公司	5 000	1 800	1 333.33	1 000	复立雪芽、碧海神针
四川绿川茶叶有限责任公司	4 200	1 500	400	2 000	青衣翠绿、两棵树
四川省自然天堂茶业有限公司	3 200	800	266.67	1 000	佛泉

注：本表以茶叶销售额为序。

茶叶市场

1. 四川省有规模、设施较完善的大型茶叶批发市场4个，洪雅已着手在柳江镇建设以有机茶销售为重点的大型批发市场，峨眉山市正着手围绕峨眉山茶建设集产品交易、产品展示、文化交流，功能齐备，在全国有影响力的茶叶综合市场。

2. 各茶叶主产区的茶叶协会、茶农合作社等，充分发挥中介组织和营销大户的作用，在当地建立鲜叶批发交易市场。

3. 建立茶叶产销信息服务系统，加强茶叶贸易信息研究，充分利用互联网、电视、报刊、文艺等多种媒体，开展多种形式的宣传促销，建立信息网络，利用现代信息手段，向茶农和农业提供产销信息服务。

4. 竹叶青、叙府、文君等重点茶叶龙头企业纷纷在大中城市设立销售窗口，发展一批专卖店、连锁店，进入超市设立专柜，通过批发、直销、经销、代销等多形式搞活流通。

四川省茶叶主要贸易及出口企业

单位：万元、吨

名　称	销售额	交易量	出口量
峨眉山竹叶青茶业有限公司	42 000	3 200	1 400

四川省主要茶叶批发市场

单位：亿元、吨、万平方米

名　称	交易额	交易量	市场面积
大西南茶叶市场	11.7	5	1.5
峨眉双福茶叶市场	4	2	3.2

注：本表以交易量为序。

茶文化

1. 乐山市政府举办了峨眉山茶采制大赛和峨眉山茶斗茶节，召开了打造峨眉山茶区域品牌推进茶叶产业发展工作会议；雅安市政府在成都市举办了第二届蒙顶山茶品赏推介周活动；宜宾市政府在北京举办了宜宾早茶节，召开了宜宾早茶论坛；广元市政府、蒲江县政府、万源市政府等开展了茶叶公共品牌的宣传活动。2010 年世博会上设立四川茶叶专馆，以绿色四川、天府绿茶为主题，突出宣传峨眉山茶、蒙顶山茶和宜宾早茶等区域品牌，集中展示了竹叶青、叙府龙芽等一批茶叶精品。

2. 各主产茶区积极组织基地大县、龙头企业、农民专业合作社等参加省内外大型展示、展销、博览活动。峨眉山茶、蒙顶山茶、宜宾早茶等先后在上海世博会上展示，胡锦涛主席 4 月 29 日上午在世博园四川馆观看了蒙顶山“龙行十八式”茶技表演，四川茗山茶业公司蒙山茶成为四川省茶叶唯一进入世博会特许经营产品；乐山市茶业协会组织区域内重点茶叶龙头企业，组成“峨眉山茶”代表团参加了河北正定茶叶交易会；配合省商务厅组织一批茶叶龙头企业参加了中国香港国际茶博会；农业厅市场处组织的北京农博会。

3. 举办了第二届四川十大名茶评比，评选出了具有代表的 8 个绿茶龙头企业和 2 个花茶龙头企业。通过一系列强有力的茶叶区域品牌打造宣传，起到了推进产业发展、产销两旺、效益提升、茶农增收、川茶影响力扩大的良好效果，重点龙头企业以品牌销售量大幅增加。

四川省知名茶馆

序号	名　称	区域分布
1	成都顺兴老茶馆	成都
2	成都鹤鸣茶社	成都
3	成都坝调茶社	成都
4	成都悦来茶馆	成都
5	雅州茶府	雅安

注：本表以营业面积为序。

（四川省农业科学院茶叶研究所　王　云　四川省园艺作物技术推广总站　段新友）

雅 安 市

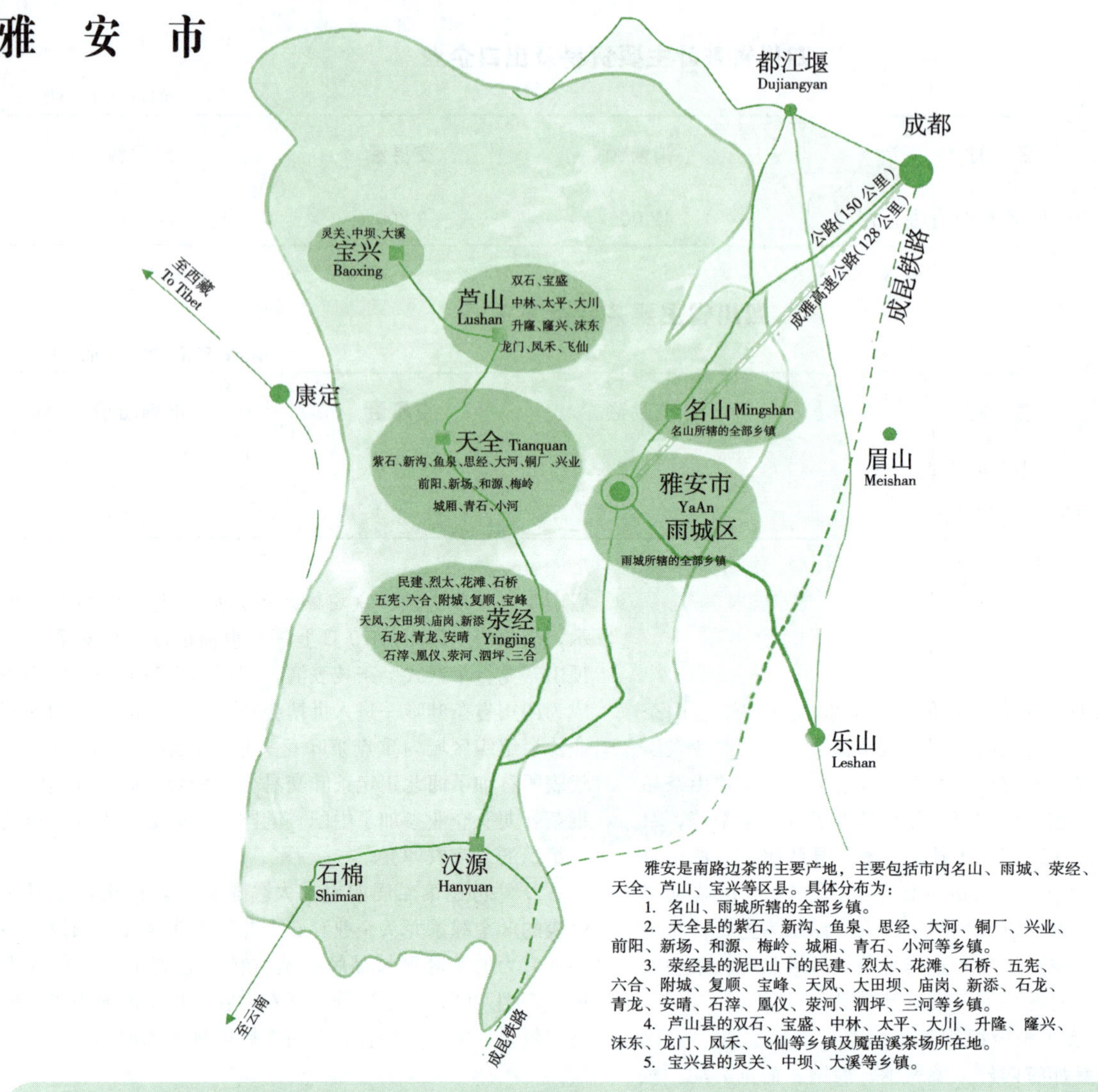

位于四川省雅安市境内的蒙顶山是我国有文字记载人工植茶最早的地方，距今已有2 000多年历史。蒙顶山茶自唐入贡延续至清，历时1 169年。蒙顶山是世界茶文化发源地和世界茶文明发祥地。2004 年第八届国际茶文化研讨会上，国内外茶人共同发表的《蒙顶山世界茶文化宣言》，确立了蒙顶茶文化圣山的历史地位。四川蒙顶山茶区（古西蜀）是世界主要茶树原产地之一，是闻名于世的茶马古道的源头，境内历史遗存丰富，文化底蕴深厚。得天独厚的自然生态条件，为蒙顶山茶、雅安藏茶的优良品质奠定了坚实的基础，区域内有机茶、绿色食品、无公害茶发展态势良好。

2010年底，全市茶园面积已达3.65万公顷，其中投产茶园2.76万公顷。茶叶总产量5.52万吨。茶叶农业产值(鲜叶收入)12.75亿元，茶加工产值16亿元。茶叶收入、产量均列四川省第一位，涉茶综合产值超过30亿元。

雅安市茶业基本情况

项　目	单位	2010 年	项　目	单位	2010 年
毛茶产值	亿元	16	茶农户数	万户	15
茶园面积	万公顷	3.655	毛茶平均价格	元/千克	25.4
茶叶产量	万吨	5.53	企业数	个	384
精制茶产量	万吨	4.18	行业销售额	亿元	16.5
茶叶年加工能力	万吨	9	城镇居民茶叶消费	千克/人	0.8

产业政策

2010年，各茶叶主产区县相继出台茶产业政策，鼓励加快发展。名山县为有效整合茶叶资源，提升茶叶产业集约化水平，强力推进蒙顶山茶的市场影响力，发挥蒙顶山茶品牌效应，县人民政府发文，实施《名山县扶持茶叶集团公司发展暂行办法》（名府发［2010］16号）。对符合条件，组建集团公司，列入培育扶持对象的给予一次性扶持20万元；对年销售收入达2亿～10亿元以上的企业分别给予30万～500万元的奖励；同时实行单列贴息和补助专项资金管理办法，对集团公司实施技术改造、扩建和技术创新项目的，优先给予资金扶持。

雨城区委、区政府先后制定了《雅安市雨城区农业产业化发展扶持办法》、《雅安市雨城区茶叶生产企业建核心基地扶持奖励实施办法》、《雨城区农村土地承包经营权流转奖励实施办法》等扶持政策，着重对茶园基地建设、茶叶专合组织、龙头企业及企业订单核心基地进行扶持奖励；鼓励通过土地流转集中耕地或零散茶园进行茶园规模化经营，以雨城区土地流转服务中心为平台，协调引导茶叶企业与茶农建立合作关系，建立企业核心基地，对符合条件的业主给予奖励。

茶叶生产

截止到2010年底，雅安市茶园面积3.65万公顷，是2000年的3.73倍，其中投产茶园2.76万公顷。茶叶总产量5.52万吨（不含外地原料调入加工边销茶约1万吨）；是2000年的4.8倍。茶叶收入、产量均列四川省第一位。加上茶叶销售、茶旅游、茶馆茶楼、茶教育培训等收入，涉茶综合产值超过30亿元。基地建设成效显著，名山县成为四川省现代农业基地重点县。全市有24个产品获绿色食品认证茶园面积为2 400公顷；有7个产品获有机茶认证茶园面积为220.47公顷。

1. 抓核心基地建设，确保茶叶质量安全 在2009年建设1.33万公顷安全高效茶园的基础上，进一步巩固建设成果，扩大建设范围和面积，从名山县、雨城区扩大到天全、芦山、荥经、宝兴等6县，新增6 666.67公顷，面积达到2万公顷，名山县、雨城区覆盖率达70%以上。继续推进企业核心基地建设，对已建3 333.33公顷核心基地，完善企业与茶农的利益联结机制，推广病虫害统防、统治和肥料统供等茶园管理新模式。支持企业扩大核心基地建设，新增茶园1 333.33公顷，达到4 666.67公顷。

名山县大力实施无公害标准化茶园建设，完成茶园管理、安全生产、采摘等技术培训40期、培训茶农4 000人次以上，印发生产技术资料1万余份。加大农资市场执法监管力度，建立完善农资连锁经营制度和农资销售卡制度，从源头上防止高毒、高残留农药和假冒伪劣农资流入基地。建立起了以县为中心、以乡镇为纽带的茶树病虫害监控体系，在乡镇建立8个茶树病虫害专业监测预报点，制定了茶园安全生产管理的病虫害预报制度，及时准确发布病虫预报信息，减少施药数量和施药面积。通过实施安全高效茶叶基地建设项目，全县茶业十强企业已建立核心示范基地2 333.33公顷，带动农户3.58万户。建立了6个茶叶万亩亿元示范区和1个标准园，15个茶园管理服务中心，绿色防控核心生产示范基地面积达到826.67公顷。

2. 抓好示范，落实关键技术 按照现代农业产业基地建设的要求，全市建立现代农业产业基地示范片12个、面积3 333.33公顷。进入省优势产业重点培育县的名山县、雨城区，建立了茶叶万亩核心示范区，名山县建设了示范片3个2 000公顷，雨城1个666.67公顷。每个示范片都制定切实可行的实施方案，落实品种、地点到乡镇、村、组、户，明确建设内容和目标，明确责任人和技术负责人，落实保障措施。完善田网、水网、路网、电网，全面推广标准化生产技术和绿色防控技术，提高基地设施综合水平和综合效应。

3. 整合项目，推进基地发展 全市整合土地整理、金土地工程、农业综合开发、农业产业化、退耕还林后续产业扶持等项目资金5亿多元，新发展现代农业产业基地7 106.67公顷，改造提升6 666.67公顷。仅雨城区就整合项目资金2.47亿元，本级财政投入2 331万元，拉动社会资金投入2.76亿元，新发展茶园1 666.67公顷。

4. 创新机制，推进规模经营 全市引导农村土地合理流转建立种植业基地2 333.33公顷。雨城区制定了土地流转的奖励政策，对1 733.33公顷土地流转的业主给予了230万元的补助。鼓励和支持农民以资金、技术、土地承包经营权的收益权等生产要素出资入股组建专业合作社。积极培育茶叶、中药材等农民专业合作社。全市专业合作社达到56家，涉及农户1 793户11 963人，专业合作社种植基地面积1 681.19公顷，产量21 862.5吨，收入6 332万元。

5. 主要茶树品种及分布 主要茶树品种有福鼎大白、名山白毫131、福选9号、名山早311、名山特早芽213、蒙山9号、蒙山11、蒙山16、龙井长叶、乌牛早等国家级和省级良种，还有约合666.67公顷专门保留的老川茶群体种，分布在名山县、雨城区、芦山县、天全县等区县。

雅安市茶叶主产县

单位：吨、公顷

县（县级市）	茶叶产量	茶叶面积	品 种	主要品牌
名山县	39 800	17 920	黄芽、甘露、石花、毛峰、花茶等	蒙顶山茶、雅安藏茶
雨城区	11 500	10 733	甘露、石花、毛峰、康砖、金尖等	雅安藏茶、蒙顶山茶
天全县	1 612	3 000	绿茶系列	龙祥春
荥经县	1 426	1 533	绿茶系列	塔山
宝兴县	600	1 540	有机茶系列	海鑫玉叶
芦山县	300	1 667	有机茶系列	锦烨
石棉县	100	160	绿茶系列	美罗雪山神茶

注：本表以茶叶产量为序。

茶叶加工

茶产业是雅安市的传统产业，是重要的农村经济支柱产业之一，茶叶加工规模、加工能力和加工水平首屈一指。2010 年，全市有 85 户企业通过 QS 认证，有四川省级农业产业化重点龙头企业 7 户；雅安市级重点龙头企业 31 户（茶企业占全市农业产业化龙头企业的 40%以上）；25 户企业进入规模以上工业企业。年销售收入5 000万元以上的 4 户，1 000万元以上的 34 户；19 户企业通过 ISO9000 认证，18 户企业获自营进出口经营权。

名山县具备相当规模的基层加工车间有 606 家，除部分保持传统特色工艺、手工生产名茶外，基本实现机械化生产。主要大型企业实现全自动清洁化生产。茗山茶业自主研发的全自动清洁化名优茶生产线，攻克多项技术难关，从鲜叶进机到成品产出，全程不落地，经省科技厅鉴定竣工投产。县委、县政府引导联合重组的 8 个茶业集团公司，迈出了联合合作、抱团发展的第一步。企业投入增加，加工能力扩大，销售市场拓展，系列产品包装更新换代、上档升级。

雨城区有各类茶叶加工企业 60 余家，生产的竹叶茗、峨眉毛峰、雨城云雾、云台碧绿和南路边茶康砖牌、金尖等产品多次荣获大奖。

雅安是我国边销茶的重要生产基地，四川南路边茶历史悠久，2008 年 6 月经国务院批准成为国家级非物质文化遗产。2002 年国家 7 部委公布全国边销茶定点生产企业共 26 家，雅安市有 6 家。有 10 家边销茶企业取得 QS 认证，其中定点生产企业 5 家，有 3 家企业承担国家边销茶原料储备任务。近年实施边茶内销、各族共饮战略，运用传统工艺原理研制开发的雅安藏茶系列产品，不仅继承了传统边销茶的口感、风味、功效和内含物质，而且在品种、包装、饮用方式、收藏、装饰等方面，更适合现代都市人的生活需求。主导产品有康砖牌、金尖牌及各类紧压藏茶、散藏茶、袋泡藏茶、装饰藏茶等，2010 年雅安藏茶总产量 3 万吨左右。

雅安市主要茶叶加工企业（一）

单位：万元、吨、公顷、吨/年

公司名称	销售额	茶叶产量	茶园面积	加工能力	品牌	备注
四川茗山茶业有限公司	10 000	2 000	2 000	4 000	蒙山	名优茶
四川吉祥茶业有限公司	9 452	5 800	400	6 000	吉祥	含藏茶
四川省蒙顶皇茶茶业有限公司	9 314	517	90	660	蒙顶	名优茶

雅安市主要茶叶加工企业（二）

单位：万元、吨、公顷、吨/年

公司名称	销售额	茶叶产量	茶园面积	加工能力	品牌	备注
四川蒙顶山味独珍茶业集团有限公司	7 016	2 000	133.3	2 000	味独珍	名优茶
四川禹贡蒙顶茶业集团有限公司	6 840	1 439	490.9	1 600	宗玉	名优茶
四川省老茶客茶业有限公司	5 540	461	666.7	800	老茶客	名优茶
四川省蒙顶山皇茗园茶业集团有限公司	4 800	450	386.7	1 000	皇茗园	名优茶
四川省雅安茶厂有限公司	4 610	8 616	1 333	8 500	康砖	藏茶
四川蒙顶山大众茶业集团有限公司	4 000	2 500	166.7	4 000	大众	大宗茶
四川蒙顶山跃华茶业集团有限公司	3 800	500	386.7	1 000	跃华	名优茶
雅安市友谊茶叶有限公司	3 216	6 000	400	6 500	兄弟友谊	藏茶
四川名山西藏朗赛茶业有限公司	2 980	3 000	200	6 000	金叶巴扎	藏茶
四川蒙顶山金龙茶业集团有限公司	2 649	240	43.3	800	金龙	名优茶
四川蒙顶山大富茶业集团有限公司	2 150	700	333.3	800	圣山仙茶	名优茶
名山县藕莲春茶厂	2 100	1 000	66.7	1 200	藕莲春	名优茶
四川省名山县宏宇蕾有限公司	2 020	510	333.3	700	宏宇蕾	名优茶
雅安市雨城区三雨茶厂	1 900	2500	333.3	2 500	三雨	大宗茶
四川雅安雅泉茶业有限公司	1 600	420	98.3	600	雅泉	名优茶
四川省荥经县塔山有限责任公司	1 500	360	66.7	400	塔山	名优茶
雅安市山雅茶业有限公司	1 300	480	60	600	山雅	含藏茶
四川省雅安义兴藏茶有限公司	1 100	3 500	433.3	4 000	义兴	藏茶
名山县昊柏生物科技有限公司	851	100	1 333.3	500	昊柏	茶多酚
雅安竹叶茗茶业有限责任公司	530	500	333.3	600	竹叶茗	名优茶
四川宝兴海鑫茶叶有限公司	480	400	213.3	500	海鑫玉叶	有机茶
天全县龙祥春绿色茶业有限公司	300	50	20	100	龙祥春	名优茶
雅安市馨远茶业有限公司	280	50		100	馨远	含藏茶

注：本表以茶叶销售额为序。

茶文化

根据雅安市委、市政府重点打造蒙顶山茶区域品牌的安排部署，市、县各级创新方法，加大力度，积极推进蒙顶山茶区域品牌建设，继续“走出去、请进来”，宣传推广蒙顶山茶。重点开展了以下主要工作：

2010年上海世博会，雅安市委、市政府，名山县委、县政府把参加上海世博会，推进蒙顶山茶品牌建设作为当年工作的重点，成功推动具有2 000多年历史的蒙顶山茶和龙行十八式茶技登上世博大舞台，向世界展示了蒙顶茶文化圣山的悠久历史和蒙顶山茶的优异品质。茗山茶业成为世博会特许商品生产企业，皇茗园、跃华、味独珍、禹贡蒙山、圣山仙茶等企业成为上海世博会四川馆指定礼品用茶生产企业。

3月27日，第六届蒙顶山国际茶文化旅游节开幕式暨茶祖吴理真祭拜仪式在名山县吴理真广场隆重举行。参会嘉宾共同见证送茶使者——中国首位荣膺世界旅游小姐全球总冠军的雅女（艾如），从名山县岑刚书记手中接过蒙顶山茶礼盒，启动了从茶祖故里、世界茶文化圣山走向上海世博会的出发仪式。

4月2日，第二届蒙顶山茶品尝推介周活动在成都文殊坊开幕。

上海世博会期间，蒙顶山龙行十八式茶技表演队在四川馆进行了为期72天600余场的表演，10多万海内外观众到场观看。共发放精美宣传画册15 000份，精心设计制作的210份贵宾茶、14 000份礼品茶受到广大消费者的极大欢迎。

4月29日上午11时，中共中央总书记、国家主席、中央军委主席胡锦涛亲临四川馆视察，总书记在茶技表演台前，饶有兴致地观看了茶艺师何正鸿、王国富的精彩表演。王岐山、刘云山、郭伯雄、令计划、俞正声等中央领导陪同观看。先后还有荷兰首相、沙特阿拉伯王子、马耳他副总理、美国得克萨斯州州长、芬兰经济事务部部长、约翰·伯格城市与农村事务部部长，以及奥地利、法国等各国政要，分别到四川馆观看了龙行十八式茶技表演。

5月24日下午，受奥地利国家馆特别邀请，蒙顶山茶技表演队应邀前往奥地利国家馆，为奥地利总理府国务秘书席德尔（Mr. Andreas Schieder）一行做了专场表演。席德尔欣然题词“Perfect，all the best!”（棒极了，非常好!）并和演出队全体人员合影留念。

蒙顶山茶和龙行十八式茶技双双走进上海世博会，受到海内外媒体的高度关注，中央电视台、日本电视台、凤凰卫视、东方卫视、四川卫视、湖北卫视等50多家海内外电视台，《人民日报》、《经济日报》、《四川日报》等70多家报刊，新华网、新浪网、网易、中国农业信息网、中国茶叶网、四川在线、北纬网等100多家网络媒体都进行了相关报道，知名度和影响力大大提升。

10月22日，中国西部国际农产品交易会在成都开幕，四川茶叶专馆展示了茗山茶业、跃华茶叶集团公司、禹贡蒙山茶叶集团公司、四川老茶客茶业公司的茶叶精品，农业部副部长陈晓华、四川省委书记刘奇葆、省长蒋巨峰、副书记李崇禧、副省长钟勉先后到蒙顶山茶展区视察。期间还先后组织企业参加了上海国际茶业博览会、北京国际茶业博览会等知名会展。

通过强有力的品牌宣传，蒙顶山茶区域品牌效应显现，影响力扩大，2010年被评为四川省著名商标，使用蒙顶山茶品牌23家企业，销售收入3亿元。蒙顶山茶等5个商标被评为四川省著名商标，17个商标被评为雅安市知名商标。

经浙江大学CARD农业品牌研究中心和《中国茶叶》杂志联合课题组对全国茶叶区域品牌综合评估，蒙顶山茶评估价值为9.9亿元，位列全国第十七位，四川省第一名，雅安藏茶品牌价值为3.29亿元。

2010年底，在福建省武夷山市承办的第三届中国国际茶品牌营销高峰论坛暨金芽奖品牌颁奖典礼上，雅安市荣获本年度唯一“中国最具茶文化魅力城市品牌奖”。

雅安市知名茶馆

单位：平方米

序号	名称	连锁店数量	营业面积
1	茶源堂		2 335
2	皇茶楼		2 013
3	福窝茶道		1 800
4	藏茶馆		1 480
5	雅州茶府		1 308
6	西康茶楼		1 000

注：本表以营业面积为序。

大事记

年初，蒙顶山茶、龙行十八式茶技走进上海世博会工作全面启动，茗山茶业成为世博会特许商品生产企业，皇茗园、跃华、味独珍、禹贡蒙山、圣山仙茶等企业成为上海世博会四川馆指定礼品用茶生产企业。

3月27日，第六届蒙顶山国际茶文化旅游节开幕式暨茶祖吴理真祭拜仪式在名山县吴理真广场举行。

4月2日，第二届蒙顶山茶（成都）品赏推介周在成都文殊坊开幕。

4月29日，胡锦涛总书记亲临上海世博会四川馆视察，总书记饶有兴致地观看了蒙顶山龙行十八式茶技表演，王岐山、刘云山、郭伯雄、令计划、俞正声等中央领导陪同。

上海世博会期间，蒙顶山龙行十八式茶技表演队在四川馆进行了 72 天 600 余场表演，发放精美宣传画册15 000份，10 多万海内外观众到场观看。发放蒙顶山贵宾茶 200 余份，蒙顶山礼品茶14 000余份。

浙江大学课题组发布《中国茶叶区域公用品牌价值评估报告》，蒙顶山茶品牌价值 9.9 亿元，雅安藏茶品牌价值 3.29 亿元。

名山县跃华茶厂厂长张跃华被评为全国劳动模范，是继 2005 年塔山茶业姚清国总经理被评为全国劳动模范之后，雅安茶行业的又一位全国劳模。

6 月，雅安市茶叶学会举办的第二届蒙顶山杯斗茶大赛，23 家企业送样参赛，茶样包括黄芽、石花、甘露、毛峰、藏茶、乌龙茶等品种。

11 月，第三届中国国际茶品牌营销高峰论坛暨金芽奖品牌颁奖典礼在武夷山市隆重举行，雅安市荣获本年度唯一中国最具茶文化魅力城市品牌奖。

（雅安市茶业协会　陈书谦）

贵　州　省

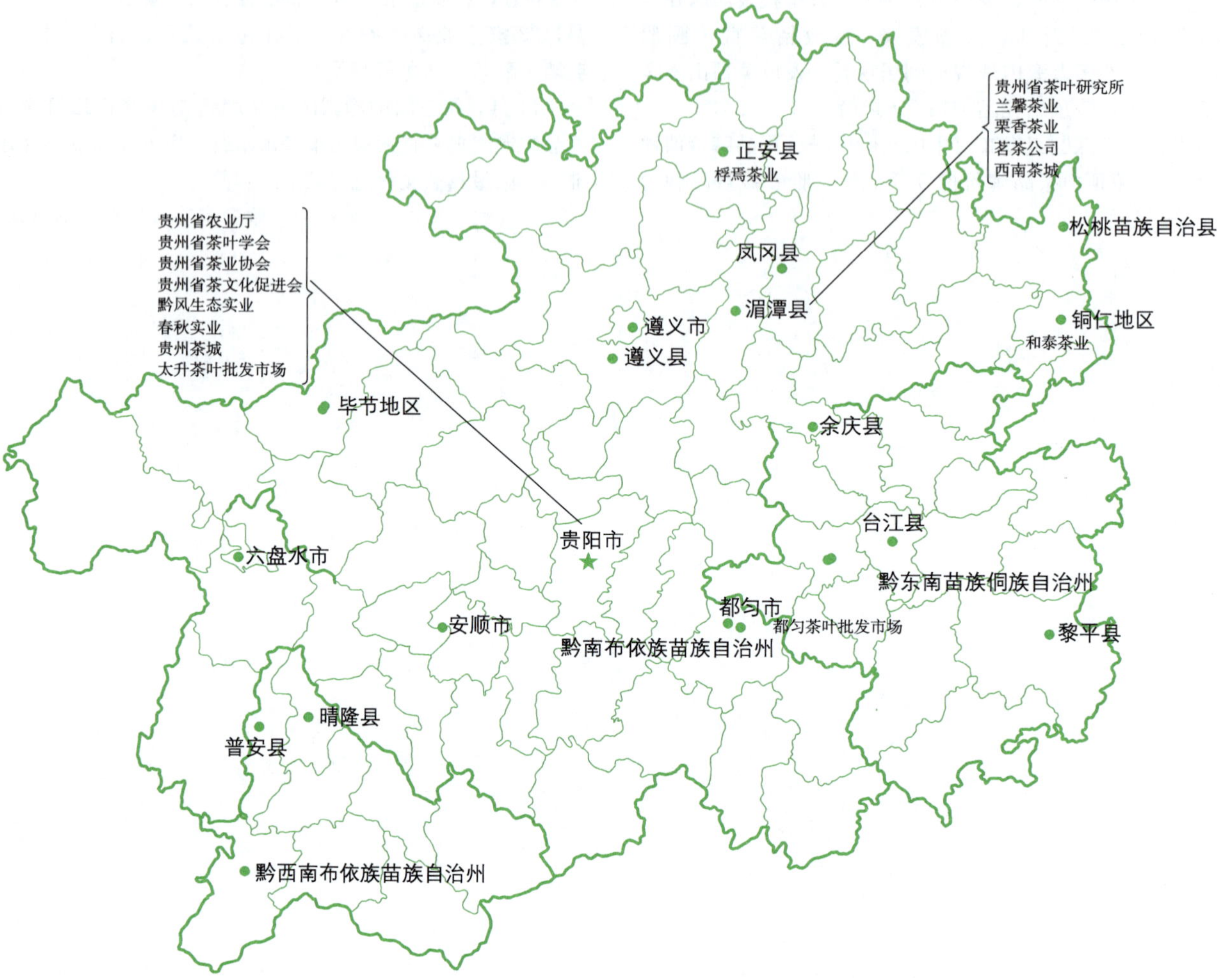

贵州是茶树原产地之一，是利用茶叶较早的古老茶区，是中国最适宜种茶的区域之一，是唯一低纬度、高海拔、寡日照同时具备的茶叶产区，是高品质绿茶的重要产地。历史上贵州形成了一批贡茶，如务川都濡月兔、普定朵贝茶、贵定云雾茶、湄潭眉尖茶、贞丰坡柳茶、都匀毛尖茶、大方海马宫茶、织金平桥茶、金沙清池茶等。据统计年报，2010 年年末全省实有茶园面积 21.95 万公顷，全年生产茶叶 6.1 万吨，毛茶产值 32.17 万元，生产的茶类主要为绿茶，有少量红茶、花茶、紧压茶等其他茶类。

贵州省茶业基本情况

项　目	单　位	2010 年
毛茶产值	亿元	32.17
茶园面积	万公顷	21.95
茶叶产量	万吨	6.1
企业数	个	616

2010年全省茶产业继续保持快速成长的发展态势，全省现有投产茶园7.78万公顷。2010年，全省茶叶总产量6.1万吨、总产值32.17亿元，同比分别增长35.6%、46.8%。

产业政策

在各级党委、政府高度重视，合力支持茶产业发展的格局下，安顺市2010年出台了加快茶产业发展意见，截至2010年底，除六盘水市外的9市（州、地）、35个县（市、区、特区）出台了加快茶产业展的意见，安排专项资金。2010年省级茶产业专项资金3 950万元；2亿元中央财政现代农业生产发展资金支持茶产业发展；发改、国土、水利、林业等省直有关部门分别安排资金支持茶产业发展。国家开发银行、中国农业发展银行、中国农业银行、农村信用社等金融机构均把茶产业发展作为信贷支持的重点。以茶产业为平台，按照渠道不变、用途不乱、捆绑使用、各记其功的原则，资金整合发展茶产业。

茶叶生产

茶园基地规模迅速扩大。2010年新定植茶园4.77万公顷，占全国新增茶园的一半以上。完成省政府确定的新建茶园目标任务3.33万公顷的143.2%。新建茶园面积大的市（州、地）有遵义市、铜仁地区、毕节地区、黔南布依族苗族自治州。在全国绿茶省份中茶园总面积排名由2008年的第四位上升至第一位。面积0.67万公顷以上县由4个增为11个。茶园的规模化、集中度水平明显提升。新建茶园土壤pH及铅、汞、铜等7个重金属指标的检测结果都符合无公害茶园的相关标准。新建茶园全部实现了无性系，无性系比重上升到77.6%，高于全国平均水平34.6个百分点。新建茶园重点在高速公路沿线和风景名胜区，加快建设生态观光茶园，在茶区重点配置养殖小区或规模养殖企业，建设沼气池，强力推进猪—沼—茶—林等生态建园模式。2010年秋冬全省42个县共完成育苗0.12万公顷，同比增12.5%，可基本保证2011年秋冬到2012年春3.33万公顷以上茶园定植无性系苗木需要。

贵州省茶叶主产市

单位：吨、万、公顷

地（地级市）	茶叶产量	茶叶面积	品　种	主要品牌
遵义市	24 021	6.82	福鼎大白茶、黔湄601、名山白毫131等	湄潭翠芽、遵义毛峰
铜仁地区	13 741.1	4.77	福鼎大白茶、大毫茶等	梵净翠峰、泉都碧龙茶
黔南布依族苗族自治州	11 249	3.24	福鼎大白茶等	都匀毛尖、贵定雪芽
黔东南苗族侗族自治州	5 288	1.96	福鼎大白茶等	侗乡春雀舌、雷山银球茶
黔西南布依族苗族自治州	2 792.8	1.02	凤庆大叶种、黔湄系列茶品种等	贵隆、普天

注：本表以茶叶产量为序。

贵州省茶叶主产县（一）

单位：吨、公顷

县（县级市）	茶叶产量	茶叶面积	品　种	主要品牌
湄潭县	15 000	2.2	福鼎大白茶、黔湄601、湄潭苔茶	湄潭翠芽
凤冈县	4 500	1.88	福鼎大白茶	绿宝石、春江花月夜、仙人岭
石阡县	3 750	1.57	福鼎大白茶、石阡苔茶	石阡苔茶
印江土家族苗族自治县	3 250	1.1	福鼎大白茶	梵净翠峰
黎平县	3 185	0.93	福鼎大白茶	侗乡春雀舌

贵州省茶叶主产县（二）

单位：吨、公顷

县（县级市）	茶叶产量	茶叶面积	品　种	主要品牌
普安县	1 500	0.44	黔湄 601、福鼎大白茶、凤庆大叶种	普天
晴隆县	1 451	0.43	凤庆大叶种、黔湄系列茶品种	贵隆
西秀区	1 300	0.38	福鼎大白茶	瀑布毛峰
正安县	800	1	福鼎大白茶\安吉白茶	正安白茶
都匀市	636	1.03	福鼎大白茶	都匀毛尖

注：本表以茶叶产量为序。

茶叶加工

工商资本、民营资本强势进入，加速了产业升级。现有注册茶叶加工企业 616 家、固定资产共 29.8 亿元，同比分别增 20.3%、16.4%，其中，国家级重点龙头企业 3 家，省级重点龙头企业 57 家，市（州、地）级重点龙头企业 73 家。生产企业加速实施加工的升级换代、开发新产品。产品包装方面已步入全国中上水平，向精包装和袋包装方面发展；深加工方面，茶多酚、茶籽油、茶饮料、绿茶粉等多种产品产业链不断延伸，在湄潭县、凤冈县、石阡县等主产区，生产企业集聚效应开始显现。湄潭绿色食品工业园投产的 23 家企业中以茶叶企业为主体，在推进工业强省进程中，已成为贵州省食品加工业的典范。凤冈县田坝村集聚了 75 家加工厂，其中有 20 家规模茶叶加工企业。创立了国酒茅台·国品黔茶连锁联营窗口平台。茶叶专卖店、茶馆数量在茶叶主产区的市（县）明显增多，服务功能明显提升。

贵州省主要茶叶加工企业

单位：万元、吨、吨/年

公司名称	销售额	茶叶产量	加工能力	品　牌
贵州兰馨茶业有限公司	9 550			兰馨
贵州铜仁和泰茶业有限公司	7 546			和泰之春、天坛
贵州省湄潭县栗香茶业有限公司	6 857	482	1 000	栗香
贵州湄潭盛兴茶业有限公司	6 613	227.5	500	遵义红
贵州黔凤生态实业有限公司	5 537			春江花月夜
贵州经典云雾茶业有限责任公司	4 456	247	500	普天
贵州东太农业股份有限公司	4 047	2 000	10 000（黑茶）	黑茶教父、金黔红、梵净毛峰
贵州省丹寨县黔单硒业有限责任公司	1 800	550	700	黔丹毛峰
纳雍县贵茗茶叶有限责任公司	1 760	380	600	乌蒙翠剑、姑箐翠剑
贵州晴隆茶叶公司	1 213.27	935.25	2 000	贵隆

注：本表以茶叶销售额为序。

茶叶市场

贵州省主要茶叶批发市场

单位：吨、亿元、万平方米

公司名称	交易量	交易额	市场面积
贵州茶城			1.4
湄潭西南茶城	2 800	3.9	1.3

注：本表以市场面积为序。

品牌建设

2010年品牌推介力度加大，贵州绿茶知名度迅速提升。我们继续以政府搭台、企业集群的方式在省内外开展了一系列宣传推介贵州绿茶的活动。以“贵州绿茶·秀甲天下”为主题，组织500家次企业参加北京、上海、广州、深圳、西安、成都和香港等高规格茶博会，并在北京、上海、深圳等地主办5次万人品茗活动，与遵义市政府承办了2010中国·贵州国际绿茶博览会。所有茶博会上，贵州绿茶获金奖的数量都在1/3以上，全年共获各种金奖80余次。参加茶博会、品茗会已成为茶区、茶企的自觉行动。评选2010年贵州五大名茶、三大名茶，网络投票达万次。编辑出版贵州绿茶专著20种，征集贵州绿茶摄影作品近1 000幅，有关贵州绿茶专题报道《贵州日报》200篇，贵州电视台报道20次以上，省外电视报道10次。中国农业科学院茶叶研究所2010年到贵州开展培训5期，技术指导与服务1 200人次。湄潭县、凤冈县、都匀县、石阡县在贵遵、贵新、贵黄等省内主要高速公路沿线设立了50块茶产业广告牌。江苏溧阳、安徽峨桥、广州芳村、北京马连道、广西横县等全国性茶叶批发市场贵州绿茶销售额和影响力逐年扩大。贵州主要茶区正成为贵州旅游的重要目的地。贵州茶产业已开始成为茶区农民脱贫致富的主导产业。

贵州省知名茶馆

单位：平方米

名　称	连锁店数量	营业面积
养心斋茶艺	3	3 800
西苑茶楼	2	3 800
翰林茶院	1	3 800
马鞍山茶艺馆	1	2 800
忆品园食府茶苑	1	2 800

注：本表以营业面积为序。

（贵州省农业委员会农经站　雷睿勇）

遵 义 市

遵义市位于贵州省北部云贵高原，是贵州省最大的产茶区，其茶园面积、茶叶产量、茶叶产值一直位居贵州省首位。遵义属典型的低纬度、高海拔、寡日照山地农业区，具有生产生态茶得天独厚的环境条件，2010 年被中国茶叶流通协会授予中国高品质绿茶产区。全市主要以名优绿茶和绿茶生产及产品为主，以安吉白茶、工夫红茶、乌龙茶等生产及产品为辅，是贵州最具绿茶发展和其他茶类产品竞争力最强的地区。遵义辖区湄潭、凤冈、正安、道真、务川、余庆、遵义 7 县为茶业发展规划区。截至 2010 年，全市已超额完成“十一五”期间提出实施百万亩茶园基地建设规划的任务目标，茶园总面积达 6.82 万公顷，其中无性系良种茶园比例达 87.3%，投产茶园 2.7 万公顷；茶叶总产量达 2.4 万吨，毛茶产值达 13.2 亿元。

遵义市茶业基本情况

项 目	单位	2010 年	项 目	单位	2010 年
毛茶产值	亿元	13.2	茶农户数	万户	18.18
茶园面积	万公顷	6.82	毛茶平均价格	元/千克	55.0
茶叶产量	万吨	2.4	企业数（规模）	个	144
精制茶产量	万吨	1.25	行业销售额	亿元	17.2
茶叶年加工能力	万吨	5.54	城镇居民茶叶消费	千克/人	0.58

一、茶业基本情况

遵义地处贵州省北部云贵高原，距省会贵阳市 155 公里，北距重庆市 239 公里，位于湖南、四川、重庆过渡地带，与湖南、广西、云南隔地相望，与四川、重庆接壤，是昆筑北上和川渝南下咽喉，处于西部大开发的重点区域——长江上游经济带和南昆经济之间，是长江上游重要的生态屏障，西南出海大通道的重要通道，属于国家规划的长江中上游综合开发和黔中产业带建设的主要区域。全市辖 2 区、2 市和 1 新蒲新区、8 县、2 个民族自治县，国土面积 30 762 平方公里，人口 760 万。

遵义属典型的低纬度、高海拔、寡日照山地农业区，全市森林覆盖率达 50%。遵义居东经 105°36′～108°13′、北纬 27°8′～29°12′，日照时数为1 000～1 300小时，光能年总辐射为 3 500 兆焦/平方米左右，年均气温为 15.8℃左右，年积温5 000℃左右，年无霜期 280 天。茶园规划区土层深厚，pH 在 4.5～5.5 之间，土壤中富含锌、硒、锶等人体所需的微量元素。种植的茶园均分布在海拔 800～1 200米之间，年均降水量1 000～1 200毫米，多气候云雾缭绕。由于气候温和、四季分明、冬无严寒、夏无酷暑、无霜期长，不仅是形成茶叶品质优良的重要基础，也是贵州省发展生态茶最佳的地区。

为做大基地规模，做强茶叶产业，继续抢抓国家西部大开发和贵州省大力发展茶产业政策机遇，继续争取中央、省茶叶专项资金，整合市县财政匹配投入和涉农资金，加大招商引资和拉动社会资金力度，加快推动了茶产业发展。2010 年遵义茶业主要特点：一是超额完成在“十一五”期间提出实施百万亩茶园基地建设规划任务目标，茶园面积首次突破百万亩，茶叶总产量、总产值首次突破 2.0 万吨、10 亿元大关。二是加大政策扶持和招商引资力度，加快推进现代化加工企业建设进程。三是加快茶叶市场建设步伐，创西南地区最大的茶叶交易市场启动。四是加大宣传推介力度，积极组织参与国际、国内茶事活动，成功承办和举办第六届中国茶业经济年会暨第二届中国贵州国际绿茶博览会活动，被中国茶叶流通协会授予遵义市中国高品质绿茶产区称号，知晓度、美誉度显著提高。五是继续实施“以茶促旅、以旅兴茶”战略，打造黔北茶文化，开辟打造茶旅一体化战略取得新进展。

二、产业政策

2010 年是遵义市“十一五”期间实施百万亩茶园基地建设规划的收关之年，在继续实施《中共遵义市委 遵义市人民政府关于加快实施百万亩茶业工程的意见》（遵发［2007］10 号）文件，每年财政安排 1 000万元专项资金和整合涉农资金扶持茶产业发展；继续在遵义辖区湄潭、凤冈、正安、道真、务川、余庆、遵义 7 县实施和着力打造以湄潭翠芽、遵义红茶为主的名优茶产业带，以凤冈富锌富硒茶和乌龙茶为主的茶产业带，以正安、道真富锌硒高山云雾茶和白茶为主的茶产业带，以余庆名优苦丁茶为主的茶产业带，即“四大产业带”的同时，为加快茶业体系建设，湄潭、凤冈、正安道真等 7 县针对茶产业阶段性发展需要，2010 年新制定出台一系列加大对新建、改建规模型加工企业、经营性规模企业，以及企业科技创新、企业上市、茶青交易市场及基础设施配套建设等方面进行扶持的政策和措施。

三、茶叶生产

通过“十一五”期间的规划实施，全市茶园总面积达到 6.82 万公顷，超百万亩茶园计划任务的 2.3%。其中，湄潭县 1.99 万公顷、凤冈县 1.67 万公顷、正安县 0.88 万公顷、道真仡佬族苗族自治县 0.84 万公顷、务川仡佬族苗族自治县 0.55 万公顷、余庆县 0.47 万公顷、遵义县 0.2 万公顷，其他县区 0.22 万公顷。其中，无性系良种茶园比例达 87.3%，投产茶园 2.7 万公顷。茶叶总产量 2.4 万吨，茶叶总产值 13.2 亿元。茶园总面积、投产茶园、产量、产值分别比 2009 年增长 45%、23.3%、21.8%和 35.3%。全市有机茶园面积 0.54 万公顷，无公害茶园推广面积 6.27 万公顷。同时，涉茶农民逐年增加，2010 年达到 18.18 万户，约 63.63 万人，茶园面积近 6 万公顷，比 2009 年分别增长 30.8%和 15.4%。

在现有茶园中，主要种植的茶树品种有：福鼎大白茶、黔湄系列（601、809 等）、名山系列（131、213 等）、安吉白茶、龙井系列（龙井长叶、龙井 43）、乌龙茶系列（金观音、黄观音等）等无性系茶树良种。坚持以名优绿茶和绿茶生产为主导，兼顾工夫红茶、安吉白茶、乌龙茶、苦丁茶生产为辅的原则。全市 7 县除以种植福鼎大白茶无性系茶树品种为主外，还形成了以湄潭县黔湄系列、龙井系列，以凤冈县乌龙茶系列、龙井系列，以正安县安吉白茶，以道真和务川名山系列，以余庆县苦丁茶、安吉白茶为主的无性系茶树良种多元化结构分布新格局。逐步实现了茶树品种多样化和茶产品多样化发展要求，达到适应市场发展和满足消费发展的需要。同时，为适应茶业可持续发展，现正着手开展茶树新品种进行调查研究，计划在“十二五”期间，通过新品种引进试验示范，选育3～5 个茶树新品种，逐步实施对现有茶园进行新老品种的更新换代。

遵义市主要茶叶生产县

单位：吨、万公顷

县（地级市）	茶叶产量	茶园面积	主要品种	主要品牌
湄潭县	15 000	2.2	福鼎大白茶、黔湄系列、龙井系列	湄潭翠芽、遵义红
凤冈县	4 500	1.88	福鼎大白茶、乌龙系列、龙井系列	凤冈锌硒茶
遵义县	1 560	0.2	福鼎大白茶、群体品种	遵义会茶
道真仡佬族苗族自治县	1 330	0.84	福鼎大白茶、名山系列	仡山西施
余庆县	950	0.47	福鼎大白茶、小叶苦丁、安吉白茶	春夏秋冬、茗园春、富源春、余庆绿翠
正安县	800	1	福鼎大白茶、安吉白茶	正安白茶
务川仡佬族苗族自治县	15	0.55	福鼎大白茶、名山系列	—

注：本表以茶叶产量为序。

四、茶叶加工

为加快推进茶园基地与茶叶加工建设的协调发展，不断提高茶叶加工装备水平，通过采取政策扶持、招商引资、社会融资、企业自筹等方式，以湄潭县、凤冈县、正安县为主，加快推进对陈旧落后的加工企业及设备进行改造升级，建设了一批规模型现代加工企业，引进了具有国内先进的清洁化自动加工生产设备，加工装备水平得到整体提升，茶叶加工能力不断满足了投产茶园面积逐年增加的生产需要。截至2010年，全市新建和改扩建茶叶加工企业56家，加工企业投入达2.38亿元；全市加工企业总数达634家，与2009年比增长33.2%。其中，规模加工企业144家，增长58.2%；年生产能力达到5.54万吨，增长121.6%；精制茶产量达1.25万吨，增长279%。国家、省市龙头企业共计38家，增长111%。其中，国家级龙头企业2家、省级龙头企业16家、市级龙头企业共20家。

2010年，在继续对现有茶产业链和茶叶精深加工不断推进（茶多酚、茶籽油、茶食品）和生产的同时，通过加大招商引资力度，在道真仡佬族苗族自治县引进了年生产能力达300吨茶多酚，投资达1.2亿元企业1个，预计将在2011年底投产；在湄潭县已达成建设10万吨茶籽油加工企业1个，各项工作正在策划和推进之中。

遵义市主要茶叶加工企业（一）

单位：万元、吨、公顷、吨/年

企业名称	销售额	茶叶产量	年加工能力	品　牌
贵州湄潭兰馨茶业有限公司	9 550	850	1 500	兰馨
贵州湄潭盛兴茶业有限公司	7 546	850	1 500	遵义红
贵州省湄潭县栗香茶业有限公司	6 857	482	1 400	栗香
贵州贵茶公司	5 000	750	1 000	绿宝石、春江花月夜
贵州省寸心草有机茶业有限公司	3 680	600	1 600	寸心草、寸草心
贵州四品君茶业有限公司	3 500	600	800	四品君
贵州省湄潭县茗茶有限公司	3 300	350	800	夷州
湄潭天泰茶业有限公司	3 200	2400	5 000	天坛
贵州省凤冈仙人岭茶业有限公司	2 750	420	1 000	仙人岭

遵义市主要茶叶加工企业（二）

单位：万元、吨、公顷、吨/年

企业名称	销售额	茶叶产量	茶园面积	年加工能力	品牌
贵州省凤冈浪竹有机茶叶公司	2 500	260	106.7	500	浪竹
贵州省湄潭县黔茗茶业有限责任公司	2 200	560	40	1 000	贵州针
贵州怡壶春生态茶业有限公司	1 500	240	20	500	怡壶春
贵州湄江印象茶业有限公司	1 200	450	13	1500	云贵山
凤冈野鹿盖茶叶有限公司	1 100	180	200	600	野鹿盖
贵州高原春雪有机茶业有限公司	800	120	70	500	高原春雪
贵州余庆小叶苦丁茶业有限责任公司	640	160	53	500	春夏秋冬
正安县瑞缘茶业有限公司	400	30	80	800	安绿
正安县金林茶业有限公司	400	40	43.3	800	—
道真仡佬族苗族自治县宏福茶业发展有限公司	380	55	100	350	仡佬银芽、仡佬玉翠
道真馨海有机茶叶发展有限公司	323	76	153	400	仡山西施

注：本表以销售额为序。

五、茶业宣传、市场、文化

1. 2010年遵义市主要茶业宣传与市场建设情况 一是继续实施以“政府搭台，企业唱戏”为原则的鼓励政策，引导和组织企业积极参与北京、深圳、上海等地举办的国际、国内茶事活动，2010年共获得中茶杯、中绿杯及国际、国内茶事活动奖项和殊荣达39只，累计全市已达150只。二是以“红色遵义 绿色茶都”为主题，遵义市成功承办和举办了第六届中国茶业经济年会暨第二届中国贵州国际绿茶博览会活动，遵义市被中国茶叶流通协会授予“中国高品质绿茶产区”称号，湄潭翠芽、凤冈锌硒茶荣登贵州省三大名优茶称号之二。三是继续以农业部授予湄潭西南茶城为茶叶批发集散地，以市场物流快捷（邮政、航空）到达全国大中城市，以电子信息中心随时提供全国茶叶市场行情信息，让企业准确把握商机。2010年全年交易量0.28万吨，交易额3.92亿元。主要以散茶的形式销往安徽、浙江、江苏、广西、福建、北京、上海、四川、重庆、湖南、湖北、陕西等省份。四是采取以政府引导扶持和企业自主策划开发为主，通过湄潭、凤冈等县不断开拓以网络销售、连锁销售、专卖销售等模式，加大与外地茶叶市场、宾馆酒店和经销企业的紧密结合，销售网络覆盖安徽、浙江、江苏、广西、福建、北京、上海、四川、重庆、湖南、湖北、陕西等地20多个省份；以湄潭翠芽、凤冈锌硒茶品牌销售的经销商达1 123家，专卖店达到466家，终端销售点2 000个以上。五是为方便茶农卖茶青、加工企业收购鲜叶加工，现已建成和运行的茶青市场有20个，占地面积共计达78公顷。其中：湄潭县9个，51公顷；凤冈县5个，16.5公顷；余庆县3个，10.5公顷；务川县3个。2010年茶青交易量达5.78万吨，交易额达6.86亿元；其中，湄潭县茶青交易量达5.0万吨，交易额达5.92亿元。六是湄潭县已动工建设占地25.33公顷的中国茶城，凤冈县已动工建设占地16.67公顷的贵州凤冈有机茶食品城，将为遵义市、贵州省乃至西南地区茶产业发展和市场销售作出巨大的贡献。

2. 2010年遵义市茶文化和茶旅游建设情况 一是继续弘扬茶文化历史底蕴。遵义有着2 000多年的种茶及饮茶历史，唐代茶圣陆羽在《茶经》中记载：“茶之出黔中，生思州、播州、费州、夷州……往往得之，其味极佳”。二是不断挖掘和开拓古夷州茶文化和土家族、苗族、仡佬族等少数民族饮茶习俗，如：道真、务川的仡佬族油茶（又称干劲汤），遵义辖区古老大茶树演绎等文化与历史。三是加快现代文化的创新发展，在创建已有的书籍、论文、诗歌、词曲、影视作品基础上，举办中国茶海·休闲湄潭——品茗茶乡活动，凤冈县打造茶圣陆羽雕像，把开办绿茶、红茶、乌龙茶等茶艺培训与黔北茶文化有机结合。四是注重以湄潭翠芽、凤冈锌硒茶、遵义红（工夫红茶）、正安白茶（安吉白茶）、仡山西施等品牌为主的商标注册、地理标志及品牌文化的研究与开发。五是打造茶旅一体化建设初步形成，以“转折之城、茶海遵义”为主题，形成了从遵义会议遗址→遵义市绿色食品工业园区（湄潭）→湄潭万亩茶海风景区→湄潭天下第一壶→凤冈田坝茶园风景区→凤冈陆羽雕像→途经湄凤乡村民居带，初步形成以黔北乡村民居、黔北茶乡民居等休闲观光、居住餐饮、品茗卖茶为一体的观光休闲带。六是通过加快基础设施建设，打造黔北茶文化，加大宣传推介力度，湄潭、凤冈两县实现茶旅游人数128万人次，茶旅游产值达6.88亿元，为加快推进以茶促旅，以旅兴茶战略取得了显著成效。

茶叶批发市场

遵义市主要茶叶（青）批发（交易）市场

单位：吨、亿元、万平方米

市场名称	交易量	交易额	市场面积
湄潭县乡（镇）茶青市场（9个）	50 000（茶青）	5.92	3.4
凤冈县乡（镇）茶青市场（5个）	5 280（茶青）	0.66	1.1
湄潭县西南茶城	2 800	3.92	1.4
余庆县乡（镇）茶青市场（3个）	2 460（茶青）	0.28	0.7
务川县乡（镇）茶青市场（3个）	—	—	—

注：本表以销售量为序。

茶叶主要贸易出口企业

遵义市茶叶贸易及出口企业

单位：吨、万元

名　称	交易量	销售额	出口量
湄潭天泰茶业有限公司	2 400	3 200	2 400
凤冈贵茶公司	750	5 000	

注：本表以交易量为序。

知名茶馆

遵义市（县、区）知名茶馆

单位：家、平方米

名　称	连锁店数量	营业面积	茶馆区域分布
凤冈县静怡轩茶楼		3 000	凤冈县城
凤冈县古夷州茶馆		2 400	凤冈县城
凤冈县万佛缘茶楼		1 200	凤冈县城
湄潭县林江商务会所	1	1 000	湄潭县城
湄潭县泰和茶庄	1	960	湄潭县城
湄潭县一品湄香茶艺馆	1	850	湄潭县城
湄潭县若水轩茶楼	1	800	湄潭县城
正安贞观茶楼	1	800	正安县城
余庆和相聚	1	800	余庆县城
正安沁园茶楼	1	700	正安县城
正安伯爵茶楼	1	600	正安县城
湄潭县绿之缘茶文化有限公司	1	400	湄潭县城

注：本表以营业面积为序。

七、大记事

1. 遵义市成功承办第六届中国茶业经济年会活动，中国茶叶流通协会授予遵义市“中国高品质绿茶产区”称号，授予余庆县全国重点产茶县，授予凤冈县中国特色产茶县、中国重点产茶县称号。

2. 遵义市成功举办第二届中国贵州国际绿茶博览会活动，湄潭翠芽、凤冈锌硒茶荣登贵州省三大名优茶称号之二。

3. 中国茶叶学会授予凤冈县中国名茶之乡、湄潭翠芽荣获首届“国饮杯”特等奖、余庆“飞龙湖”白茶荣获“中茶杯”特等奖。

4. 余庆小叶苦丁茶荣获世界华人文化名人协会授予世界名茶称号；湄潭翠芽、道真仡山西施分别荣获第八届国际名茶评比金奖；湄潭翠芽、遵义红分别荣获第十七届上海国际茶文化节中国名茶金奖；湄潭获人民网最受百姓欢迎产茶地称号。

5. 正安白茶证明商标获国家工商行政管理总局注册，湄潭县遵义红地理标志证明商标成功注册，凤冈县仙人岭、浪竹雀舌报春商标分别被评为贵州省著名商标。

6. 湄潭县建设占地 25.33 公顷的中国茶城和凤冈县建设占地 16.67 公顷的贵州凤冈有机茶食品城已破土动工。

7. 以茶促旅，以旅兴茶战略取得显著成效，湄潭、凤冈两县茶旅游人数首次突破百万人达到 128 万人次，茶旅游产值达 6.88 亿元。

8. 中国茶海·休闲湄潭——品茗茶乡茶事活动召开，贵州省现代茶叶示范园区在湄潭县湄江镇核桃坝村落成。

云 南 省

云南省是世界茶树的原产地，具有得天独厚的自然生态环境、丰富优质的茶树种质资源和深厚的茶文化底蕴。云南天高云淡、水源清洁、空气清新，拥有优越的茶树生长环境，尤其在低纬度、高海拔地带，土壤肥、日照足、云雾浓、湿度大，特别适应云南特有大叶种茶树种植，茶叶具有芽叶肥壮、萌发较早、生长旺盛、采摘期长的特点，鲜叶中的水浸出物、多酚类、儿茶素、咖啡碱含量均高于国内其他优良品种，生产的红茶、普洱茶和绿茶在国内外市场上享有较高知名度。另外，云南有着悠久的生产历史和独具韵味、魅力无穷、底蕴深厚、博大精深的民族茶文化，成为云茶产业发展的宝贵财富和重要依托。经过多年的努力，茶叶产业已成为云南省的优势生物资源产业之一，成为农业、农村经济发展重要的支撑产业和茶区群众经济收入和地方财政的主要来源。

2010 年，云南省遭受的百年一遇严重干旱及部分地区低温冰冻灾害，给整个茶叶产业带来了严重影响。茶园普遍受灾，部分茶树干枯死亡，春茶产量减少，茶叶价格出现波动。面对灾情，云南各级党委、政府高度重视、紧急部署，有关部门全力支持，千方百计采取有效措施，科学运用栽培技术，切实加强茶园管理，强化技术指导服务，进一步提升鲜叶和产品品质，努力提高茶园生产能力和综合效益；茶叶企业灵活应对，大力调整产品结构，建立健全营销体系，加大市场开拓和营销力度。通过全省上下共同努力，茶叶产业继续保持增长态势。

云南省茶业基本情况

项 目	单 位	2010 年	项 目	单 位	2010 年
毛茶产值	亿元	39.35	茶农户数	万户	133
茶园面积	万公顷	36.77	毛茶平均价格	元/千克	20
茶叶产量	万吨	20.73	企业数	个	6 000
精制茶产量	万吨	11.66	行业销售额	亿元	65
茶叶年加工能力	万吨	30			

产业政策

云南省政府于2010年出台了《云南省人民政府关于进一步加快茶产业发展的意见》（简称《意见》），明确了“十二五”期间和今后10年全省茶叶产业发展的总体思路、目标任务和重点工程，其中提出“2011年底前，省安排5 000万元茶产业发展专项资金，重点用于良种繁育、基地建设、精深加工、品牌打造、市场建设、科技研发、质量安全、信息服务平台建设等方面。随着财政收入的不断提高，进一步加大茶产业的投入力度”，此《意见》对进一步促进茶产业的集约化、规模化、标准化、品牌化、国际化发展，带动农业增效、农民增收、农村发展和财政增长具有重大的意义。此外，茶叶主产州市也出台了促进茶叶发展的政策，采取了有效措施推动产业发展。如保山市人民政府出台了《关于2010年茶叶产业发展的意见》（保政发［2010］13号），并制订了实施方案及奖罚制度；普洱市委、市政府出台了《关于普洱市生态茶园工程建设的实施意见》（普发［2010］14号）。

茶叶生产

2010年全省茶叶面积36.77万公顷，较上年增加1.31万公顷，增长3.69%；采摘面积26.87万公顷，同比增加3万公顷，增长12.6%；茶叶产量20.73万吨，同比增加2.44万吨，增长13.33%。茶园面积居全国第一位，茶叶产量仅次于福建居全国第二位。茶叶工农业总产值100.7亿元，同比增加15.7亿元，增长18.47%，其中毛茶产值39.35亿元，同比增加7.19亿元，增长22.36%，工业产值61.35亿元，同比增加8.51亿元，增长16.11%。茶农来自茶产业的人均纯收入492元，同比增加101元，增长25.83%。按600万茶农计，茶农来自茶产业的人均纯收入492元，同比增加101元，增长25.83%。

云南省茶叶主产市

单位：吨、公顷

地（地级市）	茶叶产量	茶叶面积	品　种	主要品牌
普洱市	57 230.54	85 608	云南大叶种群体品种	龙生、牛洛河、柏联、澜沧古茶
临沧市	44 555.4	92 261.4	云南大叶种群体品种	滇红、澜沧江茶业、勐库戎氏
西双版纳傣族自治州	24 615	48 025	云南大叶种群体品种	大益、昌泰、庆沣祥
保山市	28 224.6	38 140	云南大叶种群体品种	腾冲清凉山、高黎贡山、尼诺绿茶
德宏傣族景颇族自治州	16 276.6	23 730	云南大叶种群体品种	潞西生态茶叶、王子树

注：本表以茶叶产量为序。

云南省茶叶主产县

单位：吨、公顷

县（地级市）	茶叶产量	茶叶面积	品　种	主要品牌
凤庆县	20 030	20 074	云南大叶种	凤牌
澜沧县	11 025	16 777.5	云南大叶种	柏联、岩冷
景洪市	10 338.4	14 313	云南大叶种	大渡岗、龙圆号、易昌号
勐海县	10 080	23 432.4	云南大叶种	大益、昌泰
江城哈尼族彝族自治县	8 160	9 067	云南大叶种	牛洛河、明子山
云　县	8 011	10 738	云南大叶种	
思茅区	7 670	8 526	云南大叶种	龙生、盛世、古普洱
景东彝族自治县	7 108	17 736	云南大叶种	银生、兴达

注：本表以茶叶产量为序。

茶文化

云南省知名茶馆

序号	名　　称	连锁店数量	营业面积（平方米）
1	昆明七彩云南茶艺馆	30	13 000
2	龙润普洱茶体验馆	1	3 000
3	昆明葳盛茶艺馆	6	2 000
4	凤临高香茶乐园	2	2 000
5	昆明今雨轩茶艺店	1	800

注：本表以营业面积为序。

（云南省茶叶产业办公室　杨善禧　冯卫庆）

保　山　市

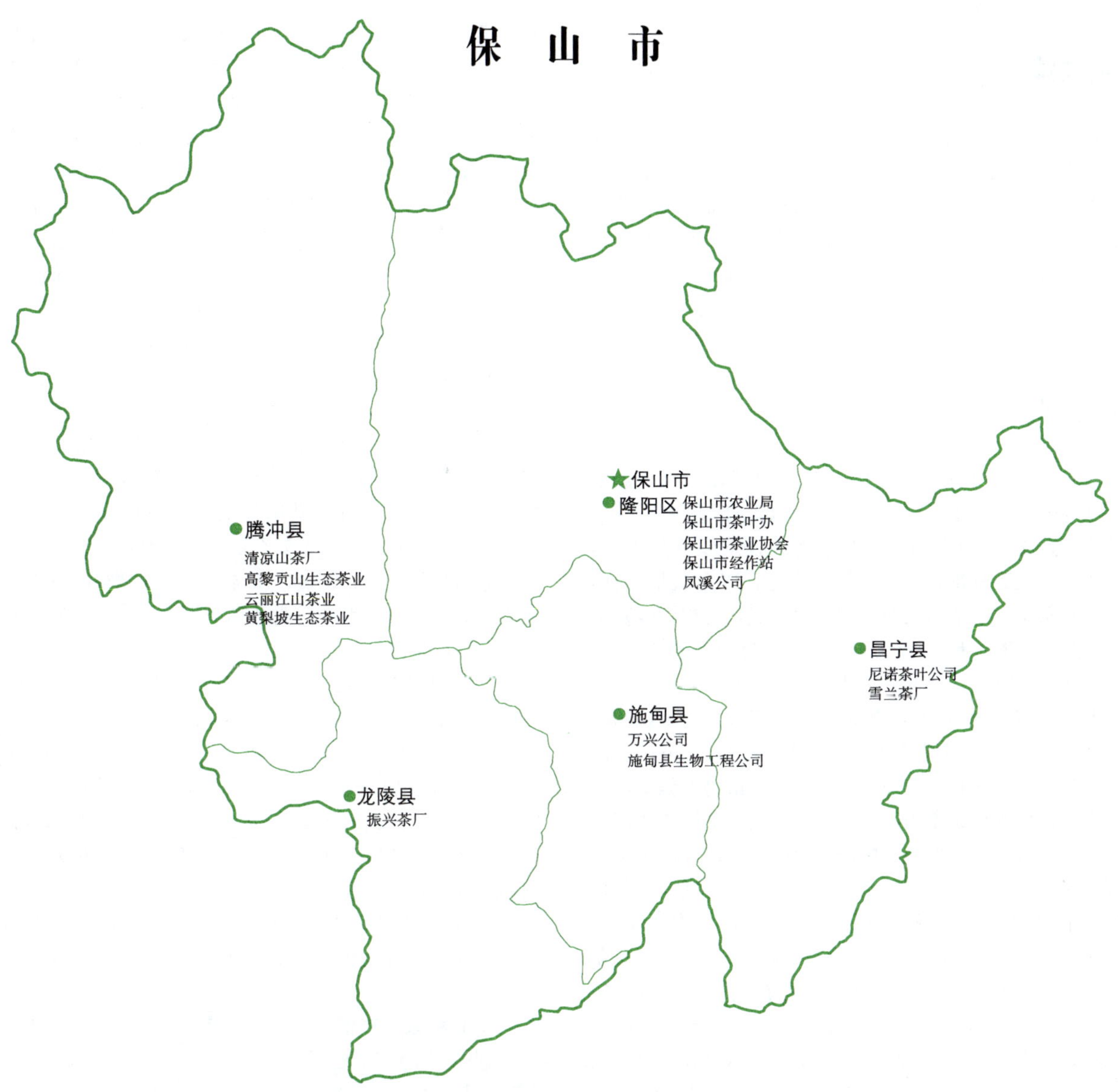

保山市，史称永昌，汉代设郡，位于云南省西部，距省会昆明498公里，与缅甸山水相连，国境线长167.78公里。面积19 637平方公里，辖一区四县，人口242.5万。有世居少数民族13个。保山是古代著名的南方丝绸之路的要冲，中国通往南亚、东南亚陆路大通道的重要连接点和历代中缅贸易的集散地，冬无严寒，夏无酷暑，适合各种动植物生长，具有世界动植物南北交汇走廊、物种基因库的美誉，拥有名扬海内外的世界生物圈保护区高黎贡山自然保护区、国家级地质公园腾冲火山热海、世界第二峡谷怒江大峡谷、国家级保护区北海湿地、被称为东方直布罗陀的松山抗战遗址和南方丝绸古道等众多名胜古迹。

保山市茶业基本情况

项　目	单位	2010年	项　目	单位	2010年
毛茶产值	亿元	4.87	茶农户数	万户	22.1
茶园面积	万公顷	3.81	毛茶平均价格	元/千克	17.1
茶叶产量	万吨	2.82	企业数	个	771
精制茶产量	万吨	1.95	行业销售额	亿元	9.01
茶叶年加工能力	万吨	3.25	城镇居民茶叶消费	千克/人	1.6

产业政策

每年市级安排茶叶扶持专项资金 230 万元，主要用于新植良种茶园、低产茶园改造、高产优质茶园基地建设、茶叶专业村、茶叶种植大户、茶叶样板建设、龙头企业培植、新产品研制开发、品牌打造、市场开拓、初制加工企业建设的扶持以及茶叶技术培训与科技推广。各市（县、区）财政扶持金额要高于市级扶持的 2 倍以上。

茶叶生产

2010 年，全市茶园总面积达 3.81 万公顷，投产面积 2.67 万公顷，分别比“十五”末增长 65.3%和 44%；低产茶园改造 2.07 万公顷。茶叶基地建设采取增加投入，优化布局，提高标准，创新发展等措施，以龙头带基地，以样板提水平，形成以专业村和大户区域化的规模经营的格局。全市干茶产量 2.82 万吨，实现茶叶总产值 9.01 亿元，比 2005 年的 3.61 亿元增加 5.4 亿元，增长 150%；实现毛茶产值 4.87 亿元，茶农人均家庭收入达2 400元，比 2005 年的1 080元增加1 320元，增长 122%。虽然目前茶叶的投入产出比相比其他大宗农产品价格仍然偏低，但茶叶产业已成为保山市山区、半山区人民群众增收致富的主导产业，其在经济发展中的产业地位无以替代，上千亩的茶叶村有 150 个，比较典型的是昌宁县温泉乡光山村，该村有茶园 526.80 公顷，总人口1 523人，人均 0.35 公顷，茶叶收入1 200多万元，人均茶叶收入7 895元，农业经济总收入1 280多万元，茶叶收入占农业经济总收入的 93.37%，是全市典型的茶叶专业村。茶叶收入占农业经济总收入 40%以上的村有：隆阳区板桥镇李家寺 42%。腾冲县蒲川乡清河村 52.89%、曼朵村 41.04%、龙朝村 40.43%，新华乡新山村 41.95%。昌宁县田园镇达人村 89.92%、四角田村 47.58%，温泉乡尼诺村 89.06%、新河村 84.37%、联席村 82.68%、松山村 79.17%、大九甲村 73.01%、鹿塘村 70.64%、下六甲村 62.77%、温泉村 44.45%，漭水镇共浴村 57.68%。茶园面积在 333.33 公顷以上的乡镇有 31 个，占全市茶园总面积的 88%，茶园面积上万亩的乡镇有 21 个，占全市茶园总面积的 73%。2010 年，保山市茶叶年产量达 200 吨以上的企业有 49 家，500 吨以上的企业有 17 家，1 000吨以上的企业有 5 家。全市实行产业化经营的茶园达 1.73 万公顷，规模经营面积在 333.33 公顷以上的龙头企业有 16 家，经营辐射带动面积上万亩的龙头企业有 8 家。通过招商引资，整合资源，2010 年共建设 6 条 CTC 红碎茶生产线，投入资金4 000多万元，新增加工能力5 000吨。围绕《中华人民共和国农产品质量安全法》的贯彻和实施，强化茶叶产品质量的监督和管理，从源头抓起，严格控制农药的使用，对主要茶叶生产企业及其产品进行定点监测，确保茶叶产品质量安全。

1. 2010 年茶叶生产情况 2010 年全市茶园中无性系高优生态茶园 1.48 万公顷，有机茶园 0.14 万公顷。毛茶产量 2.82 万吨，其中：晒青茶 0.53 万吨、烘青绿茶 1.64 万吨、炒青茶 0.13 万吨、红茶 0.52 万吨、毛茶均价 17.1 元/千克。普洱茶产量 0.35 万吨，均价 32 元/千克。茶叶农业产值 4.87 亿元，工业产值 4.14 亿元，工农业总产值 9.01 亿元。

2. 主要茶树品种 云抗 10、佛香 3 号、清水 3 号、凤庆 9 号、香归银毫、长叶白毫、云南大叶群体种茶、软枝乌龙。

3. 特种茶生产情况 普洱茶产量 0.35 万吨，均价 32 元/千克，产值 1.1 亿元。

保山市茶叶主产县

单位：吨、公顷

县（县级市）	茶叶产量	茶叶面积	品　种	主要品牌
昌宁县	10 338	14 300	云抗 10、佛香 3 号、清水 3 号、凤庆 9 号、香归银毫、云南大叶群体种茶	尼诺、宁红、雪兰、瑞虎、树根地、勐鑫
腾冲县	8 160	9 100	云抗 10、清水 3 号、长叶白毫、佛香 3 号、软枝乌龙、清水 3 号、云南大叶群体种茶	清凉山、高黎贡山、云丽江山、
龙陵县	6 116	7 300	云抗 10、佛香 3 号、云南大叶群体种茶	顺国
隆阳区	2 402	4 400	云抗 10、佛香 3 号、云南大叶群体种茶	凤溪玉叶
施甸县	1 208	3 100	云抗 10、清水 3 号、佛香 3 号、云南大叶群体种茶	万兴、点将台

注：本表以茶叶产量为序。

茶叶加工

2010年末，全市已建成66.67公顷以上的茶叶专业村150个，发展茶叶初制加工企业771个，规模经营面积在333.33公顷以上的龙头企业达16家，经营辐射带动面积666.67公顷的龙头企业达8户，实行产业化经营的茶园面积达2万公顷，龙头企业生产销售的茶叶产品占全市的65%以上，有茶叶加工企业60个获得生产许可证（QS），龙头企业的带动作用明显增强。

保山市主要茶叶加工企业

单位：万元、吨、公顷、吨/年

公司名称	销售额	茶叶产量	茶园面积	加工能力	品牌
腾冲县高黎贡山茶业有限责任公司	8 324	2 207	4 000	3 000	高黎贡山
云南腾冲清凉山茶厂有限责任公司	7 918	2 184	5 333	3 000	清凉山
腾冲县云丽江山茶业有限责任公司	4 127	1 449	2 333	2 000	云丽江山
隆阳区凤溪茶厂	2 720	680	1 000	1 000	凤溪玉叶
龙陵县振兴茶厂	2 700	1 800	2 667	2 000	顺国
昌宁县勐鑫茶厂	2 629	787		1 000	阿露山
昌宁县尼诺茶叶公司	1 149	263	2 000	1 500	尼诺
施甸县万兴茶叶有限责任公司	628	250	1 333	1 000	万兴
昌宁县雪兰茶厂	420	210	1 333	1 000	雪兰
龙陵县小田坝茶厂	375	350	1 333	1 000	摩山

注：本表以茶叶销售额为序。

茶叶消费

2010年茶叶生产以绿茶为主，红茶、普洱茶次之。茶叶销售以国内市场为主，出口为辅。国内主要市场为华南、东北、西北和华北茶叶市场，价格相对较高。茶叶出口以红茶为主，红茶主要出口到缅甸、泰国和俄罗斯，出口价格与国际市场接轨，相对较低。普洱茶主要进口国为韩国、马来西亚、日本，主要贸易地区为中国台湾和中国香港，出口价格一般。

市场营销体系由企业根据各自情况自行策划建立，主要销售模式有：连锁、加盟、代理和在目标市场设立销售公司、办事处，以及网上销售等多种形式。

地方特色

古老的茶农——德昂族

"茶叶是德昂族的命脉，有德昂人的地方就有茶山，神奇的《古歌》代代相传，德昂人身上飘着茶叶的芳香"。这是德昂人传唱已久的《古歌》。茶，是德昂族最重要的饮料，而且好喝浓茶。他们喝茶时，常常将一大把茶叶放入一个小茶罐里加水少许煎煮，待茶呈深咖啡色时，将茶水倒在小茶盅里饮用。德昂人讲究"茶到意到"，宾客临门，必先煨茶相待；走亲访友和托媒求婚时，必以茶为见面礼；若有喜事需要请亲朋光临，一小包扎有红十字线的茶叶便成了"请柬"；如两人产生矛盾时，有过失的一方只要送一包茶，就可求得对方的谅解。由于茶叶的这种特殊地位和作用，因此德昂人家家户户都习惯在房前屋后、村头寨边栽上一些茶树，德昂人好饮浓茶，善于种茶，因而被周围的民族称为古老的茶农。现在腾冲高黎贡山上仍然居住着这个世居的德昂族人，世世代代传跳着古老的德昂"采茶舞"；在寨子周围，海拔3 600米左右的地方还存留着大量的古茶树，德昂人把这些茶按叶形和吃味分别叫做"小叶茶"、"大茶"和"孔明茶"。而且"茶"作为"药"用的习俗还沿用至今，最常见的是"煳米茶"用来预防和医治消化不良，食欲不振。2006年高黎贡山生态茶业公司已用现代的加工工艺开发出了德昂山寨有机茶。

尼诺茶

因产于保山市昌宁县尼诺山而得名。尼诺茶外形条索紧卷，毫锋显露，色绿油润，汤色清澈明亮，清香鲜爽，叶底嫩匀明亮。尼诺山地处低纬高原山地，海拔1 875米，年平均气温 13.9℃，空气清新，日光充足，山峦重叠，云雾多，雾期长，每当秋末春初雨水稀少季节，尼诺山周围坝区河谷地带多被白雾笼罩，这里土地肥沃，沙质黄壤，结构松散，通风透水，得天独厚的自然环境条件形成了尼诺茶独特的品质。1987 年，联合国粮农组织专家安东尼奥迪到昌宁考察时，饮此茶后赞不绝口。1988 年，斯里兰卡茶叶专家戈林到昌宁，品尝后称之为“茶中精品”。尼诺茶是精选春茶一芽二叶的鲜叶，经过杀青、揉捻、干燥、分筛、拣剔等各道工序精工制成。据鉴定，尼诺茶的氨基酸含量 382.9 毫克/克，比同等大叶茶含量高 40%左右，水浸出物 48.41%，儿茶素为 145.8 毫克/克。饮用尼诺茶能生津止渴，兴奋提神，调节血压，能促进脂肪消化，防止亚硝酸在人体内合成；能消食健胃，明目清心，被人们誉为健身美容茶。

（保山市经济作物技术推广工作站　杨　旭）

普　洱　市

云南省普洱市素有是世界茶源、中国茶城、普洱茶之都之称，是世界茶树原产地的中心地带，不仅作为茶树原产地、茶树驯化和规模化种植发祥地的历史见证和活化石，也是世界茶文化的“根”和“源”。普洱茶是闻名中外的世界名茶，是不能复制的地域性名茶。普洱市是驰名中外普洱茶的原产地和集散地。

2010年是科学普洱行动计划的第三年，普洱市委、市政府把茶叶排在第一支柱产业来抓，这不仅是为了发展经济，促进边疆稳定。更主要的是要把中华民族的瑰宝普洱茶发扬光大，这是走向世界，融入世界一张靓丽的名片，把喝普洱茶带来的健康奉献给全人类。2010年1月29日，普洱市委、市政府邀请国内外权威专家云集普洱，共商茶叶发展大计。茶产业的发展一是抓好基地建设，打造一流的第一车间。二是标准化、规范化生产。三是配套现代仓储物流实现品牌营销。云南省委、省政府要求普洱市在云茶产业发展问题上率先走出一条创新路子。

普洱市茶业基本情况

项　目	单　位	2010年	项　目	单位	2010年
毛茶产值	亿元	11.73	茶农户数	万户	22.9
茶园面积	万公顷	9.33	毛茶平均价格	元/千克	24
茶叶产量	万吨	5.35	企业数	个	1 097
精制茶产量	万吨	2.16	行业销售额	亿元	21.7
茶叶年加工能力	万吨	10	城镇居民茶叶消费	千克/人	1.5

产业政策

2010 年新出台发展茶产业政策：2010 年 6 月 14 日中共普洱市委、市政府发布《关于普洱市生态茶园工程建设的实施意见》（普发［2010］14 号）文件。

1. 指导思想 从根本上解决零星分散的小生产与社会化大生产的矛盾，适应规模化、集约化、产业化发展的要求，带动全市茶叶生产整体水平的提升，加快以数字化、标准化、品牌化、功效化和规模化为主要特征的“科学普洱”发展步伐。

2. 目标任务 3 年内将全市 9.07 万公顷现代茶园全部改造成生物多样性立体生态茶园，为打造普洱茶叶的品牌优势打牢原料基础。分年度目标任务是：2010 年建设绿色食品、有机茶标准管理茶园 2.67 万公顷，其中绿色食品标准管理茶园 2 万公顷，有机茶标准管理茶园 0.67 万公顷。2011 年建设绿色食品、有机茶标准管理茶园 3.73 万公顷，其中绿色食品标准管理茶园 3.2 万公顷，有机茶标准管理茶园 0.53 万公顷。2012 年建设绿色食品、有机茶标准管理茶园 2.67 万公顷，其中绿色食品标准管理茶园 2.13 万公顷，有机茶标准管理茶园 0.53 万公顷。

茶叶生产

1. 2010 年茶叶生产情况 普洱是世界茶叶的起源地，拥有丰富的茶文化资源，镇沅千家寨有2 700年的野生茶树王，澜沧帮崴有千余年过渡型的古茶树和景迈山千公顷栽培型的古茶园，野生茶树群落面积 7.85 万公顷，栽培型古茶园面积 1.21 万公顷，被世界各国的茶叶专家誉为茶叶种质资源博物馆。普洱又是普洱茶的原产地和集散地，是茶马古道的源头。“十一五”以来，普洱市委、市政府以科学发展观为指导，实施“以茶名市、以茶兴市、以茶富市”战略，打造世界茶源、中国茶城、普洱茶都城市品牌和中国著名、世界闻名、世人瞩目的普洱国际品牌，全力打造茶产业，取得了辉煌成就。截至 2010 年底，全市现代茶园面积 9.33 万公顷，毛茶总产量 5.35 万吨，同比增长 15.7%，其中加工普洱茶 1.46 万吨，同比增长 25.9%，加工名优绿茶 0.7 万吨，同比减少 22.8%；茶产业总产值 21.7 亿元，同比增长 21.5%，其中：毛茶产值 11.73 亿元，工业产值 7.78 亿元，第三产业产值 2.17 亿元。茶产业面积覆盖全市 10 个县（区）、103 个乡（镇）、960 个村委会，专业茶农人数 41.06 万人，年人均纯收入2 703.3元。

2. 主要茶树品种及分布 主要茶树品种及种面积：云抗 10 3.47 万公顷，长叶白毫 0.2 万公顷，雪芽 100 0.53 万公顷，云瑰 133.33 公顷，矮丰 266.67 公顷，紫娟 333.33 公顷，景谷大白茶 0.1 万公顷，桃形叶 333.33 公顷，云梅 133.33 公顷，短节白毫 133.33 公顷，普景 1 号 66.67 公顷，台茶 1 号 0.02 万公顷，软枝乌龙 133.33 公顷，景谷大黄芽 66.67 公顷，云抗 14 号 66.67 公顷，其他无性系良种 0.02 万公顷。合计国家、省、市、县良种 4.51 万公顷。其余面积为群体品种。分布于九县一区。

普洱市茶叶主产县

单位：吨、公顷

县（县级市）	茶叶产量	茶叶面积	品　种	主要品牌
澜沧拉祜族自治县	9 834.4	17 604.3	云南大叶种	岩冷
江城哈尼族彝族自治县	8 160	9 067	云南大叶种	牛洛河、塔林
思茅地区	7 670	8 526	云南大叶种	龙生
景谷傣族彝族自治县	5 453	10 407	云南大叶种	白龙
墨江哈尼族自治县	5 061.8	12 124	云南大叶种	迷帝、玉庄
宁洱哈尼族彝族自治县	4 203.8	8 120.2	云南大叶种	普秀、茶王茶、永年
孟连傣族拉祜族佤族自治县	1 921	5 252.2	云南大叶种	行健
镇沅彝族哈尼族拉祜族自治县	1 265.9	5 160	云南大叶种	五一
西盟佤族自治县	821	3 500.2	云南大叶种	—

注：本表以 2010 年茶叶产量为序。

茶叶加工

普洱市主要茶叶加工企业

单位：万元、吨、公顷、吨/年

公司名称	销售额	茶叶产量	茶园面积	加工能力	品牌
云南普洱茶（集团）有限公司	11 103	2 808	1 738	5 000	普秀
云南龙生茶业股份有限公司	5 193	2 395	2 059.8	4 700	龙生
江城牛洛河茶业有限公司	4 500	3 200	1 467	4 000	牛洛河、月园
澜沧古茶有限公司	2 234	529	56.7	2 000	岩冷、双绿
景谷白龙茶业有限公司	1 800	350	667	1 000	白龙
普洱市永年普洱茶业有限公司	1 777	374	0	1 500	濮女
孟连行健普洱茶开发有限公司	1 600	250	733	1 000	行健
普洱茶王茶业股份有限公司	642	106	280	1 500	老古董
普洱市盛世普洱茶业有限公司	640	800	133	3 000	盛毫
普洱市古普洱茶叶有限公司	625	100	0	1 600	GUPUER
云南王霞普洱茶业有限公司	203	100	67	1 000	王霞

注：本表以茶叶销售额为序。

茶叶市场

2010 年茶叶市场情况：经过 2007 年的暴涨暴跌，2008—2009 年的停滞不前，但在市委、市政府的正确领导下，广大企业、茶人始终坚定信心，沉着应对，克服种种困难，2010年茶市逐渐得以理性恢复；产值从2007年32.6亿元跌至2008年的16.5亿元，2010年又回升至21.7亿元。

普洱市茶叶主要贸易及出口企业

单位：万元、吨

名称	销售额	交易量	出口量
云南普洱茶（集团）有限公司	11 103	2 600	10.5
云南龙生茶业股份有限公司	5 193	2 648	7
普洱市玉龙茶叶有限公司	832	371	23
澜沧裕岭一古茶园开发有限公司	99	10.6	10.3
景谷馨茗茶业有限公司	—	—	—

注：本表以 2010 年销售额为序。

普洱市主要茶叶批发市场

单位：吨、亿元、万平方米

公司名称	交易量	交易额	市场面积
普洱茶源广场商贸有限公司	15 000	3.3	5.003

注：本表以市场面积为序。

茶叶消费

随着普洱茶知名度的提高，品饮普洱茶的消费者越来越多，把品饮普洱茶当做一种时尚，在加之科学普洱对普洱茶功能的逐步深入研究，发现降糖、降脂、抗氧化等功效作用明显，使更多的消费者逐渐加入到品饮普洱茶的行列。

茶文化

普洱茶文化，作为一个广义的概念来理解，它是云南省 11 个州市 75 个县（市、区）639 个乡镇云南大叶种茶区普洱茶乡各族人民从古至今创造的，在对茶的发现、栽培、驯化、加工、制造、运输、销售、保存、饮用的过程中所产生的物质文化和精神文化的总和。它与自然、地理、民族、经济、文化紧密联系，涉及种茶人、制茶人、售茶人、饮茶人、各民族的生产方式、生活习俗、思想观念、宗教信仰、文化艺术等方面，如古茶树、古茶林，茶的种植、品种、加工、贡品，茶生产厂家、茶马古道、茶饮具、茶医药、茶民俗、茶饮品、茶风情、茶碑刻、茶文史、茶诗词、茶楹联、茶文艺、茶保健、茶叶节等。普洱文化内涵十分丰富，在众多茶文化中，有其独特鲜明的地方性、民族性和广博性，其中一些内容实体，具有文物价值和世界自然文化遗产价值。

普洱市知名茶馆

单位：个、平方米

序号	名　　称	连锁店数量	营业面积
1	宁洱民族茶艺馆	1	2 500
2	石屏会馆	1	2 500
3	全球通 VIP 普洱茶俱乐部	1	1 327
4	千家寨茶道馆	1	260

注：本表以营业面积为序

大事记

1 月 29 日，邀请国内外茶叶及生态专家商讨茶产业发展大计，6 月生态茶园建设工作全面启动，全市茶园 36%按有机标准管理，64%按绿色标准管理，并对山、水、园、林、路结合旅游作出科学规划，确保茶叶用肥用药的安全。

4 月 12～15 日，组织市内 24 家茶企业参加第五届中国云南省普洱茶国际博览交易会；期间普洱茶艺队到北京恭王府参加外交部驻华大使夫人品茗普洱茶活动。

5 月 11～20 日，普洱市委、市人民政府组织 8 家企业代表参加韩国首尔国际食品产业大展，后转日本参加普洱茶展销活动。

6 月 8 日，日本岩手县知事一行到普洱访问，建立友好县市。

6 月 8 日至 8 月 8 日，普洱市与日本岩手县在上海世博会参加茶叶展销，参加企业有：天士力、永年公司、柏联集团。

9 月 22 日，普洱市政府组织茶企业在日本大阪参加“中秋明月聚”展销活动。

10 月，在政府机构改革过程中，普洱市人民政府茶叶办公室，正式更名为普洱市茶业局。

11 月 5～7 日，第十届普洱茶节在上海成功举办。

11 月 19～28 日，中国贸促会普洱支会和普洱市茶叶协会组织 8 家茶企业赴马来西亚参加东南亚普洱茶交易会，取得丰硕成果。

截至 2010 年底，计划投资 30 亿元天士力普洱生物茶谷建设正式启动，帝泊洱普洱茶系列产品在中国香港、北京、上海，以及日本、韩国得以成功推介。

（普洱市茶业局生产技术科　刘　伦）

临 沧 市

云南省临沧市是世界茶树和茶文化起源中心，是最早发现和利用茶叶的地区，是世界著名的滇红之乡，是驰名中外的滇红茶、普洱茶、蒸青绿茶原产地，是云南省最大的茶叶生产基地，是中国佤文化荟萃之地。有历史悠久的茶马古道，精彩纷呈的民族茶礼、茶俗、茶艺，得天独厚的生产有机茶和无公害茶的生态环境条件，具有种类齐全、品类丰富的茶叶产品和加工技术，在世界茶产业的发展历史中具有不可替代的地位和作用。

临沧市茶业基本情况

项　目	单位	2010 年	项　目	单位	2010 年
毛茶产值	亿元	8.6	茶农户数	万户	36
茶园面积	万公顷	8.56	毛茶平均价格	元/千克	15
茶叶产量	万吨	5.9	企业数（通过 QS 认证）	个	140
精制茶产量	万吨	3.5	行业销售额	亿元	12
茶叶年加工能力	万吨	7	城镇居民茶叶消费	千克/人	3

产业政策

为进一步促进茶产业集约化、规模化、标准化、品牌化、国际化发展，带动农业增效，农民增收，农村发展和财政增长，加快绿色经济强省战略实施步伐，云南省政府出台《云南省人民政府关于进一步加快茶产业发展的意见》（云政发［2010］173号），安排5 000万元茶产业发展专项资金，重点用于良种繁育、基地建设、品牌打造、市场建设、科技研发建设等方面。明确了今后10年全省茶叶产业发展的总体思路、目标任务和重点工程。

为持续推进茶叶产业综合效益的恢复性增长，临沧市委、市政府下发《临沧市人民政府办公室关于做好2010年茶叶产业有关工作的通知》（临政办发［2010］77号），制定“稳定茶园面积，精制茶销售增长5%，茶叶工农业总产值增长10%”的年度工作目标，在市政府的高度重视和领导下，全市各族上下攻坚克难，狠抓茶园管理、加工生产、市场营销、品牌打造等工作，圆满完成了各项发展目标，茶叶产业总体呈现恢复性增长的良好态势。

茶叶生产

1. 2010年茶叶生产情况 2010年底全市茶园面积8.56万公顷，较上年增长1.7%。其中采摘面积6.6万公顷，无性系高优生态茶园3.06万公顷，有机茶园面积0.73万公顷，改造低产茶园0.40万公顷。茶叶产量5.9万吨，较上年增长22.9%，分类产量为：红茶2.3万吨（其中：CTC红碎茶0.9万吨，红条茶1.4万吨），占总产量的38.9%；晒青茶产量2.9万吨，占总产量的49.1%；蒸青及烘青绿茶0.7万吨，占总产量的11.8%；精制茶产量3.5万吨，分茶类为：精制红茶1.9万吨（其中：CTC红碎茶0.9万吨，红条茶1万吨），占总产量的54.3%；普洱茶1.2万吨，占总产量的34.3%；精制蒸青及烘青绿茶0.4万吨，占总产量的11.4%。

2010年茶叶工农业总产值18.4亿元（毛茶产值8.6亿元，工业产值9.8亿元），较上年11.89亿元增加6.51亿元，增长54.7%；全市163万茶农人均茶叶收入524元，较上年266元增加258元，增长97%。

全市共有6户企业（滇红集团公司、耿马洛凌进出口有限公司、临沧市南大进出口有限责任公司、勐库茶叶制品有限公司、云南省龙润商贸有限公司、永德县戎氏茶叶有限责任公司）自营出口茶叶1 622吨，与上年同期相比减少717吨，下降30.7%；出口额403万美元（折合人民币2 744万元），较上年同期减少6.9万美元，下降1.68%，实现茶叶出口退税234万元，比上年同期减少58.6万元，下降20%；实现茶叶税收1 490万元，比上年同期相比增加790万元，增长113%。

全市140户获得生产许可证茶叶加工企业全部开工，企业销售量和销售额较上年有较大幅度增长。

2. 主要茶树品种及分布 主要种植茶树品种有：国家级良种勐库大叶茶、凤庆长叶茶、云抗10；云南省级良种班东黑大叶茶、忙肺大叶茶；地方优良品系香归银毫、清水3号、凤庆9号及乌龙茶品种（软枝乌龙、金萱乌龙）；在临沧市8县区均有种植，乌龙茶品种主要在沧源县有种植，通过积极推广，全市茶园良种化率达到100%，无性系良种化率达到35%。

临沧市茶叶主产县（一）

单位：吨、公顷

县（县级市）	茶叶产量	茶叶面积	品种	主要品牌
凤庆县	20 030	20 074	云抗10、清水3号、香归银毫、凤庆9号	凤牌、王子冠、中国滇红第一村、三宁、金峰悠茗、凤勐、凤发等
云县	8 011	10 738	云抗10、清水3号、香归银毫	澜沧江、国汉、刘家坡、嘉茗、沁园春
永德县	6 527	11 610	云抗10、清水3号、云抗14、勐库大叶种、凤庆大叶种	紫玉、永镇、路叶春、梅子箐、兰庭春、银竹、雄峰、木叶醇
临翔区	5 736.5	14 677	云抗10、清水3号、香归银毫、佛香3号	临茶印象、银毫、古树、普粹
耿马傣族佤族自治县	5 197	6 611	云抗10号、清水3号、香归银毫	回味、洛凌

临沧市茶叶主产县（二）

单位：吨、公顷

县（县级市）	茶叶产量	茶叶面积	品种	主要品牌
双江拉祜族佤族布朗族傣族自治县	4 853	9 298	云抗 10、勐库大叶种、清水 3 号、香归银毫、雪芽 100、长叶白毫	勐库、丰华、文化经典、芜名、勐康
沧源佤族自治县	4 275	8 527	云抗 10、清水 3 号、香归银毫、软枝乌龙	石佛洞、佤山印象、安东山、西代勐、碧丽源
镇康县	2 600	5 069	云抗 10、清水 3 号	玉鲜、双燕

注：本表以茶叶产量为序。

茶叶加工

2010 年，全市有 140 户茶叶生产企业获得生产许可证（QS），年生产能力 7 万吨，产业工人近万人。其中，10 户企业有自营出口权，规模以上的企业有 19 户，占全市重点企业 78 户的 24.36%，列入省级农业产业化重点企业 9 户，占全市的 77.78%。2010 年全市茶叶企业共收购加工精制茶 3.5 万吨，实现工业产值 9.8 亿元，上缴税费1 490多万元；滇红集团公司、勐库茶叶制品有限公司、耿马洛凌进出口有限责任公司等 6 户企业直接出口茶叶产品1 622吨，创汇2 744万元。

临沧市主要茶叶加工企业

单位：万元、吨、公顷、吨/年

公司名称	销售额	茶叶产量	茶园面积	加工能力	品牌
云南滇红集团股份有限公司	6 448	4 550	2 000	10 000	凤、王子冠
云南双江勐库茶叶有限责任公司	4 625	543	666	3 000	勐库
云南耿马勐撒国有洛凌茶厂	1 874.6	1 878.3	440	2 000	洛凌
永德县紫玉茶厂	1 249.3	299	64	200	紫玉
凤庆县三宁茶业有限责任公司	1 007.5	845	33	3 000	三宁
镇康县外贸有限公司	712.4	481	200	800	双燕
云南临沧澜沧江茶业有限公司	708	542	1 320	3 000	澜沧江
云南省沧源佤山茶厂	520	530	229	700	佤山映象
临沧市健身茶叶有限公司	65	195	500	200	健身
临沧龙润茶业集团公司	58.5	130	—	500	龙润

注：本表以销售额为序。

茶叶市场

按照政府倡导、商会组织、企业参与的方式，组织茶叶企业参加省内外茶叶展会营销活动，积极开拓茶叶市场；茶叶生产加工普洱茶、红茶为主，绿茶次之；茶叶销售以国内市场为主，出口为辅。国内主要市场为华南、东北、西北茶叶市场，价格相对较高。茶叶出口以红茶和普洱茶为主，红茶主要进口国为缅甸、哈萨克斯坦、欧盟、美国和俄罗斯，出口价格与国际市场接轨，相对较低。普洱茶主要进口国和地区为韩国、马来西亚、日本、中国台湾和中国香港，出口价格一般。

在广东、上海、北京、东北、华南等临沧茶叶销售市场建立营销中心、批发点、连锁店，开设营销网络等。积极组织企业面向北京、广州、上海、东北等一些国内茶叶主流市场，开展各种营销活动，抢市场，扩大临沧茶叶的知名度和影响力；继续实施好“请进来”的战略，为临沧茶叶企业做强做大引进科技、树立形象、打造知名品牌、开拓国内外市场构建平台。

临沧市主要茶叶贸易及出口企业

单位：万元、吨

公司名称	销售额	交易量	年出口量
云南滇红集团股份有限公司	6 448	2 480	200
云南耿马勐撒国营洛凌茶厂	1 874	1 249	1 172
沧源碧佤山茶厂	1 080	540	500
澜沧江茶业有限公司	708	393	573
双银茶业公司	500	560	300

注：本表以销售额为序。

临沧市主要茶叶批发市场

单位：吨、亿元、平方米

公司名称	交易量	交易额	市场面积
临沧茶叶市场	80 000	25 000	5 000
新新街茶叶市场	3 000	10 000	4 000
瓦窑坝茶叶市场	2 000	6 000	3 000

注：本表以交易量为序。

临沧市知名茶馆

单位：平方米

序号	名　称	营业面积
1	临沧市汀品茶楼	1 500
2	诚玥茶楼	400
3	虞璟茶楼	300
4	茶老爷茶楼	160
5	清凉天地	80

注：本表以营业面积为序。

大事记

根据农业部《关于印发现代农业产业技术体系建设依托单位和岗位聘用人员名单（2011—2015 年）的通知》（农科教［2011］3 号）精神，临沧市茶叶科学研究所成为国家茶叶产业技术综合试验站临沧综合试验站建设依托单位。

3 月，为推进临沧市茶叶产业持续健康发展，确保综合经济效益实现恢复性增长目标，市政府出台了《临沧市人民政府办公室关于做好 2010 年茶叶产业有关工作的通知》（临政办发［2010］77 号），制定了 2010 年“稳定茶园面积，精制茶销售增长 5%，茶叶工农业总产值增长 10%”年度工作目标，在市政府的高度重视和领导下，全市上下攻坚克难，狠抓茶园管理、加工生产、市场营销、品牌打造等工作，圆满完成各项发展目标任务。

临沧市茶办与云南农业大学合作，圆满完成国家科技支撑项目普洱茶生态茶园关键技术研究与示范，项目点耿马四排山乡 0.67 万公顷无公害茶园、永德乌木龙乡银竹茶厂 66.67 公顷有机茶园已通过相关机构认证。

根据《全国茶叶重点区域发展规划（2009—2015）》，在全国 118 个重点县（市、区）开展标准茶园创建活动，临沧市凤庆县、云县、永德县、耿马县被列为全国首批标准茶园示范建设点，示范建设总面积 523.4 公顷。凤庆县建成标准茶园 233.33 公顷创建工作进入考评验收阶段。

根据云南省质量技术监督局的安排和部署，以及市政府的要求，由临沧市茶叶办公室牵头组织开展滇红茶生产综合标准编制工作，目前，已完成《滇红茶》、《滇红茶产地环境条件》、《滇红茶生产技术规程》、《滇红茶加工技术规程》等 4 个单项标准文本的编制、修订和实物标准样检测。

4 月 11～14 日，云南双江勐库茶叶有限责任公司举办第二届“中国双江·全国茶友勐库茶乡行”活动来自内地各省以及香港、台湾，还有来自境外的马来西亚、英国和俄罗斯等国家的茶友700多人参加了这一盛典。此次活动以“探秘七彩茶源地·品味千年勐库茶”为主题，秉承继承、创新、超越、高效的原则，充分展示七彩茶乡风采，弘扬千年茶源文化，增进勐库茶友情谊，打造特色地方节庆，发展和谐茶叶产业。活动期间，举行了丰富多彩的各类活动，在勐库神农祠世居民族祭拜茶祖神农仪式、参观了勐库镇亥公联合国有机茶示范基地、七彩双江·勐库茶韵歌舞表演、国内外有机农业的发展趋势和现状专题讲座、茶友徒步探秘勐库千年野生古茶树群落、参观了勐库戎氏企业加工园区、2010年春茶订货洽谈等活动，此次活动，勐库茶叶有限责任公司现场销售茶叶5 628千克，销售金额达156万元；订购产品535 120.5千克，协议金额达5 000万元，取得了良好的销售业绩，活动取得圆满成功，展示七彩茶乡风采，弘扬千年茶源文化，增进勐库茶友情谊，打造特色地方节庆，发展和谐茶叶产业。

4月12～15日，临沧市政府组团参加第五届中国云南普洱茶国际博览交易会，本届茶博会以健康云茶，世界共享为主题，展会期间开展了茶叶博览交易会、主产州（市）茶叶产业专场活动、2009年中国红茶经济发展论坛、云茶产业发展综合成就展等系列活动。临沧市共有29户茶叶企业参加，在历时4天的展销活动中，直接成交额56万元，签订合同金额499万元，签订意向协议金额5 989万元。

6月5～8日，提高临沧茶叶知名度，增强临茶地域品牌竞争力，促进招商引资，扩大交流合作，推动茶叶产业又好又快发展，临沧市组织茶叶企业参加第四届中国（西安）茶业文化博览会，有14户茶叶企业参加本届茶博会，在本届博览会“品牌普洱茶”评选活动中，临沧双江双龙古茶园茶厂勐康牌普洱茶生茶冰岛生态古茶饼获特等金奖，云南省沧源佤山茶厂佤山映象牌普洱茶熟茶谭梅金砖获特等金奖。

7月1～5日，临沧市政府组织茶叶企业参加由大连市人民政府、国际茶业科学文化研究会、国际茶业华侨基金会主办，大连星海会展商务有限公司、大连广源会展有限公司承办的第六届大连茶业博览会，本届茶博会临沧市共有4户茶叶企业参加，在5天的展会期间，通过主动与客商、媒体沟通交流，积极展示、宣传临沧茶叶产业，现场销售茶叶8万元，协议资金100万元。

（临沧市茶叶办公室　江鸿键　习有兰）

陕 西 省

截止到 2010 年底，全省茶园面积 8.97 万公顷，其中汉中 4.5 万公顷，安康 2.87 万公顷，商洛 1.6 万公顷。茶叶总产量 2.6 万吨，实现毛茶产值 29.2 亿元，占陕南三市农业总产值的 8.4%，茶产业综合产出 43.9 亿元，占当地 GDP 比重 5%，茶农人均年纯收入1 598.9元，占三市农民人均纯收入的 44.3%。

陕西省茶业基本情况

项　　目	单　　位	2010 年	项　　目	单　　位	2010 年
毛茶产值	亿元	29.2	茶农户数	万户	26
茶园面积	万公顷	8.97	毛茶平均价格	元/千克	112.3
茶叶产量	万吨	2.6	企业数	个	1 265
精制茶产量	万吨	0.52	行业销售额	亿元	72
茶叶年加工能力	万吨	3.6			

产业政策

2008年8月，汉中市委、市政府作出《关于加快高产密植生态茶园现代农业产业化发展的决定》，汉中市部分县也先后出台了关于扶持标准化茶叶加工厂建设、茶叶基地建设等扶持政策，对新建的茶叶加工厂达到要求的给予10万元的扶持，新建667平方米无性系良种茶园，给予150～200元的扶持。茶叶加工机械纳入农机补贴范畴。

茶叶生产

1. **2010年茶叶生产情况** 2010年陕南各产茶市继续加大无性系良种茶园的建设和低产茶园的改造力度，努力培育高产优质丰产园，无性系良种茶苗的繁育规模进一步扩大。部分企业引进国内最先进的清洁化茶叶加工生产线，使茶叶品质和加工规模有了很大的提高。

2. **主要茶树品种** 有性品种以紫阳种、碑坝群体中等老品种为主，无性系良种主要有福鼎大白、平阳特早、龙井长叶、浙农117、浙农139、名山131、名山311、乌牛早等。

3. **特种茶生产情况** 红茶、乌龙茶、茯砖在部分企业中有少量生产，但在陕西省销量不大。

陕西省茶叶生产主要地区

单位：吨、公顷

地区（地级市）	茶叶产量	茶园面积	茶树品种	主要品牌
汉中市	15 734	44 833.3	紫阳种、西乡大河坝群体、南郑碑坝群体、福鼎大白茶、宁强广坪群体、早白尖、名山131、浙农117、浙农139等	汉中仙毫
安康市	8 800	28 666.7	紫阳种、福鼎大白茶、平阳特早、龙井长叶	紫阳富硒茶、女娲银峰
商洛市	1 626.4	16 160	紫阳种	商南泉茗、商南仙茗

注：本表以茶叶产量为序。

陕西省茶叶主产县

单位：吨、公顷

县（区）	茶叶产量	茶园面积	茶树品种	主要品牌
西乡县	5 513.31	14 970.3	紫阳群体、西乡大河坝群体、平阳特早、龙井长叶、福鼎大白	汉中仙毫
南郑县	3 692	5 874.7	南郑碑坝群体、平阳特早、龙井长叶、福鼎大白	汉中仙毫
平利县	3 180	8 666.7	紫阳群体、福鼎大白	女娲银峰
紫阳县	2 983	11 333.3	紫阳群体、福鼎大白	春独早
勉　县	2 550	7 430.7	福鼎大白、群体种、平阳特早、龙井长叶	汉中仙毫
宁强县	1 520	7 600	宁强广坪群体	汉中仙毫
商南县	1 488	10 933.3	紫阳群体	商南泉茗
镇巴县	1 380	4 403.9	紫阳群体	汉中仙毫
城固县	1 018	3 400	福鼎大白茶	汉中仙毫
汉滨区	950	2 666.7	紫阳群体、福鼎大白	汉水韵
岚皋县	660	2 666.7	紫阳群体中、湖南群体种	巴山碧螺、巴山芙蓉
汉　阴	350	1 240	紫阳群体、中湖南群体种、龙井43、福鼎大白	天宝贡茗

注：本表以茶叶产量为序。

茶叶加工

2010年全省有茶叶加工企业1 260个，其中精制加工厂180个，已建成年加工能力在300吨以上的茶叶清洁连续化生产线8家，茶厂优化改造步伐加快，茶叶加工保持较好的发展势头。

主要加工企业及其分布：茶叶加工企业主要分布在各个茶叶基地县的浅山丘陵地区。

陕西省主要茶叶加工企业

单位：万元、吨、公顷、吨/年

公司名称	销售额	茶叶产量	茶园面积	加工能力	品牌
陕西省午子绿茶有限责任公司	9 300	330	100	500	午子
陕西省紫阳县富硒茶业有限公司	8 100	1 032	131	1 225	春独早
陕西东裕茶业有限公司	3 720	520	333	780	东
宁强县千山茶叶土产开发有限责任公司	3 550	180	253.3	280	青木川
陕西鹏翔茶业有限公司	3 200	96	160	350	鹏翔
陕西省西乡县陕南绿茶有限公司	3 000	120	67	500	陕南
平利县女娲银峰茶叶有限公司	3 000	105	700	120	秦楚缘
汉中市绿娇子茶业有限公司	2 900	200	150	300	绿娇子牌
汉中云山茶业有限公司	2 700	150	213	800	云山牌
陕西定军山绿茶有限公司	2 550	155	233	200	武侯
汉中山花茶叶有限公司	2 200	130	100	200	张骞牌
宁强县羌州茶业有限责任公司	2 100	110	110	180	羌洲牌
陕西省西乡县茶业有限责任公司	2 000	60	100	200	
陕西省西乡县绿苑飞凤茶业有限责任公司	1 860	120	200	260	绿苑飞凤
汉中市汉山茶业有限公司	1 600	180	220	300	汉缘牌
陕西省商南县茶叶联营公司	1 300	105	—	—	双山牌
汉中市茗烨茶业有限公司	800	80	68	200	茗烨牌

注：本表以销售额为序。

茶叶市场

陕西省主要茶叶贸易及出口企业

单位：万元、吨

名　　称	销售额	交易量	出口量
陕西午子绿茶有限责任公司	9 300	335	45
陕西紫阳县富硒茶业有限公司	8 100	270	36

注：本表以销售额为序。

陕西省主要茶叶批发市场

单位：万平方米、万吨、亿元

公司名称	市场面积	年交易量	年交易额
西安西北茶业大市场	10	0.3	5
西安西部京闽茶城	1.5	0.1	1

注：本表以市场面积为序。

茶叶消费

陕南茶叶消费以名优绿茶和优质炒青为主，关中主要以名优绿茶和花茶为主，部分为乌龙茶、铁观音等，关中人和陕南人都有饮茶的嗜好，近几年来，陕北人饮茶者渐多。全省年人均消费茶叶 0.54 千克。陕西人爱饮茶，待客也以茶为先，客来敬茶是民间传统礼节。陕南人也有用茶叶作礼品馈赠亲友的习俗，每逢四时八节，或走亲访友、或送别贵客，常以赠送茶叶表示敬重之心。

茶文化

陕西每年4月举办中国东西部合作与投资贸易洽谈会，每年11月举办中国杨凌农业高新科技成果博览会，是茶叶企业学习交流的重要平台。2008 年、2009 年汉中市人民政府举办汉中仙毫赛茶大会，2009 年，商洛市的商南县举办了商南县第三届旅游茶叶节，主要以茶产业宣传，名优茶评比，茶叶展示展销，茶旅游，茶艺表演等活动为主。2010 年汉中市举办了陕西省首届茶叶节——2010 中国·陕西（汉中）茶叶节。

陕西省知名茶馆

单位：平方米

名　　称	营业面积	区域分布
西安福宝阁茶楼	3 000	西安
紫阳富硒茶庄	2 500	安康
大唐御品茶艺楼	1 500	西安
羌州茶艺馆	350	汉中
西安六如轩茶艺馆	300	西安

注：本表以营业面积为序。

大事记

3 月 18 日，2010 中国·陕西（汉中）茶叶节在西安召开新闻发布会，汉中市副市长郑宗林、农业局局长马大勇，宣传部副部长柳晓明参加了发布会。

4 月 28 日，中国·陕西（汉中）茶叶节在汉中市桥北广场开幕。中华全国供销合作总社监事会副主任诸葛彩华、陕西省人民政府副省长朱静芝、陕西省政协副主席张伟，国家相关部委和省委、陕西省人大、陕西省政府、陕西省政协及毗邻省、市茶区领导，著名茶学专家、文化艺术界知名人士出席了开幕式。茶叶节以“弘扬茶文化、打响茶品牌，发展茶产业、壮大茶经济”为主题，由中华全国供销合作总社、陕西省人民政府、中国茶叶流通协会、中国国际茶文化研究会主办，汉中市人民政府承办。

4 月 28 日，陕西省汉中市体育运动中心举办“欢乐中国行·魅力汉中”文艺晚会。巧妙地宣传了当地茶产业。

陕西省首届茶叶节共接待各类客商及参观者 20 多万人次，销售茶叶 3.2 万千克，总成交额达1 200多万元；推介招商项目 202 个，签约 21 个，投资 16.4 亿元。接待游客 9 万多人（次），旅游总收入约2 300多万元。

4 月 16 日，中国·紫阳第七届富硒茶文化节在紫阳广场隆重开幕。陕西省政协副主席张生朝、原陕西省政府副省长王寿森、安康市委书记刘建明等省市领导出席了开幕式。

4 月 23～25 日，中国·西乡茶文化节暨樱桃旅游节于在汉中市西乡县举办。本次活动主要有茶叶质量评比、茶产品展示展销、茶艺表演大赛等。

5 月 28 日，经发福百祥茶文化会所在经发会馆开业，福建福百祥成功落户西安。

6 月 5～8 日，2010 年第四届中国（西安）国际茶业文化博览会（简称西安茶博会）在西安召开，大会同期举办第三届西部地区春茶订货交易会。本届西安茶博会由西安曲江华博会展有限公司承办。

11 月 7～11 日，中国茶叶流通协会在陕西省咸阳市召开 2010 年全国边销茶专业委员会工作会议。

11 月 30 日，陕西省供销合作总社组织的陕西省标准化茶园建设工作现场会在安康市平利县召开。

12 月 29 日，举办陕西省首届茶叶形象大使选拔活动。由陕西省茶叶协会、陕西省供销总社等联合主办的陕西省首届茶叶形象大使决赛暨颁奖晚会在西安举行。

2010 年安康市确定了安康银峰、瀛湖仙茗、汉水韵等名优茶品牌。

（陕西省汉中市农业局茶叶办公室　吕　锋　刘　懿）

茶业大事记

ChaYeNianJian

1月

5日　长沙晚报报道：由湖南茶业投资2亿元建设的湘茶高科技产业园，在隆平高科园实现主体工程完工，将成为湖南省茶业走标准化、清洁化、品牌化之路的示范性工程。

6日　《中华合作时报》报道：首届恒福杯茶具创新设计大赛暨第二届中国陶瓷创新设计作品展在清华大学美术院举行了开幕式及颁奖典礼，并在活动期间举办了茶陶缘中国茶陶文化传承与发展研讨会。本次展览共展出了大赛评出的135件获奖作品。

8日　首届湘闽两地茶文化交流会在张家界城区十字街举行。此次交流会旨在推动福建铁观音在张家界市场的良好发展，让张家界市民及来自世界各地的游客更多地了解铁观音茶文化的渊源。

2月

3日　全国首个"茶为国饮·健康消费"推进委员会正式在茶都杭州成立，旨在构建浙江绿茶推广平台，进一步推广茶饮绿色消费理念。该委员会由中国国际茶文化研究会、浙江省茶文化研究会、浙江省消费者权益保护委员会发起，由浙江省工商局、浙江省农业厅等24家行政部门、科研机构、高校、企业和新闻媒体共同组成。

27日　中国茶叶信息网报道：首届海峡两岸闽南民俗文化节活动之一——和谐海西·千人品茗，在泉州中国闽台缘博物馆举行。

3月

1日　中国茶叶信息网报道：全国政协副主席、台盟中央主席林文漪专程莅临福建安溪八马茶业龙门工厂实地调研。

9日　由浙江省开化县质量技术协会负责起草的浙江省地方标准《开化龙顶茶生产技术规程》（DB33/T 225—2010）已由浙江省质量监督局正式发布，并于2010年4月1日实施。

10日　2010中国宜宾早茶节在北京举行金沙圣水·宜宾早茶品鉴会，农业部领导宣布宜宾早茶获得中国地理标志认证，宜宾也同时发布了获得中国驰名商标、四川省名牌产品、四川省著名商标的宜宾早茶企业和产品。

26日　2010年中国（杭州）西湖国际茶文化博览会在杭州开幕，博览会上世博十大名茶的授牌仪式也于开幕式上举行。福建安溪铁观音、杭州西湖龙井、福建武夷岩茶（大红袍）、安徽祁门红茶等成为入选上海世博会联合国馆的中国世博十大名茶。博览会为期1个月。

4月

15日　中国茶叶信息网报道：湖南省第一个正式挂牌的农业部茶叶标准园落户长沙县金井茶厂，这标志着长沙农业四大产业带之一的百里茶叶走廊在规模化种植、标准化生产、清洁化加工、品牌化销售和产业化经营方面再上新台阶。

16日　中国茶叶信息网报道：湖南省农业厅和茶业学会在长沙联合召开湖南省茶叶品牌工程建设会议暨学术年会，会议为湖南茶产业未来10年的发展指明了方向：实施茶叶品牌工程，全力打造湘茶品牌。湖南省农业厅组织湖南茶叶行业的企业家和专家制订了《湖南省茶叶品牌工程实施方案》。

24～26日　第五届中国宁波国际茶文化节暨第五届世界禅茶文化交流会在宁波市举行。

28～30日　2010中国·陕西首届茶业茶文化节在汉中市举行，文化节以"弘扬茶文化、打响茶品牌、发展茶产业、壮大茶经济"为主题。

5月

2日　新华网报道：由安徽农业大学承担的"十一五"国家科技支撑计划"食品安全关键技术"重大项目，"茶叶安全生产的质量控制技术研究"课题通过验收。该课题基本建立了茶叶清洁化加工质量控制技术体系，为全面提高我国茶叶清洁化加工技术和装备水平提供了借鉴，标志茶叶安全生产质量控制研究取得突破。

14～17日　第三届华中（武汉）茶业博览会暨陆羽茶文化节在武汉举行。本届茶博会由中国国际茶文化研究会支持，湖北省陆羽茶文化研究会、湖北省茶叶协会、湖北省茶叶学会、武汉市茶叶协会共同主办。

15日　中国茶叶信息网报道：江苏省茶文化学会在宜兴市成立。江苏省原副省长、江苏省第九届政协副主席、江苏省红十字会会长吴瑞林，中国国际茶文化研究会常务副会长、浙江省第九届政协副主席徐鸿道，宜兴市领导蒋洪亮、周中平等出席成立仪式。

22日　东方网报道：首部以中国茶文化为主题的大型纪实文献电影《南方嘉木》在浙江湖州长兴县举行启动仪式。这部电影的名称来源于《茶经》中的记载："茶者，南方之嘉木也"，而《茶经》正是唐代茶圣陆羽在长兴顾渚山著成的。

31日　第五届浙江绿茶博览会在西安开幕。本届浙江绿茶博览会以"浙江绿茶、绿色健康"为主题，由浙江省农业厅和中国国际茶文化研究会联合主办。

6月

2日　《杭州日报》报道：西湖区茶文化研究会正式

成立。近年来，西湖区依托独特区位优势，围绕打造中国茶都的目标，积极保护龙井茶品牌，大力发展茶旅游和茶产业，弘扬茶文化。

5日 柏林佛光山在禅堂内举行了日日是好日——茶禅悦乐活动，由欧洲总住持满谦法师担任主持人，佛光人李欢融为到访嘉宾们赏析中国经典茶画，以中文进行、德语同步翻译带领着与会嘉宾展开茶禅一味的心灵洗礼。

9日 中国香港咖啡红茶协会联合香港旅游发展局举办的“国际金茶王大赛 2010”华中区大赛在上海举行，吸引了各界高手云集现场，竞逐“金茶王”的美誉。

10～13日 为期 4 天的澳门茶博会在中国澳门举行了开幕典礼，参会人员来自中国两岸四地及越南、斯里兰卡、巴西等国的企业，是中国澳门历史上规模最大的一次茶业盛会。

19日 “6·18”茶叶科技创新成果评选活动暨第七届中国（福州）安溪铁观音茶王赛在福州举行，两岸茶叶品牌企业、茶叶专家汇聚榕城，进行现场评茶、斗茶。

21日 闽台茶业高峰论坛在中国台湾南投举行，海峡两岸茶人相聚一堂，畅叙茶韵茶缘，探讨深化合作之路，共同弘扬中华茶文化。

29日 《海峡两岸经济合作框架协议》（ECFA）在重庆签署。共有 539 类台湾产品和 267 项大陆产品受益于关税降低，台湾茶叶被纳入重点关照的“货物贸易早期收获”计划，成为协议的第一批受益货物。共有 18 项台湾农产品受益于“早期收获”，而茶叶就占了其中 6 项。台茶关税在两年内完成两级跳，由 15%降到零税率。

7月

5日 西湖龙井资讯平台报道：7 月 1 日，福建闽榕茶业有限公司董事长王德星在福州表示，福州将建最大茉莉花主题湿地公园。项目将建成世界级的茉莉品种资源库和繁育基地、茉莉文化展示区、湿地文化展示区和休闲风景区等十大功能区。项目预算总投资 1.5 亿元，建设期规划为 5 年。

7日 科技部下达国科发计［2010］265 号和国科发计［2010］280 号及国科发农［2010］297 号文件，公布了 2010 年度国家“星火”计划、国家农业科技成果转化资金项目及国家科技型中小企业创新基金等科技计划立项项目，金福茶业公司龙泉金观音茶优质高效生产体系建设和产业化推广、披云食品公司基于茶叶提取物：茶黄素的系列茶产品生产，列入了国家星火计划。

8日 浙江省嵊州市，在济南举办产品推介会。

13日 西湖龙井资讯平台：从浙江省安吉县工商局获悉，印度塔塔集团旗下塔塔茶叶有限公司和浙江省茶叶集团有限公司共同投资，在浙江省安吉县建成的茶叶深加工项目 7 月份完成正式投产。

15日 由高等农业院校教学指导委员会园艺学科茶学组举办，园艺学院承办的 2010 年全国高等农业院校茶学学科组会议在西北农林科技大学召开。来自安徽农业大学、湖南农业大学、浙江大学、福建农林大学、华南农业大学、西南农业大学、四川农业大学、云南农业大学、山东农业大学、华中农业大学、南京农业大学等全国 30 多所高校茶学系的专家参加了会议。

16日 西湖龙井资讯平台：由中国国际茶文化研究会公布的［2010］13 号文件——婺州举岩为中华文化名茶称号的复函，婺州举岩被列入国家级非物质文化遗产后，再获中华文化名茶殊荣。

22日 世界贸易组织（WTO）总干事帕斯卡尔·拉米在结束世博中心“世界贸易组织荣誉日”庆祝活动后，受到联合国馆总代表阿瓦尼·贝南的热情款待，贝南携中国世博十大名茶和世博“茶仙子”们等候在馆内，用联合国馆最高礼遇迎接帕斯卡尔·拉米的到来，并向他赠送了中国世博十大名茶组合装茶礼。

24～25日 西湖龙井资讯平台：由世界茶联合会主办的第八届国际名茶评比在杭州开幕。首轮评比在现代茶城及杭州农副产品物流中心管委会的共同努力下落户杭州，世界茶联合会会长、年近 90 高龄的王家扬亲临现场，还有许多茶叶专家到场评审。

30日 “世界茶王”李瑞河日前正式与溧阳签约，投资现代化绿茶加工厂、高科技绿茶观光园、茶文化博物馆，两地合作的产业链正在向第二产、三产业延伸。

8月

2日 西湖龙井资讯平台：浙江省成立了全国首个茶叶外贸预警示范点，探索全行业“破壁”之道。这个预警示范点是由浙江省国际茶叶商会和中国贸促会浙江调解中心建立的。浙江省国际茶业商会会长毛立民说，浙江绿茶出口多年来占全国的 70%，曾先后遭遇过欧盟、日本等国家和地区的技术壁垒。设立预警点是为了及时获取境外贸易壁垒尤其是技术壁垒的信息，协调茶叶企业及时应对，提高浙江茶叶出口竞争力，谋求茶叶行业转型升级。中国工程院院士陈宗懋为预警点工作小组的名誉组长。

12日 由香港贸发局与中国茶文化国际交流协会合办的第二届香港国际茶展开幕，超过 310 家来自 15 个国家和地区的参展商及千余位世界各地的业内买家因茶而聚。

18日 蓬莱绿茶试炒成功，茶场已开工建设，2011 年春可实现产业化发展。

18日 落户日照街道的日照茶博园开园，吸引了来自福建、安徽、云南、湖北等省内外 130 余家茶叶企业和 300 余家茶业、茶具及工艺品企业参展。5 天时间，实现交易额5 000余万元。

25日 西湖龙井资讯平台：8 月 23 日，商务部、财政部紧急安排 20 吨中央储备边销茶运往舟曲，由民政部门统一发放给受灾群众。边销茶，因用于供应边疆少数民族饮用而得名，此茶含多种人体必需的维生素和稀有元素，特别是茶碱的含量较高，长期生活在牧区少数民族习惯将茶捣碎对奶熬制成奶茶饮用。

30日 山东菏泽市牡丹区牡丹科研机构与山东农业大学、青岛农业大学合作，经过几年对牡丹花瓣、雄蕊的分析研究，近日成功开发出牡丹茶。

9月

3日 2010中国·正定北方茶博览会北方茶文化茶贸易研讨会在河北正定举行，石家庄市政府及正定县相关领导、中国国际茶文化研究会专家、北方茶业市场代表、正华集团领导、茶商代表、嘉宾、茶界媒体、新闻媒体等200人参加了研讨会，与会者就如何弘扬中国茶文化、打造北方茶业市场品牌，推进北方茶贸易等进行了研究讨论。

10月

18日 中国农业科学院茶叶研究所与浙江九遮茶叶有限公司签订选育黄茶品种的合作协议。这标志我国茶叶珍稀品种黄茶已经繁育成功。

26日 湖州陆羽茶文化研究会在浙江湖州举行第五次会员大会暨研究会成立20周年纪念大会。中国国际茶文化研究会常务副会长徐鸿道到会并致辞，湖州市委副书记朱坤民、副市长李建平、市政协副主席杨金土等出席大会。

28日 第四届世界绿茶大会暨2010世界茶叶节在日本静冈县举行。中国国际茶文化研究会常务副会长徐鸿道，副秘书长姚国坤、张莉颖等出席了此次大会。

11月

27日 由浙江省茶为国饮推进委员会和浙江图书馆联合主办的“茶为国饮　健康消费”系列讲座在浙江图书馆的文澜讲坛报告厅举办。中国国际茶文化研究会常务副会长徐鸿道、副会长沈才土、秘书长詹泰安、副秘书长黄子钧、浙江省消费者权益保护委员会秘书长徐建明、浙江图书馆馆长朱海闵出席了开讲仪式。系列讲座每月举办一次，共12讲。中国国际茶文化研究会名誉副会长程启坤教授进行了第一讲，题目是“中国茶文化的历史与发展”。

30日至12月1日 中国茶叶学会年会在合肥召开。会议以2010年中国茶叶学会团体会员会议暨科技创新与低碳茶业学术研讨会为主题，陈宗懋院士，中国农业科学院茶叶研究所杨亚军所长、江用文副所长等领导做了发言，并为中国名茶之乡获奖县市颁奖。

12月

1日 由厦门海沧检验检疫局人员参与起草的行业标准《进出口茶叶品质感官审评方法》正式实施。这项标准对原《进出口茶叶品质感官审评方法》、《出口乌龙茶品质感官审评评分方法》和《进出口茶叶感官审评室条件》进行了整合修订。

14日 由湖南省农业厅牵头，湖南省茶业协会、湖南省茶叶学会组织的“湖南十大茶品牌”评选活动，历时3个多月，经企业申报、协会和学会推荐、公众网上投票、专家评审，最终决出君山、白沙溪等十个企业品牌为湖南十大茶品牌。同时，专家还评出古丈毛尖、安化黑茶、保靖黄金茶、石门银峰等4个地方公共品牌。

14日 浙江省茶文化研究会会长会议在杭州召开，出席这次会议的除了省茶文化研究会的会长、副会长之外，还有各地、市茶文化研究会（促进会）的会长和秘书长，以及部分县（区）茶文化研究会的会长。

15日 中国茶城网消息：湖北省财政厅和湖北省农业厅联合下文，对2010年十堰市武当道茶品牌打造扶持资金570万元。其中，湖北省政府乌龙茶专项扶持300万元，用于武当道茶有机乌龙茶开发，直接扶持武当道茶品牌打造4家核心示范企业；湖北省农业厅从板块资金中安排270万元用于武当道茶品牌打造和基地建设，其中房县武当道茶基地建设60万元，湖北省武当道茶产业协会武当道茶品牌打造210万元。

16日 中国国际茶叶拍卖交易中心在浙江省杭州市正式开业并试运营。中国国际茶叶拍卖交易服务中心目标是建设成中国茶叶的交易中心、信息中心、价格形成中心、标准制定中心。

18～19日 由福建省台办、福建省农业厅、安溪县人民政府等联合举办的首届闽台茶乡交流会在安溪举行，吸引了闽台产茶乡镇的代表、嘉宾、茶商150余人与会，其中来自台湾的南投、宜兰、彰化、台北、新竹、高雄等产茶乡镇的代表、茶商30多人。交流会旨在促进两岸茶产业的交流和合作。

21日 吉林省最大的茶文化交流基地吉福国际茶城在长春市朝阳区启幕，该基地占地约1万平方米，被朝阳区文化产业办公室设立为朝阳区文化产业示范园区。茶城容纳了来自北京、安徽、台湾等120余家商户。茶城已与俄罗斯、日本等国的茶商签订了协议，将引进各国名茶供市民品茗。

21日 中国茶城网消息：中国茉莉花茶电子商务平台——横县茉莉花茶标准化电子交易品种正式上线开盘。这标志着横县茉莉花茶实现从有形市场向无形市场的新跨越。据悉，此次电子盘交易的是2011年3～5月份的产品，从11时开盘到11时30分收盘，横县茉莉花茶1号品种以每千克27.1元的价格售出12.382吨，2号品种以每千克27.5元的价格成交13.09吨，3号品种以每千克27.51元的价格成交62.122吨。

22日 海峡两岸黑茶文化交流暨安化黑茶传统工艺高峰论坛交流会在广州举行。国家级非物质文化遗产——千两茶制作技艺的传人83岁的李华堂、台湾著名茶人曾至贤来到了论坛现场。

25日 宜宾市人民政府、和君咨询公司与川红集团

签署协议，正式建立川红茶叶发展引导基金。宜宾市人民政府出资1 000万元，和君咨询筹集9 000万风险投资基金，共同组成总额为1亿元的川红茶叶发展基金，两年内分两个阶段投入川红集团后，将占川红集团30%的股份。

29日 纪念泾阳茯砖茶642周年暨茶文化论坛在西安举行，来自浙江大学、西北农林科技大学等专家学者就泾阳茯砖茶的历史变迁、营养与保健功能探讨交流。

30日 中国茶城网消息：漳州流香茶是漳州茶厂的传统老产品，近年来，漳州茶厂在市供销社的支持下，逐步恢复了一枝春、流香茶的生产经营，并且经过严格的农药残留检验，打入国际市场。

2010年第四次监测合格农业产业化国家重点龙头茶业企业

浙江省茶叶集团股份有限公司*
浙江华发茶业有限公司
浙江更香有机茶业开发有限公司*
安徽茶叶进出口有限公司
武夷星茶业有限公司*
湖北采花茶业有限公司
宜昌三峡茶城有限责任公司
湖南省茶业有限公司
湖南金浩茶油股份有限公司
四川省文君茶业有限公司
四川省峨眉山竹叶青茶业有限公司
四川省叙府茶业有限公司
贵州凤冈黔风有机茶业有限公司
贵州湄潭兰馨茶业有限公司
云南下关沱茶（集团）股份有限公司
云南双江勐库茶叶有限责任公司

注：名称后带*号，为更名企业
来源：中国国家农业网

2010 年通过认定的中国驰名商标的茶业企业

商　　标	注册人/所有人	类别及使用商品/服务
八马 Bama 及图	福建省安溪八马茶业有限公司	第 30 类：茶叶
开化龙顶及图	开化县特产局（茶叶局）	第 30 类：茶叶
叙府及图	四川省叙府茶业有限公司	第 30 类：茶叶
凤山 FENGSHAN 及图	福建省安溪茶厂有限公司	第 30 类：茶叶
福鼎白茶 FUDING WHITE TEA	福鼎市茶业协会	第 30 类：茶叶
蓝天 LanTian 及图	河南蓝天生态茶业有限公司	第 30 类：茶叶
径山茶	杭州市余杭区径山茶业管理协会	第 30 类：茶叶
龙润 LongRun	云南龙润药业有限公司	第 30 类：茶叶
巴山雀舌	四川巴山雀舌名茶实业有限公司	第 30 类：茶叶
九华山及图	舒学昌/河南九华山茶业有限公司	第 30 类：茶叶
文新 WENXIN 及图	信阳市文新茶叶有限责任公司	第 30 类：茶叶
政和工夫及图	政和县茶叶技术推广总站	第 30 类：茶叶
雾里青	安徽天方茶业（集团）有限公司	第 30 类：茶叶
古洞春	湖南古洞春茶业有限公司	第 30 类：茶叶
猴王牌 MONKEY KING 及图	中国茶叶股份有限公司	第 30 类：茶叶
武夷山　大红袍	武夷山市茶叶科学研究所	第 30 类：茶叶
坦洋工夫	福安市茶业协会	第 30 类：茶叶

评选机构：中华人民共和国国家工商行政管理总局商标局（按评选公布以时间先后顺序为列）。

部分茶业企业介绍

福建绿叶茶业股份有限公司

福建绿叶茶业股份有限公司是一家集茶叶生产、销售、茶文化传播为一体的民营企业。公司成立于2005年11月，由原福建绿叶茶业发展公司改制发展而来。公司总部落户在福建省福鼎市三门口工业园区。多年来，经过全体员工的不懈努力，公司现已发展成为拥有1.47公顷的厂房，其中茶叶精制总厂1座、茶叶初制厂3座，新建绿叶大楼4 800平方米，以生产福鼎白茶为主的宁德市茶叶生产骨干企业。连续被评为2007—2013年宁德市农业产业化龙头企业，2008—2011年获中国茶行业百强企业称号。太姥绿叶牌福鼎白茶被评为2008—2013年福建省名牌产品。获中茶杯七、八、九届一等奖、金奖、太姥杯茶王奖。2009年获省农业厅唯一白毫银针金奖，白牡丹银奖。2010年获省二十强茶企业，上海世博会中国元素活动区礼品茶。2010年获福建省著名商标。2011年白毫银针，白牡丹获省名茶称号。

公司生产经营以茶叶出口为主，产品主要销往欧盟、美国、日本、韩国，产品出口检测合格率达100%。为了保证茶叶原料的质量安全，公司主要在管阳镇高海拔地区建立基地。在管阳镇已建立符合欧盟标准的无公害茶园300公顷，113.3公顷有机茶园；并在白琳、峡门瑞云扩建有机茶园66.67公顷，覆盖周边农户1 000多公顷，黄芪子套种茶园20公顷。2010年投入四季花套种茶园2公顷。公司产品已进入北京、天津、安徽、上海、厦门、浙江、郑州、莆田、江苏、湖北、江西等地，并设有多个经营网点。公司旗下有福鼎市河山生态农业发展有限公司、北京太姥绿叶茶业有限公司。

福建绿叶茶业股份有限公司创办5年多来，正逐步发展壮大。公司率先在福鼎通过了QS认证、HACCP认证、IMO有机认证和GAP认证，并取得了自营进出口权、报关登记注册，商检卫生注册。企业拥有员工150多人，其中专业技术人员40多人，熟练技工达80多人，企业人员行业素养较高。公司正在新建白茶自动化生产线车间，提高白茶产品质量，提升公司的现代化科技水平，往白茶深加工发展。白茶爽与荷仙子茶产品于2010年6月投入市场，并受广大消费群众所喜爱。其中福鼎白茶爽于2011年5月通过科技成果评审，与会专家听取了项目组的汇报，审阅了有关材料，经质疑和讨论，形成如下评审意见：

1. 该项目提供的技术材料真实齐全，数据可靠，符合科技项目评审要求，研究成果居国内同类研究领先水平。

2. 该项目以福鼎白茶为原料，提取白茶提取物生产白茶爽。本产品已出口瑞士。

3. 该项目的实施，延伸了产业链，提高了茶叶的附加值，解决了中低档茶叶原料的出路，促进了茶业增效，农民增收。

综上所述，该研究成果具有创新性、实用性，经济效益和社会效益显著，推广应用前景广阔。研究成果居国内同类研究领先水平。

公司将借助科技的力量，有效整合资源，进一步推进企业往高新科技企业发展。

5年发展计划：

1. 建白茶科技研究茶园4公顷，专家、实验楼，占地面积达到1.73公顷。专家楼、研究楼、实验楼、茶艺楼、宿舍楼、高校学生实习楼，将在2012年动工总投资达5 000多万元。

2. 厂房改建

（1）在2011年9月份动工原厂房改建：①全不锈钢自动化白茶生产车间400平方米。②茶食品生产车间（3万级）800平方米。③茶保健食品车间（10万级净化车间）1 200平方米，3条设备生产线。④实验室200平方米，展示厅200平方米，在2012年6月底投产。⑤新建500平方米宿舍楼于2012年12月完工。

（2）在2012年8月动工原厂房改建：①改建600平方米绿茶精制车间1个。②改建460平方米绿茶初制茶车间1个。③改建460平方米白茶老传统生产车间2个。④改建600平方米老白茶陈年仓库1个。

3. 2011年将与武夷学院合作，联合创办武夷学院太姥培训实习中心。

4. 公司与浙江大学合作研发的白茶深加工新产品：白茶降糖茶宁片、白茶多酚降脂片。

5. 白茶深加工产品

（1）已申报国家专利3个（白茶爽、白茶多酚降脂片、白茶荷仙子）。

（2）白茶多酚降脂片：使用者80%以上有效，已经申报专利。

（3）白茶降糖茶宁片：2012年申报专利，建字号。

（4）2012年与福建中医大学合作研究白茶茶功能茶保健食品。

福建安溪岐山魏荫名茶有限公司

（一）公司概况

福建安溪岐山魏荫名茶有限公司是一家集铁观音科研、种植、生产、加工、销售、服务、品牌加盟运营和茶文化推广为一体的茶业综合性公司，总部设在安溪城东工业开发区，占地2公顷，总建筑面积3万余平方米，下属有茶园200余公顷，铁观音科研所、铁观音制作技艺传习所、铁观音文化园（铁观音茶史馆、铁观音文化广场）、铁观音生产加工厂、汕头市天龙名茶发展有限公司等实体。

魏荫名茶拥有200多公顷的绿色生产基地，以及加工厂和成套的先进乌龙茶初制与精制设备；还拥有遍布全国的商业通路营销模式、全国电话营销中心和网络营销新模式；拥有中国铁观音母树保护区和中国铁观音种质资源DNA指纹图谱库的科研攻关项目，以及5 500平方米的综合科研大楼。

魏荫名茶创办者系铁观音始祖魏荫第九代传人、国家级非物质文化遗产乌龙茶铁观音制作技艺代表性传承人魏月德。公司坚持诚信经营的理念，坚守自然、生态、环保、健康的研制准则，秉承传统，科技创新，百年品质，与时俱进。以“做茶先做人”的思想和中国茶道和、静、怡、真的基本道义为指导，建立了一支团结、专业、高效、卓越的精英团队，现有高水平复合型的技术、管理人才50多名，还聘请业内权威专家作为公司顾问。

公司坚持“做茶先做文化”的企业理念。2000年，魏月德在西坪岐山魏荫铁观音初制厂内设立铁观音研究所，成为茶叶界专家学者研究铁观音的试验基地；2003年，由公司承办的安溪铁观音茶始祖魏荫诞辰300周年暨铁观音学术研讨会在松岩村茶史馆隆重举行；2002年以来，《婀娜公主》、《铁爷茶馆》、《铁观音传奇》等众多电视连续剧和电视专题片在安溪取景开拍，公司均给予大力配合，并首创《魏荫铁观音之歌》等。

2005年，公司斥巨资，历时3年打造的铁观音文化园在安溪落成。文化园位居安溪城东工业园，占地1.8公顷，集茶品种观赏、茶文化展示、茶产品展销为一体，设有铁观音茶史馆、魏荫名茶产品展示厅、魏荫茶艺馆、铁观音精制厂、铁观音研究所、铁观音传习所、魏荫会所七大功能区，将中国铁观音文化与公司企业文化有机融合在一起。建设铁观音文化园，就是要保护国家级非物质文化遗产，进一步弘扬发展安溪铁观音文化，在数百年茶乡文化积淀的基础上，饮茶思源，回报社会。所以，魏荫名茶文化园，不仅是全国首个铁观音文化园，而且其对外免费开放的条件，让它成为传播中国茶文化和宣传安溪铁观音茶文化的地标性窗口。

（二）发展历程

公司创办者魏月德，自小由父辈传教制茶技艺，14岁开始开山种茶，发展茶苗。1981年起，凭借高超的技艺连续3年在闽西国有农场担任乌龙茶制作师傅。1985年，创办安溪第一家个体茶叶加工厂，并前往潮汕地区开拓茶叶市场。1992年起，多次个人独资举办茶王赛并在历届茶叶比赛中屡次获得“茶王”称号及其他荣誉。1995年，在汕头创办天龙名茶有限公司。1998年，创办安溪岐山魏荫名茶有限公司并建设安溪首个铁观音绿色食品基地。1994年，成立安溪铁观音研究所。2008年，斥资2 000多万元，建立了占地达1.8公顷的铁观音配送中心并创办全国首个铁观音文化园。所经营的魏荫名茶有限公司屡获殊荣，在茶叶界享有盛誉。注重铁观音文化的宣传及铁观音制作技艺的传承和保护，创办铁观音技艺传习所，著有《魏荫与铁观音》、《铁观音秘籍》等书籍并多次举办铁观音茶文化活动。多次参与铁观音有关科研项目的研究开展。积极投身公益事业，饮茶思源，回报社会，得到社会的高度认可。

（三）企业的社会效益和经济效益

公司致力于茶产品的研发、生产、营销及茶文化的传播，创造了一条龙的产业链和科学研发的产业氛围，成为现代茶产业龙头企业。

1. 科技兴茶战略 2011年是魏荫名茶公司科技发展的重要时机。魏荫已着手建立铁观音DNA指纹图谱，力争3年内全面完成铁观音种质资源DNA指纹图谱库建立，开展安溪铁观音茶树种质资源的保护与利用。

该项目主要内容包括，收集并保存铁观音种质资源，在公司基地建立纯种铁观音母本园，开展鉴定和检测；在此基础上开展铁观音种质资源DNA指纹图谱库的研究与建立。将致力于研究确定铁观音茶树DNA的提取方法，建立铁观音DNA分子标记扩增体系，利用DNA分子标记技术进行铁观音茶树资源的分子鉴定和遗传多样性分析，建立铁观音种质资源的DNA指纹图谱库，明确铁观音种质资源的遗传基础；开展铁观音提纯复壮技术研究与示范推广。届时，安溪铁观音品茶的质量、品种将向深度和广度拓展，对安溪茶叶产业发展起着结构性导向的作用。

2011年7月公司成为福建农林大学中国铁观音种质资源保护和研究基地。公司成为福建农林大学博士工作站。

2011年8月公司成为福建武夷学院铁观音种质资源保护和研究基地。

公司拥有享受国务院政府特殊津贴专家孙威江教授、博士生导师指导的博士、硕士、本科生、茶艺师等组合而成的专业科研队伍。

2. **弘扬铁观音茶文化** 公司秉承传统、传承、传人的理念，根脉传承，铸就百年品质。在弘扬铁观音茶文化上，公司作出突出贡献。2008年公司建立全国首个以铁观音茶文化为主题的公园；2009年和2011年分别参加中国成都国际非物质文化遗产节，让世人感受安溪铁观音传统制作技艺的独特技艺。文化带动经济发展，文化纽带加快安溪铁观音文化的弘扬，进一步拉动安溪茶产业的可持续发展，提高茶叶的品质和文化底蕴。饮茶思源，回报社会，公司积极参与茶园基础建设、茶乡交通建设和文化建设，为茶乡经济发展作出了重大贡献；公司敢于担当先锋，勇于开拓茶叶市场，以诚信和品质为经营理念，不断取得顾客的信赖，为安溪铁观音赢得了良好的口碑；公司推崇和、静、怡、真的中国茶道，弘扬茶文化，促进社会和谐发展。

行业翘楚竞风流

——记浙江华发茶业有限公司

10多年前，当一家小公司挂起牌子时，谁也不曾想到，这个仅有几万元资本、10多名员工起家的小公司，会发展成全国茶叶行业龙头企业——浙江华发茶业有限公司。

如今，浙江华发茶业有限公司已是全国最大的茶叶加工企业之一，农业产业化国家重点龙头企业，全国农产品加工出口示范企业，行业综合排名全国第二位，2002年起在全国茶叶加工企业中收购、加工、出口连续多年名列第一，集科研开发、技术推广、生产加工、国际贸易为一体的大型绿茶生产加工出口企业。

（一）艰苦卓绝，打造茶业王国

1994年2月，尹晓民创立了第一家茶叶民营企业——嵊县华发贸易公司，也就是浙江华发茶业有限公司的前身。

而后，华发几经变迁。1999年，在城东南开发区征地1.2公顷，建成8 000吨的出口茶叶加工生产线，年销售额达1亿元；2004年，落户市经济开发区，征地11.4公顷，建成3万吨出口绿茶生产线，销售额超过2亿元，在全国同行业中第一家实行了茶叶洁净化、规范化生产，所获专利和科技成果填补国内空白；2006年销售额超3亿元，自营出口超过2 000万美元。

2010年，公司加工出口茶叶2.58万吨，实现销售32 000万元，自营出口3 406万美元，茶叶出口占全国茶叶出口总量的8%，绿茶出口市场占有率12%。

嵊州作为全国茶叶之乡，原来只有几家国有茶叶精制加工厂，珠茶年加工量约占全国总量的10%，随着华发的裂变式发展，当地130多家精制茶叶加工厂如雨后春笋般涌现，不但解决了一大批下岗工人的再就业问题，而且也推动了4 000多名技术型的农民到江西、福建、安徽等省承包茶园，提升了整个嵊州市的产茶潜能，全市的茶叶加工量从1995年的7 500吨，猛增加到2004年的3万吨，珠茶加工出口量占到了全国的60%，而“华发”就占嵊州茶叶加工出口量的55%。小小的茶叶，通过产业化的集聚，成了带动一方经济发展、农民致富的重点优势主导产业。

21世纪初起，华发开始将产业拓展到上游原料基地，借助“龙头企业＋基地＋农户”的形式，在全国茶叶主产区建立分厂7家，在福建、江西、湖北和浙江安吉等地直接、间接建立和联结茶叶基地1.07万公顷，联结农户6万户，联结茶叶供应商、茶叶机械厂、茶叶初精制加工企业、贩销大户100多家，建立出口茶叶备案基地8个，面积0.4万多公顷，居全国茶叶出口企业首位，通过茶叶收购、劳动就业等带动农民年直接增收3 000多万元，带动茶园承包、运输、包装等产业增收8 000万元以上；公司通过多年不断的探索和实践，逐步建立多种形式的基地联结模式和农民利益联结机制，完善和促进了茶叶产业化发展。

（二）科技品牌，实现跨越发展

对一个优秀的企业来说，品牌是企业生存和发展的生命力，华发也正是这样，一路高举品牌发展的大旗，倾力推进品牌战略，以品牌建设提升企业发展“加速度”，一口气跑到了今天。

为全方位推进品牌建设，公司在通过ISO9001、ISO14001、HACCP等国际管理体系认证的基础上，进一步加强了质量安全管理，实现标准化生产，建立农产品可追溯体系和质量安全检测与监督体系；公司先后承担两项国家级星火计划项目和多项省级星火计划项目，注重新产品、新技术的科技开发能力，进一步开拓国内外市场。公司的皇帝牌产品和商标，先后被被评为浙江名牌产品、浙江出口名牌、浙江省著名商标和中国驰名商标。此外，公司每年承办嵊州茶叶炒制大赛，引进了中国茶叶加盟店，带动嵊州茶叶走向品牌时代。

2009年以来，受国际金融危机等因素的影响，华发也面临挑战和危机，华发人在全力开拓国际市场、实施走出去战略的同时，引领茶业从“块状”走向“集群”，带动行业科技进步和提升食品安全，叫板进口商，集体提价，改变行业恶性竞争现状，兴建嵊州（中国）茶叶城，进一步巩固嵊州出口茶原料集散中心地位，同时带动第三产业的快速发展……可谓一路跨越，一路高歌，一路辉煌，一步步抢占了行业制高点，一次次书写了中国茶叶行业的发展奇迹。

（三）热心公益，不忘社会责任

多年来，公司一直以维护行业利益、加强食品安全与环境保护、强化科技兴农、基地建设为己任，热心社会公益事业，积极回报社会。

华发在不断刷新事业高度的同时，并没有忘记所肩负的社会责任，重点从教育事业、农村建设、农民就业、慈善捐助、公益活动、社会团体等几个方面支持公益事业，累计投入近 600 万元。公司是嵊州市纳税 20 强企业，2009 年实现税收1 851万元。

在经营活动中，公司认真分析影响环境保护、节能降耗、安全生产、公共卫生等公共责任的有关因素，重视技术改造和升级，严格控制原料质量，制订了控制方法和具体目标，并以绿色、环保、健康为宗旨，为社会提供优质的产品和服务，切实提高行业食品安全水平。

（四）与时俱进，攀登永无止境

在不断加强基地建设、持续促进农民增收、全方位推进品牌建设、大力拓展产业化经营的同时，公司强化内部管理，在开源节流、优化结构、引进人才这三方面做足文章，确保主营业务稳定增长。

2010 年，公司进一步明确发展战略：以茶叶产业为平台，延伸产业链，发展多元化经营，打造国际品牌，全面提升公司核心竞争力；稳步提升公司主营业务。加强基地合作关系和扶持力度，建立茶叶示范基地，加强源头管理，推广茶园生产技术，加大基础设施投入；推进全面绩效管理，降低企业经营成本；积极拓展国内外市场，开发有机产品；加强质量安全，实现标准化生产，建立产品质量安全检测与监督体系，逐步发展自主品牌。

根据企业发展愿景与发展战略规划，公司制订了中长期和短期发展方向与绩效目标，向标杆看齐，全面提升内部管理水平与运营能力，开展股份制改造，进一步开拓国内外市场，提升公司赢利能力与水平，进行产业链整合，逐步开发新技术、新产品，全方位开拓国内、国际市场，朝产品多样化、市场多元化、服务优质化、管理规范化方向发展，努力成为茶叶加工行业领军企业。

创环保生态企业　建持续发展未来

——浙江茗皇天然食品开发有限公司

浙江茗皇天然食品开发有限公司坐落于国家 AAAA 级旅游景区——龙游石窟景区内，是一家致力于天然食品研发和生产的企业。其前身为龙游县茶厂，创办于 1980 年。1988 年与浙江大学茶学系合作研发速溶茶。年产能力达到4 000余吨，是国内最早实现速溶茶工业现代化生产和出口量最大的速溶茶专业生产企业之一。

公司占地面积 5 万平方米，建筑面积 3 万平方米，拥有 5 个速溶茶生产车间，一个生物科技开发公司，一个速溶茶省级农业科技研发中心。公司建有独立的品控机构和专业的感观审评室、理化检验室、微生物检验室以及国际先进的液相、气相色谱设备，2010 年通过浙江省出入境检验检疫局出口商品生产企业实验室检测能力评定。

公司为国家高新技术企业，浙江省农业科技企业，浙江省农业龙头企业，中国饮料工业协会理事单位，浙江省茶叶产业协会理事单位。先后荣获浙江省成长型中小企业、最具成长潜力 100 佳中小企业、茶叶流通协会 2011 年度中国茶叶行业百强企业称号。产品获得全国科技博览会银奖、浙江省科技进步奖等，通过 IMO 有机产品认证、HALAL 清真认证、ISO9001 质量管理体系、HACCP 食品安全管理体系及 ISO14001 环境安全管理体系等多项认证。公司董事长兼总经理傅竹生先后获得“浙江省科学技术进步优秀奖”，荣获共青团中央、国家科委“全国农村青年星火带头人”、龙游县十佳创业带头人、衢州市创业创新先锋、衢州市优秀中国特色社会主义事业建设者等称号。

（一）抓住机遇，持之以恒，致力于开发茶叶深加工产品

1981 年，傅竹生进入原龙游县茶厂工作，先后担任副厂长和厂长。1988 年，当大宗茶步履维艰的时候，傅竹生与浙江农业大学合作开发茶叶深加工产品——速溶茶，在我国已故著名茶学家、博士生导师张堂恒教授的主持下，经过 4 年的努力，成功开发出速溶茶产品，并获得了国家专利。1992 年，为了将速溶茶产品工业化，合资成立了深圳高丽食品有限公司龙游分公司，由傅竹生出任厂长。正当傅竹生以为可以大展宏图的时候，1997 年，固体饮料市场突变，产品滞销，企业逐步走向亏损，濒临倒闭。在困境中，通过对市场的深入了解和分析，他认为速溶茶产品有生存和发展的空间。1998 年，浙江龙游茗皇天然植物制品有限公司正式成立。2000 年，公司筹集资金，投资 300 余万元，扩建一条年产 350 吨速溶茶生产线，使年产规模达到 500 吨，成为当时国内 3 家主要速溶茶生产企业之一。2001 年，傅竹生和美国中西公司合资，为企业的可持续发展奠定了基础。2002 年以后企业进入快速发展阶段，企业主导产品——速溶茶年生产能力达到4 000吨，先后成为可口可乐国际公司全球合格供应商、康师傅国际集团合格供应商、卡夫国际食品有限公司合格供应商。同时，公司与联合利华、沃尔玛、丸红、农夫山泉、香飘飘、红牛、麒麟等也有良好的合作关系。2010

年公司产品近40%出口欧美、东南亚等40余个国家和地区，同时供应康师傅、可口可乐、今麦郎、香飘飘、麒麟、旺旺、银鹭、惠尔康等国内知名企业。有茶园基地0.67万公顷，每年采购茶叶1万余吨，带动茶农3万余户，是国内规模最大和最早实现速溶茶现代化工业生产企业之一。

（二）依靠人才和科技创新，始终走在茶叶深加工行业前列

傅竹生坚持两手抓，一手抓人才队伍建设，一手抓企业科技创新。

他认为，人才是决定企业成败的关键。为营造尊重人才、爱护人才、信任人才的良好环境，公司每年进行培训征询调查，征求员工的培训需求，制订年度培训计划，根据企业实际情况和人才自身需求，采用光碟培训、领导授课、外出学习、邀请培训师来公司培训等多种形式，帮助人才实现个人职业生涯目标。近年来，公司领导层全部参加了浙江大学MBA的学习，所有中层以上干部也分别参加了浙江大学、浙江财经学院举办的为期1～2年的研修班，公司每年还举办一期后备干部培训班。真正做到引得进人才，留得住人才，用得好人才，实现企业价值和人才价值的统一。

公司不断加大科技创新投入，组建了产品研发中心，购置了先进的测试仪器设备，配备小试设备1套、中试车间1座，每年投入研发经费200余万元，为自主研发创新提供了良好的平台和条件。研发中心现已成为浙江省植物提取物高新技术研发中心和浙江省农业科技企业研发中心。近年来，公司研发团队依据客户的不同要求，分别为康师傅、香飘飘、国际卡夫食品等大型饮料公司开发出不同规格的新产品。公司不仅从事茶叶提取物的研究开发，还不断开发非茶类植物提取物。公司开发的产品有10余个品种，100余个规格，并已经申报了多个专利。其中省级新产品就有10余个规格，公司每年新产品实现的销售收入均在千万元以上。公司研发中心先后与浙江大学、浙江工业大学、中国农业科学院茶叶研究所等科研院校紧密合作，开发了速溶茶脱咖啡因新技术、速溶茶加工脱农药残留新技术、速溶茶二氧化碳中空造粒新技术、酶解高品质速溶红茶技术等，和浙江大学合作开发的废弃茶渣生产有机无机复混肥项目解决了大量废弃茶渣的污染问题，产品被列为县农业局推广示范产品。科技创新为企业发展提供了源源不断的动力，使企业始终走在行业前列，成为名副其实的排头兵。

（三）关爱员工，回报社会，实现经济和社会效益的有机结合

企业发展了，傅竹生不忘员工的努力、社会的支持。他关爱员工，公司逐年提高员工工资和福利待遇，2010年公司员工平均年收入达到3.6万元。为回报社会，他个人为学校、社区居委会、受灾地区等进行公益性的捐助达20多万元，获得了社会的好评。

重庆茶业（集团）有限公司

重庆茶业集团成立于2005年，前控股单位重庆市二圣茶业有限公司成立于1976年，是集茶树良种繁育、茶园生产基地建设、茶叶加工制作、科技示范、优势品牌培育、茶文化推广于一体的国有资本和民营资本混合所有制经济的茶业综合型企业集团，先后被评为重庆市农业产业化市级龙头企业、重庆市农业综合开发重点龙头企业、重庆市示范农业龙头企业。近几年来，重庆茶业集团无论从茶叶种植、加工到产品销售，都实现了“跨越式”的大发展。

1. 以标准化茶叶基地为依托，实现茶叶品质的优质化 公司生产基地位于巴南区海拔600～1 000米的巴渝茶山，建有20公顷良种树母本园、3.33公顷茶树品种园、6.67公顷扦插苗圃、33.33公顷良种茶树生产示范园及1 100平方米全控温室，还建立了重庆市国家级茶树良种繁育基地、国家级茶园标准化示范区；与西南大学茶学系和重庆市茶叶研究所建立了长期的技术合作关系，被中国农业科学院茶叶研究所认定为茶业产业化定点服务企业，被西南大学食品学院指定为教学、科研、实习基地。

公司不断发展茶园基地建设，现自有无公害有机良种茶园约533.33公顷。同时，采用“公司＋基地＋专业合作社＋农户”的产业发展模式，与巴南、江津、南川、城口等地区农户结成广泛的利益共同体，辐射茶园面积2 000余公顷，为公司发展奠定了坚实的物质基础，取得了良好经济效益和社会效益。

2. 提升茶叶制作水平 实现加工过程的清洁化 公司修建车间5 000平方米，科研中心1 000平方米，冷藏库1 000立方米，引进了具有国际国内领先水平的日本蒸青绿茶生产线、名优茶生产线、沱茶生产线、全自动包装线，韩国进口色选机、提香机等茶叶精制设备、检测设备等共计20余台套，年生产加工能力2 000吨，实现了茶叶生产过程的连续化、清洁化、优质化、高效化。同时建立并完善了质量管理体系、加工技术规程，从设备和技术方面为生产高品质茶叶提供了强有力的保障。

3. 坚持科技兴茶，开创中国特早茶知名品牌 重庆茶业集团始终坚持质量是根本，品牌是核心的宗旨，近10年来，重庆茶业集团实施品牌战略，以打造国家级茶叶知名品牌为目标，通过媒体广告、专业展会、公益活动等形式扩大宣传，培育了定心、巴南等优势品牌，努力将定心塑造成为中国高端绿茶、塑造巴南银针成为重庆名茶，并且品牌知名度、产品市场竞争力及市场占有率已经得到了明显提升。

巴南银针和定心·巴渝银针两大核心产品，分别获得第六、七、八届“中茶杯”一等奖、中国名牌农产品、中国鼎尖名茶、重庆市十大名茶、历届“三峡杯”金奖等众多荣誉；还分别成为第五届亚太城市市长峰会唯一指定用茶和馈赠各国市长礼品；重庆直辖10周年庆典接待用茶和唯一指定礼品茶；第十一届中国科协年会唯一指定用茶；2010年上海世博会重庆馆唯一指定礼品茶。2010年2月7日，在重庆茶业集团茶叶生产基地成功举办了2010年中国（重庆）迎春特早茶开园仪式，农业部种植业司领导、重庆市人大、市政协、市农委等领导出席并讲话；国际著名茶学专家、中国工程院院士陈宗懋、中国国际茶文化研究会常务副会长徐鸿道、副会长沈才土等数十名业界知名专家出席此次活动，陈宗懋院士、沈才土副会长分别现场题字“定心·巴渝银针　中国特早茶”、“巴渝春来早　中国第一泡”，奠定了中国重庆特早茶的地位和定心·巴渝银针的品牌知名度。

4. 建设全方位多渠道市场网络和销售平台　重庆茶业集团的品牌战略植根于市场，并通过扩大市场的深度和广度加速茶叶产业化的进程。公司拥有专业的营销团队和完善的营销体系：首先稳固并扩展了传统商超渠道，销售网点覆盖重庆市内各大主城区及区县；其次在全国建立直营店、特许加盟连锁店，高端品牌销售点辐射西安、太原、天津、成都、徐州等各大中城市，渗透国内茶叶市场；同时设立了电子商务平台，满足多样化需求，将市场触角延伸到全国各地，集团在全国共有专业茶叶销售点300余个。

5. 热心公益，回报社会　公司在发展过程中，不忘积极践行农业龙头企业的社会责任，几年来投入大量资金，通过修建乡村公路、人行便道、赠送茶苗、技术培训、直补经费等方式，扶持农民发展茶园，带动农民增收致富。

重庆茶业集团是重庆市重点农业产业化龙头企业，每年直接向茶农收购鲜叶5 000吨，实现产值1.6亿元，间接为12 000余人提供了就业岗位，同时在环境保护方面也积极践行节能减排、低碳低毒，可持续性发展的管理模式，实现了很好的社会效益。

重茶集团，专心做茶30年。集团以中国绿色生态茶产业领军者为定位，以构建和谐茶智人生为使命，秉承“树中国茶叶品牌　建多元流通渠道　推动茶产业发展”的经营理念，重茶集团全体员工将以开拓创新、团结协作、踏实做事、敬业奉献的企业精神，为中国茶业的发展作出贡献。

企业曾获得荣誉：2001—2010年度连续获重庆市农业综合开发重点龙头企业；2003—2009年度连续重庆市农业产业化市级龙头企业；2007—2008年度AA级检免审企业；2007年中国农业部＼神农中华农业科技奖奖励委员会中华农业科技奖三等奖；2002—2008连续获得巴南区守合同重信用企业；2009年获改革开放30年·重庆食品经济影响力十大企业；2010年中国茶业行业百强企业；2010年食品安全诚信示范企业；2010年重庆市食品工业十强企业。

日照市百满茶业有限公司

日照市百满茶业有限公司坐落在江北绿茶第一镇——巨峰镇后崖下，创建于1996年，是一家集茶叶科研、栽培、加工、销售于一体的日照市农业产业化重点龙头企业。

企业始终坚持“精心做茶，诚信做人，质量第一，诚信至上”的宗旨，以提高茶叶质量、增加茶农收入、突破茶业发展“瓶颈”期为目标，求真务实，以质量求生存，以信誉求发展，规模不断扩大。现有无公害茶叶基地180余公顷，合作社成员678户，年加工能力90吨。百满茶园被评为市级农业标准化示范基地。产品先后通过了国家QS认证、无公害、有机认证。公司设有质量检验室，茶叶保鲜库，一流的设备，一流的管理水平和一流的加工工艺造就了一流的产品——百满绿茶。百满绿茶得到了社会各界的一致认可，百满绿茶在国家、省、市各级的茶叶评比中获奖20余项，其中，2006年被评为山东十大名茶，首届“觉农杯”茶叶质量评比优质茶奖，2009年荣获第八届“中茶杯”全国名优茶评比一等奖，山东省消费者满意单位，2011年荣获第九届“中茶杯”全国名优茶评比一等奖，山东大众放心茶。质监局批准认定为日照绿茶地理标志保护产品，认定百满绿茶商标为山东省著名商标，中国农业科学院认定为有机绿茶认证产品。宋百满个人被评为山东省科普带头人、日照市乡村之星、岚山区优秀政协委员。

百满绿茶凭借过硬的品质和质量安全保证销售网络辐射北京、天津、济南、日照、淄博、泰安、烟台等地市，现有连锁店28家，并进驻多家大型超市，真正实现了农超对接，畅销全国。

在企业不断壮大的过程中成为产学研的综合体，在2008年联合青岛农业大学等知名高校，成立了百满茶叶研究所，以搭建研究平台，加强人才培养，打造创新团队；开展茶叶抗冻选种，无性繁殖，无公害栽培管理等研究；以关键成果产业化为目标。加强技术推广，服务广大茶农。2008年1月，由日照市百满茶业有限公司总经理宋百满发起成立岚山区后崖下茶业专业合作社，构建“企业＋合作社＋农户＋基地”的茶叶生产经营新模式。实行统一技术指导，统一配方施肥，统一病虫防治，统一越冬管理，统一鲜叶采摘，统一收购的“六个统一”管理措施，“六个统一”进一步提高了茶叶质量，真正实现了茶叶无公害生产，实现了茶叶发展的良性循环。为提高合作社成员的文化水平和专业知识，在农业部门的帮助下，积极与山东省农广校合作办学把农广校日照分校办到岚山区后崖下茶业专业合作社，2010级培训合作社成员50人，2011级50名学员已报名完毕。合作社邀请山东农业大学、山东省果茶站、日照茶叶科学研究所等有关专家举办专题讲座，免费对茶农进行茶园管理和茶叶加工工艺的技术培训。2009年以来，先后培训企业技术人员和茶农近1万人。初步形成了科技人员直接到户，良种良法直接到田、技术要领直接到人的茶叶技术服务体系。

百满茶业有限公司和合作社成立至今，实现了5个促进。一是促进了茶叶生产结构调整，形成了规模生产，实现了规模效益；二是促进了以销定产，达到生产、加工、销售协调统一，增加了社员收入，提高了企业效益；三是促进了茶叶原料来源质量的提升，保障了产品质量，四是促进了订单管理，实现了利益共享；五是促进了科学技术的普及和推广，提高了生产水平。合作社的成立，把分散种植的农户统一起来，走上了规模化、科学化、标准化发展的路子，为规范当地茶叶鲜叶交易，百满茶业筹建了惠及巨峰镇及周边村镇的茶叶交易市场，茶叶鲜叶生产旺季日交易量达到4万千克左右，服务和带动了周边茶叶产业的有序、健康发展。

公司一系列的发展举措，不仅给企业带来了巨大的经济效益，也带来了巨大的社会效益，合作社的成立更是让茶农受益，他们可以定期领到免费有机肥料，接受免费的技术培训等。这不仅减轻了社员的负担，提高了社员的素质，而且提高了茶叶的质量。在发展中，茶农的每亩(667平方米)平均收入增加2 000元，带动农民致富3 000余户。公司被授予市级重合同守信用企业、市级农业标准化示范基地山东省优秀茶文化企业、山东省消费者满意单位。合作社被授予岚山区诚信文明合作社、日照市科普惠农先进单位、山东省十佳订单销售型农民专业合作社、2011年度中国茶叶十大专业合作社。

重庆云岭茶业科技有限责任公司

重庆云岭茶业科技有限责任公司成立于1996年，注册资金1 370万元，是重庆市农业科学院下属经济实体，主要致力于茶叶科技成果转化，促进农民增收，推进重庆市茶业产业化和社会主义新农村建设。

公司现有茶树品种基因库3.33公顷，标准示范茶园面积100余公顷，生产基地666.7余公顷，标准生产车间和办公大楼6 000余平方米；拥有连续化针形名优茶生产线及乌龙茶、袋泡茶、优质大宗绿茶生产线，拥有云岭、川秀商标，云岭商标为重庆市著名商标。

公司通过了ISO9001：2008质量管理体系认证、无公害农产品产地认证、无公害农产品产品认证、有机茶认证和QS认证，是重庆市“十强”茶业企业、重庆市市级农业产业化龙头企业、国家级扶贫龙头企业；永川秀芽茶叶科技生产示范观光基地被评为全国农业旅游示范点。

公司已形成云岭牌永川秀芽、云岭牌茉莉秀芽、云岭牌优质绿茶三大主要产品系列，其中，主营核心产品为云岭牌永川秀芽系列针形名茶，云岭牌永川秀芽于1989年被农业部评为优质农产品，1999年、2001年在中国国际农业博览会上认定为名牌产品，2000年中国（成都）国际茶博会及2005年中国（重庆）国际茶博会上荣获金奖，享有重庆市首届“十大名茶”称号。产品畅销于重庆、四川、北京、上海等市场，形成了以重庆本地市场为中心，辐射全国的销售网络体系。

公司长期坚持以科技为本，服务“三农”为指导思想，以专业、生态、健康为理念，以缔造卓越科技，铸就专业品质为企业核心文化，以产品出厂合格率100%为质量承诺，围绕自主创新、品牌建设、成果转化、市场推广，打造行业名牌，实现垂范渝茶的奋斗目标。

湖南泉笙道茶业有限公司

泉笙道，水自香。经过10年的探索和运营，湖南泉笙道茶业有限公司无论在经营战略、企业文化，还是在创新经营、营销规模上，都取得了令人瞩目的成就。

作为茶饮机的首创者，泉笙道迅速改变杯泡的传统饮茶习惯，让人享受易备、恒温、浓淡相宜的茶水，一步踏上现代生活的快乐节奏。

作为黑茶养生的先行者，泉笙道让人们从饮茶健康提升到养生修行，体会调饮的乐趣，释放心灵的沉积，愉悦身心。

作为茶文化的发扬者，走进黑茶古老的传说，寻求茶马古道种种风情，探索禅意盎然的品茶生活，使人流连忘返中感悟升华。

如同以往茶之丝绸之路，茶之草原之路，茶之海洋之旅，及茶马古道，今天的茶叶之路也非易事。泉笙道茶业有限公司泉笙道、禅洱、和藏品牌自2008年起在中国主流的茶业博览会上多次获得金奖，泉笙道的营销网络扩展到全国21个省份，已然成为全国黑茶行业的强势品牌。

公司2010年投产了一条茯茶生产线，拥有多项技术创新和发明专利，是目前最现代化的黑茶生产线，将极大地改变黑茶依赖人工的格局。公司研发与管理团队与湖南农业大学、湖南茶叶研究所、湖南师范大学等单位不断深化合作，有机地将文化、产品、管理、生活方式融合在一起，推出服务性产品，使公司合作伙伴越来越多，效益越来越好，心情越来越快乐。

公司将以茶文化为核心，专注品牌建设和优质黑茶生产与研发，成为公司合作伙伴的良师益友，成为消费者可信赖的法人。

咸宁市芽旗香茶叶研究中心

咸宁市芽旗香茶叶研究中心是集茶叶科研、科技成果开发于一体的科技型企业，是湖北省科技厅认定的茶叶科技成果转化中心，中心位于风景秀丽、气候宜人的咸宁市温泉旅游区，现有干部职工80人，专门从事茶叶科研的专业技术人员20人，其中国管专家1人，高级职称8人，现有基地茶园面积200公顷，生产加工车间3 000平方米。年产名优茶为120余吨，年产值2 000余万元，利税1 000余万元。年繁育良种茶苗3 000余万株，加快了湖北省茶树良种化进程。另外中心在咸安大幕乡白云山开发有机茶基地70公顷，为了加速发展当地茶业，中心充分利用科技和品牌优势带动茶农致富。

中心先后有6项科技成果获省、市科技进步奖。其中选育的鄂茶2号、鄂茶3号茶树早芽品种，填补了湖北省当时茶树早芽品种的空白，并分别获湖北省科技进步奖三等奖和咸宁市科技进步奖一等奖，该品种春茶上市早、价格高，获得了较好的经济效益和社会效益；生产的芽旗香牌温泉毫峰茶1994年通过了省级成果鉴定，曾获1994年全省名茶评比特等奖、第一至第三届鄂茶杯名茶评比金奖、1994年全国陆羽杯名茶评比金奖、1995年中国第二届农业博览会名茶评比金奖，2001年获中国国际农业博览会名牌产品称号，全国“中茶杯”名茶评比特等奖，2002年和2006年获第二、三届湖北十大名茶称号，2000年通过中国绿色食品发展中心认证，被湖北省消费者委员会授予消费者满意商品称号，产品在省内外均有较高的知名度，成为当地名优茶拳头产品，带动本地名优茶生产5 000余吨，创造了可观的经济效益和社会效益；研究的茶树低位嫁接换种及培育技术2000年被审定为湖北省重大科技成果，技术水平达到国内先进水平，其中插皮接法和培土压枝扩蓬技术为国内首创，并获湖北省科技进步奖三等奖和咸宁市科技进步奖一等奖。利用该技术改造群体品种茶园，操作简便、投入少，见效快、效益高，当年嫁接可当年采茶收益，与传统的改植换种技术相比，667平方米茶园前3年可增收节支1万多元，现已在全省大面积推广，并被湖北电视台“科技快车”栏目录制播放，同时2006年被国家广播电视总局拍成电影科技教育片，在全国范围播放推广，取得了显著的经济效益和社会效益。

中心始终坚持以人为本，顾客至上，诚信守诺的宗旨，多年来一直以科技为依托，以市场为导向，以质量为核心，不断提高产品科技含量，打造精品名牌，开发真正富含营养、口味好、安全无污染的绿色健康饮品。

川茶复兴：一个花茶品牌的高端崛起

——四川省花秋茶业有限公司

四川省花秋茶业有限公司是一家集茶叶种植、加工、贸易、科研、茶文化旅游开发为一体的农业产业经营国家重点龙头企业，全国农产品加工业示范企业、中国十佳茉莉花茶品牌企业、中国茶叶行业百强企业。经过20余年的发展，公司在基地建设、现代化加工、科技创新、品牌营销、团队建设等方面都取得了较大的成绩。

（一）高标准建设原料基地

公司一直坚持以打造绿色产业，带动茶农增收致富，向消费者提供高质量、高品位、安全卫生、营养保健的产品为己任，在邛崃市夹关、平乐、临济、天台山等重点产茶乡镇建设优质茶业基地。并成立茶园服务中心和茶园质量检测中心，按有机农业规范要求，对基地的规模化、标准化建设进行指导和服务，逐步形成符合欧盟标准的标准化种植程序，建成标准化的原料基地，最终达到茶叶食品安全体系的全面提升。

（二）生产水平国内领先

公司加工生产基地占地6.67公顷，拥有4条名优茶连续加工生产线，在四川省率先通过有机茶加工体系认证；从日本引进目前国内最先进的两条蒸青茶自动化加工生产线和西部首条出口抹茶加工生产线，包装车间按照药品生产GMP标准进行建设，洁净度达到30万级，达到国内领先水平，分别通过了ISO9001质量管理体系认证和ISO22000食品安全生产管理体系认证，极大地提升了企业产品的加工能力和加工水平。

（三）坚持科技创新

公司非常重视自身科技创新能力建设，成立了企业技术中心，目前已被评定为省级企业技术中心。同时，与中国农业科学院茶叶研究所、四川省茶叶研究所、四川农业大学等科研单位合作，其10余名专家作为公司的常年顾问，并建立了长期稳定的合作开发关系，使公司具备了较强的茶园种植、基地管理、新品种选育、新品种研发和深度加工能力，有效提升了企业的核心竞争力。

1. 新品种选育 经过10多年的精心选育，公司从全国最大的古茶树群落中选育出了拥有自主知识产权的花秋1号茶树品种，该品种于2003年被审定为省级茶树良种，填补了成都市无省级茶树良种的空白。

2. 产品创新 近3年来，公司共开发了腊梅花茶、桂花花茶、玫瑰花茶、兰花花茶、低咖啡因茶、桑抹茶等系列产品，并申请了部分专利，王者之香兰花茶是目前唯一一个能够将天然的兰花香窨制到茶叶中的产品，2010年7月23日被中国茶叶博物馆作为第一支花茶产品收藏。

3. 科技奖励 名茶品质心态效应及应用研究项目，获2005年度四川省科技进步奖一等奖；茶树特色新品种的选育与引进及应用研究项目获2007年度四川省科技进步奖二等奖。

4. 国际茶文化旅游项目 公司在平乐古镇，建设66.67公顷国际茶文化旅游主题产业园，以“新花茶文化”为主题，集成展示农业生产经营、茶业科技研发、茶文化传承、品质生活、生态保护、示范教育等功能。

（四）差异化的品牌营销策略

公司专注于品牌营销，以花秋为注册商标的绿茶、花茶两大系列30余个品种畅销国内各地，深受消费者青睐。依托康熙御题“天下第一圃”以及花秋贡茶的深厚文化历史底蕴，大力推进品牌营销，实施差异化的“新花茶主义”战略，并先后荣获四川省名牌产品、四川省十大名茶、中国十大茉莉花茶品牌、国际名茶金奖等称号。

全国重点产茶地区（地级市）（一）

单位：吨、公顷

地区	地级市	茶叶产量	茶园面积
云南	普洱市	57 231	85 608
四川	雅安市	55 827	34 872
浙江	绍兴市	49 580	33 125
湖北	恩施土家族苗族州	46 103	56 896
云南	临沧市	44 555	92 261
湖北	宜昌市	39 052	42 944
湖北	黄冈市	32 954	22 373
浙江	杭州市	30 500	32 262
湖南	岳阳市	28 810	13 860
云南	保山市	28 225	38 140
四川	乐山市	27 512	41 559
湖南	益阳市	27 280	15 330
四川	宜宾市	27 071	42 565
安徽	宣城市	24 751	20 648
云南	西双版纳傣族自治州	24 615	48 025
贵州	遵义市	24 021	68 200
安徽	黄山市	23 963	48 405
浙江	丽水市	22 627	27 385
湖南	常德市	22 350	16 040
四川	眉山市	21 539	19 057
湖北	咸宁市	18 374	10 160
浙江	宁波市	18 155	12 718
湖南	长沙市	17 560	11 500
安徽	六安市	16 847	23 221
浙江	金华市	16 630	20 599
云南	德宏傣族景颇族自治州	16 277	23 730
陕西	汉中市	15 734	44 833
贵州	铜仁地区	13 741	47 700
四川	成都市	13 044	13 564
贵州	黔南布依族苗族自治州	11 249	32 400
湖北	十堰市	10 411	32 083
浙江	湖州市	10 352	17 096
江西	上饶市	10 137	17 010
陕西	安康市	8 800	28 667
四川	自贡市	8 780	3 516

全国重点产茶地区（地级市）（二）

单位：吨、公顷

地区	地级市	茶叶产量	茶园面积
广西	百色市	8 580	22 000
湖北	襄樊市	8 039	13 677
湖南	怀化市	7 980	10 260
山东	日照市	7 936	10 442
安徽	安庆市	7 374	23 449
广西	柳州市	6 850	10 900
四川	达州市	6 526	11 762
江苏	无锡市	6 426	5 730
广西	贺州市	6 150	9 540
浙江	衢州市	6 090	10 634
湖北	孝感市	6 053	21 344
广西	钦州市	5 840	4 554
湖南	湘西土家族苗族自治州	5 820	8 160
安徽	池州市	5 634	11 517
江西	九江市	5 337	6 430
贵州	黔东南苗族侗族自治州	5 288	19 600
湖南	郴州市	5 260	6 790
四川	泸州市	5 119	8 305
浙江	温州市	4 561	14 421
江西	景德镇市	4 061	7 266
山东	青岛市	3 755	6 921
四川	广元市	3 721	12 652
江苏	常州市	3 464	7 695
四川	绵阳市	2 913	11 976
山东	临沂市	2 884	6 035
贵州	黔西南布依族苗族自治州	2 793	10 200
江西	抚州市	2 462	3 954
江西	赣州市	2 267	8 081
广西	贵港市	2 100	2 914
江苏	南京市	2 092	7 510
四川	巴中市	1 786	9 744
陕西	商洛市	1 626	16 160
江苏	镇江市	1 345	4 443
山东	威海市	385	1 073
山东	泰安市	134	480
山东	烟台市	100	530

全国重点产茶县（县级市）（一）

单位：吨、公顷

地区	县（县级市）	茶叶产量	茶园面积
福建	安溪县	63 000	40 000
四川	名山县	39 840	17 920
湖北	英山县	27 575	13 400
云南	凤庆县	20 030	20 074
浙江	嵊州市	19 138	12 103
湖北	五峰土家族自治县	15 587	12 007
贵州	湄潭县	15 000	19 900
湖北	鹤峰县	14 961	14 668
河南	浉河区	14 500	30 500
云南	宣州区	13 820	5 457
江苏	金坛市	13 505	2 757
湖南	安化县	12 750	6 140
湖南	临湘市	12 460	5 680
四川	洪雅县	12 388	13 967
湖南	长沙县	12 280	6 550
浙江	诸暨市	12 266	6 729
四川	雨城区	11 904	10 733
云南	澜沧拉祜自治县	11 025	16 778
福建	平和县	11 000	8 000
湖南	桃江县	10 680	4 310
湖南	石门县	10 560	6 620
云南	景洪市	10 338	14 313
湖北	夷陵区	10 095	12 367
云南	勐海县	10 080	23 432
湖北	竹溪县	9 869	14 508
湖北	恩施市	9 869	14 508
四川	峨眉山市	9 830	11 200
湖北	利川市	9 802	8 794
浙江	余杭区	9 614	3 657
浙江	松阳县	9 050	7 344
四川	荣　县	8 522	3 333
浙江	绍兴县	8 432	5 313
江西	婺源县	8 200	11 000
云南	江城哈尼族彝族自治县	8 160	9 067
云南	云　县	8 011	10 738
安徽	歙　县	7 750	16 552

全国重点产茶县（县级市）（二）

单位：吨、公顷

地区	县（县级市）	茶叶产量	茶园面积
云南	思茅区	7 670	8 526
浙江	武义县	7 424	6 752
安徽	休宁县	7 363	11 714
湖南	桃源县	7 120	5 710
云南	景东彝族自治县	7 108	17 736
浙江	淳安县	6 850	12 157
浙江	遂昌县	6 819	6 987
四川	夹江县	6 675	6 319
云南	昌宁县	6 500	8 393
四川	屏山县	6 500	9 041
安徽	金寨县	6 420	6 604
山东	岚山区	6 170	6 621
云南	龙陵县	6 116	7 300
广西	三江侗族自治县	6 092	8 760
云南	腾冲县	6 072	13 694
江苏	宜兴市	6 009	4 993
广西	昭平县	6 000	9 066
浙江	新昌县	5 925	6 487
安徽	郎溪县	5 870	3 274
湖南	古丈县	5 620	5 220
广西	灵山县	5 584	4 066
四川	蒲江县	5 561	6 996
陕西	西乡县	5 513	14 970
湖北	宣恩县	5 466	7 679
湖南	沅陵县	5 370	4 580
浙江	余姚市	5 313	4 060
四川	筠连县	5 304	8 484
河南	光山县	5 200	16 800
安徽	祁门县	5 129	10 385
四川	邛崃市	5 055	4 840
安徽	霍山县	4 929	5 913
湖南	平江县	4 890	4 360
四川	高　县	4 860	12 026
湖北	恩施市	4 859	13 598
湖南	宁乡县	4 850	3 180
河南	新　县	4 700	14 000

全国重点产茶县（县级市）（三）

单位：吨、公顷

地区	县（县级市）	茶叶产量	茶园面积
湖北	大悟县	4 577	13 015
四川	马边彝族自治县	4 565	10 551
贵州	凤冈县	4 500	18 800
广西	西林县	4 500	8 053
湖北	竹山县	4 206	9 630
河南	商城县	4 200	13 400
湖北	咸丰县	4 179	6 093
湖北	谷城县	4 031	8 859
江西	修水县	4 020	5 500
浙江	上虞市	3 950	3 443
贵州	石阡县	3 750	15 700
四川	沐川县	3 736	7 605
广西	乐业县	3 700	6 573
陕西	南郑县	3 692	5 875
四川	宜宾县	3 500	4 833
河南	罗山县	3 500	12 000
江西	浮梁县	3 420	6 667
江西	铜鼓县	3 410	4 893
贵州	印江土家族苗族自治县	3 250	1 100
广西	凌云县	3 250	7 466
河南	固始县	3 200	9 445
贵州	黎平县	3 185	9 300
陕西	平利县	3 180	8 667
重庆	秀山县	3 150	3 400
安徽	裕安区	3 134	5 240
重庆	南川区	3 080	4 446
陕西	紫阳县	2 983	11 333
四川	万源市	2 810	7 333
四川	珙　县	2 579	3 320
重庆	永川区	2 560	3 066
四川	宣汉县	2 554	2 928
陕西	勉　县	2 550	7 431
重庆	荣昌县	2 500	1 500
重庆	巴南区	2 430	2 400
云南	隆阳区	2 402	4 400
山东	胶南市	2 262	4 593

全国重点产茶县（县级市）（四）

单位：吨、公顷

地区	县（县级市）	茶叶产量	茶园面积
四川	纳溪区	2 110	5 371
江西	武宁县	2 100	1 333
四川	平武县	2 070	7 760
江苏	溧阳市	1 983	4 667
安徽	宁国市	1 980	2 984
四川	旺苍县	1 845	3 708
四川	青川县	1 841	8 466
四川	都江堰市	1 735	684
四川	天全县	1 612	3 000
贵州	遵义县	1 560	200
陕西	宁强县	1 520	7 600
山东	莒南县	1 500	3 000
贵州	普安县	1 500	4 400
陕西	商南县	1 488	10 933
贵州	晴隆县	1 451	4 300
四川	荥经县	1 426	1 533
安徽	黄山区	1 400	3 822
陕西	镇巴县	1 380	4 404
贵州	道真仡佬族苗族自治县	1 330	8 400
贵州	西秀区	1 300	3 800
安徽	徽州区	1 243	3 211
云南	施甸县	1 208	3 100
四川	南江县	1 088	3 801
安徽	黟　县	1 060	1 637
山东	东港区	1 020	2 764
陕西	城固县	1 018	3 400
贵州	余庆县	950	4 700
陕西	汉滨区	950	2 667
山东	崂山区	914	1 237
四川	古蔺县	890	548
贵州	正安县	800	8 800
江西	遂川县	800	5 067
湖北	建始县	799	1 689
江西	铅山县	795	2 333
江西	上犹县	782	2 760
四川	翠屏区	742	1 222
湖北	巴东县	721	2 390

全国重点产茶县（县级市）（五）

单位：吨、公顷

地区	县（县级市）	茶叶产量	茶园面积
重庆	万盛区	680	786
江苏	江宁区	661	2 875
江西	玉山县	660	1 233
陕西	岚皋县	660	2 667
贵州	都匀市	636	103
四川	叙永县	630	1 611
江西	上饶县	630	3 067
河南	平桥区	630	4 400
四川	宝兴县	600	1 540
江苏	溧水县	591	1 708
河南	潢川县	580	3 550
江苏	高淳县	554	1 318
江苏	句容市	554	2 516
江苏	仪征市	553	2 262
山东	莒　县	539	457
重庆	开　县	532	1 066
四川	通江县	524	4 716
重庆	万州区	510	1 000
山东	即墨市	480	693
安徽	屯溪区	450	515
重庆	奉节县	395	1 053
陕西	汉阴县	350	1 240
重庆	城口县	350	1 070
湖北	来凤县	306	1 165
四川	芦山县	300	1 667
山东	沂水县	300	330
江西	庐山区	300	900
安徽	岳西县	300	8 733
江苏	丹徒区	283	749
江苏	吴中区	257	2 017
山东	临沭县	210	530
四川	北川县	209	3 394
江西	德兴县	195	767
山东	五莲县	178	549
四川	犍为县	163	2 333
四川	石棉县	100	160
江西	星子县	65	300
江西	资溪县	20	2 133
贵州	务川仡佬族苗族自治县	15	5 500

部分茶叶之乡介绍

福建安溪

安溪县位于福建省东南部，地处闽南厦（门）漳（州）泉（州）金三角中间结合部，居山而近海。全县土地面积3 057.28平方公里，人口113万，是全国著名的乌龙茶主产区，名茶铁观音黄金桂的发源地。安溪自古就有闽南茶都和茶师摇篮之称。

（一）历史渊源

安溪产茶历史悠久，至今已有1 000多年。据史料记载：安溪产茶始于唐代，发展于明、清，衰落于民国，恢复于新中国成立，兴盛于当代。唐代末期，安溪寺院及道观就有种茶、品茶的历史；在宋、元时期，安溪茶叶作为一种重要商品，通过“海上丝绸之路”销往世界各地；在明、清时期，安溪人创制了乌龙茶，发现与培育了铁观音茶树，发明了茶树短穗扦插育苗法，把乌龙茶采制技术及铁观音茶苗传入了台湾；在当代，安溪人审时度势，根据不同发展时期先后实施了不同的发展战略，把优势产业发展成为了民生产业。总之，安溪为中国乃至世界茶叶的发展作出了卓越贡献。

（二）发展现状

茶业是安溪县最大的传统产业和特色产业，更是重要的民生产业。长期以来，安溪县委、县政府围绕茶业富民战略，做大做强茶产业，以铁观音为龙头产品的乌龙茶产业得到迅猛发展。

1. 产业发展规模不断壮大 截至2010年底，全县茶园面积稳定4万公顷，茶叶产量6.3万吨；涉茶总产值81亿元，生产产值占农业总产值中的比重达71.8%；全县农民人均茶叶收入4 700元，占农民人均纯收入8 405元的56%。茶业的发展直接带动了印刷包装、机械制造、食品加工、交通运输、仓储物流、餐饮旅游以及房地产的发展，出现“一业兴、百业旺”的良好局面，为全县经济社会发展和群众生活水平的提高作出了重要贡献。

2. 产业所获荣誉不断增加 1995年3月，被农业部授予中国乌龙茶（名茶）之乡称号；2000年9月，被中国特产之乡推荐暨宣传活动组委会授予中国铁观音发源地；2001年，被农业部、对外贸易经济合作部联合确定为全国园艺产品（茶叶）出口示范区；2002年，被农业部确定为全国首批南亚热带作物（乌龙茶）名优基地；2003年，被评为全国无公害农产品（茶叶）生产基地县先进单位；2005年，荣获“中国三绿工程茶业示范县”称号。2008年，安溪铁观音传统制作工艺入选国家非物质文化遗产保护名录，并由文化部推荐申报联合国非物质文化遗产；安溪铁观音于2005年12月被评为我国涉茶行业的第一个中国驰名商标，荣获“福建改革开放三十年最具影响力、最具贡献力品牌”，入选福建省十大名片2008年度影响世界的中国力量品牌500强，2009消费者最喜爱的绿色商标、中国世博十大名茶等荣誉。

3. 茶企品牌形象不断提升 2010年，八马茶业、安溪铁观音集团、中闽魏氏、华祥苑茶业、大自然茶业、三和茶业等9家茶企入选全国百强茶叶企业；全县拥有中国驰名商标5枚，福建省著名商标18枚、泉州市知名商标35枚；14家企业荣获福建名牌产品；福建省农业品牌金奖企业4家、市级金奖企业3家。全县取得QS证书的茶叶企业累计达469家。凤山、祥华、华祥苑3个品牌铁观音分别成为钓鱼台国宾馆、国谊宾馆专用茶。

4. 龙头企业带动效益明显 全县大部分茶叶加工企业开始向现代化企业管理模式转变，有80多家企业形成了“外接市场，内连基地、带动农户”的贸工农一体化的产业经营模式。截止到2010年，全县茶叶加工企业600多家，其中，年产值上亿元的5家，1 000万元以上的30家，500万元以上的80家。安溪铁观音集团、八马茶业有限公司、大自然茶业、三和茶业等茶企正在积极筹划上市，安溪茶业正建造中国茶业的“航母”。

5. 销售市场不断拓展 内销市场，2010年安溪茶叶内销量约5.15万吨，市场占有率达到8%以上。福建、广东、长江流域等传统销区全年销售量基本稳定，东三省、中原地区、西部市场等新兴销区销量均呈一定幅度增长。全县有12万人在全国各地开设茶店、茶庄、茶艺馆3万多家。中国茶都全年茶叶交易量达1.7万吨，同比增长4.3%；交易额18亿元，同比增长5.9%，平均单价增长3.0%。外销市场，得益于茶叶质量安全的保障，产品出口到日本、俄罗斯、东南亚、欧美等60多个国家和地区，2010年全县茶叶出口量（含提供原料）约1.15万吨，出口金额4 680万美元。

6. 茶文化影响日益深远 在中国茶都建立中华茶文化博览馆，系统展示博大精深的中华茶文化和安溪古老茶文化的发展历史；组建安溪茶文化艺术团，先后应邀到日本、韩国、法国、意大利、科威特、比利时以及国内各主要大中城市演出；收集整理近700首从古至今涉茶的诗、词、曲，编撰成册，并镌刻在县城河滨十里诗廊，使悠久的安溪茶文化得到了宣传和弘扬。举办茶歌、茶摄影、茶书画大赛，1988年成功举办的安溪乌龙茶铁观音杯全国征歌大奖赛征集3 200多首歌曲，2000年的中华茶韵全国茶摄影大赛征集1 200多幅；积极开展茶文化创作，2003年拍摄了电视连续剧《婀娜公主》，2005年出版了《铁观音》书籍，2006年出版了《中国安溪茶叶宝典》、《安溪铁观音与和谐健康》、2010年出版了《话说安溪铁观音》、《安溪铁观音：一棵伟大植物的传奇》等一批茶文化书籍等。除此之外，安溪县还建设了茶叶大观园、茶叶公园、铁观音发源地遗址、华祥苑茶庄园，中闽魏氏茶庄园等茶文化旅游景点，推出茶都观光、古迹旅游和茶园生态探幽等茶文化旅游线，有效地推动了茶文化与茶经济的互动共荣。

生产概况表

项　　目	2010 年
茶园面积（公顷）	40 000
良种茶园面积（公顷）	40 000
茶叶产量（吨）	63 000
年产值（亿元）	81
出口量（吨）	11 500
出口创汇（万美元）	4 680

（三）生产与加工情况

1. 特种茶生产情况　安溪是个名茶荟萃的地方，茶树品种资源丰富，目前安溪4万公顷茶园种植的茶树100%为无性系品种，这在其他产茶区并不多见。全县现有82个乌龙茶茶树种质资源，被茶业界誉为茶树良种宝库，其中铁观音、本山、黄旦、毛蟹、大叶乌龙、梅占等6个品种于1984年11月被全国农作物品种审定委员会认定为国家级良种。目前，铁观音面积2.67万公顷，本山面积0.37万公顷，黄旦面积0.37万公顷，毛蟹面积0.43万公顷，其他品种面积0.17万公顷。

2. 先进技术的推广应用　以建设生态、高效、安全标准化生态茶园为载体，引进、研发新技术为手段，构建现代化产业技术标准体系为目标，全面推广应用各项先进技术。一是推行树、草、肥、水、路＋无公害茶园管理模式的标准化生态茶园建设技术；二是推广“三改一补”低效益茶园改造技术和测土配方施肥技术；三是开展生产、加工、销售等4个标准体系建设；四是开展乌龙茶制茶设备配套技术推广。“十一五”期间，全县共建设1.64万公顷标准化生态茶园；推广使用10万多套液化气杀青机、包揉机等先进制茶机械设备；举办技术培训班892场次、初制大赛58场、茶王赛102场，培训122 978人次；测土配方施肥技术惠及全县420个行政村，20万农户5.67万公顷茶园。

3. 茶叶深加工与系列产品开发研究　福建安溪茶叶生物科技有限公司是一家致力于茶叶生物技术研发和茶叶深加工产制应用的高科技企业。利用安溪乌龙茶原料进行深加工提取γ-氨基丁酸（GABA），为众多健康食品、功能食品、保健食品、烘焙食品、饮料等行业提供配料。

4. 质量认证类别、级别　目前，安溪茶企获得无公害农产品认证5家，绿色食品认证14家，有机食品认证14家，QS认证469家，ISO9000质量认证35家、HACCP认证2家、GAP认证1家。

（四）品牌建设

全县共有地理标志证明商标2枚（安溪铁观音、安溪黄金桂），中国驰名商标5枚(安溪铁观音、八马、日春、三和、凤山)，福建省著名商标18枚，泉州市知名商标35枚。

主要品牌概况（一）

序号	种类	主要品牌	生产厂家	获奖情况
1	乌龙茶	凤山	安溪铁观音集团股份有限公司	中国驰名商标、福建省名牌农产品、首批福建省品牌农业金奖企业
2	乌龙茶	坪山名茶	福建大自然茶业科技有限公司	2010年度中国市场十佳茶业品牌
3	乌龙茶	八马	福建八马茶业有限公司	中国驰名商标、中国名牌农产品
4	乌龙茶	日春	日春股份公司	中国驰名商标、福建省著名商标、福建省名牌农产品
5	乌龙茶	中闽魏氏	安溪中闽魏氏生态茶业有限公司	福建省名牌产品、福建省品牌农业企业金奖
6	乌龙茶	华虹名茶	福建省华虹茶业有限公司	福建省名牌产品
7	乌龙茶	耕耘	安溪县兴溪茶业有限公司	安溪铁观音十佳企业

主要品牌概况（二）

序号	种类	主要品牌	生产厂家	获奖情况
8	乌龙茶	三和名茶	泉州盛世三和茶业有限公司	中国驰名商标
9	乌龙茶	魏荫名茶	福建安溪岐山魏荫名茶有限公司	泉州市知名商标
10	乌龙茶	感德龙馨	福建省安溪县龙馨茶业有限公司	福建省著名商标、泉州市品牌农业金奖企业
11	乌龙茶	冠和名茶	福建省安溪县祥华冠和茶厂	福建省著名商标、福建名牌产品
12	乌龙茶	华祥苑	安溪华祥苑有机茶园有限公司	福建省名牌农产品、福建省品牌农业企业金奖
13	乌龙茶	琦泰	安溪县琦泰茶业有限公司	福建省著名商标、福建省名牌产品
14	乌龙茶	长和茶业	安溪县长和茶业有限公司	中国知名品牌、泉州市知名商标
15	乌龙茶	华福名茶	福建省安溪县华福茶厂有限公司	福建省著名商标
16	乌龙茶	颖昌	安溪县颖昌茶厂	福建省著名商标
17	乌龙茶	祥华	安溪县祥华茶厂	泉州市知名商标
18	乌龙茶	品雅	安溪县桃源有机茶场有限公司	全国商业和谐企业
19	乌龙茶	鹏程名茶	福建省安溪鹏程茶业有限公司	泉州市工商信用良好企业
20	乌龙茶	祺祥	安溪县祺祥茶业有限公司	泉州市知名商标
21	乌龙茶	怡安茶业	安溪怡安茶业有限公司	市级文明诚信经营单位
22	乌龙茶	儒家茶业	福建儒家茶业有限公司	中国著名品牌、全国消费者放心满意产品
23	乌龙茶	年年香茶业	安溪县年年香茶业有限公司	中国2010年上海世博会DEVNET舘指定茶供应商
24	乌龙茶	感德庆芸名茶	安溪县感德庆云茶厂	福建省著名商标、福建名牌产品
25	乌龙茶	杉品	安溪县杉品茶业有限公司	—
26	乌龙茶	泉岩名茶	泉州泉岩茶业有限公司	中国驰名商标、福建名牌产品
27	乌龙茶	茗山生态茶	福建茗山茶业开发有限公司	福建名牌产品
28	乌龙茶	山国饮艺	厦门山国饮艺茶业有限公司	中国著名品牌、中国茶业十佳品牌
29	乌龙茶	鹭岩茗茶	厦门鹭岩茶业有限公司	第八届国际商协会圆桌会议指定用茶

1. 品牌战略规划及推广活动 坚持培育、保护、推广和运作四者并重，以集体品牌支撑企业品牌，以企业品牌开拓市场，推动茶产业朝着品牌经济方向发展。近年来，县委县政府精心组织举办首届海峡两岸闽南文化节和谐海西·千人品茗、首届中国安溪铁观音茶庄园旅游节、世博名茶安溪铁观音·让都市生活更美好上海系列茶文化活动、首届海峡两岸（安溪）茶机具博览会暨庆祝中国茶都开业10周年、首届闽台茶乡交流会等大型茶文化宣传活动，精心组织茶企参加中国台湾南投世界茶博会、第二届中国香港国际茶展、第四届海峡两岸茶博会等各类大型茶业博览会。

2. 龙头企业情况 全县共有国家级龙头企业1家，省级龙头企业3家，市级龙头企业15家。

农业产业化龙头企业名单（一）

序号	企业名称	备 注
1	安溪铁观音集团股份有限公司	国家级龙头企业
2	福建省安溪八马茶业有限公司	省级龙头企业
3	安溪茶叶批发市场开发有限公司	省级龙头企业
4	安溪华祥苑有机茶园有限公司	省级龙头企业

农业产业化龙头企业名单（二）

序号	企业名称	备 注
5	日春股份公司	市级龙头企业
6	福建富源茶叶有限公司	市级龙头企业
7	福建省茗山茶业开发有限公司	市级龙头企业
8	福建魏氏茶业有限公司	市级龙头企业
9	福建安溪岐山魏荫名茶有限公司	市级龙头企业
10	福建省安溪县龙馨茶业有限公司	市级龙头企业
11	福建省安溪县兴溪茶厂	市级龙头企业
12	华虹（安溪）茶业有限公司	市级龙头企业
13	福建省安溪县沁园春茶业有限公司	市级龙头企业
14	福建大自然茶业科技有限公司	市级龙头企业
15	福建省安溪县祥华冠和茶厂	市级龙头企业
16	安溪县历山茶叶有限公司	市级龙头企业
17	安溪荫皇茶业有限公司	市级龙头企业
18	安溪县桃舟乡郭村林果场	市级龙头企业
19	安溪县桃源有机茶场有限公司	市级龙头企业

（五）各级政府的政策支持

安溪县委、县政府高度重视安溪茶产业发展，先后出台一系列扶持政策，促进安溪茶产业健康持续发展。先后出台了对茶产业发展支持的相关文件：安溪县人民政府关于印发《安溪县2010年生态茶园建设实施方案》的通知；安溪县人民政府关于印发《安溪县2010年茶业万人培训工程实施方案》的通知；安溪县人民政府关于印发在茶博汇建设茶机具专业市场若干扶持意见的通知；安溪县人民政府关于印发扶持安溪茶产业做大做强和促进茶企回归的暂行规定的通知；安溪县人民政府关于印发《安溪铁观音地理标志产品专用标志使用暂行规定》的通知；关于支持2008—2010年现代农业（茶业）生产发展目资金及实施方案的通知；安溪县人民政府关于印发《关于扶持规模以上茶叶企业发展的暂行规定》的通知。

（六）当地经济中的重要地位与作用

茶叶是安溪县的传统特色产业，更是安溪县域经济中重要的支柱产业。安溪人种茶、制茶，以茶为生、以茶为业的历史已有1 000多年。全县 113 万人口中有 80 万人从事与茶叶或与茶叶有关的行业，2010 年全县农民人均茶叶收入4 700元，占农民人均纯收入8 405元的 56%。一业旺带动百业兴，安溪茶业的发展带动安溪茶旅游、茶包装、茶机械、消费、物流等相关产业的迅猛发展，茶业已成为安溪人民赖以生存的民生产业。

（七）发展建设经验

近年来安溪茶产业发展建设的经验，归纳起来主要有“五个一”，即：党的一系列好的政策作为产业发展的保证；把茶产业发展作为当地党委政府的一把手工程；有一个好的发展思路（如：建基地、重生态、提质量、拓市场、树品牌、茶业富民等）；有一个强有力的执行团队；全县上下一条心。

（安溪县农业与茶果局　蔡建明　杨文俪）

中国白芽奇兰之乡

——福建平和

（一）平和茶产业基本情况

平和县位于福建省漳州市西南部的闽粤交界处，全县总面积2 334平方公里，人口 57 万，农村人口占全县总人口的 73%，是一个传统农业大县。茶产业是该县农业支柱产业之一。2000 年平和县被授予中国茶叶（白芽奇兰茶）之乡，2010 年被授予福建十大产茶大县称号。目前，全县茶叶种植面积 0.8 万公顷，年产 1.1 万吨，毛茶年产值 7.5 亿元。其中白芽奇兰茶种植面积 0.68 万公顷，年产 1 万吨。全县从事茶叶种植、加工的企业、农户 1 万多个，涉茶人员 18 万人。销售网点 600 多个，主要分布在上海、厦门、深圳、广州等 20 多个大中城市并出口日本、马来西亚等东南亚国家。全县注册茶企业、个体户 200 多个，其中县级龙头企业 18 家，市级龙头企业 5 家，省厅级龙头企业 4 家。已注册茶叶类商标 200 多个，其中著名商标9件（含集体商标白芽奇兰）。

（二）平和白芽奇兰茶产业发展简史

1. 白芽奇兰的选育和发展 平和县农民种茶制茶历史悠久，明代大哲学家王阳明带兵平乱闽南期间，夜饮大峰山茶（大峰山即现在平和境内的大芹山脉）而得“分而治之”之良策；清康熙《平和县志有》“茶出大峰者良”的记载。著名学者黄道周啜饮大峰山茶而文思泉涌、秉烛夜作《王文成祠碑记》。改革开放以后，平和茶产业得到快速发展。2000年，茶叶主栽品种有毛蟹、黄棪、梅占、乌龙、奇兰、八仙等，2001年之后，通过改种换植以白芽奇兰茶为当家品种，兼种铁观音、金观音、金萱等品种。至2010年，白芽奇兰茶园面积0.68万公顷，铁观音133.33公顷，金萱66.67公顷，金观音及其他品种66.67公顷。

相传明成化年间，开漳圣王陈元光第廿八代嫡孙陈元和游居平和崎岭彭溪水井边时，发现有一株茶树，枝稠叶茂，其芽梢呈白绿色，叶片青翠欲滴，茶叶发出自然茶香，气味似兰，清沁心脾，遂采其芯叶精心炒焙。不想制出的茶叶清香浓郁，冲泡后香气徐发，飘散出兰花的芬芳，抿上一口，满口清香，片刻即感清甘醇爽。因芽梢呈白绿色，带有奇特的兰花香气，故人们取名为白芽奇兰。

而现在的白芽奇兰茶则是平和县农业局茶叶指导站温天海和崎岭乡彭溪村何锦能等科技人员从当地的奇兰茶群体品种中单株选育而成的无性系新品种。1981年秋，在平和县崎岭乡彭溪村发现坑岸边的13株有性后代奇兰茶丛中，有一株老树与其他老树长势不同，树势强健（树高1.7～1.8米，树围2.5～3米），其新梢长得特别茂盛，新梢芽尖白毫明显，经小量试制品质良好。1993年新选育的白芽奇兰茶被农业部茶叶检测中心评定为“青茶类优质产品”。1995年10月19日，白芽奇兰茶通过福建省农作物品种审定委员会茶叶专业组的审定。1996年4月被福建省农作物品种审定委员会审定通过为省级茶树新良种。1997年全县白芽奇兰茶种植面积仅666.67公顷，1999年达到1 120公顷，2005年3 466.67公顷，2010年6 700公顷。

2. 白芽奇兰商标的使用和保护 白芽奇兰商标于1999年1月7日由平和县阳山茶厂注册，用于茶叶及茶叶代用品，之后，全县广大茶农、茶商纷纷要求使用“白芽奇兰”商标，逐步使该商标在实际使用上含有共同致富品牌的性质。为满足广大茶农、茶商的发展要求，县政府遂与阳山茶厂协商，将白芽奇兰注册商标所有权收归到隶属于县农业局的平和县白芽奇兰开发中心名下；尔后，该注册商标的注册人再变更为平和县白芽奇兰茶协会。

10年来，白芽奇兰商标注册人始终高度重视注册商标的使用与保护，重视商标品牌的培育与打造，充分利用广播、电视、明信片、报纸、杂志、互联网、营销网络等各种宣传媒介，进行商标品牌宣传；通过举办名优茶鉴评会、茶王赛、推介会、茶艺表演等各种形式，千方百计提高品牌知名度，取得了显著成效。同时，十分注重提升产品质量，使白芽奇兰牌茶叶在国内外茶叶评比中屡获殊荣，多次获得福建省名茶奖、海峡两岸茶业博览会名茶、农业部优质奖、国际博览会金奖、国际茶文化节金奖、国际农业博览会名牌产品等奖项和荣誉称号；先后被列为中国女排专用茶、海峡两岸茶博会礼品茶、第二届中非共享发展经验高级研讨会礼品茶；还被指定为中国2010年上海世博会特许商品。白芽奇兰商标分别于2002年4月、2008年9月被认定为漳州市知名商标、福建省著名商标。该商标已成为平和县实施西部农业提升工程的主打品牌。

3. 白芽奇兰茶产业对平和县经济的贡献 白芽奇兰茶已经成为平和县四大农业支柱产业（蜜柚、茶叶、香蕉、蔬菜）、三大绿色食品（蜜柚、茶叶、香蕉）之一。是平和县农民继蜜柚产业之后的又一主要收入来源。全县从事茶叶种植、加工的企业、农户1万多个，全县包括茶叶种植、加工、包装、运输、销售、广告等涉茶人员18万人，毛茶产值达到7.5亿元，涉茶产值超过14亿元，是平和县农民继蜜柚产业之后的又一主要收入来源。因此，白芽奇兰茶产业对拉动经济、增加就业、促进平和县农业增效、农民增收都具有举足轻重的地位，对当地农业和农村经济起着重大的贡献作用。

（三）平和县委、县政府发展白芽奇兰茶产业的主要措施

历年来，平和县委、县政府都非常重视白芽奇兰茶开发工作，推出了以茶为媒、广交朋友、外引内联、富民兴县的发展战略，并专门成立平和县茶叶指导站、平和县茶叶开发中心，平和县白芽奇兰茶开发中心、平和县白芽奇兰茶协会等承担茶叶行业管理协调职能，把以白芽奇兰茶为主的茶业产业，列为农业强县的“8316”工程和“1086”工程重点发展的产业之一来抓，并充分发挥白芽奇兰茶资源优势，品牌优势，建立平和西部百里白芽奇兰茶系列开发工程。同时出台了一系列优惠政策：如《关于加快白芽奇兰茶产业化进程的若干意见》（平委［2000］21号）、《平和县茶业管理暂行规定》（平政［2000］4号）、《关于成立发展白芽奇兰茶工作领导小组的通知》（平委［2001］综33号）、《关于2001年扶持白芽奇兰茶生产有关部门的通知》（平政办［2001］8号）。《关于整顿规范全县白芽奇兰茶市场通告》（平质技监［2002］1号）、《关于平和县茶叶产业化情况的调研报告》（平协办［2007］5号）、《平和县工业企业争创名牌产品和开展质量认证奖励暂行办法》、《平和县人民政府办公室关于鼓励发展茶叶生产的通知》（平政办［2008］25号文）等红头文件，鼓励茶业快速发展，并提出做强做大平和县茶产业应重点抓好“一个优化、二个并重、三个强化”即优化茶叶品种结构，扩种与改造并重，精深加工与开拓市场并重；强化资金、科技投入，强化品牌打造，强化龙头骨干企业培育。共同打造一个平和白芽奇兰茶品牌，力争经过几年的不懈努力，把平和县建设成海峡西岸茶叶强县。

（四）平和白芽奇兰茶的优势

1. 品种优势 平和白芽奇兰是乌龙茶新良种，1996

年通过省级茶树良种审定。茶叶经农业部茶叶质检中心鉴评，结论为：白芽奇兰茶品质优良，属青茶类中的优质产品。该质检中心还测定：白芽奇兰茶多酚类含量15.7%，咖啡碱2.8%，儿茶素总量11.78%，氨基酸0.8%。茶叶中的有效成分比其他乌龙茶品种高。由于白芽奇兰茶多酚类、咖啡碱含量高，且富含多种维生素和稀有元素，常饮具有提神益思、解酒消滞、降压防癌、减肥健美、消烦解暑、生津活血之功效。

2. **品质优势** 白芽奇兰茶因其鲜叶芽尖带白毫，成茶具有独特的类似兰花香气而得名。平和白芽奇兰茶自选育成功以来，以其精湛的工艺、突出的品质、独特的口味享誉海内外，在国内外评比中屡获殊荣。多次荣获福建省名茶奖，先后多次获中国专利新技术、新产品博览会金奖、国际轻工博览会金奖、国际茶文化博览会金奖、中国99’昆明世博会福建省特色产品展销会金奖、中国国际农业博览名牌产品、国际茶博会金奖、闽台天福杯名茶评比金奖、中国茶——国际交流会暨中国星级茶王赛四星级茶王及名茶奖、奥运中国、茶香世界茶王赛金奖等殊荣。多次荣获福建省名茶评比名茶奖、优质茶奖。1997年在平和县九峰镇举办的福建省名茶评选暨九峰杯茶王赛上，白芽奇兰茶王创下500克18万元的全国最高拍卖纪录。

3. **卫生安全优势** 白芽奇兰种植于平和县高海拔山区，产茶区境内群山叠嶂，有闽南最高峰——海拔1 544.8米的大芹山，生态环境好，是漳州地区五条河流发源地，这些得天独厚的生态环境为孕育无公害、生态、有机的白芽奇兰茶创造了良好的条件。特别是历年来，县农业部门不断加大无公害茶叶生产推广力度，通过提倡高海拔种植、适度稀植减少病虫害、杜绝使用高毒高残留农药、推广生物防治、物理防治、建立无公害生产示范基地等措施。平和白芽奇兰茶每年的抽检茶样经检测，所有指标全部符合无公害茶叶要求。在北京奥运会前，平和白芽奇兰茶被省、市抽检的茶样达18批次，百分百合格。

4. **品牌优势** 2000年平和县被授予中国茶叶（白芽奇兰茶）之乡称号，2002年晨晖牌白芽奇兰茶被指定为中国女排专用茶，2002年平和白芽奇兰茶被评为福建省名牌产品，并通过国家质量检验检疫总局原产地商标注册认证。2003被上海（国际）茶业博览会指定为茶博会推荐用茶。2007年，白芽奇兰茶被评为福建省五大茶叶名品之一。从2007年首届海峡两岸茶博会开始，白芽奇兰茶连续5届获闽台名茶称号，并被指定为茶博会礼品用茶。2008年9月，白芽奇兰被评为福建省著名商标，同年11月，平和白芽奇兰茶被列为福建省优异茶树种质资源首批保护对象。2009年底，平和白芽奇兰茶被列为中国2010年上海世博会特许商品。2011年4月11日，在由中国茶叶流通协会、中国茶叶学会、中国国际茶文化研究会主办的2011年中国茶叶大会上举行的中国区域公用品牌价值评估发布会上，平和白芽奇兰品牌评估价值达16.28亿元。位居全国茶叶区域公用品牌50强之内。

5. **人文背景优势** 平和是千年古县，文化底蕴深厚，人文荟萃，地灵人杰。是现代著名文学家林语堂、中国现代油画拓荒者周碧初的出生地；是台湾阿里山之神吴凤、中国国民党副主席江丙坤的祖籍地；这里有千年古刹三平寺，旅游胜地灵通风景区，还有备受考古学家关注的克拉克瓷，以及各种关于白芽奇兰的传说（如有关白芽奇兰的最初发现的传说；明嘉靖年间编纂的《平和县志》记载“茶出大峰山者良”——大峰山即闽南第一高峰大芹山；明代大哲学家王阳明带兵平乱闽南期间，夜饮大峰山茶而得“分而治之”之良策；著名学者黄道周啜饮大峰山茶而文思泉涌、秉烛夜作《王文成祠碑记》）。所有这些，都为平和白芽奇兰茶增添了不少的文化色彩。

（五）平和茶业今后发展方向

按照建设海峡西岸现代农业总体要求，围绕福建省现代茶业生产发展的工作思路，结合平和县茶业实际，在全县范围内选择一批重点乡、镇，以市场为导向，以提高茶叶经济效益为中心，以推进茶叶生产标准化为重点，实行统一规划、分步实施，整合资源、集中投入，统筹安排、整体推进，大力发展无公害特色茶叶产品，确保茶叶质量安全，打造白芽奇兰名牌产品，培育和壮大龙头企业，扶持农民专业合作社，加快产业化经营进程，推进茶叶产加销一体化进程，全面提升茶产业综合竞争力和可持续发展能力，开创平和白芽奇兰特色经济发展新局面，实现茶叶产业又好又快发展，力争把平和县打造成海峡西岸茶业生产强县。

（平和县农业局　黄良仕　叶贤明）

湖 北 五 峰

五峰土家族自治县地处湖北省西南，南与湖南省交界，属武陵山区。全县国土面积2 372平方公里，辖5镇3乡，总人口20.8万人，其中以土家族为主的少数民族人口占84.8%。1736年始置县治，1984年成立五峰土家族自治县。

五峰位于北纬30°优质茶产区带，是中国宜红茶的故乡，境内溪河密布，山峦层叠，全县森林覆盖率达到81%，居全省县市区首位。地势呈西高东低走势，平均海拔1 100米，其中最高海拔2 320.3米，最低海拔150.2米。

五峰为亚热带季风气候，四季分明，气候温和，光照充足，雨量适中，年平均日照时数1 554小时，年平均气温13.1℃，年平均降雨量1 588毫米，年平均湿度76%，无霜期250天左右。据土壤普查资料，全县高山面积占35%，中山面积占42%，低山面积仅占23%。全县土壤以山地黄棕壤为主，pH大多在4.5～6.5之间，土层深厚，土质结构疏松，有机质含量丰富，茶叶生态条件得天独厚。

“峡州山南出好茶”，茶圣陆羽的《茶经》资证了五峰茶的悠久历史。早在公元1600年前后，五峰宜红茶就远销英、俄等国，享誉海内外。18世纪初，曾经有英国商人到五峰开设茶庄，至今还有“英商宝顺合”的金字招牌存于采花茶业公司总部。20世纪50年代，以五峰县谢承珍等7名采茶能手为原型，编演了轰动全国的现代京剧《茶山七仙女》，国家副主席董必武在观看演出后欣然题诗。

从20世纪80年代开始，五峰就致力发挥茶叶传统优势，始终坚持以品牌建设为核心，着力于建设大基地、培育大企业、打造大品牌、弘扬土家特色茶文化，推动产业不断上档升级。2006年以来，五峰采花毛尖先后获得湖北名茶第一品牌、中国名牌农产品、中国驰名商标等称号和钓鱼台国宾馆特供茶。2008年，五峰被中国茶叶学会评定为中国名茶之乡；2009年，被省委、省政府确定为全省茶叶大县。2010年，全县茶园面积达到1.2万公顷，全年产茶15 887吨，茶农收入2.54亿元，工业加工产值4.6亿元，茶业总产值达到10.3亿元。近年来，五峰县委、县政府坚持把茶叶作为全县第一大特色产业，采取行之有效的措施，优化资源配置，加快实施茶叶生产标准化，狠抓产业的转型与升级，全力打造现代茶经济，推动了茶产业的持续快速发展。

（一）突出“三化”，健全茶树良种繁育推广体系

一是品种选育本地化。目前，五峰已从本地茶树群体中选育出鄂茶7号、五峰310、五峰212等3个省级无性系茶树良种。其中五峰310据农业部茶叶质量监督检验测试中心检测，氨基酸含量高达6.3%，品种特性非常明显。二是种苗繁育工厂化。在全国率先探索茶叶轻基质穴盘苗生产技术，采用工厂化模式繁育茶树种苗，形成了相关技术标准及操作规程。同传统的露地育苗相比，轻基质穴盘育苗具有育苗周期短、扦插成活率高、土地利用率高、生长速度快等优点，是茶叶种苗繁育的突破性成果之一。三是良种推广订单化。采取政府下订单、企业按定单生产、政府对茶农给予良种补贴的办法，积极鼓励广大茶农选用本地良种茶苗。良种繁殖基地已经具备年繁育茶苗5 000万株的能力，每年可满足新建666.7公顷茶园的种苗需求。

（二）把握“三重”，强力推进茶叶标准化生产

一是重规划。对于新建茶园，严格按照无公害标准化茶园建园要求，坚持优选园地、高起点规划，高标准建设，确保建园质量；对于老茶区，按照无公害茶园的标准，有计划、有重点地实施茶园改造，逐步提高标准化生产水平。二是重配套。核心是捆绑项目资金，按照标准化生产的要求，实行茶园建设水、电、路、肥、机“五进园”，普及推广猪—沼—茶生态栽培模式。近几年，全县每年捆绑3 000万元以上的资金用于茶叶基地“五进园”，茶园道路、排灌、供电等配套设施得到逐步完善，各种先进适用的茶叶机械在茶叶生产各环节已得到广泛推广应用，2009年五峰被确定为全国农业机械化（茶叶）示范区和全省茶叶机械化示范县。三是重管理。一方面严格投入品管理，由茶叶合作社和茶叶企业负责辖区内无公害茶园所需农药、化肥的采购和发放，并建立采购使用台账。同时执法部门切实加强农资市场监管，在全县推行农资经营备案制度，杜绝禁限用高毒、高残留农药进入茶区，并加大查处打击力度。另一方面严格生产管理，全面印发执行《无公害茶叶生产、加工技术规程》，制定并施行《自治县无公害农产品条例》，加大宣传培训力度，大力推广频振灯、黄板等病虫害绿色防控技术，建立健全茶园生产管理与茶叶加工企业自检制度，全面加强茶叶质量安全控管。近几年来，经农业部抽样检测，五峰茶叶产品合格率均为100%。全县共有51个茶叶产品获得无公害食品、绿色食品和有机茶颁证。

（三）着眼“三大”，不断完善茶叶精深加工体系

一是培育大龙头。近年来，在培植龙头企业方面，采取政府主导、市场运作的方式，引进宜昌国贸集团控股，整合县内40多家茶叶企业组建成立湖北采花茶业有限公司，使其在短短几年内发展成为国家级农业产业化龙头企业。二是打造大品牌。全方位营造环境，重点支持抓好“采花毛尖”品牌创建。同时主动与科研单位攀亲结缘，聘请全国知名专家为技术顾问，建立了省级茶叶工程技术研究中心，为品牌打造提供强有力的技术支撑。三是延伸大链条。目前，全县已拥有名优茶全自动智能化生产线以及各种茶叶加工机械1万多台套，茶叶加工水平位居全省前列。在茶叶精深加工方面，采花茶业科技园全面建成后，将加快开发速溶茶、乌龙茶、茶饮料以及茶多酚、茶碱、茶黄素等深加工产品，进而大幅提升五峰茶叶附加值，推进产业链延伸。

（四）聚力“三变”，着力探索创新茶叶营销体系

在茶叶营销体系建设上，始终坚持以企业为主体，严格遵循市场经济规律。近几年，以“采花毛尖”为代表的五峰茶叶营销逐步实现了3个转变：一是广告宣传由产品宣传向品牌宣传转变。二是营销理念由产销一体向产销分离转变，其中采花茶业公司已在全国20多个省市建立了市场营销部，全面进入北京、上海、广东、湖南等重要市场。三是营销模式由单一营销向立体营销转变。通过实施农超、农商对接，与沃尔玛、家乐福、中百仓储等零售巨头建立稳固的合作关系，同时已开始进入高档酒吧、宾馆等新兴消费场所，并在全国设立了数十家形象店和百余家专卖店。

（五）力求“三新”，全面加强茶叶产业支撑体系

一是在关键技术掌握上不断抢占新高点。采花茶业公司始终站在名优茶加工技术创新的前沿，截至目前，先后取得17项设计专利、2项国家发明专利，并通过了有机茶、绿色食品、无公害产品与保健食品认证，产品品质达到国内领先水平。二是在人才队伍建设上不断寻求新突破。一方面，注重加强对广大茶农的培训工作，每年培训茶农达3万人次。另一方面将茶叶技工作为五峰的特色劳务品牌来培育，选拔茶业乡土拔尖人才，有力地推动了全县茶叶人才队伍建设。三是在关联产业发展上不断拓展新思路，坚持将茶叶、旅游产业发展紧密结合，目前正在规划以采花茶业科技园为核心建设国家AAAA级旅游区，同时还将以更大的力度挖掘和弘扬土家特色茶文化，赋予五峰茶独特的文化内涵。

（六）瞄准“三强”，奋力打造现代茶经济

“十二五”时期，县委、县政府确立了奋力打造现代茶经济、积极争创全国茶叶三强县的奋斗目标。一是建设大基地，规划到“十二五”期末，茶叶基地总规模达到3.33万公顷以上，其中县内核心基地达到1.33万公顷以上，辐射周边地区基地面积2万公顷以上。二是发展大企业，树立以大取胜、以优取胜理念，优化资源配置，积极引导企业以资本为纽带，以产权为核心，采取收购、兼并、联营、租赁等形式向外扩张，不断扩大企业规模，增强经营实力，力争“十二五”期内湖北采花茶业公司成为上市公司，企业年产值达到40亿元以上。三是打造大品牌，全面加强茶叶标准化体系、计量检测体系、质量管理体系建设，在生产中创品牌，在市场竞争中争品牌，在消费者心中树品牌，不断提高品牌知名度，扩大市场占有率，力争采花毛尖成为全国最具影响力的知名品牌。

（五峰土家族自治县茶叶局　徐坤寿）

湖北鹤峰

鹤峰县位于湖北省西南部，辖7乡2镇1个开发区，总面积2 892平方公里，人口22.02万人。境内平均海拔1 147米，年平均气温15.5℃，年均降水1 700毫米，森林覆盖率82%。鹤峰是武陵山区最大的产茶县，是中国宜红茶主产地之一，20世纪60年代就被定为全国茶叶商品基地。2001年以来先后被授予全国无公害茶叶生产基地示范县先进单位、全国无公害茶叶出口基地示范县达标单位、全国绿色食品原料（茶叶）标准化生产基地示范县、中国茶叶之乡等荣誉称号。

鹤峰县茶叶工作局

局　长　马忠胜

副局长　张新华　周长辉

纪检组长　田智仁

电　话（传真）　0718-5294992

网　址　www.hfcy.hfweb.cn

E-mail　hb651yj@163.com

邮　编　445800

鹤峰县茶业基本情况

项　目	2010年
茶园面积（公顷）	14 673
茶叶产量（吨）	14 950
茶叶产值（万元）	41 000
茶农户数（户）	45 000
加工厂个数（个）	850
年加工能力（吨）	20 000
精制茶产量（吨）	8 000
名优茶产量（吨）	4 000
年出口量（吨）	1 000
创汇额（万美元）	200

（一）历史渊源

鹤峰古称容美，是湖北著名的茶叶产地，茶叶生产历史悠久。早在西晋《荆州土地记》就有记载："武陵七县通产茶"。唐代陆羽《茶经》亦云："巴山峡川有两人合抱者"，又说："山南以峡州上"。明清时期，鹤峰茶就被列为宫廷贡品，并远销海外，被英国人称为"皇后茶"。1876年前后，广东商人和英国商人在鹤峰开办泰和合、宝顺和茶庄收购红茶，美国茶师也到鹤峰考察，称鹤峰红茶为上品，宜红茶从此享誉四方。新中国成立后，鹤峰茶叶得到快速发展，多次被定为全国茶叶基地县。特别是改革开放以来，历届县领导都十分重视茶叶生产，在基地建设、龙头培植、品牌开发等方面取得了显著成绩，茶叶面积和产量连年上升，茶叶收入占农民现金总收入的40%以上，茶叶成为鹤峰的支柱产业和对外开放的名片。

（二）品质特征

鹤峰茶以其滋味醇厚、无污染、耐冲泡、天然富硒富锌的独特品质闻名于世。

鹤峰名优绿茶的感官品质特征为：外形条索紧细显毫，色泽翠绿油润；内质香气清高持久，滋味鲜爽醇厚，汤色嫩绿明亮，叶底嫩绿明亮、匀齐。理化品质特征主要表现为：水浸出物含量多在40%以上，高于一般茶区；氨基酸含量高，如珍稀白茶氨基酸含量达8.2%；天然富含硒、锌微量元素，硒含量平均为1.33毫克/千克，锌含量平均为65毫克/千克。同时，鹤峰茶无工业污染和农药污染，卫生指标100%达到国家无公害标准。

鹤峰茶叶研究所拥有的这些品质特点，是由鹤峰县独特的自然条件、优良的茶树品种、科学的栽培技术及精湛的采制工艺等综合因素形成的。

（三）发展现状

全县现有投产茶园1.2万公顷，茶园面积居湖北省第一位。无性系良种茶园0.67万公顷，占总面积的45%。90%的茶园通过国家无公害和绿色食品原料基地认定，200公顷茶园通过有机茶认证。

以茶叶加工为主的龙头企业不断壮大，现有规模以上茶叶企业18家，其中省级重点企业2家，恩施土家族苗族自治州重点企业6家。全县各类茶叶加工厂达800余家，年加工能力2万吨，主要生产绿毛茶、珍眉、名优绿茶、工夫红茶、乌龙茶、黑茶等产品。茶叶深加工走在全州前列，年产500吨速溶茶生产线已于2011年建成投产。

鹤峰县是江南最大的茶叶原料集散地之一，县城容美镇名优茶市场和走马镇出口茶原料市场已初具规模，鹤峰茶在国内外市场的份额和知名度正逐步上升。

（四）产业政策

近年来，县委、县政府高度重视茶叶产业建设，出台了《关于进一步加快茶叶产业发展的决定》、《关于加强茶叶质量安全管理的通告》等文件。县成立了茶叶领导小组，设立了县茶叶工作局，组建了县茶叶产业协会。从2009年开始，每年捆绑1 000万元资金投入茶业发展，重点用于给农民无偿提供茶苗、加工厂清洁化改造以奖代补、茶叶品牌宣传补贴、茶叶企业贷款贴息等方面。2008年4月成功举办首届鹤峰茶叶节，2011年4月在武汉举办了鹤峰绿色食品（茶叶）推介活动。县委、县政府将茶叶纳入乡镇和部门综合考核内容，实行农村工作茶叶质量安全一票否决制，每年表彰茶叶生产先进单位和个人，对纳税大户和优秀人才给予重奖，充分发挥了政策的激励作用。

（五）品牌建设

全县统一打造鹤峰茶公共品牌初见成效，鹤峰茶已获农业部农产品地理标志登记。重点打造的企业品牌有翠泉牌名优绿茶、白果牌出口绿茶等，翠泉茶叶连续3届被评为湖北名牌产品，白果牌珍眉、珠茶出口到10多个国家和地区。

鹤峰县主要茶叶品牌

茶类	品牌	生产厂家	获奖情况
绿茶	翠泉	翠泉公司	湖北名牌产品，湖北十大名茶，中茶杯特等奖，鄂茶杯金奖，湖北绿茶第一方阵品牌
	白果	鑫农公司	珍眉、珠茶，专供出口
	骑龙	骑龙公司	湖北有机名茶、湖北二十佳名优茶、鄂茶杯金奖
	鑫丰	金阳公司	中茶杯一等奖、鄂茶杯金奖、农博会畅销奖
	官鼎	龙福公司	中茶杯特等奖
红茶	鹿台	白鹿公司	宜红工夫茶，未参加评比
乌龙茶	白果	鑫农公司	绿博会畅销产品奖
速溶茶	源峰	源峰公司	深加工产品，未参加评比

（六）发展经验

一是领导高度重视。鹤峰县历届县委、县政府都十分重视茶叶生产，将其列为绿色产业集群发展首位，定位为农民增收的第一财源、产业发展的第一重点、对外开放的第一名片，一届接着一届抓，咬定青山不放松。

二是强化科技支撑。以县茶叶局为主体，组建乡镇农业中心、科技示范户技术推广网络，大力推广茶叶标准化生产、茶树无性系良种、猪—沼—茶生态高效种养模式、名优茶加工等新型实用技术，提高了科技对茶叶产业的贡献率。

三是突出工作重点。近年来，鹤峰县大力实施茶叶基地改造、龙头培植、品牌开发、质量安全等四大工程，并从人力、物力、财力上给予重点倾斜，确保了茶叶产业的健康持续发展，有力推动了全县脱贫奔小康的进程。

（鹤峰县茶叶工作局　张新华）

湖南有机茶第一县

——石门

石门县地处湘鄂边陲，人口70万，土家族近60%。壶瓶山横亘境北，是老区、山区和少数民族聚集区。湖南省“屋脊”——壶瓶山中的石门银峰茶，吸天地自然之精气，纳宇宙日月之光华，经20年精心培育，成就了卓越品质。

（一）历史渊源

石门茶生产历史悠久。成书于西晋的《荆州土地记》，“武陵七县通出茶，最好。”北宋皇祐年间，蔡襄所著《茶录》，“石门产牛牴茶，为贡品”。现代编著的《中华茶人手册》、《中国茶经》记，“牛牴茶自宋后，元、明、清一直列为贡品”。

宋政和年间，圆悟克勤禅师在千年古刹——夹山寺，著《碧岩录》，悟“茶禅一味”，誉为中日茶道源头。中国佛教协会原会长赵朴初先生书赠夹山寺“茶禅一味”墨宝。中国茶禅学会理事长吴立民题词：“茶祥一味夹山寺，茶道源头《碧岩录》”。

挖掘历史，创新科技。1990年研制石门银峰茶，在湖南省茶叶评比中一举夺魁，1994年第四届亚太国际博览会金奖，2005年湖南十大名茶，中茶杯特等奖。石门县茶园0.8万公顷，产值4.3亿元，全国茶叶百强县20位，中国名茶之乡。

（二）生产与加工

1. 生态环境　壶瓶山与国家森林公园张家界相邻，海拔2 098.8米，为湖南省“屋脊”。县境内千米以上山峰268座，山峰与峡谷最大高差1 880米，沟壑纵横，群峰环绕。壶瓶山中，多原始森林或次森林，遮天蔽日，青苔如毡，古藤如帘，风景如画，森林覆盖率94%。空气洁净，溪涧清清，负氧离子每立方厘米10多万个，自然天成的森林氧吧。

石门茶主产于壶瓶山自然保护区和周边的东山峰、太清山、白云山等，是“千山茶自生，林中自有茶”，林茶相间，生态绝佳。茶区数百公里无任何污染，公认是种植有机茶的风水地。全国第一个绿色食品茶叶，1990年出自东山峰茶场，白云山茶场是湖南省第一个有机茶基地。石门银峰获得了IMO、OFDC、NOP等多个国内国际有机茶认证。

2. 茶叶种植　茶园是第一车间。石门茶农经验丰富，茶园选择在半山腰，山顶有森林，四周有树木。建园时深垦土地80厘米，深埋树叶渣草、人畜肥45吨/公顷。每年冬天要深垦深挖，并埋施人畜肥、有机肥、复合肥。采用综合防治，科学防病治虫，从不施用单一的化学肥料，不使用有残留的化学农药、除草剂，自觉按照有机茶生产。

石门县茶业基本情况

	2008年	2009年	2010年
茶园面积（公顷）	7 200	7 733.3	8 000
毛茶产量（吨）	8 500	9 500	9 800
年产值（亿元）	2.6	3.5	4.3

3. 茶业生产　石门银峰原料讲究。分单芽、一芽一叶、一芽二叶初展三级，采摘七不采、五不带，保证嫩、匀、净、齐；加工科学严谨。在数名制茶技师合作下，经摊青、茶青、揉捻、炒坯、理条、提毫、烘培等10道工

序，采用先进科技，精细制作，一气呵成。原全国人大副委员长廖汉生书赠“石门银峰、名茶新秀”；中国工程院院士、原中国茶叶学会理事长陈宗懋教授在鉴评后，高度评价“石门银峰、回味无穷”。

4. 质量认证类别、级别 2005年获全国“三绿工程”茶业示范县、2008年中国名茶之乡、2009年人民网评定为全国百姓最信任的产茶地（5个县之一）、中国茶叶流通协会认定全国茶叶百强县（20位）。石门县为湖南省有机茶第一县，获IMO、OFDC、NOP有机认证880公顷，GAP、GMP认证和ISO 9000质量体系认证。

5. 龙头企业 湖南壶瓶山茶业公司是2009年与长沙湘丰茶业和原石门壶瓶山茶叶公司联合投资5 000万元，重新组建的龙头企业，注册商标壶瓶山，主营石门银峰。国有白云山茶场，主产白云银峰，注册商标冠云。1994年在林区垦荒建设。石门澧峰名茶公司，1994年在名茶开发公司基础上改制的民营企业，注册商标澧峰、牛抵。已经通过QS认证、OFDC有机认证，下设3个初加工茶厂。中茶湖南公司旗下石门东山峰生态茶业公司，在2005年重组建立，拥有名优茶、出口茶生产线3条。恒胜（香港）茶业公司，2003年县政府招商引资企业，在海拔1 000米的太青山，主要开发乌龙茶、红茶。

6. 品牌 石门产好茶，曾经创出过东山秀峰、白云银毫、泰仙野毫等名茶，湖南十大名茶拥有“东山秀峰、石门银峰”。

（三）品牌建设

全县确立公共品牌——石门银峰，由过去的重源头抓基地，调整为重品牌抓市场，引导企业走统一、联合路。对按照石门银峰标准统一生产、经营的企业，在机械、厂房改造等方面扶持资金，在技术、人才方面无偿支持。财政每年安排100万元用于品牌宣传。石门银峰成长为主导品牌，销售突破2.5亿元。2010年评定为湖南省4个地方公共品牌之一，2011年获中国茶叶最具发展力的区域公共品牌。

石门县茶叶主要品牌

茶种类	主要品牌	生产厂家	获奖情况
绿茶	石门银峰 石门银峰 石门银峰	国有白云山茶场 石门澧峰名茶公司 壶瓶山茶叶公司	石门银峰自1989年创制，1990年在全国评比中总分第一（东山峰选送系列产品），1991—1993年又连续在湖南省茶叶评比中获第一，1994年北京亚太地区国际博览会金奖，后多次获国际文化名茶、中绿杯、国际茶博会、农博会等金奖，2005年获中茶杯特等奖、湖南十大名茶、湖南省著名商标、第四届中国国际茶业博览会、中茶杯评比金、银奖
红茶	石门怡红	恒胜茶业公司	

（四）茶产业发展经验

1. 领导重视，政策支持 领导是第一推动力，政策是第一风向标。立茶产业为支柱，20年谋一叶，政策长期不变。

2. 优化环境，兴茶为荣 改善和优化茶产业发展环境，在全县各级、全县上下、全社会形成了兴茶创业为荣，倡导投资兴茶氛围。

3. 明晰产权，加大投入 茶园、茶山、茶厂谁投资谁受益，产权归投资者所有。县财政有限的引导资金，无偿支持茶产业开发，起到了四两拨千斤的作用，提高了各方投资兴茶的积极性。

4. 科技兴茶，人才先行 实施科技兴茶战略，在湖南农业大学举办石门茶叶专业培训34人，发挥人才作用。

5. 文化宣传，品牌拓市 自2003年来，连续8年开展石门茶禅之春、挑担茶叶上北京等文化宣传，2010年上海第十七届茶文化节石门银峰作为唯一指定用茶。

6. 建设基地，夯实基础 建设生态茶园、标准茶园，改良茶树品种，增强茶业基础。

政府长期重视企业培育、基地建设。每年发展良种茶园3 333公顷以上。作为全国供销合作总社龙头的壶瓶山茶业公司，2009年投资5 000万元建设现代茶厂。

（湖南省石门县茶办　马进福　龚仕斌）

广西乐业

乐业县地处广西西北部，云贵高原的边缘，全县国土面积2 617平方公里，人口16.7万人，8个乡镇88个村民委，隔红水河与贵州省相望，耕地面积1.13万公顷，粮食作物以中稻和中玉米为主，县城海拔970米，是广西海拔最高的县城，年平均气温为16.3℃，是广西气温最低的县，年降雨量1 100～1 500毫米，森林覆盖率75.1%。

乐业县特色农产品有茶叶、核桃、刺梨、猕猴桃、板栗、甜笋、山茶油、柑橘、白凤桃、三华李、油桃、蘑菇、香菇、木耳、魔芋、金银花、龙胆草等。

经过中、美、英、日、法等 10 多个国家的专家科考论证，在 20 平方公里范围内已发现了 28 个天坑，是世界第一天坑群、世界地质公园，被誉为世界天坑之都、世界天坑博物馆。国际岩溶与洞穴探险科考基地、国家森林公园、国家地质公园和中国青少年科学考察探险基地、中国兰花之乡。还拥有世界上最雄伟最壮观的水上天然石拱桥——布柳河仙人桥、百朗岩溶森林大峡谷、九龙山巨型天然佛像、庞大的地下暗河系统。五台山万亩原始映山红以及马庄母里屯亚母系民俗文化、把吉古老造纸术、火卖生态文化村、布柳河壮族风情、高山汉族唱灯艺术等丰富多彩的民族文化风情和人文景观。同时，乐业还是革命老区，拥有保存完好的红七军、红八军胜利会师的军部旧址，是全国 100 个红色旅游经典景区之一。广西区党委、政府已把乐业大石围天坑群作为继桂林山水、北海银滩之后的广西旅游业发展新的规划和开发项目，是广西旅游发展的重点景区，是全国有机农业产业化示范基地县。

乐业县是悠久而年轻的名茶产区，说她悠久，据记载，在明代就已经人工栽培茶树，说她年轻是近 20 年来发展迅猛。到 2010 年底，茶叶种植面积达到 0.66 万公顷，茶叶加工厂 38 家，是广西第三大产茶县，年产值 1.1 亿元，其中百里茶廊范围种植完成 0.37 万公顷，四级砂路完成建设 74 公里，油路建设已经完成 5 公里。当前进行有机茶生产的企业已经投产的有 2 家，即广西乐业县顾式茶有限公司和广西乐业县草王山茶业有限公司，两家企业均为省级农业产业化重点龙头企业。全县通过有机产品认证的面积为 573.33 公顷，年产 120 吨中高档有机茶，年产值5 600万元。顾式系列有机茶已经获得中绿华夏有机食品认证中心（COFCC）、国际有机作物改良协会（OCIA）、美国农业部（USDA）、日本（JAS）和欧盟（EU）等 4 个有机茶认证机构的有机产品认证，顾式茶公司建成茶叶自动化生产线及现代化茶叶加工厂 1 座；广西乐业县草王山茶业有限公司生产的有机茶已经获得中绿华夏有机食品认证中心（COFCC）的有机产品认证。另外，乐业县昌伦茶业有限责任公司与乐业县金泉茶业有限公司的 200 公顷有机茶基地正在申报有机认证。

乐业县 2009 年获得中国茶流通协会授予的全国重点产茶县荣誉称号，是农业部标准茶园创建示范县，也是有机茶全国农业标准化示范区项目县。

2010 年参加中国茶叶学会举办的全国首届国饮杯茶叶评比，乐业县有 2 个茶叶产品获得特等奖，5 个茶叶产品获得一等奖，1 个产品获得优质奖。

乐业县茶叶产品获奖情况

生产企业	注册商标	茶叶名称	奖励等级	茶类
乐业县草王山茶业有限公司	班　飞	乐业红	特等奖	红　茶
乐业县昌伦茶业有限责任公司	布柳河	金　眉	特等奖	红　茶
乐业县昌伦茶业有限责任公司	布柳河	银狐猴	一等奖	白　茶
乐业县草王山茶业有限公司	班　飞	绿美人	一等奖	绿　茶
乐业县顾式茶有限公司	顾式茶	翠　芽	一等奖	绿　茶
乐业县金泉茶业有限公司	凌　翁	金　毫	一等奖	红条茶
乐业县金泉茶业有限公司	凌　翁	红　螺	一等奖	红螺茶
乐业县乐家家茶业有限公司	乐叶乐	金　螺	优质茶	红　茶

乐业县高山茶艺队荣获 2010 年广西首届茶艺大赛冠军称号。2 名茶艺员成为广西首届十佳茶艺小姐。

乐业县茶叶产业从 2001 年开始进行重点建设，县委、政府高度重视，利用国际农业发展基金会1 200万元贷款投入茶叶生产管理，发改、扶贫、交通等其他项目配套投入，一年一个台阶。2004 年开始进行有机茶生产，茶叶远销美国、日本、韩国、德国、新加坡，国内的南宁、广州、上海、北京等地。

广西乐业县顾式茶有限公司龙云山茶叶基地是广西农业旅游观光精品景点，广西乐业县草王山茶业有限公司全达村茶叶基地是全国休闲农业示范点。

乐业县茶叶生产技术服务由乐业县茶叶生产管理办公室负责，办公室主任是杨昌勤同志，硕士学位，副主任是张兴思同志，硕士学位。

（乐业县茶叶生产管理办公室）

中国锌硒有机茶之乡

——贵州凤冈

凤冈县位于贵州省东北部，是遵义市的东大门，地处乌江北岸，大娄山南麓的富锌富硒地带，是贵州茶叶的主产区。古有“黔中乐土”之称，今有“锌硒茶乡”之誉，全县1 883平方公里的土地分布在神秘的北纬 27°～30°之间。这里冬无严寒，夏无酷暑，气候温和，雨量充沛，物种丰富，植被茂盛，森林覆盖率达 58%，平均海拔850 米。

凤冈县人民政府

县　长　廖海泉
分管副县长　唐隆强
茶叶主管　谢晓东（副调研员）
电　话　0852-5221034
传　真　0852-5221052
网　址　www. gzfenggang. gov. cn

凤冈县茶叶协会

会　长　谢晓东
秘书长　任克贤
电　话　0852-5224866
邮　箱　chahaiban@163. com
地　址　贵州省凤冈县政府大楼一楼
邮　编　564200

凤冈县茶产业基本情况

项　目	数量	项　目	数量
茶园面积(万公顷)	1. 68	有机茶园面积(万公顷)	0. 21
茶叶产量(万吨)	1. 05	年加工能力(万吨)	2
涉茶农户(万户)	3. 4	行业销售额(亿元)	6. 3
规模企业(个)	25	名优茶产量(万吨)	0. 37

（一）历史渊源

凤冈茶历史悠久。唐代茶圣陆羽在其所著《茶经》中载：黔中生思州、播州、费州、夷州……往往得之，其味极佳。据《中国历史地图集》和《唐・黔中道思、播、费、夷州地理位置图》，古夷州治所就在今凤冈县绥阳镇。宋代《华阳国志》中载：平夷产茶蜜；乐史《太平寰宇记》中载：夷州、播州、思州以茶为土贡；清代《梅簃随笔》载：龙泉产云雾芽茶，色味双绝。

（二）产业现状

江山代有名茶出，锌硒凤茶领风骚。凤冈始终坚持建设生态家园、开发绿色产业发展战略，以茶富民、以茶县为目标，凤冈茶因锌硒特色、有机品质而声名远播。凤冈锌硒茶继 2005 年、2009 年先后荣获“贵州省十大名茶”称号后，2010 年又被评为“贵州省三大名茶”，被国家质量检验检疫总局列为中国地理标志保护产品。凤冈县因此荣获中国锌硒有机茶之乡、中国名茶之乡、全国重点产茶县、全国特色产茶县、全国生态产茶县等称号。凤冈全县茶园面积已达 1. 68 万公顷，其中有机茶园 0. 21 万公顷，为中国西南地区最大最早的有机茶生产县。已拥有清洁化、现代化、规模化茶叶加工厂 30 多家，其中国家级龙头企业 1 家，省级龙头企业 6 家，市级龙头企业 7 家，年加工能力达到 1 万余吨。

（三）发展经验

凤冈锌硒茶：上天赐予的锌硒微量元素，人为创造的有机品质，按照猪—沼—茶—林的建园模式，遵循差异就是特色的发展理念，坚持标准化、规模化、市场化、品牌化的发展思路，创造了闻名全国的决策魄力、活动魅力、招商引力、凤冈标准、凤冈模式、规模神话、凤茶品牌、凤茶文化的凤冈形象，凤冈锌硒茶也因此在群茶万千、品牌林立中脱颖而出。

长风破浪会有时，直挂云帆济沧海。凤冈已基本完成茶园建设，茶叶加工布局和凤冈锌硒茶地域品牌建设，将凭借高端运作、抢占先机的发展思路，差异就是特色的发展理念，坚持标准化、规模化、市场化、品牌化的运作方式，必将在茶叶加工、市场建设、产品研发，即茶叶、茶旅、茶药等方面再上新台阶，再创新辉煌。

（四）品牌建设

凤冈县主要茶叶品牌

茶类	品牌	生产厂家	获奖情况
绿茶	凤冈锌硒茶（证明商标）	凤冈县茶叶协会属下企业	2005年、2009年先后荣获贵州十大名茶称号、2010年评为贵州三大名茶
绿茶	绿宝石	贵州贵茶公司	2009年贵州十大名茶、2010年首届“国饮杯”特等奖
绿茶	仙人岭	凤冈县仙人岭有机茶业有限公司	2008年中国名优绿茶评比会金奖、2009年世界绿茶评比金奖
绿茶	寸心草	贵州寸心草茶业有限公司	2010年“中绿杯”金奖、2010年首届“国饮杯”特等奖
绿茶	浪竹	凤冈县浪竹茶业有限公司	第五届北京国际茶博览会金奖、第九届广州国际茶博览会金奖
绿茶	万壶缘	凤冈县万壶缘锌硒茶业有限公司	第九届广州国际茶博览会金奖、16届上海国际茶博览会金奖
绿茶	一品仙	贵州一品仙锌硒有机茶业有限公司	—
绿茶	野鹿盖	凤冈县野鹿盖茶业有限公司	2009年“中茶杯”一等奖、2010年首届“国饮杯”一等奖
绿茶	黔雨枝	凤冈县黔雨枝有机茶业有限公司	2009年“中茶杯”一等奖、2010年首届“国饮杯”一等奖
绿茶	绿玛瑙	凤冈县玛瑙山茶业有限责任公司	2009年“中茶杯”一等奖
绿茶	娄山春	凤冈县娄山春茶叶专业合作社	2010年“中绿杯”金奖、2010年首届“国饮杯”特等奖

中国毛尖茶都

——贵州都匀

都匀市位于贵州省南部，海拔在540～1 964米，属亚热带湿润气候区，总面积2 274平方公里，2009年末，全市总人口50万人。都匀市是黔南布依族苗族自治州的首府，是黔南州政治、经济、文化中心，先后获得了全国和谐社区建设示范城市、全国文化先进市、中国生态旅游城市和中国毛尖茶都。

都匀市人民政府

市委书记 高金林
市　长 胡晓剑
副 市 长 林科军

都匀市人民政府茶叶产业办公室

办公室主任 王德顺
电　话 0854-8254988
传　真 0854-8254988
网　址 www. dymjcw. com
E-mail dymjcw@163. com
地　址 贵州省都匀市原开发区管委会313室
邮　编 558000

（一）历史渊源

都匀茶叶种植历史悠久，早在明代已为贡品，深受皇帝喜爱，因形似鱼钩，故赐名“鱼钩茶”。都匀是茶的故乡，茶是都匀的象征，都匀毛尖与西湖龙井、铁观音等并为中国十大名茶，是都匀市的“金名片”。都匀毛尖外形条索紧细卷曲，白毫满布，色泽绿润，匀整有锋苗，冲泡的汤色绿亮，清香持久，滋味鲜爽回甘，香气馥郁持久而享誉海内外，屡获殊荣。1915 年，都匀鱼钩茶获巴拿马万国博览会优质奖。1956 年，毛泽东主席品尝鱼钩茶后，夸奖其是好茶，并亲自为其定名为都匀毛尖。都匀毛尖茶作为我国历史名茶，在选料和加工工艺上极其讲究。都匀毛尖茶又名白毛尖、细毛尖、鱼钩茶，生长于海拔1 000米以上云雾缭绕的大山之中，是贵州三宝之一。都匀毛尖茶属炒青绿茶，在制作上极为考究，原料要求独芽或一芽一叶，每 500 克都匀毛尖茶有 5 万～6 万个芽头，需要 2～2.25 千克原料（茶青）炒制而成。都匀毛尖茶加工工艺分杀青、揉捻、做形、提毫、烘焙五道工序。茶叶成品突出“毛”和“尖”两个根本特征，外形条索紧细卷曲，白毫满布，色泽绿润，匀整有锋苗，冲泡的汤色绿亮，清香持久，滋味鲜爽回甘。

（二）发展现状

都匀市属亚热带季风湿润气候区。境内山峦起伏，垂直高低悬殊，气温随海拔升高而降低。其特点是四季分明，冬无严寒，夏无酷暑，降雨充沛，雨热同季，湿度较大，高海拔、低纬度，寡日照，立体气候明显。年降雨量1 458毫米，多年平均气温 15.9℃，是最适宜茶树生长的地方之一，特别适合高档名优茶的栽培。

2011 年都匀市茶园总面积 1.187 万公顷，可采面积 0.53 万公顷，有机茶茶园认证面积 156.47 公顷。主栽品种主要是都匀本地苔茶和福鼎大白。都匀毛尖茶平均价格2 000元/千克，茶叶总产量已达1 000余吨，总产值 2 亿元。全市现有茶企业 36 家，省级龙头企业 7 家，州级龙头企业 4 家，企业资产总额5 599万元，注册商标 38 个，加工设备合计3 529套，年生产加工能力2 000吨，36 家企业都以生产高中档都匀毛尖茶为主。茶馆茶楼 126 家，农民茶叶专业合作社 24 个。有多家企业通过了有机茶认证，一大批茶叶企业产品分别通过了 ISO9001：2000、QS、HACCP 质量体系认证和 GAP、ISO14001 认证。全市 18 个乡镇（办事处）的 89 个行政村 3.5 万多户 11 余万人从事茶叶生产，占农业人口的 36.4%。

（三）政策支持

（1）将茶叶发展资金从 2008 年起，除争取上级扶持外，茶叶基金由原来的每年 30 万元增加到 500 万元。

（2）整合相关部门资金，制定了新建茶园荒山每亩（667 平方米）700 元、熟地每亩1 000元补助标准。

（3）有机茶认证茶园每亩 10 元奖励补助；为鼓励企业在省外开设都匀毛尖茶专卖店，符合要求的每店给以 2 万元资金补助。

（4）在“百里毛尖茶长廊”示范区内新建加工房补助 1 万元，示范区外补助 8000 元。

（5）在招商引资方面，做到特事特办，优先解决土地、道路、水利问题。

（6）下一步还将出台《茶产业发展激励措施》鼓励多元化主体投身茶产业建设。

（四）品牌建设

1915 年，都匀鱼钩茶获巴拿马万国博览会优质奖。

1956 年，毛泽东主席品尝鱼钩茶后，夸奖其是好茶，并亲自为其定名为都匀毛尖。

1982 年，都匀毛尖被评为中国十大名茶之一。

2005 年，获都匀毛尖茶证明商标。

2007 年，获中国茶叶流通协会授予“中国毛尖茶都”称号。

2008 年，获“有机茶”称号。

2009 年，入选贵州省非物质文化遗产名录并获第十六届上海国际茶文化节中国名优茶最高奖项金牛奖等奖项。

2010 年，获中国世博十大名茶，上海世博会联合国馆礼品茶、指定用茶称号等。

2010 年，都匀毛尖茶被评为中华老字号产品。

2010 年，获地理标志产品保护。

2011 年，都匀市摆忙乡荣获贵州最美茶乡称号；都匀毛尖茶叶品牌再次通过中国茶叶区域公用品牌价值评估，成为全国范围内的 113 个茶叶区域公用品牌之一，品牌价值 10.51 亿元，较 2010 年 9.63 亿元品牌价值继续上升，为领军黔茶闯市场奠定了良好基础。

农业部已把都匀市定为全国 117 个名茶基地县（市）之一。都匀市还被列为全国茶叶标准园示范基地、中央财政现代农业茶产业项目示范县。

（五）茶文化

目前世界上发现最早的茶子化石在贵州。贵州省是发现野生茶叶最早的地方，都匀市是贵州省的老茶区，有着深厚的茶文化。早在明代就有张留在都匀的与都匀毛尖茶结缘，在清代“西南巨儒”莫友之为都匀毛尖留下的《十二月采茶歌》；还有毛泽东主席“钦点”命名毛尖茶；徐悲鸿、傅抱石与都匀“纸烤茶”；日本前首相田中角荣的飞机换毛尖；现代茶界大师庄晚芳咏都匀毛尖诗：“毛尖芳香都匀生，不亚龙井碧螺春。饮罢浮花清香味，心旷神怡攻关灵！”；中国当代茶文化先驱张大为题毛尖诗：“不是碧螺，胜似碧螺。香高味醇，别具一格。”等茶文化的经典。近年来，都匀市致力于茶文化的挖掘和整理，共挖掘出苗族化、布依族茶俗茶艺茶文化 10 余种，整理了茶诗、茶歌、茶调、茶故事等百余类。连续举办五届都匀毛尖茶文化节，让省内外嘉宾认识了解都匀，宣传都匀毛尖茶文化，同时，建成了全国唯一中国世博十大名茶植物园让世博 10 大名茶的文化在都匀源远流长；还建成了全国唯一一座文峰世博茶苑，将上海世博会联合国馆中国茶展区物件整体还原于此，为都匀毛尖茶文化的传承与延续留下宝贵财富。通过都匀毛尖茶参展上海世博会，都匀毛尖世博茶仙子受到了国家副主席习近平、联合国秘书长潘基文的接见，将都匀毛尖和谐、绿色的理念传遍世界，不断提升都匀毛尖茶文化内涵。

（六）目标与规划

“十二五”期间，都匀市将科学规划，做强做大都匀毛尖茶产业，实现全市茶园面积突破 1.67 万公顷，茶产业综合产值力争达 10 亿元以上；都匀市还将借助最美茶乡评选活动将百里毛尖长廊、万亩生态茶乡自身资源与旅游结合，响应省委的号召，将百里毛尖茶产廊打造成为贵州省再一个知名旅游休闲度假地区；还将致力于都匀毛尖茶产业的飞跃发展，从提高单产、改进工艺、机械化运用、市场开拓、品牌建设上不断完善和发展，继续加大招商引资、借船出海，真正实现统一品牌、统一包装、统一质量、统一宣传、统一价格、统一店型，各企业团结一致，拧成一根绳，重点打造都匀、都匀毛尖品牌这两张名片，为都匀毛尖茶产业的腾飞夯实基础。

贵州高原茶业第一县

——贵州湄潭

2010 年，湄潭县投产茶园 1.1 万公顷，茶叶总产量 1.51 万吨，总产值 9.13 亿元，茶业综合收入 13.7 亿元。其中名优茶产量3 168.8吨占总产量的 21%，产值78 495.6万元占总产值的 86%。大宗炒（烘、晒）青绿茶11 893.2吨占总产量的 79%，产值12 793万元占总产值的 14%。茶农茶青收入62 134.6万元。

11 月 29 日，国家工商总局审查认定了 478 件中国驰名商标，其中茶叶 8 件，湄潭县茶叶协会申报的湄潭翠芽商标经过一年多的努力，成为贵州省第一件茶叶类中国驰名商标，也是贵州省第四件农产品类的中国驰名商标，这不仅是湄潭茶叶的荣誉，也是贵州茶叶的荣誉。中国驰名商标是指在中国及至全球具有很高知名度、良好的声誉，消费者号召力以及强劲的市场竞争力的商标。驰名商标是国际知识产权领域重要的法律概念。经中国国家工商总局认定和保护的中国驰名商标，不仅在中国国内将受到相关法律更大力度和更全面的保护，而且在任何世界知识产权组织成员和世界贸易组织成员中遭到侵害时，根据《巴黎公约》和 TRIPS 协议（《与贸易有关的知识产权协议》）的规定，均受到世界各国法律的保护。回顾湄潭翠芽这些年所走过的历程，无不包含着各级领导、行业主管部门、茶叶界对她的关心和呵护。

（一）历史沿革

湄潭翠芽是在创建于 20 世纪 40 年代初的贵州名茶湄江茶的基础上，经科技人员和企业经营者不断改进工艺，提高品质、扩大品种范围、于 20 世纪 90 年代中期试制成功的一个名优茶产品，该产品在 1999 年举行的遵义名茶两会上被评为唯一的名牌产品，2001 年获贵州省名茶称号，2004 年获中绿杯金奖，2005 年获国际名茶评比金奖和中茶协推荐的品牌，2007 年获中茶杯特等奖，至今，湄潭翠芽已在省内名优茶评比中获 23 个名茶称号，在国内中茶杯、中绿杯及各类茶博会等名优茶评比中获 77 个金奖、特等奖、一等奖等奖项。在贵州十大名茶、五大名茶评比中均列总分第一，同时被授予贵州三大名茶，2010 年公用品牌价值达到 9.03 亿元。2005 年，县茶叶协会根据县委、县政府提出打造一个知名品牌的思路，制定了地方标准，申报地理标志类的证明商标，该商标于 2007 年底成功注册。2010 年，湄潭县开始实施中国驰名商标申报工作，经过不懈努力，终获成功。

（二）几点体会

1. 理念引领、明晰思路 经过多年的不断探索和努力，从 21 世纪初期的“建好一个基地、扶强一批企业、打响一个品牌、建设一个市场、形成一大产业”，到中期下决心突破茶产业的发展思路，湄潭上下形成了优势在茶、特色在茶、出路在茶、希望在茶、成败在茶的发展理念。发展茶产业，一是富民的需要，一亩茶园的收入相当于其他农作物的 3～5 倍。二是符合生态立县的要求，茶树是常绿、高覆盖率的植物，其喜阴的特性对于推进湄潭县国家级生态示范区及生态县建设有良好的生态效益和社会效益。三是产业强县的必由之路，以茶叶为主的农副产品加工是农业县实现工业化的有效途径。建于湄潭的遵义市绿色食品工业园区内茶产业加工集群已基本形成，同时，建立于 1939 年的贵州省茶叶研究所和湄潭茶场为湄潭县茶产业提供了科技支撑和示范效应。

2. 科学规划，做大基地 10 余年来，湄潭县紧紧抓住国家西部大开发和退耕还林政策，以及 2007 年以来省、市对茶产业的政策倾斜和资金扶持，充分利用自身优势，加快基地建设步伐。2006 年，全县茶园总面积尚不足 0.67 万公顷，产量3 000吨，产值 1 亿元，县委、县政府审时度势，制定了 2007—2015 年茶叶产业发展规划，全县规划了 5 条茶叶产业带。基地建设严格实施“五化”生产：即茶树良种化、基地规模化、技术标准化、环境清洁化、生产机械化。并从茶苗补贴、有机茶园认证补贴、专业合作社补贴、茶区基础设施配套及适用技术推广等方面予以资金和项目扶持，每年投入茶产业资金在3 000万元以上（不包括企业和农民投入）。到2011年3月，全县茶园面积已近2.2万公顷，其中无性系良种达96%以上，绿色食品茶园600公顷，有机茶园2 573公顷。主要分布在北部及中部的10个乡镇，涉及6.5万农户28万余人，略占全县农业人口的70%，人均1亩（667平方米）以上茶园的乡镇5个，村40个，投产茶园亩（667平方米）产值5 000余元。

3. **扶优企业，做响品牌** 企业和品牌建设是产业发展的核心和灵魂。县委、政府在企业建厂或技术改造贷款、土地征用、产业化建设、科技创新、相关认证、品牌打造等方面出台了奖励和补贴的政策，推动了企业的快速发展。2010年由于受春季低温凝冻天气和秋季持续干旱的影响，全县茶叶产量约1.44万吨，比去年减少4.6%，产值11.6亿元，比去年增长27.3%，茶业综合收入15亿元以上。主要茶产品：湄潭翠芽878吨，产值5.32亿元；遵义红及红茶820吨，产值2.33亿元；贵州针1 008吨，产值1.85亿元；其他名优茶325吨，产值0.45亿元；大宗茶1.15万吨，产值1.67亿元，分别占79.9%和14.4%。共有47家注册企业，其中国家级龙头企业4家，省级龙头企业5家，市级2家，个体工商户224家，加工大户100余家。拥有固定资产2.72亿元，厂房面积7万平方米，加工机具3 000余台（套），加工能力2万吨以上。获QS认证51个，ISO认证22个，HACCP认证20个，10家企业（合作社）通过有机茶认证。产品涉及绿茶、红茶、黑茶及精深加工领域。全县共有茶叶商标150余个，除湄潭翠芽外，遵义红、贵州针等公用品牌及兰馨等企业品牌亦在省内外有了一定的知名度。

4. **健全网络，开拓市场** 一方面对农业部定点市场——西南茶城配套设施予以完善，设立信息中心和质量检测中心，同时根据产业发展需要正规划建设面积23公顷、功能齐全的茶叶综合市场——中国茶城，进一步繁荣市场。另一方面积极开拓湄潭茶叶外销市场，在全国20多个省份地级以上城市设立专卖店、旗舰店、批发部200多家，在高速公路两侧设广告牌，电视台等媒体进行广泛宣传。建立于茶区的茶青交易市场22个，推进了产业的专业化分工。

5. **发展旅游，助推产业** 以生态茶园为载体的三百里茶桂长廊、以“黔北民居”为代表的社会主义新农村和天下第一壶、万亩茶海等标志建筑（设）推动湄潭县茶乡休闲旅游。湄潭最美乡村在茶区，最富裕的农民是茶农，最幸福的农家是茶农，兴隆镇龙凤村田家沟村民组的茶农唱出了发自内心的歌谣——《十谢共产党》。

6. **提升文化，丰富内涵** 湄潭是悠久的茶区，位于茶树原产地中心。当代十大茶人中的张天福、刘淦芝、李联标曾在湄潭工作过，抗战时期浙江大学西迁湄潭办学七年，苏步青等著名教授发起成立的《湄江吟社》，留下了数十首茶的诗词歌赋，湄潭县近10年来开展的各种茶文化活动等为湄潭茶文化建设打下了深厚的基础，《茶的途程》、《茶国行吟》等书籍已成为重要的茶文化文集。客来敬茶已成为茶乡人民普遍待客的礼仪。全县有各种不同档次的茶楼200多家，满足了不同层次人的需要。

7. **强化培训，提高素质** 一是开展对茶农及基层干部的培训，主要培训科学的生产管理，注重产品源头质量安全。二是开展对加工企业（大户）的培训，重点培训茶产品的标准化生产。三是开展对市场营销人员的培训，主要培训其守法经营及市场开拓的能力。四是茶文化、茶技术的全能职业培训，主要培训生产管理及茶文化、营销等技能性人才。

8. **质量安全，警钟长鸣** 实施产品“五项检测”，一是茶叶基地的面上检测；二是茶青市场的检测；三是茶叶加工企业的茶青进厂检测；四是茶叶加工企业产品的出厂检测；五是茶叶批发市场的出市检测。实行“五项检测”，实行茶业质量安全一票否决制，从而最大限度地确保茶产品的质量安全。同时，对使用湄潭翠芽品牌的企业实行五统一，即：统一质量标准、统一加工条件、统一有偿使用、统一协会监制、统一宣传推介。

（湄潭县茶业协会）

中国国礼茶之乡

——安徽歙县

歙县位于安徽省南部，北倚黄山，东邻杭州，南连千岛湖，是连接皖、浙、赣三省的重要枢纽。全县总面积2 122平方公里，现辖28个乡镇，51万人口，是国家历史文化名城，徽文化发祥地，第一批全国生态农业建设试点县，全国农科教结合示范县，全国科技工作先进县，是中国徽墨之都、歙砚之乡，也是中国名茶之乡、黄山贡菊之乡、枇杷之乡，更是国家园林县城、文明县城。

主管领导：

县委常委、副县长 吴俏
主管单位 歙县农业委员会
主　任 毕灶明
副主任 姜　毅

县茶产业发展办公室

副主任 唐茂贵
电　话 0559-6517051　18955959131
传　真 0559-6521292
E-mail hssxcyz@126.com
地　址 歙县政务新区紫阳路36号农业委大楼
邮　编 245200

（一）历史渊源

歙县种茶溯源甚早。据唐代建中元年（公元780）陆羽《茶经——八之出》记载，全国产茶区域："浙西：以湖洲上，常州次，宣洲、睦洲、歙洲下，润洲、苏洲又下"。南宋淳熙二年罗愿撰的《新安志·卷三·山阜》又载："凤凰山在歙北十五里……旧产茶岁采制不过三、二斤，熙宁（公元1068—1077）中丘寺丞名之为甘白香。"

明弘治十五年《徽州府志·卷三·贡品》载："歙之物产无定额，亦无常品，大要惟砚与墨为最，其他则北源茶、紫霞茶，……。"在《卷三·食货》中载："歙县丙午踏勘茶株数目后，至洪武九年，该茶株一千四十万六百九十一株。"

民国时期，歙县大宗茶类有炒青、烘青、大方、毛峰和因销售情况不同，个别年份采制有少量红茶。据《皖南茶业概述》载："民国廿八歙县茶园面积达3.13万公顷，产量达11.75万担（相当于5 875吨）。"民国廿九年《歙县主副农产品成绩报告》载："歙县茶叶产量4.8万担（相当于2 400吨）。"

歙县是十大历史名茶之一黄山毛峰茶发源地，中国扁形茶鼻祖——顶谷大方茶的发源地，亦是驰名中外的屯绿主产地，是国家绿茶出口的重要基地。农业部2005年公布的统计数字表明，歙县以1.68万公顷可采茶园位居全国市县之冠。

（二）生态环境

歙县地处南北过渡带，生态环境得天独厚，茶树品种资源丰富，所辖28个乡镇均产茶。境内气候温和湿润，四季分明，雨量充沛，年均日照时数约1 930小时，年平均气温16.3℃，有效积温5 172.1℃，无霜期230余天，年均降水量1 540毫米左右，相对湿度在85%以上，土壤以黄红壤为主，森林覆盖率78%，是种植茶叶、菊花、蚕桑、果品最适宜的地区。

（三）发展现状

茶产业一直是歙县农村经济的重要支柱产业，得天独厚的生态环境是歙茶品质优良的保证，所产的黄山毛峰、顶谷大方、黄山绿牡丹、黄山银钩、黄山白茶多次在国内外获金奖。其中黄山白茶、雪岭青（毛峰源祖）宋代即为贡茶，毛峰、大方、绿牡丹、银钩则于1986年起被中国外交部选为国家礼品茶，县域范围内被选作贡茶或国礼茶的名茶品种如此之多，这在全国乃至世界绝无仅有，故歙县被业内人士称为中国国礼茶之乡。2008年被农业部命名为全国绿色食品原料（茶叶）生产基地县。2010年被中国茶业学会评为中国名茶之乡。

2011年全县茶园总面积1.87万公顷，其中可采茶园面积1.78万公顷，居安徽省首位。良种茶园面积约0.25万公顷，良种比例13%，通过"三茶"认证的有1.61万公顷，拥有各类茶叶生产经营企业200多家，获省级龙头企业称号的3家、市级龙头企业8家，获得国家级名牌农产品1个，省级名牌农产品4个，中茶杯特等金奖1个；3家企业被评为中国茶叶企业百强。常年从事茶叶经营人员4 000多人，内销企业遍布全国各大城市，特别是上海、北京、济南等大城市更是歙县名优茶叶的主要集散地。外销企业产品畅销日本、欧洲、美洲、非洲及中东等20多个国家和地区。连续10年，每年的茶叶总产值以10%～15%比例增长。截止到2011年8月，全县茶叶总产量8 400吨，总产值4.6亿元，其中名优茶2 650吨，产值3.34亿元。

（四）品牌建设

目前，全县200多家茶叶企业中，有20余家茶企业已成长为规模以上经营企业，其中汪满田茶业公司、黄山茶业集团、黄山市翠绿茶菊有限公司3家获得省级农业产业化龙头企业称号，8家被评为市级龙头企业，全国茶行业百强企业3家，完成QS等认证企业40家。汪满田牌黄山毛峰获中国名牌农产品；汪满田牌滴水香、云谷牌袋泡茶、洪立安牌顶谷大方省名牌产品；甘白香牌黄山白茶连续两届获"中茶杯"特等金奖。

歙县主要茶叶品牌

企业名称	主导茶叶名称	注册商标	获奖情况
黄山市汪满田茶业有限公司	黄山毛峰 滴水香	汪满田	中国名牌农产品 省名牌农产品
黄山茶业集团有限公司	顶谷大方 系列绿茶	云谷	省名牌农产品
黄山市翠绿茶菊有限公司	黄山毛峰 珠兰花茶	翠明缘	2010年第八届国际名茶评比银奖
黄山市立安茶业有限公司	顶谷大方	洪立安	省名牌农产品
黄山市歙县薇薇茶业（集团）有限公司	屯绿	薇薇	
歙县徽苑商贸有限公司	黄山毛峰	徽源	2007年俄罗斯“中国年”，胡总书记作为国礼茶送给俄罗斯总统普京
黄山歙县牡丹茶厂	黄山毛峰	芽典	
黄山市歙县老竹大方茶厂	老竹大方	洪三元	
黄山市金山叶茶业有限公司	雪岭青	徽宝贝	
黄山甘白香白茶生态园	黄山白茶	甘白香	连续两次获“中茶杯”评比特等金奖、2010年第八届国际名茶评比银奖
黄山市歙县龙凤茶业有限公司	黄山毛峰	龙凤	

（五）发展经验

1. 大力推行茶园管理生态化 制订了无公害茶叶生产发展规划，建立无公害、绿色和有机茶叶生产示范区；开展茶园病虫害统防统治；积极鼓励企业开展基地与产品认证，提高产品档次和附加值。把歙县打造成为华东最大的绿色食品茶基地。2011年各茶叶企业自检和部门抽检，所有茶产品质量全部达标。

2. 大力推行茶树品种良种化 县财政每年提供50万～100万元资金支持茶区茶农、企业和协会（合作组织）开展茶树品种的改良工作，目前，歙县已发展无性系良种茶园0.2万公顷，并建立起集品种选育、试验、示范、生产为一体的县茶树良种科技示范园。无性系良种茶园比例由原来的1.5%上升到现在的13%，良种茶园的效益已全面凸现，企业与茶农发展良种的积极性日益高涨。

3. 大力推行产品开发多元化 充分利用地方丰富的茶叶资源，积极开展技术创新、产品创新。目前汪满田茶业有限公司研发的滴水香、黄山茶业集团研发的顶谷大方姊妹茶剑潭雾毫茶叶已经批量上市，并逐渐成为内外销企业的主营产品，产品的多元化、特色化、优质化为企业的快速发展增强了信心和动力，也为全县茶业经济的发展增添了后劲。

4. 大力推进茶叶加工清洁化 近10年来，县财政每年都安排近百万资金用于茶叶初制厂厂房改造、茶叶机械更新、名优茶机推广以及茶叶加工技术培训工作。汪满田、黄山茶业集团、翠绿茶菊有限公司等部分省、市龙头企业加工设备初步走上数字化、自动化流水加工，全县茶叶加工能力与加工水平大大提升，歙县茶叶加工逐步发展成为由经营大户和企业集中收购鲜叶，按清洁化生产要求统一加工，全县茶叶质量明显提高。

5. 大力培育龙头企业 龙头企业是农业产业化链条上与市场对接最为紧密而能起主导作用的一个重要环节，是上联市场下联农户的枢纽。歙县针对各企业的特点，在各茶区筛选出有品牌、有市场、发展前景看好的企业重点扶持。一是安排专项补助资金扶持企业开展各类认证及新技术、新设备的引进。二是安排专业技术干部到企业任特派员，协助企业开展项目申报、基地建设、厂房设备改造，并制定生产加工技术规程和产品质量安全标准等技术服务。培育出一批服务社会化、管理企业化、经营一体化的示范带动作用明显的产业化龙头企业。

6. **品牌宣传与市场营销多样化** 一方面组织各品牌企业参加由省、市、县财政开展的各类茶叶、农产品展示展销会；另一方面，组织企业参加国家和各部门、协会开展的品牌宣传活动，同时，动员鼓励企业通过各级电视、网络、刊物进行产品宣传推介，通过连续不断的对外宣传、展示，提高歙县茶产品知名度，增强竞争力。各品牌企业借此创新营销方式，实行企超联销、企业直销、连锁销售、代理销售等各种方法，提升歙县茶叶产品的国内外市场占有率。

（安徽省歙县茶业办　张永盛）

安徽舒城

舒城县地处大别山东麓，境内群山起伏、风景秀丽，物产丰富，国家级自然保护区万佛山、AAAA级风景旅游区万佛湖镶嵌其中，生态环境优越，2006年被国家环保总局评为第五批国家级生态示范区，2007年被全国绿化委员会授予全国绿化模范县光荣称号。舒城县以产舒城小兰花而素负盛名，早在唐宋时代生产的茶叶就被列为贡品，以其天然纯正的兰花清香享誉大江南北，1958年9月16日，毛主席视察舒城县舒茶人民公社时，有感于舒城小兰花的优良品质，发出了“以后山坡上要多多开辟茶园”的伟大号召。温家宝总理曾于1995年8月5日视察舒城茶叶生产，极大地推动了舒城茶叶发展。

舒城是中国绿茶出口基地，全国茶叶百强县之一，近年来，被列为大别山区名优茶协作示范区，安徽省茶叶振兴工程实施县之一，先后被授予中国名茶之乡、全国重点产茶县、中国茶叶产业发展示范县等称号。舒城现有茶园面积0.44万公顷已全部通过无公害认证（其中有机认证茶园116.2公顷，出口基地备案1 333.33公顷），主要分布于西南山区13个乡镇，年产干茶2 000吨，产值1.5亿元，茶叶关系全县20万茶农、约5万户的生计，是舒城县山区优势产业和支柱产业之一，是加快山区脱贫致富奔小康和推进山区社会主义新农村建设的重要特色产业。

舒城小兰花茶是特殊工艺精制而成的烘青绿茶，茶叶采制时正直漫山兰花竞相吐蕊飘香时节，茶叶吸附花香独具风韵，青山环抱、林木葱茏、土质肥沃，气候温和，雨水充沛，终年云雾缭绕等得天独厚的自然生态环境促成舒城小兰花独特品质的形成。其特征为：外形芽叶相连成朵，自然舒展，色泽翠绿显毫，冲泡后如兰花初放，枝枝立于杯中，带兰花香，汤色黄绿明亮，滋味鲜醇爽口，叶底成朵，叶质厚实耐泡。清末民初，每年茶季都有山东和江苏的茶商上门收购舒城兰花，按旧时时制，当时每斤（500克）磨子园兰花茶可兑换银元一块半或四斗五升大米，故生产一直很旺。20世纪50年代初，海军大将徐海东曾专车来舒城购买白桑园兰花茶，驻皖西的苏联专家指名要喝舒城兰花。著名书法大师刘海粟十上黄山时，品尝舒城兰花茶后，欣然题写“龙舒剑兰”4个大字，山东省农业厅茶叶专家段家祥对舒城小兰花评价到：“喝遍神州茶，独爱小兰花”。勤劳好客的舒城人民更是情有独钟，把它作为招待贵宾和馈赠亲友的佳品。20世纪80年代，舒城小兰花茶作为国务院办公厅指定用茶。《中国茶叶大辞典》、《制茶学》、《安徽茶经》、《名优茶选集》、《中国茶谱》等国家茶叶重点图书都有舒城小兰花优良品质的记载。

优越的产地环境、独特的制茶工艺促成舒城小兰花优异品质的形成，在省内外各类名优茶评比中多次获奖，1987年在安徽省茶业学会主办的第一届名茶评审会上，荣登十大名茶榜首；1989年被农业部评为部优名茶；1993年获泰国博览会金奖；1995年获第三届中国农业博览会金奖；1997年获第二届“中茶杯”全国名茶一等奖；2001—2005年连续5届获全国名优茶评比金奖；2006年获青岛全国名优茶评比金奖，2009年获第八届中茶杯全国名茶评比金奖，2009年、2010年舒城小兰花连续荣登安徽省十佳品牌名茶，2010年获首届国饮杯全国名茶评比特等奖，2011年获第九届中茶杯全国名茶评比一等奖。

近年来，县委、县政府十分重视茶业发展，选育了舒茶早、山坡绿、特香早等3个茶树优良品种，其中舒茶早茶树良种通过国家审定，特香早新品种选育被列为省重大科技攻关项目，新发展良种茶园1 066.67公顷；制定了舒城小兰花省级地方标准（DB/T451—2004），建立10个规模化、标准化无公害茶叶示范基地，建立示范加工厂8家；成功注册了舒城小兰花茶证明商标，并获国家工商总局核准使用；成功注册了舒城小兰花原产地地域保护证明商标，舒城小兰花制作技艺入选安徽省非物质文化遗产名录。县委、县政府连续组织七届名优茶评比及五届手工炒制竞赛活动，并在北京、上海、济南、合肥等大、中城市多次开展品牌推介活动。全县现有独立法人资格的茶叶加工企业150个，茶叶销售大户200个，其中自营出口权安徽舒绿茶业有限公司年精制出口绿茶4 000吨（原料主要来自舒城、黄山、安庆等地），创汇1 000万美元，产品主要出口欧盟、非洲、俄罗斯等国家和地区。现有产值200万元以上的规模茶叶企业13个，全国茶叶百强企业1个，省级龙头企业1个，QS认证企业7个，省级茶叶科技专家大院1个，茶叶专业合作社5个。

（舒城县茶叶产业协会　袁先安）

北方绿茶之乡

——日照岚山

日照市岚山区地处山东省东南部，南与江苏省赣榆县毗邻，东临黄海。陆域面积765.84平方公里，海岸线长25公里，耕地3.25万公顷，森林覆盖率36.9%，9个乡镇（街道），417个行政村，总人口42.3万人。年平均气温13.2℃，年平均降水量897毫米，无霜期213天。土壤主要为酸性棕壤土，是山东省乃至中国北方最大的茶叶产区。

日照市岚山区委、区人民政府

区委书记　高　杏

区　长　徐淑利

办公室主任　刘兴武

电　话　0633-2618700

传　真　0633-2612409

网　址　www.rzlanshan.gov.cn

地　址　山东省日照市岚山区岚山中路

邮　编　276807

日照市岚山区茶业管理办公室

主　任　陈为全

办公室主任　苗文景

电　话　0633-2619066

传　真　0633-2619066

E-mail　lscybgs@163.com

日照市岚山区是山东茶叶主产区，面积、产量、产值分别占全省的45%、53%、61%。全区茶园总面积达到0.8万公顷，成龄茶园0.65万公顷，年干茶产量5 800吨，产值6.8亿元；拥有茶叶加工企业80余家、省级农业龙头企业2家、市级农业龙头企业16家，茶叶企业年加工能力达到1.2万吨，以中高档茶叶产品为主，拉动茶叶产值提升，年加工产值达到12.6亿元。岚山区先后被授予山东省高效特色农业先进单位、全国重点产茶县、全国十大特色产茶县、中国名茶之乡等荣誉称号。

（一）优化产业布局，完善综合配套，实现茶园建设的区域化、规模化

岚山区本着合理布局、成片开发、高点起步、综合配套的原则，科学规划成片开发茶园，促进了茶叶基地规模不断扩大，标准不断提高，形成了7大流域和3条茶叶产业带。一是完善政策措施，膨胀产业规模。先后出台了《种植业结构调整三年规划》、《关于加快茶叶标准化发展的意见》、《关于促进农民增收的意见》等政策，对连片发展50亩（3.33公顷）以上的茶园给予每亩（667平方米）200元的资金奖励，由政府进行道路、林网、水利等基础设施的综合配套，统一调配良种。鼓励企业成片建设标准化茶叶基地，先后建成了碧波、松晨、浏园、御园春等12处茶叶标准化示范园。2008年以来，全区成片发展茶园0.25万公顷。二是合理配置资源，提升建设水平。实施统一土地深翻、统一品种结构、统一设施配套、统一技术指导、统一防护林网建设的茶园标准化建设，将项目建设与茶园综合配套紧密结合，推动茶园建设质量的提高。近3年来，岚山区先后有1.2亿元项目资金投入到茶园基础设施建设，全区0.53万公顷成片茶园实现了道路、防护林网和水利设施综合配套，节水灌溉茶园面积达到0.21万公顷。

（二）优化生产方式，提升茶叶质量档次，实现茶叶管理的标准化、科技化 P优化生产方式，加强科技研发力度，不断丰富和发展日照绿茶独特优良的内在品质。一是坚持生态建园，改善茶园生产环境。将山区造林与茶园开发建设有效结合。先后投入资金3 000余万元，建成茶园防护林网0.53万公顷，通过林茶间作的综合生态建设措施实现了防风防冻与生态建设的有机结合，有效地改善了茶园生态环境。浏园、碧波茶园也先后获得国家、省茶叶生态示范园称号。二是加强科技研发，提升茶业机械化水平。岚山区先后研发了茶叶生产管理、加工制作、包装销售等多个系列60多种茶叶机械，实现了茶叶生产机械化水平全面提高。御园春、淞晨、浏园、百满、景阳青等企业与省内外茶叶专业院校、研究机构合作，研制出了本地的红茶、乌龙茶，夏茶鲜叶价格实现了质的提高，茶园亩（667 平方米）增产值2 100元左右。三是加大扶持力度，加快茶叶有机化发展进程。岚山区建立茶叶质量监管系统，提高茶园管理标准化水平；对获得无公害、绿色和有机食品认证的分别给予 1 万～2 万元的奖励，全区茶叶有机认证基地 12 处，绿色认证 2 处，无公害基地认证 16 处，20 余家企业获得 ISO 国家质量体系认证、HACCP 质量安全认证等。岚山区先后被授予国家级无公害标准化生产示范基地和山东省优质绿茶生产示范基地。

（三）延伸产业链条，拓宽市场空间，实现经营的产业化、品牌化、多元化

岚山区积极拓展市场空间，延伸产业发展链条，提升茶叶综合效益，实现茶产业的全面发展。一是着力加快茶叶产业化进程。建立起全省唯一一家省级茶叶公共服务平台，聚力支持指导茶叶企业建设。通过“企业＋基地＋农户”等产业化形式，建立全产业链模式，实施以茶叶基地为依托，以加工企业为纽带，以茶叶专卖点为终端的茶叶发展方式。全区茶叶专业合作社达到 69 家，茶业协会 8 家，茶叶研究所 4 所，在省内外设立了 500 多家茶叶销售点、专卖店、代理店。二是着力加快茶叶的品牌化发展进程。聘请国家、省市茶叶科研院所的专家、技师指导茶叶炒制，改善加工工艺，提升产品档次。碧波绿、东山云青、百满、景阳青等 10 余个茶产品先后在“中茶杯”等全国名茶评比中多次获特等、一等奖。景阳青、百满、浏园等企业先后有 176 项外观设计，14 项茶叶工艺、发明获国家专利。对获得国家、省名牌产品、著名商标等称号的给予 3 万～5 万元奖励，茶叶品牌建设实现了全面发展。现已拥有 1 个中国驰名商标、5 个山东著名商标、3 个山东名牌产品和 3 个全国茶叶百强企业称号。三是着力加快茶叶多元化发展进程。把茶文化旅游、生态茶园观光和当地历史文化有效结合，以茶乡之旅、全民饮茶日、采茶节等活动为媒介，建成了以茶为主题的茶文化生态旅游产业资源，先后开发了系列茶叶饮食，发展了朝元山、圣公山、磴山等茶文化生态景区及碧波、浏园、景阳青等生态观光茶园，产生了明显的生态效益、社会效益和经济效益，给茶业发展带来了新的发展思路。

重点企业介绍

日照浏园生态农业有限公司

总经理 张波

电　话 13863367606

地　址 山东省日照市岚山区碑廓镇

日照浏园生态农业有限公司是国家级生态茶叶示范园。园区总面积 72 公顷，无公害茶园面积 30 公顷，有机茶园面积 12 公顷，无性系茶园 6.67 公顷。公司以种植、养殖、加工一体化为基础，利用生物、物理防虫技术实施茶园综合防治技术，建立从种植、加工到销售全过程质量追溯体系，致力于茶叶品质提升，浏园生态茶园被国家茶产业技术体系列为茶叶综合试验点。在第九届“中茶杯”全国名优茶评比中选送的两个茶样全获一等奖。

日照市百满茶业有限公司

总经理 宋百满

电　话 13562358988　0633-8698888

地　址 山东省日照市岚山区巨峰镇后崖下村

日照市百满茶业有限公司：日照市农业产业化重点龙头企业，现有无公害茶叶基地 146.67 公顷，合作社成员 536 户，年加工能力 90 吨。百满茶园被评为市级农业标准化示范基地。产品先后通过了国家无公害、有机认证和 QS 认证。百满绿茶评为山东省十大名茶，先后获得首届“觉农杯”评比优质奖，第八届“中茶杯”全国名优茶评比一等奖，第九届“中茶杯”两个一等奖。百满商标被授予山东省著名商标称号。宋百满评为山东省科普带头人。

山东省日照市东山云青茶厂

总经理 王彦锡

电　话 13326239988

地　址 日照市岚山区碑廓镇驻地

山东省日照市东山云青茶厂：日照市农业产业化重点龙头企业，拥有有机茶园 53.33 公顷，通过了国家无公害、OFDC 有机产品认证，QS 认证。东山云青茶先后荣获第七届“中茶杯”全国名优茶评比特等奖，第八、九届“中茶杯”评比一等奖，首届“国饮杯”全国茶叶评比特等奖，第二、三、四、五届国际名茶评比金奖、银奖，山东省名优茶评比特优奖、名茶奖等。企业分获山东省和日照市第六、七、八届消费者满意单位，山东省茶叶行业十佳品牌。

日照市景阳青茶园

总经理 陈永强

电　话 13706332170

地　址 山东省日照市岚山区虎山镇

日照市景阳青茶园：日照市农业产业化重点龙头企业，公司无公害茶叶基地 53.33 公顷，有机茶认证基地 14.67 公顷。公司先后研发的卷曲形高档绿茶等 7 项制作工艺、64 项包装设计获得国家发明专利。公司被授予山东茶文化优秀企业；产品获得山东省十大优质茶称号，第七、九届“中茶杯”评比一等奖；景阳青商标被授予山东省著名商标称号。公司总经理陈永强先后被授予日照市科普惠农兴村带头人、全国科普惠农兴村带头人、日照市青年创业训练导师称号。

日照淞晨茶业工贸有限公司

总经理 姜 涛

电 话 13806336371

地 址 山东省日照市岚山区巨峰镇

日照淞晨茶业工贸有限公司：日照市农业产业化重点龙头企业，注册资本 350 万元，拥有茶园面积 33.33 公顷，其中有机茶园 19.33 公顷。公司先后通过 QS 认证、ISO9001 国际质量认证、ISO22000 食品安全认证，先后荣获山东省农业产业化十佳企业、日照绿茶金牌企业称号。公司总经理姜涛也先后被评为日照市青年创业导师和日照市十大创业青年。淞晨绿茶被授权为第一届中国水上运动会指定产品。

日照市御园春茶业有限公司

总经理 袁从波

电 话 13616336881

地 址 日照市岚山区巨峰镇薄家口村

日照市御园春茶业有限公司：日照市农业产业重点龙头企业，现有 13.33 公顷无性系有机茶园和 53.33 公顷无公害茶叶生产基地，拥有 97 套茶叶生产机械，年干茶产量 80 吨，公司在北方茶区首创了春绿、夏红、秋乌龙的加工模式。公司先后成立了日照市乌龙茶研究所和日照市茶叶机械化技术培训学校，是山东省引进外国智力示范基地。产品先后被评为山东省十大名茶、第五届全国食品博览会金奖、中韩国际食品博览会评比特等奖等荣誉称号。御园春品牌被命名为山东省著名商标。

茶经故里　紫笋贡茶

——浙江长兴

长兴地处浙江北端，自古为我国著名茶区。顾渚山曾建有我国历史上第一座皇家茶厂——贡茶院，茶圣陆羽在此写就了中国第一部茶叶专著——《茶经》。颜真卿、白居易、皎然、杜牧、张文规、陆龟蒙、皮日休、刘禹锡、陆游和苏轼等文人墨客也留下了大量不朽的作品，至今还留存唐代以来的忘归亭、金沙泉和三组九处摩崖石刻等茶文化古迹。紫笋茶、紫砂壶、金沙泉合称长兴“品茗三绝”。

紫笋茶因《茶经》中“紫者上，笋者上”而得名，陆羽在长兴顾渚山多次考察和悉心钻研后，发现此茶“芳香甘洌，冠于他境，可荐于上”。紫笋茶被列为贡茶始于唐代广德年间（公元 763—764 年），距今已有1 200多年。紫笋茶深受帝王喜爱，有诗云“琼浆玉露不可及，紫笋一到喜若狂”，贡茶数额连年剧增，到唐武宗会昌年间（公元 841—846）贡额多达9 200千克，堪称中国贡茶之最。2010 年，中国国际茶文化研究会同时授予长兴和紫笋茶分别为中国茶文化之乡和中华文化名茶称号，紫笋茶已被国务院列入第三批国家级非物质文化保护遗产名录。

长兴现有茶园 0.63 万公顷，2010 年茶叶总产量4 323 吨，总产值 4.75 亿元，其中名茶产量和产值分别为 570 吨和 3.75 亿元，成为长兴现代农业的主导产业和茶区农民增收的重要途径。长兴十分注重茶叶质量安全，现有无公害茶叶 0.47 万公顷，有机茶 526.67 公顷。长兴茶树良种所占比例达 72%，先后 3 次被评为浙江省茶树良种化先进县。全县 48 家茶厂获 QS 认证，2004 年被评为浙江省茶厂改造重点示范县。现有省、市级农业龙头企业——长兴县英特茶业发展有限公司、长兴县和平基隆坞茶场、长兴县茶乾坤食品有限公司、长兴县永金茶业有限公司和长兴县桃花岕有机茶厂 5 家，紫笋、新桃花岕等品牌为浙江省著名商标。

长兴县每年安排茶产业扶持资金 800 多万，曾荣获中国茶叶发展政府贡献奖。在 1999 年组建了全县茶叶行业协会，紫笋白茶生产重镇——和平镇有中国白茶第一镇之称，成立了白茶协会，从事行业沟通、协调和管理等工作。茶园防霜扇防霜害新技术示范推广、茶果套种技术示范与推广、生态茶叶示范基地建设、长兴名茶循环农业发展模式示范推广和长兴县茶叶标准示范园区建设等农业项目和大唐贡品——紫笋茶饼研究及应用、夏秋优质红茶加工技术研究等科技项目相继实施，大幅改善了茶叶生产条件和提高了科技应用水平。每年投入 80 多万元的茶文化活动和品牌宣传推广经费。县委、县政府多次在上海和北京等地举行茶事新闻发布会和茶产业推介会，组织茶企参加大型的博览会并屡获金奖；邀请中央电视台来长兴拍摄茶产业专题片，先后在中央七套《致富经》、中央十套《人与社会》、中央二套和中央四套《走遍中国》等节目播出；拍摄电影——《茶恋》，介绍陆羽生平及其与紫笋茶结缘的传奇故事；2008年3月31日，在北京举办大唐茶都——浙江长兴名茶拍卖会，100克紫笋茶、白茶和500克紫笋茶饼分别拍出了6.2万元、8.8万元和5.3万元的高价。

紫笋茶是浙江省首只具有部级农业行业标准的茶叶，2010年获农业部农产品地理标志登记保护，还成为上海世博会特许经营产品在北京吴裕泰茶庄200多个门店进行销售，长兴紫笋名茶开发公司荣获浙江老字号称号。长兴紫笋茶作为长兴茶叶区域公共品牌在2011中国茶叶区域公用品牌价值评估中达7.76亿元。长兴紫笋茶因品种和工艺等不同而形成品质风格悬殊的两大系列产品走俏市场，紫笋茶形似兰花，色泽嫩绿，香气清高持久，滋味醇厚，汤色清澈明亮，叶底嫩匀成朵；紫笋白茶形如凤羽，香气馥郁，滋味鲜醇甘爽，汤色嫩绿明亮，氨基酸含量丰富，比一般绿茶高2倍以上。长兴名茶主销上海、北京、山东和江苏等地大中城市，蒸青茶、乌龙茶等产品外销日本、欧美等国家和地区。

为传承和展示茶文化精髓，长兴县委、县政府历时3年投入近亿元在原址上重建了贡茶院，并以其为中心强力打造了顾渚茶文化景区。新建的大唐贡茶院占地7.33公顷，建筑面积达1.5万平方米，现为全国文物保护单位，多次接待了日本、韩国、新加坡、马来西亚和斯里兰卡等国家以及我国港、澳、台地区的大批茶人来长兴考察、交流。2009年，中国白茶第一街开街，总投资近1 500万元，建筑面积达1.3万平方米，店铺90间，为白茶产业构建了产品销售的商贸平台、品牌打造的展示平台和市场对接的联络平台。2008年长兴县承办了第十届国际茶文化研讨会暨长兴首届陆羽茶文化节，2010年第三届中国长兴陆羽国际茶文化节暨中国县域金融论坛开幕，国内外600余名茶界专家、文化名流和经济学者齐聚长兴品茶论道，茶文化节围绕弘扬茶文化、发展茶经济的主题，推动茶文化和茶产业交流与合作。

2011年4月，长兴先后举办了2011中国·和平第三届白茶节、2011长兴二界岭大型采茶体验活动等。县农业部门组织了近10家龙头茶企分别赴北京、上海和哈尔滨参加茶叶展销会，进一步宣传推介长兴紫笋茶系列产品。长兴茶乾坤食品有限公司、桃花岕有机茶厂、和平东山坞茶场以及百岁爷茶叶合作社、丰收园茶叶合作社等10余家生产主体还建立了专业的网站，便于客商和消费者全面了解信息。根据长兴县茶产业“十二五”发展规划，到2015年将实现优质茶园0.67万公顷，年产茶叶5 000吨，年产值6亿元。

国际花园城市、全国综合实力百强县——长兴山清水秀，人文荟萃，经济社会发展迅速，茶文化、茶产业并驾齐驱，诚邀海内外宾客来长投资兴业、共谋发展。

（长兴县人民政府）

发展中的陕西西乡茶业

地处陕西省西南部的西乡县，北依秦岭、南屏巴山，气候温和、雨量充沛、植被茂盛、四季如春，属北亚热带半湿润季风气候区。所处位置纬度高，海拔高，云雾几率高，富含锌硒，远离污染，气候温和，雨量充沛，素有大西北之小江南美誉，具有雨洗青山四季春的宜茶环境，是我国北方茶区中最优良的茶叶适生地，所产茶叶具有香高、味浓、形美、耐泡、保健五大特点，历来都是贡茶、名优茶的知名产地。

西乡县人民政府

县　长　演晓刚
主管副县长　纪文杰

西乡县茶叶局

局　长　池彬仓
电　话　0916-6222310
传　真　0916-6222310
邮　编　723500

西乡茶主要指标

项　目	单　位	数　量	项　目	单　位	数　量
茶园面积	万公顷	1.49	年加工能力	吨	6 500
茶叶产量	万吨	0.55	精制茶产量	吨	3 000
茶农户数	万户	5.5	出口产量	吨	12
企业数	个	279	出口产值	万元	100
行业销售额	亿元	4.2			

（一）历史渊源

西乡产茶历史悠久，文化底蕴厚重。据史料记载：始于秦汉、盛于唐宋，有“男废耕、女废织，其民昼夜制茶不休”之盛况，自古就是茶马互市的重要集散地。早在汉代，陕南就属于我国的七大茶区之一。唐代已经是著名的贡茶之乡，由于西乡生产的贡品茶形似月亮，紧压成团，名曰“西乡月团”。西乡茶沿子午道运抵长安后，百官争相嗜饮，名震京华。陆羽在其《茶经》一书中，将陕南列入了山南茶区。因其独特的自然环境，西乡具备了雨洗青山四季春，阴晴雨雾漫山川的宜茶环境，为有机茶的开发，创造了十分优越的条件。

西乡茶叶生产经历了停滞、恢复和发展3个阶段。新中国成立以前，由于自然灾害和茶叶赋税冗重等原因，西乡茶叶步入低谷，走向败落，全县仅几公顷茶园。新中国成立之后，茶叶生产逐步恢复，到20世纪90年代初茶园面积发展到2 666.7公顷。80年代研制开发的午子仙毫，以其香高、味醇、色绿、形美和纯天然、无污染、富锌硒的优异品质而闻名全国，成为中国八大名茶之一，备受世人瞩目。到了21世纪之初，西乡县立足生态资源实际，举全县之力培植茶叶产业，全力实施茶业经济强县战略，茶叶产业化建设取得了快速发展，成为主导产业之一。

（二）发展现状

到2010年底，全县茶园面积已达1.49万公顷，其中投产园面积0.89万公顷，茶叶总产量5 513吨，实现总产值6.5亿元。全县18个镇全部产茶，种茶农户达5万余户，从事茶业生产人员约20万人。春茶上市时间为每年的3月中旬，全县拥有茶叶加工企业279家，加工机械4 185余台，年加工能力近6 500吨，其中省、市级龙头企业8家。全县已建成集茶叶生产、加工、科研、文化、营销为一体的较为完整的产业体系，规模、产量、产值均居陕西省产茶县之首，成为全省乃至西北地区规模最大的名优绿茶生产基地县。1994年西乡茶叶通过国家绿色食品认证；1997年被中国食品协会授予中国著名茶乡；1999年国家林业局授予西乡中国著名经济林（茶叶）之乡；2005年西乡县人民政府获得中国茶叶发展贡献奖；2011年经人民网组织投票，西乡以总投票数第一，被评选为全国采茶芬芳地——最佳旅游目的地。

（三）政策支持

西乡历来重视对茶叶产业的发展，于2009年出台了《关于促进茶叶产业突破发展的决定》，并在县财力十分困难的情况下，每年拿出200万元专项资金扶持茶产业发展，用于茶树良种工程，生态茶园示范基地建设、技术服务及质量监测体系建设、龙头企业扶持、加工厂优化改造、新建或技术改造贷款贴息、品牌宣传推介、市场监管、技术培训等。从2011年开始，又将该项资金增加到1 000万元，并出台了多项扶持产业发展的具体优惠政策。

（四）品牌建设

以全面推进标准化进程为依托，积极实施品牌战略，进一步加大开发地方名茶力度，成功开发研制的午子仙毫名茶，多次获得全国名茶、陕西省优质产品、国家绿色食品等荣誉称号和部优、省优大奖20余项，被誉为茶中皇后，午子仙毫茶叶品牌已成为西乡的金字招牌和彰显魅力西乡的一张名片。2007年，汉中市政府强化区域性品牌优势，实施品牌原产地域保护制度，推动优势产区品牌产业的大联合，将全市名茶品牌整合为汉中仙毫，并申请了原产地地理标志认证，积极引导优势产区实行大联合、培育大优势、打造大品牌、建立大市场，必将对西乡县茶产业发展起到巨大的推动作用。同时，为着力打造西乡茶品牌，全面提升茶产业水平和西乡茶叶的声誉，多年来，西乡县历届政府十分重视茶叶的外部发展环境，采取有力措施，先后出台了一系列优惠政策，鼓励和支持企业在省会以上城市开设茶叶和参加国内外大型茶事活动，目前，全县共有近40户企业的130余家茶叶经销（直营、专卖）店在西安、北京、上海、广州、武汉、成都等国内大中城市落户。此外，西乡在成功举办10届茶叶节的基础上，组织县内茶叶企业参加国内外各类大型茶事活动，斩获各类大奖40余项，成为西乡茶叶对外知名度提升和进一步做大做强茶产业的关键一环。

西乡县主要茶叶品牌（一）

茶种类	主要品牌	生产厂家	获奖情况
绿茶	午子	陕西省午子绿茶有限责任公司	午子牌炒青绿茶分别荣获第十五届中国杨凌农高会后稷特别奖，十六届中国杨凌农高会后稷特别奖
	东裕	陕西东裕茶业有限公司	东牌汉中仙毫分别荣获第五届中国国际茶业博览会金奖，第六届中国国际茶叶博览会金奖，第八届中国国际茶叶博览会特别金奖，第十六届中国杨凌农高会后稷特别奖，2009中国（西安）茶叶文化博览会金奖

西乡县主要茶叶品牌（二）

茶种类	主要品牌	生产厂家	获奖情况
绿茶	鹏翔	陕西鹏翔茶业有限公司	鹏翔牌汉中仙毫分别荣获第六届中国国际茶叶博览会金奖，第七届中国国际茶叶博览会金奖，2008 西安茶叶文化博览会金奖；鹏翔牌炒青绿茶荣获 2008 西安茶叶文化博览会金奖
	飞凤岭	西乡县茶业有限责任公司	飞凤岭牌汉中仙毫分别荣获第六届中国国际茶叶博览会优质奖，首届陕西茶王争霸斗茶大赛陕西茶王；飞凤岭牌炒青绿茶荣获 2009 西安茶叶文化博览会银奖
	陕南	西乡县陕南绿茶有限公司	陕南牌乌龙茶获第十五届中国杨凌农高会后稷特别奖；陕南牌锌硒龙井茶获第十五届中国杨凌农高会后稷特别奖
	龙蛟	西乡县龙蛟茶业有限责任公司	龙蛟牌汉中仙毫分别荣获第八届中国国际茶叶博览会金奖，2009 中国（西安）茶叶文化博览会金奖；龙蛟牌炒青绿茶获 2009 中国（西安）茶叶文化博览会金奖
	圆州绿	陕西西乡建华茗茶有限公司	圆州绿牌炒青绿茶获2009中国(西安)茶叶文化博览会金奖
	中嘉	西乡县中嘉茶业有限责任公司	中嘉牌炒青绿茶荣获2009中国(西安)茶叶文化博览会金奖;中嘉牌汉中仙毫获2009中国(西安)茶叶文化博览会银奖
	汉南	西乡县汉南茶业有限责任公司	汉南牌炒青绿茶荣获2009中国(西安)茶叶文化博览会金奖;汉南牌汉中仙毫获2009中国(西安)茶叶文化博览会银奖
	绿苑飞凤	西乡县绿苑飞凤茶业有限责任公司	绿苑飞凤牌炒青绿茶荣获 2009 中国（西安）茶叶文化博览会金奖；绿苑飞凤牌汉中仙毫获 2009 中国（西安）茶叶文化博览会银奖

（五）发展经验

1. 搞好基地规划 坚持稳定基地规模，优化品种结构，提高建园水平的原则，通过土地流转方式或由农民专业合作社组织，实施跨区域、多渠道融资，以企业为投资主体，围绕高速路、国道沿线、旅游景点和新农村建设，重点以沙河、峡口、罗镇、茶镇为辐射中心形成 4 条茶叶生态观光旅游产业带，实施良种生态茶园建设、低产茶园改造、丰产茶园培育等工程，实现规模化、集约化种植。

2. 强化科技支撑 进一步创新机制，加大投入，不断充实扩大茶叶科技队伍，加强经营户的职业培训，推动茶叶企业积极进行新技术、新品种、新工艺、新设备引进、推广和研发。先后组织推广实用技术与科研开发项目40余项，建立茶业中等专业学校1所，茶叶研究所3所，茶叶技术服务中心站5个。为产业发展注入了无限生机和活力。

3. 育强龙头企业 按照扶优、扶强、扶大的原则，通过联合、兼并、参股、租赁等多种方式，推进引导现有龙头企业整合重组，建立大型茶叶企业集团，并大力扶持其做大做强。同时，加快专业合作组织建设，并积极协调引导，使专业合作组织与龙头企业建立较为稳定的合作关系，以促进二者相互融合、共同发展，推动产业升级。

4. 抓好品牌建设 加大开发地方名茶力度，提高质量，提升品牌。成功开发研制的午子仙毫名茶，多次获得全国名茶、陕西省优质产品、国家绿色食品等荣誉称号和部优、省优大奖 20 余项，被誉为茶中皇后，午子仙毫茶叶品牌已成为西乡的金字招牌和对外交流的一张名片。2007 年，市政府又将全市品牌整合为汉中仙毫，并申请了原产地地理标志认证，必将对西乡县茶产业发展起到巨大的推动作用。

5. 挖掘文化内涵 成功举办 10 届茶叶节、陕西省首届秦巴赛茶大会、汉中市四届赛茶大会和全国茶艺研讨会、陕西茶业研讨会等重要茶事活动，开展以茶为主题，丰富多彩的诗歌、茶艺等文化活动，营造出论茶、唱茶、饮茶、品茶、赏茶的茶乡氛围，进一步推介宣传了西乡，扩大了西乡茶叶的知名度，提升了全县茶产业发展的影响力和文化氛围。

（西乡县茶叶局）

中国文化名茶

——缙云仙都笋峰茶

缙云地处中国生态第一市——丽水，是无公害茶、绿色食品（茶）及有机茶的一类适生区，得天独厚的生态、气候环境，孕育了仙都笋峰茶和缙云黄茶。仙都笋峰茶外形扁平秀挺、香气浓郁持久，常带有兰花幽香，滋味甘醇怡人而享有盛誉。缙云黄茶也得到了中国农业科学院茶叶研究所、浙江省农业厅、浙江大学等10多位专家高度评价，被誉为三黄透三绿的独有品质特征：外形色泽金黄透绿；汤色鹅黄隐绿；叶底玉黄含绿。

国家AAAA级风景旅游区缙云仙都为轩辕黄帝飞生地，源远流长的黄帝文化底蕴结合仙都笋峰茶文化，极大地丰富了当地旅游内涵，同时也使仙都笋峰成为中国文化名茶的代表。

缙云县人民政府

县　长　吴筱玲
主管副县长　陈庆源
电　话　0578-3312315
传　真　0578-3312013
网　址　www.jinyun.gov.cn
地　址　缙云县五云镇新区黄龙路
邮　编　321400

缙云县农业局

局　长　陈瑞舜
联 系 人　施松青
电　话　0578-3122348
传　真　0578-3121913
网　址　www.jynj110.gov.cn
地　址　缙云县五云镇溪滨南路90号
邮　编　321400

缙云县茶业基本情况

项　目	2011年	项　目	2011年
茶园面积（公顷）	3 606.67	行业销售额（亿元）	1.48
良种茶园面积（公顷）	2 570.04	年加工能力（吨）	2 500
茶农户数（万户）	2.15	茶叶产量（吨）	1 166
企业数量（个）	36	年产值（万元）	16 345

（一）历史渊源

缙云山清水秀，产茶历史悠久，距今已有1 000多年，且茶叶品质优异，在明代被列为贡茶。宋刘宰《冯公岭》载诗："时培石上土，更种竹间茶"；"玉泉出石罅，雨点散寒碧。我来供茗事，松鼎煮琼液。余甘生齿颊，可以醒酒魄"的记载。明万历《括苍汇记》载有"缙云物产多茶"；"缙云贡黄茶三斤"。清道光年间《缙云县志》载："茶，随处有之，以产小筠、大园、柳塘者佳。括苍云雾茶亦为珍品"。

（二）发展现状

到2011年，缙云县共有茶园面积0.36万公顷，全县茶园无性系良种率占71.3%，茶叶产量1 166吨、茶叶产值1.63亿元，从事茶叶产业各类人员共有4万多人。重点推广茶树无性系良种、茶叶加工清洁化生产线及加工技术、茶园病虫害综合防治、无公害、有机茶生产、茶园管理机械化等先进实用技术。总之，缙云县围绕品种、品质、品牌不断加速茶叶转型提升步伐，取得较大的发展，2010年5月25日的《浙江日报》给予了很高的评价——缙云茶叶发展正是浙江绿茶发展一个缩影。

仙都笋峰茶是浙江名牌农产品，30次在全国各种茶博览会、农博会、中茶杯等荣获金奖，2010年荣获中国（上海）国际茶业博览会金奖；2010年仙都笋峰茶又进驻上海世博会比利时馆，被指定为该馆官方供应茶，同时，荣获世博之旅·浙江十大旅游名茶。

（三）政策支持

近年来，缙云县委、县政府把茶叶产业列入县域农业的四大主导产业之一，每年安排200万元专项扶持资金，用于产业的提升培育，主要投入于茶树良种的推广、茶叶加工厂的优化改造、QS认证、品牌建设、市场建设等项目。与中国农业科学院茶叶研究所建立科研合作关系，长期聘请中国农业科学院茶叶研究所专家指导产业发展。大力宣传仙都笋峰地方品牌，积极组团参加各类茶叶博览会、展销会，通过举办仙都笋峰采茶（炒茶）比武大赛、举办仙都笋峰茶文化养生论、举办仙都笋峰产品推介会等活动，不断提高仙都笋峰品牌知名度和美誉度。

（四）品牌建设

2007 年对全县茶叶品牌进行了整合，统一打造仙都笋峰品牌，制定了仙都笋峰茶地方标准，并由缙云县茶叶产业协会负责仙都笋峰品牌建设与管理。

缙云县主要茶叶品牌

茶种类	主要品牌	生产厂家	获奖情况
绿茶	仙都笋峰	浙江仙都笋峰农业发展有限公司 缙云县石上菊薯茶专业合作社 缙云县三农茶果专业合作社 缙云县仙都茶业有限公司 缙云县日月盛农产品开发有限公司	荣获第二十二届中国哈尔滨国际经济贸易洽谈会暨第六届浙江绿茶博览会金奖及指定用茶 荣获中国（上海）国际茶业博览会金奖 仙都笋峰茶成功注册成为地理标志证明商标

（五）发展经验

1. 领导重视 2008 年起，县委、县政府，重新调整农业主导产业发展思路，梳理原先的畜禽养殖、蚕桑、食用菌、茶叶、高山蔬菜等八大主导产业，从中筛选出茶叶、蚕桑、畜禽养殖产业进行主导产业重点培育。县委、县政府首先把茶叶列入提升的主导产业，每年扶持资金从 50 万元增加到 200 万元以上。

2. 规划引茶 缙云县专门编制了 2008—2015 年的缙云县茶叶产业发展规划和 2011—2015 年的缙云县黄茶产业发展规划，为缙云打造成“中国黄茶之乡”而奋进！全县基本实现标准化、清洁化和规模化生产，实现全县茶园面积 0.4 万公顷，其中无性系良种率占 80%，有机茶面积占 5%，茶叶产量达到2 700吨，其中名优茶达到1 600吨。茶业产值达到 4.0 亿元，其中茶叶产值为 2.5 亿元，二产和三产为 1.1 亿元和 0.4 亿元，分别比 2007 年增长 183.8%、180.0%、150.9%、358.2%。

3. 科技兴茶 缙云县坚持走科技兴茶道路，着重在引进新品种、推广新技术上下功夫，一方面积极改善茶园良种结构，推广中茶 108、中茶 102、龙井 43 等无性系良种，使目前缙云县无性系良种茶园面积达2 570.4公顷，无性系良种率已达 71.3%；另一方面抓好技术培训推广，大力推行仙都笋峰茶新型加工工艺集成技术，推行标准化生产，统一茶叶质量，确保茶叶优质安全。自2008年以来，缙云县人民政府和中国农业科学院茶叶研究所签订了科技合作协议，搭建了缙云县茶叶产业今后发展的科研技术平台。

4. 品牌强茶 缙云县进一步加快整合茶叶品牌，统一打造地方品牌。投入大量资金在高速公路、国道线旁、仙都旅游景区等制作大型广告牌，着力提高仙都笋峰茶叶知名度；积极组织参加各类茶叶博览会及省农博会、举办茶文化养生论坛、举办产品推介会等活动，提高市场声誉；加大各种媒体宣传力度，不断扩大仙都笋峰和缙云黄茶品牌的市场影响力和知名度，促进缙云茶产业健康、快速发展。

（缙云县农业局　胡惜丽）

泰顺三杯香　香飘全天下

——浙江泰顺

泰顺位于浙江省温州市西南端，与福建省毗邻，明景泰三年（公元 1452 年）建县，取国泰民安，人心归顺之意。县域总面积1 761.5平方公里，辖 36 个乡镇，总人口 35.2 万。境内有丰富的水力、森林、矿藏、旅游风景等自然资源，森林覆盖率达 75.6%，2002 年被列为首批国家级生态示范区，享有中国茶叶之乡、中国名茶之乡、中国廊桥之乡、中国木偶戏之乡、中国农村水电之乡的美誉。县域属中亚热带海洋型季风气候区，雨量充沛，空气清新，高山云雾弥漫，低山温和湿润，产茶环境得天独厚，是全国百个重点产茶县之一，也是浙江省绿茶的优势产区和“温绿”的主产区。

泰顺县人民政府

县　长　董旭斌
主管副县长　周建清
电　话　0577-67595777
传　真　0577-67594690
地　址　浙江省泰顺县罗阳镇东大街 6 号
邮　编　325500

泰顺县茶叶局

局　长　陈美松
副局长　刘海滨
电　话　0577-67585345
传　真　0577-67582832
E-mail　tslhb@vip. zj. com
地　址　浙江省泰顺县罗阳镇泰分路 160 号
邮　编　325500

泰顺县茶业基本情况

项　目	2010 年	项　目	2010 年
茶园面积（万公顷）	0.467	精制茶产量（吨）	1 250
良种茶园面积（万公顷）	0.304	茶叶产量（吨）	2 300
茶农户数（万户）	4.35	年产值（万元）	16 999
企业数量（个）	86	出口量（吨）	1 070
行业销售额（亿元）	2.6	出口创汇（万元）	1 120
年加工能力（吨）	3 500		

（一）历史渊源

泰顺县产茶历史悠久，源远流长。明崇祯六年修纂的《泰顺县志》记载："茶，近山多有，惟六都泗溪、三都南窍独佳"。明清时期，泰顺茶叶畅销天津、上海、营口等地，并远销马来西亚、新加坡、中国香港等东南亚地区。先后被列入全国重点产茶县、眉茶出口基地县，被命名为中国茶叶之乡。

泰顺茶叶自然生态、品质优异，以独特的馥郁香气和甘醇滋味见长。《吴门四才子佳话》载，明代唐、祝、文、周四才子在游览浙南时，曾留下了"午后昏然人欲眠，清茶一口正香甜。茶余或可添诗兴，好向君前唱一篇。"的绝佳的茶诗联句。清代泰顺黄汤、白毫银针载入《中国名茶志》。新中国成立后，泰顺茶叶一直作为上海口岸公司和浙江茶叶公司出口眉茶的拼配原料，被誉为"浙江绿茶的味精"，产品销往 40 多个国家和地区，广受赞誉。20 世纪 50 年代初，苏联专家贝可夫·卡尔恰瓦对泰顺炒青绿茶亦有"芽叶肥壮、白毫显露、清汤绿叶、香高味醇"的佳评。如今的泰顺三杯香茶，秉承炒青绿茶的特质，创新工艺，精细制作，已成为绿茶当中的上品。

泰顺人崇尚自然，民风淳朴，垦山种茶，巧手制茶，会友品茶，把对茶的特殊感情融入独特的民俗风情，有着底蕴深厚的茶文化得到弘扬和传承。我国著名的音乐、戏剧家周大风先生，在 1958 年深入泰顺茶乡体验生活后，创作了著名的《采茶舞曲》。这首歌得到敬爱的周恩来总理的高度评价和赞赏。由于《采茶舞曲》节奏欢快，格调优雅，至今在国内外乐坛传唱不衰，深受百姓喜爱。泰顺作为创作的发源地也随之扬名，备受青睐。

（二）发展现状

2010 年，泰顺茶产业在县委、县政府的领导下，紧紧围绕增产、增效、增收这一主题，以优化品种、品质、品牌为重点，把茶产业作为泰顺县农村经济的重要优势产业来培育，全县茶产业发展呈现出良好的态势。全年共引进和自行繁育茶树良种茶苗 900 多万株，新发展良种茶园 213.3 公顷，改造低产低效茶园 266.7 公顷，引进清洁化茶叶生产流水线两条，完成了省级现代农业生产发三杯香茶示范基地提升建设项目，全面实施科技部立项的三杯香茶提质增效产业升级工程，创建了茶叶科技示范乡镇 3 个，茶叶科技示范基地 4 个，建设了茶叶良种繁育基地 1 个，实施技术提升茶叶企业 15 家；三杯香茶标准推广应用项目被列入国家农业标准化项目，266.7 公顷茶园被列入全国标准茶园创建活动。2010 年泰顺县被评为浙江省茶树良种先进县，全国重点产茶县，中国名茶之乡等荣誉称号。至 2010 年末，全县茶园总面积 0.47 万公顷，茶树良种覆盖率达 65%，7 个基地 534.53 公顷茶园分别通过有机茶认证，1 333.3公顷茶园无公害认证，共新建和改建茶叶加工企业 45 家，3 家茶厂被评为浙江省示范茶厂，生产能力和加工技术逐步提高。全县现有省级骨干农业龙头企业 3 家，省级科技型企业 6 家，市级农业龙头企业 4 家。全县产茶2 300吨，产值 1.7 亿元，其中，名优茶产量 780 吨，产值 1.4 亿元，销售额超 2.6 亿元，产品销往上海、北京、杭州、苏州等 10 多个省市，20 多个大中城市，出口中东、西欧、非洲、美洲等。茶产业已成为泰顺县经济发展的支柱产业和农民增收致富的重要来源。

（三）政策支持

泰顺县委、县政府充分利用泰顺县被列入全国和浙江省茶叶生产优势区域这一契机，开展产业分析和政策调研，先后出台了《关于加快茶叶发展和推动品牌建设的若干意见》、《泰顺县茶厂优化改造实施办法》、《关于加强泰顺县茶叶品牌管理的实施意见》（试行）、《深化茶叶名牌培育质量提升工程实施方案》、《关于印发泰顺县茶叶专业商标品牌基地建设实施方案》和《关于加快茶产业发展的奖励办法》等政策性文件，对良种繁育、基地建设、标准茶厂建设，品牌培育、龙头企业与专业合作组织培育和茶叶市场体系建设等方面加大扶持力度。还推出千万元零抵押支农兴茶专项贷款计划，促进茶企业、经营大户加大茶产业转型升级投入。县里成立了由分管副县长为主任的茶业管理委员会，重点产茶乡镇成立了茶叶产业发展领导小组，切实加强对茶叶工作的领导。目前，已初步形成了以规划为龙头、以项目为抓手、以政策为支撑的产业发展体系，为茶产业发展创造了有利的发展环境。

（四）品牌建设

为保护和进一步打响三杯香茶品牌，几年来，泰顺县把保护三杯香茶生产环境作为茶叶品牌基础性工作来抓的同时，实施统一品牌、统一标准、统一监管、统一宣传四位一体的管理办法，制定了三杯香茶省级地方标准，对三杯香商标标识实行许可证制度，建成温州市茶叶质量检测中心，全面启动中国地理标志产品保护工作，积极举办和参加各种茶事活动，加大品牌宣传推介力度，取得了显著成效。2010 年，三杯香商标成功注册中国地理标志证明商标；三杯香茶分别通过国家质量监督检验检疫总局地理标志农产品登记和农业部地理标志农产品登记；三杯香茶获首届国饮杯特等奖和中国国际名茶金奖，成为中国商标年会指定用品，进入上海世博园国际信息发展网馆；泰顺县还被命名为浙江省茶叶商标品牌基地，泰顺县茶业协会荣获浙江省十大品牌富农示范组织。至2010年末，全县茶叶获驰名商标1枚，省著名商标5枚，省名牌产品2个，名牌农产品1个，市名牌产品5个、市知名商品1个，获茶叶包装外观专利6项，以三杯香茶为主导的茶产业得到了提升。

正是基于大量的基础工作，逐步提高了泰顺三杯香的知名度，进一步拓展了三杯香的市场空间。全县已在北京、上海、苏州等国内 20 多个大中城市设立 100 多家茶庄和三杯香专卖店，全县从事茶产业人员达 4 万多人，其中在外销售人员1 000多人，茶叶的产、销对接能力明显增强，有力地促进了全县茶产业的持续发展。目前，一座投资 3.9 亿元的以经营茶叶为主体，集茶叶生产加工、销售以及茶文化展示等为一体的，功能齐全的浙闽茶叶交易中心——泰顺茶文化城正在建设中，建成后，它将成为浙南闽北地区重要的茶叶集散地和茶文化传播中心。

（五）发展经验

茶叶产业发展要科学规划，引领茶生产从重产量向重质量转变；要严格规范茶叶加工，引领茶加工从粗放向规范转变；要加大龙头企业扶持力度，引领企业从低小散向规模化转变；实施品牌整合战略，引领茶产品从杂牌向名牌转变；拓展茶产业外延，引领茶产业从单一向多元转变；创新政府扶持方式，把对茶农茶企的扶持从输血式向造血式转变。

泰顺县主要茶叶品牌

主要品牌	生产厂家	品牌建设和获奖情况
三杯香	泰顺县茶业协会	中国地理标志证明商标 中国驰名商标 中国地理标志产品 中国地理标志农产品 浙江省名牌农产品 首届国饮杯特等奖
日月井	泰顺县雪龙茶业有限公司	浙江省著名商标 中国国际农业博览会金奖
仙瑶隐雾	泰顺县仙瑶隐雾茶业有限公司	浙江省著名商标
三　仙	泰顺县三洋茶业有限公司	浙江省著名商标 浙江省名牌产品 钓鱼台国宾馆指定用茶
四　贤	浙江四贤茶业有限公司	浙江省著名商标 温州市名片产品
卢　峰	泰顺县卢峰茶厂	浙江省著名商标
天香一家	泰顺县泰龙制茶有限公司	中国国际名茶金奖 中茶杯一等奖

注：此表内容可根据实际情况做相应调整或补充

（泰顺县茶叶特产局　陈美松　刘海滨）

茶业统计资料

ChaYeNianJian

Ⅰ. 全国茶业基本情况

1-1　中国茶业占世界茶业的比重

（2000—2010）

单位：万吨、%

	2000	2005	2008	2009	2010	2010 年占全球比重
全　　球	298.72	366.06	421.14	424.11	450.22	
中　　国	70.37	95.37	127.5	137.58	146.75	32.59
印　　度	82.6	90.7	98.7	97.27	99.12	22.02
肯 尼 亚	23.63	32.85	34.58	31.41	39.9	8.86
斯里兰卡	30.58	31.72	31.87	29	28.23	6.27
土 耳 其	13.88	21.75	19.8	19.86	23.5	5.22
印度尼西亚	16.26	17.77	15.09	14.64	15	3.33
越　　南	6.99	13.25	17.35	18.57	19.85	4.41
日　　本	8.5	10	9.65	8.6	8.5	1.89

数据来源：FAO。

1-2　中国茶业基本情况（一）

（2000—2010）

项　　目	单　位	2000	2005	2008	2009	2010
茶园						
茶园面积	万公顷	108.9	135.19	171.94	184.9	197.02
其中：采摘面积	万公顷	87.95	104.15	128.32	132.81	
茶叶产量						
茶叶产量	万吨	68.33	93.49	125.76	135.86	147.51
其中：红毛茶	万吨	4.73	4.79	6.97	7.19	6.81
绿毛茶	万吨	49.81	69.1	92.66	100.63	104.64
乌龙毛茶	万吨	6.76	10.38	14.41	15.91	18
紧压茶原料	万吨	2.26	2.77	3.88	4.51	4.14
黄茶	万吨					0.04
白茶	万吨					1.22
其他茶原料	万吨	4.78	6.44	7.84	7.62	12.66
精制茶加工						
加工企业数	个	315	544	1 123	1 334	1 556
从业人员	万人	4.3	4.35	9.52	11.18	13.38
销售额	亿元	43.96	110.48	347.39	485.92	716.556 23
利润总额	亿元	0.12	5.12	29.33	39.15	70.014 56
利税总额	亿元	1.97	9.94	46.97	59.88	101.209 42

数据来源：国家统计局，海关总署。

1-2　中国茶业基本情况（二）

（2000—2010）

项　　目	单　位	2000	2005	2008	2009	2010
茶业贸易						
茶叶出口	万吨	22.77	28.66	29.69	30.3	30.3
其中：绿茶出口	万吨	15.53	20.62	22.33	22.93	23.43
红茶出口	万吨	2.94	3.58	4.03	4.01	3.66
乌龙茶出口	万吨	2.12	1.88	2.23	2.41	1.97
花茶出口	万吨	1.74	1.94	0.67	0.59	0.74
普洱茶出口	万吨	0.43	0.63	0.43	0.35	0.46
茶叶进口	万吨	0.24	0.28	0.54	0.41	1.27

数据来源：国家统计局，海关总署。

Ⅱ. 茶叶产量与茶园面积

2-1　全国茶园面积

（1978—2010）

单位：千公顷

年　度	面　积	其中：采摘面积	年　度	面　积	其中：采摘面积
1978	1 048.00		1995	1 115.00	868.32
1979	1 050.60		1996	1 103.00	871.48
1980	1 041.00		1997	1 076.00	868.95
1981	1 040.80		1998	1 057.00	859.69
1982	1 060.80		1999	1 130.00	909.44
1983	1 096.90		2000	1 088.95	879.5
1984	1 104.70		2001	1 140.67	887.76
1985	1 077.40		2002	1 134.24	894.8
1986	1 024.00		2003	1 207.25	925.2
1987	1 044.00		2004	1 262.31	971.8
1988	1 056.00		2005	1 351.94	1 041.50
1989	1 065.00		2006	1 431.27	1 100.30
1990	1 061.00		2007	1 613.31	1 200.90
1991	1 060.00	828.9	2008	1 719.40	1 283.20
1992	1 084.00	840.3	2009	1 849.00	1 328.10
1993	1 171.00		2010	1 970.2	1 426.1
1994	1 135.00	884.04			

数据来源：国家统计局，农业部。

2-2 全国各地区茶园面积

(1995—2010)

单位：千公顷

地区	1995	2000	2005	2008	2009	2010
全国	1 115.3	1 089.1	1 352.1	1 719.4	1 849.0	1 970.2
云南	166.2	167.4	218.5	335.7	355	367.7
湖北	113.4	121	138.4	184.4	206	214.6
四川	100.4	82.8	152	177.7	200	218.9
福建	132	129.2	155.2	188.9	195	201.2
浙江	139.3	128.9	154.7	174.1	176	177.9
贵州	47.4	44.8	59.7	105.2	132	167.2
安徽	121.9	108.4	117.6	128.9	129	133.5
湖南	90.6	74.1	80.1	86	90	97
陕西	31	35.3	59.5	69.1	78	85.4
河南	17.9	20.7	33.1	55.1	60	65.2
江西	55.2	50.1	38.2	44.2	51	56.8
广西	25	26.1	36.9	46.8	49	50
广东	45.8	43.2	36	36.8	38	40.8
江苏	19.3	19.9	23.9	30.1	31	32.4
重庆		23.8	25.8	28.5	30	32.3
山东	3.3	8.8	14.5	15.7	16	18.3
甘肃	0.8	1.3	6.3	11.3	12	9.7
海南	5.8	3.3	1.5	1.1	1	1.2
西藏			0.2			0.2

数据来源：国家统计局。

2-3 全国各地区茶叶采摘面积

(1995—2010)

单位：千公顷

地区	1995	2000	2005	2008	2009	2010
全国	868.32	879.5	1 041.50	1 283.20	1 328.10	1 426.1
云南	132.1	141.4	164.5	212.4	184	209.2
福建	107.1	110.2	132.6	167.8	173.4	178.3
浙江	124.1	111.8	133.6	154.3	158.3	159.9
湖北	74.24	90.3	101.6	134	149.1	155.9
四川	81.6	64.1	98	124.9	138.1	148.5
安徽	102	93.4	105.4	114.4	112.7	119.6
湖南	71.1	62.1	67	71	75.5	79.6
贵州	31.4	32.8	40.1	54.5	60.9	73.6
河南	12.6	17.2	28.2	44.2	51	59.9
陕西	21	19.7	29.2	41.2	50.5	54.3
江西	42.6	40.7	31.1	35.7	40.3	43.2
广西	18.2	20.7	31.2	37.5	39.4	41.1
广东	32.48	34.7	28.8	29.4	31.2	33.9
江苏	10.4	15.5	19.5	25.4	25.7	27.6
重庆		18.2	19	21.6	22.4	23.8
山东	1.7	3.6	9.7	11	11.1	12.1
甘肃	0.3	0.6	1.9	2.8	3.6	4.1
海南	5.4	2.5		1	0.9	1.1
西藏			0.1			0.1

数据来源：国家统计局。

2-4 全国茶叶产量

（1978—2010）

单位：万吨

年　度	产　量	年　度	产　量
1978	26.8	1995	58.9
1979	27.7	1996	59.3
1980	30.4	1997	61.3
1981	34.3	1998	66.5
1982	39.7	1999	67.6
1983	40.1	2000	68.3
1984	41.4	2001	70.2
1985	43.2	2002	74.5
1986	46	2003	76.8
1987	50.8	2004	83.5
1988	54.5	2005	93.5
1989	53.5	2006	102.8
1990	54	2007	116.5
1991	54.2	2008	125.8
1992	56	2009	135.9
1993	60	2010	147.5
1994	58.8		

数据来源：国家统计局。

2-5 全国各地区茶叶产量

（1995—2010）

单位：吨

地　区	1995	2000	2005	2008	2009	2010
全　国	588 553	683 324	934 857	1 257 600	1 358 642	1 475 069
福　建	94 532	125 969	184 826	247 268	265 659	272 616
云　南	64 066	79 396	115 880	171 535	182 948	207 341
浙　江	102 074	116 352	144 370	162 345	167 411	162 746
四　川	60 995	54 513	97 941	139 305	154 666	169 276
湖　北	39 049	63 703	84 976	130 269	144 244	165 709
湖　南	61 438	57 294	71 978	91 885	98 516	117 678
安　徽	45 881	45 376	59 619	75 869	82 032	83 276
广　东	39 601	42 124	44 465	48 388	51 410	53 319
贵　州	15 597	18 376	22 915	34 889	41 883	52 262
广　西	19 392	17 923	26 181	33 347	36 622	39 158
河　南	4 521	9 163	16 902	31 923	35 519	42 732
江　西	20 341	15 703	16 691	22 977	26 359	29 808
重　庆	14 526	16 545	24 613	22 569	25 237	
陕　西	5 252	6 126	11 382	16 025	20 153	25 052
江　苏	10 647	12 029	12 068	15 487	15 721	14 861
山　东	1 089	2 254	6 645	9 866	11 049	11 924
海　南	3 769	2 239	950	1 011	1 084	1 227
甘　肃	179	257	520	595	796	836
西　藏	130	1	3	3	1	8
山　西						3

数据来源：国家统计局。

2-6 全国红毛茶产量

（1989—2010）

单位：吨

年 度	产 量	年 度	产 量
1989	131 255	2000	47 294
1990	109 680	2001	42 949
1991	83 360	2002	43 547
1992	75 501	2003	39 948
1993	74 614	2004	43 689
1994	75 850	2005	47 941
1995	52 003	2006	48 340
1996	49 319	2007	53 165
1997	49 515	2008	69 692
1998	56 827	2009	71 944
1999	48 899	2010	68 134

数据来源：国家统计局。

2-7 全国各地区红毛茶产量

（2000—2010）

单位：万吨

地 区	2000		2005		2008		2009		2010
全 国	4.73		4.79		6.97		7.19		6.81
江 苏	0.18	9	0.13	9	0.21	8	0.23	7	0.23
浙 江	0.43	3	0.01	12	0.02	12	0.02	13	0.13
安 徽	0.26	5	0.25	6	0.43	4	0.40	5	0.41
福 建	0.16	10	0.17	7	0.28	7	0.65	4	1.35
江 西	0.23	6	0.27	5	0.28	6	0.37	6	0.42
湖 北	0.22	7	0.65	3	1.09	3	1.18	3	1.54
湖 南	1.20	2	1.54	1	2.24	1	1.76	2	1.66
广 东	0.20	8	0.16	8	0.20	9	0.18	9	0.11
广 西	0.03	13	0.04	11	0.06	11	0.07	11	0.05
海 南	0.08	11	0.00	14	0.01	13	0.01	14	0.01
重 庆	0.29	4	0.32	4	0.32	5	0.23	8	0.28
四 川	0.06	12	0.10	10	0.12	10	0.12	10	0.15
贵 州	0.02	14	0.01	13	0.01	14	0.02	12	0.09
云 南	1.37	1	1.14	2	1.71	2	1.94	1	0.39

数据来源：国家统计局。

2-8　全国绿毛茶产量

（1989—2010）

单位：吨

年　度	产　量	年　度	产　量
1989	314 333	2000	498 057
1990	332 502	2001	513 154
1991	357 373	2002	546 124
1992	383 302	2003	569 907
1993	420 880	2004	613 709
1994	402 877	2005	691 020
1995	413 773	2006	763 856
1996	422 252	2007	874 055
1997	443 164	2008	926 587
1998	480 211	2009	1 006 302
1999	496 986	2010	1 046 382

数据来源：国家统计局。

2-9　全国各地区绿毛茶产量

（2000—2010）

单位：万吨

地　　区	2000	2005	2008	2009	2010
全国合计	49.81	69.10	92.66	100.63	104.638 2
江　　苏	0.91	1.01	1.32	1.30	1.227 2
浙　　江	10.64	14.29	16.07	16.57	15.706
安　　徽	4.09	5.49	6.42	7.23	7.698 4
福　　建	7.24	8.89	10.83	10.92	10.243 8
江　　西	1.23	1.25	1.81	1.97	2.286 7
山　　东	0.23	0.66	0.99	1.10	1.192 4
河　　南	0.92	1.69	3.19	3.55	3.882 8
湖　　北	5.15	6.72	10.71	11.99	13.712
湖　　南	2.69	3.59	4.28	5.19	6.071 4
广　　东	2.04	2.07	2.36	2.50	2.341 9
广　　西	1.56	2.07	2.79	3.05	3.273 3
海　　南	0.14	0.09	0.09	0.10	0.110 5
重　　庆	0.86	1.02	1.84	1.71	1.876 6
四　　川	3.99	7.38	10.93	12.38	13.462 1
贵　　州	1.14	1.41	2.09	2.87	4.100 9
云　　南	6.35	10.27	15.28	16.13	14.863 2
西　　藏					0.000 2
陕　　西	0.61	1.14	1.60	2.02	2.505 2
甘　　肃	0.03	0.05	0.06	0.08	0.083 6

数据来源：国家统计局。

2-10 全国乌龙毛茶产量

(1989—2010)

单位：吨

年 份	产 量	年 份	产 量
1989	30 512	2000	67 608
1990	33 411	2001	70 062
1991	37 647	2002	76 660
1992	39 510	2003	81 271
1993	41 038	2004	90 168
1994	43 411	2005	103 820
1995	55 372	2006	116 214
1996	54 073	2007	129 663
1997	56 290	2008	144 142
1998	60 598	2009	159 062
1999	63 303	2010	179 951

数据来源：国家统计局。

2-11 全国各地区乌龙毛茶产量

(2000—2010)

单位：万吨

地 区	2000	2005	2008	2009	2010
全 国	6.76	10.38	14.41	15.91	17.995 1
浙 江	0.04	0.01	0.01	0.02	
安 徽			0.01	0.01	0.005 9
福 建	5.07	8.59	12.63	13.91	14.778 9
江 西	0.02	0.15			0.099 8
湖 南	0.05	0.06	0.07	0.06	0.380 5
广 东	1.58	1.55	1.67	1.87	2.323 9
广 西			0.01	0.01	0.010 4
四 川		0.01	0.01	0.01	0.333 4
贵 州					0.006
云 南				0.01	0.021 1
重 庆					0.035 2

数据来源：国家统计局。

2-12　全国紧压茶原料产量

(1989—2010)

单位：吨

年　份	产　量	年　份	产　量
1989	22 981	2000	22 558
1990	25 026	2001	25 124
1991	20 569	2002	25 073
1992	15 163	2003	25 496
1993	17 370	2004	28 195
1994	16 642	2005	27 653
1995	17 476	2006	28 794
1996	18 764	2007	35 513
1997	18 620	2008	38 791
1998	21 099	2009	45 096
1999	18 903	2010	41 430

数据来源：国家统计局。

2-13　各地区紧压茶原料产量

(2000—2010)

单位：万吨

地　区	2000	2005	2008	2009	2010
全国合计	2.26	2.77	3.88	4.51	4.143
浙　江	0.01	0.03	0.03	0.04	0.294 1
福　建					
江　西					0.004 6
湖　北	0.80	0.94	1.01	1.03	
湖　南	0.90	0.95	1.48	1.99	2.489 9
广　东		0.00			
重　庆					
四　川	0.50	0.82	1.32	1.43	1.304 8
贵　州	0.01	0.01	0.03	0.02	0.000 4
云　南	0.02	0.01			
广　西					0.049 2

数据来源：国家统计局。

2-14 全国其他茶原料产量

(1989—2010)

单位：吨

年 份	产 量	年 份	产 量
1989	35 795	2000	47 807
1990	39 451	2001	50 410
1991	42 632	2002	53 970
1992	46 351	2003	51 518
1993	46 046	2004	59 469
1994	49 688	2005	64 423
1995	49 929	2006	70 860
1996	48 979	2007	73 104
1997	45 777	2008	78 388
1998	46 298	2009	76 236
1999	47 780	2010	139 172

数据来源：国家统计局。

2-15 全国各地区其他茶产量

(2000—2010)

单位：万吨

地 区	2000	2005	2008	2009	2010
全 国	4.78	6.44	7.84	7.62	13.917 2
江 苏	0.12	0.06	0.02	0.04	0.024 1
浙 江	0.51	0.09	0.10	0.10	0.147
安 徽	0.19	0.22	0.73	0.57	0.210 6
福 建	0.12	0.83	0.99	1.08	0.891 6
江 西	0.09		0.21	0.30	0.173
湖 北	0.21	0.18	0.22	0.23	1.317 6
湖 南	0.88	1.05	1.12	0.85	1.170 6
广 东	0.39	0.67	0.60	0.59	0.558 5
广 西	0.21	0.50	0.48	0.53	0.529 7
海 南		0.01	0.01		0.005 1
重 庆	0.31	0.31	0.30	0.31	0.330 2
四 川	0.90	1.48	1.54	1.52	1.676 3
贵 州	0.68	0.86	1.36	1.27	1.032 7
云 南	0.19	0.17	0.16	0.21	5.849 9
西 藏					
山 西					0.000 3

数据来源：国家统计局。

Ⅲ. 茶业生产水平指标

3-1 全国产茶地区茶叶总产量及位次

(2000—2010)

单位：吨

地区	2000		2005		2008		2009		2010	
	产量	位次	产量	位次	产量	位次	产量	位次	产量	位次
全国	683 324		934 857		1 257 600		1 358 642		1 475 069	
江苏	12 029	13	12 068	14	15 487	15	15 721	15	14 861	15
浙江	116 352	2	144 370	2	162 345	3	167 411	3	162 746	5
安徽	45 376	7	59 619	7	75 869	7	82 032	7	83 276	7
福建	125 969	1	184 826	1	247 268	1	265 659	1	272 616	1
江西	15 703	11	16 691	12	22 977	13	26 359	12	29 808	12
山东	2 254	16	6 645	16	9 866	16	11 049	16	11 924	16
河南	9 163	14	16 902	11	31 923	11	35 519	11	42 732	10
湖北	63 703	4	84 976	5	130 269	5	144 244	5	165 709	4
湖南	57 294	5	71 978	6	91 885	6	98 516	6	117 678	6
广东	42 124	8	44 465	8	48 388	8	51 410	8	53 319	8
广西	17 923	10	26 181	9	33 347	10	36 622	10	39 158	11
海南	2 239	17	950	17	1 011	17	1 084	17	1 227	17
重庆	14 526	12	16 545	13	24 613	12	22 569	13	25 237	13
四川	54 513	6	97 941	4	139 305	4	154 666	4	169 276	3
贵州	18 376	9	22 915	10	34 889	9	41 883	9	52 262	9
云南	79 396	3	115 880	3	171 535	2	182 948	2	207 341	2
西藏	1	19	3	19	3	19	1	19	8	19
陕西	6 126	15	11 382	15	16 025	14	20 153	14	25 052	14
甘肃	257	18	520	18	595	18	796	18	836	18

数据来源：国家统计局。

3-2 全国产茶地区绿毛茶产量及位次

(2000—2010)

单位：万吨

地区	2000		2005		2008		2009		2010	
	产量	位次	产量	位次	产量	位次	产量	位次	产量	位次
全国	49.81		69.10		92.66		100.63		104.638 2	
江苏	0.91	13	1.01	15	1.32	15	1.30	15	1.227 2	15
浙江	10.64	1	14.29	1	16.07	1	16.57	1	15.706	1
安徽	4.09	5	5.49	6	6.42	6	7.23	6	7.698 4	6
福建	7.24	2	8.89	3	10.83	4	10.92	5	10.243 8	5
江西	1.23	10	1.25	12	1.81	13	1.97	13	2.286 7	13
山东	0.23	16	0.66	16	0.99	16	1.10	16	1.192 4	16
河南	0.92	12	1.69	10	3.19	8	3.55	8	3.882 8	9
湖北	5.15	4	6.72	5	10.71	5	11.99	4	13.712	3
湖南	2.69	7	3.59	7	4.28	7	5.19	7	6.071 4	7
广东	2.04	8	2.07	9	2.36	10	2.50	11	2.341 9	12
广西	1.56	9	2.07	8	2.79	9	3.05	9	3.273 3	10
海南	0.14	17	0.09	17	0.09	17	0.10	17	0.110 5	17
重庆	0.86	14	1.02	14	1.84	12	1.71	14	1.876 6	14
四川	3.99	6	7.38	4	10.93	3	12.38	3	13.462 1	4
贵州	1.14	11	1.41	11	2.09	11	2.87	10	4.100 9	8
云南	6.35	3	10.27	2	15.28	2	16.13	2	14.863 2	2
西藏									0.000 2	19
陕西	0.61	15	1.14	13	1.60	14	2.02	12	2.505 2	11
甘肃	0.03	18	0.05	18	0.06	18	0.08	18	0.083 6	18

数据来源：国家统计局。

3-3 全国产茶地区红毛茶产量及位次

(2000—2010)

单位：万吨

地 区	2000		2005		2008		2009		2010	
	产量	位次	产量	位次	产量	位次	产量	位次	产量	位次
全 国	4.73		4.79		6.97		7.19		6.81	
江 苏	0.18	9	0.13	9	0.21	8	0.23	7	0.23	8
浙 江	0.43	3	0.01	12	0.02	12	0.02	13	0.13	10
安 徽	0.26	5	0.25	6	0.43	4	0.40	5	0.41	5
福 建	0.16	10	0.17	7	0.28	7	0.65	4	1.35	3
江 西	0.23	6	0.27	5	0.28	6	0.37	6	0.42	4
湖 北	0.22	7	0.65	3	1.09	3	1.18	3	1.54	2
湖 南	1.20	2	1.54	1	2.24	1	1.76	2	1.66	1
广 东	0.20	8	0.16	8	0.20	9	0.18	9	0.11	11
广 西	0.03	13	0.04	11	0.06	11	0.07	11	0.05	13
海 南	0.08	11	0.00	14	0.01	13	0.01	14	0.01	14
重 庆	0.29	4	0.32	4	0.32	5	0.23	8	0.28	7
四 川	0.06	12	0.10	10	0.12	10	0.12	10	0.15	9
贵 州	0.02	14	0.01	13	0.01	14	0.02	12	0.09	12
云 南	1.37	1	1.14	2	1.71	2	1.94	1	0.39	6

数据来源：国家统计局。

3-4 全国产茶地区乌龙毛茶产量及位次

(2000—2010)

单位：万吨

地 区	2000		2005		2008		2009		2010	
	产量	位次	产量	位次	产量	位次	产量	位次	产量	位次
全 国	6.76		10.38		14.41		15.91		17.9951	
浙 江	0.04	4	0.01	6	0.01	4	0.02	4		
安 徽					0.01	7	0.01	8	0.005 9	10
福 建	5.07	1	8.59	1	12.63	1	13.91	1	14.778 9	1
江 西	0.02	5	0.15	3					0.099 8	5
湖 南	0.05	3	0.06	4	0.07	3	0.06	3	0.380 5	3
广 东	1.58	2	1.55	2	1.67	2	1.87	2	2.323 9	2
广 西					0.01	6	0.01	6	0.010 4	8
四 川			0.01	5	0.01	5	0.01	7	0.333 4	4
贵 州									0.006	9
云 南							0.01	5	0.021 1	7
重 庆									0.035 2	6

数据来源：国家统计局。

3-5 全国产茶地区紧压茶产量及位次

（2000—2010）

单位：万吨

地区	2000		2005		2008		2009		2010	
	产量	位次	产量	位次	产量	位次	产量	位次	产量	位次
全国	2.26		2.77		3.88		4.51		4.143	
浙江	0.01	5	0.03	4	0.03	4	0.04	4	0.294 1	3
福建		9		7						
江西		7							0.004 6	5
湖北	0.80	2	0.94	2	1.01	3	1.03	3		
湖南	0.90	1	0.95	1	1.48	1	1.99	1	2.489 9	1
广东										
重庆										
四川	0.50	3	0.82	3	1.32	2	1.43	2	1.304 8	2
贵州	0.01	6	0.01	6	0.03	5	0.02	5	0.000 4	6
云南	0.02	4	0.01	5						
广西									0.049 2	4

数据来源：国家统计局。

3-6 全国产茶地区其他茶原料产量及位次

（2000—2010）

单位：万吨

地区	2000		2005		2008		2009		2010	
	产量	位次	产量	位次	产量	位次	产量	位次	产量	位次
全国	4.78		6.44		7.84		7.62		13.917 2	
江苏	0.12	12	0.06	12	0.02	13	0.04	13	0.024 1	13
浙江	0.51	4	0.09	11	0.10	12	0.10	12	0.147	12
安徽	0.19	10	0.22	8	0.73	5	0.57	6	0.210 6	10
福建	0.12	11	0.83	4	0.99	4	1.08	3	0.891 6	6
江西	0.09	13			0.21	10	0.30	9	0.173	11
湖北	0.21	8	0.18	9	0.22	9	0.23	10	1.317 6	3
湖南	0.88	2	1.05	2	1.12	3	0.85	4	1.170 6	4
广东	0.39	5	0.67	5	0.60	6	0.59	5	0.558 5	7
广西	0.21	7	0.50	6	0.48	7	0.53	7	0.529 7	8
海南			0.01	13	0.01	14			0.005 1	14
重庆	0.31	6	0.31	7	0.30	8	0.31	8	0.330 2	9
四川	0.90	1	1.48	1	1.54	1	1.52	1	1.676 3	2
贵州	0.68	3	0.86	3	1.36	2	1.27	2	1.032 7	5
云南	0.19	9	0.17	10	0.16	11	0.21	11	5.849 9	1
西藏				14						
山西									0.000 3	15

数据来源：国家统计局。

3-7 全国产茶地区茶叶单产及位次

(2000—2010)

单位：千克/亩

地区	2000		2005		2008		2009		2010	
	产量	位次	产量	位次	产量	位次	产量	位次	产量	位次
全国	41.83		46.09		48.76		48.99		49.91	
江苏	40.30	9	33.66	13	34.30	14	33.81	15	30.58	15
浙江	60.18	3	62.22	3	62.17	4	63.41	5	60.99	5
安徽	27.91	13	33.80	12	39.24	11	42.39	11	41.59	12
福建	65.00	2	79.39	2	87.27	2	90.82	1	90.33	1
江西	20.90	15	29.13	15	34.66	13	34.46	13	34.99	14
山东	17.08	16	30.55	14	41.89	10	46.04	10	43.44	11
河南	29.51	12	34.04	11	38.62	12	39.47	12	43.69	10
湖北	35.10	10	40.93	9	47.10	9	46.68	9	51.48	9
湖南	51.55	4	59.91	4	71.23	3	72.97	3	80.88	3
广东	65.01	1	82.34	1	87.66	1	90.19	2	87.12	2
广西	45.78	5	47.30	5	47.50	8	49.83	8	52.21	6
海南	45.23	6	42.22	8	61.27	5	72.27	4	68.17	4
重庆	40.69	8	42.75	7	57.57	6	50.15	7	52.09	7
四川	43.89	7	42.96	6	52.26	7	51.56	6	51.55	8
贵州	27.35	14	25.59	16	22.11	16	21.15	16	20.84	16
云南	31.62	11	35.36	10	34.07	15	34.36	14	37.59	13
西藏			1.00	19					2.67	19
陕西	11.57	18	12.75	17	15.46	17	17.22	17	19.56	17
甘肃	13.18	17	5.50	18	3.51	18	4.42	18	5.75	18

Ⅳ.精制茶加工业经济指标

4-1 全国精制茶加工业基本情况

(2000—2010)

单位：万吨、亿元

年份	精制茶产量	销售收入
2000	30.90	43.96
2001	27.97	44.69
2002	33.43	54.44
2003	35.53	61.90
2004	42.57	82.82
2005	52.40	110.48
2006	64.26	155.97
2007	87.33	246.84
2008	98.64	347.39
2009	119.32	485.92
2010	142.93	716.56

4-2　全国精制茶加工企业基本情况

（2000—2010）

	单位	2000	2005	2008	2009	2010
企业数	个	315	544	1 123	1 334	1 556
其中：亏损企业数	个	104	67	94	69	62
从业人数	万人	4.30	4.35	9.52	11.18	13.38
总产值（当年价格）	亿元	46.93	116.96	372.67	512.62	
销售总额	亿元	43.96	110.48	347.39	485.92	716.56
利税总额	亿元	1.97	9.94	46.97	59.88	101.21
其中：利润额	亿元	0.12	5.12	29.33	39.15	
资产总额	亿元	56.53	97.52	273.40	336.10	431.44
负债总额	亿元	41.00	55.16	135.14	158.03	

4-3　全国各地区精制茶产量

（2000—2010）　　单位：万吨

地　区	2000	2005	2008	2009	2010
全　国	30.90	52.40	98.46	119.32	142.93
浙　江		21.65	31.91	35.42	39.78
湖　南		8.89	18.30	17.40	22.46
重　庆		1.24	2.16	12.05	5.02
安　徽		5.70	10.74	11.97	17.89
湖　北		2.08	8.47	8.98	14.88
福　建		3.95	7.23	7.88	10.31
四　川		2.68	6.14	6.88	8.05
云　南		2.06	4.20	5.10	6.69
广　西		0.50	2.75	4.76	5.38
河　南		1.56	3.08	3.58	3.89
江　西		0.98	1.74	3.13	4.27
贵　州		0.07	0.62	0.86	1.86
广　东		0.74	0.57	0.77	1.40
山　东		0.10	0.32	0.28	0.30
陕　西		0.06	0.18	0.20	0.36
海　南		0.08	0.03	0.03	0.13
黑龙江		0.01	0.02	0.01	0.03
河　北				0.01	0.01
辽　宁				0.01	0.03
北　京		0.03			
上　海		0.01			0.17
江　苏		0.01			0.01
宁　夏					
新　疆					

数据来源：国家统计局，统计口径是全部国有及销售收入500万元以上的非国有企业。

4-4　全国不同规模精制茶加工企业基本情况

（2000—2010）

	单位	2000	2005	2008	2009	2010
全行业						
企业数量	个	315	544	1 123	1 334	1 556
亏损企业单位数	个	104	67	94	69	62
全部从业人员年平均人数	万人	4.30	4.35	9.52	11.18	13.38
销售收入	亿元	43.96	110.48	347.39	485.92	716.56
资产总计	亿元	56.53	97.52	273.40	336.10	431.44
利税总额	亿元	1.97	9.94	46.97	59.88	101.21
大型						
企业数量	个	2				
亏损企业单位数	个	2				
全部从业人员年平均人数	万人					
销售收入	亿元					
资产总计	亿元					
利税总额	亿元					
中型						
企业数量	个	20	15	22	31	49
亏损企业单位数	个	8	2	1	2	3
全部从业人员年平均人数	万人	0.77	0.69	1.22	1.77	2.98
销售收入	亿元	6.67	15.13	53.81	82.65	152.55
资产总计	亿元	14.39	19.21	58.60	73.54	105.51
利税总额	亿元	0.24	1.79	9.35	14.24	29.10
小型						
企业数量	个	293	529	1 101	1 303	1 507
亏损企业单位数	个	94	65	93	67	59
全部从业人员年平均人数	万人	3.11	3.66	8.30	9.42	10.40
销售收入	亿元	34.15	95.35	293.58	403.27	564.00
资产总计	亿元	36.35	78.31	214.80	262.56	325.93
利税总额	亿元	1.83	8.15	37.62	45.63	72.11

数据来源：国际统计局，统计口径是全国国有及销售收入500万以上的非国有企业。

说明：大、中、小型企业划分主要从企业从业人数、销售额、资产总额划分：

1. 大型企业指从业人员≥2 000 人，销售额≥3 亿元，资产总额≥4 亿元；
2. 中型企业指 300 人≤从业人员≤2 000 人，3 000 万元≤销售额≤3 亿元，4 000 万元≤资产总额≤4 亿元；
3. 小型企业指从业人员≤300 人，销售额≤3 000 万元，资产总额≤4 000 万元。

4-5　全国不同经济类型精制茶加工企业基本情况（一）

（2000—2010）

	单位	2000	2005	2008	2009	2010
全行业						
企业数量	个	315	544	1 123	1 334	1 556
亏损企业单位数	个	104	67	94	69	62
全部从业人员年平均人数	万人	4.30	4.35	9.52	11.18	13.38
销售收入	亿元	43.96	110.48	347.39	485.92	716.56
资产总计	亿元	56.53	97.52	273.40	336.10	431.44
利税总额	亿元	1.97	9.94	46.97	59.88	101.21
国有企业						
企业数量	个	127	59	29	28	31
亏损企业单位数	个	69	27	5	3	6
全部从业人员年平均人数	万人	1.73	0.52	0.39	0.35	0.41
销售收入	亿元	7.59	3.54	7.35	7.99	11.90
资产总计	亿元	15.27	6.11	9.60	5.58	7.08
利税总额	亿元	−0.15	0.12	0.67	0.77	1.22
集体企业						
企业数量	个	83	35	36	40	41
亏损企业单位数	个	14	2	1	1	1
全部从业人员年平均人数	万人	0.99	0.30	0.32	0.36	0.30
销售收入	亿元	14.68	6.32	13.99	17.13	18.07
资产总计	亿元	10.68	3.34	5.08	6.06	4.79
利税总额	亿元	1.00	0.54	1.35	1.65	1.88
股份合作企业						
企业数量	个	6	12	19	21	20
亏损企业单位数	个		1	1		
全部从业人员年平均人数	万人	0.04	0.11	0.15	0.17	0.15
销售收入	亿元	0.40	2.32	4.01	5.59	8.53
资产总计	亿元	0.55	1.37	1.97	4.64	3.68
利税总额	亿元	0.04	0.21	0.59	0.92	1.12

数据来源：国家统计局，统计口径是全部国有及销售收入500万元以上的非国有企业。

4-5 全国不同经济类型精制茶加工企业基本情况（二）

（2000—2010）

	单位	2000	2005	2008	2009	2010
股份制企业						
企业数量	个	12	10	23	31	33
亏损企业单位数	个	5		3	2	3
全部从业人员年平均人数	万人	0.33	0.21	0.46	0.49	0.53
销售收入	亿元	1.93	6.47	9.33	14.15	18.95
资产总计	亿元	6.11	4.97	19.43	23.55	22.50
利税总额	亿元	0.09	0.88	1.05	2.41	2.69
私营企业						
企业数量	个	44	314	770	944	1 087
亏损企业单位数	个	1	24	53	45	37
全部从业人员年平均人数	万人	0.32	2.18	5.86	7.28	8.46
销售收入	亿元	7.40	64.24	209.50	311.92	443.82
资产总计	亿元	5.30	50.17	143.68	188.84	251.41
利税总额	亿元	0.59	5.33	25.77	35.38	58.53
外商和港澳台投资企业						
企业数量	个	19	34	67	70	78
亏损企业单位数	个	7	5	13	9	6
全部从业人员年平均人数	万人	0.56	0.28	0.61	0.61	0.82
销售收入	亿元	6.70	7.44	25.53	29.80	49.21
资产总计	亿元	12.68	8.63	25.81	29.22	41.20
利税总额	亿元	0.09	0.59	6.15	6.95	12.14
其他企业						
企业数量	个	24	80	175	200	266
亏损企业单位数	个	8	8	18	9	9
全部从业人员年平均人数	万人	0.33	0.75	1.73	1.92	2.69
销售收入	亿元	5.26	20.14	77.67	99.33	166.07
资产总计	亿元	5.94	22.94	67.82	78.22	100.78
利税总额	亿元	0.30	2.28	11.41	11.81	23.64

数据来源：国家统计局，统计口径是全部国有及销售收入500万元以上的非国有企业。

4-6 全国各地区茶叶加工企业数

(2000—2010)

单位：个

地 区	2000		2005		2008		2009		2010	
	总数	亏 损 企业数	总数	亏 损 企业数	总数	亏 损 企业数	总数	亏 损 企业数	总数	亏 损 企业数
全 国	315	104	544	67	1 123	94	1 334	69	1 556	62
北 京	2		3	1	4	1	3		4	1
天 津	2	2								
河 北					1		1		1	
山 西									1	
内蒙古										
辽 宁					1		1		2	
吉 林							1		2	
黑龙江	2	1	1		1		1		1	
上 海	2	1	3	1	4	1	3	1	4	
江 苏	14	3	16	3	16		11		13	1
浙 江	60	14	123	13	161	25	177	10	181	14
安 徽	12	5	29	3	95	3	120	3	133	5
福 建	48	11	115	10	244	17	299	10	379	5
江 西	19	9	23	3	31	1	31	1	31	1
山 东	1		12		40	1	45	1	48	
河 南	4		11		31		32		38	1
湖 北	28	5	44	3	120	1	176	4	227	5
湖 南	32	10	48	6	98	1	114	1	124	1
广 东	18	8	16	6	17	1	23	2	27	1
广 西	8	5	12	5	31	2	42	2	52	
海 南	3	2	5	3	2	1	2		1	
重 庆	4	1	8	2	21		24	1	31	
四 川	20	8	38	2	106	6	110	3	111	3
贵 州	8	5	9	3	20	3	25	1	45	2
云 南	25	13	26	3	69	29	73	28	71	21
西 藏										
陕 西	2	1	2		10	1	18	1	27	1
甘 肃	1									
青 海										
宁 夏							1		1	
新 疆							1		1	

数据来源：国家统计局，统计口径是全部国有及销售收入500万元以上的非国有企业。

4-7 全国各地区茶叶加工企业产值

(2000—2010)

单位：亿元

总产值	2000	2005	2008	2009	2010
全　国	46.93	116.96	372.67	512.62	748.77
北　京	0.22	0.95	3.77	6.16	7.62
天　津	1.75				
河　北			0.08	0.32	0.32
山　西					0.46
内蒙古					
辽　宁			0.33	0.96	2.22
吉　林				0.08	0.45
黑龙江	1.09	0.05	0.32	0.41	0.90
上　海	0.22	0.37	0.76	0.27	1.93
江　苏	1.71	1.41	3.58	2.14	3.24
浙　江	14.82	35.28	54.54	65.85	75.07
安　徽	0.87	6.93	24.38	29.00	46.48
福　建	5.47	18.49	71.55	104.03	159.31
江　西	1.30	2.40	11.47	14.45	19.12
山　东	0.09	3.40	11.25	19.19	22.84
河　南	0.62	2.93	15.26	19.43	24.85
湖　北	3.91	5.24	28.22	49.61	79.00
湖　南	4.14	15.43	51.95	72.50	109.71
广　东	3.20	4.94	6.01	8.51	10.30
广　西	0.73	0.98	8.94	15.21	20.81
海　南	0.56	0.20	0.30	0.16	0.26
重　庆	0.49	1.07	5.72	8.59	11.42
四　川	2.24	8.70	38.19	59.73	100.42
贵　州	0.51	0.67	4.39	6.54	12.82
云　南	2.50	6.92	28.49	23.28	28.85
西　藏					
陕　西	0.42	0.58	3.17	5.86	10.08
甘　肃	0.05				
青　海					
宁　夏				0.12	0.13
新　疆				0.20	0.12

数据来源：国家统计局，统计口径是全部国有及销售收入500万元以上的非国有企业。

4-8 全国各地区茶叶加工企业负债总计

(2000—2010)

单位：亿元

总产值	2000	2005	2008	2009	2010
全　国	41.00	55.16	135.14	158.03	202.85
北　京	0.03	0.52	1.23	1.24	1.96
天　津	2.91				
河　北			0.01		
山　西					0.15
内蒙古					
辽　宁			0.01	0.15	0.14
吉　林					0.04
黑龙江	0.94	0.10	0.22	0.24	0.37
上　海	0.38	0.70	0.55	0.20	0.82
江　苏	0.41	0.65	2.31	1.02	1.23
浙　江	8.25	14.04	29.25	32.84	40.30
安　徽	1.93	3.28	8.39	10.45	12.01
福　建	3.11	5.32	13.94	19.57	29.14
江　西	3.29	1.05	4.17	4.29	4.57
山　东	0.01	1.23	2.83	3.64	6.86
河　南	0.31	0.98	2.73	3.15	5.55
湖　北	3.97	3.55	8.88	14.83	17.10
湖　南	4.23	5.78	9.03	12.62	15.02
广　东	1.43	3.00	2.99	3.71	3.79
广　西	0.90	0.96	2.23	3.60	4.17
海　南	0.23	0.42	0.22	0.06	0.12
重　庆	0.83	0.52	2.64	1.47	1.16
四　川	2.56	5.54	13.36	15.00	22.46
贵　州	0.50	0.37	2.50	3.45	5.01
云　南	4.41	6.86	26.06	23.99	27.39
西　藏					
陕　西	0.35	0.28	1.59	2.16	3.15
甘　肃					
青　海					
宁　夏				0.14	0.11
新　疆				0.20	0.24

数据来源：国家统计局，统计口径是全部国有及销售收入 500 万元以上的非国有企业。

4-9 全国各地区茶叶加工企业资产额

（2000—2010）

单位：亿元

	2000	2005	2008	2009	2010
全　国	56.53	97.52	273.40	336.10	431.44
北　京	0.11	0.58	3.16	5.98	8.43
天　津	3.06				
河　北			0.05	0.07	0.08
山　西					0.78
内蒙古					
辽　宁			0.10	0.24	0.25
吉　林				0.04	0.21
黑龙江	1.40	0.31	0.47	0.56	0.96
上　海	0.47	0.49	1.32	0.43	2.83
江　苏	0.76	1.01	4.16	2.36	2.74
浙　江	11.72	23.47	45.02	51.56	61.40
安　徽	2.16	4.34	14.45	19.63	23.36
福　建	5.97	12.66	36.74	52.34	77.88
江　西	3.28	1.79	8.37	9.54	10.45
山　东	0.02	2.08	6.35	8.31	12.90
河　南	0.62	3.00	7.88	8.67	11.05
湖　北	4.67	7.33	22.06	34.21	40.22
湖　南	5.41	10.09	21.55	27.65	34.66
广　东	2.41	5.15	5.67	6.97	7.58
广　西	1.22	1.53	5.56	8.16	9.66
海　南	0.76	0.55	0.85	0.13	0.25
重　庆	1.20	0.86	4.71	4.17	4.35
四　川	3.80	11.49	28.55	34.60	47.33
贵　州	0.58	0.68	5.54	7.53	11.42
云　南	5.88	9.72	48.06	47.75	54.88
西　藏					
陕　西	1.02	0.38	2.77	4.05	6.75
甘　肃	0.01				
青　海					
宁　夏				0.20	0.21
新　疆				0.94	0.84

4-10 全国各地区茶叶加工企业产品销售收入

(2000—2010)

单位：亿元

地 区	2000	2005	2008	2009	2010
全 国	43.96	110.48	347.39	485.92	716.56
北 京	0.22	0.95	3.88	6.14	7.68
天 津	2.54				
河 北			0.08	0.32	0.32
山 西					0.37
内蒙古					
辽 宁			0.33	1.04	2.19
吉 林				0.07	0.42
黑龙江	0.18	0.05	0.24	0.34	0.64
上 海	0.40	0.36	0.70	0.27	1.83
江 苏	1.24	1.34	3.40	1.98	3.28
浙 江	14.17	33.87	53.41	64.50	73.32
安 徽	0.86	6.44	23.92	28.05	45.13
福 建	5.30	17.60	69.54	101.09	154.43
江 西	0.77	2.31	11.00	13.90	19.08
山 东	0.07	2.64	10.60	19.34	20.50
河 南	0.47	3.01	14.72	18.71	24.34
湖 北	3.61	4.98	27.58	46.88	77.96
湖 南	3.97	15.43	51.75	71.11	107.00
广 东	3.32	4.70	5.93	8.60	10.12
广 西	0.59	1.13	7.67	13.70	19.39
海 南	0.41	0.22	0.23	0.09	0.22
重 庆	0.51	1.04	5.45	8.54	10.94
四 川	2.07	7.23	32.78	51.38	90.92
贵 州	0.08	0.44	3.85	5.62	11.28
云 南	2.70	6.20	17.26	18.32	25.50
西 藏					
陕 西	0.44	0.56	3.06	5.61	9.46
甘 肃	0.04				
青 海					
宁 夏				0.08	0.13
新 疆				0.23	0.12

数据来源：国家统计局，统计口径是全部国有及销售收入 500 万元以上的非国有企业。

4-11 全国各地区茶叶加工企业利润额

（2000—2010）

单位：亿元

	2000	2005	2008	2009	2010
全　国	0.12	5.12	29.33	39.15	70.01
北　京	0.04	−0.12	1.30	2.16	2.52
天　津	−0.02				
河　北			0.01	0.03	0.08
山　西					0.08
内蒙古					
辽　宁			0.03	0.14	0.29
吉　林				0.01	0.02
黑龙江	−0.05	0.02	0.01	0.04	0.04
上　海	0.04	0.02	0.15	0.01	0.16
江　苏	0.04	0.11	0.21	0.09	0.13
浙　江	0.30	1.08	2.19	3.23	3.96
安　徽	−0.05	0.15	1.96	2.34	4.19
福　建		1.12	8.69	10.52	20.27
江　西	−0.15	0.09	0.72	0.87	1.37
山　东		0.23	1.02	2.01	2.88
河　南	0.02	0.22	1.44	1.73	2.22
湖　北	−0.18	0.21	2.95	3.56	7.44
湖　南	0.10	0.55	2.69	3.47	6.58
广　东	0.10	0.12	0.28	0.53	1.04
广　西	−0.02		0.59	0.97	1.92
海　南	0.01	−0.01		0.05	0.07
重　庆		0.04	0.49	0.67	1.26
四　川		0.49	3.28	3.88	7.36
贵　州	−0.02		0.25	0.39	0.73
云　南	−0.01	0.77	0.81	1.95	4.55
西　藏					
陕　西	−0.03	0.03	0.29	0.47	0.80
甘　肃					
青　海					
宁　夏				0.02	0.04
新　疆				0.02	0.02

数据来源：国家统计局，统计口径是全部国有及销售收入500万元以上的非国有企业。

4-12　全国各地区茶叶加工企业从业人员

（2000—2010）

单位：个

	2000	2005	2008	2009	2010
全　国	43 040	43 480	95 194	111 837	133 772
北　京	115	380	440	448	672
天　津	496				
河　北			31	40	84
山　西					60
内蒙古					
辽　宁			100	329	319
吉　林				31	97
黑龙江	289	74	131	131	131
上　海	714	318	148	219	230
江　苏	2 169	1 452	1 434	947	827
浙　江	4 407	5 999	7 603	8 365	8 850
安　徽	1 957	1 642	4 592	5 409	5 816
福　建	4 683	7 879	21 355	25 728	33 787
江　西	2 569	1 610	4 624	3 275	3 441
山　东	50	831	1 994	4 914	2 561
河　南	313	1 082	3 773	4 527	5 402
湖　北	7 843	4 375	11 300	14 451	16 394
湖　南	5 578	6 365	11 802	12 455	15 535
广　东	2 586	1 865	1 689	2 002	2 175
广　西	815	767	2 953	4 409	5 117
海　南	498	339	95	69	92
重　庆	626	499	2 888	2 772	2 884
四　川	2 161	2 833	6 932	10 223	14 623
贵　州	585	506	1 320	1 221	2 517
云　南	4 147	4 304	9 022	8 153	9 198
西　藏					
陕　西	410	360	968	1 501	2 764
甘　肃	29				
青　海					
宁　夏				100	80
新　疆				118	116

数据来源：国家统计局，统计口径是全部国有及销售收入 500 万元以上的非国有企业。

4-13 全国精制茶加工企业从业人员

(2000—2010)

年 份	从业人数（人）
2000	43 040
2005	43 480
2006	53 486
2007	75 111
2008	95 194
2009	111 837
2010	133 772

V. 茶业贸易

5-1 全国茶叶出口

(1995—2010)

单位：万吨、亿美元

年 份	出口数量	出口金额
1995	16.66	2.75
1996	16.97	2.83
1997	20.25	3.32
1998	21.74	3.70
1999	19.96	3.38
2000	22.77	3.47
2001	24.97	3.42
2002	25.23	3.32
2003	25.99	3.67
2004	28.02	4.37
2005	28.66	4.84
2006	28.66	5.47
2007	28.94	6.07
2008	29.69	6.82
2009	30.30	7.05
2010	30.25	7.84

数据来源：海关总署。

5-2 全国茶叶出口货源地

(2005—2010)

单位：吨、万美元

地 区	2005		2009		2010	
	出口数量	出口金额	出口数量	出口金额	出口数量	出口金额
全国合计	286 562.90	48 430.55	302 951.59	70 494.72	302 525.07	78 411.82
浙 江	173 559.35	27 331.06	184 201.73	39 654.86	182 157.75	41 535.94
湖 南	20 423.60	2 943.97	25 350.41	4 732.93	27 322.69	5 762.54
安 徽	20 356.42	2 823.45	25 739.65	5 875.99	26 114.80	6 746.27
福 建	21 726.40	5 881.07	17 991.88	7 165.25	18 345.29	8 228.18
江 西	4 629.22	918.95	8 342.56	2 442.41	9 607.51	2 785.81
广 东	11 018.70	2 232.09	7 162.69	2 265.30	9 225.82	3 773.36
上 海	5 654.50	1 225.69	6 755.57	2 792.08	6 969.50	3 452.48
云 南	7 203.36	2 241.68	6 735.63	2 214.05	6 740.71	2 307.19
重 庆	10 809.39	679.58	12 974.65	1 024.28	6 385.03	564.00
湖 北	2 843.03	777.07	2 548.00	1 024.23	2 652.76	1 293.45
河 南	175.00	7.90	1 082.49	284.30	1 998.54	601.75
江 苏	2 325.03	487.79	1 663.69	428.24	1 919.65	409.24
广 西	2 229.45	360.58	1 161.13	317.58	1 534.92	453.73
海 南	320.15	36.58	724.02	109.50	638.46	94.29
四 川	302.72	100.09	85.06	45.87	336.62	208.67
山 东	55.45	8.83	266.43	60.87	303.74	51.69
贵 州			78.55	20.53	144.73	43.88
黑 龙 江			6.26	5.00	87.71	66.69
内 蒙 古					16.80	0.56
北 京	2 408.56	278.57	15.82	13.37	15.26	26.07
吉 林	0.12	0.04	16.87	3.37	4.17	1.21
河 北					1.25	3.05
辽 宁	464.40	89.01	4.17	3.34	0.70	0.56
宁 夏					0.45	0.41
天 津			13.20	3.08	0.21	0.80
青 海	44.06	5.57	17.64	5.29		
陕 西			13.52	3.01		
新 疆	14.00	0.98				

数据来源：海关总署。

5-3 全国茶叶出口目的地国家或地区（一）

（2005—2010）

单位：吨、美元

国家或地区	2005		2009		2010	
	出口数量	出口金额	出口数量	出口金额	出口数量	出口金额
合　　计	286 562.90	48 430.55	302 951.59	70 494.72	302 525.07	78 411.82
摩洛哥	52 644.24	9 847.86	58 484.66	14 282.50	61 308.51	15 667.66
美国	18 216.99	2 933.62	19 334.83	4 019.70	24 820.70	5 565.64
俄罗斯	14 896.78	2 054.13	20 627.48	3 553.86	21 271.26	4 668.26
日本	34 586.34	7 978.14	18 982.81	5 024.47	19 456.20	5 630.88
乌兹别克斯坦	19 286.92	1 014.19	22 329.28	2 638.51	18 577.70	2 349.40
阿尔及利亚	11 364.19	2 106.50	12 743.86	3 467.84	11 881.29	3 069.14
毛里塔尼亚	8 614.91	1 815.19	10 332.23	3 241.42	11 750.13	3 979.55
中国香港	13 867.41	3 465.73	9 856.00	3 891.26	11 466.43	5 255.96
德国	4 702.10	1 112.81	5 936.04	1 787.78	9 056.85	2 632.50
多哥	1 428.39	269.18	8 105.98	2 380.68	8 764.07	2 466.97
巴基斯坦	8 369.50	585.21	14 827.64	1 598.73	8 463.35	1 254.44
马里	1 868.92	380.55	7 012.16	2 327.53	7 020.89	2 346.00
贝宁	2 852.99	275.02	10 757.15	2 053.51	6 315.21	1 537.44
塞内加尔	8 981.28	1 666.47	8 418.47	2 575.65	6 278.06	2 083.23
几内亚	956.90	164.67	2 651.77	606.45	4 186.37	1 097.89
英国	2 594.56	609.80	3 704.12	1 389.10	4 048.37	1 738.50
喀麦隆	2 674.79	103.46	5 142.18	410.64	3 807.48	353.97
乌克兰	2 041.23	367.56	3 107.88	703.10	3 503.53	908.81
伊朗	1 756.90	148.14	2 952.73	367.33	3 449.45	449.17
冈比亚	2 957.58	506.90	2 494.63	788.19	3 397.47	1 194.83
土库曼斯坦	5 209.51	298.90	3 914.94	336.83	3 379.88	327.36
科特迪瓦	1 062.04	182.24	2 185.10	649.69	3 316.48	1 149.28
尼日尔	1 998.54	430.91	3 316.30	918.26	3 111.22	786.08
斯里兰卡	3 572.05	578.33	1 850.73	326.27	2 911.29	581.43
新加坡	2 654.16	618.59	2 496.60	747.66	2 661.75	921.70
缅甸	1 607.02	233.67	2 371.45	361.00	2 661.25	592.68
突尼斯	3 291.32	310.60	2 048.26	241.83	2 623.07	254.83
法国	2 140.95	531.49	3 048.71	1 410.85	2 580.92	1 272.56
利比亚	5 915.80	810.23	2 333.75	481.23	2 091.08	408.87
加拿大	904.65	256.75	852.05	380.79	1 688.88	584.43
蒙古	451.87	19.11	1 675.81	122.54	1 675.08	128.51
荷兰	2 351.59	352.56	1 913.64	369.89	1 672.50	413.95
塔吉克斯坦	1 289.56	81.93	1 935.26	151.35	1 653.13	198.04
马来西亚	1 586.59	394.50	1 312.63	551.55	1 550.36	837.14
波兰	2 943.60	444.49	1 511.96	317.02	1 450.61	279.42
阿联酋	596.80	118.56	655.82	183.02	1 387.71	379.49
泰国	138.72	32.83	1 112.89	276.26	1 344.33	370.22
沙特阿拉伯	1 108.91	271.50	1 336.92	386.74	1 155.56	338.89

数据来源：海关总署。

5-3 全国茶叶出口目的地国家或地区（二）

（2005—2010）　　单位：吨、美元

国家或地区	2005		2009		2010	
	出口数量	出口金额	出口数量	出口金额	出口数量	出口金额
阿富汗	5 742.29	468.70	2 159.65	254.05	1 153.95	201.58
埃及	794.03	113.59	658.52	93.67	1 132.74	174.77
乍得	43.75	1.40	377.52	23.89	1 009.04	143.32
西班牙	699.25	123.92	865.17	180.06	870.78	180.63
加纳	13 113.04	2 503.69	5 666.45	1 535.91	866.44	189.64
印度尼西亚	1 018.87	50.93	763.50	118.62	821.29	127.60
印度	1 224.83	115.35	864.59	173.75	762.78	167.75
哈萨克斯坦	700.53	91.66	751.60	95.02	650.26	80.20
比利时	198.99	57.95	453.95	199.58	623.70	240.13
澳大利亚	199.71	82.49	522.73	403.77	613.25	496.11
吉尔吉斯斯坦	399.22	30.14	463.12	63.18	484.88	68.74
叙利亚	148.26	20.79	190.25	39.58	450.20	90.38
土耳其	82.91	9.35	143.24	19.18	402.97	55.69
智利	68.21	33.76	344.18	160.39	375.80	174.52
意大利	110.53	28.81	202.56	69.72	284.53	92.10
韩国	2 128.40	503.72	205.50	78.95	275.68	105.13
中国澳门	321.42	96.09	289.44	327.34	271.66	238.72
布基纳法索	141.76	22.97	344.22	58.76	232.80	39.34
利比里亚	163.71	21.00	255.64	32.06	228.88	28.19
白俄罗斯	45.67	6.38	71.32	18.99	228.03	64.40
尼日利亚	2 136.88	69.49	357.88	24.25	223.75	15.23
也门	103.30	14.17	211.10	23.56	210.53	23.34
瑞士	83.51	22.75	119.61	63.75	186.36	81.79
南非	42.00	14.62	68.03	20.12	180.48	35.39
中国台湾	272.72	97.90	344.61	281.85	159.35	94.57
以色列	191.91	29.06	106.43	17.31	150.36	34.28
丹麦	101.41	23.51	215.16	60.92	129.99	43.49
阿根廷	99.35	12.88	95.65	14.67	113.56	18.59
菲律宾	92.67	37.86	132.92	60.70	109.77	163.76
墨西哥	10.34	2.70	295.75	76.60	105.45	60.50
立陶宛	26.55	3.77	60.07	13.67	102.10	26.45
哥伦比亚	4.75	1.75	64.46	82.21	98.98	152.47
加蓬	65.64	12.25	52.94	17.80	98.91	36.80

数据来源：海关总署。

5-3 全国茶叶出口目的地国家或地区（三）

（2005—2010）

单位：吨、美元

国家或地区	2005		2009		2010	
	出口数量	出口金额	出口数量	出口金额	出口数量	出口金额
巴西	44.88	9.85	139.87	27.66	88.14	18.99
塞拉利昂	136.80	13.91	232.80	26.10	80.20	8.87
芬兰	119.64	29.62	132.83	60.45	78.31	32.25
拉脱维亚	64.93	27.52	9.94	8.98	66.27	65.04
罗马尼亚	32.40	2.43	82.18	13.70	62.47	10.61
苏丹	17.97	3.79			61.04	7.27
越南	386.00	65.47	0.63	0.84	58.66	188.67
巴拉圭					50.40	5.68
希腊	10.44	3.28	67.12	19.45	44.17	13.84
巴拿马	36.25	12.15	39.40	25.08	42.61	43.82
瑞典	17.21	4.34	77.86	28.73	42.36	17.53
捷克	13.01	5.11	42.39	32.72	38.69	15.13
肯尼亚	1 280.52	68.09	141.00	12.08	38.18	4.03
爱沙尼亚	0.09	0.13			37.38	3.29
秘鲁	7.30	4.41	24.40	18.06	33.50	27.78
刚果	106.70	9.42	54.50	16.40	33.39	11.60
巴布亚新几内亚					33.00	5.19
科威特			3.45	1.73	29.82	6.55
新西兰	26.24	6.20	17.77	7.48	27.49	9.68
老挝					25.00	5.53
塞尔维亚			32.05	3.51	22.25	2.60
民主刚果					21.00	5.78
厄瓜多尔			9.42	2.17	20.36	3.68
匈牙利	13.61	3.81	25.34	11.19	20.21	7.39
毛里求斯	4.73	2.24	5.30	3.54	16.82	4.24
黎巴嫩	9.50	1.07	30.98	6.44	14.00	2.04
约旦	4.83	2.50	25.31	5.66	13.97	4.27
阿塞拜疆	10.43	2.39			13.56	3.52
委内瑞拉	7.21	2.12	1.39	0.98	11.56	8.23
安哥拉	7.20	7.92	60.84	23.54	11.24	5.46
卡塔尔	2.60	0.84	0.45	0.36	7.00	2.50
所罗门群岛					5.04	3.60
挪威	0.26	0.86	0.20	0.91	4.90	7.52

数据来源：海关总署。

5-3 全国茶叶出口目的地国家或地区（四）

(2005—2010)

单位：吨、美元

国家或地区	2005		2009		2010	
	出口数量	出口金额	出口数量	出口金额	出口数量	出口金额
乌拉圭					4.59	5.04
柬埔寨	4.28	3.20	4.50	4.19	4.29	3.82
哥斯达黎加	1.94	1.32	6.12	5.30	3.98	3.48
爱尔兰	18.47	4.20	12.32	17.42	3.41	3.91
苏里南	0.16	0.16			2.69	2.55
直布罗陀	8.78	1.70	2.82	1.95	1.54	1.35
克罗地亚			2.40	8.82	1.40	2.60
特立尼达和多巴哥	4.21	1.96			0.80	0.93
莫桑比克			0.41	0.75	0.68	1.60
赞比亚			0.20	0.50	0.38	1.17
奥地利	0.50	0.81	0.69	1.41	0.28	0.87
斯洛伐克					0.18	0.64
阿曼	0.22	0.88	24.60	6.23	0.14	0.54
格鲁吉亚					0.04	0.18
埃塞俄比亚					0.04	0.13
东帝汶					0.03	0.04
文莱	0.02	0.03	0.03	0.10	0.02	0.07
塞舌尔					0.02	0.01
摩纳哥			188.00	53.76		
赤道几内亚			47.44	8.60		
孟加拉国			12.00	2.82		
多米尼加共和国	0.96	0.67	0.14	0.11		
萨摩亚			0.06	0.04		
马拉维			0.03	0.07		
瓦努阿图			0.03			
佛得角	64.68	18.01				
塞尔维亚和黑山	9.00	0.71				
摩尔多瓦	8.93	3.54				
吉布提	6.90	0.35				
保加利亚	4.82	2.94				
留尼汪	2.75	1.92				
巴林	2.61	0.94				

数据来源：海关总署。

5-4 全国绿茶出口

(1995—2010)

单位：吨、万美元

年 份	出口数量	出口金额
1995	66 882.05	11 052.02
1996	55 866.11	8 962.28
1997	78 773.93	12 441.73
1998	111 684.75	18 065.17
1999	121 631.95	18 942.95
2000	155 325.26	21 786.77
2001	163 163.00	19 952.55
2002	170 355.99	20 292.50
2003	181 728.58	24 112.26
2004	196 205.73	29 438.73
2005	206 170.37	33 078.68
2006	218 737.34	39 020.24
2007	223 665.05	43 139.90
2008	223 327.07	48 692.50
2009	229 316.04	52 453.18
2010	234 272.29	56 678.71

数据来源：海关总署。

5-5 全国绿茶出口货源地

(2005—2010)

单位：吨、万美元

地 区	2005		2009		2010	
	出口数量	出口金额	出口数量	出口金额	出口数量	出口金额
全国合计	206 170.37	33 078.68	229 316.04	52 453.18	234 272.29	56 678.71
浙 江	155 361.17	24 427.93	170 293.26	37 330.22	170 097.45	38 866.82
安 徽	17 083.11	2 293.74	22 018.56	5 127.66	22 649.08	5 962.18
湖 南	12 946.59	2 031.37	16 380.52	3 267.73	19 172.73	3 973.63
江 西	3 561.48	687.24	7 446.78	2 110.41	8 542.19	2 382.17
上 海	3 848.53	752.41	4 596.31	1 742.76	4 274.30	1 781.13
河 南	175.00	7.90	1 082.45	284.25	1 993.04	599.92
福 建	2 090.61	704.80	1 492.28	832.55	1 505.94	979.96
云 南	1 417.86	330.65	1 462.78	272.89	1 502.08	377.53
湖 北	2 278.35	561.97	1 572.97	606.01	1 461.55	714.53
广 东	2 221.81	476.24	801.53	345.97	1 026.35	422.89
江 苏	1 539.89	281.33	1 250.89	312.56	942.84	248.03
海 南	320.15	36.58	671.86	101.95	587.49	88.28
四 川	247.43	95.08	28.14	20.40	163.08	87.17
广 西	296.12	57.93	105.09	54.56	140.90	67.64
黑龙江			6.26	5.00	87.71	66.69
贵 州			27.74	8.67	79.20	24.45
重 庆	110.00	3.54	5.99	1.23	21.00	3.60
北 京	2 147.61	233.37	9.51	10.47	13.48	24.23
山 东	2.11	1.00	0.06	0.07	6.64	2.75
吉 林	0.12	0.04	16.87	3.37	3.17	0.78
河 北					1.25	3.05
辽 宁	464.40	89.01	4.17	3.34	0.70	0.56
天 津			10.88	2.79	0.12	0.70
青 海	44.06	5.57	17.64	5.29		
陕 西			13.52	3.01		
新 疆	14.00	0.98				

数据来源：海关总署。

5-6 全国绿茶出口目的地国家或地区（一）

（2005—2010）　　单位：吨、万美元

国家或地区	2005		2009		2010	
	出口数量	出口金额	出口数量	出口金额	出口数量	出口金额
合　计	206 170.37	33 078.68	229 316.04	52 453.18	234 272.29	56 678.71
摩洛哥	52 486.81	9 813.43	58 296.85	14 232.08	60 759.78	15 545.41
乌兹别克斯坦	18 668.05	982.22	21 841.08	2 571.74	18 568.94	2 344.77
俄罗斯	5 777.96	1 005.07	11 589.94	2 162.98	14 305.73	3 073.71
美国	7 544.50	1 159.80	3 480.81	1 359.25	12 273.24	2 462.65
阿尔及利亚	11 344.92	2 102.94	12 665.61	3 450.88	11 788.05	3 056.30
毛里塔尼亚	8 614.91	1 815.19	10 332.23	3 241.42	11 750.13	3 979.55
多哥	1 428.14	269.02	8 105.98	2 380.68	8 761.67	2 465.72
马里	1 868.92	380.55	7 012.16	2 327.53	7 020.89	2 346.00
德国	3 324.48	712.36	4 346.85	1 200.53	6 869.68	1 769.28
贝宁	2 852.99	275.02	10 757.15	2 053.51	6 315.21	1 537.44
塞内加尔	8 981.28	1 666.47	8 408.48	2 569.82	6 268.37	2 077.14
巴基斯坦	5 141.43	395.35	8 166.07	1 104.42	5 553.21	1 000.43
几内亚	956.90	164.67	2 651.77	606.45	4 186.37	1 097.89
喀麦隆	2 674.79	103.46	5 141.90	410.59	3 806.75	353.39
日本	11 201.82	2 849.41	4 085.77	777.14	3 694.13	771.02
冈比亚	2 957.58	506.90	2 494.63	788.19	3 397.47	1 194.83
伊朗	1 756.90	148.14	2 850.34	354.35	3 377.85	430.75
土库曼斯坦	5 167.51	295.78	3 914.94	336.83	3 342.48	314.73
科特迪瓦	1 062.04	182.24	2 185.10	649.69	3 316.48	1 149.28
尼日尔	1 998.54	430.91	3 316.30	918.26	3 111.22	786.08
乌克兰	1 259.30	212.14	2 601.59	560.34	3 016.62	758.08
斯里兰卡	2 563.42	386.90	1 707.03	289.03	2 585.40	490.92
突尼斯	2 585.80	242.18	2 006.49	203.07	2 455.74	219.39
法国	1 785.53	425.86	2 590.87	1 070.16	2 168.52	947.45
英国	1 081.98	140.15	1 857.29	804.35	2 168.39	1 020.18
利比亚	5 915.80	810.23	2 157.86	433.36	1 882.12	361.85
塔吉克斯坦	1 242.86	78.06	1 931.26	150.75	1 643.13	185.54
荷兰	816.47	147.30	1 281.47	207.46	1 279.80	296.88
新加坡	793.43	222.62	976.80	219.12	1 230.28	344.56
阿富汗	5 742.29	468.70	2 151.17	252.10	1 149.73	200.71
阿联酋	439.18	83.70	542.29	140.89	1 106.93	305.10
加拿大	503.15	133.63	503.45	233.21	1 103.51	299.98
中国香港	1 878.22	497.50	955.72	428.66	1 093.41	431.96
沙特阿拉伯	1 083.65	255.71	1 227.17	353.23	1 045.97	305.58
乍得	43.75	1.40	377.52	23.89	1 009.04	143.32
泰国	23.06	7.65	706.88	192.54	925.26	274.85
埃及	785.76	112.76	600.32	81.27	882.93	124.19
加纳	13 108.28	2 499.75	5 666.45	1 535.91	866.44	189.64

数据来源：海关总署。

5-6 全国绿茶出口目的地国家或地区（二）

(2005—2010)

单位：吨、万美元

国家或地区	2005		2009		2010	
	出口数量	出口金额	出口数量	出口金额	出口数量	出口金额
波兰	576.60	80.80	732.59	116.96	826.79	115.70
西班牙	616.43	104.71	735.66	151.62	761.60	148.61
比利时	198.89	57.81	441.06	169.93	619.29	228.96
吉尔吉斯斯坦	398.22	29.99	457.64	61.12	481.98	67.69
哈萨克斯坦	381.36	44.90	478.59	45.56	478.80	48.90
叙利亚	146.01	20.15	190.25	39.58	447.57	88.96
土耳其	82.91	9.35	143.24	19.18	401.28	55.17
缅甸	355.63	43.36	465.42	13.91	380.48	11.16
印度	257.35	27.51	288.79	69.87	372.83	79.38
智利	45.16	21.29	195.37	71.22	241.18	79.21
布基纳法索	141.76	22.97	344.22	58.76	232.80	39.34
利比里亚	163.71	21.00	255.64	32.06	228.88	28.19
尼日利亚	2 113.36	67.04	357.88	24.25	223.75	15.23
意大利	107.73	24.62	199.76	67.92	217.70	80.95
澳大利亚	90.44	30.85	179.99	89.74	201.28	105.06
瑞士	65.07	11.47	111.38	41.38	166.84	65.29
南非	10.77	3.07	60.97	15.65	160.57	18.72
以色列	127.03	22.10	102.45	14.97	127.62	24.88
加蓬	65.64	12.25	52.94	17.80	98.91	36.80
印度尼西亚	994.34	36.68	34.15	14.62	93.04	22.42
墨西哥	2.40	1.55	284.48	72.59	90.25	42.01
立陶宛	25.88	3.10	49.07	9.50	85.51	19.51
菲律宾	47.83	29.20	102.61	54.57	84.78	42.67
马来西亚	121.03	51.03	64.06	24.78	84.37	30.31
哥伦比亚	4.15	1.50	57.36	77.39	83.46	139.34
阿根廷	90.00	10.53	81.57	10.71	81.24	10.60
塞拉利昂	136.80	13.91	232.80	26.10	80.20	8.87
巴西	21.55	4.62	124.76	18.61	65.32	9.53
苏丹	17.97	3.79			61.04	7.27
罗马尼亚	13.50	1.21	78.58	13.35	55.95	8.79
拉脱维亚	19.19	10.09	7.26	5.75	52.06	49.38
巴拉圭					50.40	5.68
芬兰	81.10	22.07	125.89	51.15	42.00	21.96
希腊	8.80	2.61	64.11	18.28	41.93	13.02
刚果	28.70	6.34	54.50	16.40	33.39	11.60
中国澳门	11.47	8.80	24.56	15.29	32.20	23.02
爱沙尼亚					28.33	2.49
瑞典	9.34	1.92	48.45	16.75	27.46	10.00
丹麦	21.37	5.61	21.82	9.18	26.09	11.64
老挝					25.00	5.53
韩国	751.13	131.39	39.72	5.86	23.35	4.31
秘鲁	2.07	1.35	16.99	11.99	21.28	17.36
民主刚果					21.00	5.78
塞尔维亚			32.05	3.51	20.25	2.28
捷克	1.68	1.91	23.97	17.10	17.51	8.33

数据来源：海关总署。

5-6 全国绿茶出口目的地国家或地区（三）

（2005—2010）

单位：吨、万美元

国家或地区	2005		2009		2010	
	出口数量	出口金额	出口数量	出口金额	出口数量	出口金额
匈牙利	10.67	2.95	17.19	8.39	17.49	5.88
毛里求斯	3.29	1.63	3.89	2.55	15.06	3.34
黎巴嫩	9.50	1.07	30.98	6.44	14.00	2.04
约旦	2.97	1.46	25.31	5.66	13.97	4.27
巴拿马	9.92	7.05	15.42	20.98	13.78	36.43
新西兰	5.23	1.96	14.65	4.34	13.77	4.27
白俄罗斯	8.98	1.60	2.46	0.93	13.75	7.21
阿塞拜疆	10.43	2.39			13.56	3.52
肯尼亚	23.00	3.91	11.00	1.03	11.23	1.50
也门	3.30	0.94	11.10	1.96	10.53	2.34
安哥拉			56.42	19.73	10.42	4.66
越南	156.76	31.73	0.30	0.59	10.25	39.55
委内瑞拉	7.12	2.07	0.61	0.37	10.15	7.10
卡塔尔	2.60	0.84	0.14	0.11	7.00	2.50
挪威	0.16	0.67	0.20	0.91	4.90	7.52
哥斯达黎加	1.72	1.18	5.30	4.52	3.02	2.77
苏里南					2.69	2.55
乌拉圭					2.61	2.88
克罗地亚			2.40	8.82	1.40	2.60
中国台湾	1.69	0.50	4.63	2.16	1.10	0.37
特立尼达和多巴哥	4.21	1.96			0.80	0.93
科威特			3.40	1.51	0.72	1.73
莫桑比克			0.41	0.75	0.68	1.60
赞比亚			0.20	0.50	0.38	1.17
爱尔兰			9.36	1.81	0.33	0.42
斯洛伐克					0.15	0.54
柬埔寨			0.04	0.04	0.08	0.07
格鲁吉亚					0.04	0.18
埃塞俄比亚					0.04	0.13
东帝汶					0.03	0.04
文莱			0.03	0.10	0.02	0.07
塞舌尔					0.02	0.01
奥地利	0.50	0.81	0.34	0.37	0.01	0.06
摩纳哥			188.00	53.76		
赤道几内亚			47.44	8.60		
孟加拉国			12.00	2.82		
阿曼	0.02	0.11	3.40	1.92		
直布罗陀	7.83	1.07	1.28	0.79		
马拉维			0.03	0.07		
佛得角	64.68	18.01				
摩尔多瓦	7.75	2.64				
塞尔维亚和黑山	7.00	0.49				
巴林	1.93	0.68				
保加利亚	1.01	0.53				
多米尼加共和国	0.96	0.67				
留尼汪	0.40	0.13				

数据来源：海关总署。

5-7 全国红茶出口

(1995—2010)

单位：吨、万美元

年 份	出口数量	出口金额
1995	68 004.23	8 933.42
1996	80 978.26	11 257.44
1997	87 144.71	12 314.89
1998	69 591.37	10 263.33
1999	33 594.01	4 657.81
2000	29 449.01	3 608.62
2001	40 926.85	4 127.53
2002	40 828.44	3 880.74
2003	37 771.54	3 631.24
2004	39 370.56	4 117.98
2005	35 847.17	3 994.41
2006	31 538.45	4 245.08
2007	30 266.55	4 319.54
2008	40 277.00	6 234.40
2009	40 105.55	6 437.58
2010	36 590.07	7 984.60

数据来源：海关总署。

5-8 全国红茶出口货源地

(2005—2010)

单位：吨、万美元

地 区	2005		2009		2010	
	出口数量	出口金额	出口数量	出口金额	出口数量	出口金额
全国合计	35 847.17	3 994.41	40 105.55	6 437.58	36 590.07	7 984.60
浙 江	6 453.19	584.08	5 283.13	665.33	7 151.84	928.72
湖 南	5 809.34	577.51	7 663.07	1 100.48	6 817.64	1 282.71
重 庆	10 681.64	666.98	12 968.64	1 023.05	6 364.03	560.40
广 东	4 125.68	482.34	3 241.28	785.11	4 092.55	1 325.89
安 徽	2 953.24	461.15	3 566.06	661.30	3 334.36	687.43
云 南	2 625.11	501.44	3 281.69	679.80	3 174.64	823.16
上 海	1 376.11	329.84	1 895.84	820.76	2 348.92	1 356.52
广 西	824.62	125.88	835.65	177.77	1 130.97	274.03
湖 北	382.16	107.04	821.97	248.49	961.07	353.20
江 苏	179.89	35.08	2.89	1.43	662.83	62.38
福 建	361.79	108.37	142.00	158.99	244.51	237.32
四 川	50.71	3.37	31.36	6.20	127.27	42.64
山 东			146.86	46.41	64.54	20.11
江 西	16.92	8.20	185.60	56.39	62.85	24.41
海 南			39.12	5.39	29.06	2.55
内蒙古					16.80	0.56
河 南					5.50	1.83
宁 夏					0.45	0.41
北 京	6.76	3.14	0.38	0.68	0.21	0.34

数据来源：海关总署。

5-9 全国红茶出口目的地国家或地区（一）

（2005—2010）

单位：吨、万美元

国家或地区	2005		2009		2010	
	出口数量	出口金额	出口数量	出口金额	出口数量	出口金额
合　　计	35 847.17	3 994.41	40 105.55	6 437.58	36 590.07	7 984.60
美　　国	8 426.90	838.83	8 832.81	1 289.83	10 262.31	1 865.60
俄罗斯	7 145.17	605.17	7 736.20	966.52	5 439.88	1 032.28
中国香港	3 381.77	458.38	3 405.34	799.53	4 174.51	1 355.94
巴基斯坦	3 213.58	185.82	6 590.30	480.07	2 898.89	245.13
缅　　甸	1 246.39	189.82	1 897.73	344.64	2 201.55	545.19
德　　国	960.43	197.17	1 211.36	305.58	1 701.53	457.88
蒙　　古	392.22	17.32	1 675.81	122.54	1 675.08	128.51
英　　国	1 338.31	406.95	1 655.06	427.43	1 628.80	497.29
印度尼西亚	0.18	0.11	660.18	73.38	642.19	67.77
新加坡	1 218.18	134.98	697.13	145.19	515.59	128.76
马来西亚	164.46	26.04	520.34	106.67	457.38	120.35
波　　兰	1 825.39	249.03	480.85	114.14	409.91	87.67
加拿大	190.14	26.12	167.94	46.98	391.55	120.82
泰　　国	0.03	0.00	277.35	29.89	311.64	44.85
法　　国	220.22	41.02	345.47	208.91	303.50	208.75
荷　　兰	1 080.41	89.51	525.35	75.33	303.07	41.92
乌克兰	284.01	33.49	330.85	52.72	290.79	68.09
摩洛哥	75.19	11.82	126.03	22.32	286.22	51.48
埃　　及	6.24	0.57	49.60	8.80	249.81	50.58
阿联酋	49.42	3.78	97.17	12.89	225.04	52.18
澳大利亚	2.83	2.04	190.16	213.76	210.20	276.77
也　　门	100.00	13.23	200.00	21.60	200.00	21.00
利比亚			174.38	46.98	198.88	41.91
中国澳门	58.16	12.34	171.65	35.44	168.31	43.13
日　　本	390.25	121.11	293.60	91.08	165.78	58.67
印　　度	689.96	43.75	176.90	27.19	147.84	33.92
突尼斯	705.52	68.42	11.64	16.00	146.75	21.95
哈萨克斯坦	285.27	40.16	273.02	49.46	145.62	26.97
丹　　麦	79.44	17.49	193.02	51.48	103.90	31.85
阿尔及利亚	18.16	2.79	55.25	7.81	93.24	12.83
沙特阿拉伯	1.92	1.17	91.49	23.00	82.90	21.70
意大利			2.80	1.80	66.00	8.29
韩　　国	10.83	4.84	25.00	2.52	52.44	5.55
智　　利	7.95	2.63	76.44	49.27	44.55	33.89
伊　　朗			93.09	10.20	36.00	9.50
芬　　兰	23.16	3.92	4.11	2.44	34.67	7.53
巴布亚新几内亚					33.00	5.19
西班牙	0.32	0.24	43.82	7.23	30.24	10.88
科威特					28.92	3.93
巴拿马	21.95	2.88	23.98	4.10	27.36	5.80

数据来源：海关总署。

5-9 全国红茶出口目的地国家或地区（二）

(2005—2010)

单位：吨、万美元

国家或地区	2005		2009		2010	
	出口数量	出口金额	出口数量	出口金额	出口数量	出口金额
肯尼亚	1 254.52	63.94	130.00	11.05	26.95	2.53
捷克	9.11	2.40	12.75	6.72	19.67	2.29
斯里兰卡	67.01	4.57	8.70	4.78	18.69	5.28
瑞典	5.87	1.54	29.05	11.01	14.69	7.12
越南					13.20	36.60
拉脱维亚	6.16	1.98	2.06	1.97	12.74	14.94
哥伦比亚	0.40	0.17	5.54	4.16	11.16	10.37
新西兰	10.26	1.20	0.48	0.71	10.49	3.10
塔吉克斯坦	46.70	3.87	4.00	0.60	10.00	12.50
土库曼斯坦	42.00	3.12			10.00	1.00
立陶宛			5.45	1.84	9.42	4.35
白俄罗斯	12.50	0.72	2.01	0.76	6.91	1.49
所罗门群岛					5.04	3.60
阿富汗			8.45	1.73	4.22	0.87
爱沙尼亚	0.04	0.03			4.05	0.36
罗马尼亚	18.90	1.22	3.60	0.35	4.00	0.40
墨西哥			3.98	1.16	3.77	3.17
秘鲁	1.29	0.68	2.17	2.41	3.26	3.16
爱尔兰	0.47	0.54	1.80	6.54	3.00	2.91
希腊	1.52	0.17	2.91	0.64	2.24	0.83
菲律宾	29.02	5.03	13.13	2.14	2.00	2.34
瑞士	11.40	3.40	2.38	2.71	1.66	1.40
巴西			0.50	0.47	1.62	0.97
比利时			3.03	19.53	1.34	7.93
以色列					1.22	0.35
哥斯达黎加	0.08	0.05	0.60	0.65	0.82	0.60
喀麦隆					0.73	0.58
乌拉圭					0.39	0.43
阿根廷			0.91	0.17	0.38	0.09
安哥拉	7.20	7.92	3.94	3.47	0.34	0.34
南非	0.05	0.04	0.11	0.15	0.20	0.39
乌兹别克斯坦	618.87	31.98	453.41	52.50		
阿曼			21.20	4.31		
匈牙利			0.19	0.28		
奥地利			0.03	0.04		
刚果	78.00	3.08				
吉布提	6.90	0.35				
塞尔维亚和黑山	2.00	0.22				
保加利亚	1.37	0.67				
加纳	0.66	2.09				
中国台湾	0.50	0.41				
委内瑞拉	0.05	0.03				
挪威	0.03	0.06				

数据来源：海关总署。

5-10 全国乌龙茶出口

(1995—2010)

单位：吨、万美元

年份	出口数量	出口金额
1995	18 724.18	4 740.14
1996	17 919.24	4 781.89
1997	18 156.31	4 707.60
1998	17 134.24	4 277.45
1999	20 130.40	4 744.13
2000	21 157.64	4 855.91
2001	21 671.10	5 041.12
2002	21 200.43	4 843.31
2003	18 971.83	4 338.42
2004	19 459.20	4 499.26
2005	18 814.03	4 516.37
2006	21 026.94	5 188.01
2007	21 683.66	5 609.84
2008	22 274.80	6 185.44
2009	24 132.57	6 686.49
2010	19 730.63	7 139.70

数据来源：海关总署。

5-11 全国乌龙茶出口货源地

(2005—2010)

单位：吨、万美元

地区	2005		2009		2010	
	出口数量	出口金额	出口数量	出口金额	出口数量	出口金额
全国合计	18 814.03	4 516.37	24 132.57	6 686.49	19 730.63	7 139.70
福建	16 363.35	3 929.53	14 018.51	4 957.43	13 858.07	5 452.65
浙江	111.93	16.70	7 416.35	910.85	2 777.43	538.48
广东	1 352.15	366.42	1 816.50	542.12	2 043.18	714.83
江苏	454.87	111.24	294.44	82.89	292.21	89.61
山东	52.85	7.32	119.51	14.40	232.56	28.83
湖南	80.52	11.50	202.68	60.02	141.81	70.89
上海	217.01	42.81	83.97	27.73	113.22	64.59
湖北	27.70	3.98	31.34	32.49	106.40	97.43
江西	32.82	6.07	59.78	16.08	69.49	18.94
贵州			50.81	11.85	46.32	11.54
安徽	112.90	15.19	21.47	13.88	26.23	21.24
广西	0.38	0.37	11.78	10.27	16.72	11.83
四川	2.37	0.21	0.29	1.31	3.55	14.58
云南	4.75	4.46	4.80	4.80	3.40	4.09
北京	0.43	0.56	0.07	0.32	0.05	0.17
天津			0.28	0.05		
海南			0.01			

数据来源：海关总署。

5-12　全国乌龙茶出口目的地国家或地区（一）

国家或地区	2005		2009		2010	
	出口数量	出口金额	出口数量	出口金额	出口数量	出口金额
合　计	18 814.03	4 516.37	24 132.57	6 686.49	19 730.63	7 139.70
日　本	13 644.40	3 235.16	12 910.79	3 423.62	13 227.99	3 771.47
中国香港	3 818.08	834.29	3 630.80	1 668.41	3 752.32	1 887.50
美　国	195.81	63.29	6 209.03	736.09	1 335.11	339.10
马来西亚	460.30	143.29	341.71	200.29	337.68	214.69
新加坡	148.70	42.05	172.04	81.53	213.46	147.05
印　度	189.75	24.74	385.37	63.93	212.06	38.44
俄罗斯	57.75	56.47	79.49	44.92	120.48	84.46
德　国	17.43	8.06	45.69	29.61	89.38	75.29
泰　国	45.46	15.56	84.81	32.40	75.24	33.66
韩　国	13.72	3.57	26.37	9.97	65.04	17.07
中国澳门	62.52	20.59	50.32	255.82	48.52	162.73
加拿大	45.54	18.74	52.37	27.96	38.64	30.87
越　南	15.74	3.61		0.01	35.21	112.50
斯里兰卡	1.35	0.24	9.21	3.39	29.93	13.22
澳大利亚	13.76	7.40	24.48	19.73	25.27	17.44
菲律宾	8.67	1.57	9.09	1.65	20.50	117.03
英　国	1.43	0.94	15.79	14.03	15.01	10.83
智　利	0.86	0.50	8.99	5.60	14.52	12.52
印度尼西亚	16.36	10.35	15.10	10.95	12.36	11.55
乌克兰	7.84	8.21	3.83	2.25	11.20	4.77
荷　兰	10.32	1.78	3.61	8.27	7.93	5.93
巴　西	0.77	0.22	1.40	0.71	7.73	1.77
墨西哥	7.14	0.73	4.91	1.68	6.29	2.53
法　国	2.46	1.17	5.65	5.78	5.99	5.53
南　非	3.42	0.87	0.04	0.02	5.97	7.61
秘　鲁	0.59	0.33	0.50	0.25	2.74	2.68
白俄罗斯			2.03	0.77	2.53	1.37
多　哥					2.40	1.25
新西兰	2.97	0.78	0.52	0.52	2.18	1.20
拉脱维亚	0.40	1.02	0.44	0.70	1.47	0.72
毛里求斯	0.68	0.22	0.12	0.09	1.27	0.55
瑞　士	0.41	0.48	0.90	1.67	0.70	0.88

数据来源：海关总署。

5-12 全国乌龙茶出口目的地国家或地区（二）

国家或地区	2005		2009		2010	
	出口数量	出口金额	出口数量	出口金额	出口数量	出口金额
匈牙利					0.60	0.11
巴拿马	1.16	0.63			0.54	0.78
芬兰	0.05	0.18	0.80	1.67	0.46	1.20
摩洛哥			0.46	0.41	0.46	0.64
奥地利			0.04	0.04	0.27	0.81
西班牙			0.16	0.23	0.24	0.42
乌拉圭					0.20	0.22
阿联酋	0.86	1.67	3.05	10.60	0.20	0.40
立陶宛			0.57	0.21	0.16	0.17
安哥拉			0.16	0.11	0.16	0.16
沙特阿拉伯	0.12	0.29	0.03	0.02	0.08	0.06
柬埔寨	0.08	0.13	0.27	0.54	0.08	0.17
以色列			0.35	0.24	0.03	0.05
斯洛伐克					0.03	0.10
土耳其					0.02	0.16
乌兹别克斯坦			25.94	9.60		
突尼斯			3.50	7.96		
伊朗			0.50	0.45		
捷克	0.05	0.06	0.41	0.74		
喀麦隆			0.28	0.05		
中国台湾	7.47	2.39	0.20	0.05		
瑞典			0.18	0.48		
卡塔尔			0.16	0.13		
比利时			0.09	0.10		
阿富汗			0.03	0.22		
哥斯达黎加			0.02	0.01		
丹麦	0.13	0.10	0.01	0.01		
波兰	4.55	0.83				
尼日利亚	1.65	1.68				
保加利亚	1.10	1.11				
意大利	1.07	0.34				
摩尔多瓦	0.62	0.52				
加纳	0.50	0.23				
爱沙尼亚	0.02	0.02				

数据来源：海关总署。

5-13　全国花茶出口

（1995—2010）

单位：吨、万美元

年　份	出口数量	出口金额
1995	12 961.97	2 749.22
1996	14 905.99	3 248.43
1997	15 285.45	3 197.08
1998	15 645.35	3 712.00
1999	18 664.67	4 098.25
2000	17 414.20	3 587.88
2001	18 338.76	3 978.66
2002	14 697.27	3 182.41
2003	16 279.29	3 549.66
2004	19 850.29	4 488.91
2005	19 383.68	4 775.31
2006	8 133.35	2 946.80
2007	7 690.15	3 335.72
2008	6 719.98	3 439.37
2009	5 910.61	2 960.84
2010	7 355.66	3 988.07

数据来源：海关总署。

5-14　全国花茶出口货源地

（2005—2010）

单位：吨、万美元

地　区	2005		2009		2010	
	出口数量	出口金额	出口数量	出口金额	出口数量	出口金额
全国合计	19 383.68	4 775.31	5 910.61	2 960.84	7 355.66	3 988.07
福　建	2 732.09	1 094.93	2 208.23	1 145.58	2 517.46	1 465.36
浙　江	11 630.99	2 299.49	848.99	565.68	1 481.27	865.54
湖　南	1 204.81	258.97	792.22	224.60	1 052.73	388.31
江　西	950.97	205.32	648.53	258.61	932.98	360.29
广　东	1 326.79	400.76	597.78	246.20	624.17	323.45
广　西	467.21	79.74	207.20	74.24	245.13	99.41
上　海	212.85	100.62	168.97	194.33	225.45	242.88
安　徽	206.29	52.81	129.59	70.07	74.97	58.11
湖　北	152.57	101.56	77.42	86.58	73.09	82.34
云　南	151.98	80.95	86.65	49.64	46.08	29.28
四　川	1.58	1.37	18.32	13.46	39.82	59.15
海　南			13.03	2.15	21.92	3.46
江　苏	150.38	60.15	107.77	27.75	16.61	5.99
贵　州					2.49	3.15
北　京	176.93	29.07	5.86	1.91	1.51	1.34
河　南			0.03	0.04		
重　庆	17.75	9.06	0.03			
山　东	0.49	0.52				

数据来源：海关总署。

5-15 全国花茶出口目的地国家或地区（一）

（2005—2010）

单位：吨、万美元

国家或地区	2005		2009		2010	
	出口数量	出口金额	出口数量	出口金额	出口数量	出口金额
合　计	19 383.68	4 775.31	5 910.61	2 960.84	7 355.66	3 988.07
日本	8 451.47	1 572.10	1 187.19	569.57	1 514.12	720.06
俄罗斯	1 899.40	382.74	1 168.70	358.35	1 375.42	458.28
中国香港	1 581.46	552.78	894.48	377.61	943.97	515.49
美国	2 014.39	856.22	699.16	555.54	796.70	803.29
新加坡	341.26	94.76	309.89	117.36	289.02	131.61
斯里兰卡	939.46	186.53	124.05	28.55	270.68	70.54
摩洛哥	82.23	22.61	61.32	27.69	261.92	69.85
德国	360.17	185.60	207.07	196.46	256.25	277.63
白俄罗斯	24.18	4.06	64.83	16.52	204.47	54.07
乌克兰	435.12	103.87	163.08	84.79	184.24	76.96
英国	172.49	61.40	126.61	105.03	179.34	160.91
澳大利亚	87.96	40.82	105.13	66.62	153.35	84.43
马来西亚	175.32	55.42	131.06	60.57	151.09	77.04
加拿大	153.53	74.92	108.13	61.90	126.43	119.16
法国	129.55	60.34	65.16	49.68	73.43	55.33
印度尼西亚	7.84	3.70	53.10	19.02	69.00	22.64
韩国	1 102.67	173.22	39.64	26.36	46.04	27.74
荷兰	422.89	109.48	46.39	38.62	43.59	29.14
伊朗			8.80	2.33	35.60	8.92
泰国	70.07	9.60	40.54	18.53	31.05	14.42
土库曼斯坦					27.40	11.63
哈萨克斯坦	33.91	6.60			25.84	4.33
印度	85.73	19.03	9.72	6.28	22.20	10.73
以色列	64.88	6.96	3.13	1.99	21.49	9.01
中国澳门	50.63	16.09	24.13	8.03	20.73	8.39
厄瓜多尔			9.42	2.17	20.36	3.68
突尼斯			26.63	14.80	20.19	13.31
瑞士	5.74	6.48	4.94	17.95	17.16	14.22
波兰	37.81	6.56	10.30	7.08	16.77	10.92
阿联酋	107.35	29.41	9.60	17.42	14.95	10.54
南非	27.76	10.64	6.91	4.30	13.73	8.67
智利	13.15	8.76	7.15	4.71	11.81	6.34
巴基斯坦	14.50	4.03	71.28	14.23	11.26	8.88
利比亚			1.51	0.89	10.08	5.10
塞内加尔			9.99	5.83	9.69	6.09
西班牙	16.22	7.00	2.21	1.47	8.95	6.57
乌兹别克斯坦			8.85	4.66	8.76	4.63
巴西	22.55	5.01	3.54	2.87	5.82	4.28
秘鲁	3.36	2.06	3.46	2.48	5.82	4.14
爱沙尼亚	0.03	0.08			5.00	0.44
墨西哥	0.80	0.42	1.69	1.03	4.42	12.31
哥伦比亚	0.20	0.07	1.56	0.66	4.36	2.77
柬埔寨	4.21	3.07	4.19	3.62	4.14	3.58
中国台湾	0.22	1.08			3.57	4.37
沙特阿拉伯	23.22	14.33	9.84	5.70	3.27	6.80

数据来源：海关总署。

5-15 全国花茶出口目的地国家或地区（二）

（2005—2010）

单位：吨、万美元

国家或地区	2005		2009		2010	
	出口数量	出口金额	出口数量	出口金额	出口数量	出口金额
比利时	0.10	0.14	9.77	10.02	3.07	3.24
吉尔吉斯斯坦	1.00	0.15	5.48	2.06	2.90	1.04
叙利亚	2.25	0.64			2.63	1.43
罗马尼亚					2.52	1.42
菲律宾	5.86	1.89	6.10	1.87	2.49	1.72
匈牙利	2.94	0.86	6.45	2.14	2.12	1.40
塞尔维亚					2.00	0.32
阿根廷	4.30	1.51	3.17	1.24	1.95	0.75
土耳其					1.64	0.28
直布罗陀	0.95	0.63	1.54	1.16	1.54	1.35
委内瑞拉	0.05	0.03	0.78	0.61	1.40	1.13
乌拉圭					1.38	1.52
芬兰	15.32	3.44	1.03	4.11	1.18	1.56
巴拿马	2.77	1.41			0.94	0.81
意大利	1.73	3.85			0.83	2.85
捷克	2.03	0.70	4.46	7.61	0.79	3.52
新西兰	5.04	1.58	1.97	1.76	0.76	0.97
毛里求斯	0.76	0.39	1.22	0.81	0.49	0.35
立陶宛	0.16	0.56	0.18	0.04	0.47	0.30
安哥拉			0.33	0.23	0.33	0.29
瑞典	2.01	0.88	0.18	0.48	0.20	0.41
科威特			0.05	0.22	0.18	0.89
阿曼	0.21	0.77			0.14	0.54
哥斯达黎加	0.14	0.10	0.15	0.10	0.14	0.12
爱尔兰	18.00	3.66	0.23	1.56	0.08	0.58
越南	213.50	30.13	0.32	0.24	0.01	0.01
阿尔及利亚	1.11	0.77	23.00	9.15		
埃及	2.03	0.26	8.60	3.60		
丹麦	0.47	0.31	0.31	0.25		
奥地利			0.28	0.95		
拉脱维亚	36.79	12.89	0.18	0.56		
卡塔尔			0.15	0.12		
多米尼加共和国			0.14	0.11		
希腊	0.12	0.50	0.10	0.54		
萨摩亚			0.06	0.04		
瓦努阿图			0.03			
蒙古	59.65	1.79				
尼日利亚	21.88	0.77				
缅甸	5.00	0.48				
加纳	3.60	1.62				
肯尼亚	3.00	0.24				
留尼汪	2.35	1.80				
约旦	1.86	1.04				
保加利亚	1.35	0.64				
巴林	0.68	0.26				
摩尔多瓦	0.57	0.38				
多哥	0.25	0.17				
苏里南	0.16	0.16				
文莱	0.02	0.03				

数据来源：海关总署。

5-16 全国普洱茶出口

(1995—2010)

单位：吨、万美元

年　份	出口数量	出口金额
1995		
1996		
1997	3 102.99	586.32
1998	3 381.15	709.63
1999	5 586.87	1 390.66
2000	4 315.50	874.96
2001	5 554.78	1 103.87
2002	5 190.31	990.40
2003	5 166.05	1 102.16
2004	5 307.07	1 139.59
2005	6 347.65	2 065.79
2006	7 158.09	3 291.33
2007	6 130.83	4 308.58
2008	4 341.23	3 677.19
2009	3 486.83	1 956.64
2010	4 576.43	2 620.74

数据来源：海关总署。

5-17 全国普洱茶出口货源地

(2005—2010)

单位：吨、万美元

地　区	2005		2009		2010	
	出口数量	出口金额	出口数量	出口金额	出口数量	出口金额
全国合计	6 347.65	2 065.79	3 486.83	1 956.64	4 576.43	2 620.74
云　南	3 003.66	1 324.18	1 899.71	1 206.92	2 014.51	1 073.13
广　东	1 992.27	506.33	705.60	345.90	1 439.57	986.29
浙　江	2.07	2.85	360.01	182.78	649.76	336.38
福　建	178.57	43.45	130.87	70.70	219.30	92.88
湖　南	382.34	64.62	311.92	80.10	137.79	46.99
湖　北	2.24	2.52	44.30	50.66	50.64	45.95
安　徽	0.88	0.56	3.97	3.09	30.16	17.31
贵　州					16.72	4.74
上　海			10.48	6.51	7.62	7.36
江　苏			7.70	3.60	5.16	3.23
四　川	0.63	0.06	6.95	4.50	2.91	5.12
广　西	641.13	96.66	1.41	0.74	1.20	0.83
吉　林					1.00	0.43
天　津			2.04	0.25	0.10	0.10
江　西	67.04	12.13	1.88	0.91		
北　京	76.83	12.42				

数据来源：海关总署。

5-18 全国普洱茶出口目的地国家或地区（一）

（2005—2010）

单位：吨、万美元

国家或地区	2005		2009		2010	
	出口数量	出口金额	出口数量	出口金额	出口数量	出口金额
合　　计	6 347.65	2 065.79	3 486.83	1 956.64	4 576.43	2 620.74
中国香港	3 207.89	1 122.78	969.65	617.05	1 502.21	1 065.08
日　　本	898.41	200.36	505.47	163.06	854.19	309.66
马来西亚	665.48	118.72	255.47	159.24	519.85	394.75
新 加 坡	152.60	124.18	340.75	184.47	413.40	169.72
波　　兰	499.25	107.26	288.22	78.84	197.15	65.14
中国台湾	262.84	93.52	339.78	279.64	154.68	89.82
美　　国	35.39	15.48	113.02	78.99	153.34	94.99
德　　国	39.60	9.63	125.08	55.60	140.02	52.42
韩　　国	250.06	190.69	74.77	34.24	88.81	50.45
缅　　甸			8.30	2.45	79.22	36.33
西 班 牙	66.29	11.98	83.32	19.51	69.75	14.15
智　　利	1.09	0.58	56.23	29.59	63.73	42.55
英　　国	0.35	0.36	49.38	38.27	56.83	49.29
阿 联 酋			3.71	1.22	40.59	11.26
荷　　兰	21.50	4.49	56.82	40.21	38.10	40.07
阿 根 廷	5.05	0.84	10.00	2.54	30.00	7.15
俄 罗 斯	16.51	4.68	53.15	21.09	29.74	19.52
法　　国	3.18	3.10	41.55	76.34	29.47	55.50
加 拿 大	12.29	3.32	20.17	10.74	28.74	13.60
沙特阿拉伯			8.40	4.79	23.35	4.74
澳大利亚	4.72	1.38	22.97	13.92	23.15	12.41
印　　度	2.04	0.31	3.81	6.48	7.85	5.27
巴　　西			9.68	5.00	7.65	2.43
斯里兰卡	0.80	0.10	1.75	0.52	6.60	1.46
立 陶 宛	0.50	0.12	4.80	2.08	6.54	2.13
印度尼西亚	0.15	0.09	0.97	0.65	4.70	3.22
中国澳门	138.64	38.27	18.78	12.76	1.90	1.44
泰　　国	0.09	0.01	3.30	2.90	1.14	2.43
墨 西 哥			0.68	0.13	0.72	0.47
捷　　克	0.15	0.04	0.80	0.56	0.72	1.00
乌 克 兰	54.96	9.85	8.53	2.99	0.68	0.91
秘　　鲁			1.30	0.92	0.40	0.43
突 尼 斯					0.40	0.19
白俄罗斯					0.36	0.26
新 西 兰	2.74	0.68	0.15	0.15	0.29	0.15
摩 洛 哥					0.14	0.27

数据来源：海关总署。

5-18 全国普洱茶出口目的地国家或地区（二）

(2005—2010)

单位：吨、万美元

国家或地区	2005		2009		2010	
	出口数量	出口金额	出口数量	出口金额	出口数量	出口金额
土耳其					0.02	0.08
越南					0.01	0.01
菲律宾	1.29	0.17	2.00	0.47		
匈牙利			1.51	0.38		
芬兰			1.00	1.08		
爱尔兰			0.93	7.51		
以色列			0.50	0.11		
毛里求斯			0.08	0.07		
哥斯达黎加			0.04	0.01		
乌兹别克斯坦			0.01	0.02		
瑞士	0.88	0.92	0.01	0.04		
拉脱维亚	2.39	1.54				
巴拿马	0.45	0.19				
挪威	0.06	0.14				
爱沙尼亚	0.01					

数据来源：海关总署。

5-19 全国茶叶进口

(1995—2010)

单位：吨、万美元

年份	进口数量	进口金额
1995	2 295.14	180.86
1996	1 615.22	137.15
1997	910.96	110.20
1998	1 185.22	245.54
1999	1 871.60	348.73
2000	2 449.25	416.21
2001	1 688.24	293.65
2002	1 700.57	270.14
2003	2 885.65	448.46
2004	2 337.41	604.04
2005	2 786.22	742.66
2006	3 242.49	808.17
2007	5 273.81	1 262.09
2008	5 373.06	1 766.80
2009	4 133.82	1 709.37
2010	12 665.47	4 759.25

数据来源：海关总署。

5-20　全国茶叶进口来源地（一）

（2005—2010）

单位：吨、万美元

国家或地区	2005		2009		2010	
	进口数量	进口金额	进口数量	进口金额	进口数量	进口金额
合　　计	2 786.22	742.66	4 133.82	1 709.37	12 665.47	4 759.25
印度尼西亚	115.09	13.99	504.31	71.75	4 740.45	847.83
斯里兰卡	677.57	200.89	1 217.08	453.41	2 396.56	1 322.68
印　　度	239.14	118.45	211.44	194.82	1 176.48	723.73
肯 尼 亚	412.88	72.12	643.38	198.91	1 143.83	296.68
越　　南	320.98	30.18	296.06	38.18	880.86	110.71
中国台湾	312.14	100.26	452.35	322.50	506.15	604.79
南　　非	8.44	2.88	183.17	49.55	345.30	112.40
阿 根 廷	23.22	1.16	38.00	3.42	238.81	26.02
英　　国	24.53	28.80	97.26	80.36	167.17	134.61
马 拉 维	66.44	9.86	34.48	8.76	136.72	24.84
日　　本	29.63	17.41	66.20	52.40	116.84	142.13
泰　　国			83.07	10.62	115.76	14.26
坦桑尼亚	13.20	1.95			113.08	28.17
巴　　西					112.03	13.86
孟加拉国					99.00	13.41
老　　挝			49.82	10.96	88.90	28.04
德　　国	33.44	18.73	25.39	20.08	81.83	59.24
中国（大陆）	30.39	10.05	87.33	67.28	72.10	44.33
美　　国	77.67	83.15	37.01	52.29	54.89	89.62
缅　　甸	371.96	18.77	69.57	23.87	25.24	28.85
中国香港	1.72	1.77	3.38	1.48	15.37	9.15
马来西亚			1.79	4.18	9.97	24.42
法　　国	0.05	0.13	0.97	4.91	7.06	11.66
比 利 时					4.69	22.05
丹　　麦					3.18	3.67
新 加 坡	1.20	0.15	0.86	6.04	2.96	3.31
澳大利亚	0.52	2.17	2.45	5.58	2.47	7.33
韩　　国	18.32	6.85	1.69	5.60	2.00	1.27
瑞　　典			1.20	0.80	1.65	2.17
加 拿 大	0.09	0.08	3.04	7.75	1.59	3.64
意 大 利			1.85	3.09	0.77	0.80
埃　　及			0.17	0.60	0.53	0.35

数据来源：海关总署。

5-20 全国茶叶进口来源地（二）

（2005—2010）

单位：吨、万美元

国家或地区	2005		2009		2010	
	进口数量	进口金额	进口数量	进口金额	进口数量	进口金额
沙特阿拉伯					0.24	0.07
埃塞俄比亚					0.15	0.07
以色列			0.16	0.01	0.15	0.01
匈牙利			0.05	0.12	0.10	0.15
朝鲜					0.10	0.03
厄瓜多尔					0.09	0.04
新西兰			0.11	0.54	0.08	1.58
克罗地亚	0.07	0.03	0.10	0.12	0.07	0.51
亚美尼亚					0.06	0.39
毛里求斯					0.05	0.09
伊朗			0.01	0.02	0.05	0.07
荷兰					0.03	0.04
卡塔尔					0.02	0.05
捷克					0.02	0.05
土耳其			2.30	0.33	0.02	0.02
希腊					0.02	0.01
摩洛哥					0.01	0.03
约旦					0.01	
多米尼亚					0.01	0.01
波兰	0.55	1.37			0.01	0.01
塞尔维亚					0.01	0.01
马其顿					0.01	
西班牙			0.02	0.07		
俄罗斯						
巴基斯坦						
巴拿马						
阿联酋			14.10	6.95		
哈萨克斯坦			3.34	1.60		
瑞士			0.30	0.39		
奥地利			0.01	0.05		
乌干达	6.85	1.31				
爱尔兰	0.09	0.12				
保加利亚	0.05	0.02				

数据来源：海关总署。

5-21 全国茶叶进口收货地

（2005—2010）

单位：吨、万美元

地 区	2005		2009		2010	
	进口数量	进口金额	进口数量	进口金额	进口数量	进口金额
全国合计	2 786.22	742.66	4 133.82	1 709.37	12 665.47	4 759.25
福 建	321.72	64.09	1 008.83	342.83	6 295.38	1 356.51
广 东	582.49	190.53	780.55	405.39	2 335.76	1 464.72
上 海	659.39	235.38	940.19	495.00	1 523.58	984.25
安 徽	174.17	43.27	683.44	200.98	1 255.20	389.66
浙 江	278.86	47.03	159.71	73.24	357.80	139.47
北 京	17.68	14.58	62.24	46.24	220.18	145.64
江 西	0.01	0.07	18.06	6.00	204.60	59.34
广 西	82.34	8.03	200.78	29.42	170.89	22.63
云 南	503.29	27.95	119.81	34.57	114.14	56.89
江 苏	74.29	25.62	42.68	16.39	90.32	51.87
新 疆			43.04	10.07	29.39	6.56
天 津	17.51	8.69	17.84	10.53	20.08	22.77
海 南	2.04	0.44	13.14	5.24	19.63	8.45
山 东	61.59	68.47	29.73	17.74	19.46	26.29
辽 宁	10.65	8.10	3.42	2.40	4.48	9.12
湖 南			0.16	0.09	1.54	0.28
河 南	0.05	0.21			0.69	1.97
吉 林			0.05	0.25	0.69	0.42
黑龙江					0.51	0.90
四 川			0.49	4.90	0.48	9.25
重 庆			0.33	0.67	0.37	0.67
内蒙古			0.23	0.77	0.20	1.24
山 西					0.07	0.21
陕 西	0.17	0.19	8.61	4.90	0.03	0.13
宁 夏					0.01	0.01
湖 北			0.33	1.66		
河 北			0.18	0.09		

数据来源：海关总署。

全国性茶业社会团体

中 国 茶 叶 学 会

中国茶叶学会
China Tea Science Society

名誉理事长 陈宗懋院士
理事长 杨亚军
副理事长 宛晓春 冯廷佺 封槐松 毛祖法 朱福堂 黄汉庆 刘仲华 王 云
秘书长 江用文
常务副秘书长 周智修
电 话 0571-86653176/86653170
传 真 0571-86650477
网 址 www. chinatss. cn
E-mail chinatss@mail. tricaas. com
地 址 杭州梅灵南路 9 号中国农业科学院茶叶研究所内
邮 编 310008
会 刊 《茶叶科学》

中国国际茶文化研究会

中国国际茶文化研究会
China International Tea Cultural Institute

会 长 周国富
常务副会长 徐鸿道
副会长 王宗廉 张 伟 张学平 庹文升 黄炳生 沈才土 梁朝清 王 庆 黄汉庆 陈光普 陈 直 释增勤 夏 涛 孙 前 释光泉 姬霞敏（女）
秘书长 詹泰安
电 话 0571-87962932
传 真 0571-87967554
E-mail citci@126. com
地 址 杭州市龙井路 88 号中国茶叶博物馆内
邮 编 310013
会 刊 《茶博览》

中国茶叶流通协会

中国茶叶流通协会
China Tea Marketing Association

会 长 刘环祥
常务副会长 王 庆
秘书长 吴锡端
电 话 010-66094158
传 真 010-66018165
地 址 北京复兴门内大街 45 号
邮 编 100801
会 刊 《 茶世界》

中华茶人联谊会

中华茶人联谊会
Chinese Teaman friendship association

理　事　长　刘永福
常务副理事长　朱福堂
副　理　事　长
于孔燕　马元祝　王　庆　王　彤　邓九刚　任剑峥
刘福成　刘仲华　刘浩元　闫希军　闫战利　吴远之
李念华　李稳石　杨亚军　沈培平　周重旺　宛晓春
罗　斌　施建强　胡向东　徐文新　徐尚风　贾　鹏
曹文成　黄汉庆　龚淑英　穆有为

秘书长　孙　蔚
电　话　010-85120009
传　真　010-85625510
网　址　www. ctfa. net. cn
E-mail　ctfa@cofco. com
地　址　北京市朝阳区朝阳门南大街8号中粮福临门大厦
邮　编　100020
会　刊　《中华茶人》

中国茶禅学会

中国茶禅学会

理 事 长　吴立民
副理事长　张　琳
秘 书 长　张　琳
电　话　010-66077759
地　址　北京西城区北长街84号
邮　编　100031

中国食品土畜进出口商会茶叶分会

中国食品土畜进出口商会茶叶分会
Tea Sub-Chamber，CFNA

理事长　徐尚风
监事长　黄汉庆
秘书长　蔡　军
副秘书长　孙　宇
电　话　010-87109862/63
传　真　010-87109864
网　址　www. agriffchina. com
E-mail　chinatea@cccfna. org. cn
地　址　北京崇文区广渠门内大街80号通正国际大厦4层
邮　编　100062
会　刊　《国际茶讯》

华侨茶业发展研究基金会

华侨茶业发展研究基金会
China HuaTea Foundation

理事长　王宪章
执行理事长　李永安
副理事长　邵曙光、郑德成
秘书长　邵曙光（兼）
电　话（传真）　010-63344596　58441166
传　真　010-63344576
网　址　www. chinateafund. cn
E-mail　teafund@126. com
地　址　西城区赵登禹路富国街2号院3号楼4层
邮　编　100034
会　刊　《世界茶之窗》

地方性茶业社会团体

北京市

北京市茶业协会

会　长　白文祥
秘书长　付光丽
电　话　010-68337903

天津国际茶文化研究会

会　长　李锦坤
秘书长　田　兰
电　话　022-83710332

天津市

天津市茶业协会

会　长　贾　凯
秘书长　谭肇荣
电　话　022-27116319

河北省

河北省茶文化学会

会　长　杨思远
秘书长　舒　曼
电　话　0311-85894588

山西省

山西茶叶展评组委会

主　任　杨　力
秘书长　张晓鸿
电　话　0351-3335370

上海市

上海市茶叶学会

会　长　黄汉庆
秘书长　周星娣
电　话　021-65166505

上海市茶叶行业协会

会　长　黄　政
秘书长　陈子法
电　话　021-51379848

江苏省

江苏省茶叶学会

理事长　蔡　恒
常务副理事长　张　定
秘书长　唐锁海
电　话　025-86263602

江苏省茶业协会

会　长　徐德良
秘书长　唐锁海
电　话　0510-85528660

浙江省

浙江省茶叶学会

会　长　毛祖法
秘书长　王岳飞
电　话　0571-86971256

浙江省茶叶产业协会

会　长　施建强
秘书长　胡迪均
电　话　0571-85813017

安徽省

安徽省茶业学会

理事长　宛晓春
秘书长　江昌俊
电　话　0551-5786422

安徽省茶业行业协会

理事长　李念华
秘书长　陈文友
电　话　0551-2652408

福建省

海峡茶业交流协会

会　长　张家坤
秘书长　赵觉荣
电　话　0591-87666263

江西省

江西茶业联合会

会　长　胡向东
秘书长　程　锦
电　话　0791-8117771

江西省茶叶协会

常务副会长　罗旭东
常务副秘书长　熊柏林
电　话　0791-6208057

山东省

山东省茶文化协会

会　长　王裕晏
秘书长　侯国云
电　话　0531-82952075

河南省

河南省茶文化研究会

会　长　亢崇仁
秘书长　李　伟
电　话　0371-65918829

河南省茶叶商会

会　长　姬霞敏
秘书长　于秀兰
电　话　0371-66822966

河南省茶叶协会

会　长　李光寅
秘书长　王运梅
电　话　13603985660

湖北省

湖北省茶叶学会

理事长 李传友
秘书长 宗庆波
电　话 027-87668785

湖北省茶业协会

会　长 熊双林
秘书长 乐清典
电　话 027-82833305

湖北省陆羽茶文化研究会

会　长 周年丰
秘书长 石爱发
电　话 027-88866622

湖南省

湖南省茶叶学会

理事长 刘仲华
秘书长 尚本清
电　话 0731-84618080

湖南省茶业协会

会　长 曹文成
秘书长 伍崇岳
电　话 0731-4422939

广东省

广东省茶叶学会

理事长 穆有为
秘书长 张黎明
电　话 020-34160624

广东省茶业行业协会

会　长 穆有为
秘书长 张黎明
电　话 020-34160624

广西省

广西壮族自治区茶叶学会

理事长 麦楚均
秘书长 孟众民
电　话 0771-2182572

广西壮族自治区茶业协会

会　长 郭　异
秘书长 刘汉群
电　话 0771-4861710

重庆市

重庆国际茶文化研究会

会　长 陈　澍
秘书长 王　敏
电　话 023-89117120

重庆茶叶商会

会　长　司辉清
秘书长　王　敏
电　话　023-68250239

四川省

四川省茶文化协会

会　长　王　云（执行会长）
秘书长　刘贵民
电　话　028-84504175

四川省茶叶学会

会　长　周　文
秘书长　刘以煌
电　话　028-86615941

贵州省

贵州省茶叶学会

理事长　龙明树（代理）
秘书长　王家伦（代理）
电　话　0851-3762783

贵州省茶业协会

理事长　张达伟
秘书长　王亚兰
电　话　0851-6570898

贵州省茶文化研究会

会　长　庹文升
副会长　梁　正
电　话　13885091169

云南省

云南省茶业协会

会　长　黄炳生
秘书长　施天俊
电　话　0871-7187675

云南省普洱茶协会

会　长　张宝三
秘书长　杨善禧
电　话　0871-4329311

云南省茶叶商会

会　长　马顺友
秘书长　胡跃奇
电　话　0871-8886398

陕西省

陕西省茶业协会

会　长　李三原
秘书长　党春光
电　话　029-87927158

中华（陕西）茶人联谊会

会　长　韩星海
秘书长　韩星海
电　话　029-87315608

广州茶文化促进会

广州茶文化促进会
Guangzhou Society for Promotion of Tea Culture

会　长　邬梦兆
副会长　陈月明　吴操文　张可群　王智军　王登良　张黎明　苏荣新　徐继传　黄　波　王　娟
秘书长　黄　波
副秘书长　李爱萍　李淑怡
电　话　022-81544360
传　真　022-81544358
网　址　www. sxs. org. cn
地　址　广州荔湾区芳村大道中 311 号启秀茶城四楼
邮　编　510360
会　刊　《茶文化》双月刊

吴觉农茶学思想研究会

吴觉农茶学思想研究会
Research Association of Wu Juenong's Theory on Tea

会　长　梅　峰
常务副会长　陈泉标　刘启贵　吴甲选　施云清
副会长　徐光华　余云才　毛祖法　刘祖生　徐光仁　于观亭　王　庆　王广智　王润生　孙月华　黄继仁　沈才土　封槐松
秘书长　龚开洋
联系人　朱大名
电　话　010-63077244
传　真　010-63074227
网　址　www. Juenong. com
E-mail　juenong@sohu. com
地　址　北京西城区宣武门西大街甲 97 号（新华社发行楼 10 层）
邮　编　100031

茶人介绍

专家学者

丁兆堂

教授，男，汉族，1964 年 4 月出生，现为青岛农业大学茶叶研究所所长，林学园艺学院教授，兼任青岛市农业专家顾问团成员、胶南市政府茶学首席专家、泰山茶叶协会副会长、北方茶产业技术创新战略联盟专家委员会副主任。

在茶业领域作出的主要贡献：丁兆堂长期从事茶树抗寒种质资源鉴定、评价与优质抗寒茶树新品种选育等方面的研究工作，主讲茶树栽培学、茶树育种学与茶文化学等茶学专业本科生课程及茶树优质高产理论、茶树遗传育种等硕士生课程，自 2006 年任青岛农业大学茶学专业硕士生导师至今，已指导硕士研究生 12 人。

“十五”以来，他主持国家、省部级、地厅级科研项目 12 项，获省级科技进步奖三等奖 1 项（第一位），省高校科研成果奖三等奖 1 项（第一位）。其中主持的《茶树新品种选育、扩繁与优质高产配套栽培技术研究》，经过 10 余年的研究，选育出具有较强抗寒力的茶树新品种（系）2 个，填补了山东省茶树新品种选育上的空白；筛选出具有较强抗寒能力的种质资源 19 份，并建立了适宜北方茶区应用的双棚双膜保温保湿茶树快速繁育技术体系，繁育了大量无性系茶树苗木，为山东省茶树无性系育种推广作出了重要贡献。主持的地质背景及土壤养分与崂山绿茶品质研究项目，经过多年研究，摸清了崂山茶区茶园土壤养分状况、变异规律及对崂山绿茶品质的影响，发现了制约崂山茶叶品质与产量提高的障碍因子，研制了环境友好型肥料 2 种，提出了茶树专用肥配方 2 个，对指导当地茶叶生产具有重要意义。主持的茶树优异种质资源保护与创新利用，获得了高氨基酸、高酯型儿茶素、抗寒性强的茶树种质资源 20 余份，建立了山东省首个较大规模的茶树种质资源圃，为茶树新品种选育奠定了良好的基础。

2007 年以来，紧密结合山东省茶产业发展需求，针对山东省茶树无性系良种价格高、无性系育种繁育难、移栽成活率低的问题，创制抗寒茶树良种繁育技术体系，筛选了适宜在山东省大面积推广的茶树抗寒无性系育种良种 5 个，推广无性系良种 200 余万株，其核心技术成熟，配套技术完善，为山东省茶树无性系良种推广奠定了良好的基础。该项技术已在日照凯越生物科技有限公司、青岛瑞草园茶业科技有限公司等推广应用，创造了良好的经济效益和社会效益。

复合型高儿茶素茶多酚制剂及其制备方法、纳米固定化酶体外定向生产 TF2A 粗体物的方法、一种复合型冬凌清咽降火茶及其制备方法已获国家发明专利授权。主持的茶多酚定向转化及其产物的生物学活性研究获山东省科技进步奖三等奖（第一位）。2005 年以来共发表学术论文 28 篇，出版专著 1 部。

于良子

高级实验师，男，1957 年 2 月出生于杭州，毕业于浙江省省级机关职工大学，自 1978 年就职于中国农业科学院茶叶研究所。

在茶业领域作出的主要贡献：长期从事茶文化研究、茶叶质量检验技术研究和茶艺师、评茶师职业技能培训教育工作。同时，对中国书法篆刻艺术的创作以及与茶文化的关系等研究也颇多倾力。论文多次发表和入选国际性学术研讨会。撰写论著 300 余万字。主要研究论文：《试论“茶”字》、《茶经·一之源》《“其字旧注”考辨》、《徐渭〈煎茶七类〉杂识》、《〈茶经〉句读辨正一例》、《蔡襄〈茶录〉综论》、《〈品茶要录〉评介》、《伪劣茶考析》、《贡茶平议》、《茶事的文化意蕴研究》、《从文人交游圈看唐代湖州茶文化的品位》。

著作有：《谈艺》、《翰墨茗香》、《茶事百味》、《茶经注释》；合编著作有：《中国古代茶叶全书》、《浙江省茶叶志》、《中国茶叶大辞典》、《中国茶经》、《中华茶叶五千年》、《茶叶审评与检验》、《茶叶　可可　咖啡质量检验》、《农产品质量安全检测手册　茶叶卷》、《中国茶产品》等。

尹军峰

研究员，男，1968 年 2 月出生于浙江桐庐，1991 年毕业于浙江大学，毕业后在中国农业科学院茶叶研究所工作，曾任职制茶室、化学工程研究室、创新中心、科技开发中心，现任职加工工程中心。

在茶业领域作出的主要贡献：通过国家攻关、省部重大、国家自然基金及省杰出青年基金等近 40 个科研课题的研究，在高品质液态茶饮料、固态速溶茶、茶饮料基础研究、名优绿茶机械化采摘及标准化、优质化加工方面取得进展，先后组建了具有自主知识产权的茶产品生产线 10 多条，明显提升了我国茶叶加工技术水平，科技成果及技术服务所形成的经济效益和社会效益显著。入选了浙江省新世纪“151”人才第一层次和中国农业科学院杰出人才，获得浙江省有突出贡献中青年专家、浙江省农业科技先进工作者及首届中国茶叶学会青年科技奖等称号，获得省部级科技进步奖三等奖以上 6 项，获得国家专利 16 项，发表论文 90 多篇，专著 5 部。

（1）通过专用原料、高保真制备和膜分离/浓缩等技术研究，集成提出了高品质速溶茶（茶浓缩汁）加工技术，速溶茶品质取得突破性进展，总体达到国际先进水平。首次将传统茶加工与茶饮料深加工联系起来，建立了一套饮料用原料筛选评价方法，提出了速溶茶（茶饮料）专用绿茶加工技术，相关内容作为优秀论文在 2003 年中国国际饮料科技报告会做主题发言。系统研究了中国绿茶主要功能、风味物质的浸出规律及其膜分离和浓缩特性，提出了一套中国绿茶风味物质高保真、高得率制备技术和膜分离/浓缩工艺参数，获得国家发明专利 2 项。研发出高香冷溶速溶绿茶（茶浓缩汁）真正实现了高香冷溶（4℃）特征，相关技术已开始广泛应用速溶茶（茶浓缩汁）企业，分别于 2002 年、2004 年获得浙江省科技进步奖二等奖。

（2）在超低温高效制备和茶汁膜冷除菌等研究方面取得突破，首次提出液态茶饮料全程低温加工技术，明显提高液态纯茶饮料的产品质量。通过对超声波/连续逆流/鲜叶细胞破碎技术和膜材料、膜孔径等对茶饮料微生物和风味成分截流特性的系统研究，在茶汁超声波连续逆流制备和膜冷除菌等技术方面取得突破，在国际上首次建立一条年产 10 万吨的茶饮料超声波连续逆流提取/膜冷除菌/无菌冷罐装工业化生产线，实现全程低温（≤30℃）加工，该技术于 2008 年获得浙江省科技进步奖三等奖，整套技术达到国际先进水平，成为引领茶饮料加工的一个新方向。

（3）通过对名优绿茶机械化采摘和标准化、优质化加工技术等研究工作和新型茶产品的研发，较好地促进了我国名优绿茶生产技术水平，明显提升了茶资源附加值。通过系统研究，明确了名优绿茶主要工序化学成分及微生物、重金属等危害物变化规律，首次建立了针芽形名优绿茶摊放、杀青失水模型，提出设施摊青工艺和针芽形名优绿茶标准化及品质提升加工技术，明显提高了茶产品质量；研制出名优绿茶采摘机和新型鲜叶分筛机及其配套应用技术，使部分名优茶实现了机采机制；先后获得国家专利 10 项，研制出新型加工设备（设施）7 台（套），研制出低咖啡碱茶、超微茶粉、鲜茶汁、茶叶保鲜剂、γ-氨基丁酸茶等新产品 10 多种，较好地提高了我国传统茶叶加工技术水平。

（4）在茶饮料沉淀、用水水质、酶膜联合分离茶多糖等基础研究方面取得进展，为茶叶深加工奠定了坚实的基础。系统开展了绿茶茶汤体系沉淀机理的研究，首次提出了绿茶茶汤分级沉淀理论；开展了速溶茶冲泡用水质的系统研究，明确了不同水质对冷溶型速溶绿茶色、香、味等感官品质的影响，首次提出了主要影响金属离子的阈值范围。先后在 Food Chemistry、Journal of Food Science and Technology 等发表多篇SCI 论文。

（5）多数科技成果已成功转化为经济效益，明显提高茶叶企业的加工技术水平。2005 年以来与可口可乐、深宝华城食品有限公司等大型企业以及浙江杭州、宁海、瑞安、北仑、衢州和贵州、湖南、四川、福建等地企业建立了技术开发或技术服务关系，合同金额超过 400 万元。通过项目合作，企业经济效益取得显著增长，据初步统计，年产值已超过 1.5 亿元，新增利税超过 4 000万元。

王建荣

中国茶叶博物馆馆长，男，1994 年自浙江农业大学茶学系毕业后，一直工作于中国茶叶博物馆。他于 2002 年 3 月任副馆长，2005 年 8 月起担任中国茶叶博物馆馆长，2011 年兼任茶叶博物馆党委书记，全面主持博物馆工作，从事博物馆管理、茶文化研究、陈列展览策划设计、大型茶文化活动组织筹备等工作。

在办馆思路上，他立足茶文化基点，重文史，兼蓄自然学科，力求反映“茶”专题全貌，并把新时期博物馆的建设发展作为课题进行研究，专业水平和业务技能水平较高。

在文物征集方面，他始终立足于茶与社会生活关系的研究，致力于表现茶文化主题，逐步建立茶文化相关文物为主要特色的藏品体系。此外，他还负责主持了宋代斗茶研究课题、山茶属资源引种栽培及示范应用课题、体验中国茶系列活动课题，获得结题组专家的一致好评，并获得较好的社会效益。

在陈列展览策划推广方面，积极“引展入馆”和“外出办展”，特别是《中华茶文化展》巡回展览，先后 7 次走出浙江，5 次走出国门，在弘扬中华茶文化和提升博物馆品牌和知名度方面起到了积极作用。

他重视博物馆在茶业界的积极作用，主办西湖国际茶会，参与主办、协办开茶节、斗茶会、春茶会、无我茶会等各类茶文化活动和茶艺师系列工种培训。在他的主持下，博物馆联合杭州山地茶业有限公司等全国各省、各类名茶生产企业 10 家，共同开发了中国茶叶博物馆馆藏标准名茶系列产品，被广大茶爱好者称为“鲜活的中国名茶教科书”。

在青少年教育方面，他以馆校共建为契机积极在博物馆推行“茶文化从娃娃抓起”的理念，着手建设茶文化素质教育基地，适时推出学生社会实践茶文化套餐等活动，满足学生在“玩”中“学”的要求。

在服务农村、社区、大中专院校方面，他大力支持职能部门开展送科技下乡活动、开展茶科普活动周、茶百科知识巡展活动和举办茶文化讲座、茶文化咨询等活动。

王建荣撰写茶文化相关论文 29 篇，现已编著并获正式出版的茶文化书籍 39 部。

叶 阳

研究员，男，1962 年 5 月出生于四川荣县，1984 年毕业于西南农业大学，现任中国农业科学院茶叶研究所茶叶加工工程研究中心主任。

在茶业领域作出的主要贡献

1. 主持科技项目 国家基础性公益专项西部茶叶优质原料安全生产关键技术研究课题（2006 年 1 月至 2008 年 12 月）、浙江省科技厅农业重大科技攻关项目浙江省茶叶安全生产全程质量控制和检测技术研究与示范课题（2003 年 10 月至 2005 年 12 月）、浙江省重大科技专项重点农业项目冷泡型颗粒绿茶产业化加工关键技术研究与示范（2009 年 7 月至 2012 年 6 月）等省部级科研项目 5 项。

2. 主要研究成果

（1）主持的科技部公益专项项目已按合同完成全部研究内容和任务。项目首次引进了适合西部茶区栽培的 2 个优质茶树良种，创新研制出 1 种符合 NY/T5018—2001 要求的茶树专用生物活性有机无机复混肥，开发出茶毛虫病毒制剂的生物农药，防效达 80%以上，筛选出 2 种防效在 80%以上的植物源和矿物源农药、3 种防效在 90%以上的高效低毒化学农药，成功应用诱虫色板与频振式杀虫灯等物理防治实用新技术，为西部制订了首个《西部茶叶安全生产技术规程》，茶树良种和新技术在西部茶区累计示范 66.7 余公顷。

（2）主持的浙江省农业重大科技攻关项目已于 2006 年 3 月 2 日通过省科技厅组织的专家验收。项目首次查明了 3 种茶叶的卫生质量现状，明确了浙江省茶叶加工中二次污染成因。研制成功 3 台关键设备（已获国家实用新型专利授权），属国内首创。首次实现了摊放工序的机械化，解决了制品不落地的难题，建成了国内首条机电一体化的名优绿茶连续化生产线。在浙江省内率先制定了《浙江省茶叶加工质量安全保证体系》和《浙江省茶叶安全清洁化生产全程质量管理规程》，项目研究成果在浙江省乃至国内茶叶加工领域具有良好的推广价值。2007 年 6 月 9 日经国内同行专家现场审查和考察，评价认为该项目成果居国内领先水平，建议加快示范推广。

根据该项目取得的研究成果，2008 年与企业合作申报成功成果转化项目 2 项、浙江省农业重大科技项目 1 项，表明该项目的研究成果具有很好的应用前景。项目具体内容如下：

作为技术支撑单位，协助江苏省吟春碧芽股份有限公司申报成功江苏省科技成果转化专项“茶叶质量安全关键技术及装备的创新与产业化”。协助浙江省宁海县望府银毫茶业有限公司申报成功科技部成果转化项目“名优茶产业提质关键技术和清洁化生产中试及示范”。

在该项目研究基础上，协助浙江省松阳县青帝茶叶有限公司申报成功浙江省科技厅农业重大科技项目“香茶清洁连续化加工关键技术及设备的研究与示范”，本人为项目技术负责人。

（3）主持的浙江省科技计划“浙江省茶叶实用技术信息网——多媒体课件的开发研究”项目已于 2006 年 9 月 2 日通过省科技厅组织的专家验收。项目率先运用了两项关键技术：一是多媒体课件制作的核心技术，二是采用流式传输（Streaming）技术在网络上传输音/视频等多媒体信息的技术。将《浙江茶叶实用技术》通过 Internet 以音/视频或多媒体文件形式传输到 PC 机。项目制成的多媒体光盘及手册已在全国 10 多个省份推广1 000余套，多媒体光盘内容在浙江省科技信息网和中国农业科学院茶叶研究所网页上公开发布，上网点击人员达 1 万余人次，具有较好的应用价值。

3. 发表论文 20 余篇 其中以第一作者在《茶叶科学》、《浙江农业科学》、《安徽农业科学》及其他刊物上发表论文 8 篇，在《中国农业科学》、《中国农学通报》、《应用化学》、《食品研究与开发》、《食品工业科技》、《食品与发酵工业》等期刊上合作发表论文 12 篇，合作发表 SCI 论文 2 篇。

4. 参编著作 《中国名优绿茶图鉴》、《茶叶生产技术》、《中国茶产品加工》。

5. 获国家实用新型专利授权 3 项（本人排名第一位） 鲜叶摊放贮青机（专利证书第 844656 号 ZL 2005 2 0015394.4），快速冷却贮放机（专利证书第 851615 号 ZL 2005 2 0116841.5），冷却贮叶槽（专利证书第 851398 号 ZL 2005 2 0116840.0）。申报国家发明专利 3 项，受理 2 项。

6. 获得的荣誉与奖励： 1999 年 3 月获中国农业科学院首批跨世纪“开发推广专家人才”称号。2007 年 8 月被浙江省委、省政府批准授予“浙江省优秀科技特派员”称号。2010 年 9 月获“2009 年度浙江省农业科技成果转化推广奖”。2010 年 5 月获中国农业科学院科技成果奖二等奖（第一完成人）。2010 年获四川省科技进步奖三等奖

(第一完成人)。

张其生

高级农艺师，男，1937 年出生于上海市，1957 年毕业于安徽农学院。曾任贵州省茶叶研究所科技管理科长。

主要工作经历：1957 年至今，在贵州省茶叶研究所工作，主要从事红茶、名茶、文史等研究。1957—1978 任制茶研究组长，开展工夫红茶，分级红茶、红碎茶研究与推广。1979—1997 年任科技管理科长，因为贵州省茶学会挂靠贵州省茶叶研究所，兼任贵州省茶叶学会副秘书长。主持贵州省历史名茶、贵州茶业史等研究，负责贵州省农业志、科技志茶叶部分编写。任《贵州名茶志》贵州卷主编，《贵州茶叶产业开发与应用》副主编，参与《中华茶叶五千年》、《中国茶典故》等编写工作。

退休后，参与各类茶事活动，悉心发掘整理，弘扬贵州山地世居民族原生态茶文化和茶人风范，曾被聘任贵州茶协专家组合中国茶协专家委员会成员，贵州茶产业关键技术研究与产业化示范重大科技专项技术顾问，中国国际茶文化研究会理事，是觉农勋章奖和老茶人贡献奖得主。

在茶业领域作出的主要贡献：获科技成果奖 8 项，编写茶叶方面的文章 300 篇共 500 万字，特别是经历 15 年不懈努力完成 33 万字贵州茶业科技史研究等，我国著名茶学家陈椽教授审定题目："很细很全，是前所未有的，是贵州茶人必读的史文，它可为写省茶史的样本"；中国农业科学院茶叶研究所庄雪岚研究员评说"在同类史书中处于领先水平，是一本值得推荐的茶史研究专著。转子机及相应工艺研制取得较好效果。羊艾转子揉切机（单机）被全国两次红碎茶处置机械现场试测与经验交流会推荐为较好样机，并少批量推广应用，六级发酵叶像研究结果被全国高等农林院校《制茶学》及华南农学院《红茶制造生物化学》教材整理收录。为全省、遵义市、湄潭编写红碎茶加工技术，现场讲授、收入产区推广服务，为贵州红碎茶加快发展作出积极贡献。历史名茶研究通过现场考察，先后执笔完成 13 个地方历史名茶调研报道；主笔贵州名优茶选编，共推介 45 个名优茶，由贵州茶叶研究所和贵州农业厅编印成册，作为全省科技日活动宣传推介资料；主编《中国名优茶志·贵州卷》，对恢复和促进贵州贫困山区名优茶快速发展起到良好作用。

退休后，耕耘不断，积极参与省内各类茶事活动，培训人才，传授茶技，编写《茶的途程》、《贵州茶文化》和近年《贵州茶百科全书》。率先提出夜郎古国不仅是人类起源摇篮和生物化石王国，而且是茶树原产地和茶文化发祥地的论点；率先提出在抗日特定条件下，三军（红军、文军、茶军）文化汇聚湄江。贵州省政协副主席李金顺《黔山茶话》写道："张其生像茶一样默默无闻地贡献着，没有人写的这么多，没有人研究的这么深，没有人如此系统地研究贵州茶史，当然也没有人在茶史上有如此大的影响，不能不说，这是贵州茶文化研究标志性成果。"被贵州省内同行誉为贵州茶叶"活字典"。

辛崇恒

农业技术推广研究员，男，汉族，1959 年 11 月出生，现为山东省日照市农业局果茶站站长。

1. 积极开展茶叶技术推广工作 每年根据不同生产季节，组织举办 10 余期茶叶生产技术培训班，应邀到各区县、乡镇主办的会议（培训班）授课，编写印发《茶叶生产新技术》、《茶叶标准汇编》、《山东茶区茶树防冻技术》等技术手册；总结提出并组织在全市推广了名优茶叶综合生产、机制名优茶、茶树设施栽培、茶树良种生产、无公害茶叶生产、生态高效茶园建设、茶叶保鲜等 10 余项关键性生产技术，取得了良好的经济效益、生态效益和社会效益。

2. 积极推行茶叶标准化生产 为推行茶叶的标准化生产，提高日照绿茶质量安全水平，先后主持完成了山东省农业厅下达的《北方绿茶生产技术规程》、《日光温室绿茶生产技术规程》和《山东省绿茶产品质量标准》、《新建茶园技术规程》、《无性系茶树良种扦插繁育技术规程》的起草、制定工作；组织制定了《日照绿茶标准》和《日照市幼龄茶园、投产茶园无公害生产技术规程》及《日照市有机茶生产技术规程》；积极帮助茶叶加工企业搞好"三品"的认证工作；组织召开了日照绿茶标准化生产技术、日照绿茶安全质量和清洁化生产、日照茶产业发展战略、有机茶生产技术等专题研讨会议。

3. 组织引进推广新品种、新设备 组织引进推广了龙井 43、龙井长叶、舒茶早、福鼎大白等茶树优良品种，全市良种茶园面积达到 0.67 万公顷；茶叶加工企业发展到 135 家，引进各类名茶机械6 000余台。建设茶叶保鲜库 106 处，库容达8 000立方米。

4. 组织开展创名牌活动 根据市场需求特点，组织开展了名优茶的研制开发工作，组织茶叶企业参加中国茶叶学会举办的历届中茶杯全国名优茶评比和其他国内重大茶事活动。到目前，全市已研制开发出扁形、卷曲形、针形等多种形状的名优茶，涌现出雪青、日照碧波等一大批在市场上知名度较高的名牌产品。全市累计获得省级和国家级各种奖项 157 次。

5. 积极开展茶叶科研工作 在搞好茶叶技术推广工作的同时，积极开展茶叶科研工作，先后获得山东省农牧渔业丰收计划奖三等奖 1 项，获得日照市科技进步奖一等奖 2 项、二等奖 2 项、三等奖 2 项。

6. **认真开展调研工作** 先后撰写了 10 余篇具有较高参考价值的调研报告，累计在国家级刊物《中国茶叶》和省级刊物《茶叶》、《茶叶通报》、《茶叶通讯》上发表重要论文 18 篇。近年来，在《中国茶叶》刊物发表的主要作品有：日照市打造“北方绿茶之乡”的战略与措施、山东茶树冻害与防护技术、关于加强日照市茶叶生产源头监管的对策、日照市茶树冻害情况及应对措施等。

司辉清

副教授，男，1958 年 2 月出生于四川省营山，1982 年毕业于西南农业大学，1987 年在安徽农业大学制茶学研究生班学习，获硕士学位，现任西南大学食品科学学院硕士生导师，重庆市茶叶商会会长，重庆市茶叶学会兼秘书长。

在茶业领域作出的主要贡献：长期从事茶学专业教学与管理、茶叶科研和科技开发工作，先后主讲过茶叶加工学、茶叶深加工与综合利用、食品物流学、茶叶化学、茶叶审评与检验学等课程；先后主持和主研了黔江珍珠兰茶生产线建设及新产品开发、广安松针的研制与开发、太白银针茶叶产品及市场开发、信阳毛尖炒制中物质变化规律研究、名茶炒制节能灶研究等科研及科技开发项目 20 余项；在核心期刊发表腊梅花精油超临界 CO_2 萃取及 GC—MS 分析、窨制技术在茉莉花茶农残转移中作用、新型花茶香气特征和成分研究、窨制技术因子对蜡梅花茶品质的影响等论文和研究报告 20 余篇；获省市级科技成果 10 余项；有 4 项研究成果获国家发明专利：一种新型茉莉花茶的加工方法、一种腊梅花茶及其低温窨制方法、一种针形绿茶的加工方法、缙云毛峰包装。主持研制的西农毛尖、广安松针、珍珠兰茶、綦江玉蕊、三绿翠茗等 20 余个茶叶新产品在全国及国际名优茶评比中荣获金奖或银奖。主编或参编出版了《食品企业经营管理学》、《茶叶加工学》、《窨茶香花栽培》、《饮茶学问知多少》、《中国茶叶大词典》5 本大学教材或专著。

在研项目主要有：省级重大科技攻关项目薯类综合利用加工新产品研发、元宝健康茶产品开发、贵州省三尖杉繁育及系列产品开发研究、凤冈县茶叶综合加工产品开发、德江白茶综合加工厂建设及新产品开发等。

自 2005 年当选重庆市茶叶商会会长，重庆市茶叶学会秘书长以来，热心群团工作，积极组织和调动社会各方力量，大力推动重庆茶叶产业的发展。先后主持完成了重庆市茶叶地方标准的制（修）定工作，开办了评茶师（员）培训班、名优茶加工技术培训班，茶叶标准及 QS 认证的技术培训；倡导并成功组织了重庆十大名茶评选、重庆茶业十强企业评选、三峡杯名优茶评比、中国（重庆）茶叶博览会、健康重庆全民饮茶月等活动，并将这些工作逐渐常态化和规范化，发挥了行业领导应有的作用，强力推进重庆茶叶产业快速健康发展。

白堃元

研究员，男，1940 年 9 月出生于上海市，1963 年毕业于浙江农业大学，毕业后就职于中国农业科学院茶叶研究所至今，主要从事科研、管理和技术推广。1984—1993 年任情报研究室主任、科研处处长，1993—1998 年任研究所副所长，兼中国农业科学院学术委员会委员、中国农业科学院茶叶研究所学术委员会副主任。期间被农业部任命为全国农作物良种审定委员会茶树专业委员会主任委员，中国茶叶学会理事，浙江省茶叶学会副理事长，以及《中国茶叶》、《茶叶》等杂志的编委、副主编和主编。

在茶业领域作出的主要贡献：早期从事育种研究，与中国科学院共同研究激素在茶树上应用，尤其是激素在苗圃上应用，利于成苗、提高成活率和出圃率；创办《中国茶叶》杂志，此刊发行量大，影响面广，多次获浙江省、中国农业科学院优秀科技期刊奖，为全国茶产业提供大量信息和先进成果，推广和普及茶叶科技；担任科研处处长和主管业务副所长，致力于理顺关系、争取到从中央到地方的各类项目、课题，促进研究所成果的产生，并加强开发，增强单位创收能力，促成科研密切结合生产；1985—1995 年期间主持国家攻关课题《茶果桑等种质资源收集及利用研究》和部重点课题《茶、桑、烟、参、魔芋、枸杞等经济作物新品种选育及配套栽培技术研究》，组织协调全国有关单位协同攻关，解决国家关于品种和资源收集、保存、利用上的难题，涌现出一批人才和成果；主持第三届全国茶树审定工作，组织专家审定全国茶树良种 20 个。现被聘为全国茶树鉴定委员会顾问，为筹建、开展茶树良种鉴定和区试工作作出贡献；1998 年后至今，对四川广元进行对口帮扶，发展了广元茶业；2005 年任浙江省科技特派员，在缙云驻点至今，促进了当地茶业的发展。

20 世纪 90 年代以来，主编《中国茶树品种志》等 4 部专著；参与编著《中国茶叶大辞典》等 10 余本专著；发表《中国大陆富硒茶研究现状及其开发利用》等文章

20 多篇。参与编写的《中国茶经》获农业部科技进步奖二等奖（第五位）、国家科技进步奖三等奖（第五位）；参与撰写《2000 年农牧科学技术发展预测研究》获国家科委科技情报奖三等奖，农业部科技进步奖三等奖；主持名优茶开发等项目获广元市科技进步奖一等奖、浙江省农业成果转化奖以及 2 个专利。1993 年享受国务院政府特殊津贴。

李远华

副教授，博士，男，1963 年 9 月武夷学院茶学与生物系主任、福建省高校茶叶工程研究中心常务副主任，武夷学院学科带头人。2010—2011 年获武夷学院国家自然科学基金项目突破奖、武夷学院“服务社会”特别贡献奖、武夷学院首届“双师型”教师、优秀教师，第二届校学术委员会委员，享受南平市高层次人才政府津贴。1998 年 9 月获得茶叶专业高级农艺师职称。2004 年 1 月安徽农业大学茶学专业博士毕业，2004 年 9 月在武汉大学生物学博士后流动站从事植物发育专业博士后研究，2005 年 9 月在华中农业大学园艺林学学院从事茶学研究生、本科生教学科研工作。主持了国家自然科学基金面上项目、中国博士后科学基金资助项目、福建省自然科学基金面上项目等多个项目。在《Russian Journal of Plant Physiology、Chinese Journal of Agricultural Biotechnology》、《茶叶科学》、《中国茶叶》、《农业生物技术学报》、《高等农业教育》、《中国农业教育》、《南京农业大学学报》等国内外 SCI 刊物及核心期刊发表论文多篇。

主要科研项目

2010 年国家自然科学基金面上项目、福建省自然科学基金面上项目 VA 菌根促进茶树生长的转录谱分析和相关候选基因克隆。2006 年中国博士后科学基金资助项目茶树咖啡碱合成酶基因的表达及定位分析。2011 年福建省级教学改革项目、南平市人才对接重点项目产学研用联合培养茶学应用型人才。2010 年福建省教育厅 A 类科技项目茶树叶绿素酶基因的克隆与表达。2010 年南平市科技项目闽北乌龙茶茶食加工技术研究。2011 年南平市科技对接重点项目武夷山茶树种质资源的筛选与产业化示范。

主要成果

茶树叶绿素酶分离纯化和性质的初步研究项目获第二届中国茶叶学会科学技术奖三等奖；

一种乌龙茶的腌茶制作方法获国家发明专利，专利号：201110283717.8。

权启爱

研究员，男，1940 年 8 月出生于江苏铜山，1965 年毕业于南京农学院农机分院，毕业后至今在中国农业科学院茶叶研究所从事茶叶机械和茶叶加工工程研究工作。

在茶业领域作出的主要贡献：主持国务院农机化办公室下达的国外采茶机试验与研究项目、中国农业科学院下达的双人采茶机研究项目。提出我国引进和应开发茶树修剪机和采茶机机型和技术；农业部下达的茶叶生产过程机械化研究项目，获中国农业科学院科技改进奖四等奖；中国农业科学院下达的小型绿茶实验机械研究项目，获中国农业科学院科技改进奖四等奖、浙江省优秀科技成果奖四等奖；国家计委下达的茶浓缩汁加工关键技术与装备项目，获中国农业科学院优秀科技成果奖二等奖、浙江省科技进步奖二等奖；浙江省科技厅下达的低咖啡因茶关键加工设备与技术研究项目，获浙江省科技进步奖三等奖。

阮建云

研究员，男，1966 年 8 月出生于浙江温岭，毕业于德国基尔大学，现任中国农业科学院茶叶研究所科技处处长、博士生导师。

主要工作经历：1991 年至今在中国农业科学院茶叶研究所工作，期间曾赴香港浸会大学生物系做访问学者、英国牛津大学植物系访问学者、德国基尔大学植物营养与土壤研究所研究助理，茶树生理与营养调控项目组组长、博士生导师。

在茶业领域作出的主要贡献：主持或参加科技项目和基金，阐明茶园土壤养分资源现状和主要营养障碍因子，提出优质高效高产茶园土壤营养诊断指标；在茶树氮素代谢、次生代谢及茶叶品质成分形成的调控作用机理，钾、镁营养对茶叶游离氨基酸库形成转化的作用机理等方面取得多项新发现，提升了对养分与茶叶品质形成关系机理的认识；提出茶园养分综合调控技术，研制出适合不同类型茶园的茶树系列专用肥及其配套使用技术，大面积推广应用，显著提高我国茶园施肥技术水平，取得明显的经济效益和社会效益；在重金属元素和风险元素氟、铝在茶叶中的累积特点和主要来源方面取得重要发现，阐述了氮素形态对茶树根际铝化学特性的影响及其生态学意义，明确了茶叶铅的主要来源和防控关键措施；主持起草无公害食品茶叶农业行业标准、参加制定有机茶生产技术农业行业标准，规范我国无公害、有机茶的发展，提供技术指导，提高了我国茶叶安全生产水平。

获浙江省科技成果进步奖二等奖2项（第一名、第六名）、三等奖1项（第二名），农业部丰收奖二等奖1项（第七名）、三等奖1项（第二名），中国农业科学院科技奖一等奖2项（第一名、第五名）、二等奖1项（第二名），获发明专利3项。主持起草2项、参加起草3项农业行业标准，已由农业部颁布实施。主编或参加编写著作5部、论文80余篇，SCI收录20篇，得到国际同行关注被多次引用。

2008年11月入选茶叶产业技术体系功能研究室科学家岗位，2011年起担任栽培与茶园机械功能研究室主任，中国农业科学院杰出人才（二级），浙江省新世纪学术和技术带头人（第一层次）。领导的研究小组成为国内外茶树栽培与营养生理、茶园环境土壤化学方面一支重要的研究力量。

肖力争

教授，男，1963年12月出生于湖南湘潭，1984年毕业于湖南农业大学，现任湖南农业大学园艺园林学院茶学系教授、茶叶研究所常务副所长、教育部茶学重点实验室副主任，兼任中国茶叶流通协会专家委员会专家、《茶叶科学》编委、湖南省茶叶学会秘书长，湖南省质量技术监督局特聘评茶师等职。

主要工作经历：1984年7月至1997年4月，任湖南农业大学助教、讲师、副教授。1997年4月调湖南省省农业厅，任高级农艺师和湖南省茶叶果品总公司销售部经理、名茶分公司经理。2000—2003年任华润集团德信行（珠海）天然食品有限公司品控总监、研发总监兼研究所所长。2004年3月至今在湖南农业大学工作，期中2008年3月至2010年3月任园艺园林学院副院长，安化县人民政府副县长。2009年10月晋升教授，2010年3月至2011年5月任湖南农业大学科技处副处长兼成果转化与社会服务办公室主任，2011年6月至今任湖南农业大学园艺园林学院茶学系教授。

在茶业领域作出的主要贡献

1. 致力茶学人才培养 1984年大学毕业留校后从事茶学教育工作，先后为本科生、硕士生、博士生讲授《茶叶审评与检验》、《茶叶加工学》、《茶业经营管理》、《茶文化学》等课程。编撰《茶学实验》、《茶学概论》、《茶文化基础与茶艺》等教材，参编国家“十二五”规划教材《茶文化学》、主编茶文化专业系列教材《茶叶市场营销》。主持《研究生茶文化课程教学改革的探索与实践》，《茶学专业本科实践教学改革与实践》等教改课题研究。

2. 潜心茶学科学研究 先后主持或参加国家、省部级科研题课10余项，发表论文40余篇。其中《茉莉花茶加工成套技术研究》、《名优绿茶贮藏保鲜技术研究》分别获湖南省科技进步奖二等奖，《名优绿茶精加工新技术研究》获长沙市科技进步奖二等奖。主编或参编《茶树营养生理与土壤管理》、《茶文化学》、《茶叶市场营销》等专著6部。从20世纪80年代中期开始安化黑茶的研究，先后发表《黑茶加工中色泽形成机理的研究》、《黑茶初制中脂溶性色素物质动态变化的研究》、《黑茶中的氟及低氟黑茶研究进展》等黑茶论文10余篇，主持制定湖南省地方标准《安化黑茶通用技术要求》、《安化黑茶　千两茶》、《安化黑茶　茯砖茶》等系列标准13个。

3. 服务社会成绩显著 2005年在湖南农业大学首倡并成功举办湖南省首届高级评茶师培训班，积极推动并组织湖南省的茶艺师和评茶员培训工作，经常深入到基层讲授茶叶科技知识。2008—2009年在安化挂职任副县长分管茶业，为规范安化黑茶产销体系，提高安化黑茶产品质量，宣传推广安化黑茶做了大量卓有成效的工作。主持制定黑茶系列标准，成功申请安化黑茶、安化千两茶等证明商标，安化黑茶获批国家地理标志产品保护，安化千两茶制作工艺进入国家非物质文化遗产保护名录，安化黑茶成为湖南四大地方茶叶品牌和湖南省著名商标。

杨江帆

教授，博士，1959年6月出生，博士生导师，享受国务院政府特殊津贴专家，武夷学院校长，全国优秀科技工作者、北京大学访问学者，《茶叶科学》杂志编委，福建省重点学科茶学学科带头人，福建农林大学茶叶科技与经济研究所所长、福建省高校茶叶工程研究中心主任。在全国率先创立茶叶经济学科。主持了国家部委及福建省科技厅重大科研项目等17项，获国家发明专利4项，省科学技术奖2项，省社会科学成果奖1项。主编《中国茶产业研究报告》（蓝皮书）、《海峡茶产业报告》、《茶业经济学》、《茶业管理学》等专著12部，在国内外学术刊物上公开发表论文70多篇。先后赴美国、法国、德国、澳大利亚等国开展学术交流。

主要科研项目

2010年，茶学（茶文化经济方向）专业国家高等学校第六批特色专业建设点。2010年，中央财政支持地方高校专项资金400万元，茶叶工程研究中心建设。2010年，商务部项目乌龙茶良好操作规程。2009年，国家发改委项目茶叶电子商务平台建设。2008年，科技部项目政和白茶现代生产技术集成与产业化示范。2009年，福建省科技厅区域重大项目闽北茶叶高优产制技术创新与产业化示范。2007年，福建省科技计划重点项目白茶饮料加工新技术开发与应用。2005 年，福建省科技厅项目茶树花的特性与茶树花酒的研制。2003 年，福建省科技厅重大项目绿色食品茉莉花茶标准化生产及产业化科技示范。

主要科研成果

国家发明专利，2011，一种茶、炭、中草药复合颗粒枕头及其制备方法。福建省人民政府科学技术奖二等奖，2007，绿色食品茉莉花茶标准化生产技术体系研究。

吴 全

研究员，男，1968 年 7 月出生于四川省旺苍县，中共党员，1992 年毕业于四川农业大学土壤及植物营养专业，学士学位，现任重庆市农业科学院茶叶研究所副所长、研究员，兼任重庆云岭茶业科技有限责任公司总经理。

主要工作经历：1992 年工作至今，主要从事茶树栽培和茶叶加工等方面的研究工作，先后主持和参加了科技部、农业部以及省市级各类研究 30 余项，发表论文 28 篇，获各类成果奖 16 项，获专利 4 项。

在茶业领域作出的主要贡献：负责经营重庆云岭茶业科技有限责任公司，是重庆市农药科学院下属科技成果转化的经济实体，主要从事名优绿茶的生产和营销。通过其本人和团队的努力，在短短的 7 年时间内，公司名优绿茶销售从不足 100 万元，跃升到年销售3 200余万元，公司先后获得国家级扶贫龙头企业、重庆市农业产业化龙头企业、重庆市十强茶叶企业等称号，云岭商标获得重庆市知名商标。公司先后在重庆荣昌、永川、万州、讲津、南川建立了1 333.3公顷优质绿茶生产基地，为重庆市茶叶发展和茶农增收致富作出了积极贡献。

陈 直

副研究员，男，1958 年 1 月出生于浙江余杭，1982 年毕业于西南农学院园艺系，现任中国农业科学院茶叶研究所党委书记、副所长。

主要工作经历：1982—1995年任农业部农业局经济作物二处茶叶生产行政管理业务干部；1995—1996年任农业部农业司经济作物二处茶果生产行政管理副处长；1996—2003年任农业部农业司办公室副主任、主任；2003—2007年任农业部发展计划司处长；2007年至今任中国农业科学院茶叶研究所党委书记兼副所长。

在茶业领域作出的主要贡献：经济作物行政管理：先后参与编制了《中国茶叶生产长期发展规划》、《中国果树花卉等园艺生产中长期发展规划》等。参与修订《全国茶树良种审定规范》、《全国茶树良种区试管理细则》和《全国茶树良种繁育体系建设规划》等，参与组织全国区域试验工作和部省联建茶树良种繁育场项目。参与机采协作组工作，1994 年获得农业部《机械化采茶技术研究与推广》丰收计划奖三等奖（第二完成人），组织制定《机械化采茶技术规程（NY/T225—1994）》。农业科技管理工作：起草《农业“丰收计划”种植业项目框架草案》，并组织实施。参与研究了农业技术推广体系现状和问题，特别提出了乡镇科技示范场建设及设立区域站试点的意见。组织起草《种植业标准化工作意见》和《种植业标准体系框架》，组织 40 多个种植业标准的审定工作。其他重要工作：1990 年参与编审《中国茶树优良品种集》。组织编印了农业部种植业管理司《中国种植业概况》、《主要农作物起源与发展》、《农业建设项目管理法规汇编》、《农业建设项目管理百题问答》；组织撰写《社会主义新农村建设百村调研汇集——农业部调研组》中的 3 篇调研报告，编审《农业部职位编制说明》中种植业部分。编写《农业部 100 项业务工作规范》中的种植业部分。组织专题研究，组织起草《农业投资管理现状及问题分析》、《检查农业建设项目招投标方法研究》和《农业建设项目管理问题研究》等专题研究。先后组织筹建《全国种植业信息网》和《中国农业建设管理》网中的项目监督管理子系统。

肖 强

研究员，男，1964 年 8 月出生于浙江安吉，1985 年毕业于浙江农业大学，现任中国农业科学院茶叶研究所种植工程中心主任。

在茶业领域作出的主要贡献：进入中国农业科学院茶叶研究所后，一直从事茶树病虫害的防治技术研究。近年来，先后主持和参加省部级科研课题 30 余项。在茶树害虫生物农药的研制与应用方面，开展了茶尺蠖、茶毛虫和茶刺蛾等害虫的核型多角体病毒基因组学研究，研究明确了茶尺蠖病毒大量增殖技术，研制开发了适用于茶园使用的茶尺蠖病毒制剂和茶毛虫病毒制剂，完成了茶尺蠖病毒 Bt 制剂的农药登记，建立了茶树害虫病毒生物农药的研究、开发和应用模式，开拓了茶树害虫生物防治的研究和应用新途径。在茶叶安全生产技术研究与推广方面，研究建立了茶叶中农药残留控制技术体系，组建了无公害茶叶生产关键技术；创新性地提出了统一管理、利益制约、业务指导和源头控制 4 种技术推广模式，并进行了大面积的推广应用，取得了显著经济、社会和生态效益，为解决近年来我国茶叶生产中突出的农药残留问题提供了技术支持。

获科技成果奖 9 项（次），其中承担的茶尺蠖病毒杀虫剂的生产技术与推广应用 2005 年获浙江省科技进步奖三等奖（第一名）、茶叶中农药残留控制技术推广 2003 年获全国农牧渔业丰收奖二等奖（第二名）、有机茶生产体系建设与示范推广 2003 年获中国农业科学院科学技术成果奖一等奖（第九名）、西部茶叶优质原料安全生产的关键技术及示范应用获 2010 年中国农业科学院科学技术成果奖二等奖（第五名）、食品（茶叶、海产鱼虾）安全关键技术研究与综合示范获 2006 年度浙江省科技进步奖二等奖（第十三名）等。

先后制定《有机茶—茶园》、《无公害食品 茶叶生产技术规程》等地方和行业标准 3 项；出版《茶树植保员培训教材》、《无公害茶叶生产关键技术百问百答》等著作 9 部；发表科技论文 50 余篇，其中 SCI 收录论文 4 篇；获国家发明专利和新产品证各 1 项。入选浙江省“151 人才工程”和中国农业科学院三级岗位杰出人才，为中国植物保护学会第 9 届和第 10 届理事会理事。担任《农业科技通讯》、《中国茶叶》和《茶叶》杂志编委。

周红杰

教授，硕士生导师，云南省中青年学术技术带头人。1984 年西南农业大学茶学专业本科毕业，1997 年云南农业大学在职研究生毕业。云南农业大学普洱茶学院、云南普洱茶研究院副院长，中国国际茶文化促进会副秘书长，中国普洱茶国际评鉴委员会副秘书长、专家委员会委员，国家基金项目同行评议专家，国际标准化领域专家，全国专业标准化技术委员会委员。2001—2011年，先后到泰国、马来西亚、新加坡、韩国、日本，中国香港、中国台湾等国家和地区做访问学者并进行普洱茶科学研究进展及茶文化交流。

教学方面，主讲《茶文化学》等 7 门课程，培养研究生 26 名。编著《云南普洱茶》等 6 本教材，主、参编《云南名茶》等专著 10 部。《云南普洱茶》重印 22 次，累计发行 12 万册，并以繁体、韩文出版。被全国书刊发行协会评为科技类优秀畅销书，在国内外反响巨大，是普洱茶走上科学发展道路的标志和里程碑。

科研方面，主持国家自然科学基金、国家科技支撑计划项目、云南省自然科学基金重点项目、云南省“十一五”科技攻关项目等 13 项。发表论文 50 余篇，获专利 24 项，构建了普洱茶核心加工技术知识产权体系。通过对普洱茶的深入研究，首次研发出 4 种成功用于大生产的普洱茶发酵剂，获得优质普洱茶加工参数，建立相应配套发酵技术；研究了普洱茶抗氧化、降胆固醇、抗疲劳功能，提出普洱茶科学养生理论；建立了可控普洱茶发酵车间，促进企业提质增效；构建云南普洱茶标准体系。利用微生物提高云南普洱茶品质研究成果达到国际领先水平，云南普洱茶化学成分及质量标准研究成果达到国际先进水平。

从事茶学教学科研工作近 30 年来，获国家级奖励 5 项，省、市和校级各项奖励 19 项，其中，获云南省科技进步奖一等奖 1 项、中国茶叶学会科学技术奖三等奖 1 项；教学优秀成果奖一等奖 2 项，三等奖 1 项；先后获首届教学名师、优秀共产党员、优秀班主任、优秀教师、首届全球普洱茶十大杰出人物并获茶马奖、首届中华茶商大会全国弘扬茶文化突出贡献奖。

林作炎

高级农艺师，男，1935 年出生于湖北宜都市，1955 年毕业于宜昌高级农业学校，享受国务院政府特殊津贴。曾任宜昌县茶叶技术推广站站长、宜昌西陵茶叶公司经理，现任宜昌三峡茶叶商会会长，宜昌市老科协茶产业研究会理事长，宜昌茶叶专家产业基地首席专家，夷陵区老促会常务理事，并受聘为宜昌三峡茶城、邓村绿茶公司、新时代茶叶公司、南山茶叶专业合作社、三峡绿色产品开发公司等多家茶企科技顾问或技术总监。

在茶业领域作出的主要贡献：在 55 年的技术服务工作中，立足于茶产业的发展、服务于茶农。

选育推广良种：1979 年创办茶树良种繁育站，组织调查研究，总结撰写“宜昌大叶茶性状观察及高效栽培技术初探”一文，于 1984 年被农业部审定为国家级首批茶树良种；随之从中分离选育出特早芽型无性系良种宜红早、总结撰写“宜红早茶树良种选育与繁育栽培技术要点”一文，1995 年被农业部鉴定为国家级第二批茶树良种；另筛选引进适宜本地发展种植的全国良种福鼎大白茶，均成为宜昌茶区主推发展种植品种。

研究推广良法：通过多年试验研究，系统归纳总结为茶叶三高综合配套实用新技术，于 1986 年获得国家首届星火科技奖和湖北省科枝成果进步奖及县科技成果特等奖。其中改造低效茶园新技术并获得农业部科技成果奖。

推广名优茶：于 1955 年参与黄茶改制红茶，形成宜红茶重点产区；1976 年参与红茶改制绿茶，并于 1978 年率先创制名优茶，1979—1980 年创制出峡州碧峰茶投放市场，撰写“峡州碧峰茶叶品特特点及采制技术要点”一文，于 1982 年被中国商业部评为中国名茶，1984 年又被农业部评为中国名茶，同年分别荣获农业部和湖北省政府优质产品奖，并获得省、市科技成果奖，多次参展国际、国内博览会获金银奖。于 1985 年起先后系统创制出西陵牌的三峡剑毫、峡州碧峰、西陵毛尖、宜昌珍眉、邓村云雾等名优系列茶；后又应聘到五峰，创制出天麻剑毫保健茶，并获得国家发明专利知识产权；还先后参与创制出五峰千丈白毫、虎狮龙芽、秭归九畹丝绵等省市名优茶，推动了全市名优茶的发展。

抓好茶叶枝术培训：与多家业务部门合作，参与组办茶叶中学或与职校联办茶叶班，自办茶训班，开展技术讲座，分别撰写出茶叶技术百题问答、茶叶技术四关二十条、茶叶三高技术讲座、茶企管理与营销等茶叶科普资料35篇，开展长训、短训、现场培训等方式，先后参与培训茶叶科技、管理、营销等人员5万余人次。直接培养茶叶骨干近千人，指导实习培训大专毕业学生200余人。

辛育毅

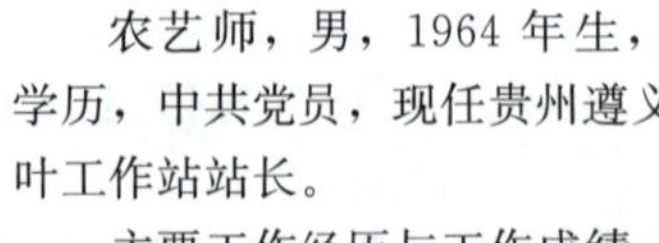

农艺师，男，1964年生，大专学历，中共党员，现任贵州遵义市茶叶工作站站长。

主要工作经历与工作成绩：1986年参加工作至今，一直从事茶叶方面的工作。

（1）1986—2000年期间，主要在生产第一线工作。①参与全市新垦茶园建设和茶园低产改造技术指导服务，开展绿肥、草甘膦等新技术引进试验示范，走乡串户帮助企业和农户解决生产加工中的技术问题。②曾在两个茶场从事5年的茶场场长经历，全面负责茶叶的生产加工、管理销售等工作。③曾在茶叶加工厂从事3年的厂长工作，全面负责茶叶的生产加工、管理销售，负责红茶、普洱茶、精制绿茶技术指导。④曾从事4年的茶叶收购，红茶、绿茶、普洱茶产品的经营销售。

（2）从2001年至今，主要从事全市茶产业方面的工作。①深入基层开展茶产业调查调研，对茶叶生产加工、茶树品种、产品与品牌、困难与问题等进行全方面调查了解，编写提出茶产业发展优势和劣势、存在的困难和问题等调研材料，为遵义市提出打造百万亩茶业工程建设的战略构想提供了依据和参考。②策划和编制完成了《遵义市“十一五”百万亩茶园基地建设发展规划》、《遵义市“十二五”茶业发展规划》，并按照两个“十二五”规划付诸实施；编写《1997—2004年遵义市茶叶产业发展回眸与发展对策》、《遵义市茶叶产品竞争力分析及财政扶持专题研究报告》等材料；为遵府办［2006］96号和遵发［2007］10号文件的出台，茶产业重大专题材料，以及茶产业资金实施方案等政策性方面工作编写草拟了第一初稿材料。③在实施百万亩茶园基地建设中，对新垦茶园检查验收与专题报告及资金兑现，实施技术性服务指导工作，“十一五”期间按编制茶园规划实施，于2010年超额完成了6.67万亩茶园基地建设任务目标，无性系列良种茶园比例从50%提高到87.3%。④开展生产指导，抓好技术服务。根据自然灾害特点及基地建设发展要求，编写了《茶树母本园培植及短穗扦插育苗技术》、《无公害茶叶生产技术》、《新垦茶园栽培技术与管理要点》、《无公害茶叶生产技术》、《茶园抗雪凝灾害的技术措施》、《茶园预防“倒春寒”及“茶白星病”的技术措施》等技术性材料进行宣传培训和服务指导。⑤参与、组织、协调参加国内茶事活动，招商引资及国内专家、学者、企业莅遵考察投资及茶产业材料汇报等工作。

（3）撰编茶产业文章，促进交流与合作，探讨茶产业发展思路。主要在《贵州茶叶》等刊物上先后发表文章10余篇。

（4）宣传工作。为加大宣传，个人拟建《中国茶海》网站3年。开展茶业政策、生产加工等信息工作的上传下达、下情上报，建立和编写了《遵义茶业》简报材料。为加大农村劳动转移和提高茶农茶叶技术知识，参与贵州省农广校组编的《茶叶专业》教材有关工作。

林　智

研究员，男，1965年11月出生于安徽省，1988年毕业于中国农业科学院研究生院，获农学硕士学位，现任中国农业科学院茶叶研究所茶叶加工工程研究中心副主任。

主要工作经历：1988年7月毕业，同年8月进入中国农业科学院茶叶研究所栽培研究室从事茶树矿质营养研究；1997年4月至1999年3月留学日本OTSUMA大学，主要从事γ-氨基丁酸茶的加工工艺及其降血压机理研究，获食品学博士学位；1999年4月回国，先后担任中国农业科学院茶叶研究所科技处副处长、茶叶化学与加工研究室主任、茶叶加工工程研究中心副主任，长期从事茶叶化学、茶叶加工和新产品开发等研究工作。2001年作为高级访问学者在英国联合利华Colworth研究所进修；2003—2005年在中国科学院昆明植物所从事博士后研究工作。

在茶业领域作出的主要贡献：在茶树营养研究方面，采用P^{32}同位素示踪等技术，阐明了土壤pH对茶树生长及磷素吸收的影响、红壤茶园磷素营养转化规律、VA菌根对茶树生长及矿质元素吸收的影响等。

在茶叶化学研究方面，率先研究了我国茶树种质资源中EGCG3Me含量及其变化规律、甲基儿茶素的化学合成、茶叶中-O-甲基转移酶的基因克隆和表达；基本探明了普洱茶的香气特征成分、普洱茶中特异多酚类物质及其抗氧化活性。

在茶叶加工研究方面，提出了出口绿茶品质提升关键技术，开发出蒸炒绿茶、蒸烘绿茶和蒸青珠茶3种新产品；系统分析了我国主要绿茶、红茶和乌龙茶在加工过程中微生物、重金属和磁性物的污染情况，提出了茶叶加工质量安全监控关键技术；研制出扁形名优绿茶和炒青绿茶的连续化自动化生产线，对促进我国绿茶加工技术进步起到了积极的作用。

在茶叶新产品方面，先后开发出高γ-氨基丁酸茶、高香冷溶速溶茶、鲜茶汁饮料、高甲基儿茶素绿茶、高GCG绿茶、茶氨酸保健食品等多种新产品，部分产品已实现产业化，并取得了较显著的社会效益和经济效益。

已获授权国家发明专利6项、实用新型专利6项。获中国农业科学院科技成果一等奖1项、二等奖3项，浙江省科技进步奖二等奖2项、三等奖3项。在国内外发表论文80余篇；参编国内著作5部，国外著作1部，培养博士生和硕士生10多名。

林朝赐

研究员，男，1958年9月出生于贵港，1982年毕业于广西农学院热带作物分院，现任广西壮族自治区桂林茶叶科学研究所所长。

主要工作经历：1982年7月大学毕业分配到广西桂林茶叶科学研究所工作；1985年2月至1994年7月任科研科副科长；1994年8月至1995年8月任科研科科长；1995年9月至1996年8月任副所长职务；1996年9月至今任广西桂林茶叶科学研究所所长；2003年7月至今任中共桂林茶业科学研究所党支部书记，一直从事茶叶研究、生产、推广、行政等工作。

在茶业领域作出的主要贡献：

（1）献身广西茶业事业，硕果累累。从事茶叶科研、成果推广、科技扶贫29年，主持和参与实施的项目30多项，先后获科研成果奖20多项，获国家发明专利6项，实用新型专利2项，发表学术论文35篇。兼任中国茶叶学会理事、全国茶树新品种鉴定委员会委员、中国茶叶学会机械专业委员会委员、广西茶叶学会副理事长、广西茶叶协会副会长、桂林茶文化研究会副会长等职务。成为广西茶叶的学科带头人。

（2）积极开展科技服务，效益显著。与30多个县市建立了60多个服务联系点，构筑了完善的茶叶科技服务体系，举办技术培训讲座200多期，受培人员1.5万人次，为茶区引进繁育茶树良种10多亿株，培养了大批茶叶技术骨干，对茶区经济发展、农民脱贫致富起到了重要作用。如广西三江县八江乡布央屯，在1990年前年人均收入只有95元，1989年在林朝赐等技术人员的培训指导下开始种茶，经过从思想观念的转变到管理加工技术的传帮带这样一个艰难的过程，该屯的茶园从最初的14公顷发展到266.67公顷，全屯茶叶、茶苗年收入达人均4 500元，一跃成了乡里的首富村。在该屯的示范带动下，三江全县大力发展茶叶，至今共有茶园0.91万公顷，年产干茶4 500多吨，年产值超亿元，成为广西茶叶种植大县。

（3）创建桂林茶叶科技园，实现了茶叶产业生态效益、社会效益、经济效益的良性互动。1999年以来，主持完成了广西首轮创新项目桂林市尧山旅游观光园——桂林茶叶科技园，获桂林市科技进步奖二等奖，成为桂林市青少年科普教育基地以及高效生态农业风景点，至今共接待国内外游客60万人次，年创利税50万元以上，新增产值累计2 000万元，解决社会青年就业50多人，促进了桂林特色旅游业的发展，对全国茶区和开发高效旅游农业方面有较好的应用和推广价值。

（4）多措并举，促进单位持续快速发展。1996年，在桂林茶叶研究所负债累累，人心涣散的情况下担任所长，想方设法解决自来水、有线电视的接通等老大难问题，维修了所内道路、办公楼、科研楼、加工厂等基础设施，极大改善了工作生活条件，受到职工广泛好评和拥护，自1997年连续11年被单位职工评议、广西农业厅考评为优秀；先后荣获了全国五一劳动奖章、广西五一劳动奖章、桂林市劳动模范荣誉称号；被评全国优秀茶叶科技工作者等、9次获省部级业务工作先进个人，单位被评为广西茶叶科技成果转化中心，成为全国31个茶叶现代产业技术体系综合试验站之一。

段新友

推广研究员，男，1964年3月出生于四川内江，1980年毕业于四川农业大学，现任四川省园艺作物技术推广总站站长。

主要工作经历：1980年7月至1991年4月任原四川省天府开发公司助理农艺师，从事茶叶生产、加工与营销；1991年5月至今在四川省园艺作物技术推广总站，从事园艺作物技术推广及管理，先后任农艺师、高级农艺师、农业推广研究员。1994年9月至1996年12月在四川省省委党校经营管理专业函授本科毕业，2001年9月至2004年7月在西南农业大学茶学专业函授农学硕士毕业。先后任四川省优质农产品开发服务中心副主任、四川省园艺作物技术推广总站副站长、站长。

在茶业领域作出的主要贡献：熟悉国内外茶产业发展动态，结合四川省茶产业发展实际，提出并组织实施了一系列重大先进实用技术，负责组织参与了全省茶叶生产管理和技术推广，成效显著，为推进川茶产业发展升位、促进茶农增收，为茶叶产业被列为全省十大特色效益农业和现代农业产业基地建设的主要产业作出了卓越的贡献，取得了国内外同行公认的重要成就。组织、参与了四川省茶产业发展规划、基地建设论证、技术推广、技术培训等，在四川机制名优茶、茶树良种、茶叶安全生产、茶叶品牌打造等方面，成效显著，取得了显著的经济、社会和生态效益，面积、产量分别居全国第二、三位。选育的3个茶树新品种通过省品种审定，并在全省推广。组织名优茶机制技术推广，名优茶机制率达到80%以上，名列全国前茅，名优茶产量比例达到42%，茶叶鲜叶产值、综合产值分别达到37亿元、67亿元。借鉴国内外先进经验，首先提出了在四川省茶产业实施区域品牌战略，制定了《川茶品牌发展规划》。主编出版了《优质茶叶生产实用技术》，担任《四川名茶》副主编，在《中国茶叶》、《四川茶业》等杂志发表论文（文章）10 余篇；获农业部丰收计划奖二等奖 1 项（第一完成人，2002 年）、四川省政府科技进步奖一等奖 1 项（第五完成人，2005 年）、二等奖 2 项（第二、第五完成人，2005 年，2007 年）、三等奖 1 项（第五完成人，2003 年）；主持制定了省地方标准 5 项。先后荣获四川省有突出贡献的优秀专家、四川省学术技术带头人。

鲁成银

研究员，男，1963 年 9 月出生于安徽庐江，1985 年毕业于安徽农学院茶叶系，现任中国农业科学院茶叶研究所副所长。

主要工作经历：1985 年毕业后至今在中国农业科学院茶叶研究所工作。曾在茶树生理生化研究室，从事茶叶生化研究，期间赴日本伊藤园中央研究所，合作研究；曾任中国农业科学院茶叶研究所科技管理部主任。

在茶业领域作出的主要贡献：主要从事茶叶质量标准与检测技术、茶叶质量安全与控制技术等方面的研究。主持完成国家科技重大专项主要种植农产品安全限量及控制标准研究、科技基础性工作专项农产品品质与相关标准基础数据库和主要农产品及其加工产品质量标准研究等项目中的茶叶部分研究工作；主持完成茶叶 GAP 技术规范的引进与建立、浙江茶叶质量安全关键参数检测技术研究和名优绿茶机械化采摘加工技术及设备研制等农业部和浙江省的科技项目；主持完成《无公害食品　茶叶》、《无公害食品　窨茶用茉莉花》、《红茶》、《茶叶感官审评通用方法》、《茶叶中氟含量测定》、《茶叶　中三氯杀螨醇残留量测定》、《茶叶中菊酯类农药残留量测定》和《茶叶中有机磷农药残留量测定》等茶叶标准的制定工作。撰写《提高我国茶叶产品质量安全水平的对策研究》、《国内外茶叶标准现状及对比分析》、《茶叶质量安全》、《无公害茶叶质量管理标准体系》、《茶叶标准研究》、《我国茶叶品种与产品质量现状及对策》和《WTO 对中国茶业发展的影响》等论文。主编《茶叶、可可、咖啡质量检验》、《茶叶感官审评与检验技术》、《茶叶质量安全与 HACCP》和《农产品质量安全检测手册　茶叶卷》著作 4 部，副主编《农产品质量安全全程控制技术规范（GAP）》等著作 4 部，参编《农产品质量安全管理技术规范与指南》等著作多部。

参加的研究项目多次获国家和部级奖励，其中茶树优质资源系统鉴定与综合评价获国家科技进步奖二等奖；茶儿茶素等有效成分分离、应用及新型茶加工技术获农业部科技进步奖二等奖；茶叶中提取食品机能性成分的工艺技术及应用获农业部科技进步奖三等奖；红壤茶区茶叶低质成因获中国农业科学院科技进步奖二等奖。

夏春华

研究员，男，1936年11月出生于安徽霍邱，1960年毕业于浙江农业大学茶学系，留校任农业化学系助教。主要方向是农产品加工及综合利用。后调入中国农业科学院茶叶研究所，一直从事茶资源综合利用研究工作。

在茶业领域作出的主要贡献：几十年来主持、参与完成过多项国家和省部级课题。主要研究启动项 3 个方面的内容。①山茶油（茶、油茶）的脂肪酸组成、油脂的理化性质、制油工艺及油脂精炼方法、油脂氢化及油脂化工等。举办过多期“茶子制油及油脂化验”技术培训班，实现了成果产业化。②茶皂素的分离及纯化、茶皂素的理化性质、茶皂素的定量方法、茶皂素表面活性的确定，茶皂素生物活性的确定等。③在这些理论研究的基础上，建立了茶皂素应用的理论体系，从而开发出一系列应用于轻工、化工、建材、农药、日用化学以及交通工程等领域的工业产品。茶皂素的工业产品于 1979 年试制成功，并于同年在绍兴油脂化工厂投入工业生产。随着这些成果的转化，相应的建立起一批专业生产厂家或生产线，取得了较好的经济效益和社会效益。是天然产物开发利用的一项成果。

到目前为止，在茶叶领域获得过国家级和省部级科技成果奖励共六大项。在实际应用过程中还有很多相关行业的技术问题需要深入地研究解决。例如获得国家发明奖三等奖用于人造板行业制造隔水剂的 TS-80 石蜡乳化剂；用于加气温凝土工业的稳泡剂；用于农药工业的湿润剂；用于青藏铁路的引气剂等。尤其值得一提是茶皂素鱼毒活性的研究与应用，成功地解决了对虾养殖过程中敌害鱼类的清除难题，在国内外都得到普遍应用。这就是我国年产数十万吨茶饼能够大量出口畅销的原因；也是我国茶皂素研究的一大贡献。1986 年获国家科委授予国家级突出贡献专家称号。收入 1989 年出版的《新中国科技精英谱》。1991 年起享受国务院政府特殊津贴。

韩文炎

研究员，男，1963 年 1 月出生于浙江嵊州，1984 年毕业于杭州农校茶叶专业，一直在中国农业科学院茶叶研究所从事茶树栽培，包括茶树营养、土壤、肥料、重金属污染治理等科研和技术推广工作，期间获得浙江大学学士和硕士学位。曾作为（高级）访问学者在斯里兰卡佩莱戴尼亚

大学农业研究生院、英国洛桑试验站、以色列农业研究院和瑞典 Grolink 等单位工作和学习。现任中国农业科学院茶叶研究所茶树种植工程研究中心副主任，研究员。

在茶业领域作出的主要贡献：先后主持国家自然科学基金、国际合作项目和省部级重点等项目 17 项，参加 20 多项。获省部级以上奖励 12 项次，其中浙江省科技进步奖二等奖和三等奖各 2 项；农业部科技进步奖 1 项，丰收奖二等奖 1 项，三等奖 2 项，中华神农科技奖三等奖 1 项；获中国农业科学院科技成果一等奖 2 项，二等奖 1 项；其中有 7 项次为第一完成人。主要成果包括优质高效茶树系列专用肥的研制与应用，有机茶关键技术研究、有机茶生产技术体系建设与示范应用，茶树钾镁营养特性及养分管理技术和食品（茶叶）安全关键技术研究与综合示范等。茶树专用控释复合肥和降低茶叶铅含量的土壤改良剂及方法分别获国家发明专利（均第一完成人）。另外，在低丘红壤高效栽培技术、良种良法、茶园土壤微生物性状、土壤硝化和反硝化作用等方面也进行了深入的研究。这些成果和技术在茶叶生产中得到广泛的推广和应用。

编写科技著作 11 部，其中主编 4 部；主持编制农业行业标准 2 项，参加编写 3 项；发表科技论文 130 多篇，其中 SCI 收录 9 篇。曾多次被评为中国茶叶学会和浙江省土壤肥料学会“优秀科技工作者”、中国农业科学院“文明职工”等荣誉。2009 年入选 Marquis’ Who’s Who in the World 世界名人录。多次参加国际学术会议并作报告，2011 年应邀担任了在韩国济州岛召开的第 17 届世界有机农业大会有机茶分会召集人，会议获得圆满成功，受到第 17 届世界有机农业大会组委会和韩国茶学会的高度赞赏。被授予浙江省有突出贡献中青年科技专家，新世纪“151 人才工程”重点资助和第一层次培养人员，中国农业科学院三级岗位杰出人才，中国植物营养与肥料学会理事。

谢晓东

高级茶艺技师，男，1957 年 6 月出生于贵州遵义。1980 年毕业于贵州大学。同年参加工作。先后任凤冈县龙泉镇镇长、绥阳区区长；县经委、县科委主任。县招商局、旅游局局长，县政府办公室主任，县政府副调研员。2005 年任凤冈县茶叶协会会长，2006 年当选贵州省茶叶协会副会长，2007 年当选中国茶叶流通协会常务理事。

自 1980 年参加工作以来，谢晓东目睹了凤冈社会、经济的发展，参与了部分工作的决策和实践。尤其是在茶产业的发展进程中，他常为凤冈县的决策者们建言献策，比如：集中财力物力打造茶叶专业村；建设精品茶园、申报有机茶基地；申报中国富锌、富硒有机茶之乡；申报中国地理标志保护产品；举办茶事活动唱响凤茶品牌；制定标准争取话语权，参加评选活动提高凤茶知名度等，他的建议均得到采纳，在实践过程中获得成功。

自 2003 年以来，凤冈按照猪—沼—茶—林的建园模式，凭借高端运作、抢占先机发展战略，差异就是特色的发展理念，坚持标准化、规模化、市场化、品牌化的运作方式，创造了闻名全国的决策魄力、活动魅力、招商引力、凤冈标准、凤冈模式、规模神话、凤茶品牌、凤茶文化的凤冈现象。在这一发展过程中，谢晓东在中共凤冈县委、县政府的领导下充当了策划、组织、实施的角色，为凤冈茶产业的兴起做了大量的、卓有成效的工作，为凤冈茶产业的发展作出了较大贡献。

（1）策划并组织实施了事关凤冈茶产业跨越发展的一系列茶事活动：贵州省首届茶文化节、中国西部茶海·遵义凤冈首届春茶开采节、中国西部茶海·遵义凤冈首届生态文学论坛、中国绿茶泛珠三角茶产业区域合作论坛，中国贵州·遵义茶文化节等。

（2）策划并组织实施了事关凤茶品牌建设的一系列活动：成功申报并获得了：中国富锌、富硒有机茶之乡，中国富锌、富硒有机茶地理标志产品保护、贵州省十大名茶、三大名茶、中国重点产茶县、中国特色产茶县、中国名茶之乡等荣誉称号。

（3）策划并组织实施了事关凤茶品质提升的一系列活动：凤冈锌硒茶、凤冈锌硒乌龙茶省级地方标准的起草与评审；与中茶所合作，开展锌硒土壤（茶叶）的研究。

（4）策划并组织实施了事关凤冈茶业对外宣传方面的工作。与中国农业科学院茶叶研究所建立长期战略合作关系，分别与西部开发报茶周刊、中华合作时报茶周刊建立长期合作关系。凤冈锌硒茶因此而享誉全国，名扬四海。

（5）策划并组织实施了凤茶文化的研究与开发；连续举办“中秋品茗”、“春茶开采”等群众性活动。2011 年，应广大茶人要求，多方努力、数易其稿，在凤冈塑起了一尊陆羽圣像。

如今，凤冈已成了各地专家、学者、茶农、官员考察、学习之地，成了无数茶商趋之若鹜的宝地。

舒　曼

副教授，男，1958 年 11 月出生于上海，1978 年毕业于华山冶金医学院。现任河北省茶文化学会副会长兼秘书长。

主要工作经历：1981 年留校从事教学工作。1987 年迁校至石家庄。1992 年调入河北日报书刊创作编辑部从事采编工作。1994—1996 年分别在《当代改革英才》杂志社、《科技与效益》杂志社任编辑部主任。1997 开始从事茶文化活动策划与茶文化研究。2004 年组织成立河北省茶文化学会，任副会长兼秘书长至今。

在茶业领域作出的主要贡献：多年以来，在韩国《茶的世界》、杭州《茶博览》、江西《农业考古·中国茶文化专号》、北京《中国政协报》茶经版、《中华合作时报·茶周刊》、广州《茶文化》、上海《茶报》、广东《茶艺》、北京《中国茶馆》、河北《吃茶去》、福建《海峡茶道》等报刊发表各类茶文和学术论文百余篇。现为北京大学公共经济管理研究中心茶文化经济研究所特邀研究员、中国国际茶文化研究会常务理事、吴觉农茶学研究会理事、张天福与张宏达茶学思想研究中心副主任、中国茶叶流通协会茶馆专业委员会特聘专家、宁波东亚茶文化研究中心特邀研究员、共青团中央等18个部委我们的文明组委会——和谐茶社论坛特聘专家、国家茶艺师职业技能高级考评员、河北省茶文化学会副会长兼秘书长、燕赵文化研究会茶文委副主任等职。到2010年，连续策划和组织10届河北省金秋茶会。2006年1月，创办《河北茶文化》杂志（现名《吃茶去》）至今，兼任总编辑、执行总编。著有《吃茶去》、《缘起茶香》等书，编著有《禅茶一味》、《茶与书画艺术》等。并入编《中华茶人采访录》、《中华茶人诗描》等。2007年11月在“世界禅茶文化交流大会”上荣获中、日、韩3国仅3人入围的世界禅茶文化贡献奖。2010年，成功策划和参与组织中国世博十大名茶活动，将中国茶与世博对接，取得良好的社会和经济效应。2010年8月，成功策划组织世界和谐茶会，成为日前参与国家数最多的茶会。

企业家

尹晓民

企业家，董事长，高级经济师，男，1962年10月出生于浙江嵊州，浙江华发茶业有限公司董事长，中共党员，是中国土畜进出口商会茶叶分会副会长，浙江茶叶产业协会副会长，浙江省农产品出口企业协会副会长，绍兴农业龙头企业协会会长，浙江省中小企业创业指导师，浙江省党代表，绍兴市人民代表，绍兴市杰出企业家，嵊州市经济建设功臣，全国茶行业十大经济人物之一。

1984年，尹晓民毕业于浙江农业大学茶学系，当年进嵊县土特产公司茶叶科，1986年调嵊县县府办任秘书，1988年被县外贸公司土特产科录任为业务科长，后赴深圳筹办印染公司，到宁波创办华发贸易商行，任嵊县外贸局副局长。

1994年2月，尹晓民租用2 000多平方米厂房，创办了当地首家民营企业——嵊县华发贸易公司（浙江华发茶业有限公司前身），紧紧抓住20世纪90年代市场经济发展的机遇，利用自身扎实的专业基础知识，超人的智慧和胆识，敏锐的市场洞察力，超前的经营理念，第二年销售就超过了1 000万元，之后企业销售额每年翻番，2010年实现销售3.2亿元，茶叶自营出口3 406万美元。在他的引领下，华发打造了浙江出口名牌、浙江著名商标、中国驰名商标等，在全国民营企业中第一家获得了自营出口权，第一家通过ISO9002国际质量体系认证，成为全国茶叶加工企业中规模最大、设施最优、辐射最广、科技领先的农业产业化国家重点龙头企业。

随着华发茶业的不断拓展，尹晓民并没有忘记自己是农民的儿子，他招收了300多名40后、50后失地女工进入公司包装茶叶，每年工资就为农民增收600多万元。与此同时，通过建立一大批茶叶基地、组织茶叶炒制大赛、开展生产技术培训等，大大提高了农户的标准化生产水平，此外对基地产品实行保护价收购，每年对基地实行定额补贴，确保了茶农收入逐年稳步增长，真正为6万茶农撑起了“受益伞”。

创业成功的尹晓民没有忘记回报社会。早从1998年起，尹晓民就积极参与“春蕾”计划结对资助活动，与李小玲等10名中小学生结对，全额资助学费，包收农户的农副产品，使之切身感受到社会的关爱；2001年起资助张峰等大学生，帮助他们顺利完成大学学业；2004年、2006年分别向嵊州市慈善总会捐款30万元，2007年支援乡镇基础设施建设捐款10万元，2008年向汶川地震灾区捐款32万元、捐赠物资100余万元，2009年、2010年分别向嵊州市慈善总会捐款25万元。就这样，10多年来，他积极参与希望工程、结对扶贫、包收农产品、农村建设、农民就业、慈善捐助、社会团体等各项公益活动，先后出资600多万元。他助弱帮困、回报社会的善举，得到了社会各界的一致好评，被授予绍兴市“十大优秀慈善人物”。

魏月德

茶艺师。男，1964年7月出生于福建省安溪县西坪镇松岩村。国家级非物质文化遗产保护项目乌龙茶（铁观音）制作技艺代表性传承人。现任福建安溪岐山魏荫名茶有限公司董事长，安溪县茶叶协会理事会员。

自小由父辈传教制茶技艺，14岁开始开山种茶，发展茶苗。16岁单身一人外出打工，经常和长辈们研究铁观音的制作技艺，学了一手好本领。1981年起，凭借高超的技艺连续3年在闽西国有农场担任乌龙茶制作师傅。1985年，创办安溪第一家个体茶叶加工厂，并前往潮汕地区开拓茶叶市场。1992年起，多次个人独资举办茶王赛并在历届茶叶比赛中屡次获得“茶王”称号及其他荣誉。1995年，在汕头创办天龙名茶有限公司。1998年，创办安溪岐山魏荫名茶有限公司并建设安溪首个铁观音绿色食品基地。1994年，成立安溪铁观音研究所。2008 年，斥资2 000多万元，建立了占地达1.8 公顷的铁观音配送中心并创办全国首个铁观音文化园。所经营的魏荫名茶有限公司屡获殊荣，在茶叶界享有盛誉。注重铁观音文化的宣传及铁观音制作技艺的传承和保护，创办铁观音技艺传习所，著有《魏荫与铁观音》、《铁观音秘籍》等书籍并多次举办铁观音茶文化活动。多次参与铁观音有关科研项目的研究。积极投身公益事业，饮茶思源，回报社会，得到社会的高度认可。

个人成就：

1985 年，创办安溪第一家个体茶厂——魏荫岐山茶叶加工厂。

1995年，在汕头创办天龙名茶公司，"魏荫牌"从此诞生。

1996 年，荣获"西坪春季铁观音茶王赛"一等奖。

1996 年，荣获"西坪秋季铁观音茶王赛"二等奖。

1996年11月，荣获安溪"96广州茶王赛铁观音"优质奖。

1997 年，荣获"西坪秋季铁观音茶王赛"特等奖。

2000年6月，获福建省农业厅首届(闽茶杯)名茶奖。

2003 年 4 月，荣获中国精品名茶博览会"永春·苏坑"杯茶王赛，乌龙茶系列铁观音茶金奖。

2005 年 11 月，获安溪铁观音神州行西安市铁观音茶王赛茶王。

2008 年 6 月，被评为泉州市级非物质文化遗产项目乌龙茶铁观音制作技艺代表性传承人。

2008 年 6 月，被评为福建省级非物质文化遗产项目乌龙茶铁观音制作技艺代表性传承人。

2009 年 6 月，被中国文化部评为国家级非物质文化遗产乌龙茶（铁观音）制作技艺代表性传承人。

黄　政

高级经营师，男，1958 年 5 月出生于浙江，毕业于中欧国际工商学院，研究生学历，现任上海天坛国际贸易有限公司总经理，上海茶叶行业协会会长、上海茶叶学会副理事长、中国茶叶流通协会理事等职，长期研究并从事茶叶经营管理。

1. 促进上海茶业的繁荣、发展

（1）作为上海茶叶行业协会会长、上海茶叶学会副理事长，带领协会相关人员深入调查研究，及时了解上海茶业亟待解决的问题，大力倡导协会在承担企业与政府之间纽带、桥梁作用的同时，更注重对企业的服务。多年来，协会努力提升服务质量，扩大服务辐射面，竭力为会员单位提供信息、咨询、指导等服务，帮助会员单位建立良好的服务习惯和职业素养，协助开展商品促销，开张典礼等活动，使协会真正成为上海茶业之家。

（2）发展茶叶市场，推出经营创新。摆脱同质化的经营竞争，摸索出源于传统，新于传统，吻合茶叶市场消费的新模式。推行"特色活动"，即茶叶店铺创建个性化、特色化的"特色店"，将那些珍品美茶，新品新装，融入创意，蕴含茶叶文化的茶品为"特色茶"，由企业自荐，专家组评鉴，形成了 26 个特色茶，通过《食品与生活》、《劳动报》、《上海茶业信息》等媒体进行广泛宣传、推荐，让市民享用到真正的好茶。通过一系列"特色活动"，使中国的美茶及其文化得到了更大的弘扬。

（3）为茶叶企业搭建平台，提供发展空间。先后多次组织筹办了上海国际茶叶博览会、上海茶文化艺术节、金秋市民购茶节等，引导、帮助茶叶企业利用这一机会，精心构思打造企业，充分展示、宣传企业的形象、企业的品牌、企业的文化。2010 年上海茶叶整体销售上升 15%，有的会员单位增幅超过 50%。

（4）发挥优势，加强交流，服务全国。坚持把与国内外的合作交流作为工作的重点，在促进与长三角地区密切合作，互为发展的基础上，利用上海在技术、管理、人才、信息等优势，服务于其他兄弟省市，帮助、促进贵州与上海消费市场的对接，举行不同形式的推介活动，提高贵州茶叶的知名度。

2. 创建做大做强的新路，为出口茶叶企业改革提供了新模式

（1）作为国有外贸公司工作几十年的老总，清醒地认识到在当前激烈的国际市场竞争中，茶叶外贸企业要做大做强才是生存发展的根本所在。

（2）探索出一条以茶叶产业链打造企业的新路，即企业以自身为核心，以资本为纽带，按照茶叶生产经营的供应链，构造出一个新的茶叶企业群，在核心企业的指导下，统一规划，合理分工，协同作战。上海天坛国际贸易有限公司依此模式，经过4年的努力，已经初具规模，现拥有直接掌控和间接掌控的茶园基地2 000余公顷，拥有3个万吨级出口茶初制加工厂和精制加工厂、一个新型的速溶茶加工厂及一个专门研发茶叶新技术、新产品的科技公司。

（3）致力于科研开发，引进资深的食品化工专家，合作成立了天坛生物科技公司，研发出含有多种元素组成的抗氧化物质并具有清除人体自由基作用的水溶性茶多酚、脂溶性茶多酚以及速溶茶粉。为企业技术进步，提升核心竞争力，实现持续发展作出了贡献。

傅竹生

企业家，董事长兼总经理，男，1962 年 4 月出生于浙江衢州。香港财经学院（浙江大学）工商管理硕士。现任浙江茗皇天然食品开发有限公司董事长兼总经理。自 1981 年开始，一直从事与茶相关的研究工作，尤其在速溶茶研究方面取得了一定的成绩。

1981年5月至1992年6月在龙游县茶厂任厂长。1988年，傅竹生与学校签订合作开发茶叶深加工产品——速溶茶协议，成功开发出速溶茶产品，并获得了国家专利。为此，傅竹生获得了浙江省科学技术进步奖优秀奖和共青团中央、国家科委全国农村青年星火带头人称号。1993年，参加开发的速溶茉莉花茶中空造粒技术获得了浙江省科学技术进步优秀奖。

1998年企业改制，傅竹生成立了浙江龙游茗皇天然植物制品有限公司。

2001年，傅竹生和美国中西公司合资成立了龙游茗皇天然食品开发有限公司。2005年，升级为浙江茗皇天然食品开发有限公司。公司现占地面积5万平方米，建筑面积2.5万平方米，拥有4个速溶茶生产车间，一个有机茶生产分厂，一个速溶茶省级农业科技研发中心，核心茶园基地0.67万公顷。公司现有员工200余人，其中研究生6人，大学本科18人，大专21人，各类专业技术职称24人，其中中级职称11人，具有一支专业素质良好的职工队伍。

截至2010年公司实现销售收入1.2亿元，利润2 237万元，创汇410万元，上缴税金960万元。公司年产速溶茶规模4 000吨。公司每年采购茶叶约1万余吨，带动茶农3万余户。为此，傅竹生先后获得了中共龙游县委十佳创业带头人，衢州市委创业创新先锋，衢州市第二届优秀中国特色社会主义事业建设者，龙游县人民政府招商引资顾问，中国茶叶流通协会2011中国茶叶行业年度十大经济人物等称号。

傅竹生不定期的对学校、受灾地区、协会、居委会、龙舟赛、拉力赛等进行公益性的捐助和赞助，已达20多万，获得了社会的好评。

郭　异

工程师，男，1958年11月出生于陕西省，毕业于广西农学院热带作物分院，现任广西石乳茶业有限公司董事长。

主要工作经历：1982年1月至1985年11月在广西农垦职工大学任教，其间在浙江农业大学茶学系进修一年。1985年12月至1993年5月在广西壮族自治区土产公司任业务员。1993年6月至1998年3月在广西壮族自治区土产公司南宁花茶厂任厂长。1998年4月在广西石乳茶业有限公司任董事长。

在茶业领域作出的主要贡献：在任职广西壮族自治区土产公司南宁花茶厂厂长期间，率先于广西企业在北方市场打造品牌茉莉花茶，为石乳牌在北方市场的树立起到了决定作用。于1998年2月率先决策在广西茶业行业第一家进行改制的企业，为企业的长远发展奠定了基础。公司于1999年率先在广西茶业行业第一家认证了绿色食品生产企业。于2005年认证了国内、国外的有机食品生产企业。公司于1996年率先在广西茶业行业第一家获得广西名牌产品称号；于2000年率先在广西茶业行业第一家获得广西著名商标称号。公司于2006年率先在广西茶业行业第一家获得中国名牌农产品称号。公司于2006年作为发起人成立广西茶业协会，并担任会长单位。公司于2007年担任中国茶叶流通协会副会长单位。公司于2008年担任全国茶叶标准化委员会委员单位。

卞阿听

高级农艺师，男，1952年8月出生于江苏宜兴，毕业于扬州大学，现任宜兴市洑东长征茶林场场长；江苏省茶叶协会理事、宜兴市茶叶协会理事、丁蜀镇茶叶协会会长。

主要工作经历：1976年1月参加工作，经自学考试，于1996年毕业于扬州大学宜兴分校，先后担任洑东长征茶林场生产技术负责人、副场长、场长。2002年评为高级农艺师，1995年被评为无锡市科技优秀工作者，2002—2004年评为宜兴市学术技术带头人，1997—2007年当选为无锡市第十二届、十三届人大代表，2004年被评为全国科技兴农创业标兵。

在茶叶领域作出的主要贡献：30多年来，卞阿听一直从事茶叶生产栽培和茶叶品种的开发研究，他主导开发和研究的兰山雪芽、兰山鸡血红茶等品牌茶叶，1993年入选为全国名、特、优、新产品，兰山毛尖被评定为中国保健科学技术学会指定产品，兰山牌系列茶叶产品1995年度荣获国际食品及加工技术博览会金奖，1996年通过省级鉴定，获国家贸易部中国国货名茶称号，以他为主参与研究并在全市大面积推广应用的茶园优质高产栽培技术获农业部1994年度全国农牧渔业丰收杯一等奖，他本人荣获个人一等奖。同时在他主持下，魔芋引种开发应用研究、多效唑对杨梅提早结果丰产、早园竹引进推广技术、银杏保健茶、茶叶塑料大棚栽培试验等科技试验项目取得成功，并在全市推广应用，长征茶林场被宜兴市科委列为重点科技示范场。

1998年起卞阿听从实际出发，提出了立足本场，依托茶叶，综合开发，旅游观光，科研示范，生态优先，全面建设，争创一流的发展理念，一方面加大全场40多公顷老茶叶的改造，分年分批引种银霜、浙农系列，龙井系列、白茶等无性良种茶；一方面大胆探索，积极与中国科学院南京土壤研究所、植物研究所、南京林业大学等高等院所联合开发建设宜兴首家集生产经营、科技示范、观光休闲于一体的现代生态观光农业示范园，经多年努力，已初具规模，2005年被国家旅游局定为农业旅游示范点，充分发挥了长征茶林场的生态、社会、经济效益。

喻长根

喻长根，男，1968年生于四川邛崃，大学文化，现任四川省花秋茶业有限公司董事长。自1997年独自创办民营企业——四川省花秋茶业有限公司以来，经过10余年的艰苦创业和顽强拼搏，从只有10余万元资产的小作坊发展成为省级农业产业化经营重点龙头企业、中国茶叶百强企业，1999年被评为成都市劳动模范称号；2005年荣获四川省十大杰出青年农民称号。现任中国茶叶学会理事、四川省茶叶学会、四川省茶文化协会常务理事、四川省茶叶行业协会副会长、邛崃市政协常委、邛崃市人大代表、邛崃市工商业联合会副会长。

喻长根同志长期从事企业经营管理工作，具有丰富的投资管理经验，所领导的管理层创新意识和管理能力强，有较强的市场开拓能力和较高的经营管理水平，结合企业自身特点制定了适应市场经济和社会发展快速高效运作的经济管理模式，具有持续创新意识，并取得了显著成效。2002年以来，在夹关、平乐、临济等乡镇建设优质茶叶基地2 666.7公顷，带动15 000多农户增收，为社会主义新农村建设和构建和谐社会作出了贡献。

茶业生产

世界茶叶产量八强国家生产情况

(1995—2010)

单位：万吨

	1995	2000	2005	2008	2009	2010
中　　国	60.94	70.37	95.37	127.54	137.58	149.25
印　　度	75.39	82.60	89.30	80.52	80.00	96.64
肯 尼 亚	24.45	23.63	32.85	34.58	31.41	39.90
斯里兰卡	24.60	30.58	31.72	31.87	29.00	33.14
土 耳 其	10.27	13.88	21.75	19.80	19.86	14.80
印度尼西亚	15.40	16.26	17.77	15.09	16.00	12.92
越　　南	4.02	6.99	13.25	17.35	18.57	15.70
日　　本	8.48	8.50	10.00	9.65	8.60	9.30

数据来源：FAO（联合国粮农组织），ITC（国际茶业委员会），2008、2009 年数据有调整。

世界茶叶种植八强国家种植情况

(1995—2009)

单位：万公顷

	1995	2000	2005	2008	2009
中　　国	88.81	89.80	105.86	133.86	143.79
印　　度	42.80	49.00	52.10	47.4	47.00
斯里兰卡	18.90	18.90	21.27	22.20	22.20
肯 尼 亚	11.26	12.04	14.13	15.77	15.84
越　　南	5.21	7.03	9.77	10.88	11.16
印度尼西亚	11.34	12.12	14.28	10.69	10.70
土 耳 其	7.66	7.68	7.66	7.58	7.59
缅　　甸	5.95	6.69	7.24	7.69	7.75

数据来源：FAO，2005、2008 年、2009 年数据有调整；印度、越南、缅甸 2009 年数据根据 ITC 公布的产量数和 FAO 公布的单产计算而来。本书发稿时部分国家还未公布 2010 年数据。

世界茶叶产量

（1995—2009）

单位：万吨

	1995	2000	2005	2008	2009
全球	262.17	296.04	362.55	389.25	395.00
非洲	37.07	41.13	53.31	54.77	53.10
美洲（包括南美洲）	6.88	9.16	8.01	9.45	8.55
亚洲	217.03	244.97	300.43	324.22	332.63
欧洲	0.73	0.16	0.14	0.09	0.07
大洋洲	0.47	0.62	0.66	0.72	0.65

数据来源：FAO，1995、2000、2005、2008 年数据有调整；本书发稿时部分国家还未公布 2010 年数据。

世界主要国家或地区茶叶产量

（1995—2010）

单位：万吨

	1995	2000	2005	2008	2009	2010
中　　国	60.94	70.37	95.37	127.54	137.58	149.25
印　　度	75.39	82.60	89.30	80.52	80.00	96.64
肯 尼 亚	24.45	23.63	32.85	34.58	31.41	39.90
斯里兰卡	24.60	30.58	31.72	31.87	29.00	33.14
土 耳 其	10.27	13.88	21.75	19.80	19.86	14.80
印度尼西亚	15.40	16.26	17.77	15.09	16.00	12.92
越　　南	4.02	6.99	13.25	17.35	18.57	15.70
日　　本	8.48	8.50	10.00	9.65	8.60	9.30
阿 根 廷	5.15	7.43	6.79	8.21	7.34	9.00
伊　　朗	5.44	4.99	5.92	4.23	4.00	1.68
孟加拉国	5.20	4.60	5.76	5.90	6.00	
马 拉 维	3.42	4.24	3.80	4.16	5.26	5.16
乌 干 达	1.27	2.92	3.77	4.28	4.87	5.65
坦桑尼亚	2.43	2.36	3.07	3.48	3.20	3.16
缅　　甸	1.59	1.90	2.50	2.90	3.05	1.90
津巴布韦	1.50	2.20	2.22	1.94	2.09	1.43
卢 旺 达	0.54	1.45	1.65	2.00	2.00	2.22
莫桑比克	0.10	1.05	1.60	1.69	1.57	0.65
尼 泊 尔	0.25	0.51	1.25	1.62	1.62	1.66

数据来源：FAO，2005、2008、2009 年数据有调整；孟加拉国、马拉维 2009 年数据来自 ITC；2010 年数据来源：ITC。

世界茶叶采摘面积

(1995—2009)

单位：万公顷

	1995	2000	2005	2008	2009
全球	228.28	238.10	268.95	290.98	301.49
非洲	21.00	22.39	25.81	27.76	28.32
美洲（包括南美洲）	4.59	4.70	4.31	4.48	4.55
亚洲	201.98	210.46	238.31	258.20	268.09
欧洲	0.17	0.15	0.14	0.14	0.13
大洋洲	0.53	0.40	0.38	0.40	0.40

数据来源：FAO，2005、2008、2009 年数据有调整。

主要国家或地区茶叶采摘面积

(1995—2009)

单位：万公顷

	1995	2000	2005	2008	2009
中　　国	88.81	89.80	105.86	133.86	143.79
印　　度	42.80	49.00	52.10	47.40	47.00
斯里兰卡	18.90	18.90	21.27	22.20	22.20
肯 尼 亚	11.26	12.04	14.13	15.77	15.84
越　　南	5.21	7.03	9.77	10.88	11.16
印度尼西亚	11.34	12.12	14.28	10.69	10.70
土 耳 其	7.66	7.68	7.66	7.58	7.59
缅　　甸	5.95	6.69	7.24	7.69	7.75
孟加拉国	4.78	4.86	5.32	5.80	5.90
日　　本	5.37	5.04	4.87	4.80	4.73
阿 根 廷	3.74	3.86	3.63	3.80	3.90
伊　　朗	3.44	3.21	3.41	2.41	2.20
泰　　国	1.74	1.85	1.80	1.81	1.86
乌 干 达	1.71	1.57	2.01	2.10	2.50
马 拉 维	1.91	1.82	1.80	2.06	2.07
坦桑尼亚	1.85	1.91	2.12	2.36	2.38
尼 泊 尔	0.09	0.87	1.60	1.75	1.67
卢 旺 达	0.91	1.23	1.33	1.19	1.25
布 隆 迪	0.72	0.85	0.94	0.82	0.80

数据来源：FAO，2005、2008.2009 年数据有调整；本书发稿时部分国家未公布 2010 年数据。

世界主要国家或地区茶叶单位面积产量

（1995—2009）

单位：千克/公顷

	1995	2000	2005	2008	2009
中　国	686.20	783.60	900.90	952.80	956.80
印　度	1 761.40	1 685.70	1 714.00	1 698.70	1 702.10
斯里兰卡	1 301.60	1 618.50	1 491.20	1 435.80	1 306.50
肯尼亚	2 172.50	1 962.70	2 324.80	2 192.80	1 983.00
越　南	771.60	994.30	1 356.40	1 594.70	1 664.00
印度尼西亚	1 357.80	1 341.50	1 244.00	1 410.50	1 495.30
土耳其	1 340.70	1 808.10	2 839.00	2 611.80	2 618.30
缅　甸	267.20	284.00	345.30	377.10	393.50
孟加拉	1 088.30	946.50	1 081.50	1 017.20	1 016.90
日　本	1 579.10	1 686.50	2 053.40	2 010.40	1 818.20
阿根廷	1 377.80	1 922.70	1 867.90	2 161.80	1 882.70
伊　朗	1 580.70	1 553.40	1 736.50	1 756.50	1 818.20
乌干达	744.20	1 862.00	1 877.30	2 038.50	1 946.50
马拉维	1 789.80	2 334.50	2 111.10	2 025.90	2 537.60
坦桑尼亚	1 313.50	1 233.10	1 446.10	1 475.20	1 346.10
尼泊尔	2 708.90	584.50	781.30	923.40	969.50
卢旺达	592.10	1 177.30	1 239.30	1 678.40	1 600.00

数据来源：FAO，2005、2008、2009 年数据有调整。

茶业贸易

世界茶叶出口十大国家或地区

（1995—2010）

单位：万吨

	1995	2000	2005	2009	2010
肯尼亚	23.75	21.70	34.83	34.25	44.10
斯里兰卡	23.50	28.01	29.88	27.98	29.86
中　国	16.66	22.77	28.66	30.29	30.25
印　度	16.71	20.44	19.52	19.51	18.37
越　南	1.73	5.57	8.79	9.50	9.80
印度尼西亚	7.92	10.56	10.23	9.23	8.71
阿根廷	4.11	4.98	6.64	6.92	10.23
乌干达	1.07	2.64	3.31	4.79	5.08
马拉维	3.26	3.84	4.30	4.65	4.86
坦桑尼亚	2.05	2.25	2.25	2.15	2.54

资料来源：ITC，部分国家 2008 年数据有调整。

世界茶叶进口十大国家或地区

(1995—2010)

单位：万吨

	1995	2000	2005	2009	2010
俄罗斯	14.75	15.83	17.96	18.22	17.46
英国	16.99	15.59	15.34	14.79	11.92
美国	8.33	8.83	10.01	11.09	12.68
巴基斯坦	11.57	11.14	13.93	8.57	12.03
埃及	8.00	6.34	7.35	7.76	9.30
阿联酋(迪拜)	2.09	6.02	7.80	7.10	5.80
摩洛哥	3.76	4.23	5.01	5.37	5.63
伊朗	3.06	4.72	4.30	5.05	5.30
阿富汗		2.55	3.40	4.69	5.76
德国	3.11	3.50	4.17	4.43	2.49
日本	4.53	5.78	5.15	4.02	4.33

资料来源：ITC，部分国家 2008 年数据有调整。

主要国家或地区茶叶进口量

(1995—2010)

单位：吨

	1995	2000	2005	2009	2010
俄罗斯	147 491	158 290	179 577	182 230	174 600
英国	169 918	155 907	153 394	147 850	119 200
美国	83 321	88 290	100 060	110 861	126 836
巴基斯坦	115 719	111 426	139 261	85 655	120 345
埃及	79 964	63 355	73 500	77 600	93 000
阿联酋(迪拜)	20 899	60 155	78 000	71 000	58 000
摩洛哥	37 628	42 268	50 083	53 700	56 300
伊朗	30 600	47 200	43 000	50 500	53 000
阿富汗		25 500	34 000	46 900	57 600
德国	31 110	35 021	41 699	44 281	24 912
日本	45 297	57 773	51 451	40 222	43 274
伊拉克	3 200	52 600	58 000	43 800	41 400
波兰	30 300	30 470	31 057	28 674	29 395
叙利亚	16 598	19 746	29 232	28 600	27 300
中国台湾	8 065	12 236	20 775	26 484	31 041
荷兰	26 321	24 155	29 438	25 307	7 700
智利		11 295	17 636	16 844	21 362
苏丹	15 566	15 590	20 000	23 200	29 100
法国	14 208	17 242	16 825	17 672	15 311
加拿大	13 299	18 397	18 877	17 347	15 880
马来西亚		9 695	14 946	16 407	18 399
沙特阿拉伯	13 100	13 800	15 200	13 500	14 500
爱尔兰	11 100	11 034	10 310	11 041	10 239
利比亚	15 700	13 500	17 500	9 500	12 300
意大利	4 983	5 316	6 715	7 037	6 191
科威特	5 050	4 771	5 020	6 900	8 300
瑞士	3 542	3 250	4 670	3 103	660
捷克		2 142	2 419	2 922	2 913
奥地利	2 344	2 687	2 543	2 813	2 485
丹麦	2 084	2 023	1 505	1 857	1 296
芬兰	1 147	1 128	1 518	1 346	1 289
挪威	866	1 089	1 126	1 077	1 064

资料来源：ITC。

主要国家或地区茶叶进口额

(1995—2010)

单位：万美元

	1995	2000	2005	2009	2010
英国	29 745.4	31 374.9	27 323.3	36 733.2	42 061.4
奥地利	1 061.7	735.6	1 223.6	2 002.0	2 255.5
丹麦	1 135.0	1 139.3	1 326.1	1 599.9	1 540.8
芬兰	942.4	1 045.5	1 395.8	1 992.8	1 964.0
法国	6 211.2	7 121.8	10 886.7	13 367.5	15 440.8
德国	13 428.7	9 665.4	12 016.0	15 006.7	16 866.2
爱尔兰	2 203.6	2 397.6	2 598.5	4 688.9	4 700.2
意大利	2 975.3	3 191.9	4 531.8	5 941.7	6 616.9
荷兰	4 994.4	4 629.8	5 437.6		
挪威	1 139.8	1 143.7	1 423.3	1 448.2	1 571.0
瑞士	1 276.1	1 445.9	1 972.8	2 201.0	2 385.9
加拿大	5 825.9	7 363.6	11 143.9	14 445.3	14 486.6
美国	12 174.1	14 899.5	22 372.3	30 834.6	37 864.5
阿联酋(迪拜)	4 598.4	14 506.2			
日本	18 292.6	20 783.5	18 155.8	16 461.3	19 455.5
巴基斯坦	17 822.5	22 180.1	22 980.4	19 590.9	28 649.8
埃及	11 856.7	10 000.0			
摩洛哥	8 133.6	7 012.6	8 468.1		

资料来源：ITC。

主要国家或地区茶叶出口量

（1995—2010）

单位：吨

	1995	2000	2005	2009	2010
印度	167 143	204 353	195 228	195 062	183 700
孟加拉国	25 428	18 100	9 007	3 153	913
斯里兰卡	235 036	280 133	298 769	279 839	298 587
印度尼西亚	79 227	105 581	102 294	92 304	87 101
中国（大陆）	166 573	227 661	286 563	302 949	302 525
中国台湾	3 172	3 035	2 175	2 400	2 627
伊朗	1 600	3 500	6 500	5 400	4 700
韩国		27	270	280	270
日本	492	704	1 096	1 984	2 287
马来西亚	293	450	300	300	270
尼泊尔		82	3 600	8 889	8 600
土耳其	2 301	6 381	7 000	4 000	4 000
越南	17 300	55 660	87 918	95 000	98 000
亚洲合计	**698 565**	**905 667**	**1 000 720**	**985 498**	**993 580**
布隆迪	7 079	6 400	7 607	5 000	6 000
喀麦隆	4 173	4 302	4 600	4 400	4 100
刚果（金）	2 000	2 000	2 250	2 600	2 700
埃塞俄比亚		900	1 300	2 800	2 800
肯尼亚	237 498	216 990	348 276	342 482	441 021
马拉维	32 648	38 437	42 978	46 545	48 579
毛里求斯	2 894	41	51	33	35
莫桑比克	400	900	1 200	2 300	2 200
卢旺达	3 500	10 185	11 652	20 700	25 300
南非		6 000	2 290	1 920	1 800
坦桑尼亚	20 511	22 462	22 498	21 512	25 388
乌干达	10 682	26 389	33 071	47 920	50 834
津巴布韦	9 156	16 917	8 451	7 541	8 498
非洲合计	**330 541**	**351 673**	**485 924**	**505 753**	**619 255**
阿根廷	41 113	49 794	66 389	69 191	102 323
巴西	7 252	3 702	3 407	2 326	2 544
厄瓜多尔	1 074	1 200	1 050	1 140	1 180
秘鲁	72	100	100	120	130
南美洲合计	**49 511**	**54 796**	**70 946**	**72 777**	**106 177**
巴布亚新几内亚	5 800	6 800	5 500	6 600	5 800
其他国家或地区	1 700	2 000	2 300	2 900	3 000
全球	**1 091 617**	**1 321 936**	**1 565 990**	**1 574 428**	**1 728 812**

资料来源：ITC，部分国家 2008、2009 年数据有调整。

主要国家或地区茶叶出口额

(1995—2010)

单位：万美元

	1995	2000	2005	2009	2010
印度	36 722.7	40 653.1	39 240.6	55 259.2	53 526.0
孟加拉国	3 207.1	2 311.4	1 154.6	634.1	210.0
斯里兰卡	46 259.3	66 226.2	76 943.3	114 506.2	131 425.7
印度尼西亚	8 771.9	11 210.6	12 149.6	17 162.8	17 854.9
中国（大陆）		34 711.4	59 102.7	70 495.4	78 416.9
日本	776.6	1 117.3	2 010.3	3 721.8	5 016.1
中国台湾	1 870.2	1 714.8	1 550.0	1 600.0	1 770.0
土耳其	350.6	578.2	800.0	560.0	590.0
越南		6 960.5	9 693.4	13 800.0	18 400.0
布隆迪	1 025.3	1 203.5	883.1		
肯尼亚	36 570.7	46 071.3	55 545.6	89 984.8	123 357.6
马拉维	2 712.7	3 254.2	4 741.7	6 810.1	7 661.2
毛里求斯	292.6	17.9	38.6	10.1	30.5
卢旺达		1 804.1	1 847.7	5 300.0	6 000.0
南非		1 718.0			
坦桑尼亚	2 008.2	3 258.2	2 592.1	4 039.5	4 799.3
乌干达	869.8	3 641.7	3 307.1	9 200.0	9 550.0
津巴布韦	1 099.2	1 843.0			
阿根廷	3 158.2	3 796.3	4 362.4	7 108.2	1 1014.6
巴西		648.6	581.0	653.1	0.86
巴布亚新几内亚		770.0	640.0	740.0	0.70

资料来源：ITC，部分国家 2008 年数据有调整。

世界茶叶出口五强——肯尼亚出口目的地国家或地区

(2003—2010)

单位：万吨

	2003	2004	2005	2009	2010
合　　计	26.78	33.25	34.83	34.25	44.10
英国	5.18	5.33	5.32	6.42	7.30
独联体	0.72	1.37	1.75	2.33	2.67
波兰	0.37	0.41	0.55	0.46	0.56
爱尔兰	0.49	0.52	0.67	0.32	0.43
荷兰	0.14	0.13	0.16	0.07	0.08
德国	0.06	0.05	0.07	0.08	0.08
欧洲其他国家或地区	0.06	0.04	0.01		
巴基斯坦	7.20	8.43	9.83	5.46	7.62
阿富汗	3.50	2.89	2.13	3.34	4.93
阿联酋	0.66	0.90	1.06	1.28	2.22
也门	0.88	1.08	0.91	1.33	1.63
印度	0.18	0.39	0.37	0.37	0.54
斯里兰卡	0.11	0.19	0.18	0.29	0.35
日本	0.08	0.11	0.08	0.21	0.25
伊朗	0.05	0.08	0.16	0.19	0.32
土耳其	0.04	0.04	0.05	0.09	0.18
沙特阿拉伯	0.07	0.08	0.09	0.11	0.20
亚洲其他国家或地区	0.21	0.28	0.31	0.40	0.49
埃及	4.78	8.41	7.79	7.54	9.32
苏丹	1.10	1.74	2.12	2.55	3.12
索马里	0.17	0.25	0.18	0.27	0.29
尼日利亚	0.30	0.12	0.35	0.38	0.34
吉布提	0.02	0.01	0.01	0.15	0.31
南非		0.03	0.05	0.09	0.07
非洲其他国家或地区	0.09	0.05	0.10	0.03	
加拿大	0.11	0.12	0.14	0.12	0.16
美国	0.19	0.20	0.34	0.30	0.36
其他国家或地区	0.03	0.01	0.04	0.06	0.09

资料来源：ITC。

世界茶叶出口五强——斯里兰卡出口目的地国家或地区

（2004—2010）

单位：万吨

	2004	2005	2008	2009	2010
合　　计	29.06	29.88	29.75	27.99	29.86
俄罗斯	5.57	5.28	4.54	4.24	4.55
乌克兰	0.80	0.76	0.72	0.64	0.71
德国	0.59	0.52	0.59	0.49	0.55
荷兰	0.36	0.36	0.20	0.38	0.27
波兰	0.28	0.24	0.21	0.25	0.24
英国	0.53	0.38	0.24	0.22	0.18
希腊	0.24	0.29	0.22	0.20	0.19
芬兰	0.60	0.64	0.21	0.19	0.06
意大利	0.20	0.14	0.14	0.16	0.14
爱尔兰	0.05	0.10	0.02	0.13	0.13
法国	0.11	0.10	0.11	0.09	0.08
欧洲其他国家或地区	0.75	0.62	0.81	0.83	0.35
加拿大	0.14	0.13	0.11	0.08	0.08
美国	0.35	0.31	0.27	0.28	0.31
智利	0.62	0.68	0.72	0.61	0.62
美洲其他国家或地区	0.03	0.02	0.02	0.02	0.04
科威特	0.21	0.27	0.75	1.01	1.08
沙特阿拉伯	0.92	0.98	0.72	0.46	0.44
阿联酋	2.94	3.73	4.49	3.05	2.92
中国（大陆）	0.05	0.05	0.09	0.08	0.14
中国香港	0.41	0.45	0.48	0.51	0.43
印度	0.07	0.04	0.03	0.14	0.03
伊朗	2.04	2.49	3.10	2.77	2.75
伊拉克	0.66	1.08	1.16	0.98	1.36
以色列	0.21	0.20	0.20	0.16	0.16
日本	0.90	0.85	1.02	0.95	1.03
约旦	1.43	1.20	1.43	1.34	1.69
黎巴嫩	0.21	0.16	0.18	0.22	0.21
巴基斯坦	0.30	0.29	0.14	0.16	0.10
叙利亚	2.88	2.76	2.61	2.95	2.61
中国台湾	0.15	0.14	0.14	0.14	0.17
土耳其	2.51	1.68	1.59	1.57	1.85
亚洲其他国家或地区	0.34	0.35	0.23	0.31	0.13
埃及	0.09	0.12	0.10	0.13	0.13
利比亚	0.16	1.08	0.69	0.80	1.08
南非	0.11	0.10	0.06	0.09	0.10
突尼斯	0.62	0.59	0.49	0.35	0.08
非洲其他国家或地区	0.13	0.17	0.25	0.28	0.40
澳大利亚	0.28	0.29	0.30	0.28	0.29
新西兰	0.10	0.09	0.09	0.09	0.10
其他国家或地区	0.15	0.18	0.24	0.32	0.39

资料来源：ITC。

世界茶叶出口五强——中国出口目的地国家或地区

（2004—2010）

单位：万吨

	2004	2005	2008	2009	2010
合　　计	28.02	28.66	29.69	30.29	30.25
英国	0.51	0.26	0.33	0.37	0.40
法国	0.22	0.21	0.32	0.30	0.30
德国	0.55	0.47	0.78	0.59	0.91
荷兰	0.19	0.24	0.22	0.19	0.17
波兰	0.40	0.24	0.16	0.12	0.12
俄罗斯	1.31	1.29	1.46	1.93	2.13
乌兹别克斯坦	1.68	1.87	2.25	2.18	1.86
独联体其他国家或地区	0.88	1.23	1.05	1.14	0.95
欧洲其他国家或地区	0.15	0.13	0.18	0.24	0.25
加拿大	0.06	0.09	0.11	0.09	0.17
美国	1.73	1.82	2.22	1.93	2.48
阿富汗	0.56	0.57	0.22	0.22	0.12
中国香港	1.28	1.39	1.13	0.99	1.15
伊朗	0.19	0.18	0.33	0.29	0.34
日本	3.74	3.46	2.12	1.90	1.95
马来西亚	0.12	0.15	0.15	0.13	0.15
蒙古	0.04	0.04	0.16	0.17	0.17
缅甸	0.13	0.12	0.10	0.19	0.22
巴基斯坦	0.69	0.84	1.55	1.48	0.85
新加坡	0.13	0.27	0.26	0.25	0.27
沙特阿拉伯	0.08	0.11	0.10	0.12	0.10
斯里兰卡	0.21	0.26	0.36	0.17	0.26
亚洲其他国家或地区	0.61	0.48	0.43	0.48	0.46
阿尔及利亚	0.82	1.14	1.21	1.27	1.19
贝宁	0.36	0.29	0.71	1.08	0.63
喀麦隆	0.24	0.27	0.52	0.51	0.38
冈比亚	0.37	0.30	0.28	0.25	0.34
加纳	0.90	1.31	1.02	0.57	0.09
几内亚	0.09	0.10	0.30	0.27	0.42
科特迪瓦	0.12	0.11	0.11	0.22	0.33
利比亚	0.43	0.59	0.21	0.23	0.21
马里	0.74	0.19	0.58	0.70	0.70
毛里塔尼亚	0.89	0.86	1.03	1.03	1.18
摩洛哥	4.95	5.26	5.02	5.84	6.10
尼日尔	0.20	0.20	0.21	0.33	0.31
塞内加尔	0.74	0.90	0.78	0.84	0.63
多哥	0.19	0.14	0.53	0.81	0.88
突尼斯	0.32	0.33	0.35	0.20	0.26
非洲其他国家或地区	0.75	0.49	0.30	0.26	0.31
其他国家或地区	0.44	0.50	0.53	0.40	0.51

资料来源：ITC。

世界茶叶出口五强——印度出口目的地国家或地区

(2004—2010)

单位：万吨

	2004	2005	2008	2009	2010
合　计	19.39	19.50	20.01	18.90	18.37
英国	1.96	2.12	1.91	1.57	1.47
德国	0.52	0.48	0.43	0.37	0.44
波兰	0.52	0.41	0.34	0.30	0.34
荷兰	0.31	0.29	0.26	0.23	0.33
爱尔兰	0.23	0.17	0.10	0.14	0.16
独联体	5.34	4.81	5.40	5.57	4.71
欧洲其他国家或地区	0.07	0.07	0.04		
加拿大	0.12	0.16	0.15	0.22	0.21
美国	0.63	0.73	0.78	0.88	1.03
美洲其他国家或地区			0.02		
阿联酋	2.56	2.65	2.48	2.00	1.64
伊朗	0.53	0.66	1.59	1.12	1.29
阿富汗	0.21	0.31	1.07	1.25	0.85
巴基斯坦	0.35	1.10	0.77	0.75	1.89
斯里兰卡	0.34	0.20	0.56	0.39	0.41
伊拉克	2.58	3.58	0.51	1.62	0.58
日本	0.29	0.27	0.25	0.29	0.31
沙特	0.08	0.12	0.34	0.24	0.25
亚洲其他国家或地区	1.03	0.45	0.46		0.03
埃及	0.01	0.04	1.50	0.55	0.52
肯尼亚	1.01	0.15	0.21	0.18	0.43
非洲其他国家或地区	0.21	0.23	0.34		
澳大利亚	0.49	0.49	0.49	0.44	0.40
其他国家或地区					1.08

来源：ITC。

世界茶叶出口五强——越南出口目的地国家或地区

（2004—2010）

单位：万吨

	2004	2005	2008	2009	2010
合　计	9.94	8.79	10.40	9.50	9.80
俄罗斯	0.75	0.98	1.11	2.10	2.00
德国	0.32	0.35	0.32	0.18	0.22
波兰	0.31	0.32	0.25	0.23	0.24
荷兰	0.17	0.19	0.13	0.17	0.10
英国	0.23	0.22	0.09	0.03	0.09
乌克兰	0.04	0.09	0.08	0.20	0.19
美国	0.25	0.13	0.36	0.57	0.53
巴基斯坦	1.51	1.55	2.06	1.00	0.43
中国台湾	1.59	1.53	1.67	2.20	2.56
中国（大陆）	0.33	0.58	0.56	0.60	0.60
阿联酋	0.06	0.17	0.44	0.30	0.44
阿富汗	0.06	0.07	0.33	0.25	0.30
印度尼西亚	0.15	0.10	0.32	0.20	0.46
印度	1.81	0.28	0.32	0.15	0.20
马来西亚	0.11	0.20	0.25	0.39	0.40
土耳其	0.08	0.13	0.10	0.10	0.07
伊拉克	1.30	1.40	0.04	0.10	0.30
伊朗	0.04	0.02	0.03	0.03	0.04
亚洲其他国家或地区	0.07	0.13	0.75	0.40	0.36
其他国家或地区	0.36	0.30	0.27		
国别不明的	0.77	0.35	0.86		

资料来源：ITC。

世界茶叶五大进口国——俄罗斯进口来源国家或地区

（2004—2010）

单位：万吨

	2004	2005	2008	2009	2010
合　计	17.20	17.96	18.19	18.22	18.16
斯里兰卡	7.15	7.07	6.51	5.43	5.44
印度	4.30	3.62	4.58	4.58	4.60
中国	1.32	1.49	1.59	1.86	1.97
印度尼西亚	1.69	2.04	1.59	1.85	1.35
越南	0.76	1.02	1.36	2.01	1.92
亚洲其他国家或地区	0.12	0.37	0.17	0.16	0.13
德国	0.09	0.14	0.20	0.15	0.21
波兰	0.15	0.11	0.01	0.02	0.04
英国	0.06	0.06	0.04	0.02	0.03
欧洲其他国家或地区	0.08	0.16	0.06	0.02	0.03
肯尼亚	0.96	1.33	1.56	1.50	1.48
巴布亚新几内亚	0.14	0.17	0.21	0.20	0.17
独联体	0.03	0.04	0.21	0.26	0.41
其他国家或地区	0.36	0.34	0.09	0.16	0.38

资料来源：ITC。

世界茶叶五大进口国——英国进口来源国家或地区

(2004—2010)

单位：万吨

	2004	2005	2008	2009	2010
合　　计	15.62	15.34	15.72	14.79	14.98
印度	2.21	2.18	2.13	1.92	2.10
印度尼西亚	1.39	1.24	0.98	1.05	1.00
中国	0.66	0.67	0.77	0.69	0.80
斯里兰卡	0.59	0.40	0.24	0.21	0.23
越南	0.10	0.06	0.08	0.04	0.08
新加坡	0.01	0.01	0.04	0.01	0.01
亚洲其他国家或地区	0.10	0.17	0.22	0.21	0.22
肯尼亚	7.19	7.39	7.81	8.19	7.87
坦桑尼亚	0.19	0.81	0.61	0.35	0.44
南非	0.31	0.14	0.61	0.39	0.29
马拉维	1.03	0.82	0.60	0.31	0.49
卢旺达	0.06	0.06	0.07	0.19	0.19
津巴布韦	0.35	0.29	0.05	0.09	0.16
非洲其他国家或地区	0.13	0.04	0.03	0.08	0.06
阿根廷	0.45	0.28	0.49	0.36	0.29
巴西	0.09	0.07	0.07		
美洲其他国家	0.13	0.09	0.08	0.06	0.06
德国	0.30	0.30	0.52	0.28	0.13
荷兰	0.02	0.02	0.02	0.01	0.04
欧洲其他国家或地区	0.17	0.16	0.26	0.35	0.51
其他国家或地区	0.15	0.11	0.02	0.01	0.01

资料来源：ITC。

世界茶叶五大进口国——美国进口来源国家或地区

(2004—2010)

单位：万吨

	2004	2005	2008	2009	2010
合　　计	9.95	10.01	11.67	11.09	12.68
阿根廷	3.85	3.75	4.58	4.03	4.85
中国	1.81	1.97	2.37	2.15	2.71
印度	0.71	0.79	0.95	1.04	1.21
印度尼西亚	0.63	0.61	0.68	0.69	0.64
德国	0.54	0.56	0.77	0.59	0.62
越南	0.26	0.15	0.36	0.51	0.46
斯里兰卡	0.38	0.36	0.33	0.32	0.39
马拉维	0.34	0.33	0.23	0.28	0.29
肯尼亚	0.24	0.30	0.25	0.21	0.23
加拿大	0.16	0.14	0.18	0.17	0.16
英国	0.12	0.14	0.15	0.15	0.17
日本	0.10	0.06	0.11	0.14	0.14
巴布亚新几内亚	0.07	0.03	0.13	0.13	0.13
其他国家或地区	0.73	0.82	0.59	0.67	0.68

资料来源：ITC。

世界茶叶五大进口国——埃及进口来源国家或地区

(2004—2010)

单位：万吨

	2004	2005	2008	2009	2010
合　计	7.18	7.35	10.70	7.76	9.30
肯尼亚	6.18	6.90	9.03	6.90	8.40
印度		0.03	0.97	0.50	0.48
印度尼西亚	0.12	0.09	0.12	0.09	0.11
中国	0.05	0.07	0.10	0.06	0.10
斯里兰卡	0.10	0.10	0.09	0.12	0.12
其他国家或地区	0.72	0.16	0.06	0.09	0.09

资料来源：ITC，2008 年数据有调整。

世界茶叶五大进口国——巴基斯坦进口来源国家或地区

(2004—2010)

单位：万吨

	2004	2005	2008	2009	2010
合　计	12.00	13.93	9.91	8.57	12.03
中国	0.08	0.41	0.70	0.58	0.36
印度	0.41	0.85	0.64	0.34	1.96
印度尼西亚	0.96	0.93	0.61	0.40	0.40
孟加拉国	0.95	0.69	0.60	0.15	0.07
越南	0.31	0.16	0.35	0.29	0.53
斯里兰卡	0.28	0.33	0.13	0.16	0.05
亚洲其他国家或地区	0.12	0.16			
肯尼亚	7.59	9.15	5.44	4.83	6.90
卢旺达	0.27	0.35	0.37	0.53	0.64
马拉维	0.10	0.11	0.37	0.45	0.28
坦桑尼亚	0.31	0.19	0.23	0.23	0.18
布隆迪	0.22	0.17	0.16	0.22	0.22
乌干达	0.08	0.21	0.15	0.29	0.39
非洲其他国家或地区	0.14	0.18	0.15	0.09	0.03
其他国家或地区	0.20	0.03	0.02	0.00	0.02

资料来源：ITC。

茶叶市场与消费

主要产茶国茶叶年度平均拍卖价

(2000—2010)

	单 位	2000	2005	2008	2009	2010
印度加尔各答	印度卢比/千克	81.09	69.77	103.11	122.90	130.39
印度古瓦哈蒂	印度卢比/千克	68.82	59.21	93.02	108.14	111.22
印度斯里古里	印度卢比/千克	60.75	64.13	85.28	104.77	104.74
印度科钦	印度卢比/千克	51.93	50.58	71.45	88.69	78.20
印度科印拜陀	印度卢比/千克	43.33	46.50	63.74	79.23	63.49
印度科纳尔	印度卢比/千克	38.95	43.29	63.49	75.38	6.111
孟加拉吉大港	塔卡/千克	58.12	76.02	114.89	144.08	181.69
斯里兰卡科伦坡	斯里兰卡卢比/千克	135.06	184.42	306.55	362.70	370.48
印尼雅加达	美元/千克	119.53	103.73	150.85	182.49	181.69
肯尼亚蒙巴萨	美元/千克	202.00	147.00	218.00	229.00	254
喀麦隆林贝	美元/千克	102.01	91.68	137.19	158.32	158.45

资料来源：ITC。

茶叶消费总量五强国家

(2006—2010)

单位：万吨

	2006	2007	2008	2009	2010
中 国	74.5	82.8	87.2	95.7	111.5
印 度	77.1	78.6	79.8	81.4	81.7
俄罗斯	16.7	17.4	17.5	17.5	
土耳其	13.3	14.5	13.4	13.7	15.2
日 本	14.6	14.5	13.4	13.1	13.4

资料来源：ITC。

茶叶人均消费五强国家

(2001—2010)

单位：千克

	2001—2003	2002—2004	2003—2005	2006—2008	2007—2009	2008—2010
科威特	2.29	2.32	2.11	2.21	2.46	2.86
爱尔兰	2.96	2.96	2.79	2.17	2.23	2.31
英 国	2.24	2.21	2.12	2.11	2.07	1.97
卡塔尔		2.13	2.06	1.78	2.04	1.51
土耳其	1.98	2.17	2.11	1.85	2.00	2.02

资料来源：ITC。

主要国家或地区茶叶消费总量

(2001—2010)

单位：万吨

	2001—2003	2002—2004	2003—2005	2006—2008	2007—2009	2008—2010
英国	13.28	13.02	12.74	13.21	12.70	12.30
奥地利	0.16	0.16	0.15	0.20	0.23	0.23
比利时	0.21	0.21	0.21	0.23	0.23	
捷克	0.25	0.23	0.24	0.29	0.30	0.30
丹麦	0.17	0.16	0.15	0.14	0.14	0.14
芬兰	0.09	0.09	0.11	0.11	0.12	0.12
法国	1.38	1.36	1.37	1.46	1.48	1.48
德国	2.33	2.37	2.28	2.31	2.24	2.26
爱尔兰	1.16	1.18	1.13	0.92	0.98	1.03
意大利	0.52	0.57	0.59	0.66	0.64	0.64
荷兰	0.71	0.72	0.74	0.80	0.80	
挪威	0.11	0.11	0.11	0.11	0.11	0.11
波兰	3.16	3.13	3.13	2.87	2.92	
瑞典	0.27	0.28	0.28	0.31	0.37	
瑞士	0.21	0.24	0.24	0.20	0.17	
独联体	21.72	22.18	22.72	24.53	25.44	
加拿大	1.92	1.91	1.89	1.66	1.61	1.56
美国	9.48	9.57	9.79	11.12	11.23	
智利	1.54	1.72	1.80	2.04	1.68	
阿富汗	3.80	4.13	4.10	3.90	4.37	
孟加拉国	4.03	4.04	4.13	4.27	5.03	
巴林	0.09	0.09	0.09	0.09	0.09	
中国(大陆)	48.63	52.10	57.33	81.00	87.43	
中国香港	0.93	0.93	0.95	1.01	0.98	0.96
印度	69.30	71.40	73.53	78.50	79.83	
印度尼西亚	6.70	6.67	6.87	5.43	4.67	
伊朗	8.61	7.77	7.17	6.72	6.83	
伊拉克	6.08	5.69	4.83	4.50	3.84	
日本	13.94	14.14	14.62	13.93	13.44	
科威特	0.52	0.53	0.50	0.53	0.60	0.75
马来西亚	1.59	1.60	1.67	1.73	1.76	
巴基斯坦	10.77	11.21	12.59	10.74	9.71	
卡塔尔	0.17	0.15	0.16	0.22	0.25	
沙特阿拉伯	1.40	1.37	1.42	1.28	1.45	
斯里兰卡	2.63	2.72	2.70	2.76	2.78	
叙利亚	2.78	3.01	2.96	2.86	2.78	
中国台湾	3.47	3.63	3.70	4.10	4.07	
土耳其	13.82	15.32	15.03	13.70	14.20	
阿尔及利亚	0.73	0.78	0.85	0.95	1.03	
埃及	6.17	6.69	6.51	8.38	8.45	
肯尼亚	1.37	1.30	1.34	1.72	1.77	
利比亚	1.58	1.21	1.45	1.10	0.93	
摩洛哥	4.21	4.48	4.69	5.04	5.15	
南非	2.09	2.08	2.08	1.88	1.90	
苏丹	1.42	1.47	1.68	2.06	2.25	
坦桑尼亚	0.29	0.32	0.36	0.44	0.44	
突尼斯	1.11	1.05	1.01	0.98	0.98	0.95
澳大利亚	1.39	1.38	1.36	1.33	1.29	1.25
新西兰	0.37	0.38	0.39	0.42	0.42	

资料来源：ITC。

主要国家或地区茶叶人均消费量

(2001—2010)

单位：千克

	2001—2003	2002—2004	2003—2005	2006—2008	2007—2009	2008—2010
英国	2.24	2.21	2.12	2.11	2.07	1.97
奥地利	0.20	0.20	0.18	0.25	0.27	0.28
比利时	0.19	0.20	0.19	0.21	0.21	0.21
捷克	0.24	0.22	0.23	0.28	0.29	0.28
丹麦	0.31	0.29	0.27	0.25	0.25	0.24
芬兰	0.17	0.18	0.21	0.21	0.22	0.23
法国	0.23	0.23	0.23	0.24	0.24	0.23
德国	0.28	0.29	0.28	0.28	0.27	0.28
爱尔兰	2.96	2.96	2.79	2.17	2.23	2.31
意大利	0.09	0.10	0.10	0.11	0.11	0.11
荷兰	0.44	0.44	0.45	0.49	0.49	0.49
挪威	0.24	0.24	0.25	0.23	0.23	0.22
波兰	0.82	0.82	0.82	0.75	0.77	0.78
瑞典	0.30	0.31	0.31	0.41	0.40	0.39
瑞士	0.29	0.33	0.32	0.27	0.22	0.22
独联体	0.78	0.80	0.81	0.90	0.94	0.64
加拿大	0.61	0.60	0.59	0.50	0.48	0.46
美国	0.33	0.33	0.33	0.37	0.37	0.38
智利	0.99	1.09	1.12	1.23	1.19	1.22
阿富汗	1.87	2.07	1.75	1.73	1.94	2.01
孟加拉国	0.30	0.30	0.30	0.30	0.35	0.37
巴林	1.32	1.31	1.25	1.22	1.22	1.22
中国(大陆)	0.38	0.40	0.44	0.61	0.66	0.76
中国香港	1.36	1.36	1.38	1.46	1.41	1.38
印度	0.66	0.67	0.68	0.69	0.69	0.69
印度尼西亚	0.32	0.31	0.32	0.24	0.21	0.18
伊朗	1.33	1.17	1.06	0.94	0.94	0.92
伊拉克	2.42	2.26	2.03	1.52	1.20	1.29
日本	1.09	1.11	1.15	1.10	1.05	1.04
科威特	2.29	2.32	2.11	2.21	2.46	2.86
马来西亚	0.65	0.64	0.66	0.62	0.63	0.66
巴基斯坦	0.74	0.76	0.84	0.67	0.60	0.62
卡塔尔	2.55	2.13	2.06	1.78	2.04	1.51
沙特阿拉伯	0.64	0.71	0.63	0.54	0.59	0.58
斯里兰卡	1.38	1.42	1.40	1.39	1.37	1.37
叙利亚	1.62	1.74	1.65	1.49	1.41	1.49
中国台湾	1.42	1.45	1.47	1.56	1.54	1.61
土耳其	1.98	2.17	2.11	1.85	2.00	2.02
阿尔及利亚	0.23	0.25	0.26	0.28	0.30	0.31
埃及	0.90	0.96	0.94	1.15	1.12	1.20
肯尼亚	0.43	0.40	0.40	0.46	0.47	0.47
利比亚	2.88	2.15	2.54	1.87	1.58	1.81
摩洛哥	1.42	1.49	1.54	1.64	1.65	1.67
南非	0.46	0.45	0.45	0.39	0.39	0.40
苏丹	0.44	0.44	0.49	0.57	0.59	0.63
坦桑尼亚	0.08	0.09	0.10	0.11	0.11	0.12
突尼斯	1.13	1.07	1.01	0.96	0.95	0.91
澳大利亚	0.71	0.69	0.68	0.63	0.60	0.58
新西兰	0.95	0.96	0.97	0.99	0.99	1.00

资料来源：ITC。

中国与世界主要指标比较

(2010)

	单位	中国	世界	中国占(是)世界%
产量	万吨	136.37	398.64	34.21
采摘面积	万公顷	184.61	355.62	51.91
单位面积产量	千克/公顷	739	1 121.00	65.92
出口量	万吨	30.25	172.88	17.50
消费量	万吨	95.70	376.00	25.45

数据来源：FAO，ITC。

图书在版编目（CIP）数据

中国茶业年鉴. 2011/《中国茶业年鉴》编辑委员会编. —北京：中国农业出版社，2012.3
ISBN 978-7-109-16624-0

Ⅰ. ①中… Ⅱ. ①中… Ⅲ. ①茶业—农业产业—中国—2011—年鉴 Ⅳ. ①F326.12-54

中国版本图书馆 CIP 数据核字（2012）第 045248 号

中国农业出版社出版
（北京市朝阳区农展馆北路 2 号）
（邮政编码 100125）
责任编辑：徐晖　豆明　段丽君　殷华

北京通州皇家印刷厂印刷　　新华书店北京发行所发行
2012 年 3 月第 1 版　　2012 年 3 月北京第 1 次印刷

开本：889mm×1194mm 1/16　　印张：24.75　　插页：26
字数：1 000千字　　定价：300.00 元

China Tea

The World Largest Tea Producing Country